the AI GRAPHICS

인공지능
캐릭터 / 웹툰
패션 / 세계관
디지털 디자인

김성완
김한재
류내원
박상준
이 든
윤석장
오지훈
전혜정
진수지
조남경
조지훈
최돈현

VIELBooks
비엘북스

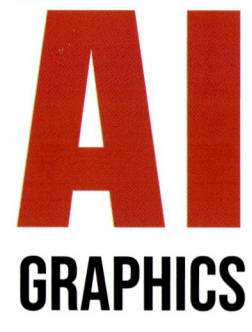

인공지능
캐릭터 / 웹툰
패션 / 세계관
디지털 디자인

2024년 9월 10일 1판 1쇄 인쇄
2024년 9월 24일 1판 1쇄 발행

지은이 김성완, 김한재, 류내원, 박상준, 이 든, 윤석장, 오지훈, 전혜정, 진수지, 조남경, 조지훈, 최돈현
펴낸이 김종원
펴낸곳 비엘북스

주소 경기도 고양시 일산동구 백석동 1335 더리브스타일 624호 비엘북스
전화 031-817-3606
팩스 02-6455-3606
등록 2009년 5월 14일 제 313-2009-107호
출판사 홈페이지 https://vielbooks.com
도서 문의 vielbooks@vielbooks.com
ISBN 979-11-86573-74-7
정가 44,000원

이 책을 만든 사람들

기획·진행 비엘플래너스
교정·교열 비엘플래너스
편집디자인 비엘플래너스, CVDESIGN

Copyright © 2024 김성완, 김한재, 류내원, 박상준, 이 든, 윤석장, 오지훈, 전혜정, 진수지, 조남경, 조지훈, 최돈현
First edition Printed 2024, Printed in Korea.

이 책의 어느 부분도 저작권자나 비엘북스 발행인의 승인 문서 없이 일부 또는 전부를 사진 복사나 디스크 복사 및 기타 정보 재생 시스템을 비롯하여 현재 알려지거나 향후 발명될 어떤 전기적, 기계적 또는 다른 수단을 통해 복사, 재생하거나 이용할 수 없음.

the AI GRAPHICS

인공지능
캐릭터 / 웹툰
패션 / 세계관
디지털 디자인

김성완
김한재
류내원
박상준
이 든
윤석장
오지훈
전혜정
진수지
조남경
조지훈
최돈현

VIELBooks
비엘북스

생성형 AI 그래픽을 위한 테크니컬 전문 도서

the AI GRAPHICS

인공지능 / 캐릭터 / 웹툰 / 패션 / 세계관 / 디지털 디자인

이 책은

이 책은 AI와 그래픽의 만남을 주제로, 12명의 AI 크리에이터들이 각자의 창작 경험과 기술을 공유하는 그래픽 전문서입니다.

인공지능(AI)은 이제 예술의 영역에서도 혁신적인 변화를 이끌고 있습니다. '생성형 AI'는 단순한 도구를 넘어서, 예술가의 창조적 파트너로 자리 잡으며 새로운 표현 방식을 제시하고 있습니다. 이 책은 그 중심에 서 있는 12명의 AI 아티스트들이 자신만의 창작 과정과 독창적인 노하우를 공개하는 특별한 책입니다. 생성형 AI 기반의 비주얼 그래픽은 독자들에게 기술과 예술이 융합된 새로운 창작의 지평을 보여줄 것입니다.

이 책의 중심에는 12명의 디지털 크리에이터가 있습니다. 이들은 AI를 사용해 자신만의 독창적인 작품을 만들어내고 있으며, 그 과정에서 쌓은 노하우와 팁을 아낌없이 공개합니다. 각자 다른 스타일과 작업 방식을 가진 이들은 AI를 어떻게 창작 도구로 활용할 수 있는지 다양한 시각에서 설명하며, 그들이 사용하는 툴과 프롬프트 설정, 이미지 합성, 데이터 가공 방법 등을 구체적으로 다룹니다.

이 책은 단순한 이론서가 아닙니다. AI를 실제로 활용해보고 싶은 사람들에게 실질적인 가이드를 제공합니다. 저자들은 자신이 경험한 노하우를 토대로 독자들이 AI를 활용해 창의적인 작품을 만드는 데 필요한 실전 팁을 제공합니다. 따라서 이 책을 읽는 독자는 AI와 그래픽이 어떻게 만나서 무엇을 만들어낼 수 있는지에 관한 구체적인 과정을 배울 수 있을 것입니다.

또한, AI 그래픽의 현재와 미래에 대한 이야기도 엿볼 수 있습니다. AI는 이제 아티스트의 도구를 넘어 동반자 역할을 하고 있습니다. 독자들은 이 책을 통해 AI와 인간의 협업이 예술에 어떤 영향을 미칠 수 있는지, AI가 어떤 방식으로 우리의 창의력을 확장시킬 수 있는지를 탐구하게 될 것입니다.

이 책은 AI 그래픽 작업을 처음 접하는 사람부터, 이미 경험이 있는 전문가들까지 모두를 위한 책입니다. 다양한 스타일과 기술적 접근법을 통해 AI가 그래픽 아트의 새로운 방향성을 보여줍니다. 이 책을 통해 AI와 함께 예술의 경계를 넓혀보세요. AI와 인간이 함께하는 미래는 이제 막 시작되었습니다.

예제데이터 활용 안내

1 이 책에서 소개하는 강좌를 원활하게 진행하려면 예제데이터가 필요합니다.
예제데이터가 필요한 곳에는 예제 아이콘이 있으니,
다음 페이지의 예제데이터 다운로드 방법을 참고하셔서 예제데이터를 미리 준비해 주세요.

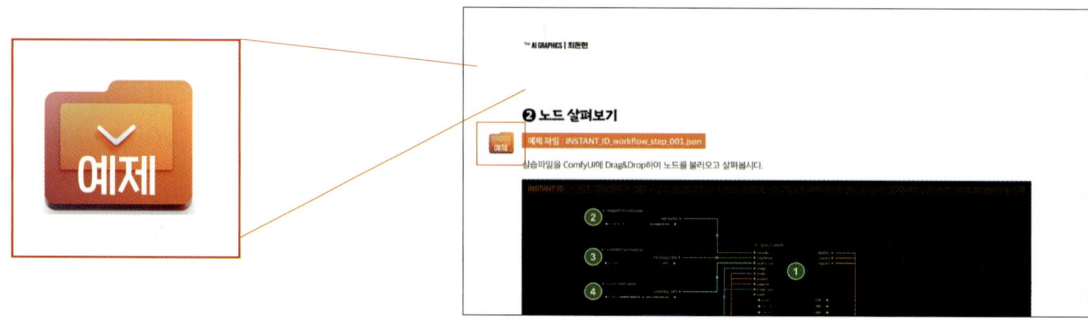

2 책에 사용된 텍스트 프롬프트와 AI의 툴의 설치 링크 주소를
텍스트 파일로 제공합니다.
TXT가 제공되는 곳에는 TXT 아이콘이 표시되어 있고,
텍스트 내용을 예제데이터로 제공하고 있습니다.

3 스마트폰의 카메라로 QR code를 스캔하여 예제의 결과를 실시간으로 확인하세요!

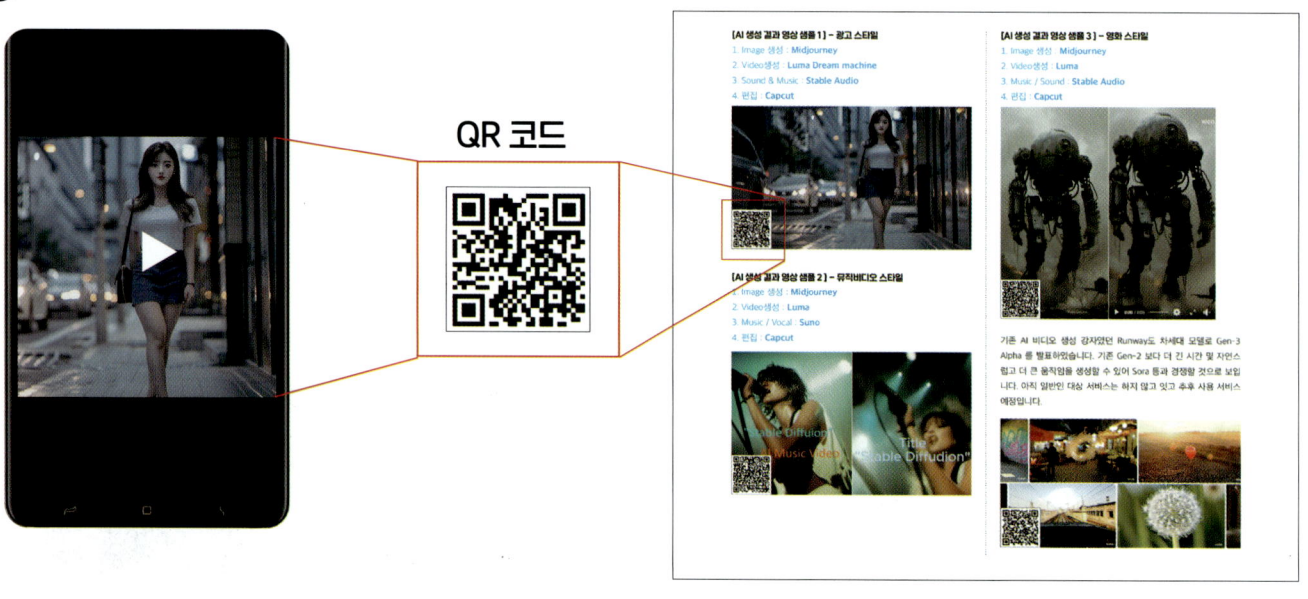

예제데이터 다운로드

책 속의 예제를 원활하게 활용하기 위해서 예제데이터의 다운로드 시스템을 제공하고 있습니다.
책을 구입하신 분들은 반드시 예제데이터를 다운로드하셔서 진행에 불편함이 없기를 바랍니다.

이 책을 구입하신 후 꼭 해야 할 2가지!

1. 예제데이터 다운로드 하기

비엘북스 홈페이지에서 예제데이터를 다운로드 합니다.
· 비엘북스 | https://vielbooks.com

2. 예제데이터 비밀번호 해제하기

예제데이터는 암호화 압축되어 있습니다.
· 비밀번호 'tag568'을 입력하면 압축 해제됩니다.

압축해제는 윈도우 OS 환경에서 '알집' 또는 '반디집'을 이용해주세요.

문의사항

예제파일의 다운로드 및 압축해제 오류 등의 문제는 아래 연락처로 문의해주세요.
· 전 화 | 031-817-3606
· 메 일 | vielbooks@vielbooks.com
· 블로그 | http://blog.naver.com/xsi2maya

목차
Contents

the AI GRAPHICS
인공지능 / 캐릭터 / 웹툰 / 패션 / 세계관 / 디지털 디자인

30 윤석장
아티스트를 만나다
AI 인플루언서 '오예린' 제작자
AI가 빚어낸 러블리한 매력
AI 인플루언서 오예린 제작기

60 박상준
프리 프로덕션 단계의 게임 컨셉 아트를 위한
미드저니, 스테이블 디퓨전, 매그니픽 AI의 이해와 활용

the AI GRAPHICS

인공지능 / 캐릭터 / 웹툰 / 패션 / 세계관 / 디지털 디자인

목차 Contents

120 이튼

스테이블 디퓨전으로 생성하는
로코코 양식의 스팀펑크 캐릭터 디자인

이튼
15년차 게임원화가 및 AI 아티스트
klotn1982@gmail.com

애니메이션학계를 졸업하고 그림에 대한 열정과 게임 산업으로 뛰어 든지 15년째 캐릭터 컨셉디자이너로 활약하고 있다. 독특한 캐릭터 디자인으로 주목받았으며 캐릭터 라인업을 성공적으로 구축한 경험이 있다. 본래는 모 게임개발사에서 수석 캐릭터 디자이너로 재직 중이며, 다수 프로젝트에서 시각적 아이덴티티 확립에 핵심적인 역할을 담당하고 있다. 최근에는 전통적인 아트 기법과 스테이블 디퓨전, 미드저니 등의 최신 AI 기술이 융합된 캐릭터 디자인 프로세스를 구축하는데 관심이 있다.

176 류내원

이미지 및 영상으로 알아본
생성형 AI의 기술 트렌드와 AI 영상 제작 기법

류내원
대오전버전(주)기술연구소 소장
won_wiz21@gmail.com

페이스북 Stable Diffusion Korea 그룹 운영진
방송통신사 Video/Audio 및 AI Solution 연구개발
과기부 AI 경진대회 19년/20년 입선
전 SK브로드밴드 IPTV 기술개발

목차
Contents

AI GRAPHICS
인공지능 / 캐릭터 / 웹툰 / 패션 / 세계관 / 디지털 디자인

230 조지훈

ComfyUI로 구축해 보는
웹툰 자동화 프로세스

조지훈
웹툰 기획자 / 작가
labvisa@gmail.com

크리에이터. 아마추어 만화기호학자. 『웹툰 스케치업』, 『웹툰스튜디오』 과 스타트업 『스튜디오 2.0』 등의 책과 십업웹툰 공주대학교 메타버스 수업, 웹툰 실업 프로젝트 세부 프로젝트 참여 웹툰 관련 실업 다수 진행한 바 적성에 맞고 아주 잘 살자가 삶의 목표이다. 스스로 크리에이터이자 아마추어 만화 기호학자라고 생각하고 있으며, 그림, 3D, 프로그래밍 AI 등 웹툰에 관련된 이슈 및 관심이 많은 개발자이다.

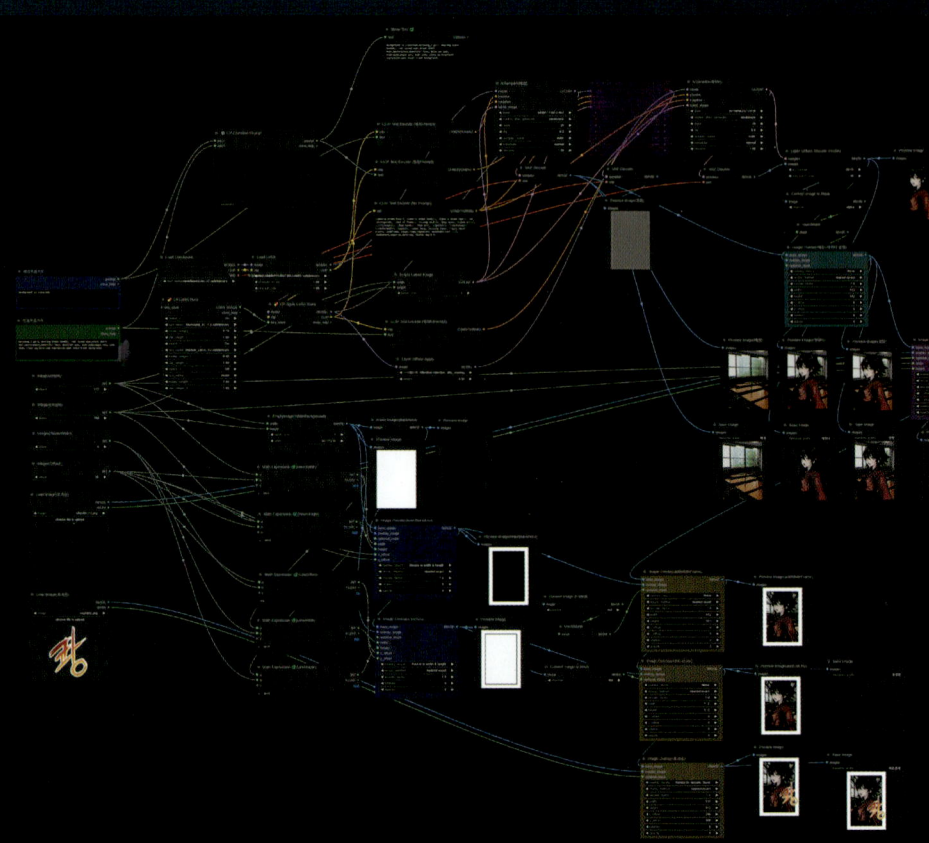

304 진수지

아티스트의 이미지를
예술로 바꾸는
AI 패션의 세계

진수지(마스터칼리)
스노리 출판? / 앱십화 판본 무료젝트매니저 / 네이버 카페 클럽 운영진
thrillerbook@naver.com

소프트맥스 메타디스터, 캐릭라인 PC워 워치소 다수의 잡지사 게임분 서울 실었다. 삼성전자에 근무하면서 파이널판타지7 한글판 출시 에 참여했고 파이널 판타지 스토리에시 가이드 북 출간했다. 이후 드라 마와 영화를 거쳐 현재는 입시학 만화매니저로 임하고 있으며 한국 디 즈니카드의 세대 그랜드 마스터로 20여 곳의 티스와 관련 도서 출간했 다. 페이스북 그룹 스테이블 디퓨전 코리아 / 미드저니 코리아 운영진으 로도 활동 중이다.

ChatGPT / 미드저니 / 스테이블 디퓨전으로 구현하는
바로크 양식의 다크 환타지 컨셉아트

332 오지훈

오지훈
[엔씨소프트] 배경 컨셉 아티스트
ojiking@naver.com

홍익대학교 금속조형디자인과 졸업. 2004년부터 경력을 시작하여 20년차 배경컨셉 아티스트로 활동 중이다. 넥슨, 벨론을 거쳐 엔비아에서 주로 경력을 쌓아왔으며, 잠시 한국을 떠나중국 넷이즈에서 2년 간 근무하기도 했다. [빈 온라인], [아이온], [블레이드 앤 소울], [리니지 W] 등 프로젝트의 개발단계에서 수많은 배경컨셉을 작업했으며, 현재는 엔씨소프트 [리니지 W] 배경컨셉 팀에서 근무 중이다.
[the GAME GRAPHICS AI 비주얼 테크닉], [AI 인공지능 페인팅]을 집필했다.

디자이너도 이해하는
이미지 생성 AI의 원리

396 김성완

김성완
게임인지원 외래교수
kaswang@naver.com

놀라웠다 작년부터 한국 주얼디벨로퍼 컨퍼런스 한국에 소개한 30여 권 가운 기계에 대한편역 부산게임이카데미 팀에서 사이트 교수로 재직, 학교에서 게임 개발자 지망생들을 가르쳤다게임의 시뮬레이션 자연 현상을 시뮬레이션하기 위해 지구과학 박사 과정을 수료했다게임 개발자 커뮤니티 인디라를 운영하고 있다. 한국을 대표하는 국제 게임 개발 페스티벌 부산인디커넥트 페스티벌의 심사위원장을 7년 하며 게임 회사 월메이크의 IXR 팀에서생성 AI를 연구하고 현재는 GenAI Korea를 설립해 생성 AI 컨설턴트 이고 있다. 게임 관련 좋은 보드게임이기도 하다.

목차
Contents

the AI GRAPHICS
인공지능 / 캐릭터 / 웹툰 / 패션 / 세계관 / 디지털 디자인

432 전혜정

생성형 AI와 함께 창작하기

전혜정
창경문화산업대학교 교수
caligari.box@gmail.com

이화여자대학교에서 시각디자인 및 영상디자인 전공으로 학사, 석사, 박사를 졸업했다. 단편소설로 데뷔한 후 웹툰, 단편영화, 애니메이션 시나리오 작업을 해 왔다. 특수영상 학사의 유튜브셀을 거쳐 스누리텔링 회사 (주)미디어피카 대표를 역임하기도 했다. 성결문화산업대학교에서 국내 최초로 웹소설창작권론 삼고한 뒤 신임으로 근무 중이다.

완벽한 커플
ancient Japanese art, a ghostly woman with fangs biting a man's neck in a scary scene of horror set in a foggy, creepy style.

458 김한재

얼굴을 그리다
AI로 완성하는 책 표지 제작기

김한재
강동대학교 만화애니메이션콘텐츠과 교수
hanjae.elly.kim@gmail.com

2003년 뉴욕 School of Visual Arts에서 학사 학위를 취득한 후 서울대학교 산업디자인학과 대학원에서 석사 학위를 받았다. 이후 다수 매체에 만화와 일러스트 작업을 해왔다. 한국만화영상진흥원 만화인력양성 미디어부에서 강의도 하였으며, 현재는 강동대학교 만화애니메이션콘텐츠과에서 조교수로 재직 중이다.

the AI GRAPHICS

인공지능 / 캐릭터 / 웹툰 / 패션 / 세계관 / 디지털 디자인

목차
Contents

486 조남경

미드저니 스타일 어디까지 가봤니?

Sref Seed / Personalize Code
Essential List

조남경

[미드저니 프롬프트 마스터 가이드] 저자
bluemisty@gmail.com

전직 IT 웹 기획자 및 포토그래퍼. 페이스북 커뮤니티 [Midjourney Korea]의 대표 운영자, [Stable Diffusion Korea]도 운영진으로 활동 중이다. 2024년 [미드저니 프롬프트 마스터 가이드]를 집필했고, 충주의 고즈넉한 곳, 따뜻하고 아늑한 감성을 느낄 수 있는 카페 [소리게 산가]의 주인장이다.

530 최돈현

Comfy UI를 사용한
프로필 사진 만들기

(Image 2 Image 인물편)

최돈현

soy.lab 대표 · 스테이블 디퓨전 코리아 운영자
sukdon@gmail.com

2002년 추리널 CMA 주관 게임 공모전 대상 [Flamingo Twenty]를 시작으로 2003년 까지 다수의 모바일 게임을 제작하고 2006년 단편애니메이션 [치카치카], M.net Station ID [GO! M.NET] 작품활동과 SK C&C [로니도 에스프리] 온라인 CF 감독 및 제작하였다. 이후 인디밴드 스밀 LOC-5에서 MBC [다큐 금요일 원], 영화 [처우], 국내외 VFX 광고 및 시네마틱 [아쿠아비치], [라이팬], [크래시 오브 클랜], [난도], [파이널 판타지] 시리즈를 제작하였으며, 이들 버팀목을 목적을 잡은 애니메이션 [RED SHOES] 제작 및 TV 애니메이션 [런닝맨2] 및 리얼타임 프로젝트를 진행하였다. 2019년 이후 현재까지 NXN에서 아트 제작 총괄을 담당하며 현재 soy.lab 대표이자 Stable Diffusion Korea 운영자이다.

이미지 생성 AI 툴의 기본 설치 방법

이 책에서 언급하는 이미지 생성 AI 툴은 크게 3가지이며, 기본에서부터 응용까지 다루고 있습니다.

1. 미드저니(Midjourney)
2. 스테이블 디퓨전(Stable Diffusion)
3. 컴피 유아이(ComfyUI)

미드저니(Midjourney) 설치와 사용방법이 매우 쉽고 간단합니다.
스테이블 디퓨전(Stable Diffusion)의 설치와 사용방법은 조금 복잡한 편입니다. 그러나 사용자가 모든 옵션을 제어 할 수 있고, 빠른 시간에 고퀄리티의 이미지를 자유롭게 생성하고 제어할 수 있다는 장점이 있어서 많은 유저들에게 사랑 받는 툴이기도 합니다.
컴피 유아이(ComfyUI)는 스테이블 디퓨전을 쉽게 사용할 수 있도록 도와주는 도구입니다. 노드들을 연결해 기능을 구현하며, 매우 복잡하고 다양한 작업을 수행할 수 있다는 점이 특징입니다.

여기서는 이미지 생성 AI 툴을 직접 다루기에 앞서 기본적인 설치법에 대해서 알아볼 것입니다.
생성 AI 툴의 설치 방법은 매우 다양하므로, 이 책에서 소개하는 방법이 정답은 아닙니다. 이 책의 내용을 보고 따라하셔도 되지만, 무언가 부족함을 느끼신다면 구글링이나 유튜브 검색을 통해 보완하시는 것도 좋은 방법입니다.

이 책이 출간된 이후에도 미드저니, 스테이블 디퓨전, ComfyUI 등은 빠르게 업그레이드 되고 있습니다. 책의 특성상 현실적으로 생성 AI 툴의 최신 기능까지 소개하기가 어렵지만, 초보자들이 AI 툴을 어떻게 시작하고 접근해야 할 것인지에 대한 기본 개념과 활용 방법에 대해서는 충분히 배울 수 있을 것입니다.

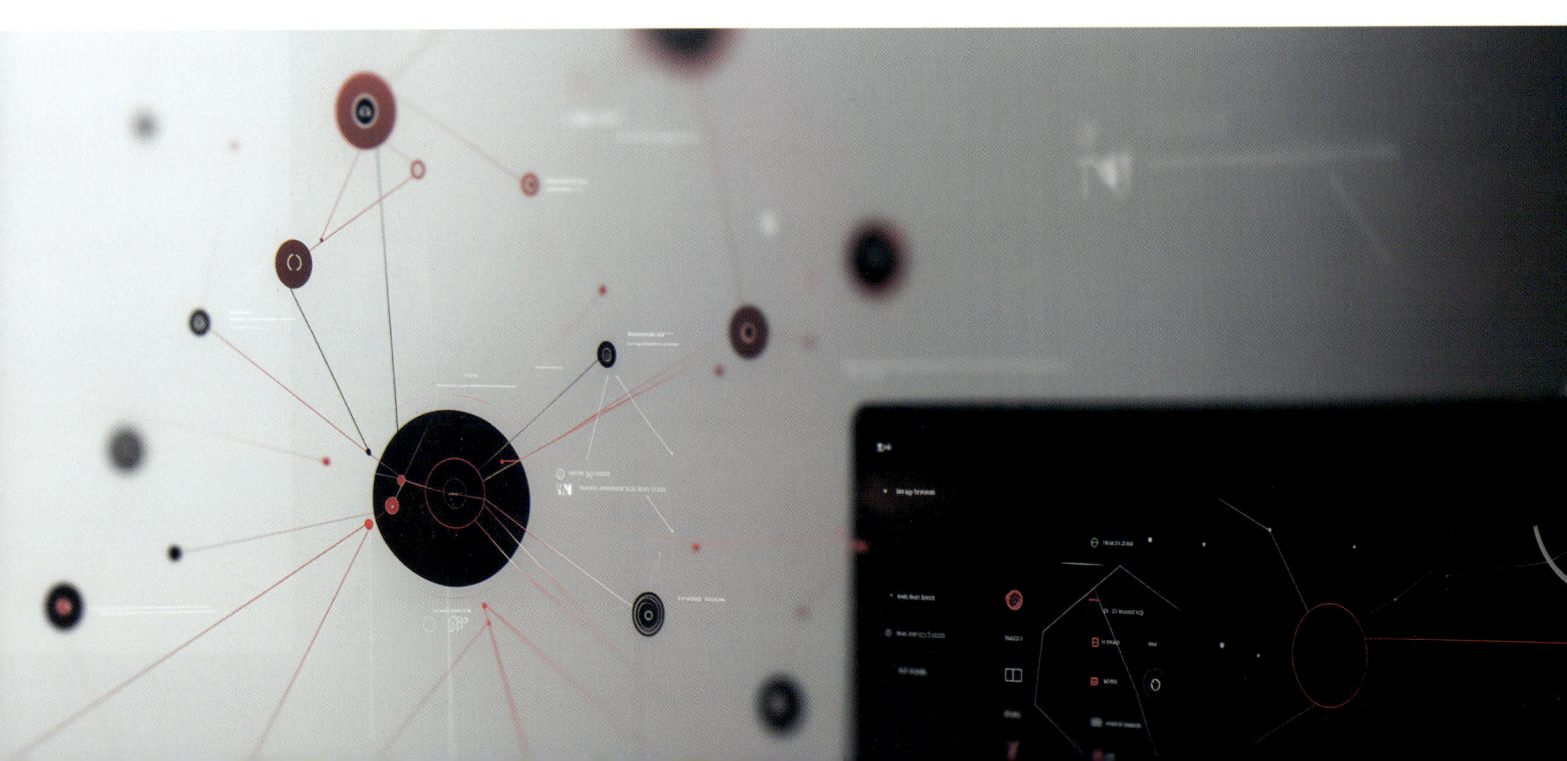

미드저니(Midjourney) 설치 및 시작하기

1. Discord(디스코드)의 설치
미드저니는 Discord의 서버를 통해서 사용할 수 있는 생성 AI 서비스입니다. 그래서 미드저니를 사용하려면 먼저 Discord 서비스에 대해서 알아야 합니다.

Discord는 게임, 교육, 비즈니스 영역의 커뮤니티 생성을 목적으로 설계된 VoIP 어플리케이션으로 유저들 간의 텍스트, 이미지, 비디오, 음성 데이터를 공유하는 디지털 커뮤니케이션 서비스입니다.
미드저니는 Discord의 서버를 이용하는 만큼 Discord 어플리케이션을 설치하여 사용하는 것이 좋습니다.

2. Discord 설치 및 사용방법
우선, 아래 URL에서 Discord를 설치한 후 회원가입을 합니다.
https://discord.com

[Windows 용 다운로드]를 클릭해서 설치하고 Discord 계정을 만듭니다. 기존 계정이 있다면 로그인해도 됩니다.

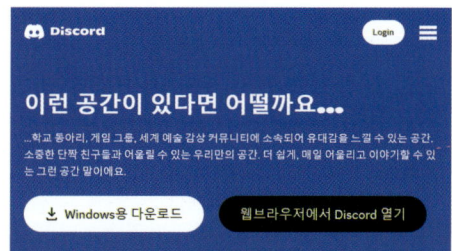

회원가입과 계정이 인증되면 아래와 같은 Discord 화면이 나타납니다.

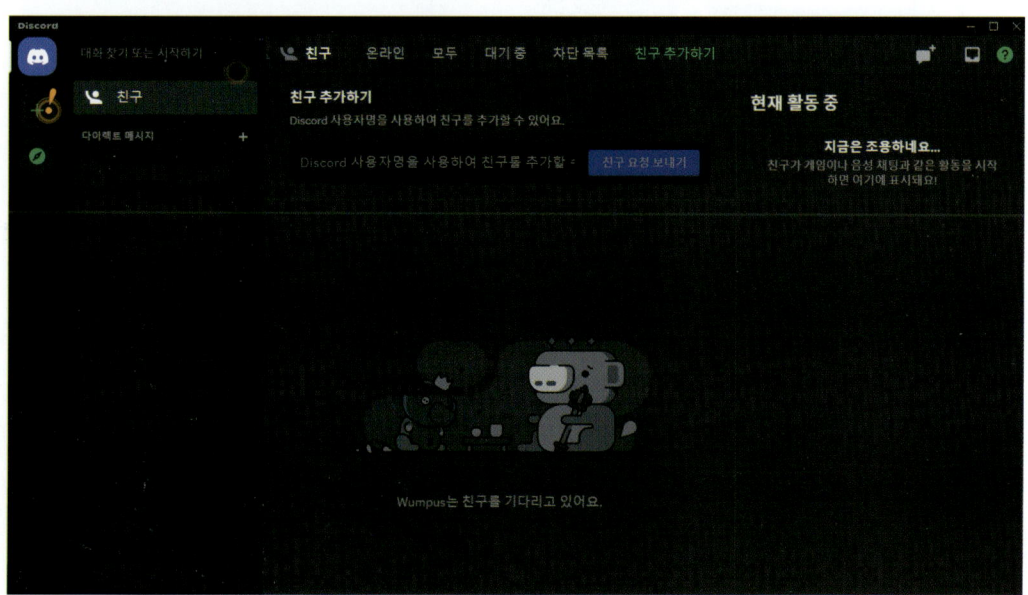

그러나 실행을 해봐도 미드저니가 보이지 않습니다.

좌측바의 나침반을 클릭하면 미드저니 커뮤니티가 나타납니다. 선택해서 들어가봅니다.

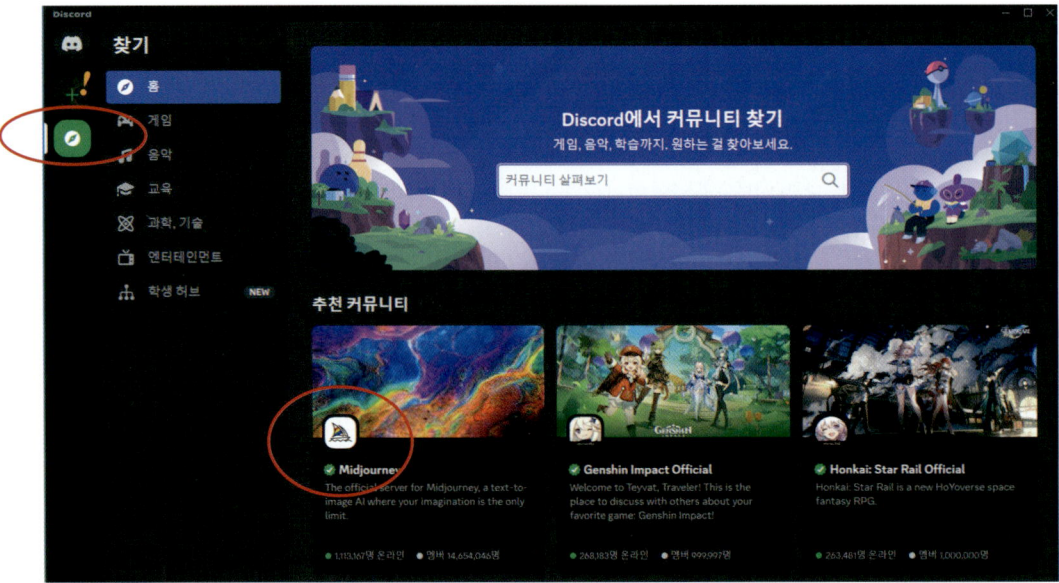

미드저니의 첫 화면입니다.

좌측 상단바에 돛단배 모양의 미드저니 서버가 추가되었고, 채널리스트에서 미드저니를 체험해볼 수 있습니다.

좌측의 채널리스트에서 초보자들을 위한 newbies 채널에 들어가봅니다.

미드저니는 하단의 메시지창에 프롬프트를 넣어주면 이미지가 생성되는 방식입니다.

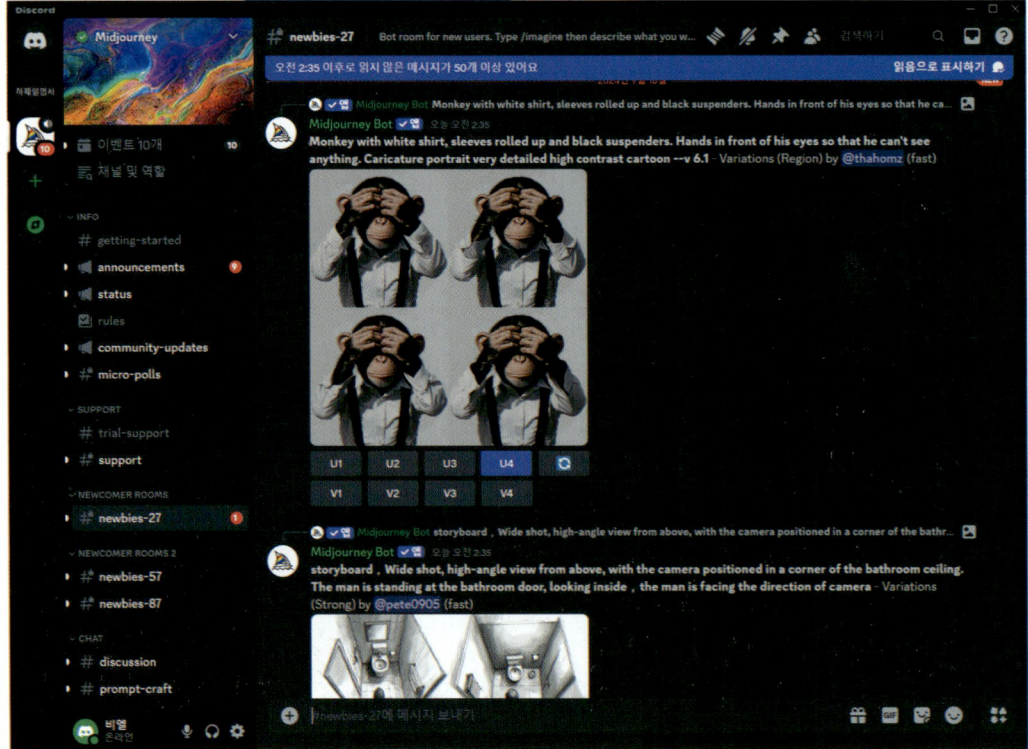

/imagine을 입력하면 이미지를 만들어낼 수 있는 프롬프트가 나타나는데 이곳에 만들고자 하는 텍스트를 넣어주면 됩니다.

초기에는 무료로 서비스를 제공했지만, 현재 미드저니를 원활하게 사용하려면 구독(유료)을 신청해야 합니다. 하단의 메시지 창에서 /subscribe를 입력하면 구독신청 페이지로 이동합니다.

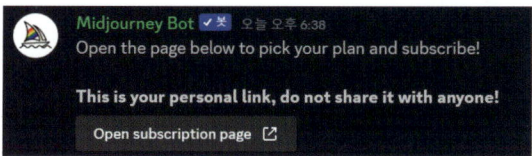

구독 페이지에는 다양한 유료 옵션이 있으니, 사용자 환경에 맞게 선택하면 미드저니를 즐길 수 있습니다.

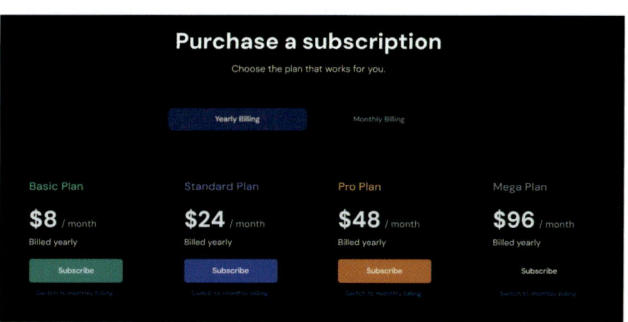

미드저니(Midjourney) 전용 홈페이지를 활용하세요!

Discord(디스코드)의 텍스트 기반이 불편하셨다면, 미드저니 전용 웹사이트를 활용해 보세요.
https://www.midjourney.com/home

이제 Discord뿐만 아니라 새롭게 오픈한 전용 웹사이트에서 미드저니를 쉽게 사용할 수 있습니다. 직관적인 인터페이스를 통해 몇 번의 클릭으로 손쉽게 이미지 생성이 가능합니다.

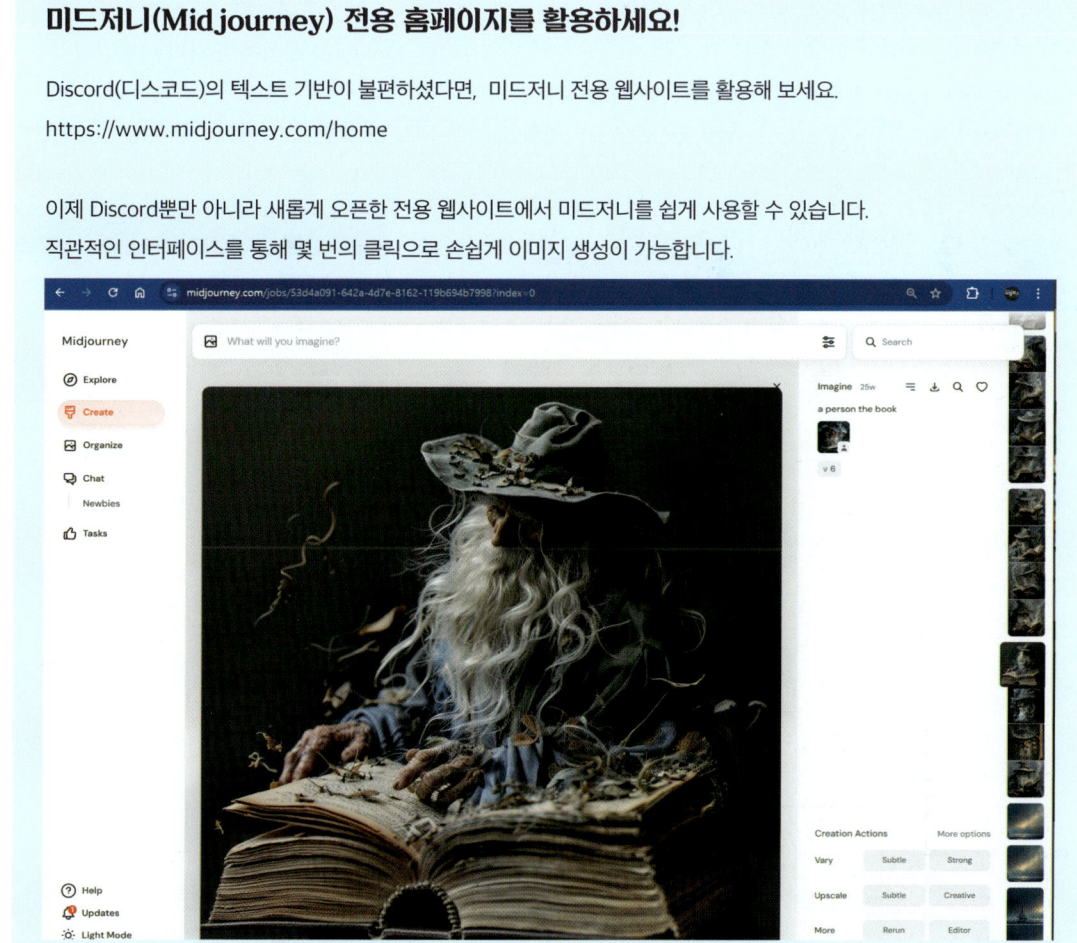

Stable Diffusion WebUI (스테이블 디퓨전 WebUI) 설치 방법

Stable Diffusion(스테이블 디퓨전)은 구글 코랩 서버를 이용하는 방법과 개인 컴퓨터의 웹 브라우저(WebUI)에서 사용할 수 있는 방법이 있습니다. 이 책에서는 사용자 환경에 맞게 데이터를 관리할 수 있는 WebUI 기반의 Stable Diffusion을 설치하여 사용할 것입니다. 단, WebUI가 설치된 컴퓨터의 그래픽카드는 Geforce GTX or RTX 기반의 4GB 이상의 VRAM을 권장합니다.

여기서 소개하는 설치법이외도 다양한 방법이 있으니, 부족하다고 생각되시면 구글링, 유튜브 등을 활용하세요.

Stable Diffusion을 설치하려면 먼저 아래 2가지가 설치되어 있어야 합니다.

> 1. Python 3.10.6 이상
> 2. git

1. Python 3.10.6 설치하기 (64-bit)

https://www.python.org/downloads 에 접속하여 python을 다운로드 받고 설치합니다. Python 3.10.6을 설치했습니다.

설치할 때 하단의 Add Python 3.10 to PATH를 체크해 주고, 마지막 단계에서 하단의 "Disable path length limit"을 클릭합니다.

2. git 설치하기(64-bit)

Stable Diffusion에서 사용할 수 있는 다양한 Extention(애드온/플러그인)은 대부분 git을 기반으로 설치되는 경우가 많으니 반드시 git을 설치해 두시기 바랍니다.

아래 홈페이지에 접속해서 사용자 환경에 맞게 설치해줍니다.

https://git-scm.com/download/win

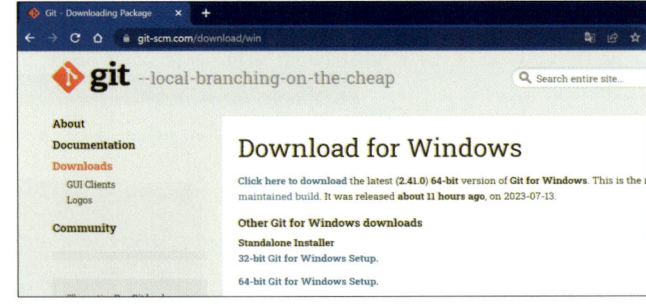

설치단계에서 그림의 Git Bash Here를 선택하여 설치해줍니다.

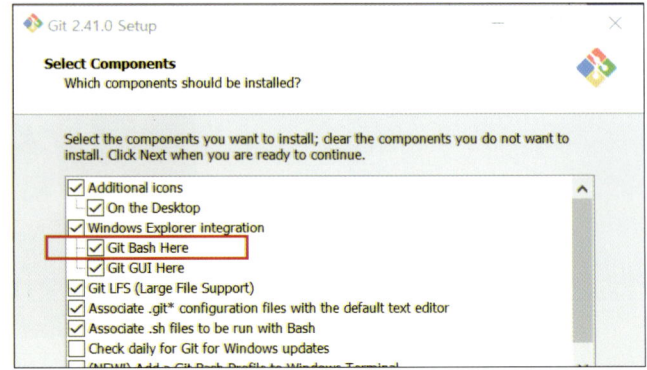

3. Stable Diffusion WebUI 설치하기

이제 Stable Diffusion을 설치할 차례입니다.

Stable Diffusion을 설치하려는 폴더로 이동합니다.
여기서는 C 드라이브 루트에 설치해볼 것입니다.

탐색기의 C 드라이브에서 [쉬프트+마우스 오른버튼]을 눌러서 [여기에 PowerShell 창 열기]를 선택하면 콘솔창이 나타납니다. 일반적인 윈도우즈 cmd 콘솔창도 가능합니다.

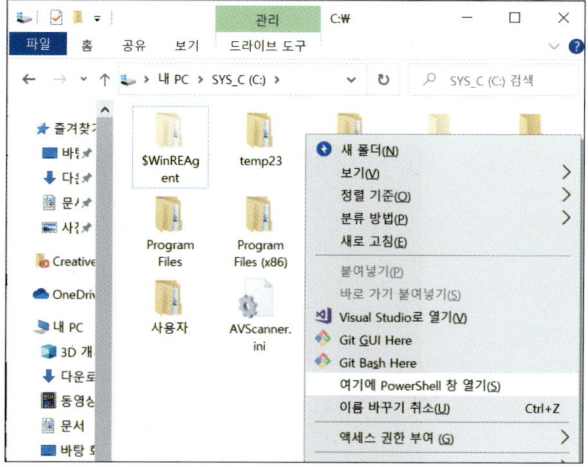

PowerShell의 콘솔명령창에 아래와 같이 타이핑하고 엔터를 누르면 기본 설치가 됩니다.(1분 내외)

git clone https://github.com/AUTOMATIC1111/stable-diffusion-webui.git

설치가 끝나고 C 드라이브에 가서 확인했을 때 Stable diffusion이 설치되어 있으면 성공하신 겁니다.

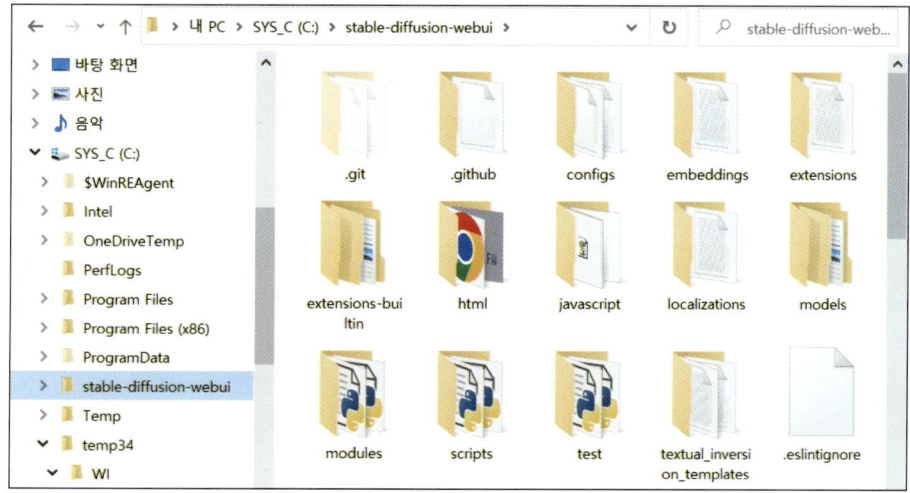

이제 본격적인 Stable Diffusion에 필요한 파일을 설치할 것입니다.

다소 복잡하게 느낄 수 있으니 천천히 차근차근 잘 따라오시기 바랍니다. 중간에 에러 및 오류 등이 발생한다면 폴더를 삭제하고 다시 설치해 보시기 바랍니다.

Stable Diffusion이 설치된 폴더에 가서 webui.bat(또는 webui-user.bat) 파일을 실행합니다. 콘솔명령창이 나타나면서 필수 파일들을 자동 설치됩니다. 사용자 환경에 따라 5분~10분 정도 소요될 수 있습니다.

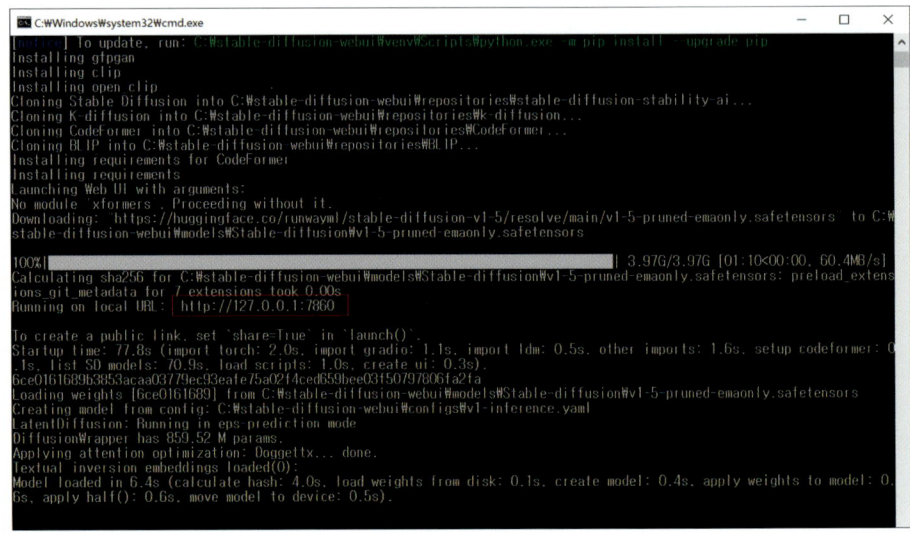

설치가 끝난 화면입니다.(사용자 환경마다 조금씩 다를 수 있습니다.)

중간에 보면 Running on Local URL : http://127.0.0:7860이 나타나는데, 웹 브라우저에서 Stable Diffusion webUI의 접속 경로를 의미합니다. 단, 콘솔창을 유지한 채 웹 브라우저로 접속해야 하며 아래와 같이 나타나면 성공입니다.

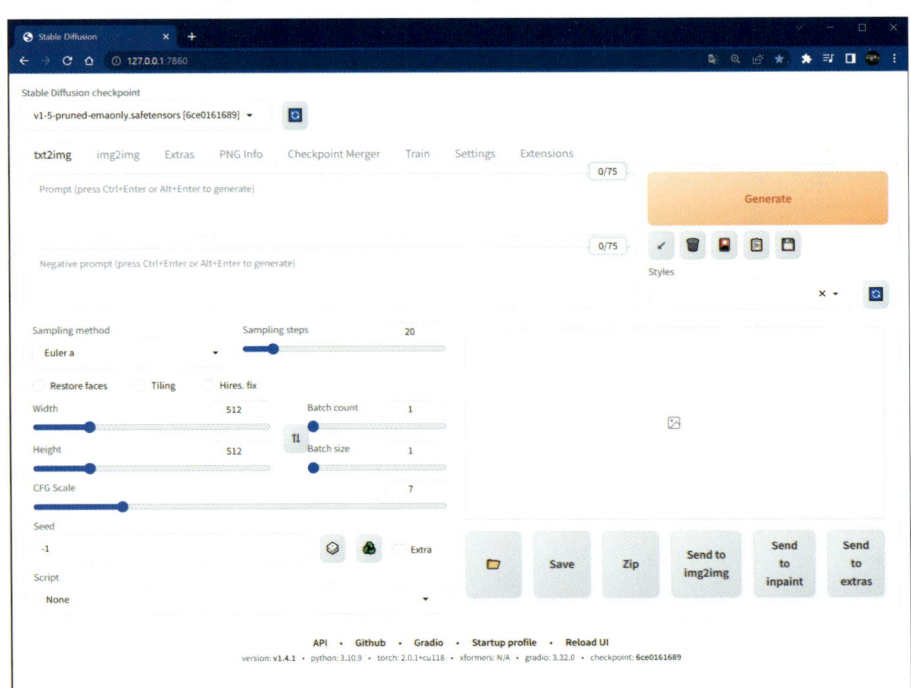

4. Stable Diffusion의 필수 애드온 설치하기

기본 운용 UI 툴이 설치되었으니, 이번에는 필수 애드온들을 설치해야 합니다.

Stable Diffusion에서 원하는 이미지를 생성하려면 아래와 같은 다양한 필수 애드온들이 필요합니다.
여기서는 기본적인 주요 애드온들을 설치 방법에 대해서 소개할 것입니다.

> **주요 애드온**
>   - Checkpoint
>   - VAE
>   - Extention(ControlNet 및 기타 애드온)

> **설치 방법**
>   1. civitai 사이트에서 Checkpoint와 VAE, LoRA 등의 데이터를 다운로드, 설치하는 방법
>   2. huggingface 사이트에서 다운로드, 설치하는 방법
>   3. Stable Diffusion Web UI의 Extentions 탭에서 설치하는 방법

1. civitai에서 Checkpoint와 VAE, LoRA 등의 애드온 데이터를 다운로드, 설치하는 방법

먼저, RealisticVisionV20 체크포인트 모델을 다운로드, 설치해 보겠습니다.

https://civitai.com에 접속합니다.
상단 검색바에서 RealisticVision을 검색하면 우측 아래와 같은 Realistic Vision 모델을 보여줍니다.
상단의 V2.0탭을 선택하고 Download 버튼을 눌러서 Stable Diffusion이 설치된 아래 경로에 넣어주면 됩니다.

> 내 PC > SYS_C (C:) > stable-diffusion-webui > models > Stable-diffusion

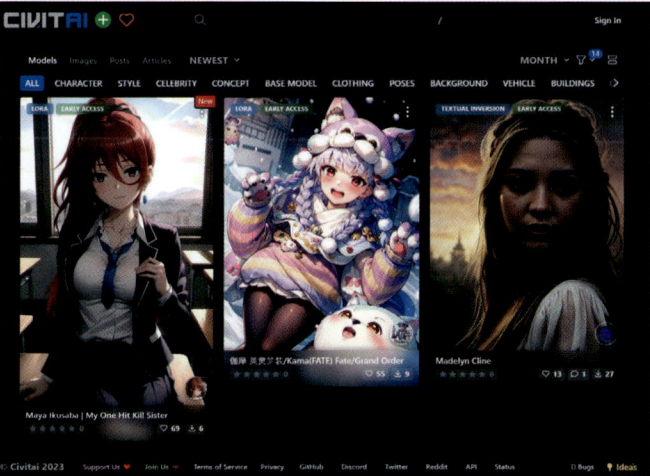 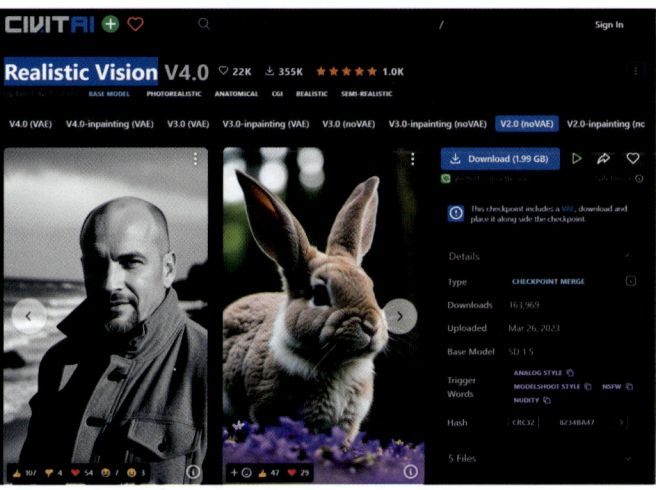

다운로드가 완료되면 Stable Diffusion을 접속(실행)합니다.

실행 방법

1. C:\stable-diffusion-webui\webui.bat 실행 후
2. 콘솔창에 Running on Local URL : http://127.0.0:7860 이 나타나면 웹브라우저로 접속

Stable Diffusion의 좌측 상단에 위치한 Stable Diffusion checkpoint 리스트 창을 누르면 다운로드 받은 RealisticVision이 있으면 성공입니다. 보이지 않을 경우 우측의 refresh 버튼을 누르면 나타납니다.

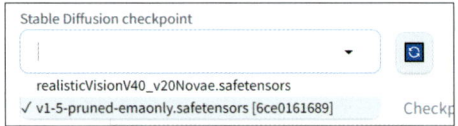

이러한 방식으로 Checkpoint와 VAE, LoRA 데이터를 다운로드 받아서 사용할 수 있으니 다른 데이터들도 다운로드 하여 확인해 보시기 바랍니다. (설치 경로는 해당 폴더 위치에 맞추어 주면 됩니다.)

2. Hugging Face에서 애드온 데이터를 다운로드, 설치하는 방법

VAE는 huggingface에서 애드온 데이터를 다운로드 해 보겠습니다.
아래 경로로 이동해 봅니다.

https://huggingface.co/stabilityai/sd-vae-ft-mse-original/tree/main

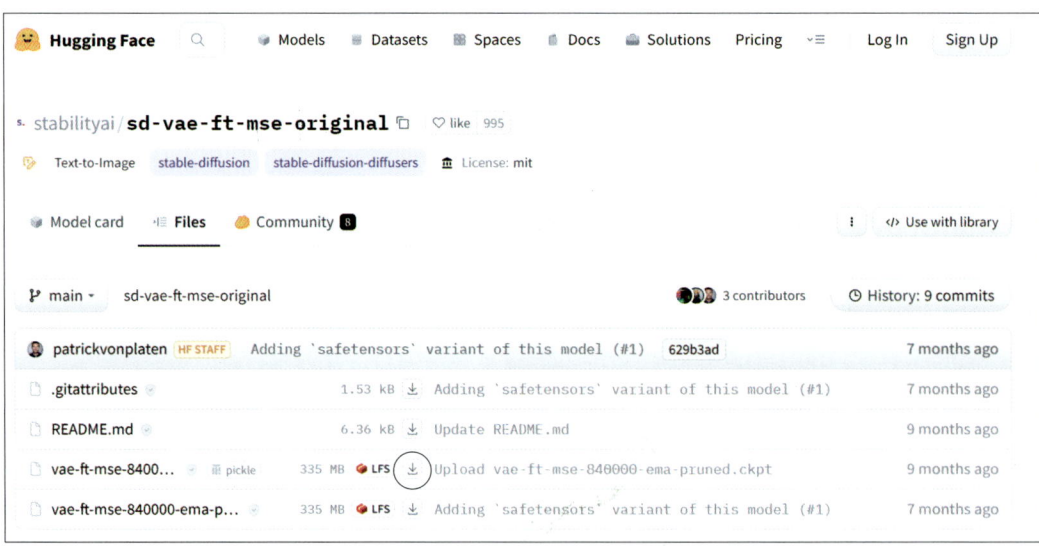

Vae-ft-mse-840000의 우측 다운로드 아이콘을 눌러서 아래 경로에 넣어주면 됩니다.

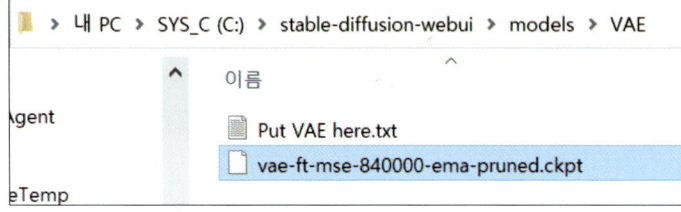

Stable Diffusion을 다시 실행한 후 상단에서 SD VAE ui가 있는지 확인해 봅니다.
vae ui가 보이지 않는다면 vae ui를 등록하지 않아서 입니다.

Stable Diffusion에서 Setting > User Interface > Quick settings list로 가서 sd_vae를 선택, 등록해 줍니다.
Apply settings를 누른 후 Reload UI를 해 주면 상단에 VAE UI 가 등록됩니다.

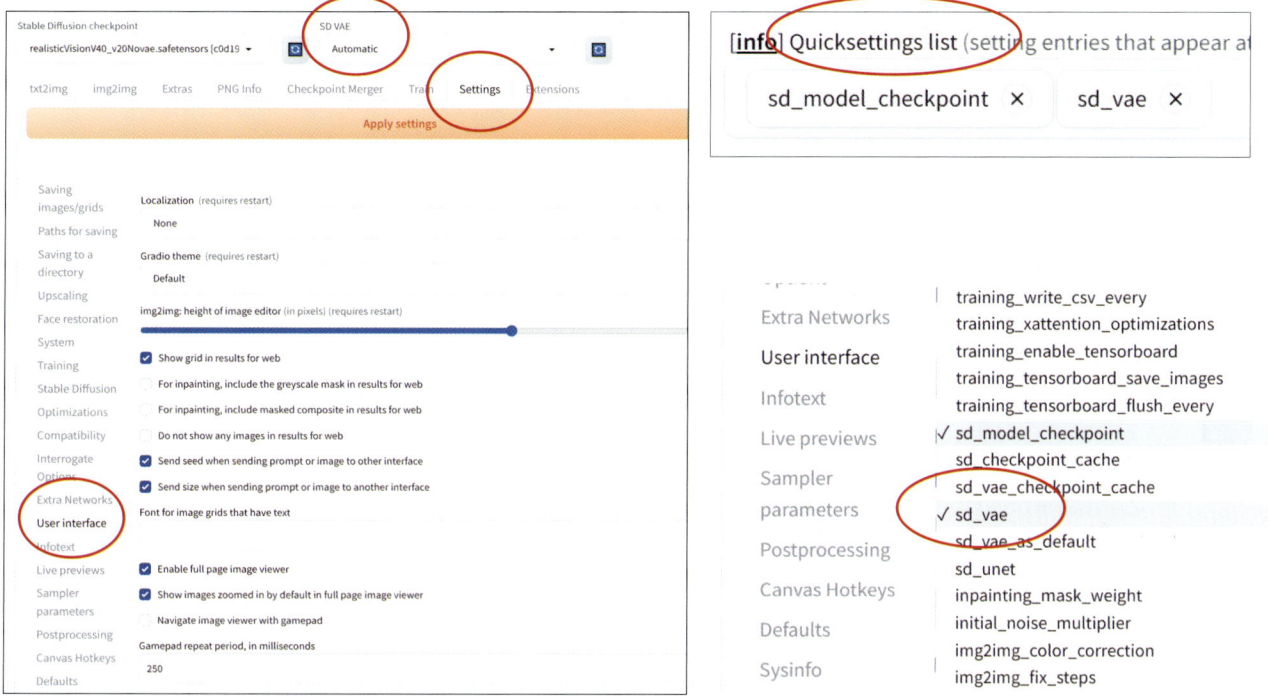

Apply settings를 클릭하고, Reload UI를 클릭하면 재시작됩니다.

상단에 SD VAE ui가 등록되었는지 확인하고, 아까 다운로드 받았던 Vae-ft-mse-840000...를 선택해 주면 성공입니다.

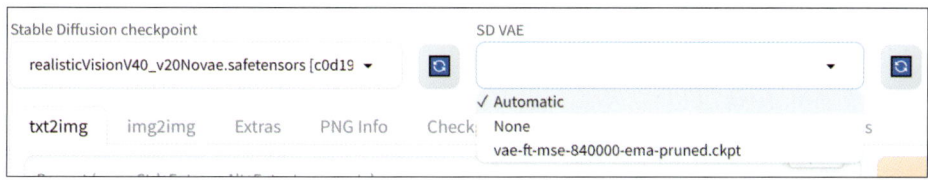

2. Stable Diffusion의 Extention 기능으로 ControlNet 설치하기

Extentions은 Stable Diffusion의 UI에서 직접 애드온을 추가, 설치할 수 있는 기능입니다.
많은 Extention 애드온 중에서 ControlNet 설치 방법에 대해서 알아보겠습니다.

ControlNet을 사용하려면 2가지가 설치되어 있어야 합니다.

> 1. ControlNet을 구동하는 프로그램
> 2. ControlNet에 필요한 Models 파일

1) 먼저, ControlNet을 구동할 수 있는 프로그램을 설치해보겠습니다.

Stable Diffusion에서 Extensions > Install from URL 탭으로 이동합니다.
URL for extension's git repository에 아래의 URL 경로를 넣어주고 하단의 Install 을 눌러주면 설치됩니다.

https://github.com/Mikubill/sd-webui-controlnet

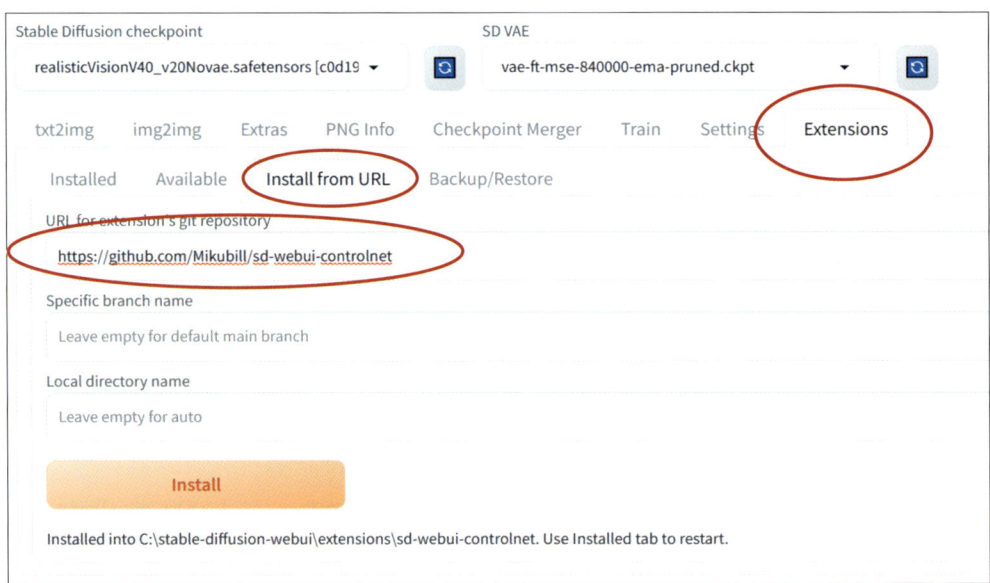

Extentions 폴더를 확인해보면 sd-webui-controlnet에 ControlNet이 설치되었을 것입니다.

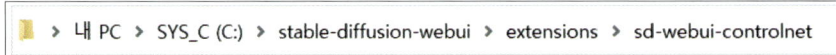

다시 Installed 탭으로 가서 Apply and restart UI 를 눌러서 UI를 다시 시작합니다.

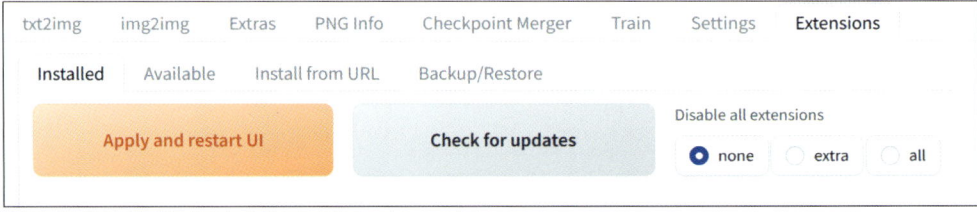

좌측의 [txt2img]을 선택합니다. 하단에 ControlNet UI가 등록되어 있으면 설치는 성공입니다.

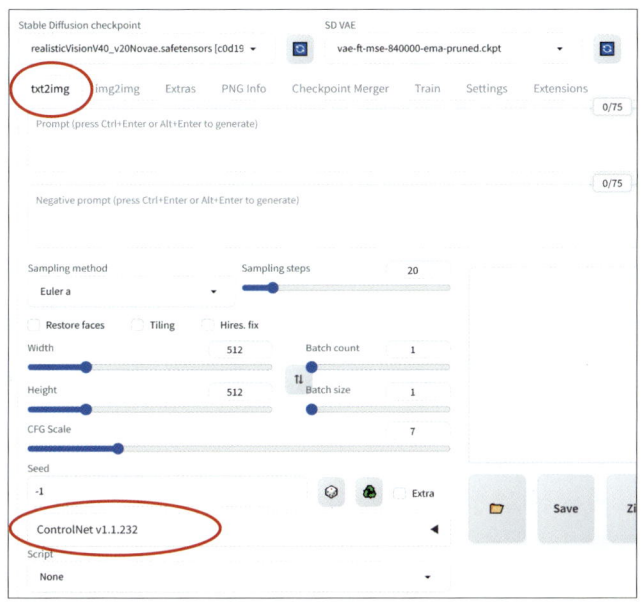

ControlNet를 클릭하여 Preprocessor 항목에서 그림과 같은 리스트가 확인되면 성공입니다.

우측의 Models 항목에도 리스트가 나타나야 하는데 아직 보이지 않습니다.

추가로 ControlNet Models을 설치해 주어야 합니다.

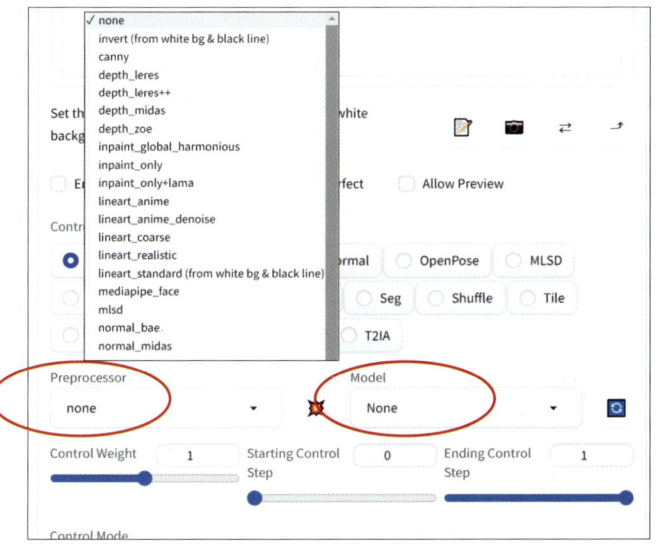

2) ControlNet에 필요한 Models 파일을 설치해보겠습니다.

크롬이나 Edge 브라우저에서 아래 경로로 이동합니다.
https://huggingface.co/lllyasviel/ControlNet-v1-1/tree/main

위의 Hugging Face 경로에 있는 모든 .pth 파일을
ControlNet이 설치된 ₩models에 다운로드해 주면 됩니다.
(현재 다운로드 가능한 pth 파일은 14개입니다.)

다운로드 완료 후 ControlNet으로 가서 Model 항목에서 리스트가 나타나면 성공입니다!

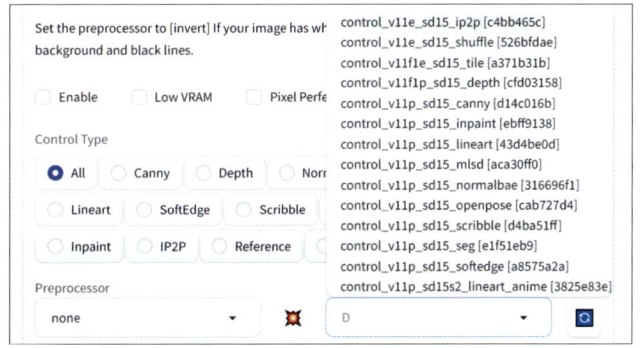

여기까지 Stable Diffusion의 WebUI와 필수 애드온 설치에 대해서 알아보았습니다.

이후 주제에서 소개하는 Stable Diffusion을 설치하고 진행할 때 참고하시길 바랍니다.

ComfyUI (컴피 유아이) 설치 방법

ComfyUI 설치하기 전에 미리 Python과 Git을 설치해두는 것이 좋습니다.
이전 단계의 Stable Diffusion을 설치하셨다면 그대로 진행해도 됩니다.

아래 링크의 주소에 접속한 후 Direct link to download를 클릭하여 ComfyUI 파일을 다운로드 합니다.

 https://github.com/comfyanonymous/ComfyUI?tab=readme-ov-file#installing

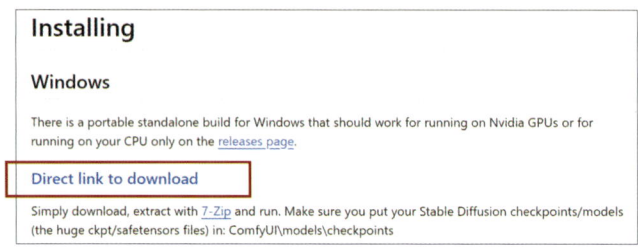

다운로드 받은 파일을 반디집, 7-zip 등의 압축 유틸리티를 이용해서 압축을 해제합니다.
(가급적 루트 드라이브에 압축을 해제하세요. C:, D:, E: 등등)

압축을 해제한 후 ComfyUI_windows_portable 폴더에 들어가 보면, 2개의 bat 파일이 있습니다.
[run_cpu.bat]는 cpu 기반의 AI 실행 모드이며, [run_nvidia_gpu.bat]는 nvidia GPU 기반의 AI 실행 모드입니다.
여기서는 run_nvidia_gpu.bat를 실행합니다.

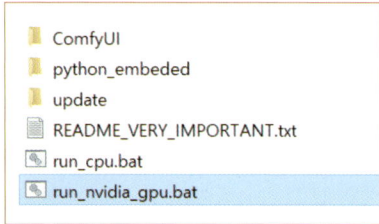

CMD 콘솔 창이 열리면서 실행 준비 상태가 되면, 자동으로 웹브라우저가 열리면서 ComfyUI가 실행됩니다.

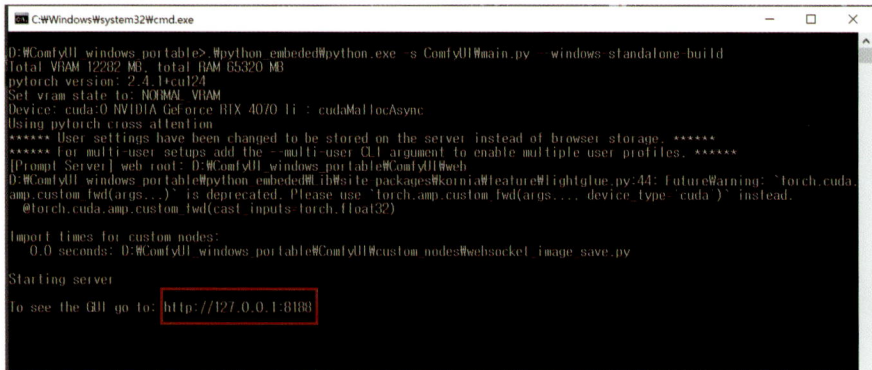

자동으로 웹 브라우저에 나타나지 않는다면, http://127.0.0.1:8188로 접속하면 실행됩니다.(콘솔 창을 닫으면 안됩니다)

이렇게 웹브라우저가 실행되면 성공입니다.

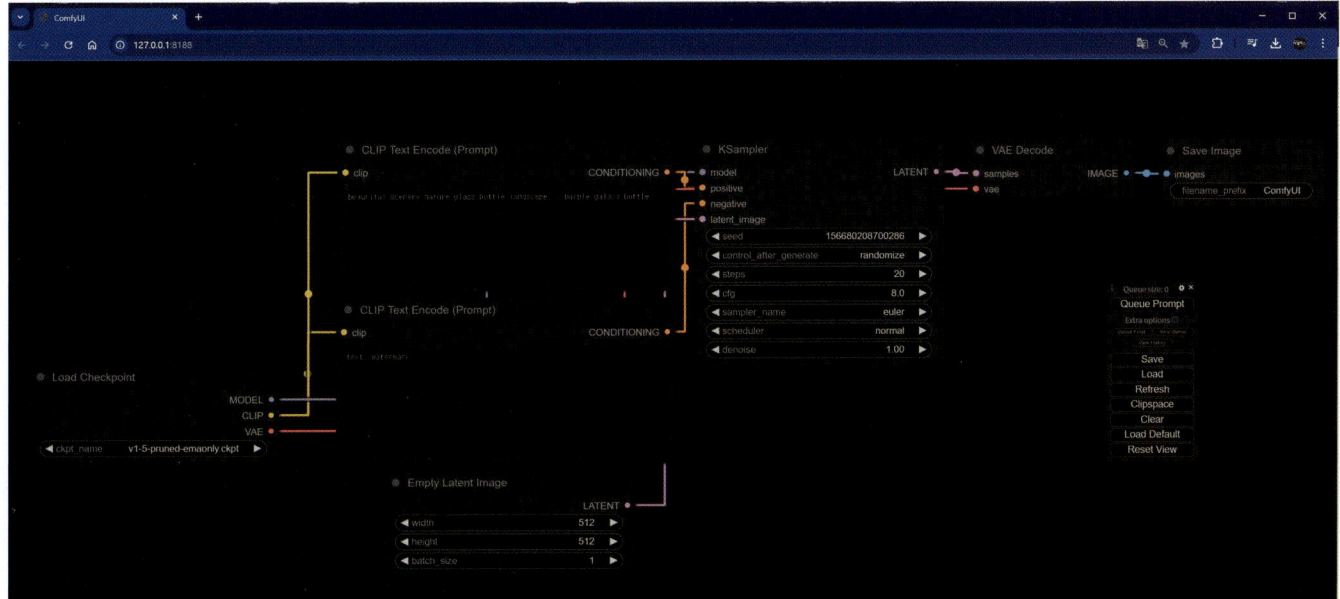

필수 기능인 ComfyUI Manager를 설치하겠습니다.
ComfyUI_windows_portable₩ComfyUI₩custom_nodes 폴더의 빈 공간에서 [쉬프트+마우스 오른버튼]을 눌러서 [여기에 PowerShell를 창 열기] 선택하여 PowerShell 콘솔창을 실행합니다.

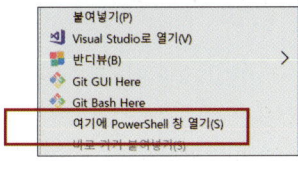

PowerShell의 콘솔 명령창에 아래와 같이 타이핑하고 엔터를 누르면 기본 설치가 됩니다.(1분 내외)

git clone https://github.com/ltdrdata/ComfyUI-Manager.git

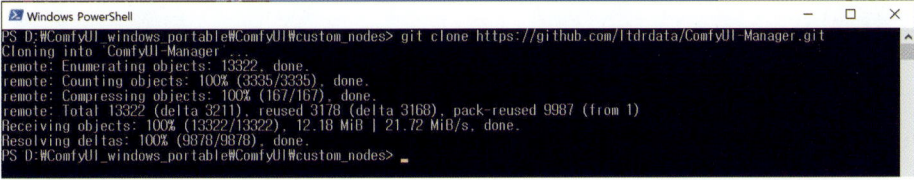

모든 콘솔 창을 닫고, ComfyUI를 재실행합니다.
Queue Prompt 하단에 Manager 버튼이 추가되었고, 눌러서 ComfyUI Manager가 실행되면 성공입니다.

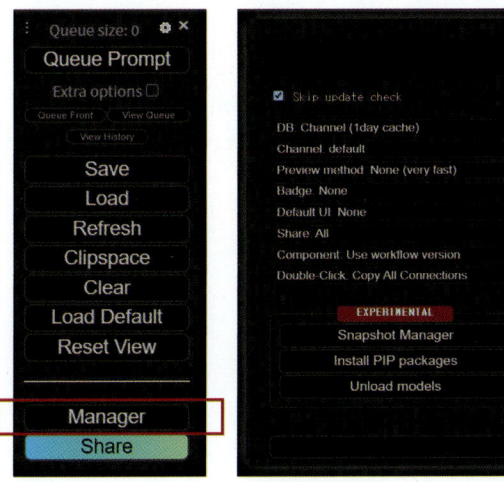
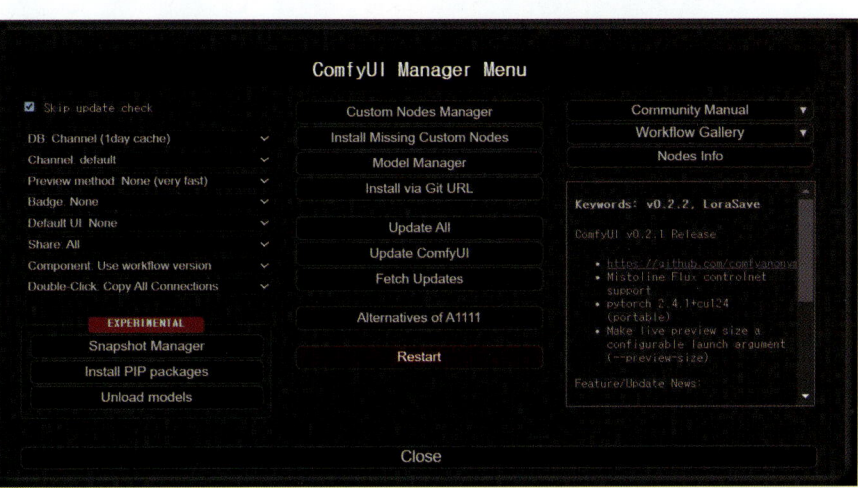

27

the AI GRAPHICS

인공지능 / 캐릭터 / 웹툰 / 패션 / 세계관 / 디지털 디자인

**12명의 AI 크리에이터들이 공개하는
이미지 생성을 위한 프롬프트 활용법**

김성완 / 김한재 / 류내원 / 박상준 / 이든 / 윤석장
오지훈 / 전혜정 / 진수지 / 조남경 / 조지훈 / 최돈현

아티스트를 만나다

AI 인플루언서 '오예린' 제작자

윤석장

프로덕트 매니저(PM)
ai.samzang@gmail.com

AI 기술의 발전은 그 경계와 가능성을 끊임없이 확장해 나가고 있다. 그중에서도 특히 주목받는 분야는 바로 'AI 인플루언서'다. AI 인플루언서는 가상 인물이지만, 실제 사람처럼 SNS에서 활발히 활동하며 팔로워들과 소통하고, 브랜드와의 협업을 통해 영향력을 행사한다. 이러한 AI 인플루언서의 등장은 디지털 마케팅의 새로운 패러다임을 제시하며, 업계의 관심을 집중시키고 있다.

[the AI GRAPHICS]에서는 AI 인플루언서 '예린이'를 빚어낸 윤석장 님을 만났다. 어떻게 이 혁신적인 프로젝트를 시작하게 되었는지, 그리고 예린이를 통해 어떤 변화를 꿈꾸고 있는지 궁금했다. AI 인플루언서 예린이의 탄생 과정, 그 배경에 담긴 철학 그리고 그가 바라보는 AI의 미래에 관한 이야기를 나눠 보았다. 예린이를 통해 AI 기술이 어떤 방식으로 우리의 일상에 스며들고, 디지털 사회를 어떻게 변화시킬지에 대한 흥미로운 이야기들을 읽어 볼 수 있을 것이다.

AI가 빚어낸 러블리한 매력

AI 인플루언서 오예린 제작기

반갑습니다. 오예린 매니저님. 간단한 소개를 부탁드립니다.

안녕하세요, 독자 여러분! 저는 IT 업계에서 20년 넘게 UX와 인터넷, 모바일 서비스 분야의 프로덕트 매니저로 활동하고 있는 윤석장입니다. 주로 소셜 서비스를 중심으로 신규 서비스를 기획하고 개선하는 일을 해왔으며, 현재는 디지털 서비스에서 IP 캐릭터를 기반으로 한 프로덕트 전략을 담당하고 있습니다. 기억에 남는 프로젝트로는 치열한 소셜 미디어 시장에서 한국형 SNS(미투데이)의 성장을 이끌었고, 태국과 인도네시아에서 글로벌 소셜 서비스(오픈챗)를 성공적으로 런칭한 경험입니다. 이러한 다양한 경험을 바탕으로 현재는 디지털 환경에서 IP 캐릭터를 활용한 콘텐츠와 서비스를 제공하는 프로젝트(미니스튜디오)를 진행하고 있습니다.

AI 인플루언서 예린이를 만들게 된 동기는 무엇인가요?

AI 인플루언서 예린이를 만들게 된 동기는 여러 가지가 있었어요. 가장 큰 이유는 AI발전과 소셜 플랫폼의 시대에서 새로운 변화에 따른 그 가능성을 테스트해보고 싶었어요. 그동안 IT 업계에서 다양한 소셜 서비스를 기획하고 개발하면서 AI(가상) 모델이 앞으로 소셜 플랫폼에서 큰 역할을 할 것이라는 확신이 들었어요.

사실, AI 모델을 활용하면 기존 시장에서 많은 문제를 해결할 수 있습니다. 예를 들어, 사람 모델을 사용하는 경우, 기업은 많은 인력 비용과 시간을 절약할 수 있어요. 또한, 모델의 사생활 이슈나 계약 관련 문제에 훨씬 유연하게 대응할 수 있죠. 이런 장점들 덕분에 AI 모델의 사용이 점점 더 늘어날 것이라는 확신이 들었습니다.

가상(버츄얼)휴먼에 대한 시도는 사실 오래전부터 있었어요. 1988년부터 다양한 시도가 있었고, 우리나라에서도 1998년대 후반에 '아담'이라는 사이버 가수가 가상휴먼으로 등장했었죠. 이후 2010년대 초반부터는 제작 에이전시를 중심으로 소셜 미디어 기반의 가상(버츄얼)휴먼이 활동을 시작했어요. 그때 가장 유명한 버츄얼 인플루언서가 미국의 릴 미켈라(Lil Miquela) 입니다. 이 시기에도 버츄얼 인플루언서를 개발하고 운영하는 것은 전문 스튜디오나 에이전시의 영역이었어요. 주로 3D 모델링과 페이스 인식 기술을 활용해 제작했는데, 얼굴 인식을 통해 Faceswap 기능을 사용하거나, 실제 모델의 몸에 가상 얼굴을 입히는 방식이었죠. 이런 방식으로 우리나라에서도 로지(@rozy.gram) 같은 버츄얼 인플루언서가 등장했어요.

버츄얼 인플루언서 - 릴 미켈라 @lilmiquela

그러나 2020년대로 접어들면서 상황이 크게 바뀌었어요. AI 오픈 소스와 기술들이 공개되면서 누구나 쉽게 버츄얼 인플루언서를 만들 수 있게 되었죠. 마음만 먹으면 개인들도 나만의 버츄얼 인플루언서를 만들 수 있는 시대가 온 것입니다. 주요 AI 플랫폼에서는 실사 인물과 거의 구분이 안 갈 정도로 높은 퀄리티의 이미지를 생성할 수 있게 되었고, 다양한 AI 도구를 활용하여 원하는 인물을 뽑을 수 있게 되면서 예린이를 만들게 되었습니다.

결론적으로는, 예린이는 새로운 시대와 환경에서 AI 모델의 잠재력을 검증하기 위한 것이었어요. AI 기술의 발전과 함께 많은 사람들이 쉽게 접근할 수 있는 환경이 조성되었고, 이를 통해 예린이를 통해 다양한 실험과 시도를 할 수 있게 되었습니다.

예린이의 캐릭터 컨셉이 구체화되기까지의 과정이 궁금합니다

예린의 캐릭터 컨셉을 구체화하는 과정은 몇 가지 중요한 단계를 거쳤어요. 이 과정은 예린의 목표와 가치를 설정하는 것에서부터 그녀의 라이프 배경을 현실적으로 구성하는 것까지 다양한 요소를 고려해야 했어요.

먼저, 예린이라는 인물의 페르소나를 설정하는 것이 중요했어요. 예린은 20대 여대생으로, 긍정적이고 활기찬 성격을 지닌 캐릭터로써 사람들과 소통하고 영향력을 미치는 것을 목표로 삼았어요. 이러한 인물설정은 예린의 모든 행동과 결정에 영향을 미치기 때문에 처음부터 명확히 설정해야 했죠.

그리고 예린의 배경을 많은 사람들이 공감할 수 있도록 현실적으로 설정했어요. 예린은 수도권에 살며 평범한 가정에서 자랐어요. 이를 통해 대중들이 더 친근하게 느낄 수 있도록 했어요. 우리 주위에서 볼 수 있는 현실적이고 공감할 수 있는 배경을 통해 예린의 이야기가 더 생생하게 다가갈 수 있도록 하고 싶었어요.

또한, 예린의 대학 학창 시절과 경험의 중요성을 강조하고 싶었어요. 미디어와 디자인에 관심을 키운 과정을 통해 예린의 성장 배경을 20대 대학생의 현재 모습에서 자연스럽게 표현하려고 했죠. 예린은 한국의 디자인 대학에서 시각 디자인을 전공하고 있으며, 나중에는 미디어 커뮤니케이션도 복수전공하고 싶어해요. 그리고 외모가 뛰어나서 대학시절 다양한 외부 활동을 통해 인플루언서로서의 활동도 적극적으로 하고 있어요. 좋은 비주얼로 SNS 플랫폼을 통해 자신의 일상을 공유하면서 팔로워를 모으는 경험도 하고 있고요.

제작자 입장에서는 실제 인플루언서들의 성공 스토리를 참고하여 예린의 이야기에 현실감을 더할 수 있도록 했어요. 여러 인플루언서들이 경험한 모습들을 참고하여, 그들이 팔로워들과 소통하는 방식을 예린의 콘텐츠 내용에도 반영할 수 있도록 했어요. 이렇게 함으로써 예린의 캐릭터가 더욱 현실감 있고 친근하게 다가갈 수 있도록 했습니다.

마지막으로, 예린을 독창적이고 매력적인 캐릭터로 만들기 위해 그녀만의 독특한 특징과 차별화된 포인트를 추가했어요. 예를 들어, 예린이 좋아하는 셀카, 취미나 특별한 경험 등을 부여하여 다양한 상황에서의 행동과 반응을 보여줄 수 있도록 했어요. 이런 요소들을 통해 독자들이 예린의 매력을 느낄 수 있도록 했습니다.

이름	오예린
국적	한국
나이	20대 초반
성별	여성
직업	대학생, 쇼핑몰 피팅모델, 인플루언서
MBTI	ESTJ
성격	긍정적이고 활기찬 성격, 사람들과 어울리는 것을 좋아함. 고집있음. 독립적이며 자기주도적임.
특기	기타, 바이올린
취미	여행, 요가, 사진찍기 운동 (러닝, 사이클 등),

예린의 페르소나 프로필

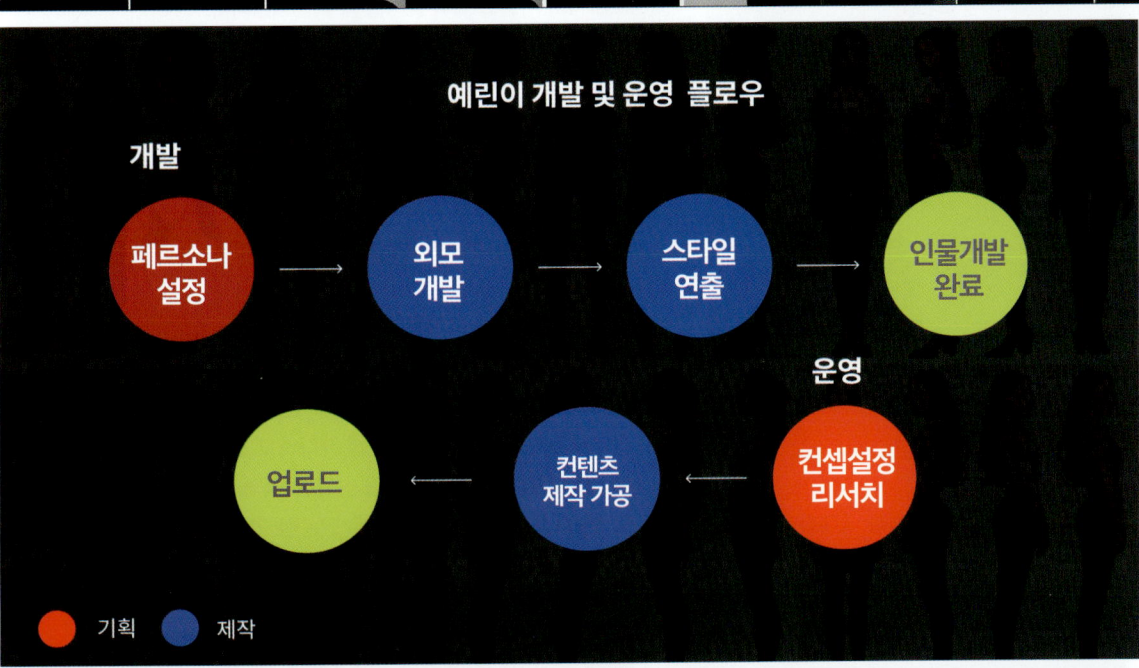

예린이 개발 및 운영 플로우

개발

페르소나 설정 → 외모 개발 → 스타일 연출 → 인물개발 완료

운영

업로드 ← 컨텐츠 제작 가공 ← 컨셉설정 리서치

● 기획   ● 제작

페르소나 설정

ESTJ 성격의 디자인 전공 **20대 여학생**,
피팅모델과 다양한 예술 활동을 즐기는 다재다능 인플루언서

긍정 에너지 · 소통 지향 · 여행 · 사진

독립적 · 똥고집 · 기타 연주 · 요가

피팅 모델 · 디지털 크리에이터

예린이의 나이와 외모를 특정 연령대로 설정한 이유는 ?

인플루언서 마켓 시장에서 가장 영향력이 높은 젊은 세대를 타깃 오디언스로 설정했어요. 예린이는 20대 초반 여성으로, 이는 주로 젊은 세대와 공감을 강화하기 위해서였어요. 20대 초반의 많은 사람들이 자신을 표현하는 데 솔직하고, 이 연령대가 독자들에게 더욱 친근하게 다가갈 수 있다고 생각했어요.

또한, 예린의 나이를 20대로 설정한 것은 현실성을 극대화하기 위함이에요. 성공한 많은 인플루언서들이 20대 연령대를 갖고 있어요. 이 나이는 새로운 트렌드를 빠르게 수용하고 소셜 미디어를 적극적으로 활용할 수 있는 능력을 갖추고 있습니다. 이러한 특성 덕분에 예린의 활동과 성장 과정이 더 자연스럽고 현실적으로 느껴지도록 했습니다

예린의 외모 설정 또한 그녀의 캐릭터 이미지 구축에 중요한 부분이었어요. 예린이를 건강하고 활기찬 이미지로 설정하여, 활동적인 상황에도 잘 어울리도록 의도했어요. 이는 많은 사람들이 쉽게 공감하고 좋아할 수 있는 스타일로, 예린이의 매력을 더욱 돋보이고 싶었어요. 가끔은 스타일 변신을 통해 새로운 느낌도 전달할 수 있는 캐릭터로 설정했어요. 예를 들어, 다양한 패션과 뷰티 트렌드를 시도하며 팬들에게 신선함을 제공할 수 있도록 했습니다.

마지막으로, 인플루언서로서 예린의 커머셜한 활동을 고려하여 외모를 설정했어요. 외모 이미지에 맞게 패션, 뷰티 등 다양한 제품들과 콜라보를 할 수 있는 모습을 갖추고 싶었어요. 이는 다양한 브랜드와 협업할 수 있는 기회를 열어주고, 인플루언서로서의 역할을 높일 수 있을 거라고 생각했어요.

예린이도 SNS 활동을 하나요? 생활 스케줄이 궁금하네요

예린의 SNS 활동 스케줄은 체계적으로 운영하려고 해요. 매주 1~2회 새로운 콘텐츠를 포스팅하는 것을 목표로 하고 있어요. 새로운 콘텐츠를 올리면서 팔로워들과 꾸준히 소통하려고 노력하고 있습니다.

예린의 포스팅은 주로 다양한 주제를 다루며, 최신 트렌드를 반영하려고 합니다. 패션, 뷰티, 라이프스타일, 여행 등 여러 주제를 다루며, 그날그날의 트렌드와 시즌에 맞는 콘텐츠를 제작하고 있어요. 예를 들어, 여름에는 휴양지 패션과 여행지를 소개하거나, 겨울에는 따뜻한 옷차림과 겨울철 취미 활동을 다루는 식입니다.

주로 일상생활에서 셀카를 중심으로 콘텐츠 활동을 하고 있습니다. 셀카를 통해 예린의 일상과 스타일을 팬들에게 더욱 친근하게 전달하려고 해요. 또한, 주 1회 정도는 광고 촬영 컨셉으로 진행하여, 예린의 다양한 매력을 팬들에게 보여주고 있습니다. 가끔은 특별한 스타일을 시도하여, 예린의 다양한 모습을 보이려고 노력하고 있어요.

또한, 예린은 SNS 통계를 통해 팔로워들의 반응을 모니터링하고, 그에 따라 콘텐츠를 조정하고 있습니다. 어떤 콘텐츠가 많은 관심을 받는지, 확인하여 더욱 효과적인 콘텐츠 전 팔로워가 많지 않지만, 예린은 팔로워들과의 소통을 중요하게 생각하고 있습니다. 팔로워들의 공간에 방문하여 좋아요와 댓글을 남기며, 적극적으로 소통하려고 노력하고 있습니다. 이를 통해 예린은 단순한 인플루언서가 아니라, 팬들과 함께 성장하는 캐릭터로 자리 잡기를 기대하고 있습니다.

예린 캐릭터를 만들 때 어떤 AI 툴을 사용하셨나요? AI 인플루언서 제작 또는 인물 제작 관점에서 중요한 부분이 무엇일까요?

예린 캐릭터를 만들 때 사용했던 AI 툴은 미드저니 v6.0 (이하 MJ) 를 사용했어요.

MJ는 고성능 GPU 컴퓨터가 없어도 인터넷이 연결된 브라우저에서 프롬프트(문장,단어)입력 만으로 이미지를 손쉽게 생성할 수 있는 AI도구입니다. 예린이 캐릭터 얼굴도 MJ의 프롬프트와 AI로 생성된 이미지를 활용하여 제작되었습니다.

[프롬프트]
MJ는 누구나 간단한 프롬프트(단어, 문장)입력만으로 고품질의 다양한 이미지를 생성할 수 있습니다. 장소에 구애받지 않고 언제 어디서든 콘텐츠 생성 작업을 할 수 있습니다.

예를 들어 [beautiful influencer woman]라는 프롬프트만 입력해도 그림처럼 이미지를 생성할 수 있습니다.

아주 쉽죠? 하지만 중요한 것은 제작자 의도와 목적에 맞게 이미지를 생성하기 위해서는 프롬프트를 입력하는 방법을 알아야 합니다. 그러기 위해서는 프롬프트를 상황에 맞게 구체적으로 작성하는 방법을 사용해야 합니다.

구체화에 대한 방법은 여러 가지가 있지만, 여기서는 실사 인물에 제작에 유용한 방법을 알려 드리겠습니다.

프롬프트 구체화의 핵심은 구조화하는 것입니다. 일관된 구조를 사용하면 프롬프트의 각 요소를 쉽게 조정할 수 있고, 원하는 결과를 얻을 확률도 높아집니다. 그리고 프롬프트는 영어로 작성되어야 하기 때문에 정확한 영어표현을 사용하는 것이 중요합니다. 프롬프트로 사용할 표현들은 일상생활에서 사용하지 않는 전문 용어들이 많습니다.

예를 들어, 여성 헤어스타일 종류라고 한다면(Bob cut, Layered cut, Straightening, Wave, Updo, Ponytail, Braid 등) 우리는 일상에서 잘 사용하지 용어를 사용하기 때문에 단순 번역기를 사용하는 것보다 ChatGPT와 같은 AI 툴을 사용하여 헤어스타일 종류로 추출하여 사용하는 것이 정확도를 높일 수 있습니다.

여성 헤어 스타일 종류를 표형식으로 작성해. 헤어종류는 영어로 작성하고 설명은 한글로 작성해

아래는 여성 헤어스타일을 영어로 작성하고 설명은 한글로 작성한 표입니다:

Style	Description
Bob Cut	귀 아래에서 중간 길이로 자르는 헤어컷. 클래식 보브, A라인 보브, 롱 보브 등이 포함됩니다.
Layered Cut	머리카락에 층을 내어 볼륨감과 움직임을 주는 스타일입니다.
Permanent Perm	컬을 오랜 시간 유지할 수 있도록 하는 화학적 시술입니다.
Straightening	머리카락을 매끄럽고 곧게 펴는 기술입니다. 아이롱 스트레이트닝, 화학적 스트레이트닝 등이 포함됩니다.
Wave	자연스러운 물결 모양으로 스타일링하는 기술입니다. 디지털 웨이브, 히트 웨이브 등이 있습니다.
Updo	머리카락을 위로 묶어 정리하는 스타일입니다. 번, 포니테일 업스타일 등이 포함됩니다.
Ponytail	머리카락을 뒤쪽으로 묶어주는 스타일입니다. 높은 포니테일, 낮은 포니테일 등이 있습니다.
Braid	머리카락을 엮어서 만드는 스타일입니다. 프렌치 브레이드, 더치 브레이드, 피시테일 브레이드 등이 포함됩니다.
Cut	기본적으로 길이를 자르는 헤어컷입니다. 미디엄 컷, 숏 컷 등이 있습니다.
Long Bob	보브 컷을 길게 한 스타일로, 어깨까지 오는 길이입니다.
Retro Style	과거의 헤어스타일을 재현한 스타일입니다. 20세기 중반의 스타일 등이 포함됩니다.
Fishtail Braid	두 가닥의 머리카락을 엮어 만든 브레이드 스타일입니다.
Half Up Half Down	머리카락의 상단만 묶고 하단은 내린 스타일입니다.
Curl	머리카락을 컬로 스타일링한 형태입니다. 바디 컬, 스파이럴 컬 등이 포함됩니다.

이 표가 도움이 되길 바랍니다. 추가로 궁금한 점이 있거나 다른 정보가 필요하신가요?

프롬프트를 구조화하는 것은 이미지 생성 과정에서 매우 중요한 역할을 합니다.

구조화된 프롬프트를 사용하면 다음과 같은 장점이 있습니다.
- 일관성 유지 : 항상 같은 구조를 사용함으로써 프롬프트 작성 시 중요한 요소를 빠뜨리지 않게 됩니다. 모든 중요한 요소(품질, 주제, 외모, 표정 등)가 포함되어 있어 완성도 높은 이미지를 생성할 수 있습니다.
- 효율적인 수정 : 특정 부분만 쉽게 수정할 수 있어, 다양한 변형을 빠르게 시도할 수 있습니다.
- 체계적인 접근 : 이미지의 각 요소를 순차적으로 고려하여 더 완성도 높은 프롬프트를 만들 수 있습니다.
- 재사용성 : 구조를 템플릿으로 사용하여 다양한 인물, 장면, 상황에 맞게 쉽게 수정할 수 있습니다.
- 협업 용이성 : 프롬프트를 공유할 때 구조화된 형식이 있으면 의사소통이 훨씬 수월해집니다.
- 학습 및 개선 : 구조화된 형식을 사용하면 어떤 요소가 결과에 큰 영향을 미치는지 파악하기 쉬워집니다.

프롬프트 구조화는 정해진 룰은 없지만 실사 이미지에서 필요한 구조를 기반으로 다음과 같이 정리해봤습니다.

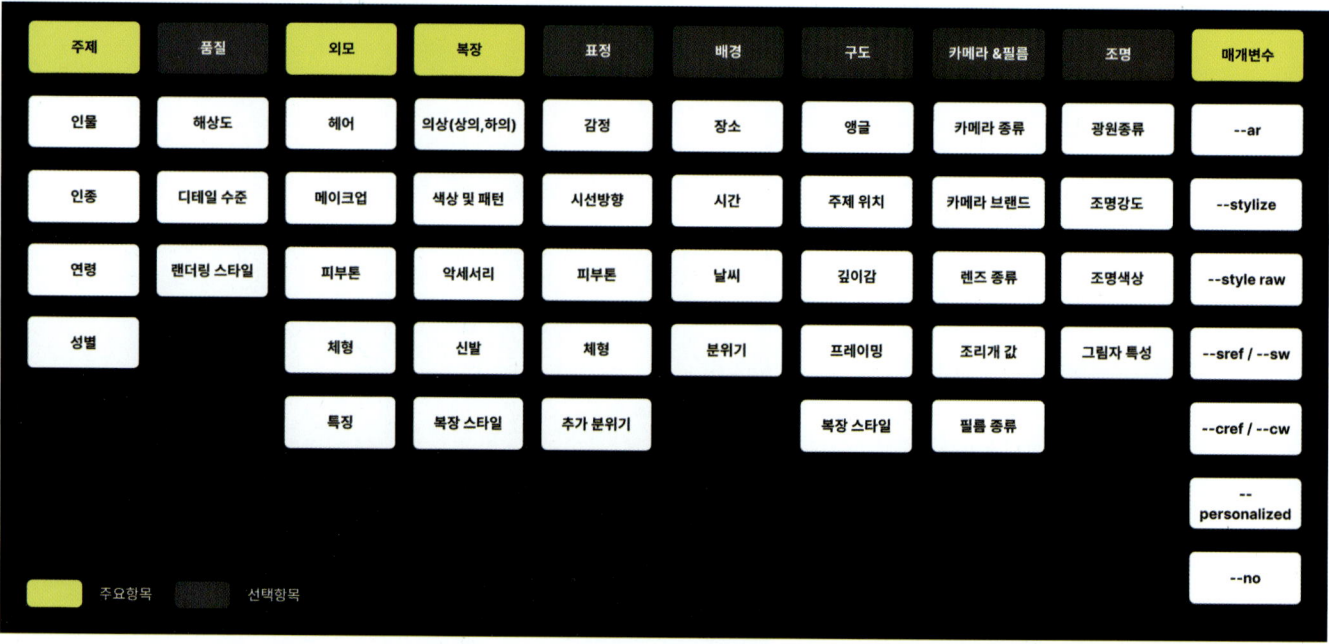

다음 이미지는 프롬프트 구조를 기반으로 만들어본 예시입니다.

> Highly detailed 8K photorealistic rendering of a confident young Asian woman in her mid-20s with long brown wavy hair and almond-shaped eyes, wearing a twinkle golden blazer and holding a briefcase, walking on a busy Tokyo street with skyscrapers and neon signs, golden hour lighting, rule of thirds composition, low angle shot, Canon EOS R5 with 35mm lens, street photography style, vibrant colors, slight motion blur --ar 16:9 --v 6.0
>
> 긴 갈색 웨이브 헤어와 아몬드 모양의 눈을 가진 자신감 넘치는 20대 중반의 젊은 아시아 여성이 반짝이는 황금색 블레이저를 입고 서류 가방을 들고 고층 빌딩과 네온사인이 있는 번화한 도쿄 거리를 걷는 모습을 매우 디테일하게 8K 포토리얼리스틱 렌더링. 황금 시간 조명. 1/3의 법칙 구도, 저각 촬영, 35mm 렌즈, 거리 사진 스타일, 생생한 색상, 약간의 모션 블러.

[프롬프트 구조]

- 주제 : Young Asian woman in her mid-20s
- 품질 : Highly detailed 8K photorealistic rendering
- 외모 : Long brown wavy hair, almond-shaped eyes
- 복장 : Twinkle golden blazer, holding a briefcase
- 표정 : Confident
- 배경 : Busy Tokyo street with skyscrapers and neon signs
- 구도 : Low angle shot, rule of thirds composition
- 카메라 & 필름 : Canon EOS R5 with 35mm lens, street photography style
- 조명 : Golden hour lighting
- 기타 : Vibrant colors, slight motion blur
- 매개변수 : --ar 16:9 --v 6.0

어떤가요? 프롬프트 내용이 이미지에 잘 반영 되었나요?
저자 기준에서는 90%이상 상상한 이미지와 거의 흡사한 결과를 만들어주었습니다.

추가로 프롬프트 작성 시 다음사항을 고려하면 도움이 됩니다.
가장 중요한 항목을 앞쪽에 배치하세요. AI 종종 프롬프트의 앞부분에 더 가중치를 둡니다. 모든 항목을 항상 사용할 필요는 없습니다. 원하는 이미지의 특성에 따라 중요한 항목을 선별적으로 사용하는 것이 좋습니다.
특별히 구도는 다른 요소들과 밀접하게 연관되어 있습니다. 예를 들어 선택한 구도가 배경, 조명, 카메라 설정 등과 조화를 이루도록 해야 합니다. 또한 AI 모델마다 이해도가 다를 수 있으므로, 다양한 표현을 시도해 보며 가장 효과적인 방법을 찾아보시길 바랍니다. 설명이 너무 복잡하면 AI가 혼란스러울 수 있으므로, 핵심적인 1~2가지 요소에 집중하는 것을 추천합니다.

이미지 생성형 AI로 캐릭터의 얼굴과 스타일의 일관성을 유지하기가 가장 어렵다고 들었습니다.
예린이의 일관성을 유지하기 위해 구체적으로 어떤 방법이 적용되었는지요?

MJ에서 일관성이 있는 얼굴을 생성하는 방법입니다.
Character Reference, 줄여서 cref라 불리는 이 기능은 Midjourney v6.0 모델의 핵심 기능 중 하나입니다. 이 기능은 사용자가 제공한 참조 이미지의 얼굴 특징을 분석하고, 이를 새로운 이미지 생성 과정에 적용합니다. 이를 통해 원본 얼굴의 주요 특징을 유지하면서도 다양한 상황, 포즈, 표정을 가진 새로운 이미지를 생성할 수 있습니다.

사용방법을 간단하게 소개해 보겠습니다.

[cref 파라미터 사용법]

```
/imagine prompt : [원하는 이미지 설명] --cref [이미지 URL] --cw 0~100
```

예를 들어, 특정 여성의 얼굴을 기반으로 다양한 상황의 이미지를 생성하고 싶다면 다음과 같이 프롬프트를 작성할 수 있습니다.

```
/imagine prompt : a woman in a red dress at a gala event --cref [이미지 URL]
```

이 명령어는 제공된 URL의 참조 이미지에서 얼굴 특징을 추출하여, 갈라 이벤트에 참석한 빨간 드레스를 입은 여성의 이미지를 생성합니다. 생성된 이미지는 참조 이미지의 얼굴 특징을 유지하면서도, 새로운 상황과 의상을 반영하게 됩니다. 아래 그림의 왼쪽 이미지는 프롬프트만으로 여성의 얼굴 사진. 오른쪽 이미지는 cref를 사용하여 생성된 갈라 이벤트 장면의 여성 이미지입니다.

cref 사용 전   cref 사용 후

[cw 파라미터 사용법]

- cw 0 : 이 값을 사용하면 참조 이미지의 얼굴 특징만을 최소한으로 반영합니다. 전체적인 스타일이나 포즈는 무시되고, 오직 얼굴의 핵심적인 특징만이 새 이미지에 적용됩니다.
- cw 100 : 반대로 이 값은 참조 이미지의 모든 요소를 강하게 반영합니다. 얼굴 특징뿐만 아니라 전체적인 스타일, 포즈, 심지어 배경 요소까지도 새 이미지에 큰 영향을 미치게 됩니다.
- 중간 값 (예: cw 50) : 이는 균형 잡힌 접근을 제공합니다. 참조 이미지의 얼굴 특징을 충분히 반영하면서도, 새로운 요소들을 자연스럽게 통합할 수 있게 해줍니다. (참조 이미지에 따라 결과는 상이할 수 있습니다.)

[프롬프트 예시]

/imagine prompt : a man in a superhero costume flying through a cityt --cref [이미지 URL] --cw 0~100

이 프롬프트는 참조 이미지의 얼굴 특징을 유지하면서도, 슈퍼히어로 설정에 맞는 새로운 요소들을 자연스럽게 통합한 이미지를 생성할 수 있습니다..

cw 0　　　　　　　　　　　　　　　cw 50　　　　　　　　　　　　　　　cw 100

동일한 참조 이미지와 프롬프트를 사용하여 cw 값을 0, 50, 100으로 변경해가며 생성한 세 개의 이미지를 나란히 배치. cw 값이 증가함에 따라 참조 이미지의 특징이 더 강하게 반영되는 것을 확인할 수 있습니다.

[참조 이미지 선택 시 고려사항]

- 해상도와 선명도 : 고해상도, 선명한 이미지를 선택하세요. AI가 얼굴 특징을 정확하게 분석하는 데 도움됩니다.
- 조명 : 균일하고 자연스러운 조명 하에서 촬영된 이미지를 선택하세요. 극단적인 명암 대비나 특수 조명 효과는 피하는 것이 좋습니다.
- 각도 : 가능한 한 정면을 바라보는 얼굴 샷을 선택하세요. 이는 AI가 얼굴의 대칭성과 주요 특징을 파악하는 데 도움됩니다.
- 표정 : 중립적인 표정의 이미지가 효과적입니다. 과도한 감정 표현이나 특이한 포즈는 일관성 있는 결과를 얻는 데 방해가 될 수 있습니다.
- 배경 : 단순하고 깨끗한 배경의 이미지가 좋습니다. 복잡한 배경은 AI가 얼굴 특징에 집중하는 것을 방해할 수 있습니다.

MJ를 활용한 얼굴 생성 과정에서 때때로 비일관적인 결과가 나타날 수 있습니다. 이는 MJ 시스템의 특성상 자연스러운 현상이지만, 다음과 같은 방법으로 이를 개선할 수 있습니다.

첫째, 프롬프트의 얼굴 묘사 부분을 더욱 상세하게 작성하는 것이 중요합니다. 구체적인 특징을 명시하면 AI가 더 정확한 이미지를 생성할 가능성이 높아집니다.
둘째, 다른 참조 이미지를 시도해 보는 것도 효과적인 방법입니다. 때로는 인간의 눈에는 유사해 보이는 이미지라도 AI 시스템에는 다르게 해석될 수 있기 때문입니다.
셋째, 생성된 이미지 중 가장 만족스러운 것을 새로운 참조 이미지로 사용하는 방법이 있습니다. 이는 AI가 점진적으로 원하는 스타일을 학습하도록 유도하는 효과가 있습니다.

마지막으로 AI를 이용한 얼굴 생성 시 반드시 고려해야 할 윤리적, 법적 사항들이 있습니다.
개인정보 보호는 가장 중요한 요소 중 하나입니다. 실존 인물의 이미지를 참조 이미지로 사용할 경우, 반드시 해당 인물의 명시적 동의를 얻어야 합니다. 이는 법적 문제뿐만 아니라 윤리적 측면에서도 중요한 사항입니다. 저작권 문제 또한 주의해야 합니다. 인터넷상의 모든 이미지가 자유롭게 사용 가능한 것은 아니므로, 참조 이미지로 사용하는 모든 소스에 대해 적절한 사용 권한이 있는지 확인해야 합니다.

생성된 이미지의 오용 방지도 중요한 고려 사항입니다. AI로 생성된 이미지가 특정 개인이나 그룹을 비방하거나 해를 끼치는 데 사용되지 않도록 주의해야 합니다. 이는 창작자의 윤리적 책임이라고 할 수 있습니다.

마지막으로, 투명성의 원칙을 지키는 것이 중요합니다. AI로 생성된 이미지임을 명확히 밝혀야 하며, 특히 상업적 용도로 사용할 경우 이는 더욱 중요합니다. 또한, 이러한 기술이 사회에 미칠 수 있는 영향을 고려하여 책임감 있게 사용해야 합니다.
일관성 있는 얼굴을 만들기 위해서는 참조 이미지를 여러 번 교체하면서 시도해야 하는 경우가 많습니다. 이 과정은 시간이 많이 소요될 수 있지만, 원하는 결과를 얻기 위해서는 필수적인 단계입니다. 이 시간 동안의 실험과 조정이 최종적으로 만족스러운 결과물을 얻는 데 큰 역할을 합니다.

MJ를 사용한 일관성 있는 얼굴 생성은 기술적 숙련도와 창의성이 결합된 복잡한 과정입니다. Character Reference와 Character Weight 파라미터 사용, 효과적인 참조 이미지 선택, 그리고 정교한 프롬프트 작성이 이 과정의 핵심 요소입니다. 초기에는 어려움을 겪을 수 있지만, 지속적인 실습과 경험을 통해 개인만의 기술과 노하우를 개발할 수 있습니다. 이러한 노력은 결국 창의적이고 고품질의 AI 생성 얼굴 이미지를 만들어내는 능력으로 이어질 것입니다.

[MJ로 생성한 예린 갤러리]

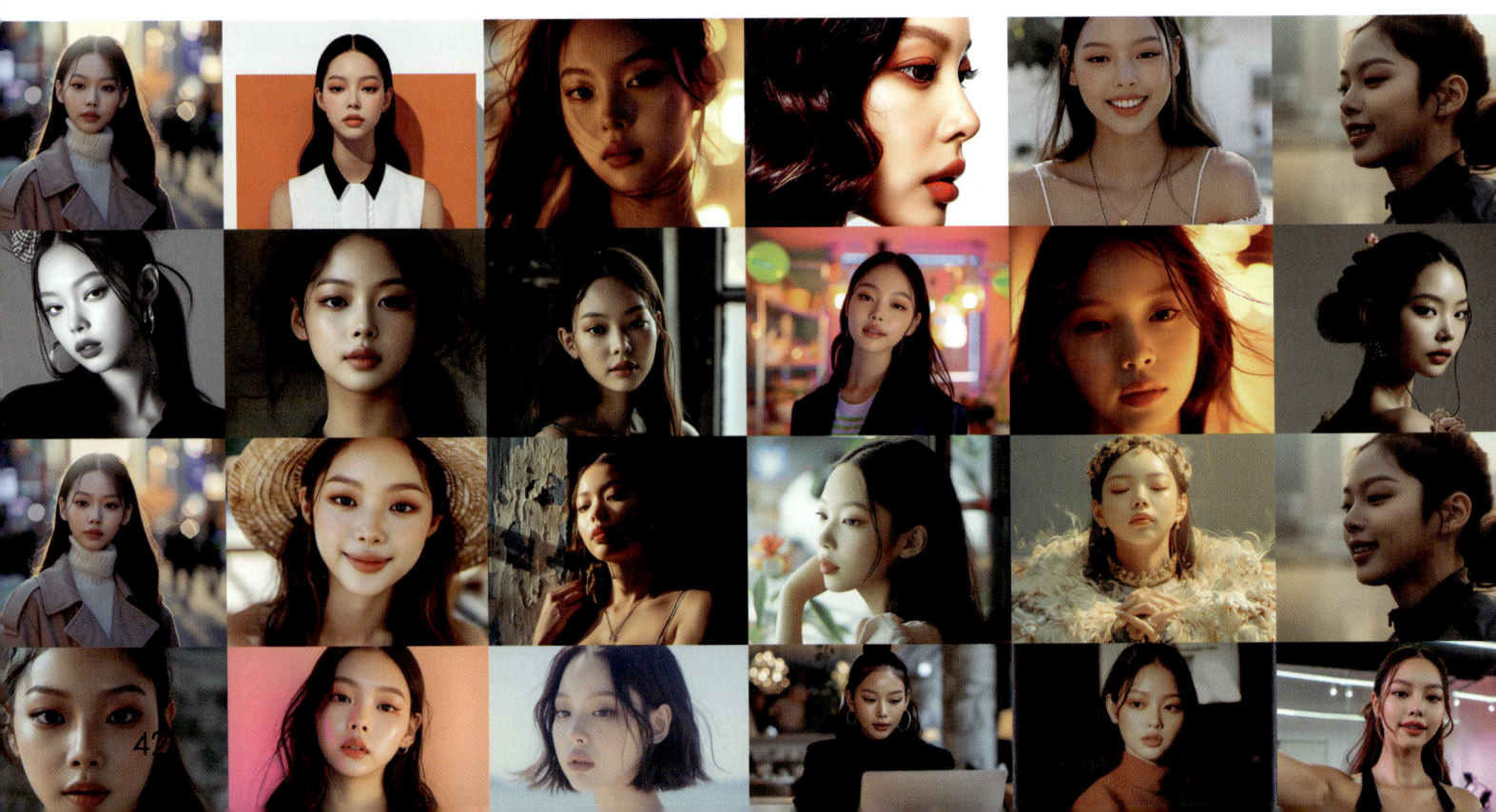

인터뷰_AI 인플루언서 오예린 제작기 / 윤석장

예린이의 패션과 의상, 분위기 등 한 컷의 이미지를 완성하기 위한 캐릭터의 스타일은 어떻게 구상하고 완성하시는 건가요?

예린이 스타일 제작시 워크플로우는 다음 단계로 진행하였습니다.

[컨셉 설정]

먼저, 콘텐츠 컨셉을 설정합니다. 콘텐츠 주제, 분위기, 스타일을 결정하는 단계입니다. 예를 들어, 캐쥬얼한 일상, 로멘틱한 저녁, 패션광고 촬영 등 특정 테마를 설정해요. (이 부분은 머리 속으로만 빠르게 설정하는 경우가 많아요) 그리고 때마다 다르긴 하지만 유행하는 스타일을 만드는게 인플루언서로써 적합하기 때문에 최대한 최신 유행 트랜드를 보면서 설정하면 좋아요.

[참고 이미지 수집]

설정된 컨셉에 맞는 참고 이미지를 수집합니다. 인스타그램, 핀터레스트와 같은 소셜 미디어 플랫폼을 통해 관련 이미지를 찾아요. 인스타는 주로 평소 팔로잉 해두었던 인플루언서 스타일을 참고해요. 또한 해시태그를 활용해서 현재 유행하는 태그와 시즌성 태그를 검색하여 이미지를 찾습니다. (#summerfasion #selfie #beachstyle) 핀터레스트는 원하는 키워드로 가장 방대한 스타일을 검색할 수 있는 서비스에요. 또한 검색한 스타일에 관련된 이미지를 끊임없이 시각적으로 탐색할 수 있기 때문에 컨셉 아이디어를 구체하는데 큰 도움이 됩니다. (https://pinterest.com)

[프롬프트 추출]

수집된 이미지를 프롬프트를 추출하는 과정입니다. 지면에서는 ChatGPT를 활용한 추출 방법과 MJ의 /describe 기능을 활용한 방법이 있어요.

[ChatGPT 를 활용한 방법 (GPT4o를 활용)]

먼저 수집된 이미지에서 제작하기 위해 선별한 이미지를 첨부한 후 다음과 같이 프롬프트를 입력합니다.

"첨부된 이미지를 미드저니 프롬프트로 작성해줘."

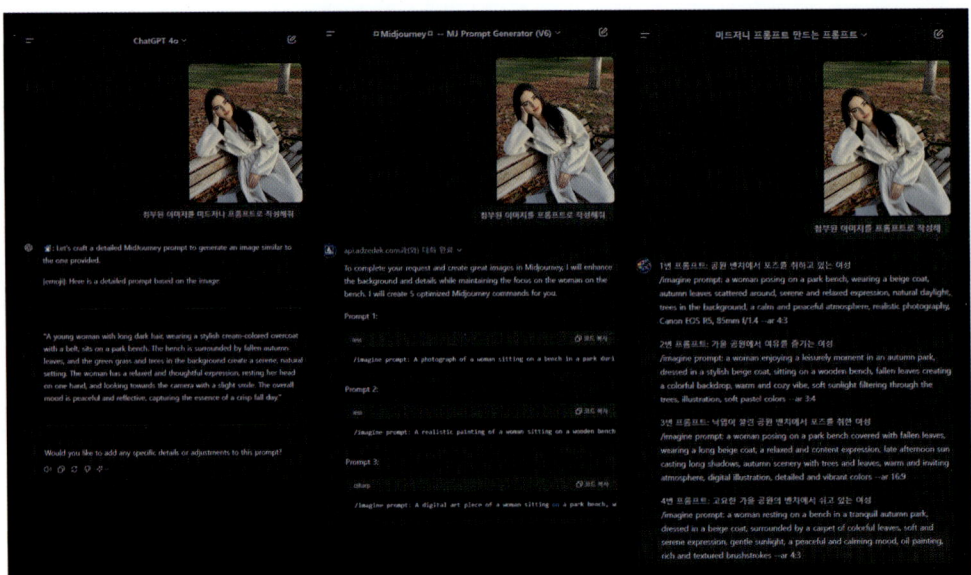

<일반모드 / GPTs #1 / GPTs #2>

일반 채팅모드보다는 GPTs 스토어에서 미드저니 관련 GPTs를 추천합니다. 미드저니에 최적화된 프롬프트를 얻을 수 있습니다.

[추천 GPTs]

#1 - ▫Midjourney▫ -- MJ Prompt Generator (V6)
https://chatgpt.com/g/g-tc0eHXdgb-romidjourneyro-mj-prompt-generator-v6

#2 - 미드저니 프롬프트 만드는 프롬프트
https://chatgpt.com/g/g-XpdBsq57R-mideujeoni-peurompeuteu-mandeuneun-peurompeuteu

[MJ의 /describe 기능을 활용]

미드저니 사용자라면 친숙한 기능입니다.
Describe 명령어와 함께 이미지를 첨부하면 해당 이미지를 기반으로 4개의 프롬프트를 추출해줍니다.

프롬프트에서 /describe 입력 후 이미지를 첨부한 후, 엔터를 누르면 해당 이미지 기반으로 4개 프롬프트가 추출됩니다.

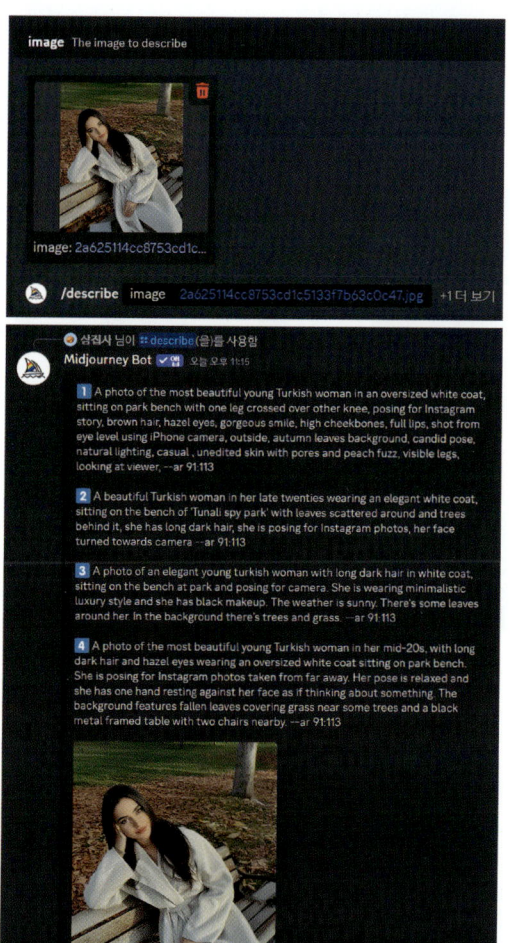

각각 번호를 클릭하면 해당 프롬프트를 기반으로 이미지를 생성할 수 있습니다.
그리고 참조된 이미지와 더욱 비슷하게 생성을 하기 위한 팁을 드리면 각 프롬프트 앞에 참조된 이미지를 이미지프롬프트 형식으로 입력하면 참조된 이미지와 더욱 비슷하게 이미지가 생성됩니다.

<참조 이미지 URL> A photo of the most beautiful young Turkish woman in an oversized white coat, sitting on park bench with one leg crossed over other knee, posing for Instagram story, brown hair, hazel eyes, gorgeous smile, high cheekbones, full lips, shot from eye level using iPhone camera, outside, autumn leaves background, candid pose, natural lighting, casual , unedited skin with pores and peach fuzz, visible legs, looking at viewer, --ar 4:5 --v 6.0

<참조 이미지 URL> 오버사이즈 화이트 코트를 입은 가장 아름다운 터키 젊은 여성의 사진. 공원 벤치에 앉아 한쪽 다리를 다른 무릎 위에 교차하고 인스타그램 스토리 포즈, 갈색 머리, 개암색 눈, 화려한 미소, 높은 광대뼈, 풀립, 아이폰 카메라로 눈높이에서 촬영, 외부, 단풍 배경, 솔직한 포즈, 자연광, 캐주얼, 모공과 복숭아 털이 있는 무편집 피부, 보이는 다리, 시청자를 응시.

동일한 프롬프트임에도 이미지프롬프트를 함께 사용한 프롬프트가 참조 이미지와 더 비슷하게 생성된 것을 알 수 있습니다. 코트 재질이 좀 다르게 보입니다.

[스타일 튜닝]

MJ 환경에서 스타일 튜닝은 style Reference (이하 sref)기능과 Pesonalized code(이하 P code) 기능을 통해 스타일을 다양하게 튜닝할 수 있습니다.

Style Reference은 프롬프트만으로 생성된 이미지에 참조된 이미지 또는 Style Seed 넘버를 활용하여 의도된 스타일로 적용할 수 있는 기능입니다. 이는 프롬프트로 한정된 스타일을 보다 다양하게 활용하여 결과물을 만들어 낼 수 있는 장점이 많은 기능입니다. 저는 예린을 다양한 스타일로 베리에이션 결과로 만들 때 자주 사용하는 기능입니다.

사용방법은 다음과 같습니다.

첫 번째는 참조 이미지를 활용한 방법입니다. 기본 프롬프트와 참조할 스타일 이미지를 그림과 같이 프롬프트로 작성하면 원하는 스타일을 자유롭게 만들 수 있습니다. 이 기능은 프롬프트를 상세히 작성하지 않아도 참조된 이미지 스타일을 가져와서 사용하는 것이기 때문에 보다 편리하게 스타일을 변경하면서 사용할 수 있는 장점을 가지고 있어요.

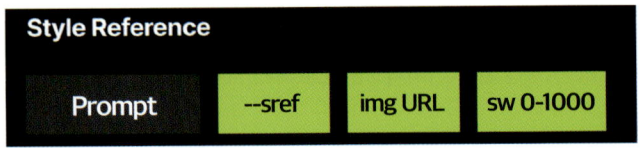

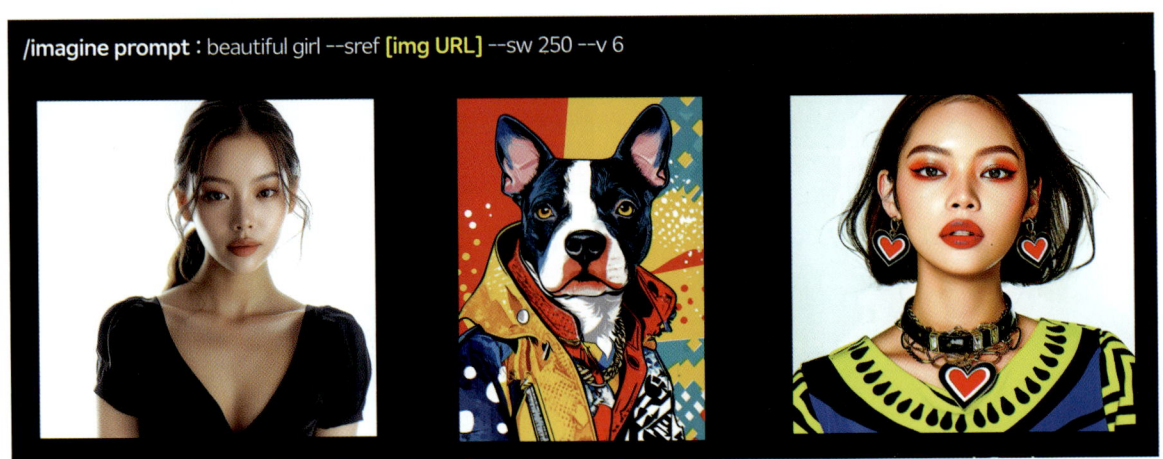

- 첫 번째 이미지 : 프롬프트 입력만으로 출력된 결과
- 두 번째 이미지 : 참조 이미지
- 세 번째 이미지 : 참조 이미지를 활용하여 출력된 결과

또한, 참조 이미지는 여러 개 이미지를 동시에 사용할 수 있어요.
예를 들어 2개 이미지를 참조 이미지로 추가한 경우에는 가중치를 입력하여 스타일을 조정할 수 있습니다.

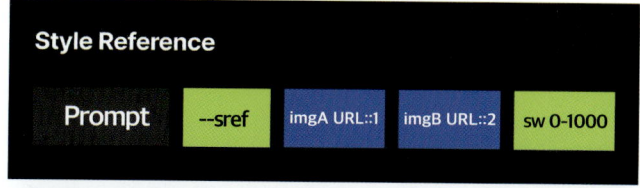

- 첫 번째 이미지 : 프롬프트 입력만으로 출력된 결과
- 두 번째 이미지 : 참조 이미지 2개
- 세 번째 이미지 : 참조 이미지를 활용하여 출력된 결과

스타일을 튜닝하는 두 번째 방법은 style reference Seeds 입니다.
Seed 번호는 random을 통해서 생성되는 스타일 번호입니다.
Seed 개수는 공식적인 발표는 없었지만 대략 42억개 정도 된다고 합니다. 거의 무한대 가깝다고 할 수 있습니다. Seed 번호에 따른 독특한 이미지를 생성할 수 있습니다. seed넘버는 스타일이 규칙이 없기 때문에 인터넷이나 커뮤니티에서 발견된 seed 번호를 저장했다가 사용하는 것을 추천드립니다.

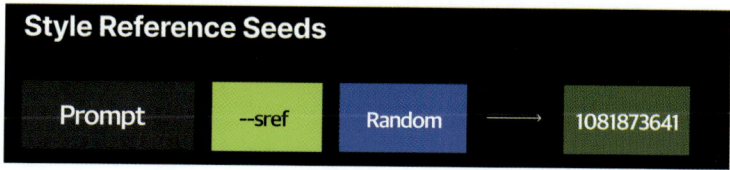

--sref random 이라고 입력하면 random 으로 임의 seed number 가 생성됩니다. 생성된 seed number를 다양한 이미지에 활용하면 해당 스타일과 유사한 스타일로 이미지를 만들 수 있습니다.

그럼 실사 이미지 생성 시 유용한 추천 Seed 번호를 공유해보겠습니다.
아래 공통 프롬프트에서 seed 번호만 교체 후 생성된 이미지 입니다.

/imagine prompt : Photo of Beautiful woman --sref [seed number] --style raw --s 250 -v 6.0

2081738967　　　　　　　　　　2138344246

2551601740　　　　　　　　　　4275224386

/imagine prompt : Photo of Beautiful woman --sref [seed number] --style raw --s 250 -v 6.0

Style Reference [--sref seeds]

4028218099

2521108386

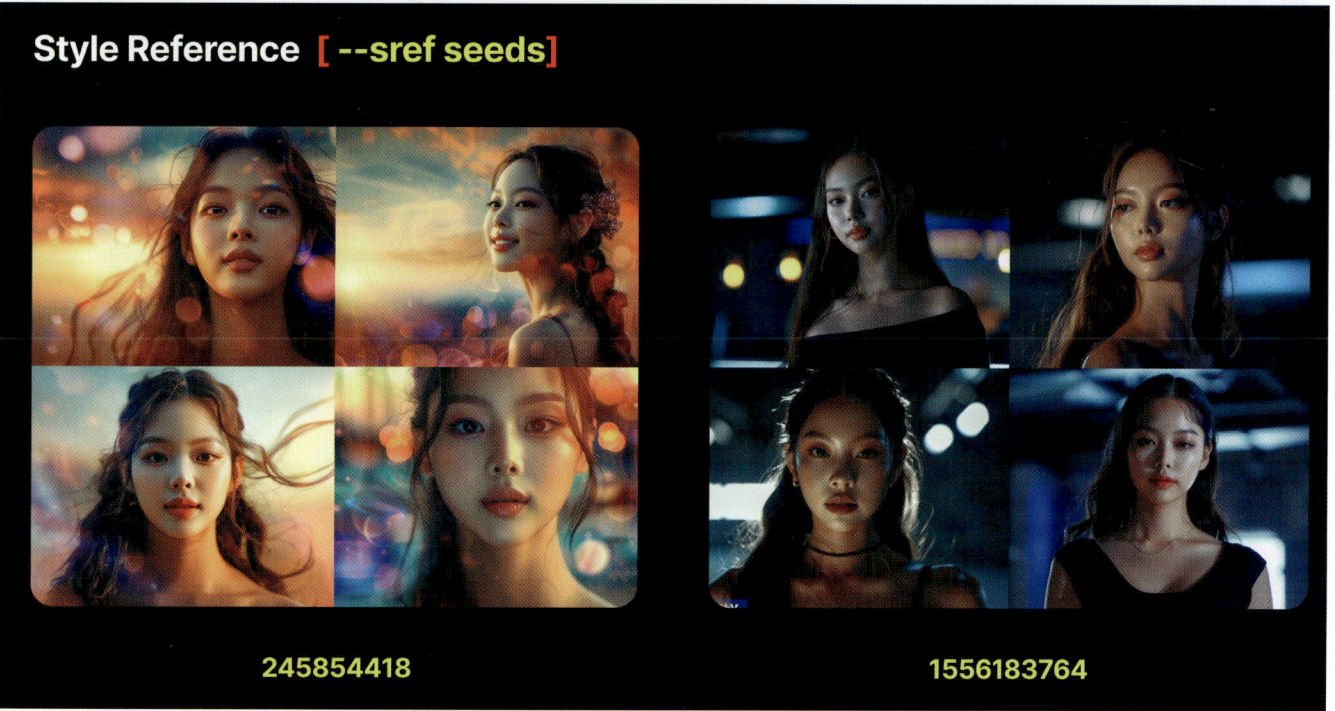

Style Reference [--sref seeds]

245854418

1556183764

마지막으로 Personalized(개인화) Code를 활용한 방법입니다.

P code는 미드저니 웹사이트에서 Ranking images 선택과 좋아요 데이터 사용하여 고유한 스타일이 만들어집니다. --p 만 입력 시에는 가장 최신으로 생성된 코드가 적용됩니다. 이 기능은 다른 사람의 코드를 사용하면 sref seeds 기능과 유사하게 사용할 수 있습니다. P code는 다양한 코드가 인터넷에서 공유되고 있기 때문에 발견한 코드는 저장했다가 사용하는 것을 추천합니다.

아래 공통 프롬프트에서 seed 번호만 교체 후 생성된 이미지입니다.

`/imagine prompt: Photo of Beautiful woman --p [code] --style raw --s 250 -v 6.0`

다음은 추천하는 p code 목록입니다. 콘텐츠 상황에 맞게 골라서 사용하시면 됩니다.

인터뷰_AI 인플루언서 오예린 제작기 / 윤석장

예린이의 디테일한 표현은 어떤 기술이 효과적이었나요?

디테일한 표현에 영향을 미치는 것은 다양한 요소가 있지만, 특히 카메라과 조명 관련 프롬프트는 실사 포토 같은 이미지를 만드는 데 필수적인 요소입니다. 이러한 기술적 요소들은 캐릭터의 분위기와 감정을 강조하는 데 큰 역할을 합니다.

조명 설정은 MJ에서는 프롬프트에 특정 조명 조건을 명시하여 원하는 분위기를 연출할 수 있습니다. 예를 들어, "soft ambient lighting"은 부드럽고 따뜻한 분위기를, "dramatic shadow lighting"은 강렬하고 극적인 분위기를 만들어 줍니다.

디테일한 이미지를 생성하는 데 카메라 관련 설정도 큰 도움이 됩니다. 특정 카메라 모델(Cannon,Sony,NIKON,Leica 등)이나 렌즈 종류, 조리개, 셔터 스피드, IOS 설정 프롬프트에 포함시키면 보다 사실적이고 깊이감 있는 이미지를 만들 수 있습니다. 예를 들어, "deep focus"나 "Depth of Field(DOF)"와 같은 프롬프트는 이미지의 깊이와 시각적 표현을 극대화합니다.

프롬프트 기본 구조는 구조화를 기준으로 작성합니다.
다음 내용으로는 예린이 콘텐츠를 만들면서 사용했던 시선, 조명, 카메라 관련 세부 프롬프트 키워드 내용과 예시화면입니다.

[공통 Prompt]

/imagine prompt : beautiful girl, upper body, white long skirt and stripe shirts, **lighting**

조명 키워드	내용 설명
Soft Ambient Lighting	부드럽고 따뜻한 조명, 캐릭터의 자연스러운 모습과 편안한 분위기를 강조할 때 사용합니다.
Dramatic Shadow Lighting	강렬하고 극적인 조명, 캐릭터의 강한 인상을 전달하고 싶을 때 유용합니다.
Golden Hour Lighting	해질녘의 따뜻한 빛을 이용한 조명, 로맨틱하고 감성적인 분위기를 연출합니다.
Studio Lighting	전문 스튜디오에서 촬영한 듯한 조명, 고퀄리티의 프로페셔널한 이미지를 생성할 때 사용합니다.
Natural Daylight	자연광을 이용한 조명으로, 캐릭터의 자연스러운 피부 톤과 현실감을 강조합니다.
Cinematic Lighting	영화 같은 분위기를 연출하는 조명, 강렬한 대비와 색감을 통해 드라마틱한 이미지를 만듭니다.
Backlighting	후광 조명, 캐릭터의 실루엣을 강조하고 신비로운 분위기를 연출합니다.
Spotlight	특정 부분을 강조하는 조명, 캐릭터의 얼굴이나 특정 디테일을 부각시킬 때 유용합니다.
Volume Lighting	공간감을 강조하는 조명, 안개나 먼지와 같은 요소와 함께 사용하여 입체적이고 신비로운 분위기를 연출합니다.

[앵글 키워드]

앵글 키워드를 사용하면 다양한 촬영 각도를 통해 인물의 특징이나 감정을 강조하거나, 장면의 공간감을 조절할 수 있습니다.

키워드	내용 설명
High angle	카메라가 피사체를 높은 위치에서 아래로 바라보는 각도입니다. 주로 권위적이거나 경외감을 주는 효과를 낼 수 있습니다.
Eye level	카메라가 피사체와 같은 높이에서 촬영하는 각도입니다. 인물과의 자연스러운 시각적 상호작용을 제공합니다.
Low angle	카메라가 피사체를 낮은 위치에서 위로 바라보는 각도입니다. 피사체를 더 강력하거나 위압적으로 보이게 할 수 있습니다.
Bird eye view	카메라가 피사체를 거의 수직으로 위에서 바라보는 각도입니다. 전체적인 장면을 파악하기에 좋으며, 전체적인 시각을 제공합니다.
Centered Composition	피사체가 이미지의 중앙에 배치된 구성입니다. 중심에 초점을 맞추어 안정감과 균형을 제공합니다.
Close-up	피사체에 가까이 다가가서 촬영하는 각도입니다. 세부 사항이나 감정을 강조하는 데 유용합니다.
Wide angle shot	넓은 시야를 제공하는 촬영 각도입니다. 장면의 넓이와 깊이를 강조하며, 공간감을 느끼게 합니다.
Dutch angle shot	카메라를 비스듬히 기울여서 촬영하는 각도입니다. 다양한 구도를 제작할 때 유용합니다.

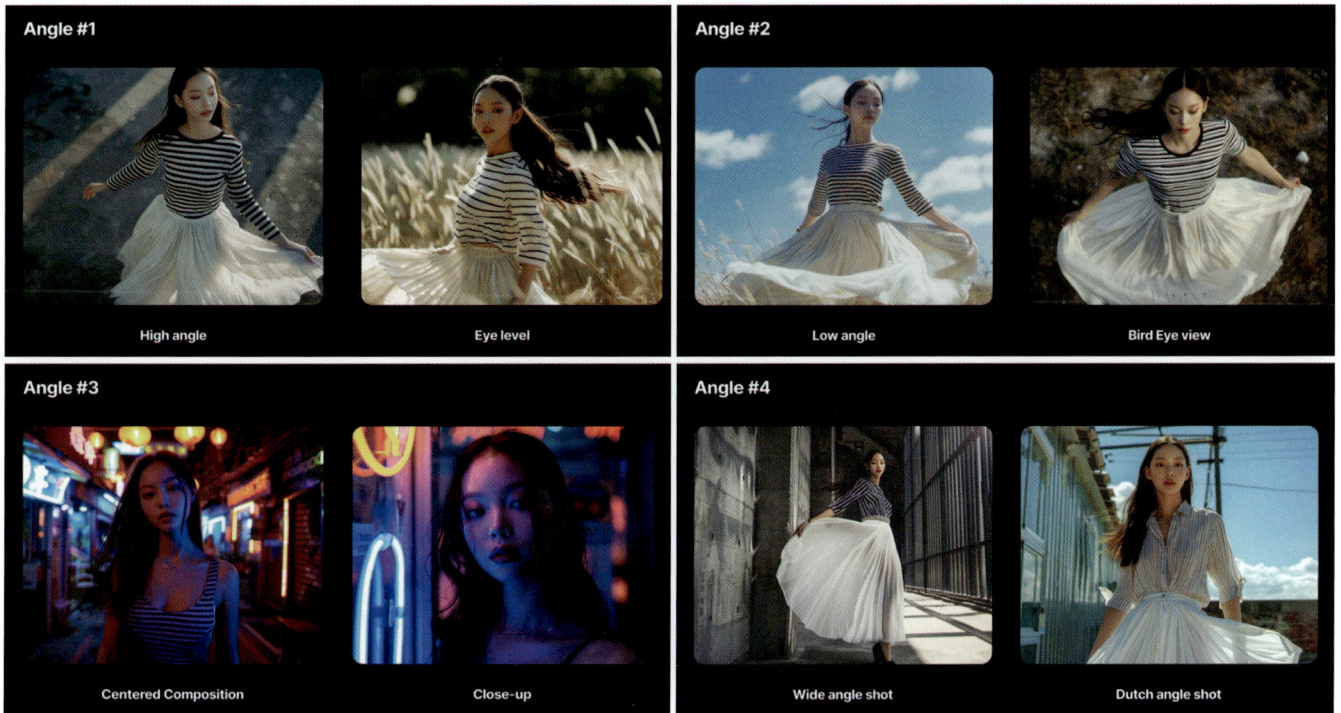

[시선 방향]

시선방향 키워드는 인물의 감정과 의도를 효과적으로 표현할 수 있어요. 상세한 상황을 연출하고 싶을 때 활용하시면 원하는 이미지 생성에 정확도를 높일 수 있습니다. 장면의 분위기와 맥락을 명확히 하는 데 도움을 줍니다.

키워드	내용 설명
Look at sky	인물이 하늘을 바라보는 방향입니다. 꿈이나 희망을 표현할 때 사용됩니다.
Look at camera	인물이 카메라를 직접 바라보는 방향입니다.
Looking away	인물이 카메라나 관객을 바라보지 않고 다른 방향을 보는 모습입니다. 사색적이거나 외로운 느낌을 줄 수 있습니다.
Looking into distance	인물이 먼 곳을 바라보는 방향입니다. 깊이 있는 생각이나 목표를 나타낼 때 사용됩니다.
Downward gaze	인물이 아래를 바라보는 방향입니다.
Side gaze	인물이 측면을 바라보는 방향입니다. 무관심하거나 관찰적인 느낌을 줄 수 있습니다.

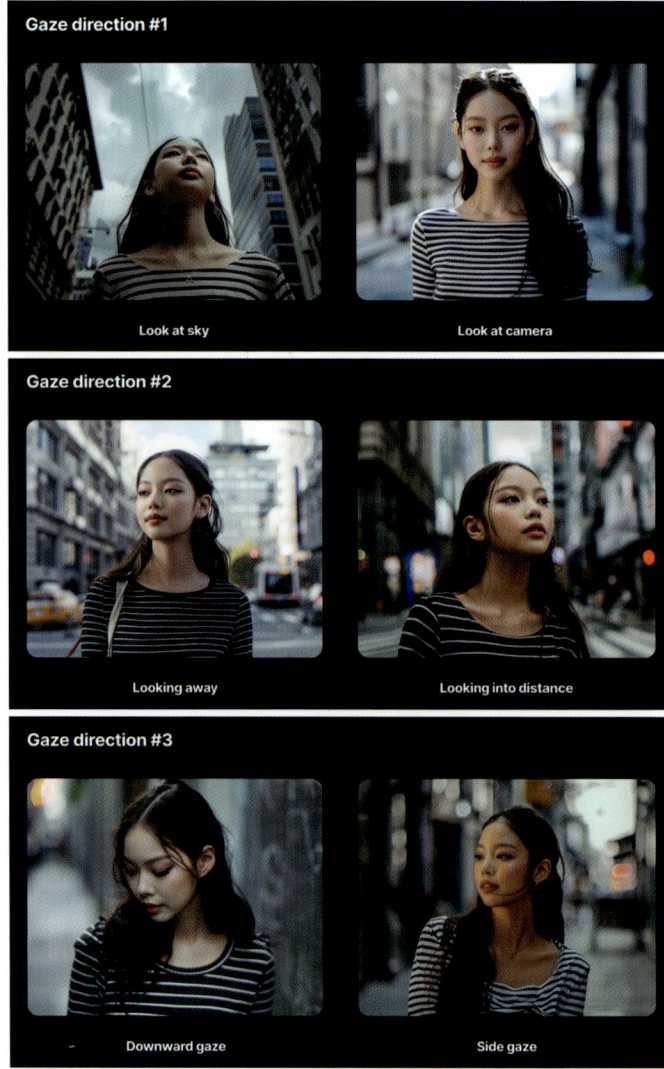

[이펙트]

이펙트는 특정 사진 효과를 적용하여 이미지를 더 풍부하게 만들 수 있는 다양한 효과들을 만들 수 있어요.
각 효과에 대한 설명과 이를 구현하는 데 필요한 프롬프트도 함께 설명하겠습니다.

종류	관련 프롬프트	내용 설명
Bokeh Effect	bokeh, shallow depth of field, blurred background	피사체 주위의 초점이 맞지 않은 부분에 아름다운 빛 번짐을 만드는 효과
Contre Jour Effect	contre jour, backlighting, silhouette, sun behind the subject	피사체 뒤에서 빛을 받아 실루엣 효과를 만드는 기법
Long Exposure	long exposure, motion blur, light trails, smooth water	셔터 속도를 길게 하여 움직임을 부드럽게 표현하는 기법. 물의 흐름이나 빛의 궤적을 부드럽게 표현할 때 사용됩니다.
Vintage/Retro	vintage, retro, sepia tone, faded colors, film grain	오래된 사진 느낌을 주기 위해 색감과 질감을 조정하는 기법
Double Exposure	double exposure, blended images, surreal, artistic	두 개의 이미지를 겹쳐서 하나의 이미지로 표현하는 기법
Lens Flare	lens flare, sunlight, bright light, glare	렌즈를 통해 빛이 들어올 때 생기는 빛 번짐 현상을 표현하는 기법
High Key	high key, bright, low contrast, soft light, airy	밝은 톤과 적은 대비를 사용하여 부드럽고 깨끗한 이미지를 만드는 기법
Low Key	low key, dark, high contrast, dramatic lighting, shadows	어두운 톤과 강한 대비를 사용하여 드라마틱하고 강렬한 이미지를 만드는 기법입니다.
Motion Blur	motion blur, movement, speed, dynamic, action	빠른 움직임을 포착하여 피사체가 흐릿하게 보이도록 만드는 기법입니다.
Vignette	vignette, dark edges, center focus, subtle gradient	이미지의 가장자리를 어둡게 하여 중앙 부분을 강조하는 기법입니다.
Zoom burst	zoom burst, radial blur, dynamic, motion, action	빠르게 확대 또는 축소하면서 촬영하여 중심에서 바깥으로 퍼져 나가는 듯한 움직임을 표현하는 기법입니다.

예린이 캐릭터를 만들면서 가장 보람이 있었던 순간은?

예린이 캐릭터를 만들면서 가장 보람을 느낀 순간은 여러 번 있었지만, 그 중에서도 특히 기억에 남는 순간들이 있어요. 처음 예린을 공개했을 때, 많은 사람들이 "예쁘다"는 댓글을 달아주었을 때 정말 기뻤어요. 마치 직접 키운 딸이 다른 사람에게 예쁨 받는 기분이랄까요?^^

예린의 이미지를 SNS에 자주 올리면서 커뮤니티 멤버들이 예린이라고 불러주고 관심을 가져주는 모습을 볼 때마다 큰 보람을 느꼈어요. 실제 사람은 아니지만, 많은 사람들이 예린을 진짜 사람처럼 대하고, 그녀에게 애정을 표현해주는 것을 보며 정말 뿌듯했어요. 이런 반응을 보면서 예린이 단순한 가상의 캐릭터를 넘어 사람들에게 친근하고 사랑받는 존재로 자리잡았다는 생각이 들었어요. 특히, 예린이가 친근한 이미지를 가진 캐릭터로 만들어졌다는 점에서 보람을 느꼈어요. 처음 예린을 구상할 때부터 사람들에게 친근하고 따뜻한 느낌을 주고 싶었는데, 많은 사람들이 그렇게 느껴준다는 것이 가장 큰 보람이었어요. 예린을 통해 사람들에게 작은 즐거움을 줄 수 있다는 것이 좋았습니다. 그래서 이런 경험들이 예린을 더욱 발전시키고, 새로운 것을 시도할 수 있는 동력이 되고 있습니다. 앞으로도 예린이 많은 사람들에게 긍정적인 영향을 줄 수 있도록 하고 싶어요.

인터뷰_AI 인플루언서 오예린 제작기 / 윤석장

AI 인플루언서 제작을 통해 얻은 가장 큰 인사이트나 교훈은 무엇인가요?

AI 인플루언서 예린을 제작하면서, 기술의 발전이 세상을 얼마나 빠르게 변화시키고 있는지 실감하게 되었습니다. 특히 AI 기술이 기존의 시장과 비즈니스 모델을 어떻게 혁신적으로 바꾸는지 명확히 알 수 있었어요.

먼저, AI 인플루언서의 등장은 기존의 인플루언서 마케팅과 미디어 시장에 큰 변화를 가져왔습니다. 예린은 24시간 내내 활동하며 팬들과 실시간으로 상호작용할 수 있어, 기존의 인플루언서 마케팅보다 훨씬 더 효율적이고 폭넓은 마케팅이 가능하게 되었어요. 이를 통해 세상이 정말 빠르게 변하고 있음을 느꼈습니다.

또한, AI 기술의 발전은 개인 에이전시와 대행사 비즈니스를 활성화하고 있어요. AI 인플루언서를 활용하면 제작 과정과 비용이 크게 줄어들기 때문에, 더 많은 소규모 에이전시와 대행사가 경쟁력 있는 서비스를 제공할 수 있게 되었죠. 이는 비즈니스 기회의 평준화를 가져오고, 창의적인 아이디어를 실현할 수 있는 환경을 조성합니다.

더 나아가, AI 시대에는 다재다능한 능력을 가진 전문가의 중요성이 부각되고 있습니다. 예린의 제작 과정에서는 디지털 아트, 마케팅, 데이터 분석 등 다양한 기술이 필요했어요. 이러한 능력은 앞으로 더욱 요구될 것입니다. 여러 분야를 넘나드는 전문가가 더 큰 가치를 발휘하게 될 것이라고 봅니다.

AI 기술은 또한 기존의 전문 영역 간 경계를 허물고 있습니다. 예린의 제작 과정에서도 AI 기술과 예술, 마케팅이 융합되었죠. 이를 통해 새로운 형태의 콘텐츠와 서비스를 제공할 수 있었어요. 다양한 분야의 전문가들이 협력하며 경계를 넘어 새로운 가능성을 모색할 수 있는 기회를 열어주었습니다.

마지막으로, AI 시대에는 다양한 영역에 관심을 가지고 적극적으로 시도하는 개인이 더 큰 성공을 거둘 가능성이 높다는 것을 깨달았습니다. 여러 분야의 지식을 융합하여 새로운 아이디어를 창출하고 이를 실현하는 능력이 중요해질 것입니다. 예린의 제작 과정에서도 다양한 기술과 창의성을 결합하여 새로운 형태의 인플루언서를 탄생시켰습니다. 이는 다방면에 관심을 가지고 시도하는 개인이 성공할 수 있다는 것을 보여줬다고 생각합니다.

앞으로 AI 인플루언서 산업이 어떻게 발전할 것으로 예상하시나요?

AI 인플루언서 산업은 앞으로 정말 흥미롭게 발전할 것 같아요. 기술이 계속 발전하면서 AI 인플루언서가 팬들과 소통하는 방식도 크게 달라질 거예요.

먼저, AI 모델이 더 정교해지면서 AI 인플루언서의 표현력도 더 좋아질 거예요. 지금은 주로 이미지와 텍스트로 소통하지만, 앞으로는 비디오 기술이 큰 역할을 할 것 같아요. 예를 들어, Runway Gen-3와 Luma AI 같은 서비스는 고품질 비디오 콘텐츠를 쉽게 만들 수 있게 해줘요. 이런 기술 덕분에 AI 인플루언서는 더 생동감 있고 현실적인 비디오를 만들 수 있을 거예요.

또한, 맞춤형 콘텐츠와 개인화된 경험 제공도 중요해질 거예요. AI는 팬들의 데이터를 분석해서 각자의 취향에 맞춘 콘텐츠를 제공할 수 있어요. 이렇게 하면 팬들의 만족도가 높아지고, 더 깊은 소통이 가능해질 거예요.

AI 제작 기업과 광고 제작사 간의 협업도 더 많아질 것 같아요. AI 인플루언서를 활용한 광고 캠페인은 브랜드 인지도를 높이고, 소비자와의 소통을 강화할 수 있어요. 예를 들어, AI 인플루언서를 활용한 인터랙티브 광고 캠페인이나 소셜 미디어 이벤트는 더 창의적이고 새로운 마케팅 전략을 개발하는 데 도움이 될 거예요.

브랜드와의 협업을 통해 AI 인플루언서는 마케팅에서 더 중요한 역할을 하게 될 거예요. AI 인플루언서는 브랜드 이미지를 강화하고, 효과적으로 메시지를 전달하는 데 큰 도움이 돼요. 이렇게 되면 브랜드와 AI 인플루언서 간의 협력이 극대화될 거예요.

마지막으로, AI 인플루언서는 자체 콘텐츠를 제작하는 데 있어 더 큰 창의성을 발휘할 수 있을 거예요. AI 기술 덕분에 인플루언서는 다양한 스타일과 형식을 시도할 수 있게 돼요. 예를 들어, 팬들의 요청에 따라 특정 주제의 콘텐츠를 제작하거나, 최신 유행에 맞춘 창의적인 비디오를 만들 수 있을 거예요. AI 인플루언서 산업은 기술의 발전, 맞춤형 콘텐츠 제공, 협업 강화, 그리고 창의적인 콘텐츠 제작 등 다양한 측면에서 발전할 거예요. 이런 변화 덕분에 AI 인플루언서는 더 인간적이고 혁신적인 방식으로 팬들과 소통하고, 다양한 산업에 걸쳐 영향을 넓혀 나갈 수 있을 거예요.

AI 인플루언서 제작을 시작하려는 분들에게 해주고 싶은 조언이 있다면?

가장 중요한 것은 실행에 집중하는 거예요. 처음부터 완벽하게 모든 것을 계획하려고 하기보다, 일단 시작하고 점차 개선해 나가는 것이 중요해요. 작은 시도와 실패를 통해 배울 수 있는 것들이 많으니까요. 예린을 처음 만들 때도 모든 것이 완벽하지 않았어요. 시작하면서 여러 문제를 겪었고, 그 과정에서 많은 것을 배웠어요.

AI 인플루언서 제작에는 다양한 도구와 기술이 필요해요. 처음에는 낯설고 어려울 수 있지만, 직접 사용해 보는 경험이 중요해요. Runway Gen-3, Luma AI 같은 최신 비디오 제작 도구도 활용해 보고, Midjourney, Dall-E 3, Stable Diffusion 같은 이미지 생성 도구도 익숙해지면 좋겠어요. 저도 처음에는 AI 도구들이 어렵게 느껴졌지만, 직접 꾸준히 사용해 보니 생각보다 쉽게 익숙해질 수 있었어요. 다양한 도구를 사용해 보며 점점 더 자신감을 얻게 되었죠.

또한, 관련 커뮤니티를 적극적으로 활용하는 것이 중요해요. AI 인플루언서 제작에 대한 정보를 얻고, 노하우를 공유할 수 있는 커뮤니티는 단순한 정보 제공을 넘어, 지속적인 동기 부여와 협력의 기회를 제공해요. 저는 여러 AI 관련 커뮤니티에서 활동하면서 많은 도움을 받았어요. 새로운 기술이나 도구에 대한 정보를 얻고, 문제 해결에 도움을 받을 수 있었어요. 이런 경험은 제작 과정에서 큰 힘이 되었답니다.

그리고 자신의 영역을 넘어서는 것을 두려워하지 말아야 해요. AI 인플루언서 제작은 다양한 기술과 창의성이 요구되는 종합 예술 같아요. 자신의 영역을 넘어서는 것을 두려워하지 말고, 다양한 분야의 지식을 융합해보세요. 기획자나 PM으로서의 경험도 AI 인플루언서 제작에 큰 도움이 될 수 있어요. 저도 기획자이자 PM으로 20년간 일해왔지만, AI 제작을 하면서 새로운 기술을 배워야 했어요. 처음에는 낯설었지만, 종합 예술처럼 다양한 요소가 결합되는 것이 재미있었어요. AI로 인해 현재 내가 있는 분야 뿐만 아니라 다양한 분야로 진출할 수 있는 너무 좋은 시대입니다.

일단 시작해 보세요. 그리고 꾸준히 해 보세요.
독자분들이 만드신 또 다른 예린이들을 온라인에서 만날 수 있게 되길 기대하겠습니다. 파이팅!

프리 프로덕션 단계의 게임 컨셉 아트를 위한

미드저니, 스테이블 디퓨전, 매그니픽 AI의 이해와 활용

박상준

컴투스 이사 / AL
kubort@naver.com

국민대학교 테크노 디자인 대학원을 졸업. NHN과 웹젠 등에서 2004년 캐릭터 아트 컨셉 아티스트로 시작하여 그래픽 팀장/AD를 역임. 이후 게임 회사 창업 및 대표 등의 다양한 경험을 거쳐 현재는 AI 아트의 게임 부분에 대한 활용을 연구 중에 있다.

게임 컨셉 아트 프리 프로덕션이란?

"프리 프로덕션 (Pre-production)"은 영화나 게임 제작 과정의 초기 단계로, 전반적인 개념과 계획을 수립하는 과정입니다. 이번 글에서는 "게임 아트 컨셉" 부문에 한정하여 프리 프로덕션에 대해 중점적으로 설명하고자 합니다. 게임 아트 컨셉 프리 프로덕션은 게임 아트 개발 과정에서 매우 중요하면서도 초기 단계에 해당합니다. 이 단계에서 게임의 비전과 스타일을 정의하고, 시각적 요소를 계획하는 작업이 이루어집니다. 주로 이 단계에서는 게임의 최종 아트와 양산 아트를 제작하기 전에 필요한 개념과 계획을 세우고, 개발 팀원들과 공감대를 형성할 수 있는 다양한 초기 비주얼을 공유하게 됩니다.

이 글은 실제 게임 아트 제작전에 이루어지는 프리 프로덕션 단계에서 게임 컨셉 아트 부분에서 활용할 수 있는 부분을 다루고자 합니다. 필자는 AI가 게임 프로젝트를 시작할 때 전반적인 방향을 설정하거나 구체적인 이미지를 제공하는 데 도움이 될 수 있는 참조 및 초기 컨셉 아트를 생성하는 데 효율적인 도구라고 믿습니다.

1. 게임 아트 컨셉 프리 프로덕션의 주요 요소

1) 초기 컨셉 아트 스타일 개발

게임의 전반적인 분위기와 스타일을 설정하기 위해 초기 스케치와 컨셉 아트를 제작합니다.
캐릭터, 배경, 아이템 등의 초기 디자인을 포함하며, 이들은 게임의 시각적 방향을 결정하는 데 중요한 역할을 합니다.

개인작 "Pure Witch" 컨셉아트 01 02 03

2) 레퍼런스 수집 및 공유

다양한 레퍼런스 이미지를 수집하여 아티스트들이 사용할 자료를 마련합니다.
역사적 자료, 사진, 영화, 게임 등에서 영감을 얻어 디자인의 일관성과 현실성을 높입니다.

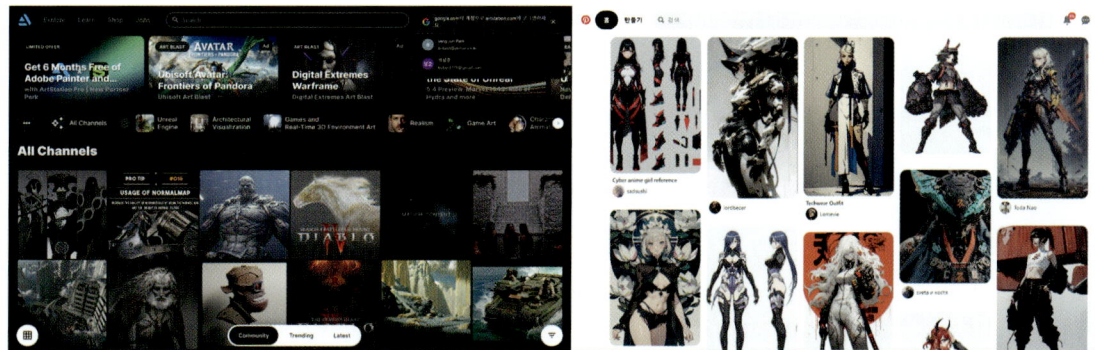

레퍼런스 사이트 https://www.artstation.com , https://kr.pinterest.com

3) 캐릭터 디자인

주요 캐릭터와 NPC(Non-Player Character)를 디자인합니다.
각 캐릭터의 외형, 의상, 장비, 표정 등을 구체화하며, 캐릭터의 배경 이야기와 성격을 시각적으로 표현합니다.

4) 배경(환경) 디자인

게임의 배경이 되는 세계를 설계합니다.

도시, 숲, 건물 등 다양한 환경을 시각화하고, 게임 플레이에 중요한 요소인 지형과 구조물을 구상합니다.

5) 스토리보드 작성

게임의 주요 장면이나 이벤트를 시각적으로 표현한 연속적인 이미지를 제작합니다.
게임 플레이의 흐름과 컷씬(cutscenes)을 계획하여 게임의 내러티브와 시각적 스토리텔링을 구체화합니다.

6) 색상 및 조명 계획

게임의 분위기를 결정하는 색상 팔레트와 조명 스타일을 설정합니다.
게임의 감정적 톤과 시각적 일관성을 유지하는 데 중요한 요소입니다.

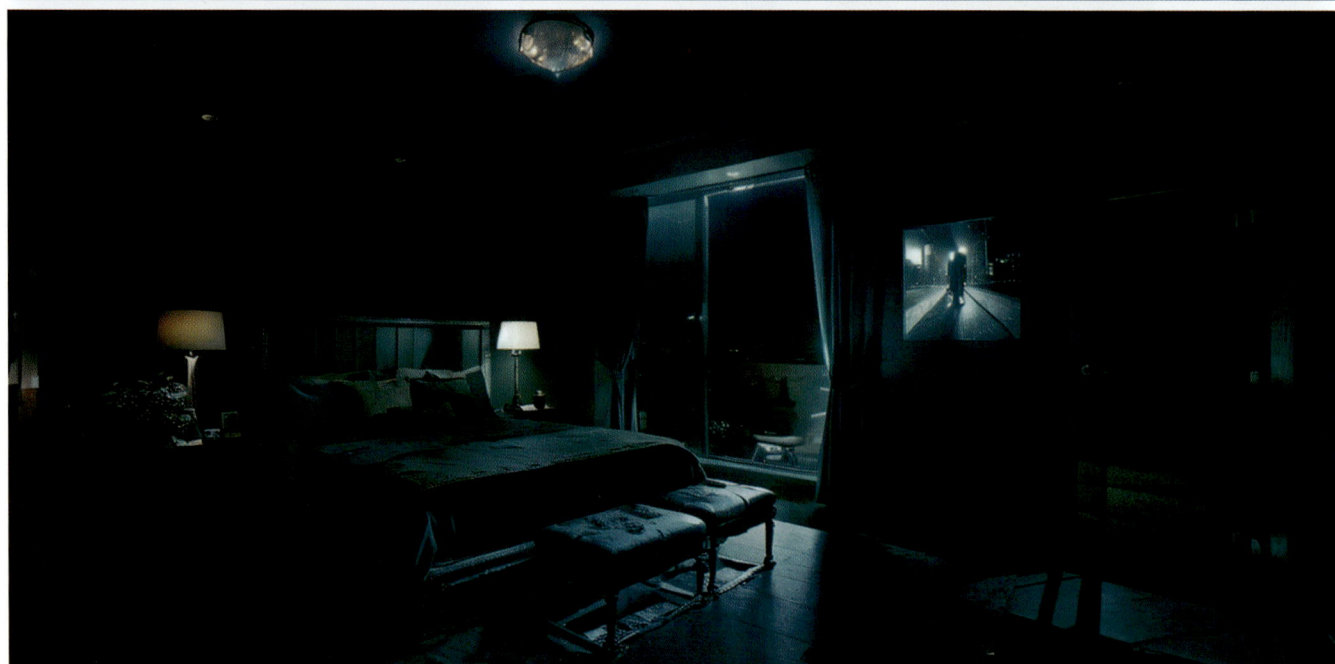

SOYLAB 최돈현 "프로에게 배우는 Stable Diffusion 2D/2.5D/실사 이미지 제작"

2. 게임 산업의 아트 프리-프로덕션

큰 규모의 게임 회사나 스튜디오에서는 충분한 인력과 자원을 바탕으로 프리 프로덕션 단계가 원활히 진행되는 경우가 많습니다. 그러나 작은 규모의 회사나 스타트 업에서는 일정과 예산의 문제로 인해 개발과 프리 프로덕션이 동시에 이루어지거나, 프리 프로덕션 단계를 생략하고 바로 아트 제작으로 진행되는 경우도 흔히 발생합니다.

이러한 상황에서도 프리 프로덕션 단계의 중요성은 간과할 수 없습니다. 철저한 계획과 준비 없이 시작된 프로젝트의 아트 생산물은 중간에 여러 문제에 직면할 가능성이 높기 때문입니다. 대표적인 예로, 프로젝트 진행 중 아트 그래픽의 품질이나 통일성 문제로 인해 소위 '그래픽 전체를 교체'하는 사건이 종종 발생합니다. AI는 처음부터 일관되고 일관된 시각적 참조를 제공하여 프로젝트의 아트 방향이 통일되고 높은 품질로 유지되도록 하여 이러한 문제를 완화하는 데 도움을 줄 수 있습니다.

알파 테스트 후 악평으로 인해 그래픽을 전면 교체한 스타 크래프트 1

하지만 생성형 AI의 등장으로 인하여 이제 적은 인력 때에 따라서는 단독으로도 많은 양의 프리-프로덕션 제작이 가능하여 향후 디렉팅을 훨씬 빠르고 유기적으로 할 수 있게 되었다고 생각합니다.

3. AI를 활용한 게임 아트 컨셉 프리 프로덕션

생성형 AI는 게임 아트 컨셉 프리 프로덕션 과정에서 큰 변화를 가져올 수 있는 도구입니다.

AI는 다음과 같은 방식으로 이 과정을 효율화 할 수 있습니다.

1) 빠른 아트 프로토타입 제작
AI를 이용해 다양한 컨셉 아트를 빠르게 생성하고, 초기 아이디어를 테스트할 수 있습니다.

2) AI로 제작한 컨셉 레퍼런스 제공
AI로 대량의 이미지를 제작하고 관련 레퍼런스 자료를 팀원들에게 제공할 수 있습니다.

3) 스타일 일관성 유지
프로젝트 전체에서 일관된 시각적 스타일을 유지하는 데 도움을 줄 수 있습니다.

4) 효율적인 반복 작업
반복적인 작업을 자동화하여 아티스트들이 창의적인 작업에 더 많은 시간을 할애할 수 있게 합니다.

게임 아트 컨셉 프리 프로덕션 단계는 개발 기간동안 게임 아트를 좌우하는 중요한 단계입니다. AI의 도입으로 이 과정이 더욱 효율적이고 창의적으로 변모할 수 있으며, 이는 작은 규모의 스튜디오와 스타트업에게도 큰 도움이 될 것입니다. AI를 활용한 혁신적인 접근 방식은 게임 개발의 새로운 가능성을 열어줄 것입니다.

프리 프로덕션 단계를 지난 프로덕션 단계의 구체적인 컨셉 디자인의 경우, 이 분야에서 깊이 있는 설명을 제공하는 훌륭한 게임 컨셉 디자이너분들의 글이 이 책에 자세히 수록되어 있습니다. 따라서 여기서는 쉽고 빠르게 전체적인 다양한 장르의 초기 컨셉 아트 프리-프로덕션의 제작방법을 설명드리고자 합니다. 본 편에서는 다양한 장르의 아트 스타일을 생성해 내는 예시와 과정을 보여드리겠습니다.

감각적인 센스가 있지만 게임 원화에 대한 경험이 부족해 초기 컨셉 아트를 제안하기 힘들어하는 디렉터 혹은 일정과 예산문제로 게임 컨셉 아트 프리 프로덕션 제작에 어려움을 겪는 분들에게 AI와의 협업으로 약간이나마 도움이 되었으면 합니다.

우리가 사용할 AI 툴

다음은 생성형 AI인 미드저니(Midjourney), 스테이블 디퓨전 A1111(Stable Diffusion A1111), 그리고 Magnific AI (매그니픽 AI) 툴을 이용하여 다양한 컨셉 아트를 생성하는 예시를 소개해드리겠습니다.

이 툴들은 각각 독특한 기능과 강점을 가지고 있어, 다양한 스타일과 아이디어를 신속하게 시각화하는 데 유용합니다.

1. 미드저니 (https://www.midjourney.com)

텍스트를 입력하면 AI가 이미지를 생성해주는 T2I(Text-to-Image) 모델로, 스테이블 디퓨전과 함께 현시점 가장 유명하면서 생성되는 이미지의 퀄리티가 높은 AI 이미지 제너레이터입니다.

미드저니의 기본 사용법은 디스코드 버전이 아닌 미드저니 홈페이지 활용 기준으로 간단하게 설명 드리겠습니다.

지금까지 미드저니는 디스코드를 이용한 텍스트 기반의 기능활용을 해 왔지만, 이제 깔끔한 UI가 인상적인 홈페이지에서도 미드저니를 사용할 수 있게 되었습니다.

https://www.midjourney.com에 접속하여 기존 미드저니 계정을 사용하면 됩니다.
아래 화면은 미드저니 홈페이지에 접속한 모습입니다. 간단한 활용법을 소개해보겠습니다.

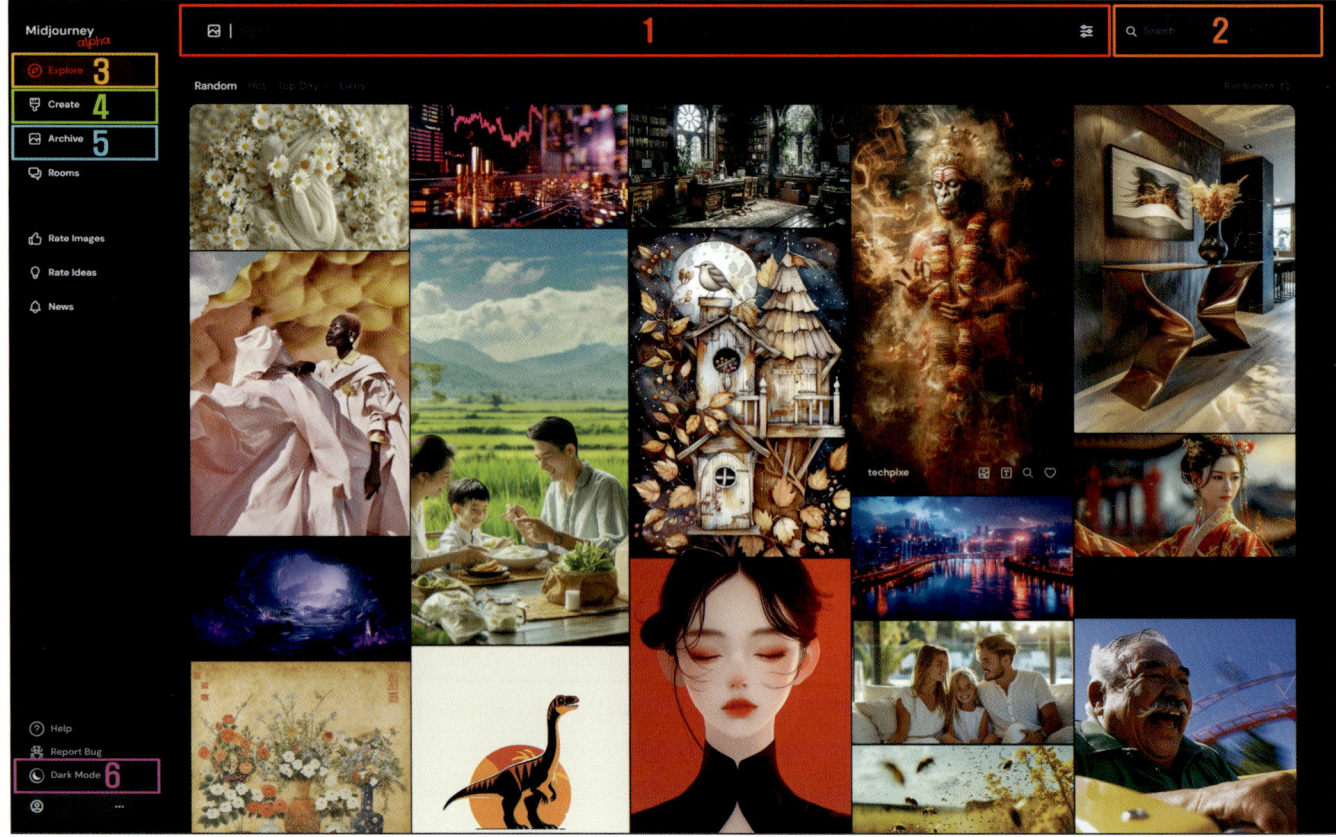

1) 소개

1. 프롬프트 입력창과 매개변수 조정
프롬프트를 입력하는 곳입니다.

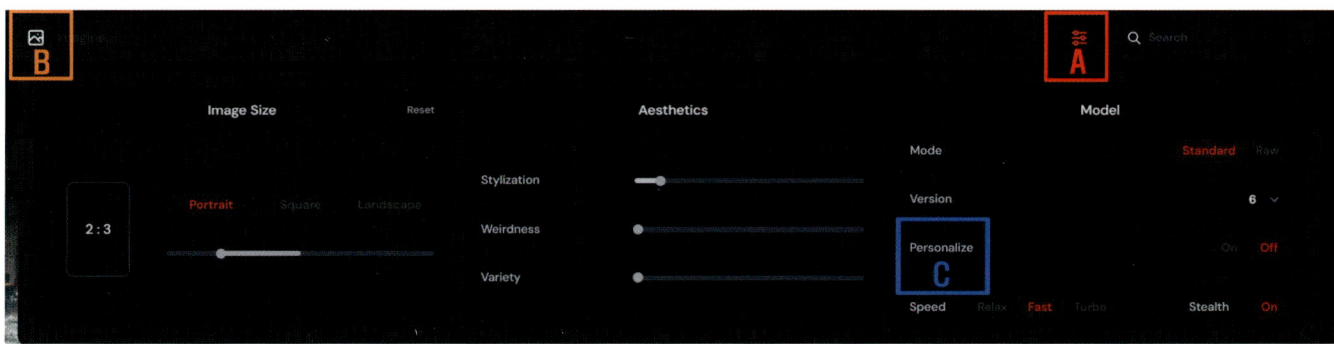

[A]
Image size(이미지 사이즈)

그림과 같이 Image size에서 Portrait(인물), Square(정사각형),Landscape(풍경)의 3가지 기본 비율 선택과 스크롤로 세세한 이미지 사이즈 비율을 조절할 수 있습니다. 타이틀 이름이 Image size 지만 픽셀 단위의 설정이 아닌 가로 세로 비율을 설정합니다

Aesthetics(심미성)

그림의 stylization, weirdness, variety 수치를 스크롤바로 조정 가능합니다.
기존 discord에서 입력 파라미터의 --stylize, --weird, --chaos의 값을 설정합니다.

Model (모델)

Mode Standard와 raw 모드를 선택할 수 있습니다. Version은 미드저니(Midjourney)와 니지저니(Nijijourney) 버전을 선택할 수 있습니다.

Speed(생성속도)

Speed는 이미지 생성속도를 선택할 수 있습니다. Relax, Fast, Turbo로 구분되어 있습니다.
Relax는 약간 느리게 생성되지만 Fast Hour 소모가 없이 이미지를 생성할 수 있습니다. Fast, Turbo의 경우 Fast Hour가 소모됩니다.) Turbo는 Fast와 비교해서 4배로 빠르게 생성이 되고 2배의 Fast Hour가 소모됩니다.

[B]

B를 클릭하면 아래의 이미지의 빨간 박스에 보이는 Select Images Below의 네모 빈칸에 이미지 프롬프트(Image prompt), 스타일 레퍼런스(style reference), 캐릭터 레퍼런스 (character reference)를 선택하여 드래그해서 넣을 수 있습니다.

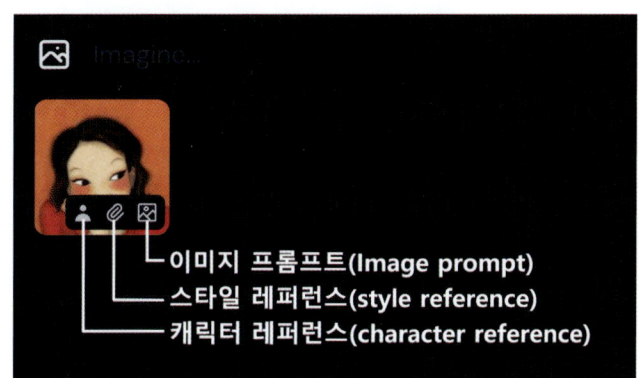

이미지를 하나 드래그 해서 등록하고 Shift키를 눌러주고 박스 안의 아이콘을 클릭하면 이미지 프롬프트(Image prompt), 스타일 레퍼런스(style reference), 캐릭터 레퍼런스 (character reference) 중 필요한 기능만 선택하거나 동시에 선택을 할 수 있습니다.

[C]
Personalization(개인화)

https://www.midjourney.com/rank 에서 이미지를 선택하며 순위를 지정한 후 개인화된 이미지를 만들고 이미지에 개인화 매개변수를 사용할 수 있습니다. 충분히 선호하는 이미지를 선택해 주면(200여장 정도를 선택해야 합니다) Personalization(개인화) 기능이 작동합니다.

프롬프트에 --p를 입력하거나 인터페이스에서 Personalization을 on하면 Personalization(개인화) 기능이 활성화됩니다.

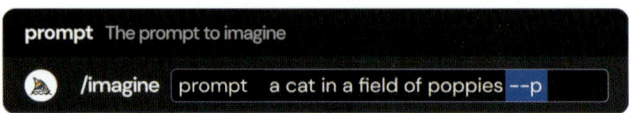

2. 이미지 검색 창
3번칸의 Explore, 4번칸의 Create, 5번칸의 Achieve의 이미지들을 키워드로 검색할 수 있습니다.

3. Explore
Explore를 선택하면 전세계의 유저가 생성한 이미지들과 프롬프트를 볼 수 있습니다.

4. Create
Create를 선택하면 자신의 생성한 이미지와 프롬프트를 동시에 볼 수 있습니다. 생성은 기본적으로 Create에서 합니다.

미드저니의 Create 기능은 편의성이 발전하여 마우스로 화면에 표시된 빨간 사각형과 노란 사각형에 마우스를 올리기만 해도 Vary(베리에이션) 기능과 Rerun(재생성)기능을 바로 사용할 수 있습니다.

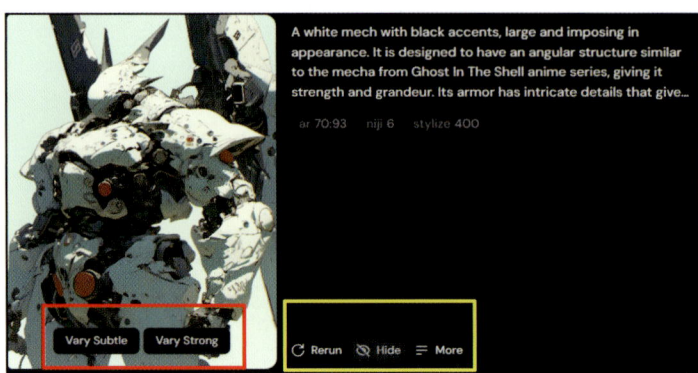

그림을 선택하게 되면 생성에 필요한 Vary / Upscale / Remix / Pan / Zoom / More / Use 기능을 사용할 수 있습니다.
Achieve에서도 그림을 선택하게 되면 동일한 인터페이스를 사용할 수 있습니다.

5. Achieve
Achieve에서는 자신이 생성한 이미지를 날짜별로 볼 수 있습니다. 또한 작업물을 Folders별로 생성하여 관리가 가능합니다. 그외에 filter, version, view option, Image size 등의 편의 기능이 있으니 한번씩 봐두시길 권장합니다.

6. Light Mode/ Dark Mode
개인적으로 무척 반가운 모드입니다. 화면창을 밝은 흰색 모드와 어두운 검은색 모드로 변환이 가능합니다. 이미지를 많이 보게 되는 입장에서는 다크모드로 보는 것을 추천합니다.

이상 미드저니 홈페이지의 기능을 간략한 설명입니다.

2) 장점
- 고품질의 스타일과 분위기를 표현하는 이미지를 신속하게 생성할 수 있습니다.
- 텍스트 프롬프트만으로 이미지를 생성할 수 있어, 누구나 쉽게 사용할 수 있습니다.
- 다양한 스타일과 주제의 이미지를 생성할 수 있어, 다양한 장르에서 이미지 제작이 가능합니다.
- 초기 컨셉아트를 다양한 여러 스타일로 구현할 수 있는 장점이 강력합니다.

3) 단점
T2I(Text-to-Image)이기 때문에 3D 제작을 위한 컨셉 디자인 시트 등의 실무 생산에 원하는 디자인을 정확하게 도출하는 것에 어려움이 있습니다. 현재 이미지 프롬프트, 스타일 레퍼런스, 캐릭터 레퍼런스 등의 업데이트가 활발하게 이루어지고 있지만 완벽하게 디자인을 핸들링하기에는 아직 좀 더 시간이 필요할 것 같습니다. 미드저니는 I2I(Image-to-Image), 컨트롤넷(스테이블 디퓨전의 정밀한 이미지 제어 확장 기능), 3D 등을 추후 업데이트 할 예정이기에 점차 극복될 것으로 기대하고 있습니다.

4) 주요 용도

필자의 경우 미드저니의 게임 실무에서의 접근법은 초기 컨셉 아트를 빠르게 생성하여 아이디어를 시각화하고, 팀원들과 공유하는 데 유용하게 사용하고 있습니다. 즉 기존 컨셉 작업할 때 아이디어 스케치의 역할을 한다고 생각하시면 좋을 것 같습니다. 미드저니의 결과물을 스테이블 디퓨전이나 매그니픽 AI를 이용하여 후반 작업으로 퀄리티를 올려주는 경우도 있습니다.

미드저니에서 생성한 초안을 스테이블 디퓨전과 포토샵에서 후반 작업하여 원하는 아트 스타일로 퀄리티 업을 한 이미지입니다.

미드저니 초안

스테이블 디퓨전 디벨롭 결과물

2. 스테이블 디퓨전 A1111

Stability AI에서 오픈소스 라이선스로 배포한 text-to-image, image-to-image 인공지능 모델입니다. 대다수의 이미지 인공지능들은 온라인에서만 서비스하는데 반해 스테이블 디퓨전은 개인의 PC로 실행 즉 '로컬 환경'으로 설치 및 실행할 수 있습니다. 다만 이 경우 그래픽 카드의 고사양이 요구된다는 특징이 있습니다.

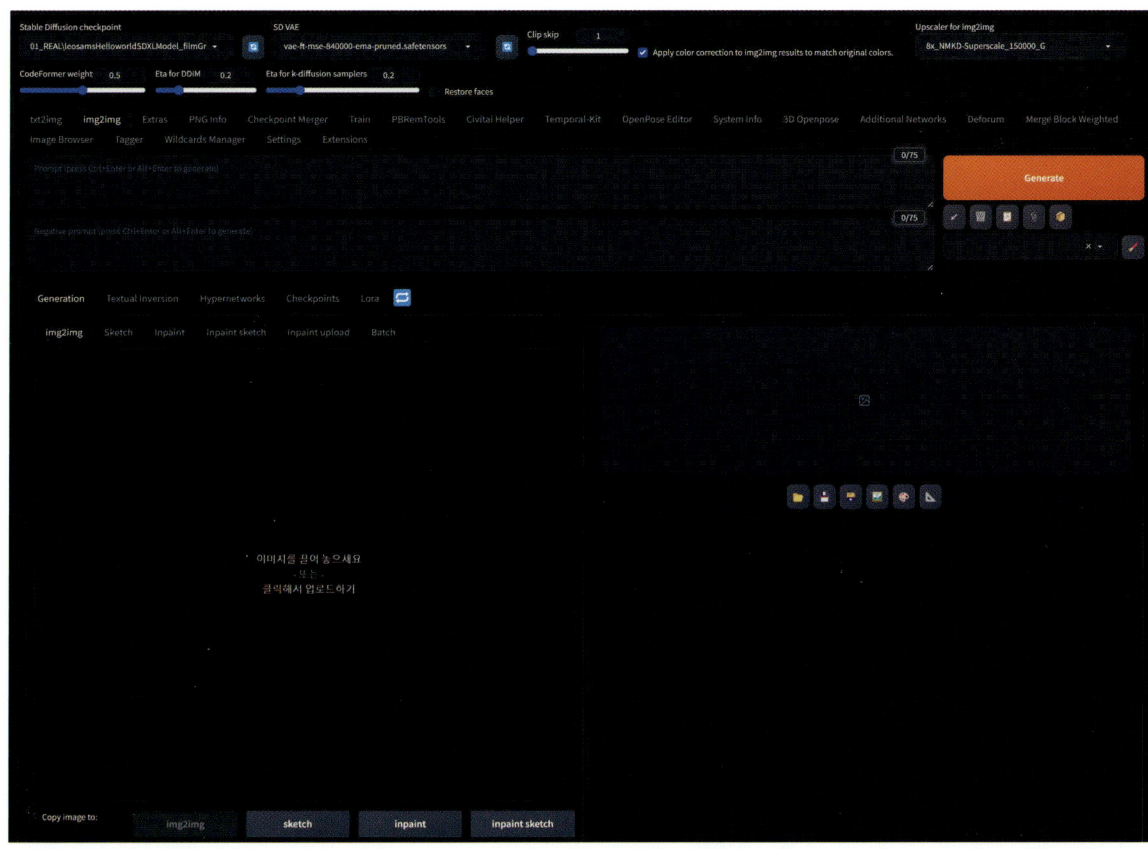

1) 주요 설치 및 다운로드 할 요소

1. Checkpoint(체크포인트) : https://civitai.com
- counterfeitV30_v30.safetensors
- leosamsHelloworldSDXLModel_filmGrain20,
- henmixReal_v40

2. Embedding (임베딩) : https://civitai.com
- EasyNegative
- EasyNegativeV2
- Verybadimagenegative
- badhandv4

3. Extention(익스텐션) : https://github.com
- **adetailer** : https://github.com/Bing-su/adetailer
- **controlnet** : https://github.com/Mikubill/sd-webui-controlnet
- **Ultimate upscale** : https://github.com/Coyote-A/ultimate-upscale-for-automatic1111

4. LORA (로라) : https://civitai.com
- Niji Default style
- OC illustration
- beauty_niji
- flat2
- 80s Japan,
- FilmVelvia3:0.
- FINAL Robort:
- hipoly_3dcg_v7-epoch-000012
- 3DMM_V12
- Add detail
- epi_noiseoffset2
- ReaLora
- polyhedron_new_skin_v1.1
- MedievalArmor_v2
- 眼睛双

2) 장점

개인적으로 가장 큰 장점은 I2I(Image-to-Image)와 컨트롤넷 기능이라고 생각합니다.

즉, 여러분이 그린 초안 혹은 그림과 디자인들을 I2I(Image-to-Image)와 컨트롤넷을 사용하여 원하는 고유의 디자인을 더욱 자세하고 정확한 디벨롭이 가능한 것이 특징입니다. 또한 LORA학습기능으로 재현성과 일관성. 고유의 느낌을 생성하는 것도 강점입니다.

다음은 러프한 기본 라인 스케치에서 이미지를 컨트롤 넷의 Scribble기능을 이용해 디벨롭 결과물입니다.
예시와 같이 실사에서부터 2.5D, 2D애니풍으로 자유롭게 디벨롭이 가능합니다.

컬러가 있는 러프스케치 작업물에서 LOOP 기능을 이용해 디벨롭한 결과물입니다.

3) 단점

이미지 스타일은 사용하는 체크포인트를 기준으로 정해지기 때문에 미드저니에 비해 스타일이 한정된 느낌입니다. 특히 인기 많은 체크 포인트를 사용할 수록 다른 사용자들과 비슷한 결과물들이 나와서 (대표적으로 캐릭터 얼굴) 개성적인 표현에서 아쉬운 부분이 있습니다. SF 메카닉의 표현의 경우에도 앞의 사례와 비슷한 단점이 있습니다. 그리고 상품화된 툴이 아닌 오픈소스 기반으로 수많은 사람들이 기능을 추가하여 사용자의 접근성이 어렵습니다.

4) 주요 용도

필자의 경우에는 주로 정해진 디자인 초안을 I2I(Image-to-Image)와 컨트롤넷을 사용하여 디벨롭합니다.
그외 T2I(Text-to-Image)에서 프롬프트를 조합하여 다양한 디자인 초안을 많이 생성하는 경우도 있습니다. 스테이블 디퓨전의 T2I(Text-to-Imag)에서 프롬프트를 활용해 여러가지 다양한 디자인의 아이디어 스케치를 빠르고 쉽게 얻을수 있습니다.

미드저니에서 생성한 기본 디자인을 img2img에서 컨트롤넷으로 디벨롭한 사례입니다. 이 경우 미드저니에서 뽑은 초안뿐만이 아니라 본인이나 팀에서 한 기본 컬러와 라인만 있는 초기 원화 작업물로도 같은 방법으로 디벨롭이 가능합니다.

원본이미지   I2I 이미지   I2I 이미지

3. Magnific AI (매그니픽 AI)

1) 소개

현재 업스케일러 중 가장 강력한 성능을 보여주고 있는 AI 툴입니다.

단순히 업스케일를 통한 고해상도의 작업물을 얻는 것만이 아닌 자체적인 SD 모델을 이용하여 업스케일과 동시에 프롬프트나 옵션을 통해 추가적인 향상된 디테일을 생성하여 추가할 수 있습니다.

 https://magnific-ai.com

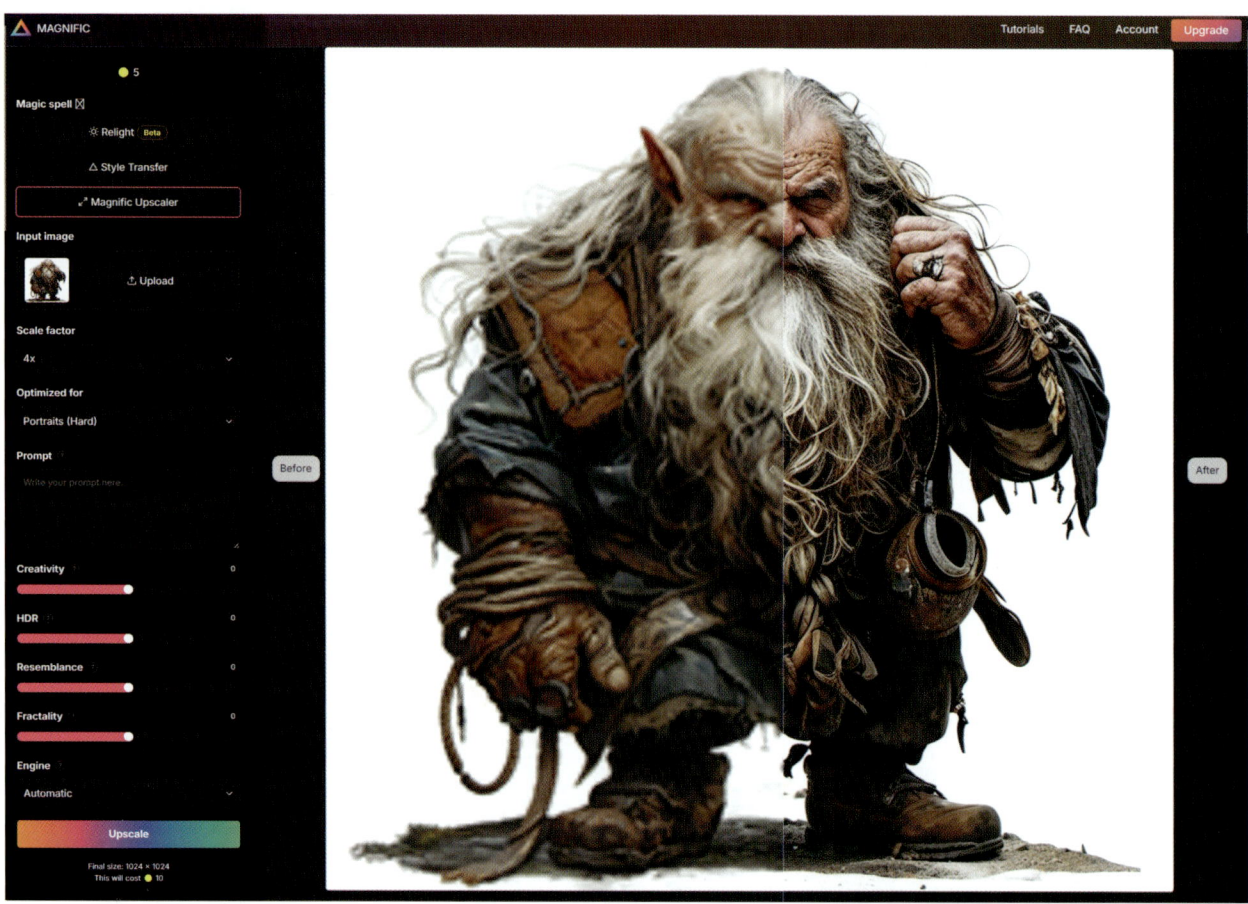

2) Maginific AI의 장점

강력한 생성능력으로 업스케일 중 가장 우수한 품질을 얻을 수 있습니다. 프롬프트 등으로 업스케일의 방향을 제어할 수 있습니다. 그리고 현재 기존 이미지에 새로운 스타일을 입히는 스타일 참조(Style Reference) 기능이 추가되었습니다.

다음 그림을 보면 단순히 업스케일만 하는 것이 아니라 실제로 더 많은 디테일을 생성해주는 것을 확인할 수 있습니다.

3) 단점

현재 구독형 AI 아트에서는 가장 비싼 요금제 중 하나입니다.

또 다른 업스케일링으로 추가적인 디테일을 생성 시 전체 이미지를 한 번에 생성하기 때문에 그림의 일부의 오류를 제어하기 힘듭니다.

4) 주요 용도

필자의 경우 좀 더 디테일하고 명확한 이미지가 필요할 경우 업스케일링 도구로 주로 사용합니다. 특히 결과물의 디테일과 최종 결과물의 퀄리티를 올리는 것에 있어서는 가장 우수한 업스케일러라고 판단합니다.

원본 이미지

매그니픽 ai 업스케일 이미지

Magnific AI의 주요 기능에 대해서 살펴보겠습니다.

1. Magic spell > Magnific Upscaler(매그니픽 업스케일러)

① Magnific Upscaler

Magic Spell에서 Magnific Upscaler / Style Transfer / Relight를 선택합니다.
Magnific Upscaler는 이미지 해상도를 올려주는 기능으로 예시 이미지의 인터페이스입니다(기본값). 스타일 트랜스퍼(Style Transfer)나 리라이트(Relight)를 선택하면 인터페이스도 바뀌게 됩니다.

먼저 Upscaler에 대해서 알아보고 Style Transfer와 Relight의 인터페이스는 이후 설명 드리겠습니다.

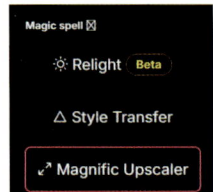

② Input image(이미지 입력)

드래그로 업스케일할 이미지를 올리거나 PC의 이미지 경로를 통해 업스케일할 이미지를 불러올 수 있습니다.

③ Scale Factor

스케일을 2배, 4배, 8배, 16배 선택하여 업스케일 할 수 있습니다. 배수가 커질수록 소모 토큰량도 많아지며 업스케일 시간도 증가합니다. 현재는 최대 10K(10000x10000) 픽셀까지 업스케일이 가능합니다.

④ **Optimized for(최적화 대상)**

이미지의 성격에 따라 결과물이 달라집니다.

실제로 자신이 필요한 이미지 향상에 원하는 결과를 얻기 위해서는 많은 개인적인 테스트가 필요합니다.

필자의 경우 실사 인물은 Film & Photography, 2D 캐릭터는 Art & Illustration을 가장 많이 이용하고 있습니다.

원본 이미지의 성격에 따라 조정하는 옵션입니다.

- **Standard** : 기본적인 이미지 처리를 위한 표준모드
- **Portrait (soft)** : 인물 사진을 위한 모드(부드럽고 자연스러운 효과)
- **Portrait (hard)** : 인물 사진에 더 강한 대비와 디테일
- **Art & Illustration** : 일러스트나 예술 작품의 생성이나 편집을 위한 특별한 스타일이나 필터를 제공
- **Video Game Assets** : 게임 그래픽 에셋 제작 등을 위한 모드
- **Nature & Landscapes** : 자연물이나 풍경을 위한 모드
- **Film & Photography** : 영화나 사진에 최적화 (특수효과 / 필터)
- **3D Renders** : 3D 모델링 스타일에 적합한 모드
- **Science Fiction & Horror** : SF나 호러 스타일의 이미지를 생성하기 위한 효과나 이미지를 위한 모드

⑤ **Prompt(프롬프트)**

생성에 필요한 프롬프트를 입력합니다. 해당 프롬프트란의 "?"를 클릭하면 기능에 대한 설명을 볼 수 있습니다.

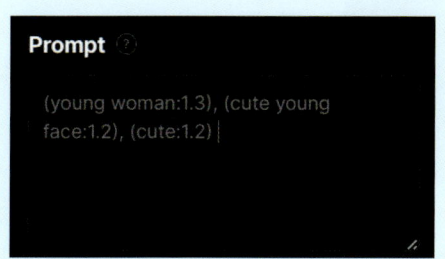

업스케일링 과정을 설명하는 프롬프트를 사용하여 안내할 수 있습니다. 업스케일링하려는 이미지가 AI 생성 이미지인 경우, 원래의 프롬프트를 재사용하면 업스케일링 품질이 크게 향상될 수 있습니다!

또한 상상력을 발휘하여 이미지를 변경할 수 있습니다. 예를 들어, 업스케일링 과정(일반적으로 최소 4배 업스케일 후)에서 도시를 폐허로 변환하거나, 사람의 눈 색깔을 변경하거나, 초상화를 유명인처럼 보이게 할 수 있습니다.

[중요] 프롬프트의 특정 부분에 숫자(1에서 1.4 범위)를 사용하여 가중치를 줄 수 있습니다. 예: "(아름다운 초록 눈:1.3)". Magnific AI는 종종 출력에서 얼굴을 나이 들어 보이게 만듭니다. 이를 방지하려면 프롬프트 가중치를 조정하십시오. 예: "(젊은 여성:1.3), (귀여운 젊은 얼굴:1.2), (귀여운:1.2)".

해당 프롬프트 입력 칸에는 원본 이미지에 추가적으로 프롬프트를 입력하여 이미지를 생성할 수 있습니다. 특히 매그니픽 AI 사용의 경우 인물의 얼굴이 늙게 나오는 경우가 많아서 설명란에도 얼굴에 대한 프롬프트의 예시가 나와 있습니다. 프롬프트와 함께 얼굴의 경우는 Creativity의 수치를 0 아래로 조정하여 따로 업스케일 후 후반 포토샵 보정작업에서 얼굴 부분만 합성하기도 합니다.

원본이미지

업스케일 이미지 8x

이런 경우에는 얼굴에 대한 프롬프트와 업스케일 배수, Creativity 수치를 적절히 조합해야 합니다.

⑥ Fractality / Creativity / HDR / Resemblance

해당 단어의 물음표를 클릭하면 기능에 대한 설명을 볼 수 있습니다.

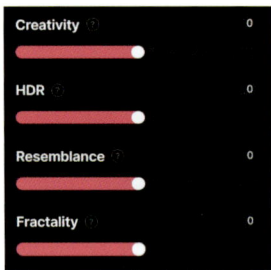

Fractality
- **낮은 Fractality** : 세부 사항이 적지만, 일반적으로 글리치(이미지오류)가 적습니다. 이미지에 수직 밴드가 나타나면 Fractality를 줄이면 해결될 수 있습니다.

- **높은 Fractality** : 프롬프트를 전체 이미지의 점점 더 작은 영역에 증폭시킵니다. 예를 들어, 이미지가 장미이고 프롬프트로 "장미의 사진"을 사용하고 높은 Fractality 값을 설정하면, 주요 장미 내에 더 작은 장미 같은 세부 사항이 나타날 수 있습니다. 조금 이상하지만, 이는 때때로 예술적 목적으로 유용할 수 있습니다. 판타지 지도와 같은 정교한 이미지의 경우, 해상도가 최대 10k까지 높아질 때 높은 Fractality를 사용하면 프롬프트에 제안된 강, 산, 도시와 같은 놀라운 세부 사항을 생성할 수 있습니다.

이미지의 프랙탈 또는 반복되는 복잡한 패턴의 양을 조절합니다. Creativity나 Fractality 수치가 높으면 해상도가 커질 때 얼굴이나 인물이 전혀 엉뚱하게 생성이나 변화되어 나타날 수 있습니다. 저는 이걸 '자아분열' 현상이라고 부르고 있습니다. 이 현상은 스테이블 디퓨전에서도 디노이징(Denoising) 수치가 높을 때 많이 겪는 현상입니다.

"자아분열"효과의 사례

Creativity
AI가 추가적인 세부 정보를 "추가"하여 원본 이미지에서 멀어지지만 더 큰 현실감을 얻을 수 있도록 합니다. Magnific의 마법이 여기서 빛을 발합니다! 그러나 너무 높은 값을 사용하면 매우 이상한 결과가 나올 수 있으니 주의하십시오.

이 슬라이더의 수치가 높을수록 AI가 이미지를 더 자유롭게 바꿉니다. 수치를 높일수록 변화의 폭이 크고 낮출수록 변화가 적습니다.

HDR
해상도와 세부 정보를 증가시키지만, 너무 높은 값을 사용하면 이미지가 인위적으로 보이거나 얼룩이 생길 수 있습니다.

HDR 슬라이더는 이미지의 명암 대비를 강조하여 더 많은 디테일을 만드는데 사용합니다. 사실적인 이미지를 위해서는 너무 높은 수치는 안 쓰는 것이 좋습니다.

Resemblance
(고급) 이 값을 높이면 생성된 이미지가 원본 이미지와 더 유사해지지만, 너무 높은 값을 사용하면 얼룩지거나 지저분해 보일 수 있습니다. 낮은 값은 생성된 이미지에 더 많은 자유를 주지만 원본 이미지에서 멀어지는 단점이 있습니다.

원본 이미지와 업스케일 이미지의 유사성을 조절합니다. 수치가 높을수록 원본이미지와 유사성이 높아집니다.

⑦ Engine

- **Automatic** : 소프트웨어가 주어진 이미지의 내용을 분석하여 가장 적합한 처리 알고리즘을 자동으로 선택.

- **Magnific Illusio** : 이미지에 일러스트레이션 효과를 주거나 이미지의 아트스타일을 변환하는데 특화됨.

- **Magnific Sharpy** : 이미지의 선명도와 디테일을 강조하는데 초점을 맞춘 엔진 텍스트나 세부적인 텍스처가 중요한 이미지에 유용.

- **Magnific Sparkle** : 이미지에 반짝이거나 빛나는 효과를 추가하여 보다 활기차고 생동감 있는 결과물로 특화.

2. Magic spell > Style Transfer(스타일 트랜스퍼)

Style Transfer(스타일 트랜스퍼)는 원본의 이미지를 프롬프트, 레퍼런스 이미지를 적용하여 원하는 이미지의 퀄리티를 생성하는 일종의 I2I(Image-to-Image)방식입니다.

① Input image(이미지 입력)

스타일 트랜스포머로 변환할 원본 이미지를 입력하는 곳입니다.
앞의 업스케일 Input image와 동일하게 드래그로 업스케일할 이미지를 올리거나 PC의 이미지 경로를 통해 업스케일할 이미지를 불러올 수 있습니다.

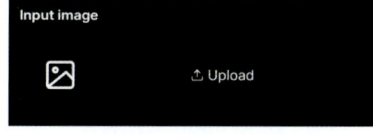

② Reference image(참조 이미지)

Input image에 입력한 원본 이미지에 적용할 레퍼런스가 될 이미지를 입력하는 곳입니다. 예를 들어 실사 이미지를 레퍼런스 이미지로 제공하면 원본이미지는 실사 이미지로 적용되어 생성됩니다. 또 만화풍 이미지를 제공하면 원본이미지는 만화풍으로 적용되어 생성됩니다.

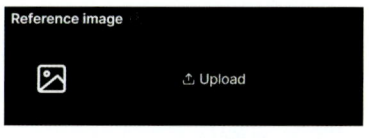

③ Prompt(프롬프트)

생성에 필요한 프롬프트를 입력합니다. 해당 프롬프트 기능은 업스케일과 동일합니다!

④ Style strength (스타일 강도)

원본 이미지의 질감과 색상(0%)에서 시작하여, 프롬프트에 따라 레퍼런스 이미지의 스타일을 완전히 전송하는 것(100%)까지 가능합니다. 수치를 높일수록 레퍼런스 이미지의 영향력이 강해집니다.

⑤ Structure strength (구조 강도)

원본 이미지의 일반적인 구조(선, 경계, 프레이밍 등)를 유지

할 수 있게 해줍니다. "스타일 강도"와 결합하면 스타일은 완전히 전송하되 구조는 유지할 수 있습니다. 이는 레퍼런스 이미지와 프롬프트의 스타일을 사용하여 거의 새로운 이미지에 가깝게 만드는 멋진 결과를 낼 수 있습니다.

⑥ Portrait (인물사진)

"Standard", "pop", "Super Pop"은 각각 다른 분위기의 Portrait(인물사진) 스타일을 제공합

니다. 어떤 것이 가장 적합한지는 상황에 따라 다릅니다. 일반적으로 "pop"과 "Super Pop"은 더 세련된 느낌을 주고, "Standard"은 더 중립적입니다.

"Beautify" option은 사람의 얼굴을 더 아름답게 만듭니다. 하지만 이로 인해 약간 덜 정확한 유사성을 가질 수 있습니다.

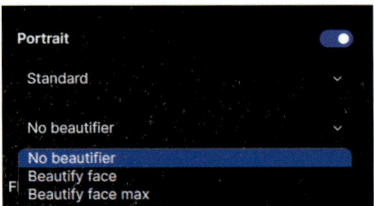

⑦ Flavor(아트 스타일)

생성에 필요한 프롬프트를 입력합니다. 해당 프롬프트 기능은 업스케일과 동일합니다.

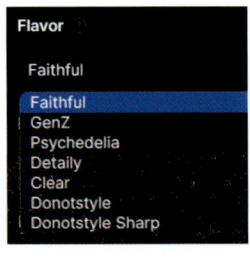

- **Faithful** : 참조 이미지의 스타일을 가장 잘 전송합니다. 하지만 "Structure strength"가 높을 경우, 다소 과부하된 이미지를 생성할 수 있습니다.
- **GenZ** : 더 예술적이고, 채도가 높고, 화려한 터치를 추가합니다.
- **Psychedelia** : GenZ와 유사하지만, 더 부드러운 톤과 꿈같은 분위기를 가집니다.
- **Detaily** : 레퍼런스 스타일 전송이 조금 덜 되지만, 선명도를 높이는 데 도움이 됩니다.
- **Clear** : "Detaily"와 유사하지만, 약간 더 부드럽습니다.

- **Donotstyle** : 레퍼런스 이미지의 스타일 전송을 거의 비활성화합니다. 이는 레퍼런스 이미지의 스타일을 전송하지 않고, 단순히 프롬프트와 "Structure strength"를 통해 최종 이미지를 수정하는 것이 목표일 때 매우 유용합니다.
- **Donotstyle Sharp** : Donotstyle과 유사하지만, 색상이 더 채도 있고, 대부분의 경우 선과 형태가 더 선명합니다.

⑧ Engine

- **Balanced** : 매우 균형 잡히고 아름다우며 대부분의 상황에서 유용합니다. 현실적인 이미지에도 사용할 수 있지만, 주로 디지털 드로잉, 디자인, 세밀한 디테일에 뛰어납니다.
- **Definio** : 정의, 균형, 깨끗함, 세밀함, 현실적입니다
- **Ilusio** : 일러스트레이션, 회화, 드로잉, 스케치 및 디지털 아트에 적합합니다.
- **3D Cartoon** : 3D 만화에 완벽합니다.
- **Colorful Anime** : 화려한 그림과 애니메이션에 적합합니다.
- **Caricature** : 캐리커처와 화려한 만화에 적합합니다.
- **Real** : 매우 세밀하고 현실적인 이미지에 적합함.
- **Super Real** : 현실적이고 세밀한 이미지에 적합함. 팁: "Clear" 아트 풍을 사용하면 더욱 현실적이고 정의된 결과를 얻을 수 있습니다.
- **Softy** : 부드럽고 매끄러운 결과를 제공합니다. 고해상도 업스케일링을 위한 부드러운 기본 베이스로 사용할 수 있습니다.

⑨ Fixed generation 고정 생성

이 옵션을 활성화하면 동일한 설정을 사용할 때 일관되게 동일한 이미지가 생성됩니다. 고정 생성은 미세 조정에 이상적이며, 프롬프트와 같은 매개변수의 점진적인 변경을 통해 출력의 미세한 변화를 확인할 수 있습니다. 비활성화된 경우, 각 생성은 일정한 정도의 무작위성을 도입하여 보다 다양한 결과를 기대할 수 있습니다.

✳ Style Transfer(스타일 트랜스퍼) 작업 예

원본을 2D 이미지로 넣고 레퍼런스 이미지를 적용시켜봤습니다. 사실적인 느낌으로 옵션을 조정하면 다음과 같은 결과가 나옵니다.
원본의 스케치의 형태를 잘 지켜주면서도 레퍼런스 이미지의 느낌이 적용되어 실사 느낌으로 출력이 됐습니다.

Style Transformer(스타일 트랜스퍼)는 기본적으로 스테이블 디퓨전의 i2i 기능을 손쉽게 다룰 수 있다는 부분이 장점입니다.

다만, 스테이블 디퓨전보다는 세세한 작업이 힘들기 때문에 필자는 거의 쓰지 않지만, 스테이블 디퓨전을 사용하기 힘든 분들에게는 상대적으로 쉽고 괜찮은 기능입니다.

- Style : 71%
- Structure : 50%
- Prompt : 없음
- Portrait : Standard + Beautify face max
- Flavor : Clear
- Engine : Real

원본이미지　　　레퍼런스 이미지　　　스타일 트랜스포머 이미지

Magnific AI의 튜토리얼 및 예제 이미지
https://twitter.com/javilopen/status/1734945521121239112

기본 스케치를 3D 렌더링처럼 Style Transfer한 이미지　　　기본 스케치를 Style Transfer한 이미지

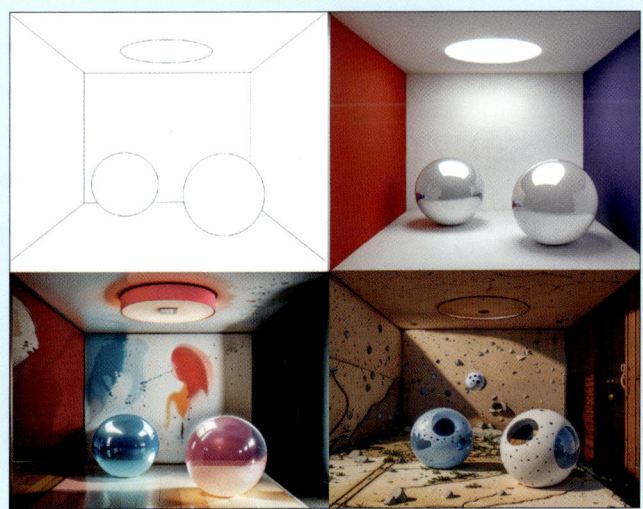
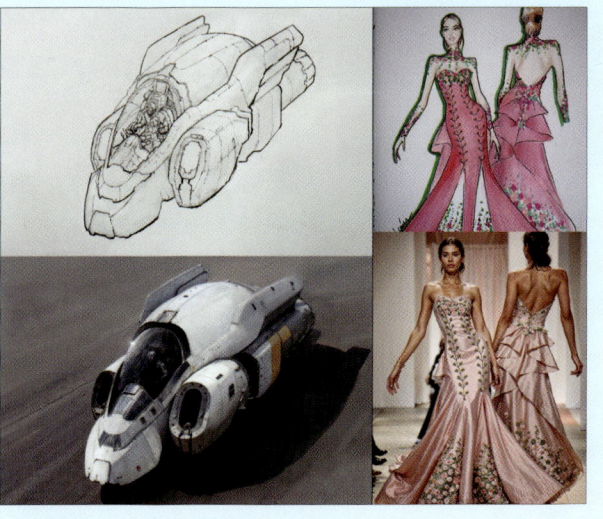

3. Magic spell > Relight(리라이트)

이번에 새로 업데이트된 Magnific AI의 RELIGHT 기능은 고급 사진의 조명을 분석 및 수정하고 광원의 방향, 강도 및 색상을 조정하는 효과를 제공합니다. 사용자는 자연광이나 스튜디오 조명과 같은 사전 설정 중에서 선택하거나 맞춤형 조명 시나리오를 만들 수 있습니다. AI는 설득력 있는 결과를 위해 자연스러운 그림자, 하이라이트 및 반사를 유지하면서 변경 사항이 적용되도록 합니다. 배경의 변화에 따른 조명변화, 라이트맵을 이용한 조명 변화, 프롬프트를 적용한 조명 변화 의 기능을 가지고 있습니다.

① Transfer light from (광원 방식 선택 기능)

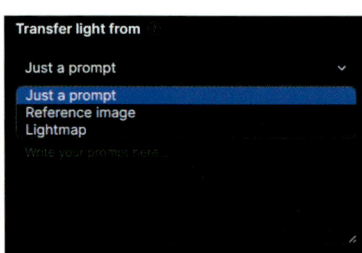

- **Just a prompt (프롬프트로만 변화)** 프롬프트로만 조명을 설정할 수 있습니다. 색상, 시간, 조명의 종류 및 모양 등 어떤 특성이라도 지정할 수 있습니다. "물속"과 같은 문구를 써도 작동합니다.

- Reference image(레퍼런스 이미지)

- Light map(광원맵)

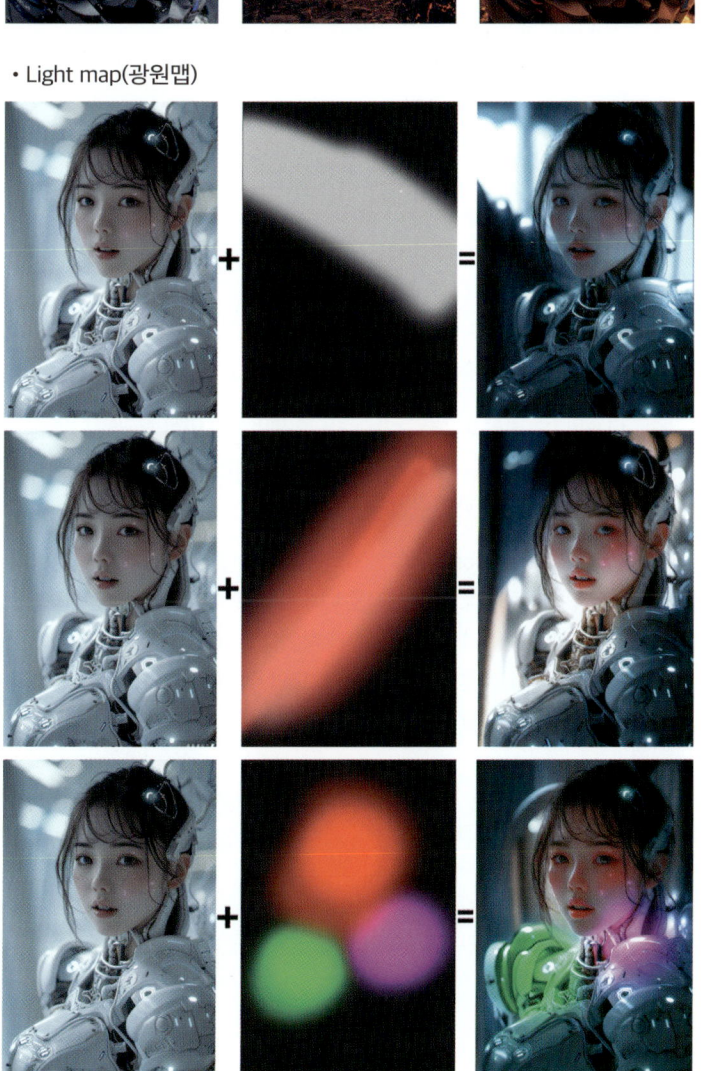

② **Light transfer strength (빛 전달 강도)**

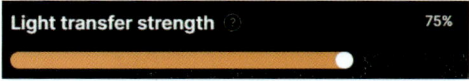

프롬프트, 참조 이미지 또는 라이트맵에 적용할 빛의 투과 수준을 지정할 수 있습니다. 값이 0%이면 이미지가 원본에 가장 가깝게 유지되며, 100%는 가능한 최대 빛 전달을 나타냅니다.

Interpolate from original(원본에서 보간)을 활성화한 후 이 슬라이더의 값을 낮추면 원본 이미지와 더욱 유사한 결과가 만들어집니다.

③ **Interpolate from original(원본에서 보간)**

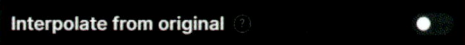

이 기능을 활성화하면 Light transfer strength(빛 전달 강도) 슬라이더를 사용하여 원본 이미지에서 최종 이미지를 보간하지만, 때로는 생성의 자유도가 제한될 수 있습니다.

비활성화하면 제너레이션이 더 자유로워지고 일반적으로 더 나은 결과를 얻을 수 있습니다. 그러나 예를 들어, 방의 조명이 꺼져 있고 매우 어두운 조명에서 새로운 날이 시작되면서 점차 밝아지는 장면으로 전환되는 비디오의 모든 프레임을 생성하려는 경우 이 옵션을 활성화하면 Light transfer strength(빛 전달 강도) 슬라이더를 부정하게 높이는 것과 함께 유용할 수 있습니다.

④ **Change background (배경 변경)**

이 기능을 활성화하면 프롬프트 및 또는 레퍼런스 이미지에 따라 배경이 변경됩니다. 이 기능은 제품 배치 및 인물 사진에 매우 유용합니다. 그러나 풍경이나 인테리어 같은 장면에서는 비활성화를 추천합니다.

⑤ Style (스타일)

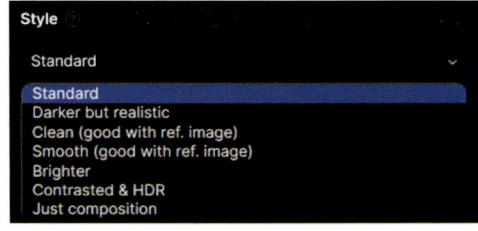

- **Standard(표준)** : 균형이 잘 잡혀 있는 스타일

- **Darker but realistic(어둡지만 사실적인)** : 카라바조와 같은 키아로스코 효과나 팀 버튼과 같은 장면을 원한다면 이 방법이 적합합니다.

- **Clean (깔끔)** : 전달하려는 빛에서 약간 떨어진 결과물을 제공하지만 더 선명하게 보이는 이점이 있습니다. Reference image(참조 이미지)와 잘 어울립니다.

- **Smooth(매끄럽게)** : Reference image를 사용할 때 정말 멋진 결과를 제공합니다. 특히 빛을 더 부드럽게 전송할 수 있습니다.

- **Brighter(더 밝게)** : 방정식에 빛을 조금 더 추가합니다.

- **Contrasted & HDR(대비 및 HDR)** : 인상적인 이미지가 필요할 때 사용합니다.

- **Just composition(구성)** : 빛을 전달하지 않습니다. 하지만 Change background (배경 변경)과 함께 사용하면 제품 배치에 매우 유용할 수 있습니다.

⑥ Advanced settings(고급 설정)

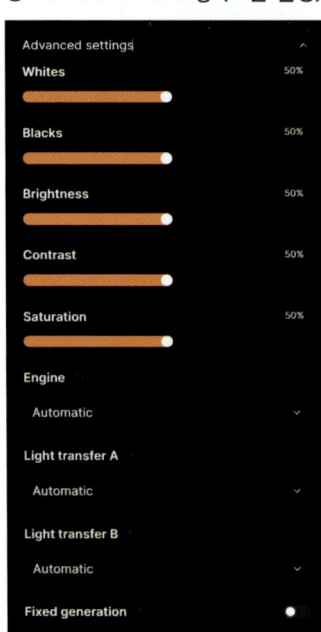

- Whites : 화이트톤 조정
- Blacks : 블랙 톤 조정
- Brightness : 밝기 조정
- Contrast : 대비 조정
- Saturation : 채도 조정

• Engine

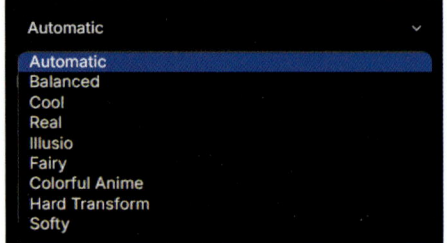

· Balanced : 가장 균형잡힌 엔진 옵션

· Cool : 밝고 멋진 이미지

· Real : 사진 촬영에 더 적합하지만 약간 실험적입니다.

· Illusio : 일러스트레이션과 그림에 좋습니다.

· Fairy : 일종의 마법에 관련된 효과이미지에 좋습니다. 특히 판타지에 좋습니다.

· Colorful Anime : 애니메이션, 만화 및 채도가 높은 색상에 좋습니다.

· Hard Transform : 특수한 경우 원본 이미지가 많이 바뀔 수 있습니다.

· Softy : 원래보다 이미지가 약간 부드러워 그래픽 디자인에 좋습니다.

• Light transfer A : 빛의 전달 강도를 제어합니다. 많은 테스트와 경험으로 자신에게 맞는 효과를 사용할 수 있습니다.

• Light transfer B : 빛의 전달 강도를 제어하며 이전 효과와 함께 다양한 효과를 위해 사용할 수 있습니다. 이 기능 역시 많은 테스트로 자신에게 맞는 효과를 확인해야 합니다.

• Fixed generation : 동일한 설정을 사용하면 일관되게 동일한 이미지가 생성됩니다. 고정 생성은 매개변수(예: 프롬프트)를 점진적으로 변경하여 출력의 미묘한 변화를 확인할 수 있으므로 미세 조정에 이상적입니다. 비활성화하면어느 정도의 무작위성이 도입되어 보다 다양한 결과를 기대할 수 있습니다.

스테이블 디퓨전을 이용한 다양한 아이디어 스케치

스테이블 디퓨전 txtimg 탭에서 많은 양의 아이디어 스케치 제작을 해 보겠습니다.

토끼 귀를 가진 화려한 의상을 입은 바니걸을 주제로 여러 시안을 뽑아보겠습니다.

사용할 기본 요소(Stable Diffusion)

- **checkpoint** : counterfeitV30_v30.safetensors
- **SD VAE** : kl-f8-anime.ckpt
- **Embedding** : EasyNegativeV2
- **Lora: lora** : 80s Japan, FilmVelvia3:0.add_detail

2D 애니스타일인 counterfeitV30_v30.safetensors 체크포인트를 선택하겠습니다. 다양한 디자인이 다채롭게 나오기 때문에 많이 쓰는 체크 포인트입니다. SD VAE도 위의 표와 같이 선택합니다.

기본사이즈는 512×768로 설정하였습니다. Hires. Fix와 ADetaile를 체크해줍니다. 나머지 값은 표를 참고하시길 바랍니다.

프롬프트와 네거티브 프롬프트를 작성하여 생성해 보겠습니다.

프롬프트

(masterpiece, best quality:1.4), (midjourney style), 1girl,[haure couture|Bunnygirl]dress ,Bunny ears on your head, shiny leather tights that stick to your body, and translucent stockings,high heels,standing, white background, simple background

(마스터피스, 최고 품질: 1.4), (미드저니 스타일), 1girl, [버니걸] 드레스, 머리에 토끼 귀, 몸에 달라붙는 반짝이는 가죽 타이츠, 반투명 스타킹, 하이힐, 스탠딩, 흰색 배경, 심플한 배경

부정 프롬프트

EasyNegativeV2, nsfw,

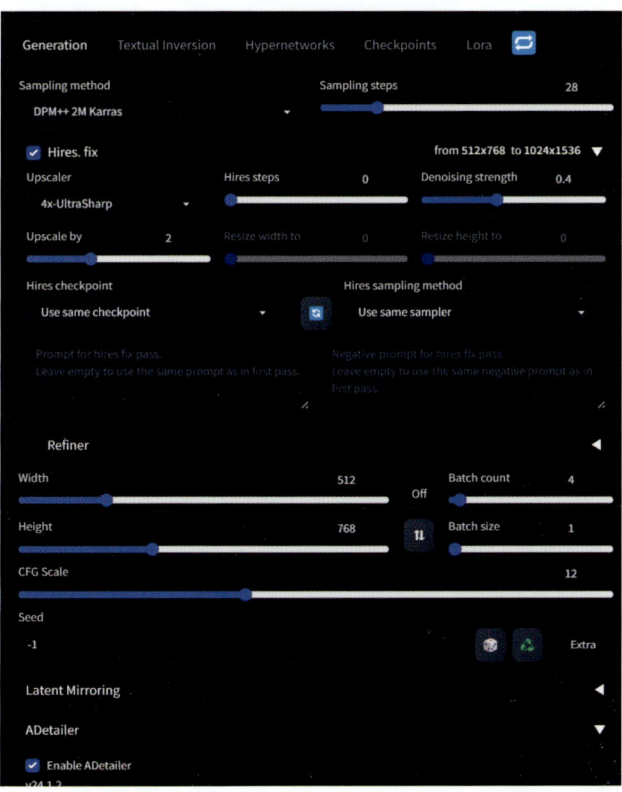

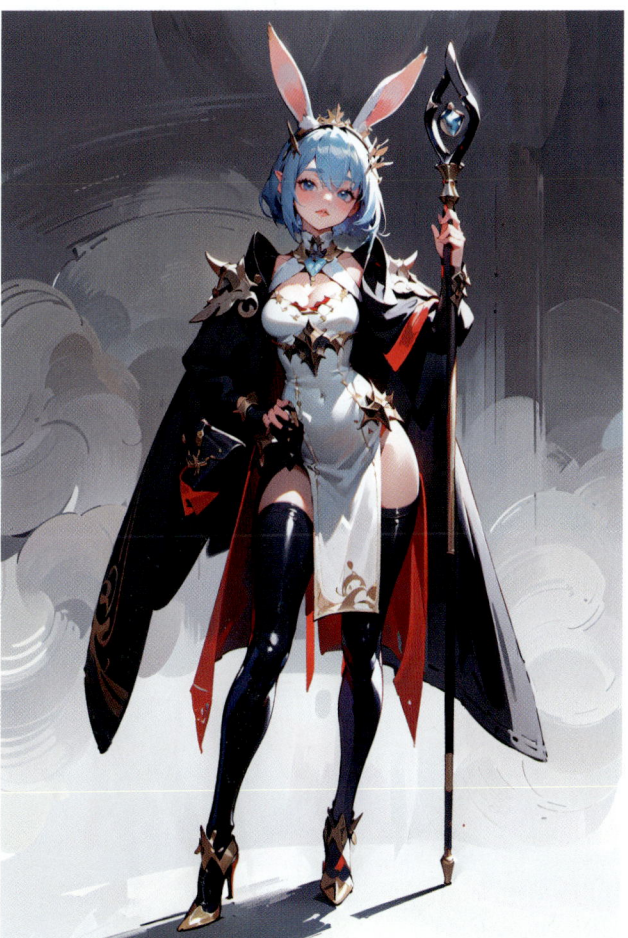

제복과 스타킹을 착용한 바니걸이 생성되었습니다.

Batch count를 9로 조정하여 여러 장을 생성해 보겠습니다.

프롬프트에 기본적인 정보만 입력하였기 때문에 의상의 디자인이 다채롭게 나오는 것을 확인할 수 있습니다. 사실상 seed 수치를 랜덤으로 조정하고 Batch count의 숫자를 원하는 만큼 초반 디자인을 얻을 수 있습니다.

그런데 여기서 아쉬운 점이 있습니다. 아무래도 많이 본 그림체라 다르게 개성적인 그림체로 표현하고 싶습니다.
counterfeitV30_v30.safetensors 체크포인트의 넓은 디자인의 폭을 그대로 가져가면서 좀 더 리얼한 그림체를 얻어 보겠습니다.

```
(masterpiece, best quality:1.4), (midjourney style), 1girl,[haure couture|Bunnygirl]dress ,Bunny ears on your head, shiny leather tights that stick to your body, and translucent stockings,high heels,standing, white background, simple background <lora:80s Japan 2:0.7> <lora:FilmVelvia3:0.9> <lora:add_detail:0.8>
```

그림체 변화를 위하여 프롬프트에 로라를 추가하였습니다.
애니 그림체와는 관련이 없는 80년대 시절 일본 사진과 필름 효과의 로라의 경우에도 그림체에도 영향을 주기 때문에 여러 로라를 테스트해 보는 것이 좋습니다. 그럼 다시 출력해보겠습니다.

그림체가 확연히 달라진 것을 확인할 수 있습니다. 동일한 체크포인트임에도 로라를 이용하여 완전히 다른 느낌의 그림스타일을 만들 수 있습니다. 여러가지 로라를 활용하여 여러분에게 맞는 그림체를 찾아보시길 바랍니다.

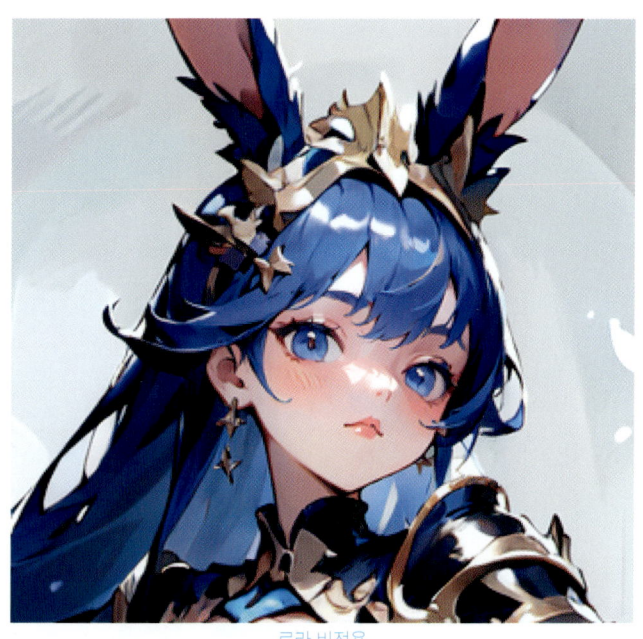

로라 비적용

로라 적용

이제 이 로라를 적용한 그림체로 여러 아이디어 스케치를 생성해보겠습니다.

다채로운 디자인들이 생성되었습니다.

사실상 무한대로 디자인을 생성할 수 있기 때문에 여기에서는 좋은 디자인을 확인할 수 있는 심미안이 무척 중요합니다.

미드저니를 이용한 다양한 아이디어 스케치

이번엔 미드저니로 스케치를 확장해 보겠습니다.
다양한 스타일을 구현할 수 있는 장점이 있어서 많이 쓰는 방식 중의 하나입니다.
이번에는 웹페이지가 아닌 디스코드에서 /describe 기능을 활용하여 다양한 아이디어 스케치를 생성해 보겠습니다.

앞서 스테이블 디퓨전에서 생성한 이미지를 준비합니다.

프롬프트 입력창에서
/describe를 입력하고 Image를 선택합니다.

여기에서 아까 생성한 이미지를 업로드합니다.
(니지저니 / 미드저니 동일)

describe에서 미드저니/니지저니에서 각각 이미지를 분석한 4개의 프롬프트 예시가 생성됩니다

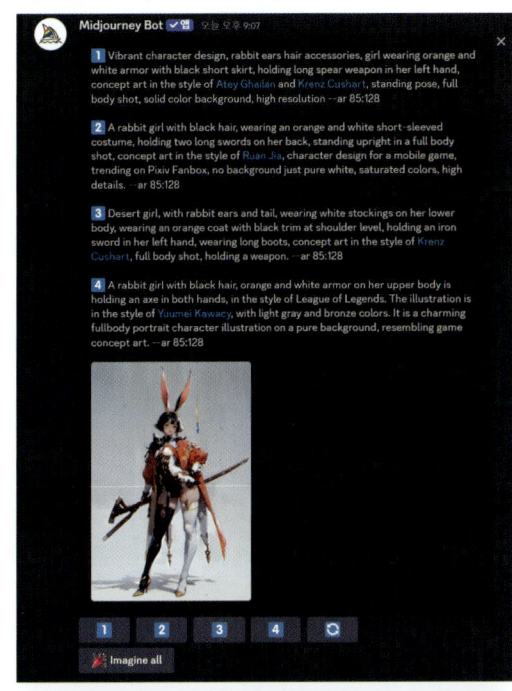

미드저니에서 생성된 4개의 프롬프트

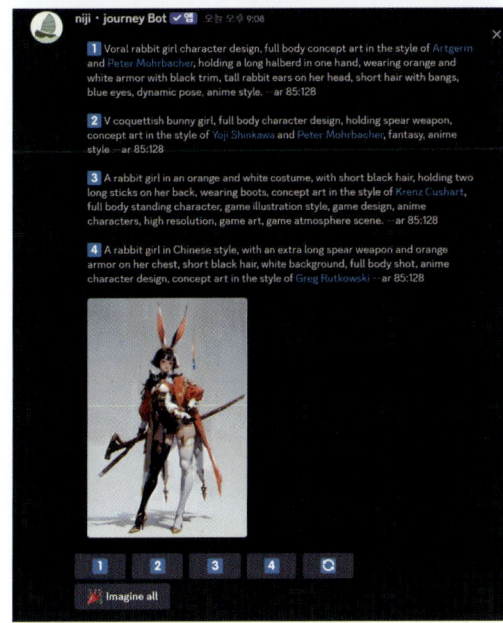

니지저니에서 생성된 4개의 프롬프트

91

Imagine all을 클릭하면,
4개의 프롬프트를 이미지로 생성합니다.

스테이블 디퓨전에서 생성한 이미지를 바탕으로 미드저니에서 다양한 스타일의 아이디어 이미지들을 생성합니다. 좀 더 다양한 아트 스타일이 필요한 샘플 이미지를 생성할 때 쓰는 방법입니다.

Describe는 프롬프트를 익힐 때도 많은 참고가 되는 유용한 기능이므로 자주 활용해 보시기 바랍니다.

미드저니에서 생성된 이미지들

미드저니, 스테이블 디퓨전, 매그니픽 AI의 이해와 활용 / 박상준

니지저니에서 생성된 이미지들

AI를 활용하여 다채로운 디자인을 만드는 과정입니다.
사실상 무한한 디자인을 생성할 수 있는 능력을 갖추게 되면, 디자인을 진정으로 돋보이게 만드는 요소를 식별할 수 있는 예리한 미적 감각을 갖는 것이 중요해집니다. 실제로 디자이너는 프로젝트에 딱 맞는 이미지를 찾기 위해 수백 또는 수천 개의 이미지를 만들고 평가하는 것이 가능해집니다. 따라서 프로젝트 요구 사항에 가장 적합한 디자인을 식별하고 선택하는 능력이 매우 중요합니다.

또한 AI를 디자인 프로세스에 통합하면 창의성과 효율성이 크게 향상될 수 있습니다. AI 도구를 사용하면 디자이너는 다양한 재료를 사용하여 아이디어 스케치를 생성하여 풍부한 영감과 혁신의 원천을 제공할 수 있습니다. 이러한 AI 생성 스케치를 활용하여 디자이너는 다양한 컨셉과 재료를 실험하여 기존 디자인의 경계를 넓힐 수 있습니다.

필자가 디자인 분야에서 AI를 흥미롭게 적용한 것 중 하나는 다양한 초안 아트 생성입니다. 특정 재료와 매개변수를 지정함으로써 디자이너는 AI를 사용하여 독특하고 매력적인 캐릭터를 만들 수 있습니다. 이 프로세스는 시간을 절약할 뿐만 아니라 창의성을 위한 새로운 가능성을 열어 아이디어를 탐색할 수 있게 해줍니다.

요약하자면, AI를 디자인 프로세스에 통합하면 시각적 요소를 생성하고 선택하는 방식이 혁신적으로 변하고 있습니다. 다양한 디자인을 신속하게 생성하고 평가하는 능력과 세련된 미적 감각이 결합되어 디자이너는 더 범위가 넓어진 표현력으로 자신의 프로젝트에 완벽하게 맞는 작품을 제작할 수 있습니다.

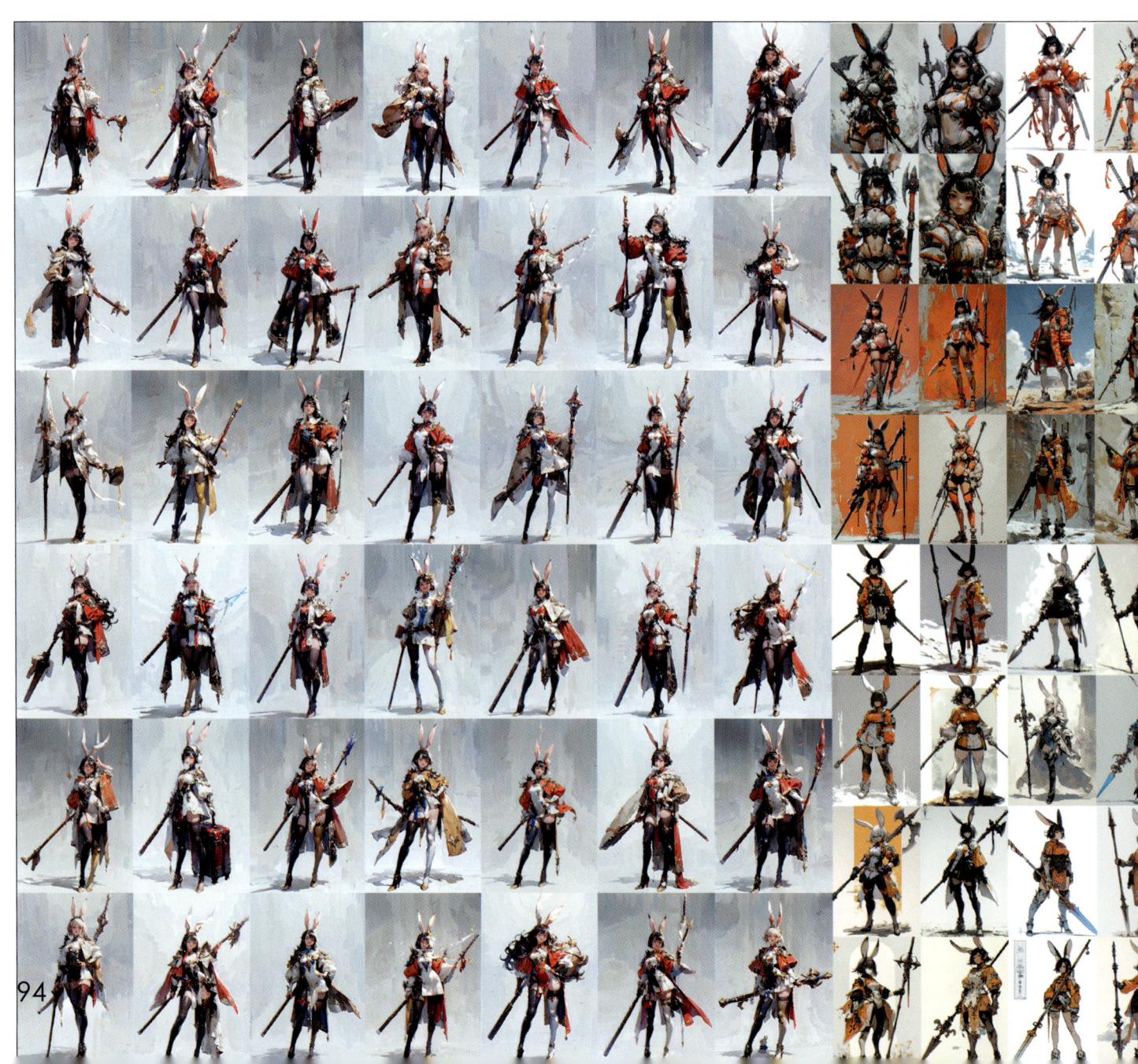

미드저니와 스테이블 디퓨전으로 다양한 컨셉아트 제작하기

1. 실사 스타일 사이버펑크 스타일 기계소녀 제작하기

이제 본격적으로 좀더 구체화된 이미지 제작을 시연해보겠습니다.

초안은 미드저니로 제작하여 스테이블 디퓨전으로 후반 디테일을 추가하는 방식으로 진행하겠습니다.
주제는 미래의 사이보그 신체를 가진 전투형 미소녀를 만들어 보겠습니다.

1) 미드저니에서 초안 제작하기

미드저니에서 사용할 프롬프트를 만들어 봅시다.

> Mecha: Indicates that she is made of machinery. Beautiful girl: It means that she is beautiful in appearance and usually has an attractive appearance. Powerful: implies that she has great strength or skills. Combat Equipped: Indicates that she may be equipped with weapons, armor, or other combat equipment. Technological sense: refers to her appearance or equipment reflecting the feeling of modern technology. Unique style: Indicates that she has her own unique style or appearance. Highly mobile: Implying that she has the ability to move quickly or be agile. Hyper realistic photography. --niji6 –style raw –stylize 250
> 메카 : 그녀가 기계로 만들어졌음을 나타냅니다. 아름다운 소녀: 외모가 아름답고 일반적으로 매력적인 외모를 가지고 있음을 의미합니다. 파워풀: 힘이나 기술이 뛰어나다는 의미입니다. 전투 장비: 무기, 갑옷 또는 기타 전투 장비를 갖추고 있음을 나타냅니다. 기술적 감각: 현대 기술의 느낌을 반영하는 외모나 장비를 의미합니다. 독특한 스타일: 자신만의 독특한 스타일이나 외모를 가졌음을 나타냅니다. 고도의 기동성: 빠르게 움직이거나 민첩하게 움직일 수 있는 능력을 가졌음을 의미합니다. 매우 사실적인 사진.

원하는 이미지를 연상하면서 원하는 부분의 특징을 천천히 써서 내려갑니다. 최대한 자신이 표현할 부분을 몇 가지로 나누어서 프롬프트를 작성하였습니다.

필자의 경우, 미드저니가 자연어 인식이 우수하기 때문에 "아름다운 소녀", "파워풀", "전투 장비", "기술적 감각", "독특한 스타일", "고도의 기동성"과 같은 핵심 키워드를 설정한 후 자세한 설명을 추가적으로 부연해 주고 있습니다.

여러 디자인의 초안들이 나오는데 자신의 생각과 맞는 그림이 나올 때까지 끈기를 가지고 생성해 보는 것입니다.

미드저니에서 생성한 이미지(웹 페이지 버전)

여기에서 가장 자신의 생각과 가까운 이미지들을 선별하고, 계속 발전시킬만한 기본 형태를 선택합니다.

이 생성된 이미지를 기준으로 베리에이션을 생성합니다. 디자인이 좁혀진 상태에서 여러가지 이미지를 더 다양하게 볼 수 있습니다.

디자인이 대략 정해지면 스테이블 디퓨전을 통해 원래 목적인 실사 스타일과 원하는 아트 스타일로 디벨롭 해 보겠습니다.

2) 선택한 이미지를 스테이블 디퓨전 A1111에서 디벨롭하기

이제 스테이블 디퓨전으로 본격 디벨롭을 해 보겠습니다.

> **사용할 기본 요소(Stable Diffusion)**
>
> • **Stable Diffusion checkpoint** : leosamsHelloworldSDXLModel_filmGrain20
> • **SD VAE** : kl-f8-anime.ckpt
> • **Embedding** : EasyNegativeV2, verybadimagenegative_v1.3
> • **Lora: lora** : FINAL Robort, hipoly_3dcg_v7-epoch-000012, 80s Japan, FilmVelvia3:0. add_detail, 3DMM_V12

미드저니에서 선택한 이미지를 스테이블 디퓨전 a1111의 img2img에 드래그하여 올려줍니다.

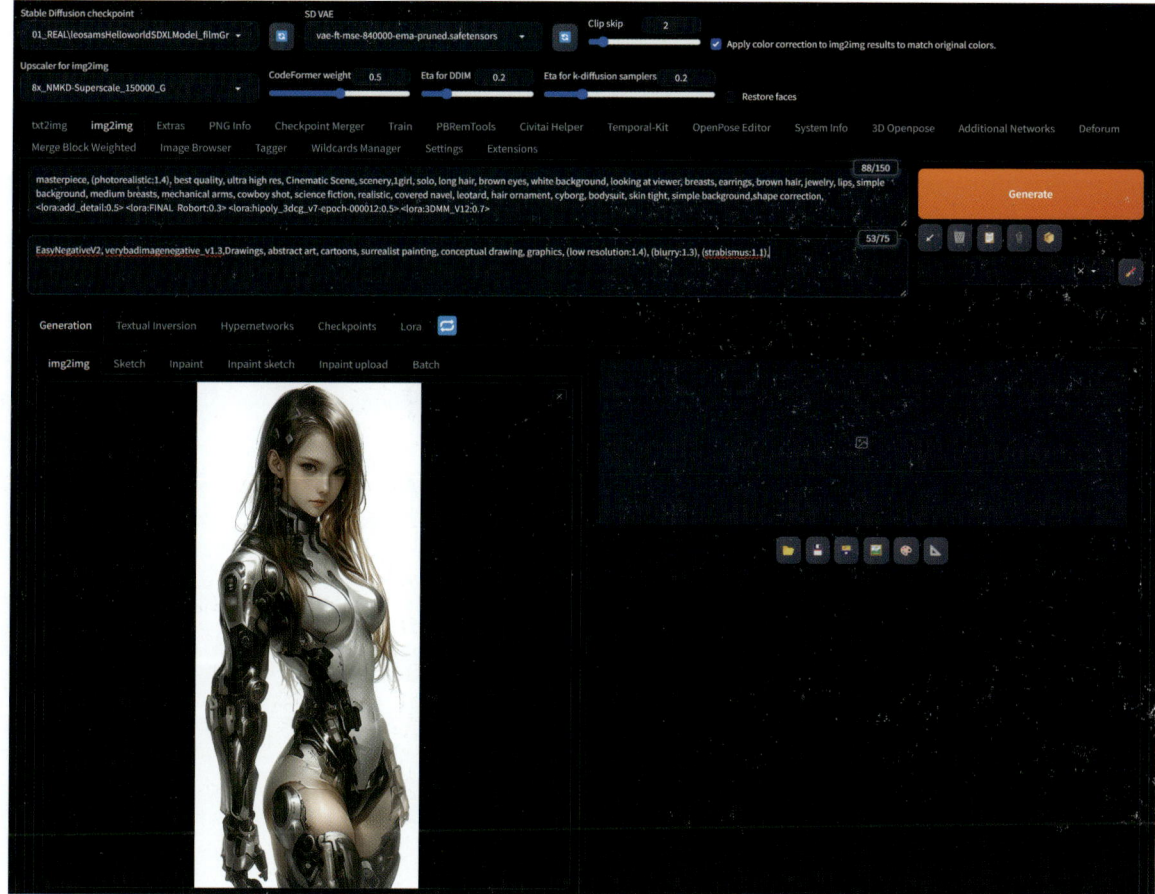

프롬프트

masterpiece, (photorealistic:1.4), best quality, ultra high res, Cinematic Scene, scenery,1girl, solo, long hair, brown eyes, white background, looking at viewer, breasts, earrings, brown hair, jewelry, lips, simple background, medium breasts, mechanical arms, cowboy shot, science fiction, realistic, covered navel, leotard, hair ornament, cyborg, bodysuit, skin tight, simple background,shape correction, <lora:add_detail:0.5> <lora:FINAL Robort:0.3> <lora:hipoly_3dcg_v7-epoch-000012:0.5> <lora:3DMM_V12:0.7>

걸작, (사진 사실적: 1.4), 최고 품질, 초고해상도, 시네마틱 씬, 풍경, 1소녀, 솔로, 긴 머리, 갈색 눈, 흰색 배경, 보는 사람 보기, 가슴, 귀걸이, 갈색 머리, 보석, 입술, 단순 배경, 중간 가슴, 기계 팔, 카우보이 샷, 공상 과학 소설, 사실적, 덮힌 배꼽, 레오타드, 머리 장식, 사이보그, 바디수트, 피부 타이트, 단순 배경,

부정 프롬프트

EasyNegativeV2, verybadimagenegative_v1.3,Drawings, abstract art, cartoons, surrealist painting, conceptual drawing, graphics, (low resolution:1.4), (blurry:1.3), (strabismus:1.1),

Sampling method은 DPM++ 2M Karras를 선택합니다.

Sampling steps과 CFG Scale은 제일 많이 쓰는 수치로 하겠습니다. 보통 Sampling steps은 CFG Scale의 3배수로 생각하시면 됩니다. Denoising strength은 0.3~0.4에서 조정합니다.

이후 Loopback에서 0.5까지 나누어서 생성이 되는 부분을 고려해서 맞는 수치는 조정하면서 생성해야합니다.

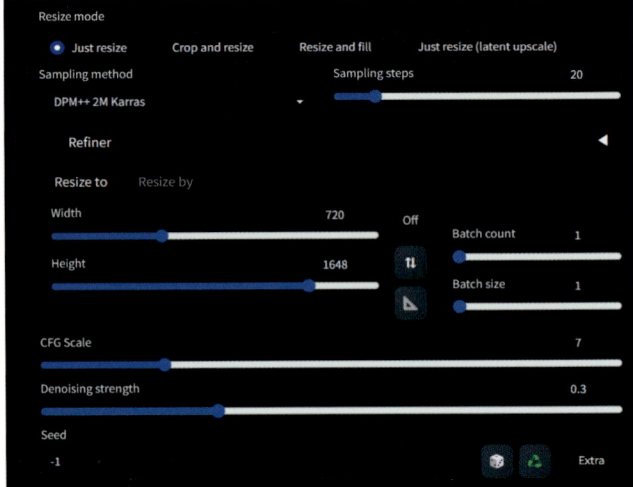

ControlNet입니다.
형태를 최대한 지켜주기 위하여 ControlNet Unit 0에는 depth_midas , ControlNet Unit 1에는 canny를 선택해 줍니다.

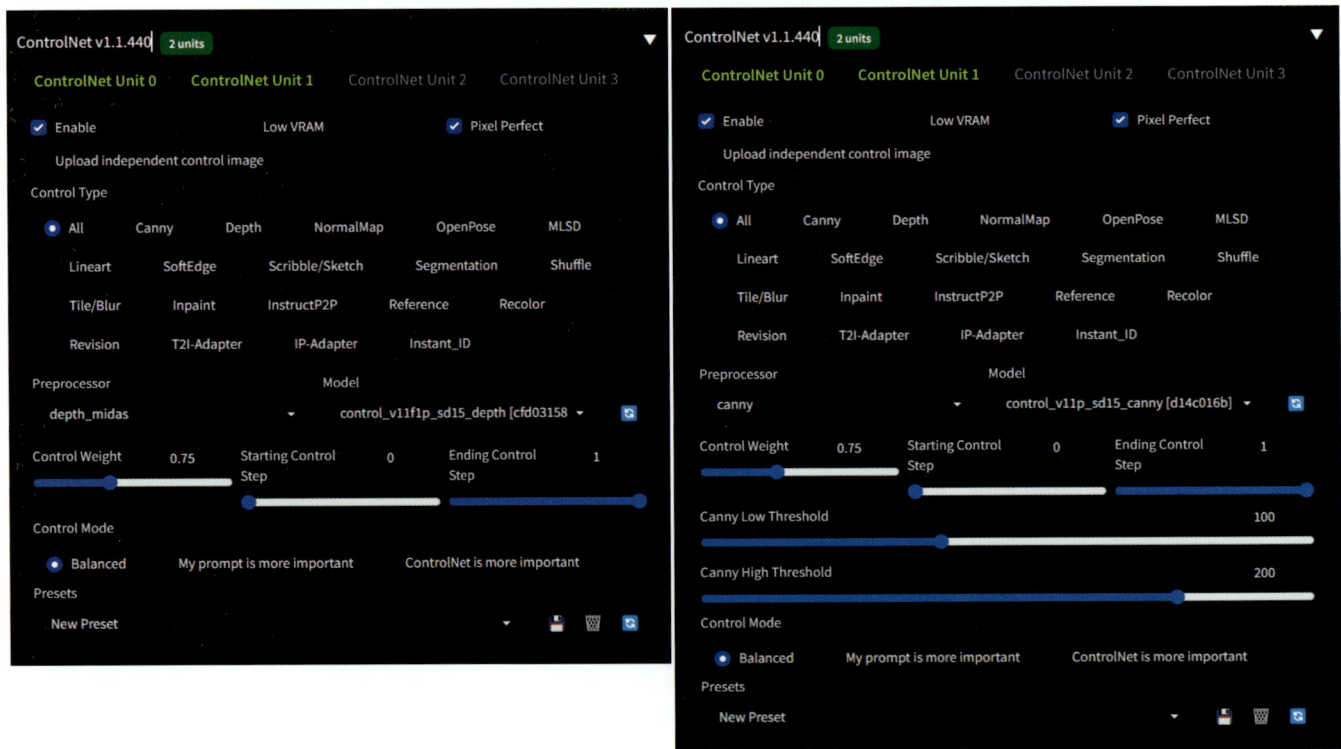

Loopback기능을 이용해서 이미지를 디벨롭합니다.
수치는 다음 그림과 같습니다.

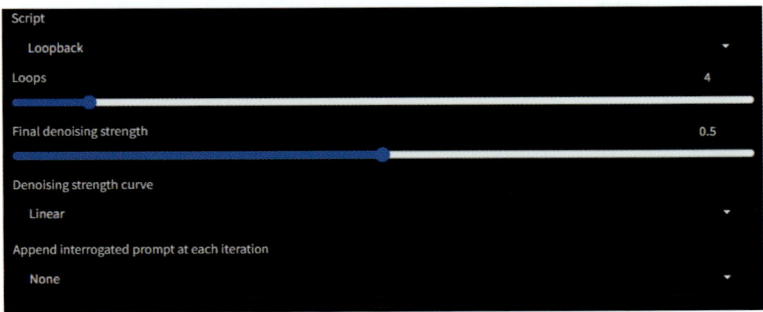

4개의 이미지가 생성되었습니다.
오른쪽으로 갈수록 Loopback은 프롬프트와 수치를 더해가면서 디테일을 높여줍니다.

여기서는 마지막 이미지를 선택했습니다.

1차 이미지 완성되었습니다,
아직 아쉽습니다.

이제 포토샵으로 이동하여 각각의 부위를 잘라낸 후,
그 부분만을 스테이블 디퓨전에서 i2i Resize by로 보강해 줍니다.

1차 생성 이미지

Resize by에서 Scale을 2배로 조정한 후 Denoising strength 수치는 3~5사이에서 디테일을 추가해줍니다.

그렇게 생성된 부위별 이미지는 다시 포토샵으로 와서 합쳐주면서 어색하지 않게 포인트가 되는 부분만을 남기고 지워줍니다.

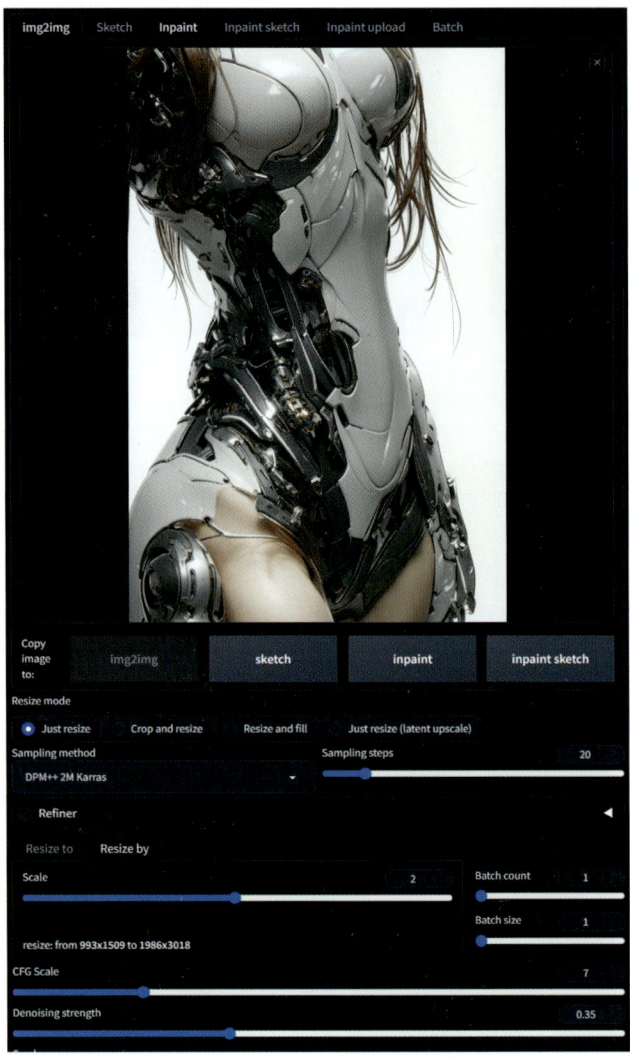

SD 업스케일을 통해서 디테일과 스케일을 키워줍니다.

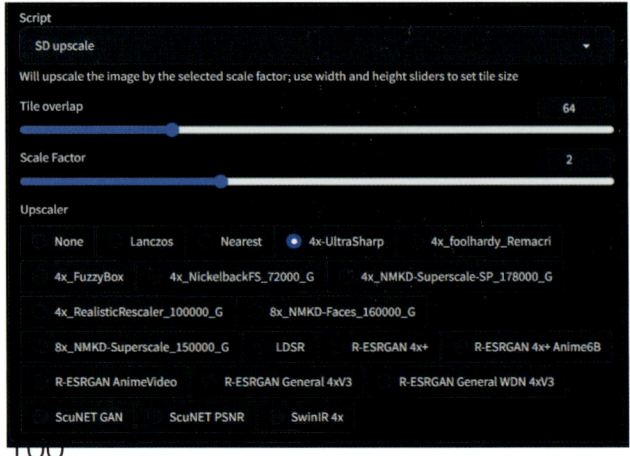

완성된 이미지입니다.

지금의 방식이 기본 방식입니다.
여기에서 대상마다 약간의 차이는 있을수 있습니다만,
기본적으로 방법은 비슷합니다.

미드저니로 생성한 1차 이미지 혹은 직접 그린
1차 이미지 드로잉 모두 같은 방법으로 디벨롭 할 수 있습니다.

3) 프로세스

- 1차 드로잉 초안 혹은 미드저니 러프이미지
- 2차 SD를 통한 디벨롭
- 3차 포토샵과 sd을 이용한 부위별 i2i업스케일 디테일 보강
- 4차 업스케일

지금 단계는 실제 개발 컨셉아트가 아닌 초기 프리 프로덕션 아트이기 때문에 형태의 정확성보다는 다양성과 분위기 위주로 작업물에 초점을 맞춥니다. 결과물 한장 한장에 집중하기보다는 가급적 다양하고 많은 양의 아트를 출력하여 최적의 결과물들로 방향성을 정하는 것이 좋습니다.

실제 개발 컨셉아트에 필요한 더 정확한 형태의 컨셉 이미지 응용 방법은 마지막 부분에서 다시 한번 서술하겠습니다.

이제 다음 페이지에서 보게 될 예제들은 앞의 제작 방식처럼 미드저니와 SD(스테이블 디퓨전)를 거쳐서 생성한 이미지들입니다.

2. 환타지 스타일 캐릭터 제작하기

웅장한 고대 홀에 화려한 갑옷을 입은 강력한 전사의 왕을 생성해 보겠습니다.

약간 다크 판타지 스타일의 유화풍으로 묘사해 보려고 합니다.

1) 미드저니 프롬프트

Dark oil painting, of Templars king is holding a hammer, dark long-length hair, armor with fur epaulettes, cathedral ambience, prayer tone --style raw –ar 9:16 –stylize 250

템플 기사단의 왕이 망치를 들고 있는 어두운 유화, 검은색 긴 머리, 모피 견장이 달린 갑옷, 성당 분위기, 기도하는 분위기

2) 스테이블 디퓨전 프롬프트

masterpiece, (photorealistic:1.4), best quality, ultra high res, Cinematic Scene, weapon,(Plate Armor:1.5), armor, beard, sword, facial hair, open eyes, red eyes, , male focus, 1man, Beast Furs on Shoulders, long hair, metal gauntlets, holding weapon, holding, cape, holding sword, solo, black hair, breastplate, fur trim, standing, realistic, shoulder armor <lora:epi_noiseoffset2:0.3>   <lora:add_detail:0.3><lora:80s Japan:0.5> <lora:ReaLora:0.3> <lora:polyhedron_new_skin_v1.1:0.3> <lora:MedievalArmor_v2:0.3>

걸작, (사진적 사실성: 1.4), 최상의 품질, 초고해상도, 시네마틱 장면, 무기, (플레이트 아머: 1.5), 갑옷, 수염, 칼, 얼굴 털, 눈을 뜬 상태, 붉은 눈, , 남성 중심, 1인, 어깨에 짐승 털, 긴 머리, 금속 건틀릿, 무기를 든 상태, 든 상태, 망토, 칼을 든 상태, 솔로, 검은 머리, 흉갑, 모피 장식, 서 있는 상태, 사실적, 어깨 갑옷

부정 프롬프트

EasyNegativeV2, verybadimagenegative_v1.3,Drawings, abstract art, cartoons, surrealist painting, conceptual drawing, graphics, (low resolution:1.4), (blurry:1.3), (strabismus:1.1),

스테이블 디퓨전 파라미터

- Steps : 20
- Sampler : DPM++ 2M Karras
- CFG scale : 7
- Seed : 1132005022
- Size : 1632x2912
- Model hash : fe54b5d04d
- Model : leosamsHelloworldSDXLModel_filmGrain20
- VAE : vae-ft-mse-840000-ema-pruned.safetensors
- Denoising strength : 0.3

이 이미지는 컨트롤넷을 사용하지 않고 I2I에서만 작업했습니다.

STREGA BIANCA
La Strega Bianca è la salvatrice dell'umanità contro gli Angeli Neri e si dice che sia il male

REGA BIANCA
Strega Bianca è la salvatrice dell'umanità contro gli Angeli Neri e si dice che sia il male puro.

이번에는 모피 액센트가 있는 어둡고 화려한 갑옷을 입은 강력한 여기사를 만들어 봅시다.

큰 검을 들고 웅장하고 고대적인 배경에 서 있습니다.

3) 미드저니 프롬프트

Dark oil painting, of Templars queen is holding a sword, dark long-length hair, armor with fur epaulettes, cathedral ambience, prayer tone, full body shot , High heels --style raw –ar 9:16 –stylize 250

템플 기사단의 여왕이 검을 들고 있는 어두운 유화, 검은색 긴 머리, 모피 견장이 달린 갑옷, 성당 분위기, 기도하는 분위기

4) 스테이블 디퓨전 프롬프트

masterpiece, (photorealistic:1.4), best quality, ultra high res, Cinematic Scene, weapon,(metal Plate Armor:1.9), armor,1girl, Beast Furs on Shoulders, weapon, armor, sword, black hair, solo, holding weapon, holding sword, holding, long hair, cape, gauntlets, looking at viewer, plate armor, realistic, shoulder armor, breastplate, knight, lips <lora:epi_noiseoffset2:0.3><lora:add_detail:0.3> <lora:80s Japan:0.5><lora:-ReaLora:0.3> <lora:polyhedron_new_skin_v1.1:0.3> <lora:MedievalArmor_v2:0.3>

걸작, (실사적:1.4), 최상의 품질, 초고해상도, 시네마틱 장면, 무기, (플레이트 아머:1.9), 갑옷, 1인, 어깨에 짐승 털, 무기, 갑옷, 칼, 검은 머리, 솔로, 무기를 든 상태, 칼을 든 상태, 든 상태, 긴 머리, 망토, 건틀릿, 시청자를 바라보는 상태, 플레이트 아머, 사실적인, 어깨 갑옷, 흉갑, 기사, 입술

부정 프롬프트

EasyNegativeV2, verybadimagenegative_v1.3,Drawings, abstract art, cartoons, surrealist painting, conceptual drawing, graphics, (low resolution:1.4), (blurry:1.3), (strabismus:1.1),

스테이블 디퓨전 파라미터

- Steps : 20
- Sampler : DPM++ 2M Karras
- CFG scale : 7
- Seed : 1132005022
- Size : 905x1204
- Model hash : f4151d2b7b
- Model : henmixReal_v40
- VAE : vae-ft-mse-840000-ema-pruned.safetensors
- Denoising strength : 0.3
- Clip skip : 2
- SD upscale overlap : 64
- SD upscale upscaler : 4x-UltraSharp

3. 2D 캐릭터 스타일

2D 애니 스타일의 경우 미드저니와 스테이블 디퓨전의 그림체를 적절히 혼합하여 새로운 스타일을 만들수 있습니다.

1) 미드저니 프롬프트

the android girl standing next to some toys, in the style of meticulous military scenes, light black and orange, anime aesthetic, net art, steel, simplicity, eye-catching --ar 3:7 --niji 6 --stylize 180

세심한 군사 장면, 밝은 검정색과 주황색, 애니메이션 미학, 넷 아트, 강철, 단순함, 눈길을 끄는 스타일의 장난감 옆에 서있는 안드로이드 소녀

2) 스테이블 디퓨전 프롬프트

(Masterpiece, best quality, very detailed),1girl, weapon, gun, rifle, orange background, orange eyes, hand on hip, breasts, holding weapon, full body, long hair, looking at viewer, assault rifle, holding gun, science fiction, holding, standing, bodysuit, large breasts, solo<lora:add_detail:0.5>, <lora:OC illustration:0.3>, <lora:NijiExpressV2:0.3>, <lora:nier_art_style:0.3> <lora:OC:0.2> <lora:GUN:0.3> <lora:hipoly_3dcg_v7-epoch:0.5> <lora:FINAL Robort:0.5>

(걸작, 최상의 품질, 매우 세부적), 1명의 소녀, 무기, 총, 소총, 주황색 배경, 주황색 눈, 허리에 손 얹음, 가슴, 무기를 든 모습, 전신, 긴 머리, 시청자를 바라보는 모습, 돌격소총, 총을 든 모습, 공상과학, 든 모습, 서 있는 모습, 바디수트, 큰 가슴,

부정 프롬프트

EasyNegativeV2 ,verybadimagenegative_v1.3, bad-hands-5, bad-image-v2-39000

스테이블 디퓨전 파라미터

- Steps : 20
- Sampler : DPM++ 2M Karras
- CFG scale : 7
- Seed : 4254145107
- Size : 720x1680
- Model hash : cbfba64e66
- Model : counterfeitV30_v30
- VAE : klF8Anime2_klF8Anime2VAE.pt
- Denoising strength : 0.3
- VAE hash : 735e4c3a44
- Clip skip : 2
- SD upscale overlap : 64
- SD upscale upscaler : 4x-UltraSharp

4. 메카닉 캐릭터

메카닉도 러프한 초안을 스테이블 디퓨전을 이용하여 디테일을 디벨롭할 수 있습니다.

1) 미드저니 프롬프트

a giant red mech suit with black and grey details, the design is inspired by trex , full body shot, anime style --ar 13:16 --niji --stylize 400

블랙과 그레이 디테일의 거대한 레드 메카닉 슈트, 디자인은 트렉스에서 영감을 받은 풀 바디 샷, 애니메이션 스타일

2) 스테이블 디퓨전 프롬프트

(Masterpiece, best quality, very detailed),-1girl, weapon, gun, rifle, orange background, orange eyes, hand on hip, breasts, holding weapon, full body, long hair, looking at viewer, assault rifle, holding gun, science fiction, holding, standing, bodysuit, large breasts, solo<lora:add_detail:0.5>, <lora:OC illustration:0.3>, <lora:NijiExpressV2:0.3>, <lora:nier_art_style:0.3> <lora:OC:0.2> <lora:-GUN:0.3> <lora:hipoly_3dcg_v7-epoch:0.5> <lora:FINAL Robort:0.5>

걸작, (포토리얼리스틱:1.4), 최상의 품질, 초고해상도, 시네마틱 장면, 풍경, 메카, 로봇, 하늘, 구름, 야외, 풀, 서 있는, 낮, 1boy, 공상과학, 푸른 하늘, 검은 머리, 재킷, 간단한 배경, 모양 보정.

부정 프롬프트

EasyNegativeV2, verybadimagenegative_v1.3,Drawings, abstract art, cartoons, surrealist painting, conceptual drawing, graphics, (low resolution:1.4), (blurry:1.3), (strabismus:1.1),

스테이블 디퓨전 파라미터

- Steps : 20
- Sampler : DPM++ 2M Karras
- CFG scale : 7
- Seed : 1132005022
- Size : 848x1424
- Model hash : fe54b5d04d
- Model : leosamsHelloworldSDXLModel_filmGrain20
- VAE : vae-ft-mse-840000-ema-pruned.safetensors
- Denoising strength : 0.35
- VAE hash : 735e4c3a44
- SD upscale overlap : 64
- SD upscale upscaler : 4x-UltraSharp

5. 실사 스타일

실사 스타일로 독특한 느낌의 화려한 장식의 제복을 입은 소녀를 만들어 봅시다.

신비한 느낌을 주는 것이 컨셉입니다.

1) 미드저니 프롬프트

1girl,real photo,Oblique angle,::1character design, Girl in porcelain dress and armor, Haute Couture, mist, photorealistic, octane render, unreal engine, hyper detailed, volumetric lighting, hdr::1 --ar 53:89 --stylize 250

1소녀, 실제 사진, 오블리크 앵글,::1캐릭터 디자인, 도자기 드레스와 갑옷을 입은 소녀, 오뜨 꾸뛰르, 미스트, 포토리얼리티, 옥탄 렌더링, 언리얼 엔진, 초정밀, 볼륨 조명, HDR::1

2) 스테이블 디퓨전 프롬프트

masterpiece, (photorealistic:1.4), best quality, ultra high res, Cinematic Scene,1girl, solo, armor, jewelry, earrings, looking at viewer, forehead mark, white hair, blue eyes, long hair, shoulder armor, pauldrons, upper body, freckles, breastplate, facial mark, lips, parted lips, gauntlets, belt, simple background, grey background, plate armor, grey eyes, long sleeves, knight, bindi, chainmail, standing, cross, arms at sides, realistic, white background, snowing, ponytail, wind, blurry, faulds, full armor, closed mouth, vambraces, braid, floating hair, white theme, piercing, snow, backlighting, cowboy shot, pink lips, high collar, chain, bangs, nose, silver hair, expressionless, turtleneck, gorget, depth of field, necklace, messy hair, cross earrings, outdoors, buckle, green eyes, eyelashes, short hair, gloves, armored dress, blonde hair, circlet, parted bangs, teeth, medium hair, forehead, silver trim, gradient background, sword, makeup, half updo, ear piercing, blurry background, gradient, breasts, arm at side, fantasy, gem, blush, half-closed eyes, white eyes, androgynous, belt buckle, light smile, looking down, male focus, tabard, smile, looking away, dress, gold trim, grey hair <lora:epi_noiseoffset2:0.3> <lora:add_detail:0.3> <lora:0.5> <lora:ReaLora:0.5>

걸작, (실사적:1.4), 최상의 품질, 초고해상도, 시네마틱 장면, 1girl, 솔로, 갑옷, 보석, 귀걸이, 시청자를 바라보는, 이마 자국, 흰 머리카락, 파란 눈, 긴 머리카락, 어깨 갑옷, 견갑, 상체, 주근깨, 흉갑, 얼굴 자국, 입술, 갈라진 입술, 건틀릿, 벨트, 간단한 배경, 회색 배경, 판금 갑옷, 회색 눈, 긴 소매, 기사, 빈디, 사슬 갑옷, 서 있는, 십자가, 옆에 팔, 사실적인, 흰색 배경, 눈 내리는, 포니테일, 바람, 흐릿한, 폴드, 전체 갑옷, 닫힌 입, 완갑, 머리띠, 떠다니는 머리카락, 흰색 테마, 피어싱, 눈, 역광, 카우보이 샷, 분홍 입술, 높은 칼라, 사슬, 앞머리, 코, 은색 머리카락, 무표정, 터틀넥, 고젯, 피사계 심도, 목걸이, 엉성한 머리카락, 십자가 귀걸이, 야외, 버클, 녹색 눈, 속눈썹, 짧은 머리, 장갑, 갑옷 드레스, 금발 머리, 머리띠, 갈라진 앞머리, 이빨, 중간 길이 머리, 이마, 은색 장식, 그라데이션 배경, 칼, 메이크업, 반 올림, 귀 피어싱, 흐릿한 배경, 그라데이션, 가슴, 옆 팔, 판타지, 보석, 블러셔, 반쯤 감은 눈, 흰 눈, 남녀공통, 벨트 버클, 가벼운 미소, 아래를 내려다보는 것, 남성적 관점, 휘장, 미소, 시선을 돌리는 것, 드레스, 금색 장식, 회색 머리 <lora:epi_noiseoffset2:0.3> <lora:add_detail:0.3> <lora:눈썹 쌍:0.5> <lora:ReaLora:0.5>

스테이블 디퓨전 파라미터

- Steps : 20
- Sampler : DPM++ 2M Karras
- CFG scale : 7
- Seed : 1132005022
- Size : 848x1424
- Model hash : fe54b5d04d
- Model : leosamsHelloworldSDXLModel_filmGrain20
- VAE : vae-ft-mse-840000-ema-pruned.safetensors
- Denoising strength : 0.35
- VAE hash : 735e4c3a44
- SD upscale overlap : 64
- SD upscale upscaler : 4x-UltraSharp

미드저니와 매그니픽 AI으로 다양한 컨셉아트 제작하기

이번에는 미드저니와 매그니픽 AI를 이용한 방법으로 다양한 컨셉아트를 제작해보겠습니다.
미드저니에서 아쉬운 디테일을 복잡한 스테이블 디퓨전 대신 매그니픽 AI를 사용하여 쉽게 디테일을 올려보겠습니다.
이 방법은 여러 컨셉아트들을 빠른 속도로 일정한 완성도로 제작할 수 있다는 장점이 있습니다.

1. 미래 스타일의 사이보그 소녀

1) 미드저니 프롬프트

a giant red mech suit with black and grey details, the design is inspired by trex , full body shot, anime style --ar 13:16 --niji --stylize 400

블랙과 그레이 디테일의 거대한 레드 메카 슈트, 트렉스에서 영감을 받은 디자인, 풀 바디 샷, 애니메이션 스타일

2) 매그니픽 AI 파라미터

- **Scale factor** : 2x
- **Optimized for** : Science Fiction & Horror
- **Creativity** : 2
- **HDR** : -1
- **Resemblance** : 0
- **Fractality** : -1
- **Engine** : Sharpy

- **Prompt** : White mecha female figure against a black background in a futuristic style design with detailed character illustrations in a full body photography

검은색 배경에 흰색 메카 여성 피규어, 전신 사진에 디테일한 캐릭터 일러스트가 있는 미래지향적인 스타일의 디자인

확연히 디테일과 사실감이 올라간 것을 볼 수 있습니다.
특히 미드저니에서 실사 스타일의 그림과 매그니픽AI의 궁합은 아주 좋아서 해외에서는 미드저니 초안을 스테이블 디퓨전으로 디벨롭 하는 대신 바로 매그니픽 AI로 디벨롭하는 작가들이 많이 등장하고 있습니다.

2. 강화 외골격의 사이버 여전사

1) 미드저니 프롬프트

TXT 제공

A female mecha in white and silver, with a sleek design with sharp edges and intricate details on the armor's surface, giving it a futuristic look, standing tall against a dark background, with high resolution and high detail in a hyper realistic style. --ar 2:3 --niji 6 --stylize 400

흰색과 은색의 여성 메카로, 날카로운 모서리와 갑옷 표면의 정교한 디테일이 돋보이는 세련된 디자인으로 미래지향적인 느낌을 주며, 어두운 배경에 우뚝 서 있으며 고해상도와 높은 디테일로 매우 사실적인 스타일로 표현.

2) 매그니픽 AI 파라미터 및 프롬프트

- **Scale factor** : 2x
- **Optimized for** : Science Fiction & Horror
- **Creativity** : 5
- **HDR** : -1
- **Resemblance** : 0
- **Fractality** : -1
- **Engine** : Sharpy

- **Prompt** : A female mecha in white and silver, with a sleek design with sharp edges and intricate details on the armor's surface, giving it a futuristic look, standing tall against a dark background, with high resolution and high detail in a hyper realistic style.

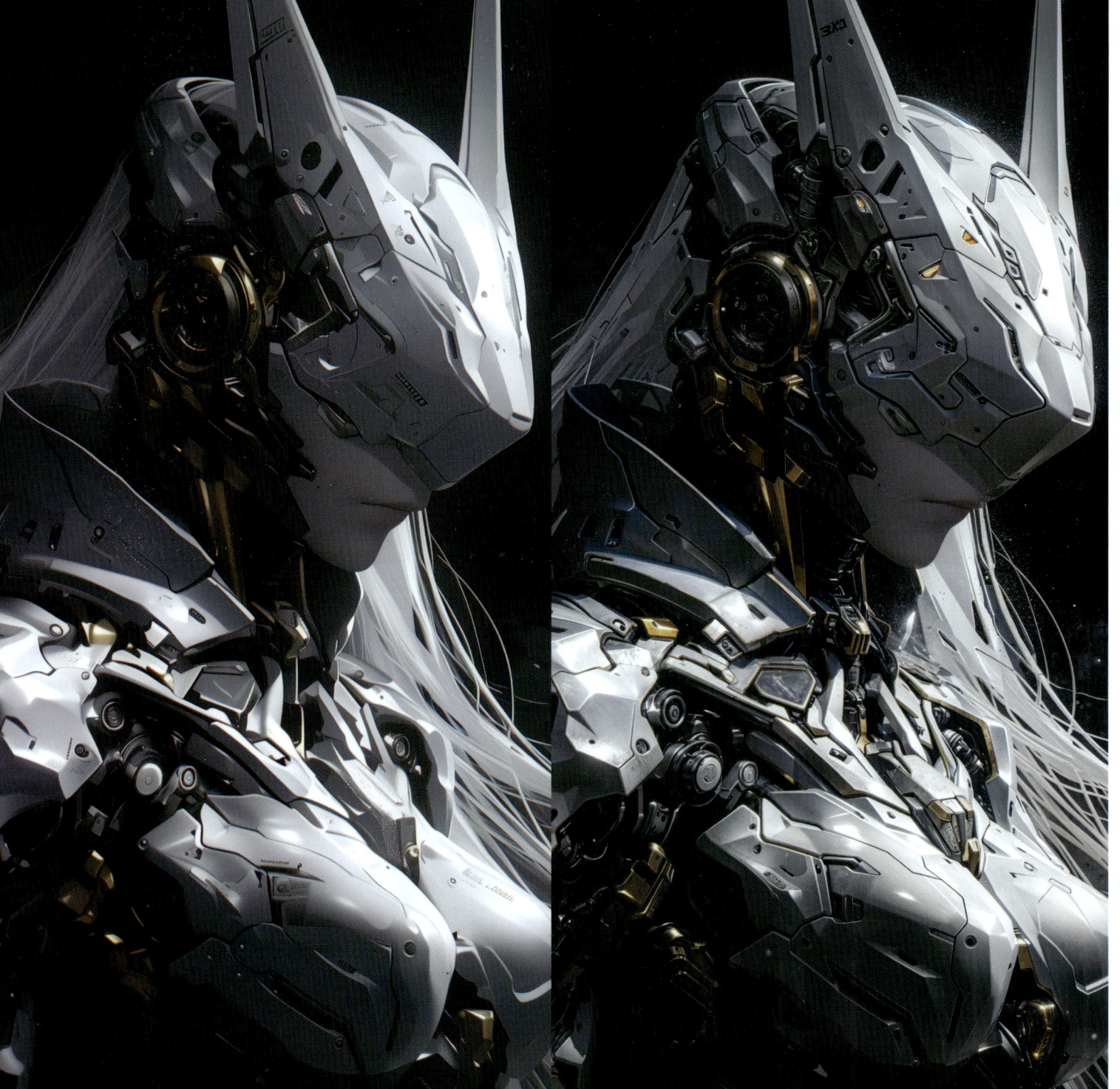

3. 판타지 타운

1) 미드저니 프롬프트

Bird's eye view taken from the sky looking down, looking from a very high place,steam punk style castle & street,Bird's-eye view::4 ,drone shot,neo steam punk ,dramatic lighting,digital painting,realistic,depth of field,high detailed::1 --ar 16:9 --v5.2 --stylize 250

하늘에서 내려다 본 조감도, 매우 높은 곳에서 내려다 본, 스팀 펑크 스타일의 성 및 거리, 조감도 ::4, 드론 샷, 네오 스팀 펑크, 극적인 조명, 디지털 그림, 사실적인, 피사계 심도, 높은 세부 사항 ::1

2) 매그니픽 AI 파라미터 및 프롬프트

- **Scale factor** : 2x
- **Optimized for** : Films & Photography
- **Creativity** : 6
- **HDR** : 2
- **Resemblance** : 0
- **Fractality** : 0
- **Engine** : Automatic

- **Prompt** : Bird's eye view taken from the sky looking down, looking from a very high place,steam punk style castle & street,Bird's-eye view::4 ,drone shot,neo steam punk ,dramatic lighting,digital painting,realistic,depth of field,high detailed

4. 궤도 엘리베이터

상상을 넘는 거대한 스케일의 궤도 엘리베이터 건물입니다. 매그니픽 AI에서 건물의 디테일과 대륙과 바다의 스케일 감을 잘 살려주고 있습니다. 매그니픽 ai의 강점은 인물보다 배경에 더 강하다고 생각합니다. 특히 스케일 감이 중요한 배경에서는 그 위력이 무척 빛을 발합니다

1) 미드저니 프롬프트

- Prompt : A massive space station orbiting Earth, with multiple rings and structures that resemble the world's grandest palaces. The exterior is sleek metal with intricate designs, and it floats above an ocean of stars. A few small spacecraft drift around outside, while inside its vast windows you can see planet Earth below. Sci-fi, futuristic, cinematic in the style of concept art. --ar 2:3 --niji 6 --stylize 400

- Prompt : 지구 궤도를 돌고 있는 거대한 우주 정거장으로, 세계에서 가장 웅장한 궁전을 닮은 여러 개의 고리와 구조물을 갖추고 있다. 외관은 정교한 디자인의 매끈한 금속으로 되어 있으며, 별들의 바다 위에 떠 있다. 바깥쪽에는 작은 우주선 몇 대가 떠다니고, 커다란 창문을 통해 아래로는 지구가 보인다. 공상 과학, 미래, 영화 같은 콘셉트 아트 스타일.

미드저니. 스테이블 디퓨전. 매그니픽 AI의 이해와 활용 / 박상준

2) 매그니픽 AI 파라미터 및 프롬프트

- Scale factor : 2x
- Optimized for : Films & Photography
- Creativity : 5
- HDR : 0
- Resemblance : 0
- Fractality : 0
- Engine : Automatic

 Prompt : A massive space station orbiting Earth, with advanced technology and futuristic architecture. The structure is made of metallic materials like steel or aluminum, featuring intricate designs and lights that highlight its grandeur from above. Surround it with the vastness of outer space, showcasing stars in their resplendent glory, and include spacecrafts around for travel between different parts of the universe.

5. 우주 전함 컨셉아트

거대한 우주 전함을 만들어 봅시다.
미드저니에서 대략적인 느낌이 묘사되면 디테일은 매그니픽에서 엄청난 묘사력으로 디테일을 표현해줍니다.

1) 미드저니 프롬프트

A massive space station made of bones, covered in gold and silver metal accents. The setting is deep black space. The ship has multiple levels with large open areas at its center for battle and exploration. There are many crew members on board working together to keep everything running well. There should be an epic looking warship visible in frame, in the style of an Unreal Engine 5 video game. --ar 16:9 --niji 6 --stylize 400

뼈로 만든 거대한 우주 정거장이 금색과 은색 금속 액센트로 덮여 있습니다. 배경은 짙은 검은 우주입니다. 우주선은 여러 층으로 이루어져 있으며 중앙에는 전투와 탐험을 위한 넓은 개방 공간이 있습니다. 우주선에는 많은 승무원들이 모든 것을 잘 운영하기 위해 함께 일하고 있습니다. 언리얼 엔진 5 비디오 게임 스타일의 장대한 전함이 프레임에 보여야 합니다.

2) 매그니픽 AI 파라미터 & 프롬프트

- **Scale factor** : 2x
- **Optimized for** : Films & Photography
- **Creativity** : 6
- **HDR** : 2
- **Resemblance** : 0
- **Fractality** : -3
- **Engine** : Automatic

- **Prompt** : A massive space station made of bones, covered in gold and silver metal accents. The setting is deep black space. The ship has multiple levels with large open areas at its center for battle and exploration. There are many crew members on board working together to keep everything running well. There should be an epic looking warship visible in frame, in the style of an Unreal Engine 5 video game.

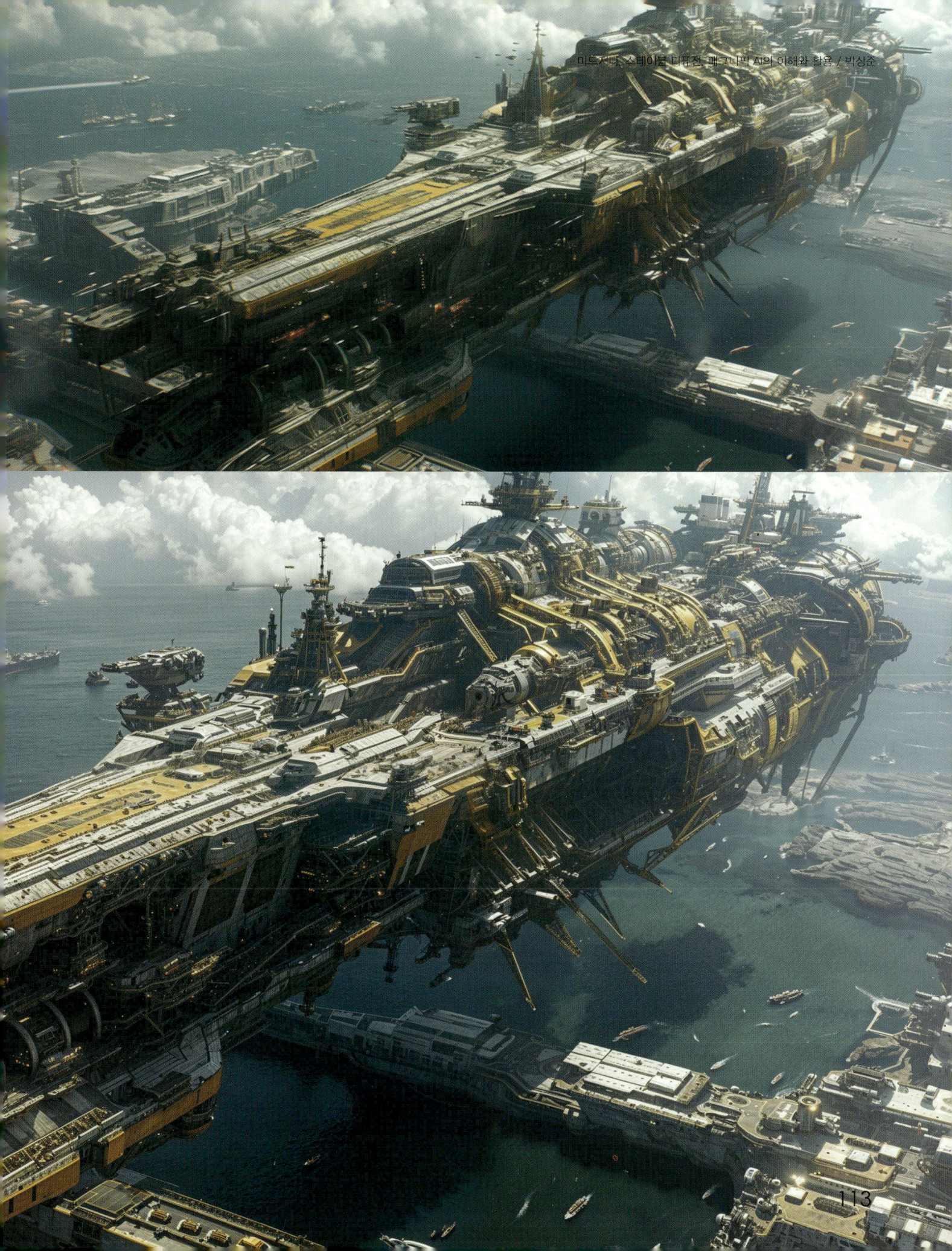

캐릭터 컨셉아트 디벨롭하기 (스테이블 디퓨전)

이번에는 미드저니와 매그니픽 AI를 이용한 방법으로 다양한 컨셉아트를 제작해보겠습니다.
미드저니에서 아쉬운 디테일을 복잡한 스테이블 디퓨전 대신 매그니픽 AI를 사용하여 쉽게 디테일을 올려보겠습니다.
이 방법은 여러 컨셉아트들을 빠른 속도로 일정한 완성도로 제작할 수 있다는 장점이 있습니다.

사용할 기본 요소(Stable Diffusion)

- **Stable Diffusion checkpoint** : henmixReal_v40
- **SD VAE** : vae-ft-mse-840000-ema-pruned.safetensors
- **Embedding** : EasyNegative, badhandv4, verybadimagenegative_v1.3
- **Lora: lora** : Niji Default style , add detail, OC illustration, beauty_niji:0.3, lora:flat2:0.5

1. 준비 그림

기본 색상과 스케치로 정교한 컨셉 아트를 제작해보도록 하겠습니다.
기본 색상과 스케치를 먼저 준비합니다.

여기서는 미드저니에서 뽑은 이미지로 시연하겠습니다.
드로잉이 가능하신 분은 자신의 스케치로 하셔도 무방합니다.

미드저니 프롬프트

leather boots,mature female elf, blonde, short skirt, shoulder armor, long cloak, holding bow, leather belt around waist, game concept art, full body --niji 5

가죽 부츠, 성숙한 여성 엘프, 금발, 짧은 치마, 어깨 갑옷, 긴 망토, 활을 들고, 허리에 가죽 벨트, 게임 컨셉 아트, 전신

이제 밑 그림을 만들어보겠습니다.
포토샵에서 모자이크 기능을 이용하여 기본 색상스케치를 모자이크 화 합니다.

포토샵의 Filter-Pixelate-mosaic로 초안 그림을 모자이크화 합니다.
수치는 22로 하겠습니다.

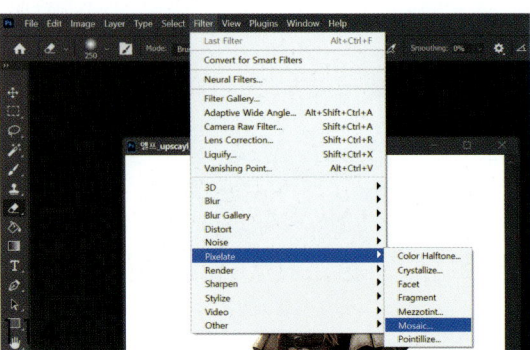
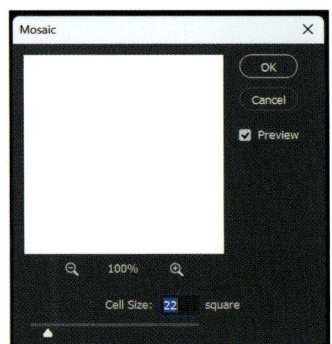

이 모자이크는 기본 색상을 i2i에서 가이드하는 역할을 합니다.
스테이블 디퓨전을 열고 이 모자이크 그림을 img2img 탭에 올려줍니다.

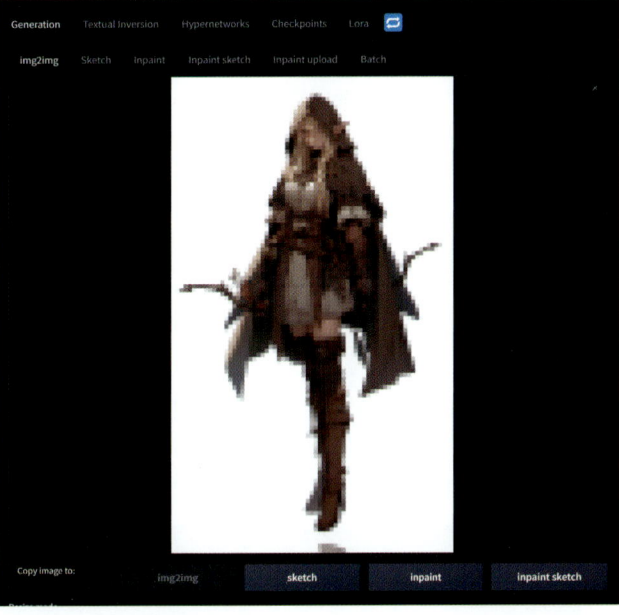

2. 스테이블 디퓨전 세팅

콘트롤 넷에서 Enable과 Pixel Perfect Allow preview를 먼저 체크해줍니다.
Lineart를 선택한 후 Preprocessor 에서 Lineart_Realistic를 선택해줍니다. 그리고 별 마크를 눌러주면 형태를 가이드해줄 검은 바탕의 하얀 라인의 Lineart 이미지가 생성됩니다.

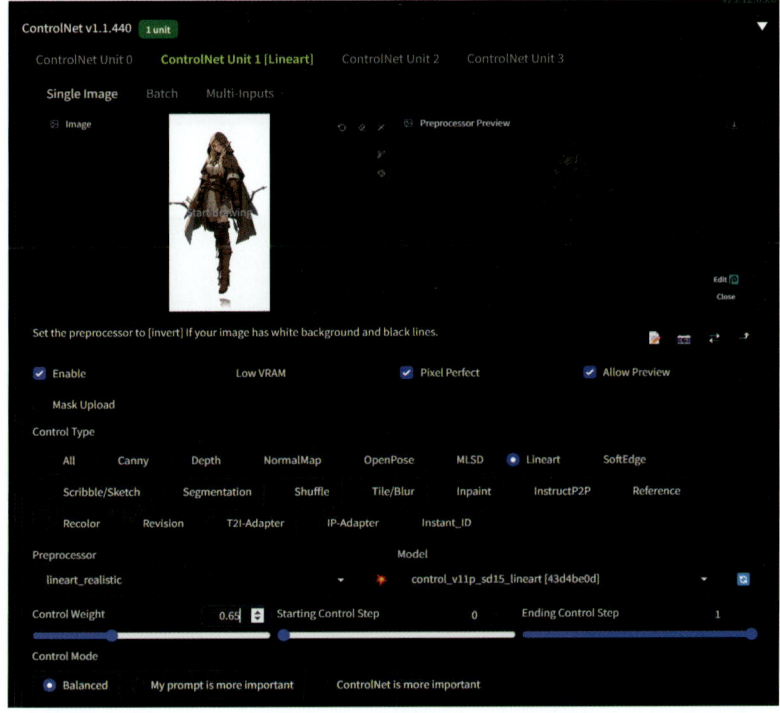

프롬프트

(best quality, masterpiece), Game character illustration, elf girl archer, beige long hair, leather and fabric costume, white dress, leather belt and bag on her waist, red eyes, brown hood, (brown cape:1.2), white skirt, white cloth, leather gloves, (bare thighs:1.2), (leather long boots:1.2), holding a wooden bow, gold ornament, simple background, white background, calm colors overall calm brown tones, (official art, extreme detailed, highest detailed), HDR+ <lora:Niji Default style:0.5> <lora:add_detail:0.1> <lora:OC illustration:0.3> <lora:beauty_niji:0.3> <lora:flat2:0.5>

(최고 품질, 걸작), 게임 캐릭터 일러스트, 엘프 소녀 궁수, 베이지 긴 머리, 가죽 및 천 의상, 흰색 드레스, 허리에 가죽 벨트 및 가방, 빨간 눈, 갈색 후드, (갈색 망토:1.2), 흰색 치마, 흰색 천, 가죽 장갑, (맨 허벅지:1.2), (가죽 롱 부츠:1. 2), 나무 활을 들고, 금 장식, 단순한 배경, 흰색 배경, 전체적으로 차분한 색상의 차분한 갈색 톤, (공식 아트, 극세, 최고 세밀), HDR+ <로라:니지 기본 스타일:0.5>

부정 프롬프트

badhandv4,reflected light:2,EasyNegative, verybadimagenegative_v1.3:0.6, (blue color:1.3)

Denoising Strength는 그림에 따라 5~7사이를 조정합니다.
5이하에서는 모자이크가 완전히 그림으로 변하지 않으니 5이상을 추천합니다.
Resize by는 이미지를 업스케일을 하기위해 2배로 진행합니다.

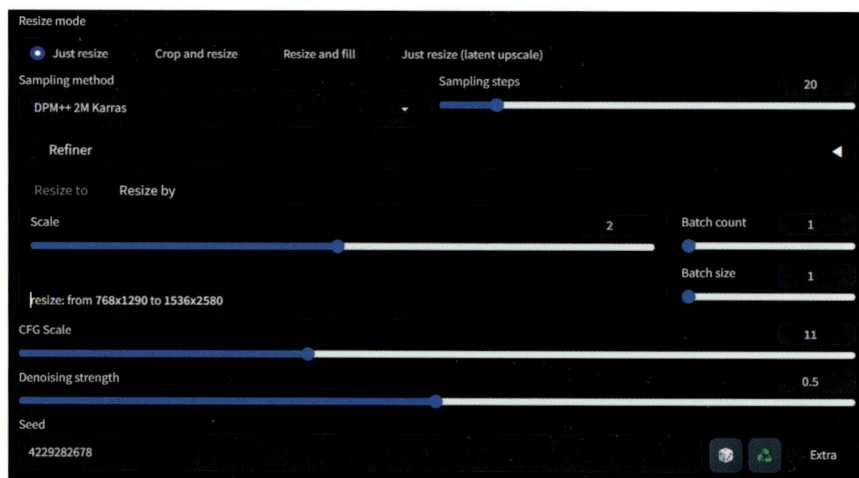

SD업스케일까지 진행해봅니다.

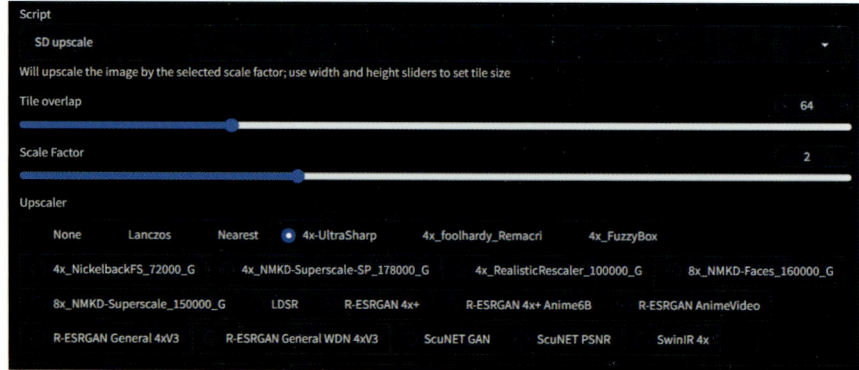

3. 최종 이미지

중요한 부분은 포토샵에서 부분별로 잘라서 다시 스테이블 디퓨전에서 생성하여 업스케일로 디테일을 생성합니다. 그리고 포토샵에서 다시 합쳐줍니다.

이러한 방법으로 생성하는 경우 모자이크가 기본적으로 생성되는 원본 리소스가 되기 때문에 디노이징의 세기가 강해도 라인아트의 가이드대로 형태를 정확하게 유지할 수 있다는 장점이 있습니다. 이 방법을 응용하게 되면 더욱 정확한 컨셉아트를 제작할 수 있게 됩니다.

마치며

생성형 AI의 등장과 발전으로 인해 게임 업계에도 많은 영향이 미치고 있습니다. 그로 인해 인디 게임의 활성화. 막대한 게임 개발비로 인해 상업적으로 검증된 장르의 획일화에서 벗어나 비용 효율화로 인한 여러 장르의 다변화. 등등 업계에서도 많은 예측들이 나오고 있으며 각 기업에서도 점차 AI의 활용이 늘어나는 추세입니다. 다만, AI는 새로운 기술인 관계로 누구나 다 어떤 부분에서 적용하는지 현재도 찾아가고 있다고 합니다. 그리고 기술이 발전은 점점 더 가속화하여 더 많은 영역에서 활용될 것입니다.

그러한 연유로 인해 필자는 가장 AI를 잘 활용할 수 있는 방안 중의 하나가 게임아트 컨셉의 프리 프로덕션 부문이라고 생각합니다. 이번 과정은 실제 게임 개발의 초기에 이루어지는 컨셉아트의 프리 프로덕션에 AI를 활용하는 방안으로서 소개했습니다. 초기에 필요한 레퍼런스에서부터 초반 아트 방향성을 논의하기 위한 다양한 프로토 컨셉아트를 만드는 것이 주목적입니다.

게임아트라는 측면에서는 미적 감각과 의사결정 요소는 여전히 인간의 창의성과 판단의 영역일 것입니다. 이러한 역량을 갖추려면 관련 문화에 대한 깊은 이해와 예술적 감성이 필요합니다. 단지 AI는 기본적으로 그 부분을 잘 보여주기 위한 툴이라고 생각합니다

이 글이 게임 개발에 있어 중요한 아트 디렉션에 필요한 초기 컨셉으로 팀원 간 공감대를 형성하고, 장기적인 프로젝트를 위한 일관된 아트를 준비하는 데 도움이 되기를 바랍니다.

이후 좀 더 깊이 있는 실무적인 컨셉 아트는 이후 이 든님의 글을 참고해보시기 바랍니다.

스테이블 디퓨전으로 생성하는
로코코 양식의 스팀펑크 캐릭터 디자인

이튼

15년차 게임원화가 및 AI 아티스트
kilotin1982@gmail.com

애니메이션학과를 졸업하고 그림에 대한 열정을 게임 산업으로 옮겨 15년째 캐릭터 컨셉디자이너로 활약하고 있다. 독특한 캐릭터 디자인으로 주목받았으며 캐릭터 라인업을 성공적으로 구축한 경험이 많다. 현재는 모 게임개발사에서 수석 캐릭터 디자이너로 재직 중이며, 다수의 프로젝트에서 시각적 아이덴티티 확립에 핵심적인 역할을 담당하고 있다. 최근에는 전통적인 아트 기법과 스테이블 디퓨전, 미드저니 등의 최신 AI 기술이 융합된 캐릭터 디자인 프로세스를 구축하는데 관심이 있다.

들어가기에 앞서

저는 게임 회사에 입사하여 대략 15년 이상 게임 캐릭터 원화가로 활동해 왔습니다. 다양한 장르를 그려왔고, 누구보다 그림을 사랑하는 사람이라 자부하기도 합니다. 그간 다수의 게임 프로젝트에 참여하며 경험을 쌓아왔고, 게임 원화 분야에서 그 나름대로 성장할 수 있었습니다. 하지만 최근 들어 게임 개발 현장에 AI 기술이 빠르게 도입되면서 많은 변화가 일어나고 있습니다. 생성형 AI 모델인 미드저니와 스테이블 디퓨전, chatGPT와 달리는 게임 원화 작업에 큰 변화를 가져오고 있습니다. 이제 AI를 활용하면 보다 빠르고 효율적으로 이미지를 생산할 수 있게 되었습니다.

이러한 변화에 대해 저 역시 처음엔 공포와 두려움, 그 외에 여러 가지 복잡한 감정을 느끼고 있습니다. 한편으로는 AI 기술이 기존 작업을 대체할 수 있다는 점에서 걱정이 되기도 합니다. 하지만 다른 한편으로는 이를 적극적으로 활용하여 업무 효율성을 높이고 나에게 부족했던 새로운 창의적 가능성을 발견할 수 있다는 점에서 기대감도 없지 않습니다.

다른 분들도 이야기 하셨다시피, 당장 꼭 해야 할 필요는 없습니다. AI는 만능이 아니고 글을 쓴다고 뚝딱 나오는 요술램프도 아닙니다. 기술적으로 알아야 할 것도 많고 어떻게 이용해야 내 것이 되는 지도 확실하지 않습니다. 하지만 세상은 변화하고 있고 지금 필요없다고 이후에도 그리될지는 알 수 없습니다. 접근을 새로운 포토샵 툴로 접근해 보는 것도 한 가지 방법이라고 생각합니다. 여러가지 AI 관련 툴도 결국 기존에 그림을 잘 그리는 사람이 그림 이미지를 더 잘 완성하고, 음악 AI도 음악 하던 사람이 텍스트AI도 글을 많이 써 본 사람이 더 잘 사용합니다.

게임 원화가로서 AI 기술을 두려워하기보다는 이를 적극적으로 활용하여 업무 효율성을 높이고 새로운 가능성을 발견해 나가길 희망합니다. 이 책을 통해 게임 개발자 여러분이 AI 기술의 혁신인 활용 방법을 배우고 실제 프로젝트에 적용할 수 있기를 바랍니다.

Stable Diffusion(스테이블 디퓨전; SD)의 실무 활용법

앞서 박상준 님께서 주로 초기 게임 아트 프리프로덕션 작업을 진행하셨다면,
여기서는 SD(이하 스테이블 디퓨전)을 통해 실제 게임제작을 위한 실무 캐릭터 디자인을 진행하는 두 가지 방법을 소개해 드리겠습니다.

> 첫 번째 > 시안을 통해 클라이언트와의 컨펌을 받고 통과된 시안을 SD로 진행하는 방법
>
> 두 번째 > 프롬프트를 통해 만들어진 시트를 픽스한 후 퀄리티 보정으로 진행하는 방법

마지막으로 그 외 다른 툴들을 이용한 방법을 간략하게 소개해 드리겠습니다.
작업을 해 보면서 느끼시겠지만, 3D로 제작되어질 "도안"의 역활을 하는 시트 작업은 AI의 흔히 말하는 "뭔가 있어 보이는" 이미지까지는 잘 만들어지지만 세부적으로 뜯어보면, 뭔가 뭉그러져 있다거나 제대로 된 형태는 아닌 경우가 많습니다.

작업을 하면서 빠르게 느낌을 잡고 난 후, 뭉그러진 형태를 바로 잡는 것이 기존 원화가(혹은 그 일을 하고자 하는 분들)의 능력이라고 생각합니다. 어려운 컨셉일수록, 복잡한 디테일일수록, 정리하고 디테일을 올리는 작업에는 더욱 시간이 많이 걸립니다. 물론, 처음부터 다 그리는 작업보다는 훨씬 빠를 수밖에 없습니다.

실무를 통해 작업하면서 아직 사람이 해야 할 일이 많다는 것을 느끼게도 됩니다. 그렇기에 좀 더 능률적으로, 그리고 좀 더 높은 퀄리티를 위해 적절히 사용하는 방법과 요령을 숙지 하는 것이 목표입니다.

스테이블 디퓨전에 미리 설치해 주세요

- **easynegative**
  다운로드 경로 : https://civitai.com/models/7808/easynegative
  설치 위치 : embeddings 폴더

- **charturnerv2**
  다운로드 경로 : https://civitai.com/models/3036?modelVersionId=8387
  설치 위치 : embeddings 폴더

- **3DMM_V12**
  다운로드 경로 : https://civitai.com/models/73756/3d-rendering-style
  설치 위치 : Lora 폴더

- **GoodHands Lora**
  다운로드 경로 : https://civitai.com/models/324264/good-hands-lora
  설치 위치 : Lora 폴더

- **Add detail**
  다운로드 경로 : https://civitai.com/models/82098/add-more-details-detail-enhancer-tweaker-lora
  설치 위치 : Lora 폴더

- **ADetailer**
  설치 경로 : https://github.com/Bing-su/adetailer.git
  설치 위치 : Extensions 설치

이미 여기까지 오셨다면 각자의 설치한 파일들이 있으실테니 최소한의 것만 설치를 진행해 보겠습니다.

1. 시안을 통한 스테이블 디퓨전 작업 방법

실무를 들어갈 때 가장 먼저 선행되는 것은,
'나는 자기 종결권을 가진 크리에이터가 아니다' 라는 것을 인지하고 들어가야 하는 것입니다. 본인이 사장 혹은 PD로서 이미지의 최종 결정권자라면 모를까, 일반적으로는 세계관을 정한 프로젝트에, 클라이언트(기획자)의 기획서를 보며 업무를 진행해 나가야 합니다. 매우 소수의 팀이라 그래픽 전반을 본인이 책임지는 경우가 아니라면 이것이 일반적이며 그것에 맞추어 작업을 진행해야 하는 것이 현실입니다.

A-Studio

2.4 로코코풍 스팀펑크 세계관의 기사단 Templars in a rococo steampunk world

여왕의 기사단- 테로딘 폴라리스

Reference	외형 정보	
(로코코풍 복장 장식등 스팀펑크 느낌 참고)	Size	약 180~190cm
	특징	로코코풍 장식과 스팀펑크를 가미한 세계관 복식, 검과 총을 함께 사용하는 세계.
(무기는 로코코풍 장식의 머스킷 핸드건과 소총, 그리고 마법의 능력이 담긴 롱소드 등도 장착.)	외형	일반적인 체형의 남성 인간이다. 세계관 특성상 여왕을 수호하는 기사단으로서 인간을 상대하기도 하지만 은탄과 은검으로 괴물등을 상대하기도 한다., 복싱은 정규군느낌이 나지만, 너무 단순해서도 안되며, 이들은 기본적으로 귀족들이며 다양한 인종들이 모인 집단이다. 고풍스러운 느낌이 나는것이 중요함.

이것이 당신에게 주어진 기획서 입니다.
우리는 이것을 통해 어떤 작업을 진행해야 할지, 어떤 방식으로 어떻게 작업을 수행할지 방법을 정할 수 있습니다.

로코코 풍(스타일)?

로코코(Rococo)는 18세기 초 파리에서 시작되어 프랑스 전역과 독일, 오스트리아까지 퍼진 실내 장식, 예술, 회화, 건축 양식을 일컫는 말입니다. 시대적으로 루이 14세의 절대 왕정이 끝난 후 프랑스 궁정 중심에서 귀족 중심으로 변화하면서 사치스럽고 화려한 생활을 즐기며 예술과 문화를 후원, 번성하게 됩니다. 이는 개인주의와 사치를 강조하며 가벼운 주제와 화려한 장식을 선호하는 특성이 반영되었다고 합니다. 이는 바로크의 양식에 연장선상에 있다고 볼 수 있지만, 좀 더 가볍고 장식적인 요소를 강조합니다. 이는 바로크의 무거움과 대조됩니다.

이러한 요소들이 모여 현대적 게임아트에 비교적 가벼우면서도 화려한 의상과 배경 창조에 다양한 아이디어를 던져줄 수 있다고 생각합니다.

저는 디자인을 접근할 때, 어떤 식의 코드를 머릿속에 집어넣고 들어가는 편인데, 시안 단계를 들어갈 때, 완성된 이미지를 어느 정도 완성된 이미지까지 (완전하진 않아도 80% 이상까지는) 연상을 한 다음 들어가게 됩니다.

이에 로코코 풍의 주요 키워드를 열거해 보면 다음과 같이 정리해 볼 수 있습니다.

- **미적요소** : 로코코의 화려한 장식과 곡선미
- **풍부한 디테일** : 장식의 섬세한 디테일과 무늬의 화려함
- **역사적 배경** : 18세기 초 프랑스 파리 및 중부 유럽
- **색조의 특성** : 파스텔 색조로 부드럽고 우아한 분위기 등을 연출

스팀펑크?

스팀펑크는 19세기 빅토리아 시대의 산업 혁명과 증기 기관 기술을 배경으로 한 공상과학 장르입니다. 19세기 산업 혁명은 증기 기관과 기계 기술의 발전으로 인해 큰 변화를 가져왔는데, 이 시기 기술적 낙관주의와 혁신은 스팀펑크의 주요 배경이 됩니다. 빅토리아 시대의 화려하고 복잡한 스타일, 그리고 과학적 탐구와 모험 정신이 주된 영감의 기원이 되었습니다.

쥘 베른과 H.G 웰스와 같은 작가들의 작품은 스팀펑크의 세계관에 큰 영향을 끼치게 되었는데 장르적으로, 중세와 근대 산업혁명의 중간 어디쯤을 표현하기에 좋은 요소로, 다양한 상상력을 줄수 있는 흥미로운 시대관입니다.

이에 스팀펑크의 주요 키워드를 열거해 보면 다음과 같이 정리해 볼 수 있습니다.

- **기계적인 요소** : 기어, 톱니바퀴, 증기기관 등의 기계적 요소 포함
- **빅토리아 시대 패션** : 코르셋, 긴 드레스, 실크모자, 고글 등의 패션아이템
- **브라운톤과 금속** : 주로 브라운, 구리, 황동 등의 색상
- **레트로-퓨처리즘** : 과거의 기술적 상상력을 바탕으로 미래를 그리는 스타일

레퍼런스 찾기

이런 코드 다음으로 참고할 레퍼런스 이미지를 찾아보도록 하겠습니다.
저는 개인적으로 핀터레스트를 통해 다양한 자료 등을 분류별로 정리하여 관리하는 편입니다.
컨셉 아티스트로서 언제 무슨 일을 하게 될 지 알 수 없기 때문입니다

핀터레스트 (https://kr.pinterest.com)

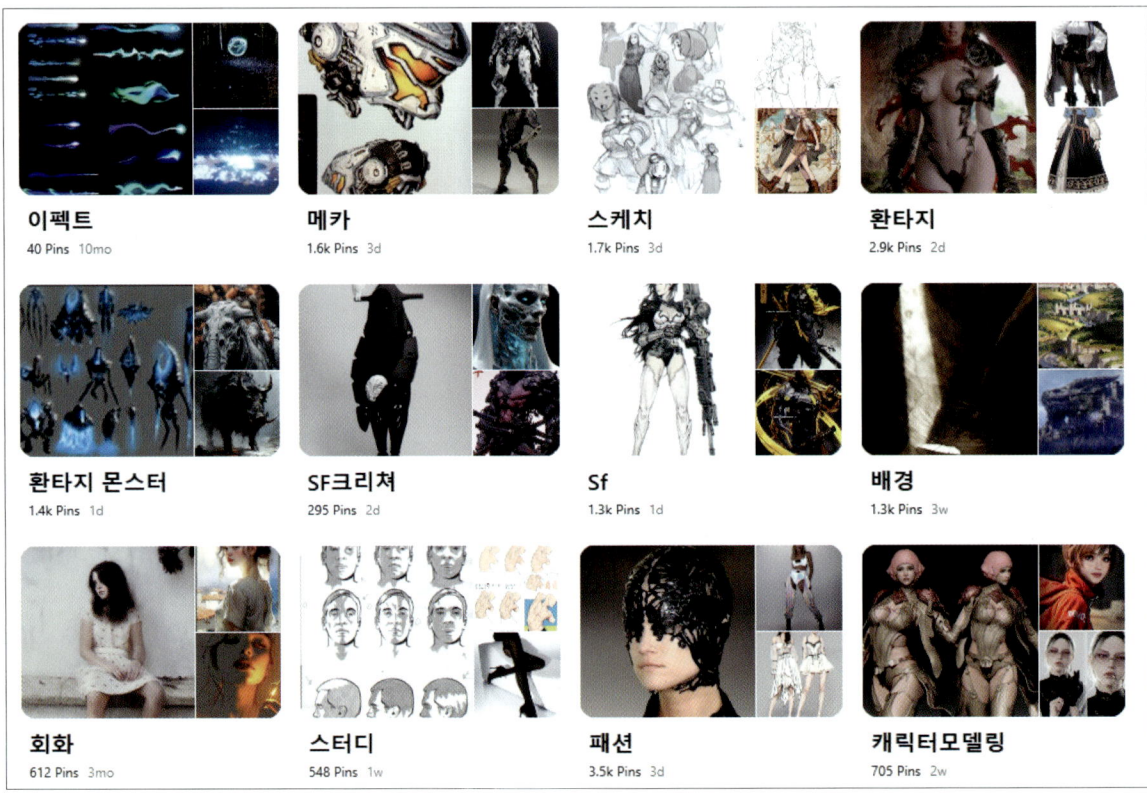

이런 식으로 분류해 두고 있습니다. 그런 다음 로코코 풍과 스팀펑크에 대한 자료를 모아서 정리해 놓았습니다.

우측 이미지처럼 자료를 정리하여 머릿속의 아이디어와 접근방법을 구상합니다.

같은 방법으로 스팀펑크 역시 자료를 정리해둡니다.

로코코 스타일

스팀펑크 스타일

이와 같은 전체적인 느낌과 아이디어를 정리했다면,
이제 캐릭터가 돌아다닐 장소에 대한 무드에 대해 이미지를 만들어 보도록 하겠습니다.

다음은 이것은 기획자와 어느정도 배경에 대한 무드에 대해 이야길 한 것을 머리속으로 구체화 하여 적어본 프롬프트입니다.
우선 미드저니로 생성해보겠습니다.

・도시전경

Rococo era with a touch of steampunk, 18th century Europe with a touch of industrial revolution, large city, wide view, ornate palaces like the Palace of Versailles at the end of the city, industrial era factory chimneys spewing smoke, huge beanpoles in the sky, 70 degree angle view from above, cloudy and somewhat foggy, pale cityscape, Unreal Engine 5, high detail, masterpiece,

로코코시대와 스팀펑크가 가미된 시대, 유럽의 18세기 정도의 시대에 산업혁명이 더해진 분위기, 대도시, 와이드 뷰, 도시 끝쪽 베르사유 궁전같은 화려한 궁성이 보이며, 산업혁명 시대의 공장 굴뚝들이 연기를 내뿜으며, 하늘에 거대한 비공정들이 떠 있음, 70도 각도 위에서 내려다 보는 뷰, 구름이 껴 있으며 어느정도 안개가 껴 있음, 창백한 도시배경, 언리얼5엔진, 높은 디테일, 명작,

- **성 내부**

Rococo and steampunk era, ornate castle interior, main hall, 18th century nobles standing, huge chandelier in the center, red carpet in the center, ornate dining tables with various food items, steampunk robots acting as butlers and attending to the people, light bulbs in between, looking down from a 70 degree angle, Unreal 5 engine, high detail, masterpiece,

로코코시대와 스팀펑크가 가미된 시대, 화려한 성 내부, 메인홀, 18세기 귀족들이 서있으며, 중앙에 거대한 샹들리에, 중앙에 붉은 융단이 깔려 잇으며 화려한 식탁들이 놓여 있고 다양한 음식들이 놓여져 있음, 스팀펑크적인 로봇들이 집사로 활동중이며 사람들의 시중을 들고 있음, 사이 사이에 전구등이 놓여져 있음, 70도 각도에서 내려다봄, 언리얼5엔진, 높은 디테일, 명작,

이것은 어디까지나 지금부터 작업해야 할 캐릭터를 어떤 식으로 표현해야 할지, 이 캐릭터가 뛰어다니고 살아가야 하는 곳의 기본적인 생활 환경이 어떤 곳인지에 대해, 머릿속으로 그려보고자 표현해본 것 입니다.

어떠신가요? 기획서에 놓여진 캐릭터가 어떤 곳에서 어떻게 살아가는 인물인지 머릿속으로 그려지시나요?

1) 시안을 그려봅니다.

기획서를 받아본 후 관련 자료를 찾아본 후에 러프한 시안을 잡아봅니다.
기획의 의도가 명료하기 때문에 자료를 찾으며 시간을 허비할 시간은 줄어 들었습니다.

먼저 포토샵에서 A안과 B안 2종을 그려봤습니다.
*시안을 잡을 때는 면으로 덩어리화하여 구분해서 작업했을 때 좀 더 의도성을 잘 전달할 수 있다고 판단하였습니다.
선화의 경우도 가능하지만, 이후 작업 과정을 단순화하기엔 면이 좀 더 유리한 편입니다.

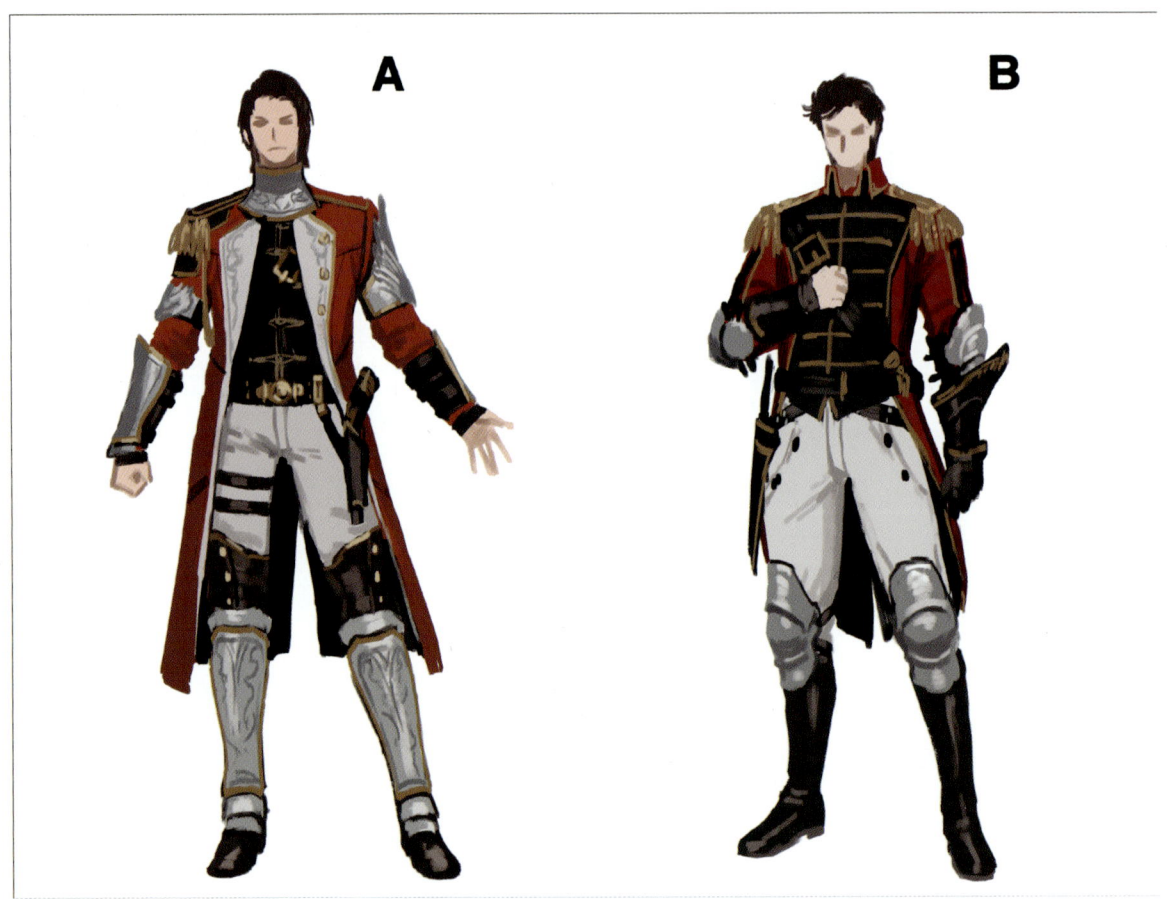

A안의 경우 좀 더 자유분방하며, 갑옷을 많이 착용하는 전투적인 군인을 표현해 보았습니다.
B안의 경우 좀 더 정규군스러우며, 갑옷의 비율을 줄이고 전통적인 군인을 표현해보았습니다.

이 과정에서 기획자와 좀 더 다양한 커뮤니케이션이 이루어지며 뺄건 빼고, 더할 건 더하는 과정이 필요합니다만,
이번 과정에서 생략하도록 하겠습니다.

A안을 픽스한 후, 정면을 대비해 옆 모습과 뒷 모습의 시안(밀도를 정면 시안과 비슷한 정도로)을 진행해 봅니다.

이 정도 단계까지는 게임 원화가로서 컨펌자와의 커뮤니케이션을 통해 진행해봅니다.
시안 단계에서 기획자와의 의도가 맞는지, 모델링 작업자, 혹은 애니메이터 작업자 등이 작업을 할 때 문제가 있을 법한 요소를 제거 및 추가하며 진행해야 합니다.

일반적으로 AI가 처음부터 모든 것을 해결해 주지는 않고, 의도가 명확한 기획 문서를 AI로 시트까지 명확히 나오는 경우는 드뭅니다. 아직까지는 랜덤한 요소가 많기 때문입니다. 때때로 까다로운 컨펌자의 나노 컨펌, 내 맘에 들게 그려봐 컨펌, 고전적이지만 스타일리쉬하게 컨펌 등 다양한 방식의 난제가 나타나기 마련이기 때문입니다.

그렇기에 초반 접근은 기본 시안을 통해 컨펌자와 작업자와의 머릿속 간극을 메우기 위해 손 그림을 통한 시안 전달을 먼저 진행하여 싱크를 맞추는 방식이 우선되어야 한다고 생각합니다.

2) 정면을 SD으로 완성해봅니다.

그림을 작업하기전에 기초적인 프롬프트 베이스를 설정하겠습니다.

이부분은 이후에도 동일하게 적용하기에 먼저 작성해두겠습니다. 아래 이미지 부분에 있는 붓 모양(Edit styles)를 누릅니다.

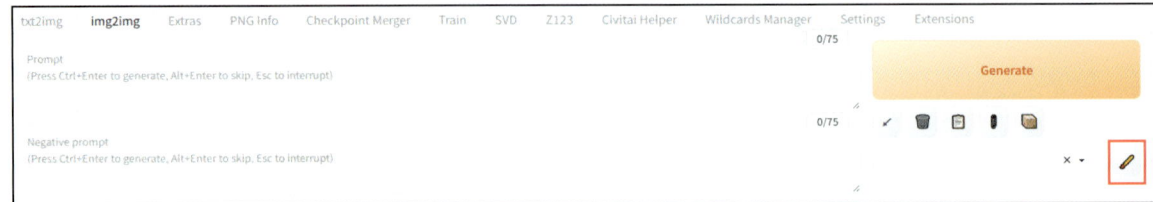

나오는 항목 상단에 원하는 제목(전 base 라고 작성했습니다.)을 적고 난 후 프롬프트와 부정 프롬프트 내용을 작성하고 저장했습니다. 부정 프롬프트에는 임베딩되어 있는 부정 프롬프트 모음을 적용했습니다.

Prompt (프롬프트)

8k,Best quality, masterpiece, realistic, ultra detail, photorealistic, photography, human body correction, background and person proportional adjustment, <lora:add_detail:1> <lora:GoodHands-vanilla:1>,

8k, 최고 품질, 걸작, 사실적, 울트라 디테일, 포토리얼, 사진, 인체 보정, 배경 및 인물 비례 조정

Negative prompt (부정 프롬프트)

easynegative, negative_hand-neg,

사람의 경우
base

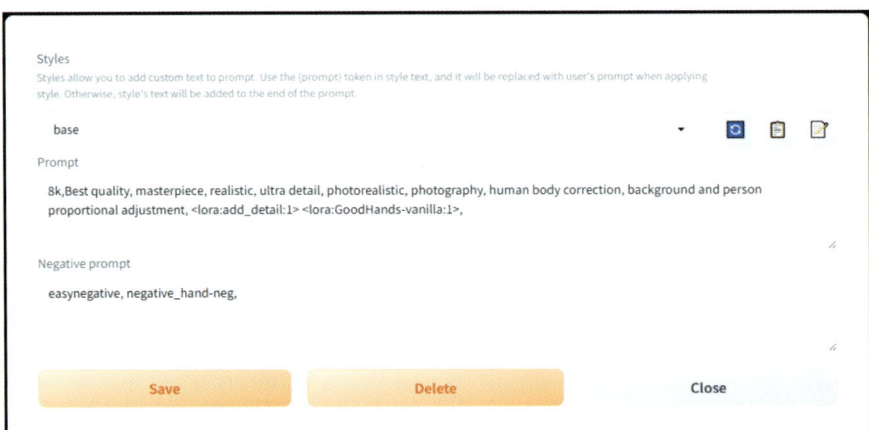

사람이 아닐 경우
no human base

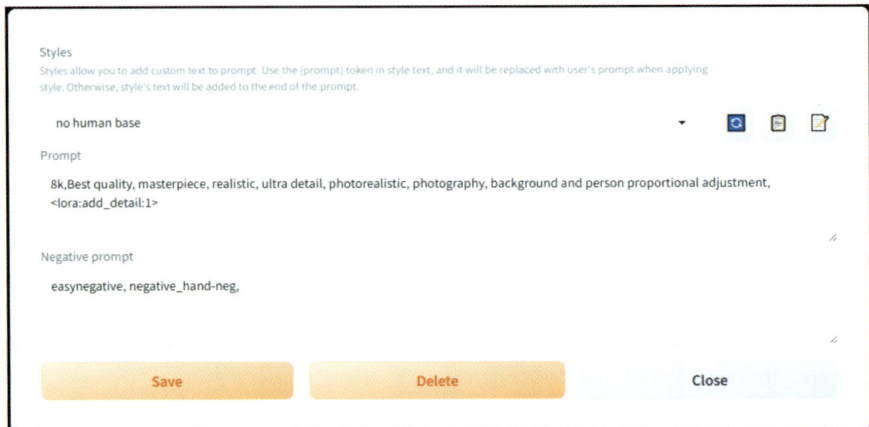

Img2img 탭을 연상태에서, 에디트 스타일을 적용한 상태입니다.
Apply all selected styles to prompts 버튼을 누르면 프롬프트가 표시 됩니다.

Img2img탭에 그림을 적용시켜 봅니다.
가급적 이미지의 완성도를 올리기 위해 시트 전부를 올리기 보다, 정면과 측면, 후면을 분리해서 올립니다.

함께 올리면 이미지 해상도도 낮아지고 해상도가 낮아지는 만큼 퀄리티도 저하됩니다.

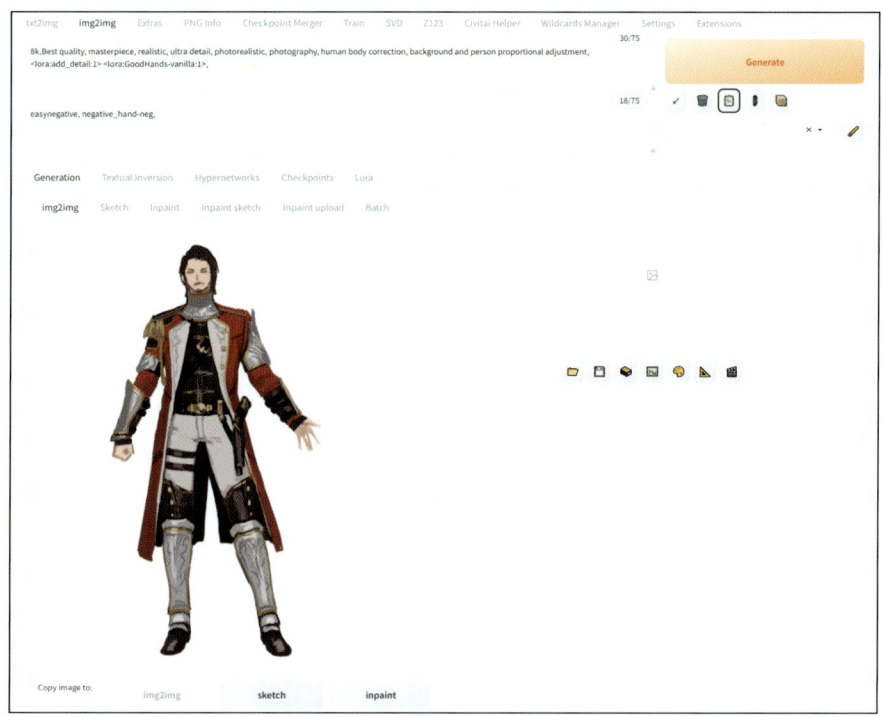

세팅은 간단하게 설명하겠습니다.

- **Sampling method** : 모델과 이미지의 용도에 따라 다르지만 [DPM++ 2M Karras] [Euler a] [DPM++ SDE Karras] 정도를 많이 쓰며, 저의 경우 [DPM++ 2M Karras]를 고정하고 특별한 경우를 제외하면 변동하지 않습니다.

- **Sampling steps** : 테스트 해본 결과 높을수록 이미지가 잘 나올 경우가 비교적 높습니다만, 매우 느려지기 때문에 20~40 이상 넘어갈 필요를 느끼지 못하는 편입니다.

- **Resize to** : 그림의 사이즈(비율)을 맞춰주는 것이 중요합니다. 아래 삼각자 아이콘을 누르면 원본 이미지를 자동 세팅해 줍니다. (t2i의 경우는 없습니다)

- **CFG Scale** : 프롬프트의 내용을 얼마나 충실할 것인지에 대한 수치입니다. LCM 등을 적용하기 위해 특정 값을 맞추는 것이 아니라면 7~12를 고정하는 것을 추천드립니다.

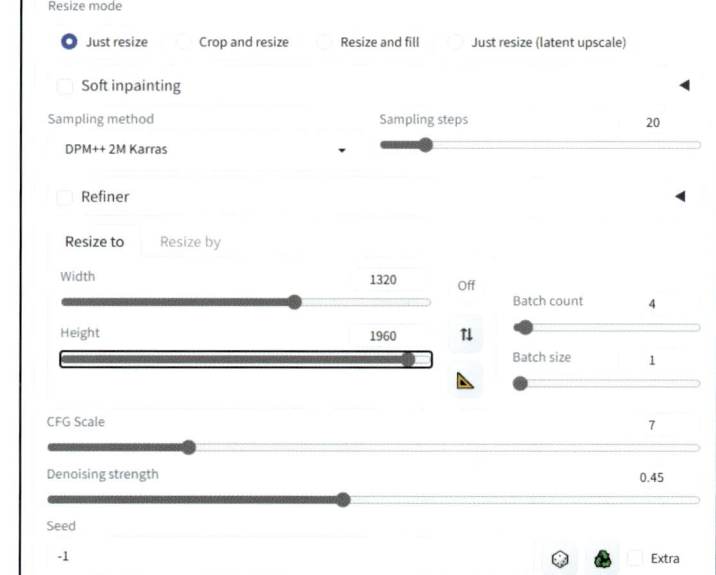

- **Denoising strength** : 주어진 그림의 내용을 얼마나 적용시킬 지에 대한 수치값입니다. 실상 i2i 기능에서 가장 중요한 기능이라고 볼수 있습니다. 0.0~0.2는 업스케일의 수준으로 변화폭이 적고 0.2~0.4까지는 미미한 변화, 0.4~0.6까지가 형태를 그린 시안을 높은 수준의 퀄리티 이미지로 변화시켜줍니다. 주로 0.4에서 0.5사이를 원하는 만큼 조절하는것이 좋습니다. 0.6 이후부터는 랜덤폭이 커지고 이미지가 뒤틀어지는 경우가 많습니다.

- **Seed** : 그림의 주소라고 보시면 됩니다. 스테이블 디퓨전부터 달리, 미드저니까지, 그림의 화풍에 대한 고정 값이며, 원하는 이미지 형태가 마음에 들었다면 주소를 붙여보는 것이 좋습니다만, i2i에서는 그다지 사용하지 않습니다.

그 다음 설치한 익스텐션 중 하나인 Adetailer를 적용시켜 보겠습니다.

Adetailer는 얼굴을 보정시켜 주는 필수 익스텐션 중 하나이며 기본적으로 사용할 시에 Enable Adetailer만 적용해도 됩니다만, Adetailer model에서 다양한 모드를 적용시킬 수 있습니다. 그리고 그 하단에 얼굴에 대한 요청 사항을(긍정 프롬프트와 부정프롬프트란이 있습니다) 추가로 적을수 있습니다. 이곳에는 경우에 따라 유명 배우의 이름을 적으면 실사 학습모델의 경우 적용이 되는 경우가 많습니다. 이곳에는 제가 좋아하는 페이스의 남성 배우 매즈 미켈슨(Mads Mikkelsen)을 적어보겠습니다.

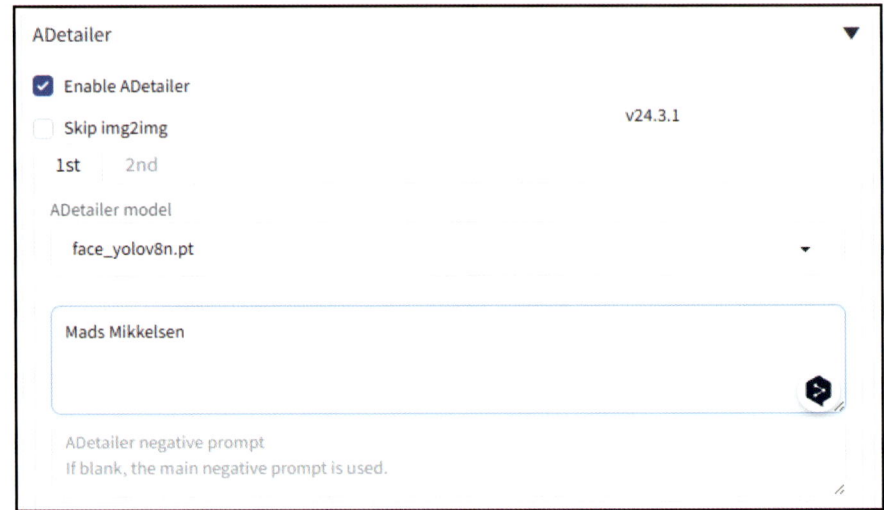

닮지는 않았습니다만, 눈에 띄게 얼굴의 디테일이 올라간 것이 보입니다.

실사 체크포인트 적용전

실사 체크포인트 적용후

보시는바와 같이 요구하는 조건에 완전히 부합하지는 않지만, 뭔가 모르게 디테일과 퀄리티등이 올라간 것이 보입니다. 체크포인트당 Adetailer에서 유명인의 얼굴이 어느정도 학습이 되어 적용이 되는경우도 있지만, 그림체가 실사와 멀어질수록 뭔가 흉내로만 그치는 경우가 많으니, 필요하실때 적절히 활용하시는것을 추천드립니다.

세팅을 한 후 컨셉의 방향성을 정한 체크포인트를 적용후 진행해봅니다.

2.5D 체크포인트 적용 전

2.5D 체크포인트 적용 후

프롬프트를 작성해봅니다. 베이스로 작성된 앞 부분을 제외하고 적어봅니다.

> 8k,Best quality, masterpiece, realistic, ultra detail, photorealistic, photography, human body correction, background and person proportional adjustment, <lora:add_detail:1> <lora:GoodHands-vanilla:1>, Middle-aged Caucasian male, short black hair, Rococo style French military uniform, red coat, brown vest worn underneath, thick black belt worn over the vest, connected to the waist belt, with gold trim in the center, white pants, brown long boots with gold trim, thigh armor at the neck and arms, gold tassels on the shoulder epaulettes, medieval handgun on the waist belt, medieval pattern with gold trim and detailing on the chest collar of the coat, white background, simple background,
>
> 중년 백인 남성, 짧은 검은 머리, 로코코 스타일의 프랑스 군복, 빨간색 코트, 안에 입은 갈색 조끼, 조끼 위에 입은 두꺼운 검은색 벨트, 허리 벨트에 연결된 중앙에 금색 장식, 흰색 바지, 금색 장식의 갈색 장화, 목과 팔의 허벅지 갑옷, 어깨 견장의 금색 술, 허리 벨트의 중세 권총, 코트 가슴 깃에 금색 마감과 디테일이 있는 중세 패턴, 흰색 배경, 단순한 배경

가장 중요한 부분은 앞부분에 작성, 뒤로 가면 갈수록 중요도가 하락합니다. 사람을 설명할 때 디테일이 복잡할수록 머리 위에서 부터 아래로 내려가면서 구조를 설명하는것이 중요합니다. 그리고 관념적인 설명은 사용하지 않는것이 좋습니다.(웅장하다, 미려하다, 화려하다. 같은 것은 빼는 것이 좋습니다.) 처음엔 대상의 큰 틀, 가령 중년의 백인 남성, 젊은 동양 여성같은 설명 후, 체형이나 머리카락 스타일부터 시대에 대한 간단한 설명, 현대인가, 미래인가, 중세인가 하는 설명을 적고 나서 디테일한 설명을 적는것이 좋습니다. 그렇다고 너무 깊고 디테일하게 설명해봐야 다 알아듣지는 못하기 때문에 프롬프트 작성에 대해 어느정도 감을 찾아보시는것도 중요합니다.

그리고 프롬프트에는 적용되지 않았지만 중요부분은 괄호 등을 넣어서 프롬프트 문장을 강조할수도 있습니다. { } ( ) 물론 이 괄호도 3개 이상은 의미가 없다고 합니다. 또한 괄호한 후에 작성된 프롬프트의 가중치를 낮출수도 있습니다. (blue sky:0.5) 이런 식입니다.

> 번역을 할때 혹시 이상하게 번역이 된다면, 일본어를 한번 거친후 다시 영어로 번역했을때 오역이 비교적 적어집니다. 실제 사용해보니 오역이 확실히 줄어드는것을 체감했습니다.

이제 뽑아 보겠습니다.

처음 뽑아봤을 때 뭔가 시안에는 좀 더 충실하지만 밀도랑 디테일 등이 부족함을 느낍니다.

얼굴도 뭔가 아쉬워서 Denoising strength 수치를 조절한 후 다시 뽑아봅니다.

처음보다 의도한바에 좀 더 근접합니다.
하지만 완성했을때 몇 가지 부분에서 생각한 것에 어울리는 형상이 나오지 않았기 때문에 좀 더 뽑아봅니다.

각 4장이 모인 이미지들은 동일조건이며, 랜덤으로 어느정도 변화가 있습니다.

이 외에도 수십장을 더 뽑아봅니다. 원하는 바를 얻기 위해 체크포인트도 교체해 보고, 주로 Denoising strength 수치 값도 미미하게 변화시켜보면서 다양한 이미지들을 뽑아봅니다. (주로 0.4에서 0.45와 0.5사이를 변화해봅니다.)

그 과정에서 베이스로 사용할 이미지를 한가지 선정해본 다음 그 이미지에서 맘에 들지 않는 여러가지 요소들. 가령 얼굴, 어깨 갑옷, 허벅지에 달린 총기, 허벅지 보호대, 정강이 보호대 등 마음에 들게 나오는 요소를 뽑아보고 그 부분들을 포토샵에서 이리 저리 섞어 봅니다.

이제 조합해 봅니다.

이런 식으로 다른 곳에 있는 이미지를 올가미 툴 등으로 잘라서 가져와 붙여봅니다. 이 과정에서 이미지의 완성을 머릿속으로 유추할 수 있어야합니다. AI는 보기에 그럴싸 보이게 작업하지만, 잘 뜯어서 보면 마무리가 어설픈 경우가 대부분이기 때문에, 3D 제작 과정에서 혼선이 없기 위해 이런 과정이 필요합니다. SD든 미드저니든 이 부분은 동일합니다. 어쨌거나 실사용에는 후가공이 필수적입니다.

뒷면을 뽑아봅니다.

8k, Best quality, masterpiece, realistic, ultra detail, photorealistic, photography, human body correction, background and person proportional adjustment, <lora:add_detail:1> <lora:GoodHands-vanilla:1>, Middle aged Caucasian male, short black hair, back view, Rococo style French military uniform, red coat, brown long boots with metal plates on front, iron armor on arms and thighs, gold tassels on shoulder epaulettes, gold embroidery on center back, embroidery on bottom of coat, white background, simple background,

중년의 백인 남성, 짧은 검은 머리, 뒷모습, 로코코 스타일의 프랑스 군복, 빨간 코트, 앞쪽에 금속판이 달린 갈색 장화, 팔과 허벅지의 철 갑옷, 어깨 견장의 금색 술, 중앙 뒷면의 금색 자수, 코트 바닥의 자수, 흰색 배경, 단순한 배경,

프롬프트는 정면에 사용한 부분에서 필요없는 부분은 제거하고 뒷모습에 필요한 요소들을 추가하여 작성해봅니다.

역시 맘에 드는 게 나올 때까지 계속 뽑아본 다음 조합해 봅니다.
뽑을 때 원하는 바가 너무 안나오면 사이사이에 시안도 수정해서 뽑아봅니다. 이후에 드로잉으로 얼마나 수정할 것인지 판단하면서 뽑아야 합니다.

그 다음으로 앞 모습과 뒷 모습을 대비한 후에 옆 모습도 뽑아 봅니다.

 8k, Best quality, masterpiece, realistic, ultra detail, photorealistic, photography, human body correction, background and person proportional adjustment, <lora:add_detail:1> <lora:GoodHands-vanilla:1>, Middle aged Caucasian male, short black hair, side view, Rococo style French military uniform, red coat with brown vest underneath, thick black belt worn over vest, connected to waist belt, center of waist belt has gold trim, White pants, brown long boots with gold trim, thigh armor at neck and arms, gold tassels on shoulder epaulettes, medieval handgun on waist belt, gold trim and detailed medieval pattern on coat's chest collar, white background, simple background,

> 중년의 백인 남성, 짧은 검은 머리, 옆모습, 로코코 스타일의 프랑스 군복, 빨간색 코트와 아래에 갈색 조끼, 조끼 위에 착용한 두꺼운 검은색 벨트, 허리 벨트에 연결, 허리 벨트 중앙에 금 장식, 흰색 바지, 금 장식의 갈색 장화, 목과 팔의 허벅지 갑옷, 어깨 견장의 금 술, 허리 벨트의 중세 권총, 코트 가슴 깃의 금 장식과 세부 중세 패턴, 흰색 배경, 단순한 배경입니다.

동일하게 맘에 드는 이미지가 나올 때까지 뽑아 본 다음 조합해 봅니다.

이제 기본적인 베이스는 다 뽑아봤습니다. 이 상태에서 이미지를 조합한후에 기초적인 수정을 포토샵에서 진행합니다.(원화가의 기준입니다. 포토샵에서 간단히 드로잉 수정을 진행할수 있는 분은 진행해봅니다.)

시트에서 무기가 빠질수 없지요. 이번엔 무기를 작업해보겠습니다.
동일하게 시안을 그려본후 동일한 방법으로 만들어봤습니다.

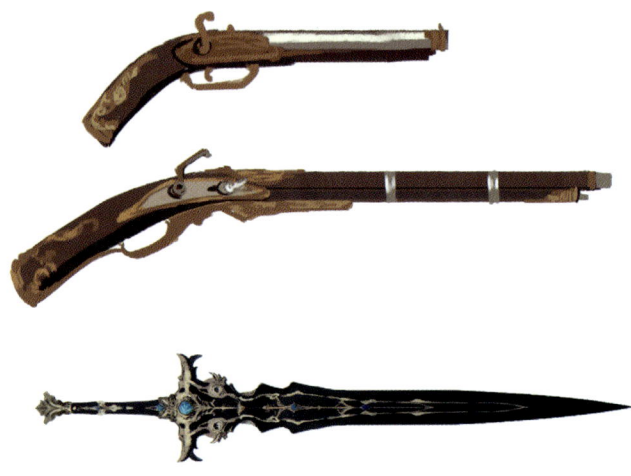

그려본 시안입니다. 밀도를 높게 그리면 그릴수록 접근도가 가까워집니다.

첫 번째는 허리에 착용하는 핸드건입니다.

Rococo era handgun, wooden handle, iron barrel, gold trim on wooden handle, relatively ornate decoration, white background, Silhouette, clean cuts, sharp edges, minimalist, color block

로코코 시대 권총, 나무 손잡이, 철제 배럴, 나무 손잡이에 금색 장식, 비교적 화려한 장식, 흰색 배경, 실루엣, 깨끗한 컷, 날카로운 모서리, 미니멀리스트, 컬러 블록

두 번째는 등에 착용하는 머스킷입니다.

Rococo musket with wooden handle and barrel, gold trim on wooden handle, relatively ornate decoration, white background, Silhouette, clean cuts, sharp edges, minimalist, color block

나무 손잡이와 배럴이있는 로코코 머스킷, 나무 손잡이에 금색 장식, 비교적 화려한 장식, 흰색 배경, 실루엣, 깔끔한 컷, 날카로운 모서리, 미니멀리스트, 컬러 블록

세 번째는 사람을 상대하는 무기가 아닌 몬스터를 사냥하는 마법검입니다. 세계관과는 살짝 다른 느낌을 줍니다.

Black handle and black blade, rococo gold trim, emerald gem in the center of the sword, white background, Silhouette, clean cuts, sharp edges, minimalist, color block

검은 색 손잡이와 검은 색 칼날, 로코코 스타일 골드 장식, 칼 중앙의 에메랄드 보석, 흰색 배경, 실루엣, 깔끔한 컷, 날카로운 모서리, 미니멀리스트, 컬러 블록

이후 여러가지 피드백을 받고 마음에 드는것을 가지고 수정한후 완성했습니다.

무기의 경우는 결국 실제 어떻게 생겼는지에 대한 고증이 중요합니다. 총기 같은 경우 실제 총과 비율을 어느정도 맞추는 작업이 필요하기에 시안을 그릴 때나 AI로 나온 것을 후가공 하는 것이 매우 중요합니다.

이 상태에서 이제 이미지 사이즈를 업스케일 해 보겠습니다.
사실 업스케일은 매우 다양한 방법이 있고 저도 목적에 따라 다양한 업스케일 방법을 사용합니다만,
시트작업의 목적에는 간단하고 무난한 img2img 의 SD Upscaler를 적용하겠습니다.

Denoising strength를 0.0에서부터 0.1정도로 수치를 줄입니다. 이 정도 단계에서는 프롬프트는 의미가 없습니다.
프롬프트는 빈 여백으로 올려도 무방합니다.

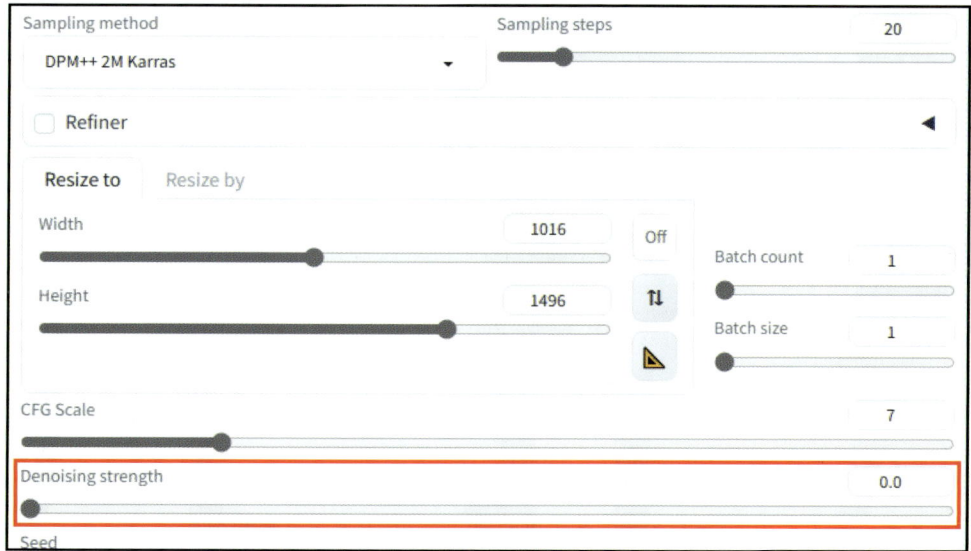

Script에서 SD upscale을 누른 후 Scale Factor를 2(배)로 맞춥니다. 이미지의 사이즈 여부에 따라 스케일 크기는 달라질 수 있습니다만, 한 번에 2(배) 이상 키우면 멜트 현상이 발생하는 경우가 많습니다. 멜트 현상이란, 이미지를 키우는 과정에서 이상한(주로 얼굴) 것들을 끼워 넣어 그림이 이상해지는 현상을 말합니다.

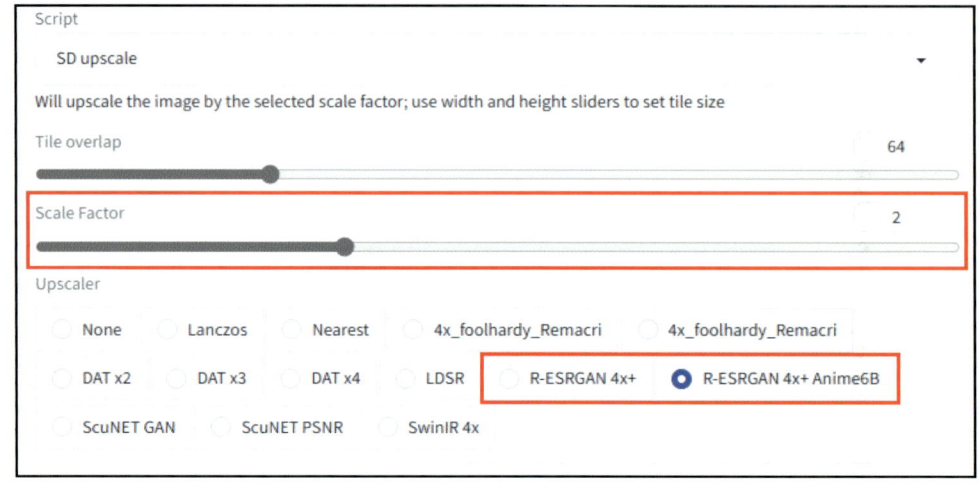

기본 시트가 만들어졌습니다.

당연하게도 이제부터 디테일 업 과정이 남아 있습니다. 포토샵으로 수정하는 과정도 있지만, 먼저 inpaint 과정을 진행해 봅니다.

이미지를 보고 디테일 업을 하고 싶은 부분 부분등을 따로 크롭해봅니다. 맨 먼저 등의 문양부터 진행해봅니다.

 Gold symmetrical pattern on black leather, Art Nouveau style

블랙 가죽에 골드 대칭 패턴, 아르누보 스타일

인페인터에서 수정을 원하는 부분을 브러시로 마스킹 합니다.

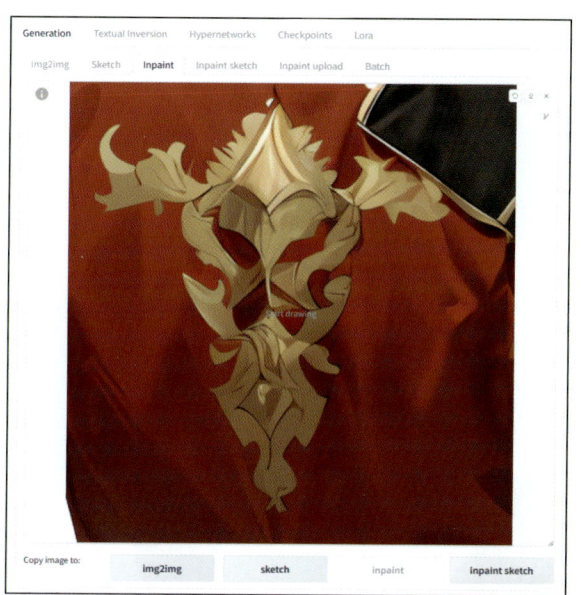 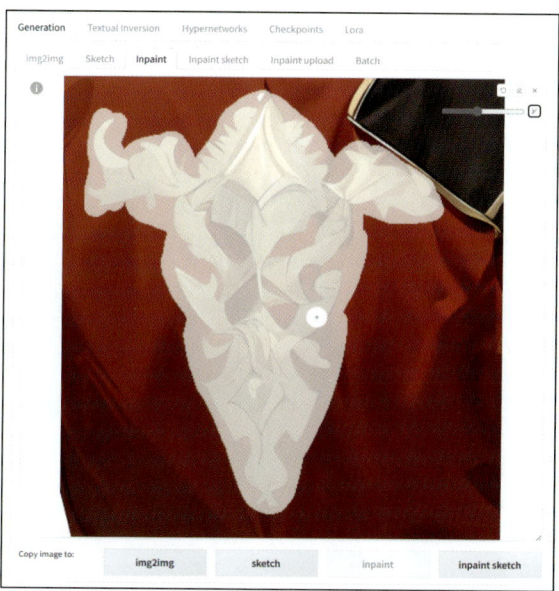

여러 장 중에 하나를 지정해서 어느 정도 수정 후 이미지에 붙입니다. 그런 과정을 쭉 진행해 봅니다.

이 과정 이외에도 직접 브러쉬작업을 직접 하시며 진행하시면서 마무리 합니다.

the AI GRAPHICS | 이 튼

이런 식으로 마무리를 해보았습니다. 첨부된 이미지의 시트에 대한 설명과, 기타 재질 참고자료등을 붙이고 마무리 할수 있습니다.
*참고이미지 등은 저작권 문제로 블러 처리 하였습니다.

2. 스테이블 디퓨전으로 캐릭터 시트를 진행하는 방법

이번에는 스테이블 디퓨전(Stable Diffusion)으로 시트를 제작하는 방법입니다.

근본적으로는 비슷합니다만, 시안을 스테이블 디퓨전으로 직접 뽑는 것은 아무래도 시안으로 그려서 접근하는 것보다 훨씬 더 랜덤성이 강합니다. 그렇기에 실무에서의 사용은 제한이 많습니다. 무엇보다 의상이 복잡하면 복잡할수록 본 취지에서 빗나가기 때문에 최대한 '근접한' 이미지를 잘 찾고 그것을 추후에 더 보강한다는 느낌으로 접근해 나가야 합니다.

역시 이전과 같지만 다른 인물에 대한 기획서입니다. 우리는 이것을 통해 어떤 작업을 진행해야 할지 유추해봅니다.

A-Studio

2.4 로코코풍 스팀펑크 세계관의 기사단 Templars in a rococo steampunk world

여왕의 기사단- 슬레이딘 로잘렌드		
Reference	외형 정보	
	Size	약 165~170cm
	특징	로코코풍 장식과 스팀펑크를 가미한 세계관 복식, 검과 총을 함께 사용하는 세계.
로코코풍 복장 장식등 스팀펑크 느낌 참고	외형	일반적인 체형의 여성 인간이다. 세계관 특성상 여왕을 수호하는 기사단으로서 인간을 상대하기도 하지만 은탄과 은검으로 괴물등을 상대하기도 한다. 복식은 정규군느낌이 나지만, 너무 단순해서도 안되며, 이들은 기본적으로 귀족들이며 다양한 인종들이 모인 집단이다. 고풍스러운 느낌이 나는것이 중요함.
무기는 로코코풍 장식의 머스킷 핸드건과 소총, 그리고 마법의 능력이 담긴 장창 등도 장착.		

우선 이번에는 txt2img에서부터 진행해봅니다.

8k,Best quality, masterpiece, realistic, ultra detail, photorealistic, photography, human body correction, background and person proportional adjustment, <lora:add_detail:1> <lora:GoodHands-vanilla:1>Full Body:1.2, 1girl, blonde long hair, character sheet, back view, front view, side view, French military uniform in rococo style, blue coat, brown vest worn underneath, thick black belt worn over vest, connected to waist belt, gold decoration in center, white pants, brown boots with gold decoration, thigh armor on neck and arms, gold tassels on shoulder epaulettes, medieval pistol on waist belt, medieval pattern with gold trim and details on coat breast collar, white background, simple background, charturnerv2 <lora:3DMM_V12:1>

여자 1명, 금발 긴 머리, 캐릭터 시트, 뒷모습, 정면, 옆모습, 로코코 스타일의 프랑스 군복, 파란색 코트, 안에 입은 흰색 셔츠, 조끼 위에 입은 두꺼운 검은색 벨트, 허리 벨트에 연결, 중앙에 금 장식, 흰색 바지, 금 장식이 있는 갈색 장화, 목과 팔의 허벅지 갑옷, 어깨 견장의 금 술, 허리 벨트의 중세 권총, 코트 가슴 깃에 금 장식과 세부 장식이 있는 중세 패턴, 흰색 배경, 단순한 배경,

시안으로 그린 남자의 프롬프트를 주로 참고했습니다만, (없을 경우) 기획서에서 요청한 내용과 내가 생각하는 여러가지 이미지 포인트들을 정리하여 텍스트 프롬프트로 정리하는것이 중요합니다. 역시나 중요한 부분을 위에서 부터 아래로 내려 씁니다.

다시 강조하지만 복잡할수록 그 명령을 무시하는 경우가 많습니다. 시트는 그림체가 비교적 덜 중요하다 보니 다양한 체크포인트로 뽑아보는 것이 좋습니다. 본인이 요구하는 조건의 프롬프트를 어떤 체크포인트에서는 학습되어 나오지만, 어떤 체크포인트에서는 무시하는 경향이 있다 보니 그렇습니다. Charturnerv2의 경우 시트가 나오도록 임베딩된 파일입니다. 시트를 뽑을 땐 적용시켜주시는 것을 추천합니다. <lora:3DMM_V12:1>의 경우 이것이 중요하다기 보다는, 시트는 명료해야 하는데 그림이 다양한 것을 표현하기에 뭉개지는 경우가 많아서, 좀 더 3D 감을 주어 마감을 깔끔하게 만들기 위해 추가한 LORA 파일입니다.

우선 Hires. fix를 적용시킵니다.
Hires의 경우 일반 업스케일과는 다르게, 프롬프트를 좀 더 충실히 따르려는 경향이 있는데, 이는 다른 업스케일보다 처음 이미지를 생성할 때 이중으로 프롬프트를 적용시키는 게 아닌가 하고 유추하고 있습니다.

그래서 2048×1024로 바로 생성하는 것보다, 1024×512에서 Hires를 적용한 2048×1024가 본래 의도와 더 근접한 느낌으로 나옵니다.

그리고 사이즈가 크면 SD의 경우 빈 여백을 허용하지 않고, 어떻게든 채워 넣으려는 현상도 발생하기 때문에, 이런 특수한 이미지를 만들 때는 Hires. fix를 적절히 적용시키는 것이 중요합니다. Hires. fix의 업스케일러는 Latent를 고정시키는 것이 좋습니다.
(다른 것으로 좋습니다만, Latent가 가장 기본이며 성능도 좋습니다.)

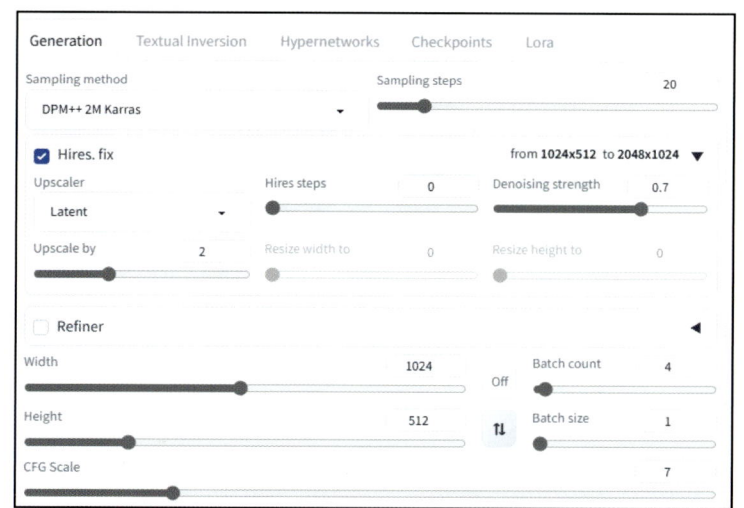

- Upscale by : 사이즈 배수(배율) 입니다. 늘린 수만큼 곱합니다. t2i든 i2i든 가급적 한 번에 2배 수 이상은 권하지 않습니다. 이미지 사이즈가 커질수록 깨지는 경우가 많기 때문입니다.
- Hires steps : hires(고해상도화)시 스텝 수인데, 0으로 할 경우, 기존 이미지의 샘플링 스텝 수와 같은 값이 적용됩니다. 일반적으로는 0으로 고정하거나, 샘플링 스텝 수보다 작은 값으로 하는 것이 좋습니다. (0이 아니면 이미지가 깨지는 경우가 많습니다.)
- Denoising strength : i2i에서는 이미지의 변경 폭을 조정하는 아주 중요한 수치이지만, t2i에서 만큼은 비교적 그 중요함이 떨어집니다. 수치가 올라갈수록 디테일이 추가된다지만, 체감하기는 쉽지 않습니다. 일반적으로 고정된 수치 0.7에서 변경할 일이 별로 없습니다.

여러 장을 뽑아보겠습니다

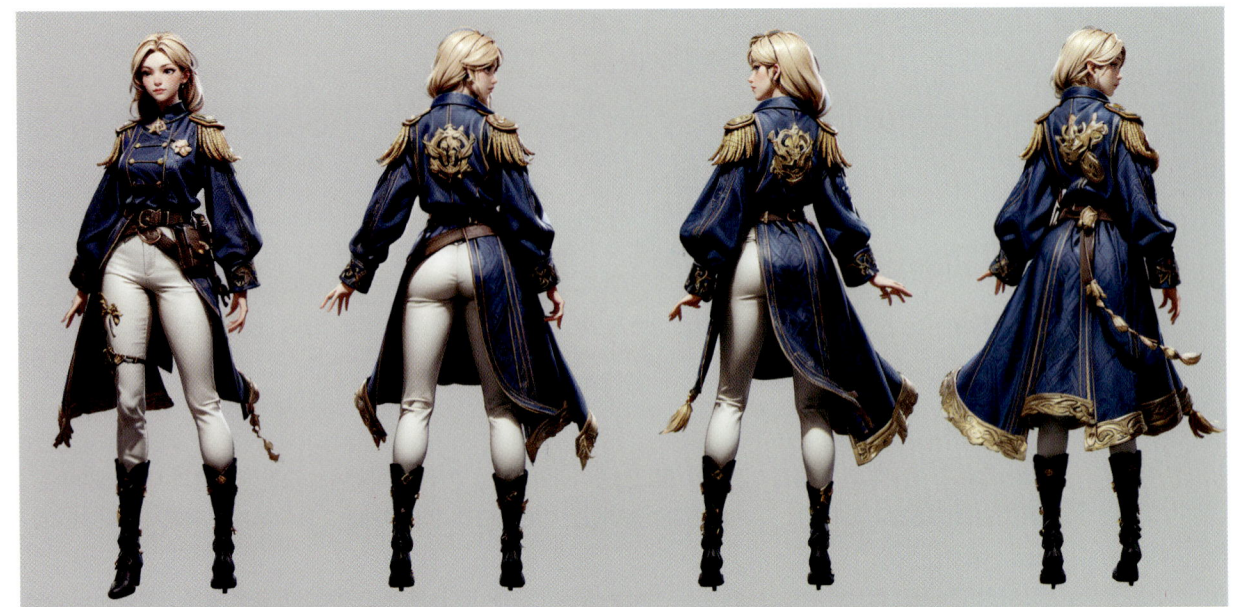

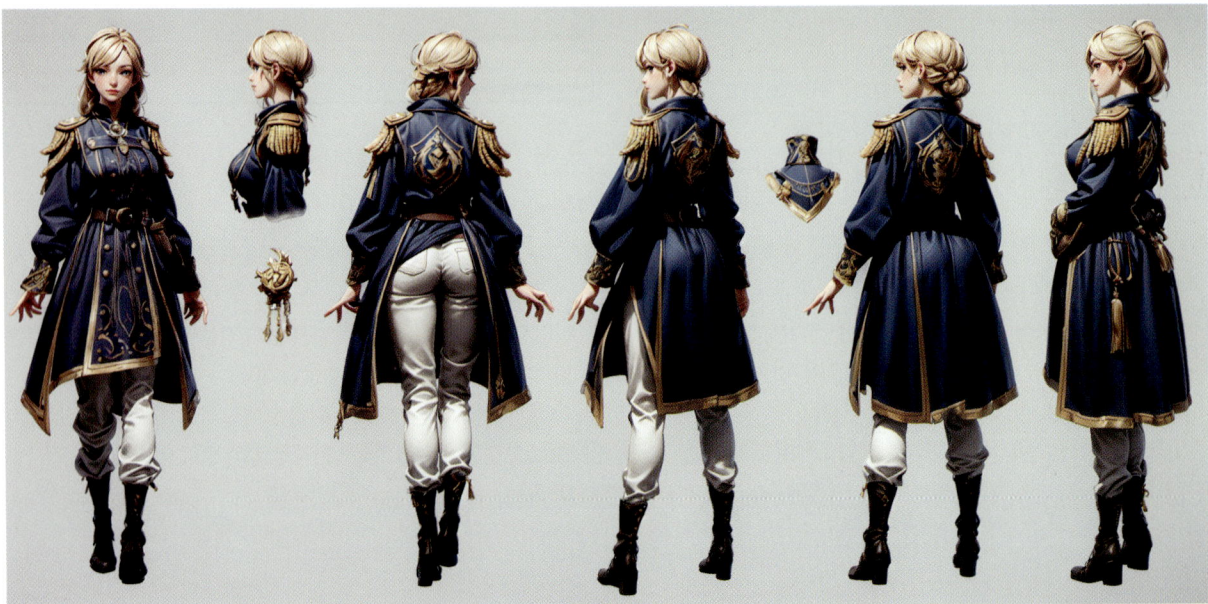

스테이블 디퓨전으로 생성해 보는 로코코 스타일의 스팀펑크 캐릭터 디자인 / 이 든

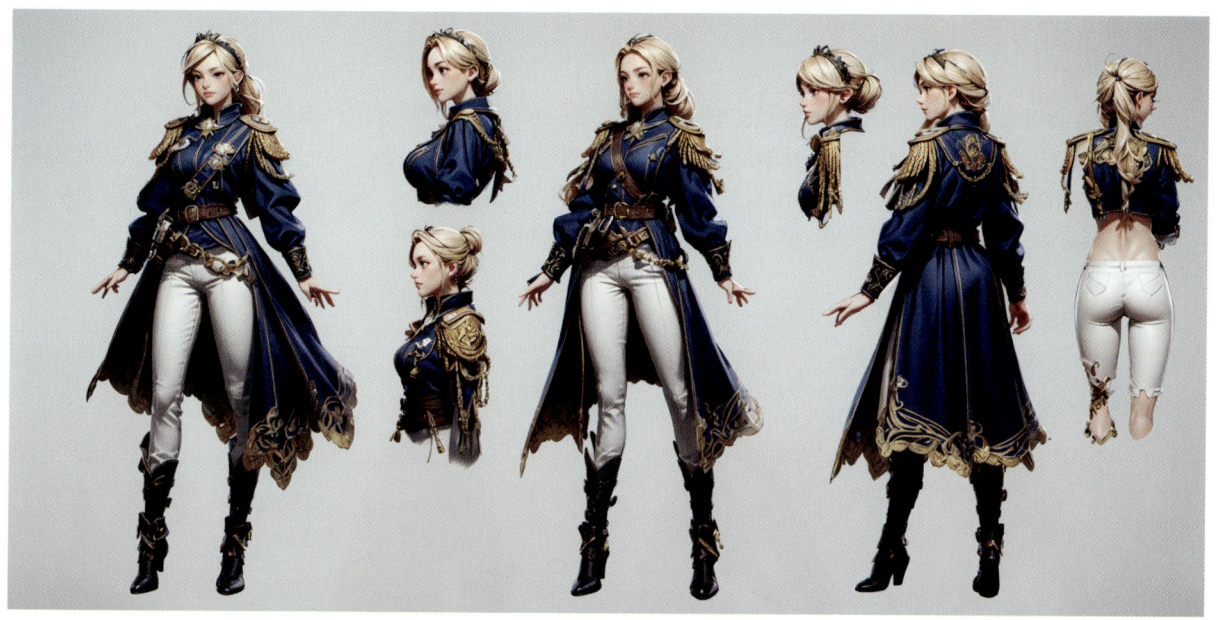
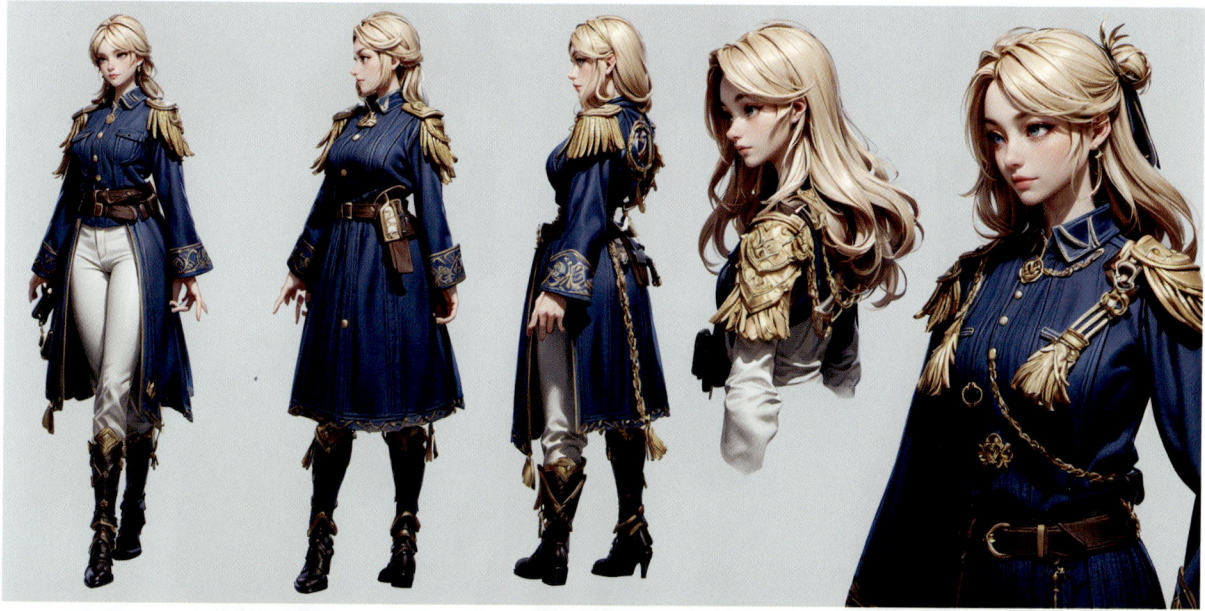

프롬프트는 동일하게 해서, 체크포인트를 변경하면서 마음에 드는 것이 나올 때까지 뽑아봅니다.
시안을 그린 i2i 이미지보다, t2i 이미지를 많이 뽑는 것은 이미지가 원하는 방향으로 나올지 확신할수 없기 때문에, 다양한 방법과 조건, 프롬프트 등을 수정, 보강해서 뽑아보는 수밖에 없습니다. 결국 이것을 시안으로 접근하는 것이기에 최대한 여러 장을 뽑아서 그것을 추린 후, 클라이언트가 가장 원하는 스타일의 이미지를 제시해야 합니다.

그 중에 픽한 이미지 2장을 가지고 클라이언트와 이야길 해 봅니다.

하지만 뭔가 미묘한 부분들이 많습니다.
다리 형태, 손 모양, 코트 안쪽에 흰색 브라우스가 표현되면 좋겠다는 생각을 가졌는데, 표현되지 않는 부분 등 여러 가지 아쉬움이 많습니다. T2i는 보정해야 할 것이 많기 때문에 이 단계에서 수정하고 이미지를 키우기 보다 처음부터 업스케일로 이미지를 확장시킨 후 보정 작업을 진행하는 것을 권합니다.
선택된 이미지를 두고 어떤식으로 이미지를 보정할 것인지를 판단하고 계획올 미리속으로 미리 짜본다음 업스케일을 진행힙니다.

이번엔 다른 업스케일을 사용해 볼텐데요.
바로 Extras입니다.

Extras는 주 기능이 업스케일입니다.
이미지를 넣은 곳 아래에 Scale by의 Resize가 사이즈의 배수(배율) 입니다. 사실 이것은 AI가 간섭할 여지가 적기 때문에, 다른 업스케일보다 그래픽카드의 부담이 적습니다. 단순히 이미지를 뻥튀기 해 주는 것에 가깝기 때문입니다.

Upscaler1과 2가 있는데 이중으로 업스케일을 적용시킬 수 있다는 의미입니다.

upscaler 2 visibility는 업스케일러 2를 어느정도로 적용시킬지 조절하는 기능입니다.

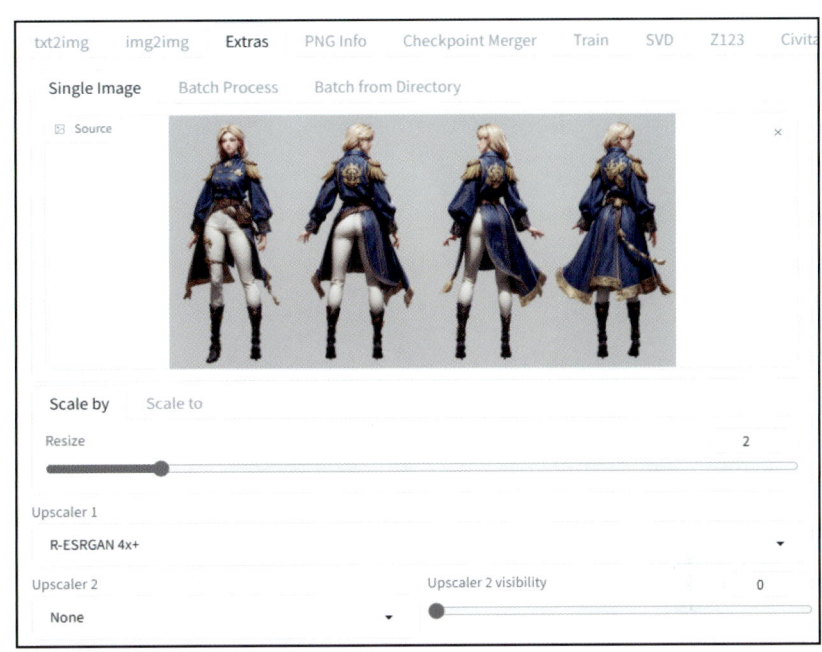

우선 업스케일러 2 까지 적용시킬일은 생각보다 드무니 그냥 업스케일러 1을 가지고 진행해 보겠습니다.
이런 식으로 이미지가 선명해집니다만, ai의 추가적인 해석같은 건 보이지 않지요.

 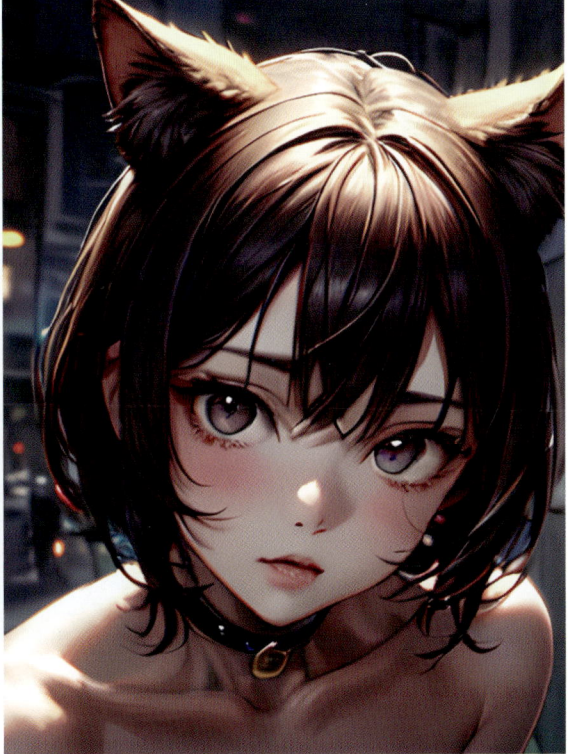

153

최종적으로 픽스한 이미지를 아주 간단한 수정을 진행한 후 이미지를 2배 사이즈로 확대했습니다.

그런 다음 필요없는 부분들은 제거하고 어떤 부분들을 수정하고 보강할지 예상해 봅니다. 보강이 필요한 부분들을 잘라내어, 따로 모아둔 후 i2i에서 인페인팅 작업했던 방식을 반복합니다. 크롭한 이미지에 인페인트 기능으로 불러온 후 수정해야하는 부분을 마스킹하면서 마무리해줍니다.

가장 먼저 얼굴입니다.

프롬프트는 기본 사항 추가한후 간단하게 프롬프트를 작성해보고(요구가 까다롭다면 그에 맞게 프롬프트를 작성하면 됩니다.)

 Beautiful blonde woman / 아름다운 금발 여인

 수정 전

 수정 후

본인이 목표하는 체크포인트로 뽑아 봅니다.(여러 장을 뽑고 선택하면 됩니다.)

Black leather long boots, cross-shaped black leather belt with gold buckle,

블랙 가죽 롱 부츠, 골드 버클이 달린 십자 모양의 블랙 가죽 벨트,

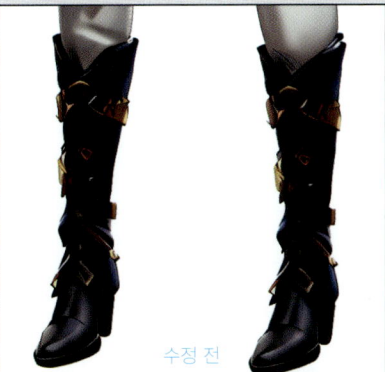
수정 전

수정 후

 Female hand, Brown leather belt, black women's long boots with black belt crossed at the back and gold hardware, blue leather chest of coat with gold orderly pattern, ornate Art Nouveau gold pattern on cuffs,

여성 손, 갈색 가죽 벨트, 뒤쪽에 검은색 벨트가 교차하고, 금색 하드웨어 검은색 여성용 롱 부츠, 금색 질서 정연한 패턴의 파란색 가죽 코트 가슴, 팔목에 화려한 아르누보 금색 패턴

수정 전

수정 후

 Female hand, secured by a brown belt to a golden bracer on the thigh, blue leather chest of coat with gold orderly pattern, ornate Art Nouveau gold pattern on cuffs,

허벅지의 황금 팔찌에 갈색 벨트로 고정 된 여성 손, 금색의 질서 정연한 패턴이 있는 파란색 가죽 코트 가슴, 팔목의 화려한 아르누보 골드 패턴,

수정 전

수정 후

Gilding on the back of a blue coat, symmetrical, embossed gilding, detailed pattern,

파란색 코트 뒷면의 금박, 좌우대칭, 엠보싱 금박, 디테일한 패턴,

수정 전

수정 후

위의 문양은 브러시로 대략 기본적인 형태를 잡아주고 프롬프트에 좌우대칭이라고 명시해주었습니다. 그렇지 않으면 이미지가 원하는 방향으로 나오지 않습니다.

 Gold buckle on brown belt, bright gold finish on connected leather bag, clean style,

갈색 벨트의 골드 버클, 연결된 가죽 가방의 밝은 골드 마감, 깔끔한 스타일,

수정 전

수정 후

White shirt with gold necklace and blue jewels, gold epaulettes and gold tassels on shoulders, blue leather chest of coat with gold orderly pattern, ornate Art Nouveau gold pattern on cuffs,

금 목걸이와 파란색 보석, 어깨에 금 견장과 금 술이 달린 흰색 셔츠, 금색 정돈된 패턴의 파란색 가죽 코트 가슴, 팔목에 화려한 아르누보 금색 패턴

수정 전

수정 후

이외에도 자잘하게 아쉬운 부분들을 브러쉬로 정리후 이미지를 크롭해서 정리합니다.

동일한 방법으로 작업한 창과 총기 무기입니다.

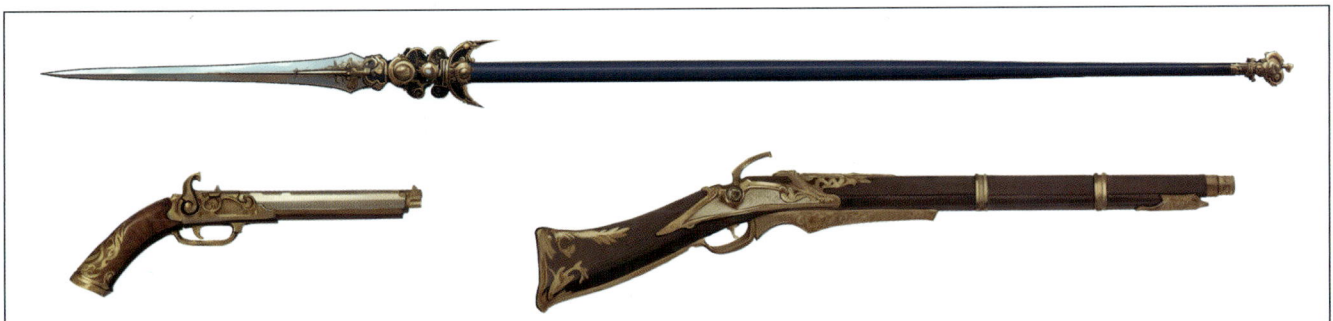

이렇게 마무리를 해 보았습니다.
첨부된 이미지의 시트에 대한 설명과 기타 재질, 참고 자료 등을 붙이고 마무리 할 수 있습니다.
*참고이미지 등은 저작권 문제로 블러 처리하였습니다.

❶ 스테이블 디퓨전 컨트롤넷으로 시트 만들기

스테이블 디퓨전이 스테이블 디퓨전일 수 있는 가장 강력한 익스텐션, 컨트롤넷을 사용한 '삼면도' 및 '시트 만들기'입니다.

먼저, 한 가지 이야기하자면, 생각보다 잘 쓰이기는 힘든 편입니다.
포즈에 대한 형태는 고정시켜주고 좀 더 시트의 폼을 완성시켜 주지만, 원화에서 필요한, 이 캐릭터만의 느낌을 주기에는 애매한 자세와 생각보다 뭉개지는 형태 등 게임 원화의 복잡한 디자인 구조에서는 사용하기가 애매한 부분이 있습니다. 하지만 3D 제작에 필요한 방식, 구조적으로 조금 더 단순한 형태에는 꽤나 효율적이기 때문에 상황에 맞게 사용하시는 것을 추천합니다.

컨트롤 넷의 설치 및 준비할 것들

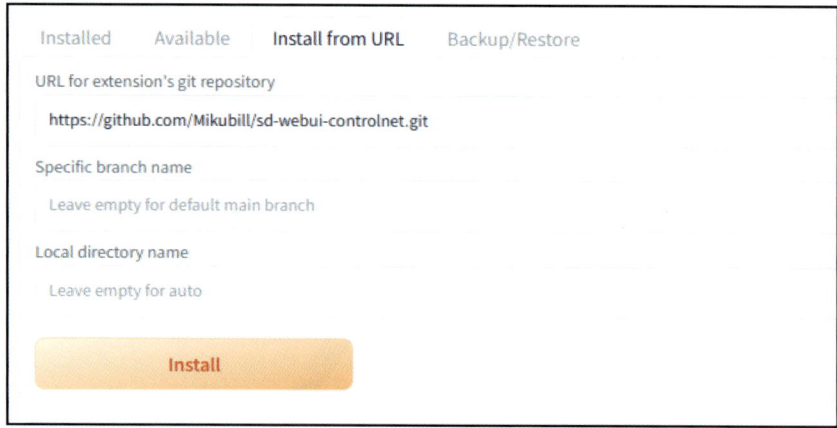

아래 링크로 접속해서 컨트롤넷 모델 설치합니다

 https://huggingface.co/lllyasviel/ControlNet-v1-1/tree/main

파일들 중 확장자가 .pth인 모델들을 모두 다운받아서 내 컴퓨터에 스테이블 디퓨전이 설치되어 있는 폴더 안에 넣습니다

`stable-diffusion-webui > extensions > sd-webui-controlnet > models`

아래 링크로 접속해서 오픈포즈 에디트를 설치합니다. 컨트롤넷과 동일한 방법으로 설치하면 됩니다.
추가로 다운받을 파일은 없습니다.

 https://github.com/fkunn1326/openpose-editor.git

이상은 2가지 익스텐션은 스테이블 디퓨전에서 가장 기초적인 익스텐션이므로, 추가 설명은 생략하겠습니다.

오픈 포즈 에디터 입니다. 이곳에서 포즈를 만들어 보고 사용할수 있습니다.

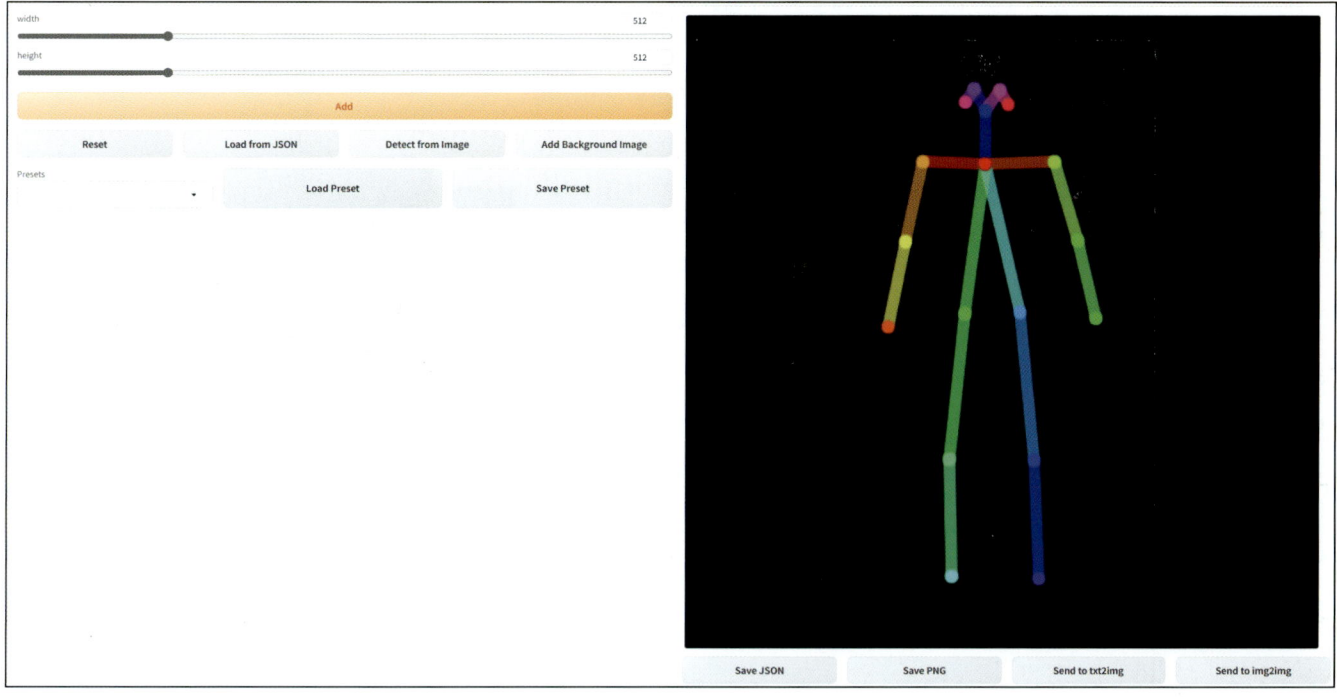

- Add : 본을 추가합니다 .
- Reset : 마음에 들지 않은 것들을 지우고 처음부터.
- Load from JSON : 본을 가지고 옵니다.
- Detect from image : 이미지를 불러오고 본을 추출.
- Add Backgraund image : 백그라운드에 이미지를 불러옵니다. 이미지에서 추출한게 맘에 들지 않을때 직접 추출하는 방법입니다.
- Presets : 누군가가 만들어 놓은 프리셋들을 불러오거나 저장합니다.
- Save JSON : 만든 본을 저장.
- Save PNG : 이미지 자체를 저장.
- Send to txt2img : 텍스트 투 이미지 컨트롤넷으로 보냅니다.
- Send to img2img : 이미지 투 이미지 컨트롤넷으로 보냅니다.

다음은 시트 이미지에서 본을 추출하는 방법입니다.

Preprocessor - openpose_full 을 지정합니다. 그 다음 폭탄 버튼을 누르면 이미지를 스캔하여 본을 추출합니다.

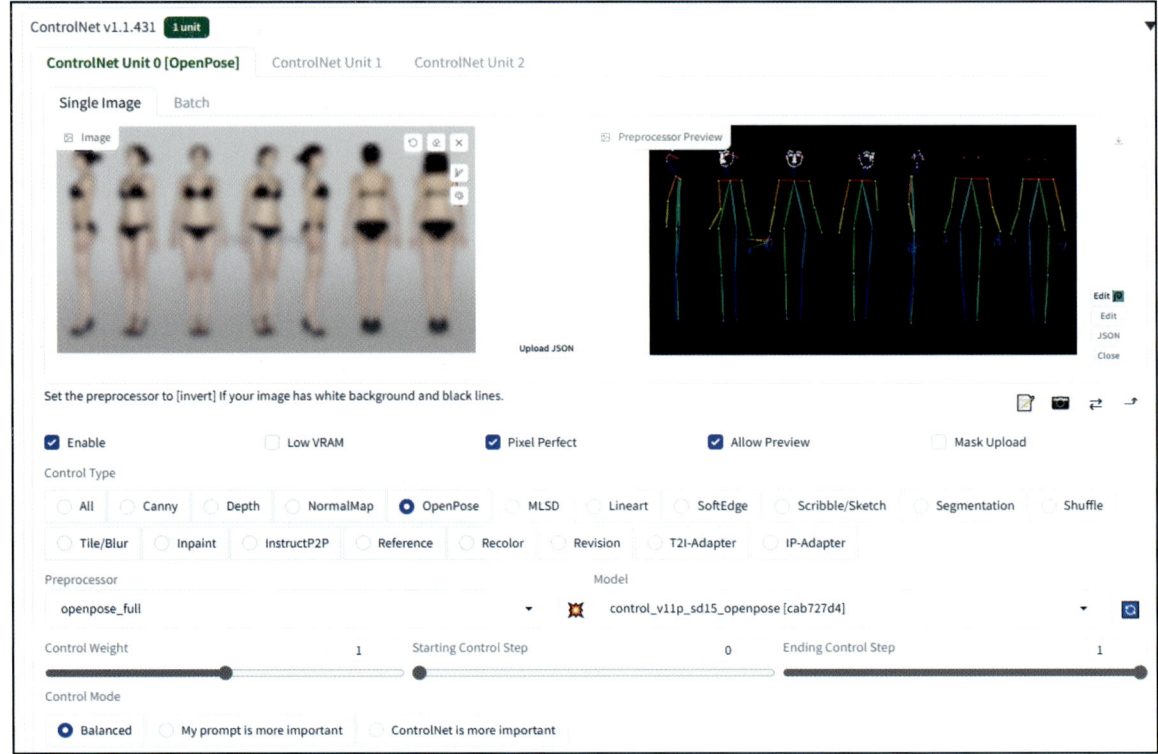

오픈포즈로 만들어 본 오픈포즈 시트용 기본형 본입니다.

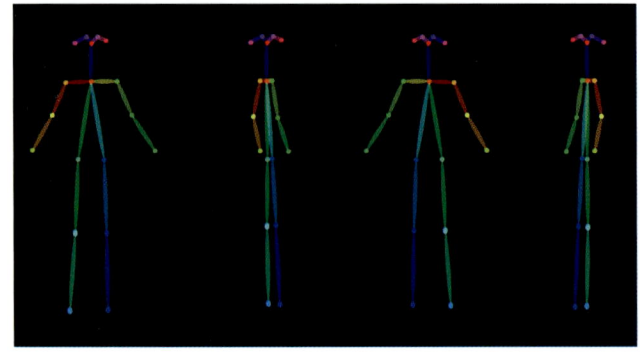

이미지를 추출한 포즈입니다.

조금 더 자연스러운 포즈를 위해, 실사 이미지의 포즈 추출도 좋은 방법입니다.(저작권 문제로 추출된 이미지만 첨부하였습니다)

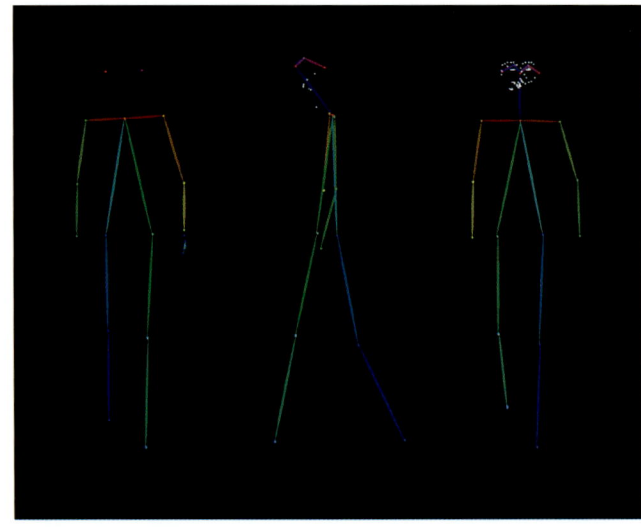

기본적인 본 형태보다, 팔다리를 조금 더 길게 비율을 조정하는것이 좋습니다. 실사보다 그림스타일에는 좀 더 비율이 긴 것이 표현하기 좋기 때문입니다.

txt2img에 동일한 프롬프트를 적용하겠습니다.

프롬프트는 앞서 설명한 내용과 동일하기에 기타 설명은 제외하겠습니다.

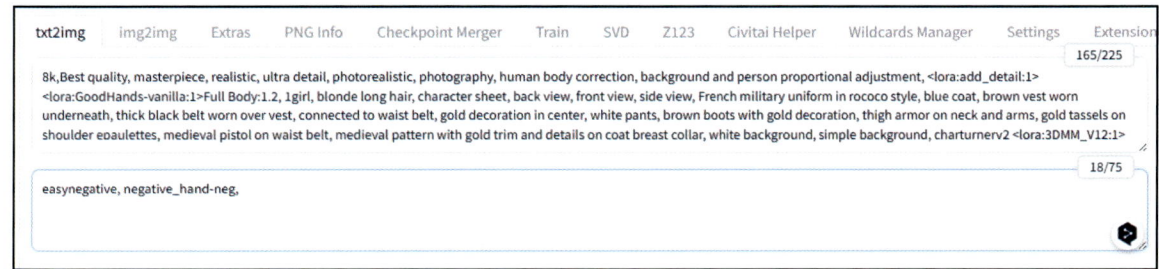

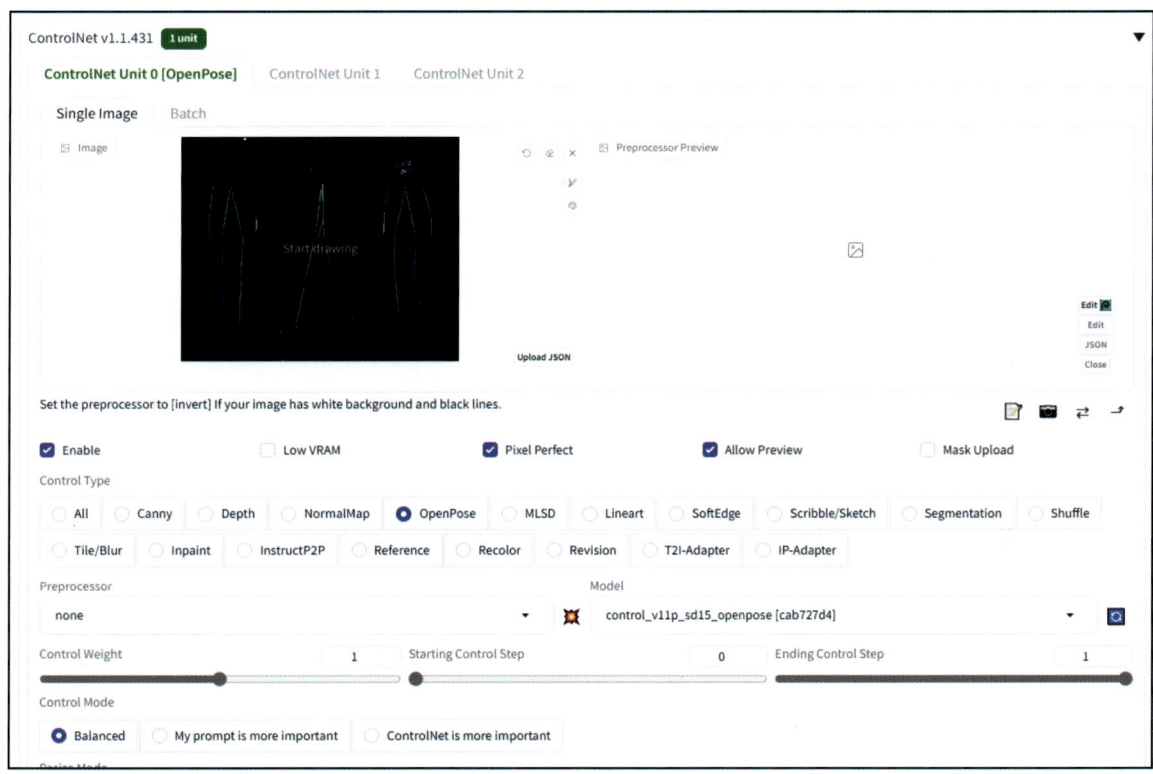

기본적인 세팅입니다.

- **Enable** : 컨트롤넷을 적용시킵니다.
- **Low VRAM** : Vram 8gb이하일 때 적용하면 속도는 느려져도 어떻게든 완성해 준다고 합니다.
- **Pixel Perfect** : 처리 해상도를 가장 적합하게 자동 조정해 줍니다. 기본 체크사항입니다.
- **Allow Preview** : 프리프로세서 프리뷰를 좌측에 생성합니다.
- **Control Type** : 캐니, 뎁스, 오픈포즈, 라인아트 등 다양한 모델 타입이 있으나 이번은 오픈포즈를 적용합니다.

만들어진 본이 있기 때문에 Preprocessor는 none으로 합니다. Preprocessor는 이미지에서 본을 추출하는 용도이기 때문에 이부분을 적용한 상태로 적용시키면 이미지가 제대로 나오지 않습니다. Model은 다운받아 놓은 control_v11p_sd15_openpose를 적용시킵니다.

- **Control Weight** : 본에 대한 적용 강도입니다. 1로 둡니다.
- **Starting / Ending Control Step** : 이미지 적용 시작점 / 종료점
- **Hires.fix** : 적용합니다

적용 방법은 동일합니다만, Upscale by를 2 보다는 1.5 정도로, 이미지 사이즈를 과하게 크지 않게 적용하는 것이 중요합니다.

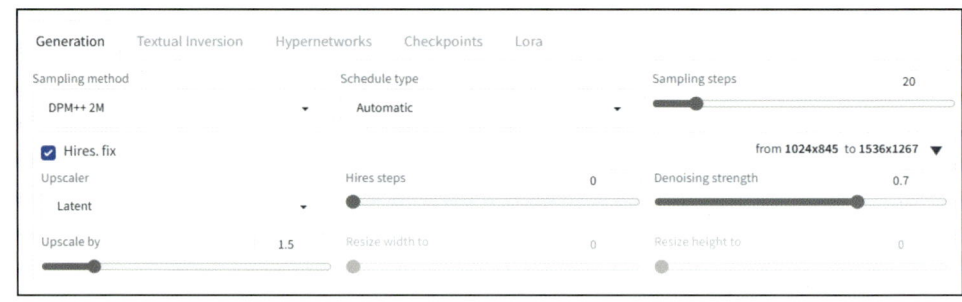

사용하는 체크포인트는 base Model이 SD1.5D 이기 때문에 이미지를 너무 크게 할 경우 원하지 않은 멜트 현상이 발생할 수 있습니다.

최초 생성 상태에선 체크포인트가 SDXL이 아니라면 이 부분은 꼭 사이즈 체크를 하면서 생성하시길 바랍니다.
멜트현상을 막아주는 Kohya Hires.fix를 적용시켜도 이 부분은 해결되지 않습니다.
의도대로 생성 후 업스케일하고 보정하는 방법을 사용하시길 권합니다.

여러 가지 체크포인트를 변형하면서 뽑아본 것입니다. 디테일 업 방식은 동일합니다.

스테이블 디퓨전으로 생성해 보는 로코코 스타일의 스팀펑크 캐릭터 디자인 / 이 든

❷ 미드저니와 ComfyUI의 턴테이블

이번에는 스테이블 디퓨전이 아닌 다른 툴로 접근하는 것을 간단하게 알아보겠습니다.
여기서는 스테이블 디퓨전 중심의 챕터이기에 다른 툴에 대한 자세한 설명은 지면관계상 생략하겠습니다.

미드저니를 이용한 턴테이블 시트

먼저 미드저니 입니다. 이 책을 보시는 분들에게 미드저니가 무엇인지에 대해서는 따로 설명을 할 필요가 없어 보입니다. 여러 이미지 생성툴 중에서는 여러 의견이 있을 수 있으나, 프롬프트 기반으로는 최고의 이미지 퀄리티를 낼 수 있는 툴이라고 생각합니다. 그렇기에 둘을 섞어 사용하는 것은 상당히 유의미한 이미지를 도출하는데 유용합니다. 특히 목표한 바가 뚜렷한 것, 게임 속 실무에 사용할 이미지로 큰 도움이 됩니다.

먼저 미드저니(Midjourney)에서 진행하였습니다.

다음은 미드저니로 작성한 프롬프트 입니다. 스테이블 디퓨전으로 작성한 내용을 토대로 진행했으며, 앞 부분 디테일 업에 대한 문구를 제외했습니다. 그리고 미드저니에서 시트 이미지를 뽑아야 하기에 캐릭터 시트 문구를 넣었습니다.

> Middle-aged Caucasian male, short black hair, Rococo style French military uniform, red coat, brown vest worn underneath, thick black belt worn over the vest, connected to the waist belt, with gold trim in the center, white pants, brown long boots with gold trim, thigh armor at the neck and arms, gold tassels on the shoulder epaulettes, medieval handgun on the waist belt, medieval pattern with gold trim and detailing on the chest collar of the coat, Front, side, and back of the character, character sheet, white background, simple background, --ar 2:1 --niji 6

> 중년 백인 남성, 짧은 검은 머리, 로코코 스타일의 프랑스 군복, 빨간색 코트, 아래에 착용 한 갈색 조끼, 조끼 위에 착용 한 두꺼운 검은 색 벨트, 허리 벨트에 연결된 중앙에 금색 장식, 흰색 바지, 금색 장식이있는 갈색 긴 부츠, 목과 팔의 허벅지 갑옷, 어깨 견장의 금색 술, 허리 벨트의 중세 권총, 코트의 가슴 깃에 금색 트림과 디테일이 있는 중세 패턴, 캐릭터의 앞, 옆, 뒷면, 캐릭터 시트, 흰색 배경, 단순한 배경.

처음 나온 미드저니 이미지 사이즈는 1536×768입니다.
미드저니로 생성한 여러 이미지 중에 선택한 이미지 입니다.

미드저니에서 완성된 이미지를 스테이블 디퓨전의 i2i(Image to Image)에 넣고,
프롬프트를 재수정한 후, sd upscale 1.5로 진행해서(기타 익스텐션을 실행) 뽑아봤습니다.

8k,Best quality, masterpiece, realistic, ultra detail, photorealistic, photography, human body correction, background and person proportional adjustment, <lora:add_detail:1> <lora:GoodHands-vanilla:1>, Middle-aged Caucasian male, short black hair, Rococo style French military uniform, red coat, brown vest worn underneath, thick black belt worn over the vest, connected to the waist belt, with gold trim in the center, white pants, brown long boots with gold trim, thigh armor at the neck and arms, gold tassels on the shoulder epaulettes, medieval handgun on the waist belt, medieval pattern with gold trim and detailing on the chest collar of the coat, Front, side, and back of the character, character sheet, white background, simple background,

8k, 최고 품질, 걸작, 사실적, 초 디테일, 사실적, 사진, 인체 보정, 배경 및 사람 비례 조정, 중년 백인 남성, 짧은 검은 머리, 로코코 스타일의 프랑스 군복, 빨간 코트, 안에 입은 갈색 조끼, 조끼 위에 입은 두꺼운 검은색 벨트, 허리 벨트에 연결, 중앙에 금 장식, 흰색 바지, 금 장식의 갈색 롱부츠, 목과 팔의 허벅지 갑옷, 어깨 견장의 금색 술, 허리 벨트의 중세 권총, 코트의 가슴 깃에 금색 트림과 디테일이 있는 중세 패턴, 캐릭터의 앞, 옆, 뒷면, 캐릭터 시트, 흰색 배경, 단순한 배경,

이미지가 멋지게 출력되었습니다.

물론 이후에 포토샵 수정 과정을 거쳐야 하겠지만, 이런 방식으로 접근하는 기법도 있다는 것을 알아두시기 바랍니다.

같은 방식으로 여성 캐릭터도 마무리 해 보았습니다.

8k,Best quality, masterpiece, realistic, ultra detail, photorealistic, photography, human body correction, background and person proportional adjustment, <lora:add_detail:1> <lora:GoodHands-vanilla:1>,Beautiful white woman, blonde long hair, French military uniform in rococo style, blue coat, white bra inside the coat, thick black belt worn over the coat, gold decoration in the center connected to the waist belt, white pants, brown long boots with gold decoration, thigh armor on the neck and arms, gold tassels on the shoulder epaulettes, medieval pistol on the waist belt, medieval pattern with gold trim and details on the breast collar of the coat, front, side and back of the character, character sheet, white background, simple background,

8k, 최고 품질, 걸작, 사실적, 초 디테일, 사실적, 사진, 인체 보정, 배경 및 사람 비례 조정, 아름다운 백인 여성, 금발 긴 머리, 로코코 스타일의 프랑스 군복, 파란색 코트, 코트 안에 흰색 브래지어, 코트 위에 착용 한 두꺼운 검은 색 벨트, 허리 벨트와 연결된 중앙의 금 장식, 흰색 바지, 금 장식이 있는 갈색 긴 부츠, 목과 팔의 허벅지 갑옷, 어깨 견장의 금 술, 허리띠의 중세 권총, 코트 가슴 칼라에 금 장식과 디테일이있는 중세 패턴, 캐릭터 앞, 옆, 뒤, 캐릭터 시트, 흰색 배경, 단순한 배경,

ComfyUI와 스테이블 디퓨전, 그리고 포토샵

이번에는 ComfyUI 입니다. ComfyUI (컴피유아이)는 스테이블 디퓨전 GUI 및 백엔드입니다.
불필요한 UI를 제거하고 노드와 그래프, 플로우차트를 기반으로 스테이블 디퓨전을 사용하는 툴이라고 보시면 됩니다.
보다 가볍게 사용할 수 있고, 다양한 커스텀이 가능하며, 대량 생산, 애니메이션 등이 가능합니다.

ComfyUI의 턴테이블에 대해서 간단히 설명드리겠습니다.

우선 SD 캐릭터를 생성해 보겠습니다.
복잡한 생성은 아니기에 기존 프롬프트에서 리얼함을 묘사하는 프롬프트는 빼고, SDcharacter, nendoroid 등과 같은 저비율 캐릭터를 만들 수 있는 프롬프트를 추가해 보았습니다.

> 리얼한 등신 비율은 이미지를 크게 뽑기 힘들기에 과하게 뭉개지는 경향이 있습니다. 아직은 리얼 등신보다는 SD캐릭터 생산에 좀 더 유리합니다. 물론 리얼한 등신을 뽑는 것이 불가능한건 아닙니다만, 후가공이 많이 필요합니다. 참고 삼아 보시는 것을 추천드립니다.

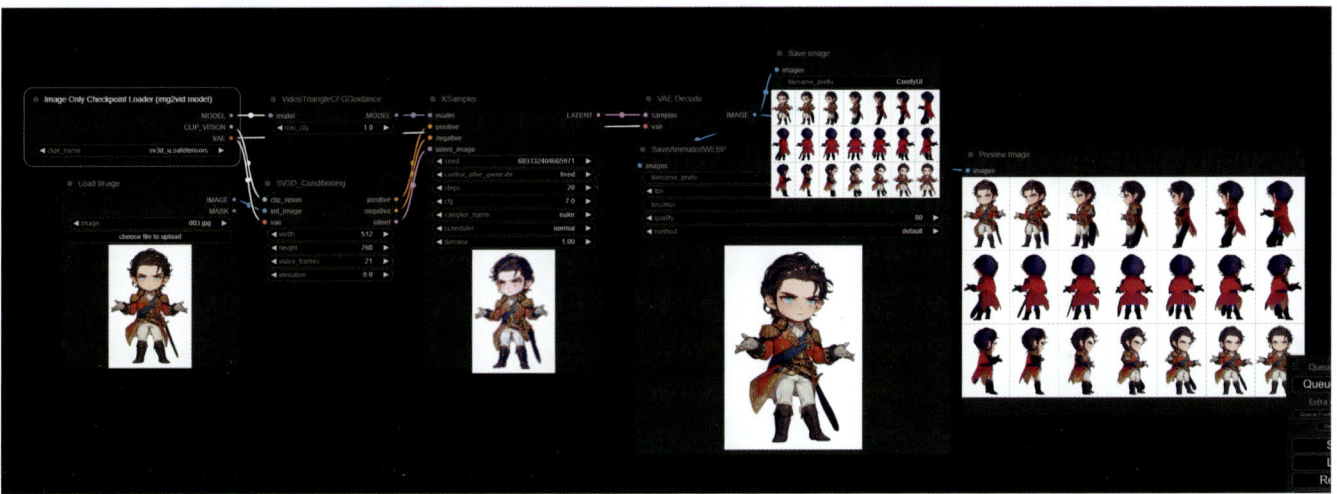

턴테이블의 기본 워크플로우 입니다.
*이는 soy_lap 최돈현 대표님의 워크플로우를 참고한 것이며, 자세한 설명은 유튜브 주소를 참고하시기 바랍니다.
https://youtu.be/A-mNnVH2D1Q

이것을 설명드리는 이유는, 이미지를 어느 정도 AI로 3D 입체화시키는 방법이 점점 발전하고 있고, 응용할 수 있는 영역이 매우 다양해지고 있다는 점에서 필요하기 때문입니다. 다양한 방법들이 쏟아지는 가운데, 원화가들이 염두해 두고 알아두어야 할 기술이 무엇이 있는지를 체크할 필요가 있는 시점에, 이 ComfyUI 턴테이블은 반드시 알아두시길 권합니다.

stabilityai / sv3d의 주소입니다.

https://huggingface.co/stabilityai/sv3d/tree/main
이곳의 file and versions 에서 sv3d_p.safetensors과 sv3d_u.safetensors 이렇게 2개의 파일을 받아주면 됩니다.

생성된 턴테이블 이미지 입니다. 총 21장이며 조절이 가능합니다.

이 이미지만 봤을 때는 아직 부족한 점이 많아보입니다. 그래서 이후에 다양한 방법으로 보정을 해야 하지만, 보정 부분은 생략하고 스테이블 디퓨전과의 실무 활용 중심으로 설명해 보겠습니다.

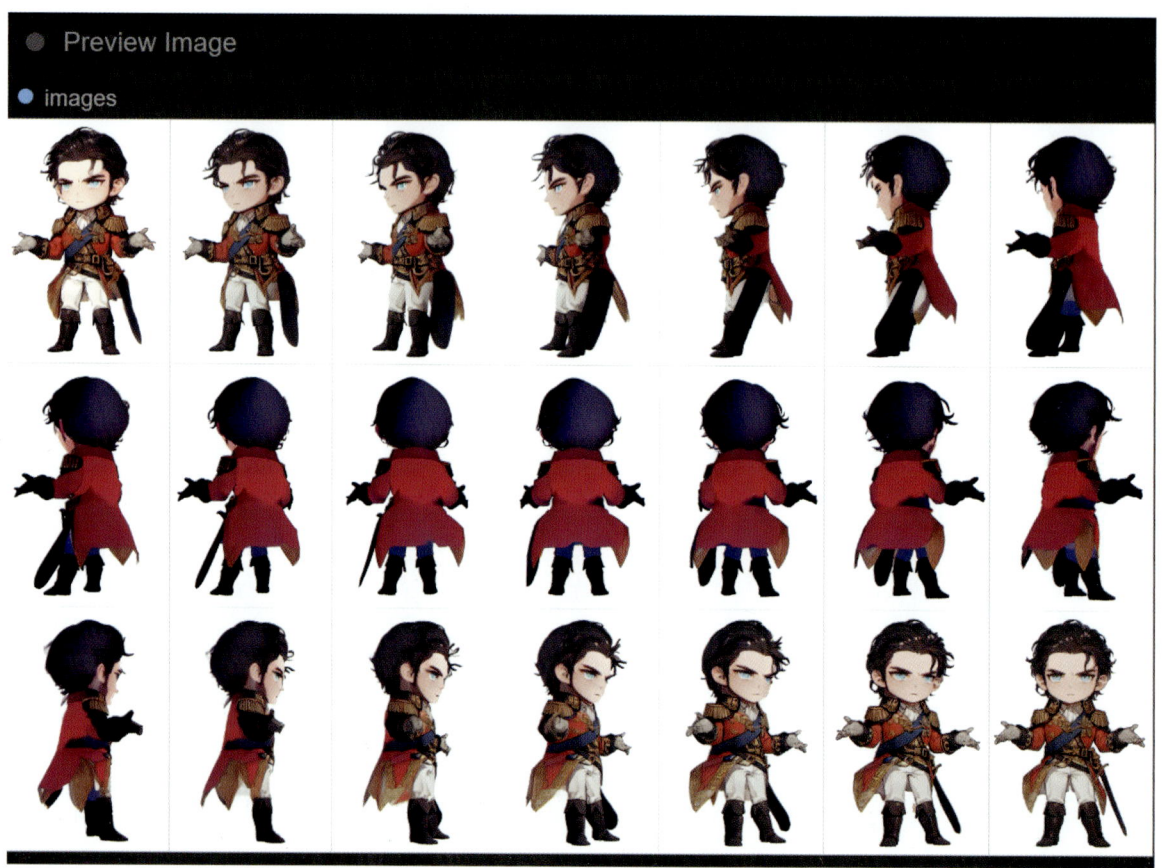

처음 턴테이블로 뽑혀져 나온 이미지입니다. 형태가 단순하면 좀 더 잘 어우러지게 뽑히겠지만, 비율과 복잡도가 높아지면 아직은 한계가 명확합니다. 그렇기에 원하는데로 나올 때까지 뽑아보기보다 수작업으로 한 번 보강을 해 봅니다.

완벽하진 않지만 부족한 부분을 어느정도 드로잉으로 매꿔 봅니다. (디테일하게 작업할 필요는 없습니다.)

이것을 스테이블 디퓨전으로 다시 뽑아봅니다.
물론 최종 리터칭을 하기 전 단계의 이미지입니다만, 작업자의 의도에는 최대한 근접하게 나온 것 같습니다.

이외에도 턴테이블의 사용 방법은 다양합니다. 각자 사용자의 의도에 맞게 응용하는 것이 중요합니다만, AI에 모든 것을 기대어 AI가 모든 것을 해결해 줄 것으로 생각하신다면, '그것은 아직 시기상조이다'라고 말씀 드릴 수 있을 것 같습니다.

3. 미드저니를 통한 캐릭터 일관성 유지

이번에는 미드저니의 일관성 유지에 대해 간단히 설명해보겠습니다.

어디까지나 실무적으로 사용할 수 있는 간단한 팁의 구조로 접근해보겠습니다.

(*미드저니 웹 버전을 기준으로 설명하겠습니다..)

이 세계관의 여왕이라는 컨셉으로 캐릭터를 만들어 보았습니다.

우선 니지저니로 만들어본 캐릭터를 가지고 일러스트를 만들어 보겠습니다.

> Beautiful Caucasian woman, platinum long hair, red eyes, long white eyelashes, ornate dress in rococo style, dark navy blue, shoulder peepers, tight at bustline, dark navy blue on top, gradient color to light blue as dress goes down, silver flower on chest with silver stem, navy blue material is ornate, arms are pinned at shoulders, forearms are exposed but blue long gloves are worn, dress is open at bottom exposing right leg, silver high-heeled shoes are worn, cold expression, one hand is holding a thin rapier with silver floral decoration on guard, white background, simple background,

> 아름다운 백인 여성, 플래티넘 긴 머리, 빨간 눈, 긴 흰 속눈썹, 로코코 스타일의 화려한 드레스, 어두운 네이비 블루, 어깨 부분이 드러남, 가슴 라인이 타이트함, 상체는 어두운 네이비 블루, 드레스가 내려가면서 색이 연한 파란색으로 그라데이션 됨, 가슴에 은색 꽃과 은색 줄기 장식, 네이비 블루 소재는 화려하게 장식됨, 어깨에서 팔이 고정됨, 팔뚝은 드러나지만 파란색 긴 장갑을 착용, 드레스는 아래가 열려 오른쪽 다리가 드러남, 은색 하이힐 신발 착용, 차가운 표정, 한 손에 은색 꽃 장식이 있는 얇은 레이피어를 들고 있음, 흰색 배경, 단순한 배경.

niji Journey

stable diffusion

미드저니 웹 버전으로 이미지를 드래그 한 후 Drop to add image에 캐릭터 이미지를 넣은 다음, use as character Ref, 캐릭터 아이콘을 클릭합니다. 이것이 디스코드에서는 --cref 코드로, 캐릭터 레퍼런스 명령 코드입니다.

A woman with gray hair, wearing a blue dress, and holding a silver sword, pointing the sword toward the sky; around her are a group of men in rococo blue French military uniforms kneeling in formation, with a massive castle like the Palace of Versailles in the background,

A woman with gray hair, wearing a blue dress, and holding a silver sword, pointing the sword toward the sky; around her are a group of men in rococo blue French military uniforms kneeling in formation, with a massive castle like the Palace of Versailles in the background,

회색 머리를 한 여성이 파란 드레스를 입고 은색 검을 들고 하늘을 향해 검을 가리키고 있다. 그녀 주위에는 로코코 스타일의 파란 프랑스 군복을 입은 남자들이 무릎을 꿇고 포진하고 있으며, 배경에는 베르사유 궁전 같은 거대한 성이 있다.

생성된 이미지 입니다. 이 이미지 외에도 수십 장을 생성하고 그중에 맘에 드는 것을 추려봅니다.
왼쪽 상단이미지를 선택해 보았습니다.

사용해 보면 느끼시겠지만 --cref(캐릭터 레퍼런스), --sref(스타일 레퍼런스) 등은 프롬프트로 그냥 생성했을 때보단 열화한 이미지를 생성시킵니다.

전체적인 무드는 원하는 방향에 접근했지만, 무기와 들고 있는 팔 부분이 전체적으로 어색합니다. 생성형 이미지는 어쨌거나 100% 완벽한 이미지를 만들어 주지 않는다는 것을 상기하며 이 선택된 이미지를 고쳐서 사용하는 방법으로 진행해 보겠습니다.

Repaint 기능은 vary(region) 기능입니다.
부분 수정이 가능하게 만듭니다.

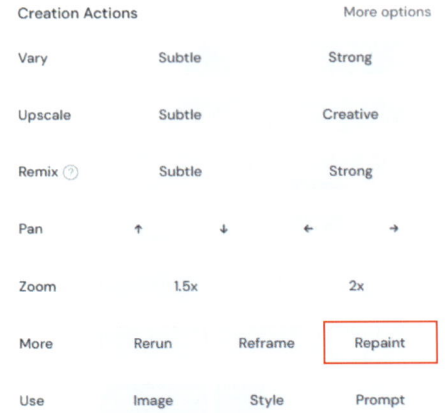

생성된 창입니다.
드래그하여 이미지 영역을 지정합니다.
그리고 원하는 프롬프트를 작성해 봅니다.

Long silver flower-shaped sword guard and hilt, pommel and pommel held in one hand with white gloves.

하얀 장갑을 낀 한 손으로 긴 은색 꽃 모양의 검의 가드와 손잡이, 손잡이 끝을 들고 있다.

이번에도 여러 장을 뽑은 후, 맘에 드는 것을 선택합니다. 그럼에도 완벽할 수 없기에 포토샵에서 간단한 수정을 진행합니다.

niji Journey

stable diffusion

미드저니로 마무리 할 수 있지만, 한 단계 퀄리티 업 및 스타일 체인지가 가능한 부분을 보여드리기 위해 2가지를 함께 보여드렸습니다. 물론 실무자라면 여기서부터 포토샵 등을 이용하여 아쉬운 부분의 수정 및 퀄리티 보정 등을 더 진행하면 될 것입니다.

마치며

AI가 우리 실생활에 본격적으로 들어오기 시작한 순간부터, "다음엔 또 무엇이 나올까?"라는 기대와 함께 두려움도 동시에 밀려왔던 때가 있었습니다. 물론 지금도 그런 부분이 완전히 사라진 것은 아닙니다. 그러나 AI에 익숙해지고 그 본질을 조금씩 이해하게 되면서, "아, 아직은 사람이 필요한 영역이 많구나"라는 사실을 깨닫게 되었고, 막연한 걱정은 점차 줄어들었습니다. 물론 이 모든 것에는 "아직까지는"이라는 전제가 있습니다. 기술은 계속 발전하고 있으며, 오늘 중요한 기술이 내일 어떻게 변할지는 아무도 알 수 없는 시대입니다. 그렇지만 나 자신이 끊임없이 새로운 것을 받아들이고자 하는 자세가 가장 중요하다는 것을 다시 한번 느끼게 됩니다.

이 글을 보시는 분들과 함께 앞으로도 꾸준히 고민해 나가고 싶습니다. 감사합니다.

이미지 및 영상으로 알아본

생성형 AI의 기술 트렌드와 AI 영상 제작 기법

류내원

네오컨버전스(주) 기술연구소 소장
won.wizard@gmail.com

페이스북 Stable Diffusion Korea 그룹 운영진
방송통신사 Video/Audio 및 AI Solution 연구개발
과기부 AI 경진대회 '19년/'20년 입선
전 SK브로드밴드 IPTV 기술개발

많은 놀라움을 보여준 챗GPT, 이미지 생성, 비디오 생성에 이어 멀티모달까지 빠르게 변화되고 있는 시기입니다.
2023년에는 해외 빅테크들 특히 미국과 중국에서 LLM(Large Language Model) 뿐만 아니라 이미지, 비디오, 사운드/뮤직, 3D, 멀티모달(Multi Modal)까지 많은 기술들이 발표되어 기술 경쟁도 벌이고 있습니다.

생성형 AI 글로벌 시장은 2028년 77조로 확대되고 10배 성장할 것이며, 혁신적이고 파괴적이라고 파이낸셜타임스가 옴디아 보고서를 통해 보도하였고, AI 에이전트가 2028년이내 컴퓨팅을 완전히 변경하고 사람들은 말만 하면 모든 작업을 처리할 수 있으며, 개인의 생활과 비즈니스, 사회까지 혁신할 것이라고 빌 게이츠는 말하였습니다.

생성형 AI 초기부터 발전된 기술들을 하나씩 살펴봄으로써 현재의 생성형 기술에 대한 이해를 높이고, 생성형 AI의 현황과 전망에 대해서 파악할 수 있게 될 것이라 기대합니다.
([정보통신기획평가원 주간기술동향] '생성형 AI 현황 및 전망, 류내원' 기고한 내용을 일부 인용)

생성형 AI 역사에 대해서는 아래와 같이 설명하고 있습니다.

1) 2014년 VAE(Variational AutoeEncoder) 및 GAN(Generative Adversarial Network)
데이터의 판별 모델이 아닌 생성형 모델을 학습할 수 있는 최초의 실용적인 심층 신경망 탄생, 전체 이미지를 출력할 수 있는 최초의 모델.

2) 2017년 Transformer 네트워크는 생성형 모델의 발전 가능성
2018년 사전 훈련된 Generative Transformer를 처음으로 선 보임
2019년 GPT-2가 비지도 학습을 파운데이션 모델로 다양한 작업으로 일반화
2020년 GPT-3

3) 2021년 DALL-E의 출시에 이어 Midjourney 및 Stable Diffusion은 자연어 프롬프트에서 실용적인 고품질 인공 지능 예술 출현하게 함.

4) 2023년 GPT-4가 출시. 마이크로소프트 리서치 팀은 "합리적으로 인공 일반 지능(AGI) 시스템의 초기(아직 불완전한) 버전으로 볼 수 있다"고 결론.

생성형 AI의 역사를 VAE 및 GAN시대, Transformer시대, 대규모 모델 시대 등 각 시대별로 정의하기도 합니다.

2014 ~ 2017 VAE 및 GAN 시대	2018 ~ 2019 Transformer 시대	2020 ~ 현재 대규모 모델, AI 예술 출현
20×20 128×128	512×512	2022년 AI 이미지 미술전 1위

아래는 생성형 AI 중요 발표들을 연도별로 정리해 본 것입니다.

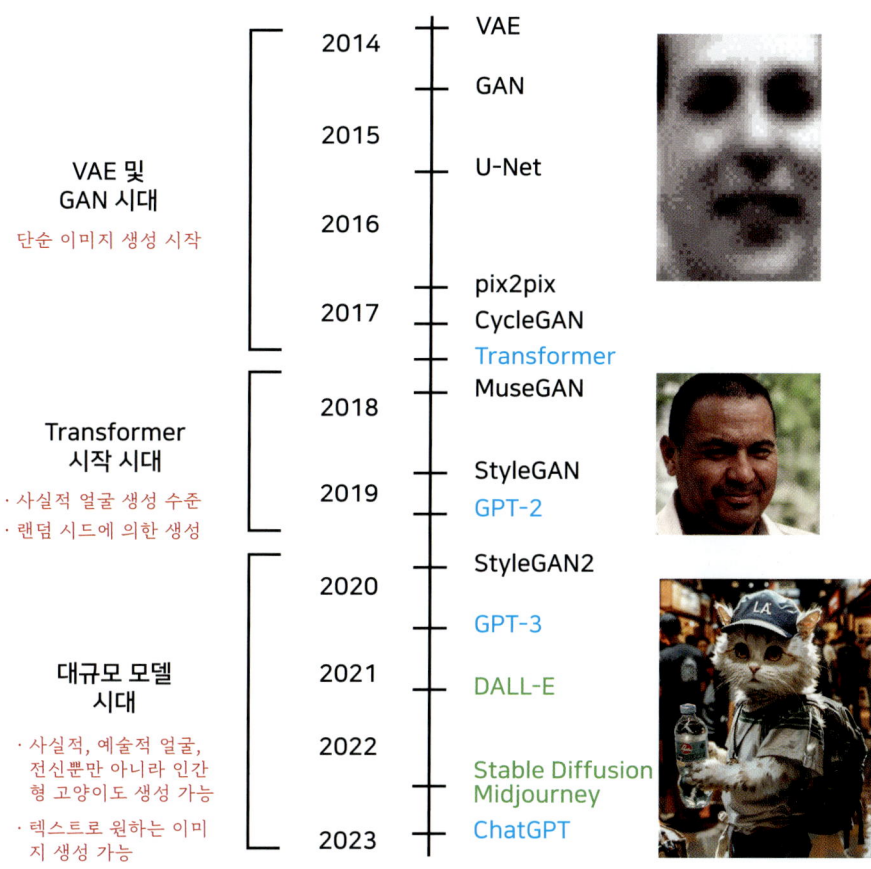

생성형 AI 중요 발표들 역사

생성형 인공지능? (위키피디아)

생성형 인공지능(generative artificial intelligence) 또는 생성형 AI(generative AI)는 프롬프트에 대응하여 텍스트, 이미지, 기타 미디어를 생성할 수 있는 일종의 인공지능(AI) 시스템이다. 생성형 AI는 입력 트레이닝 데이터의 패턴과 구조를 학습한 다음 유사 특징이 있는 새로운 데이터를 만들어낸다.

저명한 생성형 AI 시스템으로는 ChatGPT(및 빙 챗 변종), 오픈AI가 GPT-3 및 GPT-4 대형 언어 모델로 개발한 챗봇, 그리고 구글이 LaMDA 모델로 개발한 챗봇인 바드 등이 있다. 그 밖의 생성형 AI 모델로는 스테이블 디퓨전, Midjourney, DALL-E 등의 인공지능 아트 시스템들이 포함된다.

기계 학습 분야는 창립 이래 생성 모델을 포함한 통계 모델을 사용하여 데이터를 모델링하고 예측해 왔다. 2000년대 후반부터 딥 러닝의 출현은 이미지 및 비디오 처리, 텍스트 분석, 음성 인식 및 기타 작업의 발전과 연구를 주도했다. 그러나 대부분의 심층 신경망은 컨벌루션 신경망 기반 이미지 분류와 같은 분류 작업을 수행하는 판별 모델로 훈련되었다.

2014년에는 배리에이셔널 오토인코더(VAE: Variational Autoencoder) 및 생성형 적대 신경망(GAN: Generative Adversarial Network)과 같은 발전을 통해 이미지와 같은 복잡한 데이터의 판별 모델이 아닌 생성형 모델을 학습할 수 있는 최초의 실용적인 심층 신경망이 탄생했다. 이러한 심층 생성 모델은 이미지에 대한 클래스 레이블뿐만 아니라 전체 이미지를 출력할 수 있는 최초의 모델이다.

2017년에 트랜스포머 네트워크는 생성형 모델의 발전을 가능하게 하여 2018년에 사전 훈련된 제너레이티브 트랜스포머를 처음으로 선보였다. 그 뒤를 이어 2019년에는 GPT-2가 비지도 학습을 파운데이션 모델로 다양한 작업으로 일반화하는 능력을 시연했다.

2021년에 트랜스포머 기반 픽셀 생성 모델인 DALL-E의 출시에 이어 Midjourney 및 스테이블 디퓨전은 자연어 프롬프트에서 실용적인 고품질 인공 지능 예술의 출현을 표시했다.

2023년에 GPT-4가 출시되었다. 마이크로소프트 리서치 팀은 "합리적으로 인공 일반 지능(AGI) 시스템의 초기(아직 불완전한) 버전으로 볼 수 있다"고 결론지었다.

생성형 AI는 분류하는 방법이 여러가지 있겠지만, 생성하려는 종류에 따라 다음과 같이 나누어 볼 수 있습니다.

1) Image Generation

Midjourney, Stable Diffusion, DALL-E 등 AI를 이용하여 텍스트를 통해 이미지를(Text to Image) 생성하거나 이미지로 다른 이미지를(Image to Image)를 생성하는 것들입니다.

2) Video Genearaion

Runway Gen, Pika, Sora 등 AI를 이용하여 텍스트를 통해 영상을 (Text to Video) 생성하거나 이미지로 영상를(Image to Video)를 생성하는 것들입니다.

3) Audio/3D Generation

Stable Audio, Tripo3D 등 AI를 이용하여 텍스트를 통해 사운드 및 음악을(Text to Music) 만들거나, 텍스트나 이미지를 이용하여 3D를(Text to 3D, Image to 3D) 생성하는 것들입니다.

4) Text Generation

ChatGPT, Gemini 등 AI를 이용하여 텍스트로 질문에 대답을 하거나, 텍스트를 요약하거나, 주어진 주제로 글을 만들어내거나 하는 등 LLM(Large Lange Model) 를 기반으로 하는 것들입니다.

여기에서는 생성형 AI들 중에 Image Generation 및 Video Generation 에 대해서 주로 설명하고, Audio 및 3D Generation 에 대해서도 현황 등을 살펴봅니다.

> Text Generation은 AI 그래픽스의 영역은 아니고 대규모 언어 모델 LLM(Large Language Model)에 대한 설명만 해도 많은 별도의 내용이 필요하고 LLM 및 ChatGPT를 전문적으로 다루는 서적 및 자료 등이 많으므로 그 자료들을 참조하시기 바랍니다.

이미지 생성 툴인 Stable-diffusion-webui 화면을 보면, VAE, Clip, Unet 등의 용어들을 볼 수 있는데, 이 부분들은 사실 Stable Diffusion 이전 생성형 AI에서 나오기 시작했던 것들입니다.

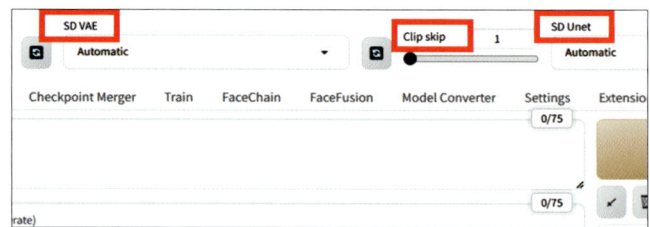

생성형 AI 초기 VAE 부터 GAN, 이후 발전된 DALL-E, CLIP, Stable Diffusion, Sora 등의 초기부터 발전된 기술들을 하나씩 살펴봄으로써, 현재의 생성형 기술에 대한 이해를 높이고, 현재 생성형 AI들의 현황을 살펴봄으로써 생성형 AI의 현황과 전망에 대해서 파악할 수 있도록 도움이 되고자 합니다.

앞서 소개한 생성형 AI에 대해서 하나씩 살펴봄으로써 생성형 AI에 대해서 넓고 깊게 이해할 수 있게 될 것이라 기대합니다.

> 1) 최초의 AI 이미지 생성 VAE와 GAN / 2014년
>
> 2) 생성형 AI을 크게 발전 시킨 Transformer / 2017년
>
> 3) AI 예술 출현의 기반이 된 DALL-E, CLIP, Stable Diffusion / 2021년 ~ 2023년
>
> 4) 최근 생성형 AI 현황 및 전망 / 2024년 ~

전문적인 기술적 설명을 하고자 하는 목적이 아니라 어떤 기술인지 파악하고 생성형 AI의 기본적 지식에 도움이 되고자 하는 것이 목적이므로 일반인도 알 수 있도록 쉽고 직관적인 설명을 하도록 노력했습니다.

수학적, 과학적, 프로그램적 내용들은 가급적 줄이고, 너무 깊게 들어가지 않는 선에서 얕지만 꼭 필요한 전반적인 지식과 항목들은 언급될 수 있도록 했습니다.

생성형 AI에 대한 기본적인 지식들을 전반적으로 쌓고, 좀 더 세부적인 전문적 기술 내용은 필요시 그 항목에 대해 좀더 자세히 설명된 기술을 찾아보시는데 길잡이가 되었으면 좋겠습니다.

1. 최초의 AI 이미지 생성 VAE와 GAN / 2014년

❶ 변이형 오토인코더 VAE(Variational Autoencoder)

개요에서 설명했던 것처럼 변이형 오토인코더, VAE(Variational Autoencoder)는 최초의 이미지 생성 모델로 볼 수 있다고 소개했습니다.

요즘 Stable Diffusion, Midjourney, DALL-E 등 이미지 생성 AI 들이 있지만, VA가 초기 모델이니만큼 상대적으로 이해하기는 쉽고 이 내용이 다시 현재의 모델들도 활용되고 있으니 파악해 두시면 도움이 될 것입니다.

VAE(Variational Autoencoder) 논문은 2023년 12월에 발표되었습니다.

Diederik P. Kingma, Max Welling, "Auto-Encoding Variational Bayes", 2013.12
https://arxiv.org/pdf/1312.6114

오토인코더(Autoencoder)는 데이터에 대한 효율적인 표현의 특징을 추출하는 것을 학습하는 인공 신경망의 한 유형입니다. 오토인코더는 입력 데이터에서 특징을 추출하는 인코딩 기능과 인코딩된 특징에서 입력 데이터를 다시 유추 생성하는 디코딩 기능의 두 가지로 학습합니다.

간단한 예를 들어 설명해 보면,
하나의 그림을 보고 특징을 적어 보라고 합니다. 이 과정이 인코딩됩니다. 아래 그림을 보면 "맨 위에 빨간 삼각형, 그 아래에 파란 원, 그 아래에 노란 사각형"이 특징을 추출한 것입니다. 다음에 원본 그림을 보지 않는 사람에게 적어 둔 특징만을 보고 그림을 그려보라고 합니다. 이것이 디코딩입니다. 아래 그림처럼 원본 그림과 똑같진 않지만 유사하게 재현될 것입니다.

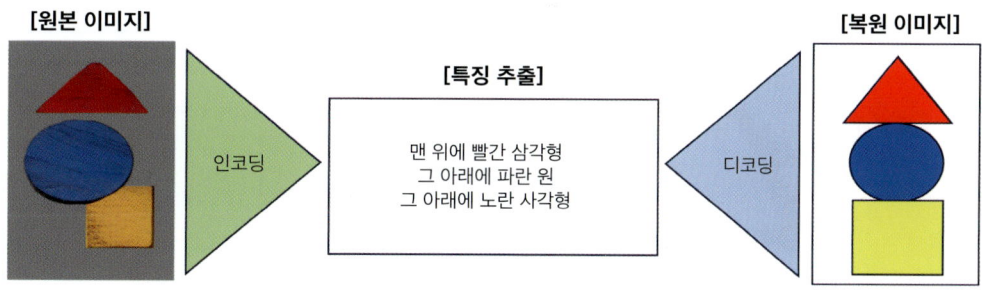
오토인코더 개념도

만약 특징 추출을 더 자세하고 더 많이, (그림에서는) 좀 더 각각의 크기와 위치들을 더 자세히 기록해 둔다면 더 유사하게 재현될 수 있을 것입니다. 생성 AI들이 크기가 커질수록 유리한 이유 중 하나입니다.

오토인코더(Autoencoer) 등 인공지능 신경망은 처음에 가장 간단한 0~9 10개 숫자부터 시작하였습니다. 숫자 이미지를 인코더(Encode)라는 인공지능 신경망에 넣고 특징을 추출한 뒤 추출된 값들을 가지고 디코더(Decoder)라는 인공지능 신경망에서 숫자 이미지를 재현하도록 훈련합니다.

숫자 데이터셋 [MNIST]

MNIST는 인공지능 신경망 딥러닝을 공부할 때 가장 처음에 많이 하는 Hello, World 같은 것입니다. 손으로 쓰여진 숫자 이미지들로 구성되어 있으며, 0에서 1까지의 값을 갖는 28x28 픽셀 크기 이미지들로 구성되어 있습니다.

 http://yann.lecun.com/exdb/mnist/

MNIST 데이터 샘플

원본 숫자 이미지를 점차 크기를 줄여가는 신경망으로 구성된 인코더를 거치고 나면 이미지 정보 중에 중요한 특징만 남게 됩니다. 여기서 나온 값을 압축된 특징(Compressed Features) 또는 잠재 공간(Laten space), 잠재 변수(Latent variable) 라고 합니다.

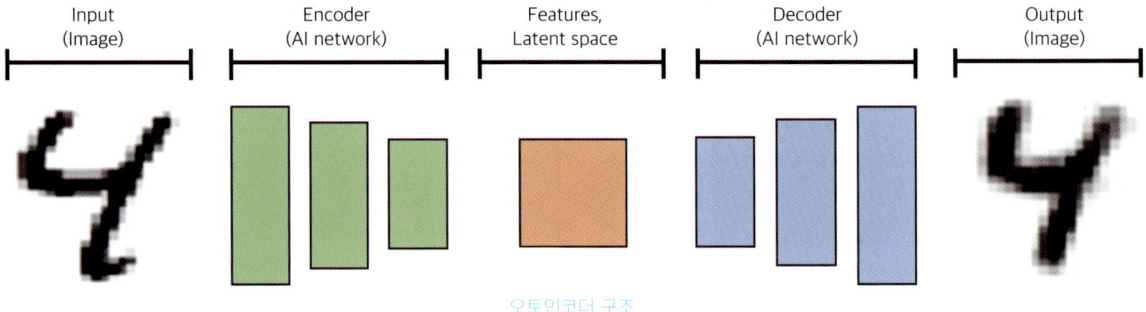

오토인코더 구조

인공지능 학습을 잘 하게 될 수록(대개는 많이 오래 시킬수록, 하지만 오히려 더 안 좋아 질 수도 있음) 잠재 공간에 더 잘 요약된 특징이 남게 되고, 디코딩 시 원본과 더 유사한 이미지가 재현됩니다.

좀 더 나아가서 Fashion MNIST 데이터셋으로 잠재 공간(Laten space), 잠재 변수(Latent variable) 에 대해서, 그리고 새로운 의류 생성의 예를 살펴 보겠습니다.

패션 MNIST 데이터셋

여러 의류 아이템들을 숫자 MNIST 처럼 조그마한 크기 28x28 흑백 이미지로 만든 데이터셋입니다.
숫자 데이터셋이 너무 단순해서 좀 더 나은 데이터셋을 준비하고자 만들어진 데이터셋이라고 합니다.

https://github.com/zalandoresearch/fashion-mnist

패션 MNIST 데이터 샘플

의류 데이터들로 이루어진 Fashion MINIST 데이터들로 오토인코더를 통해 학습시켜 보면 아래와 같이 입력된 이미지가 인공지능 신경망 인코더에 의해 잠재 공간(잠재 변수) 값들로 특징 추출되고, 다시 이 추출된 값들로 디코딩해 보면 재현되는 것을 볼 수 있습니다.

잠재 공간(잠재 변수) 값들은 인공지능 학습에 의해 자동 결정되어 지며, 인공지능에서는 텐서(Tensor)라는 다차원 배열 형식의 실수(float) 값들로 이루어진 것들을 사용합니다.

잠재 공간(잠재 변수) 값들을 좀 더 들여다보기 위해서 학습이 완료된 오토인코더에서 나온 잠재 변수 공간(잠재 변수)들을 3차원에서 어떻게 분포되어 있는지 시각화해 보았습니다.

시각화한 후 살펴보면 흥미로운 점을 발견할 수 있습니다. 같은 의미를 가진 것들끼리 서로 모인다는 것입니다. Pullover는 Pullover끼리, Coat는 Coat들끼리, T-shirt는 T-shirt들끼리 가깝게 모여 있습니다. 비슷한 의미의 이미지라면 공간적으로 더 가깝다는 의미입니다.

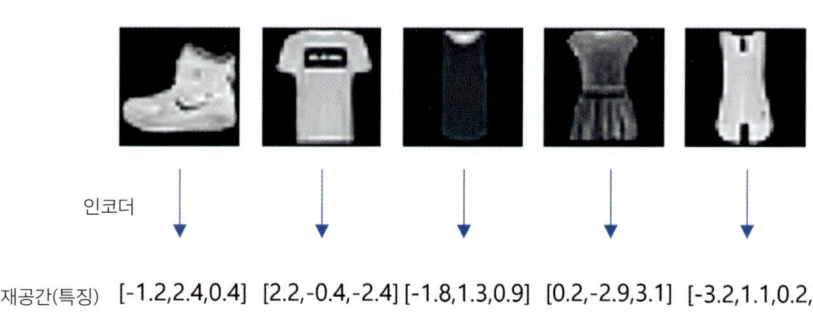

인코더

잠재공간(특징) [-1.2,2.4,0.4] [2.2,-0.4,-2.4] [-1.8,1.3,0.9] [0.2,-2.9,3.1] [-3.2,1.1,0.2,]

디코더

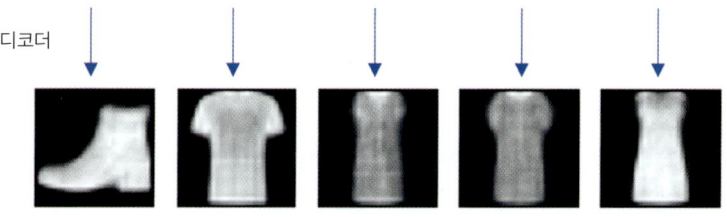

이미지 인코더 입력, 잠재공간 값, 이미지 디코더 출력 예시

그렇다면 현재 비공간에 있는,
즉 없는 값들로 디코더를 사용해 보면 어떻게 될까요?

새로운 이미지가 생성될 것입니다.
아래 이미지에서 new라고 표시한 곳에 해당하는 값을 사용하여 디코더를 통하여 이미지를 생성하면 어떻게 될까요?
Coat와 T-shirt 중에 비슷하게 생성되거나 둘의 특성이 섞인 그런 이미지가 생성될 수도 있습니다.

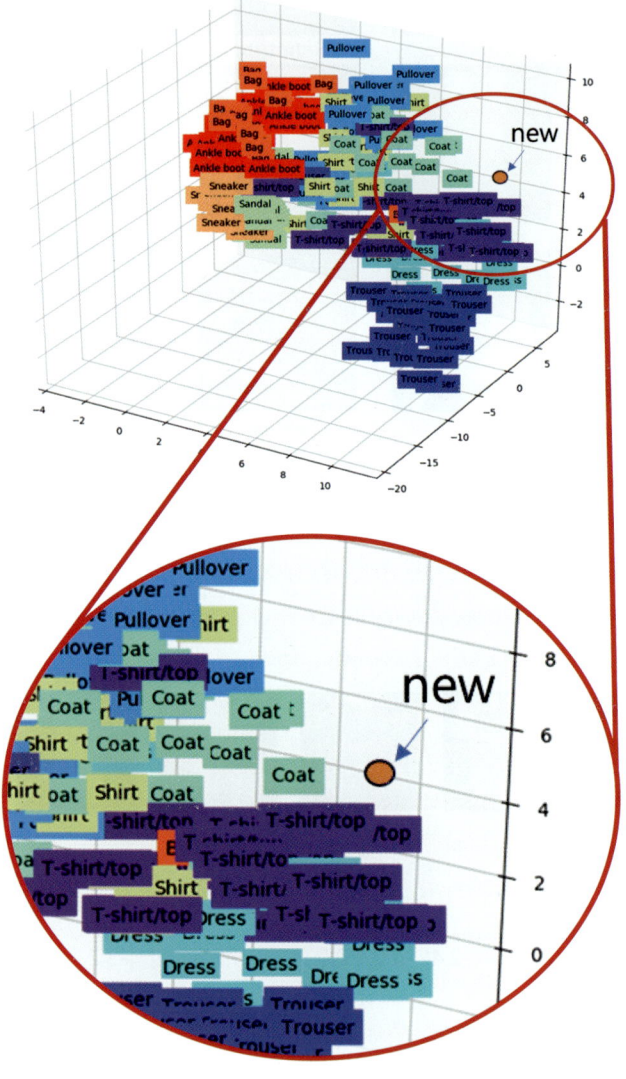

의류 종류별 색깔로 표시한 잠재 공간 3차원 분포도

이런 점에서 생성형 AI가 단순히 그대로 베껴서 만든다고 말할 수 없는 것이며, 학습되지 않은 독특한 것도 생성할 수 있다는 것을 알 수 있습니다.

오토인코더(Autoencoer)를 살펴봤다면 이제 VAE(Variational Autoencoder)에 대해서 알아보겠습니다.

오토인코더의 잘 되는 내용 위주로 설명했지만 사실, 얼굴 같은 조금만 더 복잡한 이미지를 하려면 제대로 되지 않으며, 잠재공간에서 같은 것들끼리 뭉쳐 있는게 약해 중간 중간 공간들에서 제대로 생성 안 되는 것들도 많습니다.

변이형 오토인코더, VAE(Variational Autoencoder)는 수학적 기법을 사용하여 기본적인 오토인코더의 약점을 보완함으로써 제대로 이미지를 생성 가능함을 보여주었기에 VAE가 대표적인 초기 생성 AI 모델로 언급되게 되었습니다.

사람 얼굴 이미지에 대해서 이야기해 보겠습니다.
사람도 어떤 사람의 얼굴 특징을 추출한다면, 여성형인지 남성형인지, 머리카락 색, 머리카락 단발 장발, 안경 유무, 피부색, 수염 등을 몇가지로 특징들로 요약할 수 있을 것입니다. 이것을 기록해 둡니다. 이것이 인코딩(Encoding)입니다.

이렇게 적어 둔 특징들을 가지고 몽타주를 그리는 사람에게 이 특징들을 알려주고 추정하여 인물을 그려 달라고 하면 비슷한 사람을 그릴 수 있을 것입니다. 정확하고 많은 특징을 설명해 줄수록 좀 더 비슷한 사람의 얼굴을 그릴 수 있을 것입니다. 이것이 디코딩(Decoding)입니다.

여러 사람들을 이런 특징들을 기록해두고 특징들을 숫자화 하면 추출된 특징 값들(features)이 됩니다. 이것을 잠재 공간(latent space) 또는 잠재 변수(latent variable) 이라고 설명했습니다.
여기까지는 오토인코더입니다. 이제 VAE의 사용방법을 알아봅니다.

여러 사람들 얼굴의 특징들을 정리없이 기록해 두면 사방에 흩어져 있어서 찾기도 힘들고 활용도 어렵습니다. 하지만 서로 닮은 항목들끼리 서로 가깝게 배치해 두면 찾기도 쉽고, 기록에 없던 것들도 중간 값을 취하는 등 중간 정도인 것을 새로 추정하기도 쉬워집니다.

그러면 잠재 공간(latent space)에 서로 닮은 항목이 서로 가깝게 배치하는 형태로 만들어지게 됩니다. 이렇게 만들기 위해서는 수학적인 방법들(평균 및 분산)를 이용합니다. 이것이 VAE, 변이형 오토인코더(Variational Autoencoder) 입니다.

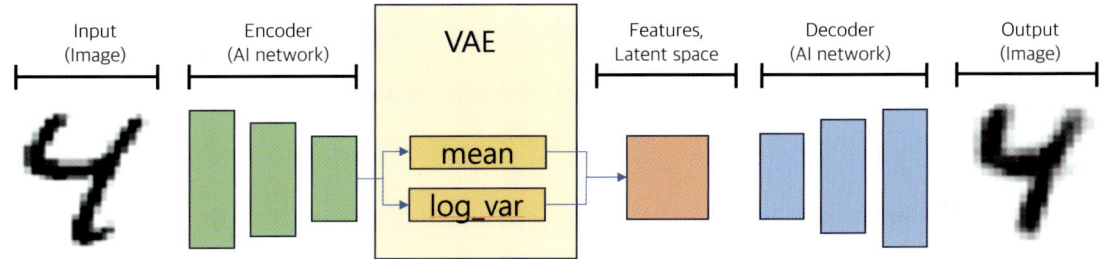

변이형 오토인코더 VAE 구조도

정확하게는 다변량 정규 분포를 이용하고, 이를 위해서 분포의 평균과 분산의 로그 값을 인코더에 나온 값에 적용해서 잠재 공간(latent space)의 값으로 취한다고 합니다. 대부분의 사람들에게는 수학적이라 너무 어렵고 굳이 알아야 할 필요는 없으므로 수학적 방법을 사용해서 좋게 만들었다 정도로 이해하고 넘어갑시다.

VAE 논문에서는 이런 수학적 방법을 사용하여 기본적인 오토인코더에서는 하기 어려운 것들을 보여주었습니다. 아래 그림은 논문에 실린 그림으로 살펴보면 같이 숫자들끼리 잘 뭉쳐있고, 얼굴도 웃는 모습부터 다른 모습까지 비슷한 표정들이 잘 모여 있는 것을 알 수 있습니다. 기존의 일반 오토인토더는 이 정도로 만들기가 어려웠습니다. 잘 모여 있다는 뜻은 생성이 잘 되고 더 정확해질 수 있음을 나타냅니다.

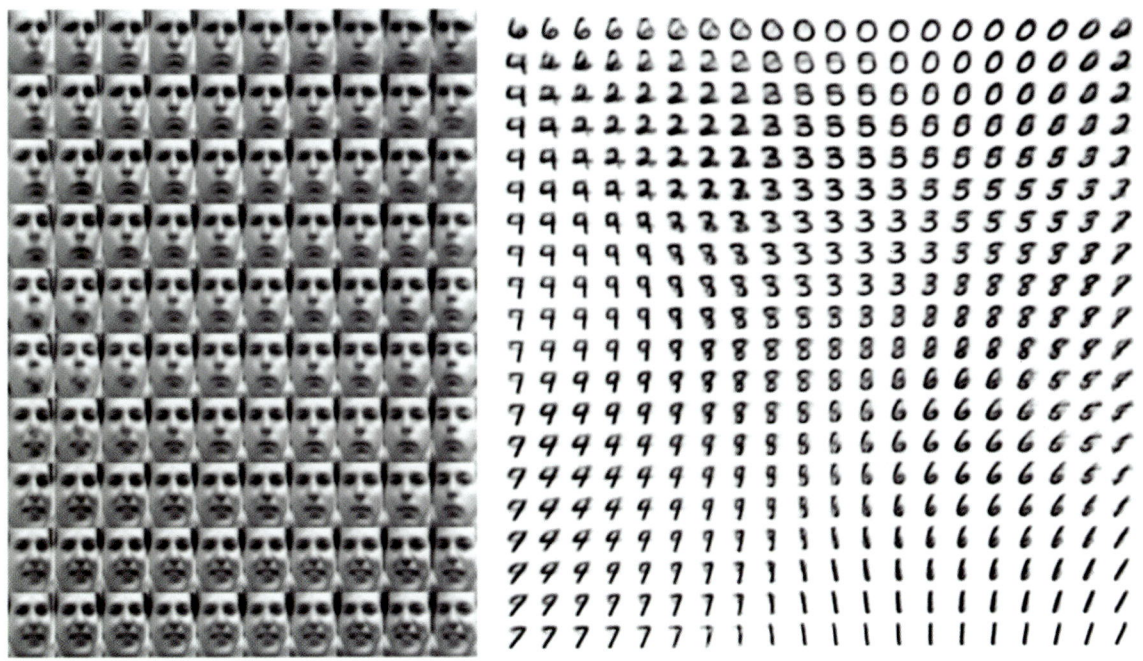

변이형 오토인코더, VAE 논문에서 제시한 결과 그림

이제 좀 더 복잡한 얼굴도 생성할 수 있게 되었습니다. 물론 지금에 비하면 너무 단순한 흑백의 작은 크기의 얼굴이지만 최초로 제대로 이미지를 생성할 수 있는 인공지능 모델로 자리매김하였습니다.

❷ 유넷(U-Net)

인공지능 U-Net 논문은 2015년 5월에 발표되었습니다. 기본적으로 U-Net도 인코더 디코더로 구성된 오토인코더 형태를 더 발전시킨 형태입니다. 이 모델은 2015년 생체 세포 데이터 대회(ISBI cell tracking challenge 2015 대회)에서 선보여 좋은 효과를 보여 주었습니다. 세포 단면을 찍은 사진에서 구분하고 싶은 부분들의 위치를 분할하기(segmentation) 위해 사용되었습니다.

> Olaf Ronneberger, Philipp Fischer, Thomas Brox, "U-Net: Convolutional Networks for Biomedical Image Segmentation", 2015.05
> https://arxiv.org/abs/1505.04597

기존 오토인코더, VAE 등과 다른 점은 스킵 커넥션이라는 것입니다. 기존 오토인토더에서는 입력 이미지가 압축되다 보면 위치 정보 및 세부 정도 등이 손실됩니다. 그러면 다시 원본 이미지로 복원 시 정보 부족으로 위치 이동 등 부정확한 점이 생기게 됩니다.

이런 것을 보완하기 위해 인코딩 각 과정에서 대칭되는 디코딩 단계마다 연결하여 정보를 전달하는 데 이를 skip concection이라 합니다.

아래 논문에서 보여준 그림을 살펴보면 좀 더 이해하실 수 있습니다. 이 U자 모형으로 모델을 그려 보여주었고 그래서인지 U-Net이라 지칭되었습니다.

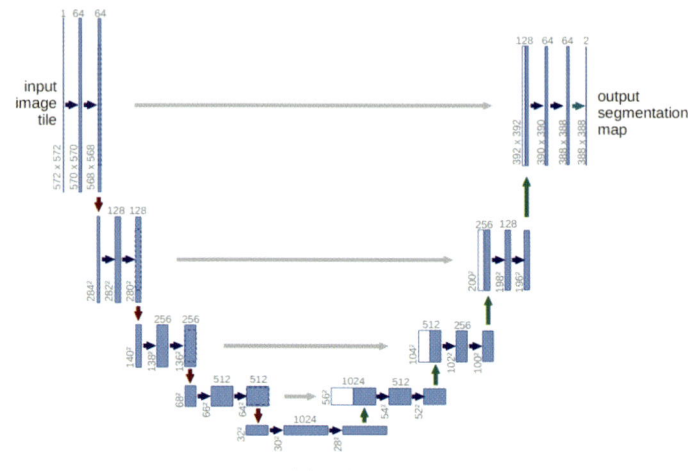

U-Net 논문에서 보여준 구조도

이렇게 되면 인코딩시 손실되었던 정보도 디코딩시 다시 참조해서 복원하게 되므로 더 정확한 이미지 복원이 가능해집니다. 기존의 오토인코더 모델과 비교해 보면 아래 그림에서 보여주는 것 처럼 인코더와 디코더를 연결하는 부분이 있다는 것을 알 수 있습니다.

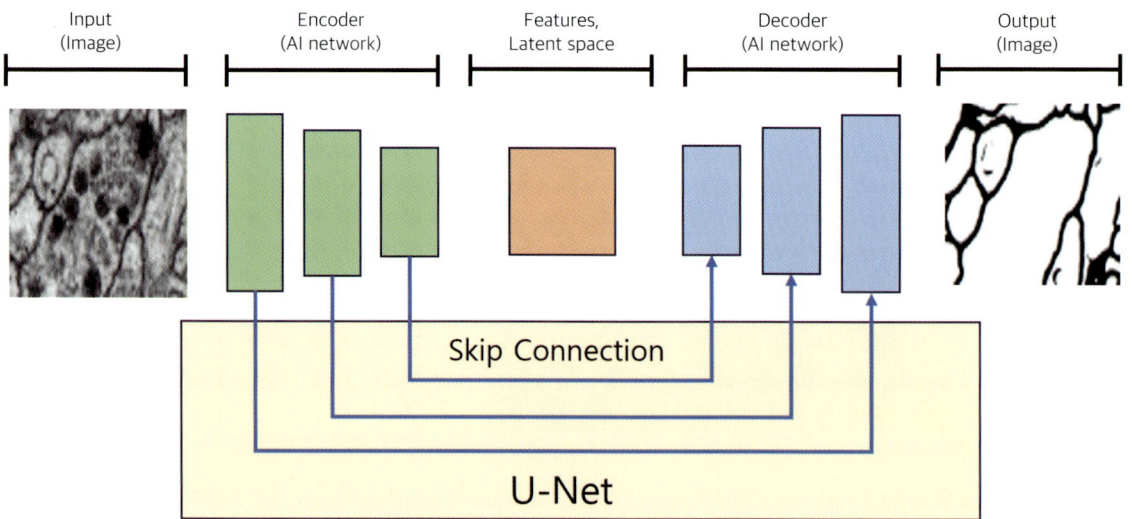

U-Net에서 기존 오토인코더와 다른 부분(skip-connection)

이후 U-Net은 좋은 효과를 보여주어 여러 부분에서 활용되었고, 최근 유명한 이미지 생성 모델인 Stable Diffusion 등도 이 U-Net을 내부에서 사용하고 있습니다.

❸ 생성적 적대 신경망 GAN(Generative Adversarial Network)

생성적 적대 신경망, GAN(Generative Adversarial Network)은 2014년 나온 논문의 인공지능 모델입니다.

Ian J. Goodfellow et al., "Generative Adversarial Networks", 2014.06
https://arxiv.org/abs/1406.2661

생성적 적대 신경망, GAN은 2014년 세계 최고 권위의 인공지능 학회중 하나인 NeurIPS(Neural Information Processing systems) 에서 발표되었고 인공지능 역사에서 중요한 모델 중 하나로 일컬어지고 있습니다. 인공지능 대부 중 한 분인 얀 르쿤 교수도 근래 들어 머신러닝 연구 중 가장 흥미로운 아이디어라고 말하였다고 합니다.

기존의 인공지능 모델들은 대부분 분류하거나 찾아내거나 하는 것이었고 만들어 낼 수는 없었습니다. 오토인코더도 복원이 기본적인 목적이고 본격적인 생성이라고 보긴 어려운 점이 있었습니다.

반면에, 생성적 적대 신경망, GAN은 새로운 이미지나 글, 소리 등 어떤 것이든 생성할 수 있습니다.

또한 기존의 모델들은 데이터에 각각 정답 즉 라벨을 알려 학습해 주어야 했습니다. 이 그림은 개, 이 그림은 고양이 등등 명확히 알려주어 학습해야 했습니다. 하지만 많은 데이터가 있을수록 라벨링 하는 것도 어렵고 애매한 것도 존재하곤 했습니다. 생성적 적대 신경망, GAN은 생성자(generator)와 판별자(discriminator)란 두 적대적 신경망이 서로 경쟁하며 학습하도록 하여, 라벨링이 필요 없는 비지도 학습이 가능한 모델입니다.

생성적 적대 신경망, GAN 모델을 살펴보겠습니다.
이 모델은 생성자(generator)와 판별자(discriminator) 두 신경망으로 구성되어 적대적으로 작동합니다. 학습이 시작되면 생성자(generator)는 무작위 노이즈로부터 가짜 이미지를 생성하여 판별자가 진짜로 판단되도록 노력합니다. 반면, 판별자는 학습 데이터에서 가져온 진짜 이미지와 가짜 이미지 판별하면서 더 잘 구별하게 됩니다. 학습이 진행될수록 생성자는 점점 더 사실 같은 가짜 이미지를 만들게 되고 거의 진짜 같은 이미지를 생성할 수 있게 됩니다.

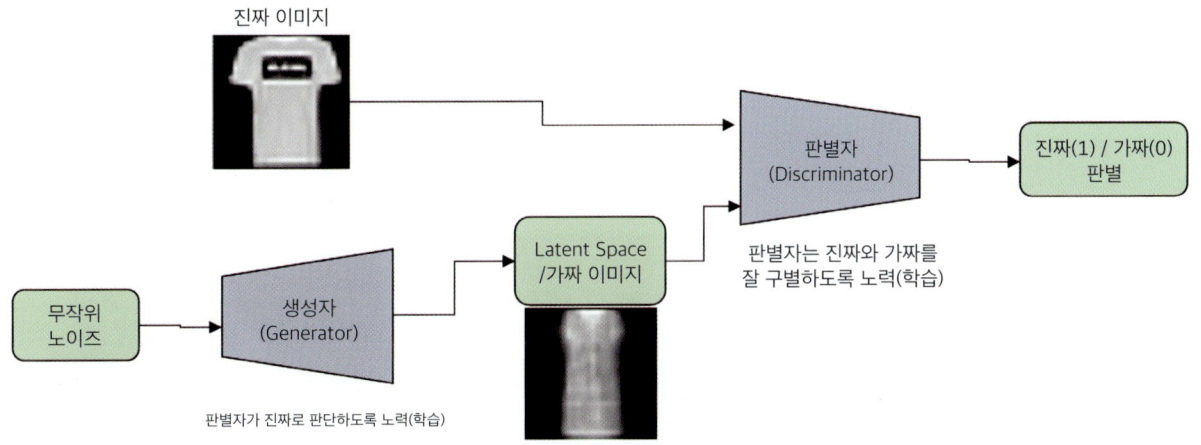

생성적 적대 신경망 GAN 구조도

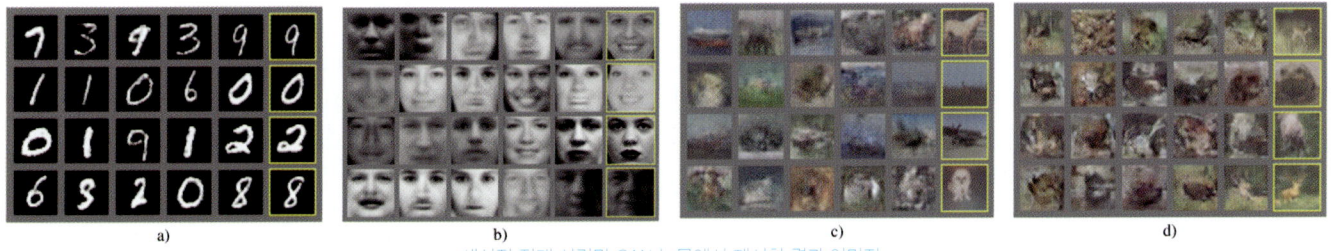

생성적 적대 신경망 GAN 논문에서 제시한 결과 이미지

2. 생성형 AI를 크게 발전 시킨 Transformer / 2017 년

2014년부터 생성형 AI는 생성적 적대 신경망, GAN이 대세였습니다.
2020년 Diffusion 모델이 대세가 되기전까지 독보적인 생성형 AI 모델이었습니다. Diffusion이 대세가 된 최근에도 생성적 적대 신경망, GAN 연구는 계속 이어지고 Diffusion 모델보다는 숫자가 적지만 관련 논문이 나오고 있습니다.

2017년 트랜스포머(Transformer)가 발표되었습니다. 여기서 트랜스포머는 로봇 영화로 나온 트랜스포머와 같은 이름입니다. 거대한 힘을 발하는 거대 로봇처럼 인공지능 트랜스포머도 엄청난 힘을 발휘하였고 인공지능 역사에 중요한 전환점이 되었습니다.

2017년 트랜스포머(Transformer)가 나오고 나서 생성형 AI는 크게 발전하게 되었습니다. 특히 텍스트 생성 쪽, 대규모 언어 모델 LLM(Large Language Model)에서 큰 발전을 하게 되었습니다. 현재 많이 알고 계시는 ChatGPT는 Transformer에서부터 시작되었다고 볼 수 있습니다.

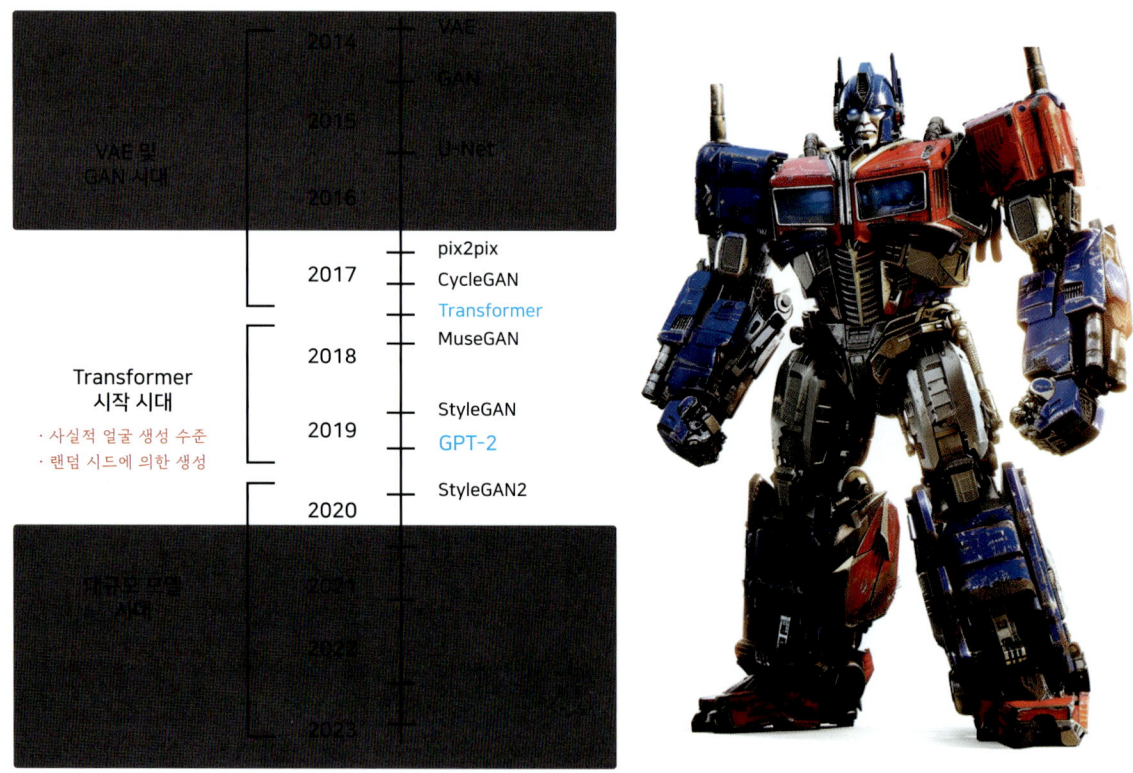

Transformer 시대 중요 역사

2013년말부터 시작된 VAE를 기점으로 2014년 GAN, 2015년 U-Net을 이후 GAN이 대세로 생성형 AI를 이끌었습니다.
2017년 트랜스포머(Transformer)가 발표되면서 이후 생성형 AI를 크게 발전시키고 대규모 언어 모델의 시대를 열게 됩니다.

❶ 트랜스포머(Transformer)

트랜스포머(Transformer)는 2017년 구글의 연구팀이 발표한 자연어 처리용 모델입니다. 하지만 이후 자연어만이 아닌 다른 이미지, 영상 등 전 분야에 활용되고 있습니다. 이 모델은 기존의 순차적 처리 방식을 사용하는 RNN(Recurrent Neural Network)이나 LSTM(Long Short-Term Memory)보다 효율적으로 병렬 처리를 가능하게 하고, 더 나은 성능을 발휘합니다.

> Ashish Vaswani et al., "Attention Is All You Need", 2017.06
> https://arxiv.org/abs/1706.03762

트랜스포머의 핵심 아이디어와 구조를 간단히 살펴보겠습니다.
트랜스포머도 기본적으로 오토인코더처럼 크게 인코더(Encoder)와 디코더(Decoder) 두 부분으로 나뉩니다.

인코더는 입력 문장을 받아 여러 층을 거치며 각 단어의 의미를 추출합니다. 인코더의 각 층은 셀프 어텐션(Self-Attention)과 피드포워드 네트워크(Feed-Forward Network)로 구성되어 있습니다. 셀프 어텐션은 입력 문장의 각 단어가 다른 단어들과 얼마나 관련이 있는지 가중치를 매깁니다.

디코더는 인코더의 결과물과 이전 출력값을 바탕으로 목표 문장을 생성합니다. 디코더는 인코더의 구조를 일부 공유하며, 인코더에서 추출된 정보를 활용하기 위해 인코더-디코더 어텐션(Encoder-Decoder Attention)을 추가로 사용합니다.

어텐션 메커니즘은 트랜스포머의 핵심 기능 중 하나입니다. 입력의 각 단어가 다른 단어와 얼마나 관련이 있는지 평가하는데, 이를 통해 문장의 의미를 파악하고 다양한 문맥을 고려할 수 있습니다. 이때 사용되는 주요 개념은 다음과 같습니다.

각 단어는 쿼리, 키, 값 세 개의 벡터로 변환됩니다. 쿼리와 키를 비교해 각 단어 사이의 관련성을 찾고, 그 가중치를 값에 적용해 최종 어텐션 결과를 얻습니다.

트랜스포머는 순차적 모델이 아니기 때문에 문장의 순서를 이해하는 능력이 없습니다. 이를 보완하기 위해 각 단어에 순서를 나타내는 포지셔널 인코딩(Positional Encoding) 값을 더해 문장의 구조적 정보를 제공합니다.

Transformer 논문의 구조도

트랜스포머는 다양한 자연어 처리 모델에 적용되었으며, 특히 BERT(Bidirectional Encoder Representations from Transformers)와 GPT(Generative Pre-trained Transformer) 모델은 최신 AI 기술의 기반이 되고 있습니다.

트랜스포머 모델은 이러한 특징을 바탕으로 기계 번역, 문장 요약, 감성 분석 등 다양한 자연어 처리 분야에서 혁신적인 성능을 보였습니다.

❷ 스타일갠(StyleGAN)

생성적 적대 신경망, GAN은 점점 더 발전하여 2016년 11월에 이미지를 다른 이미지로 변환(Image to Image) 가능한 GAN 기반 모델인 Pix2pix가 발표되었습니다. 이 모델은 흑백 이미지에서 컬러 사진 생성, Google 지도 사진을 항공 이미지로 변환, 스케치를 사진으로 변환하는 등 다양한 작업에 적용할 수 있었습니다.

 Phillip Isola et al., "Image-to-Image Translation with Conditional Adversarial Networks", 2016.11
https://arxiv.org/abs/1611.07004

Pix2pix은 소스와 타깃이 모두 존재해야 했습니다. 스타일만 가져와서 생성하는 것은 불가능했지만 CycleGAN이 나오면서 이것도 가능함을 보여주었습니다.

사진을 반 고흐, 모네의 그림 스타일로 변환가능했고, 일반 말을 얼룩말로 변환하는 것도 가능하다는 것을 보여주었습니다.

[Pix2pix Image to Image]

 Jun-Yan Zhu et al., "Unpaired Image-to-Image Translation using Cycle-Consistent Adversarial Networks", 2017.03
https://arxiv.org/abs/1703.10593

[CycleGAN Image to Image]

생성적 적대 신경망, GAN은 음악을 생성 가능함도 보여주었습니다. 2017년 9월에 된 MuseGAN 이 발표되었습니다. GAN 을 이용하여 미디 파일을 학습하여 베이스, 드럼, 기타, 피아노, 스트링 등 5개 트랙의 피아노 롤을 생성하는 데 적용하였습니다.

Hao-Wen Dong et al., "MuseGAN: Multi-track Sequential Generative Adversarial Networks for Symbolic Music Generation and Accompaniment", 2017.09

https://arxiv.org/abs/1709.06298

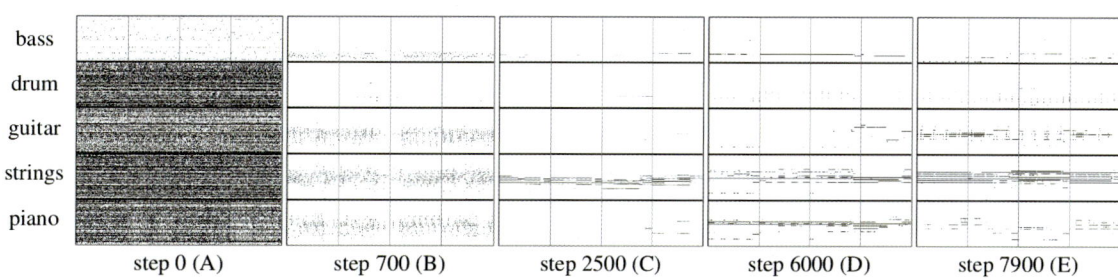
[MuseGAN Music Generation]

생성된 음악의 샘플은 아래 사이트에서 들어 볼 수 있습니다.

https://hermandong.com/musegan/results

2018년 12월에 NVIDIA에서 나온 StyleGAN은 그동안 생성 이미지 모델 중에 최고라 할 만큼 놀라운 사실적인 이미지 생성 능력을 보여주었습니다.

Tero Karras et al., "A Style-Based Generator Architecture for Generative Adversarial Networks", 2018.12

https://arxiv.org/abs/1812.04948

그동안 GAN은 잠재 공간(Laten space)의 속성들이 자주 얽히고, 의도치 않게 되는 것이 많아 학습도 어렵고 의도대로 안되는 경우가 많았습니다.

하지만, StyleGAN에서는 생성자(Generator)를 변경하여 다양한 지점에서 스타일 값을 신경망에 명시적으로 주입해서 이를 달성합니다.

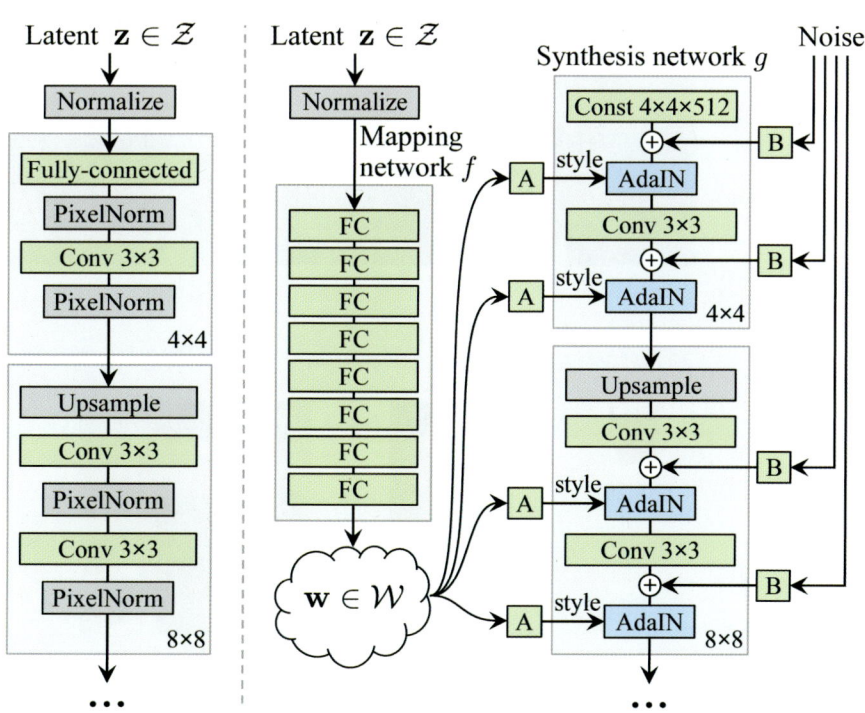
[기존 GAN과 StyleGAN 비교]

StyleGAN은 사실적인 얼굴 이미지를 생성할 수 있게 되었습니다.
StyleGAN이 생성된 이미지들을 보면, 다양한 인종과 남녀노소 인물들을 생성할 수 있다는 것을 확인할 수 있습니다.
이후 2019년에는 좀 더 향상된 StyleGAN2도 발표되었습니다.

[StyleGAN 이미지 생성 예]

2014년 VAE부터 이후 GAN, StyleGAN까지 얼굴 생성의 변화는 옆의 비교 이미지를 보면 확실히 확인 가능합니다.

(20x28)

(128x128)

(512x512)

2014년 VAE   2016년 GAN   2018년 StyleGAN

저자의 StyleGAN 이용 만화풍 만들기 테스트

저는 NVIDIA StyleGAN 및 StyleGAN2를 보고 얼굴 사진 생성 품질에 놀랐고 이를 이용해 애니메 및 웹툰 스타일 캐릭터 얼굴을 생성해 보고 싶어서 파인 튜닝해서 시행착오 끝에(그때는 파인튜닝이 정말 어려웠음) 어느정도 성공하여 GitHub 및 페이스북에 공개했었습니다.

공개 후 문의도 꽤 받았었습니다. 상용 서비스 이야기도 나왔지만 라이선스 등 여러 문제로 상용화할 수는 없는 상태였습니다.

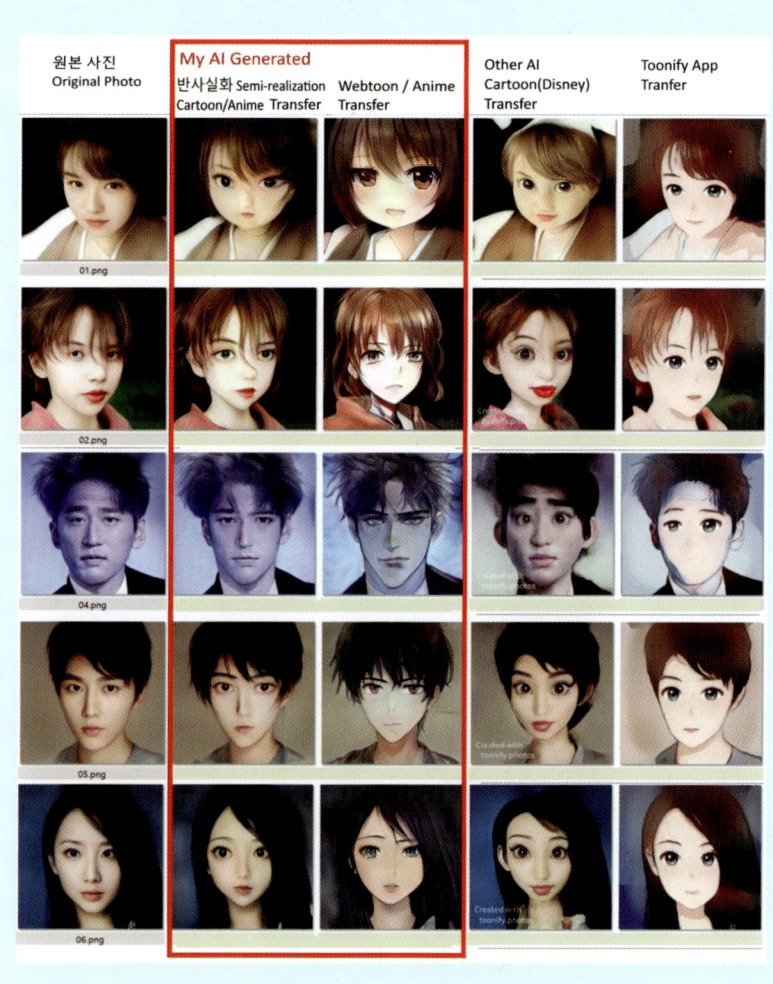

이미지 모델 체크포인트 FP16 과 FP32

CivitAI 또는 github, huggingface 등에서 이미지 모델 체크포인트를 다운받을 때 그림처럼 fp16과 fp32 등이 있는 경우가 있습니다.

학습된 값을 저장할 때 실수형(float) 중에 32비트 float로 저장한 것이 fp32이고, 16비트 float로 저장한 것이 fp16 입니다. 32비트가 더 큰 범위의 숫자를 표현할 수 있으며, 더 높은 정밀도를 가집니다. 하지만 16비트 보다 파일 크기가 더 커지고 속도도 더 느려집니다. 실제로 16비트 모델과 32비트 모델은 품질상 약간의 차이가 나는 정도이지만 파일 크기는 많은 차이가 나는 것을 볼 수 있습니다.

결론적으로, 조금이라도 품질이 더 높을 가능성이 있는 것을 선택할 때는 fp32를 선택하고, 많은 모델들 저장으로 저장 용량의 압박 및 속도를 좀 더 고려하고 싶으면 fp16을 선택하는 것이 좋습니다.

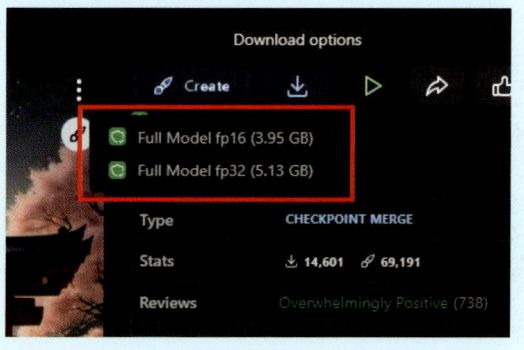

CivitAI 모델 다운로드 시 화면 예시

3. AI 예술 출현의 기반 DALL-E, CLIP, Stable Diffusion / 2021년~2023년

2020년경부터 대규모 언어 모델(LLM)이 출현하면서 대규모 모델 시대가 시작되었고, 2021년 최초의 텍스트로 이미지를 그릴 수 있는 모델 DALL-E가 발표되었다.

2022년에는 가장 상업적 성공적인 이미지 생성 서비스 미드저니(Midjourney)가 시작되었으며, 스테이블 디퓨전(Stable Diffusion)은 공개되어 수 많은 파인튜닝 모델이 나오게 되고 관련 기술개발도 크게 일어나게 되었습니다.

또한, 생성형 AI로 생성된 이미지가 미술대회에서 입상되어 논란이 되었다. 이미지 생성은 이제 상업화와 예술계에 진입하는 단계로까지 발전하였습니다.

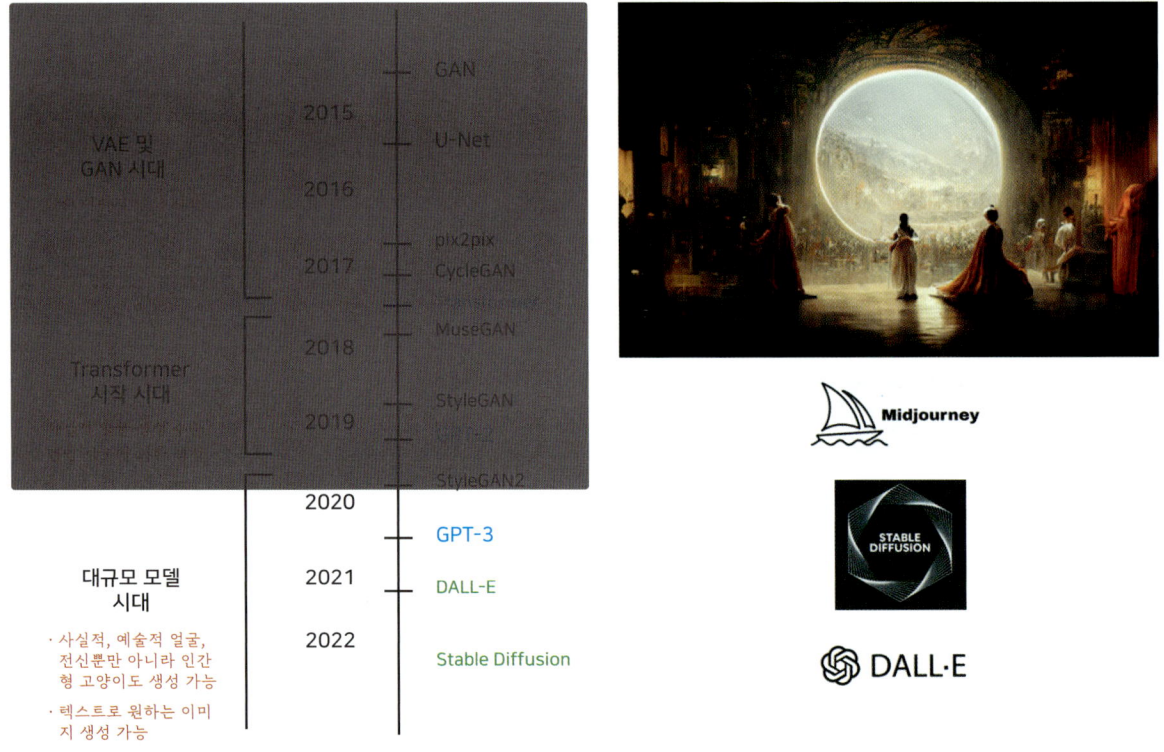

이번 장에서는 이미지 생성의 전환점을 마련한 달리(DALL-E)와 클립(CLIP)에 대해서 알아보고, 공개되어 많은 영향을 준 스테이블 디퓨선(Stable Diffusion)에 살펴봅니다. 상업 서비스 미드저니(Midjouney)는 명확하지는 않지만 스테이블 디퓨전과 유사할 것으로 알려져 있습니다.

❶ 달리(DALL-E)와 클립(CLIP)

ChatGPT보다 먼저 OpenAI에서 2021년 1월에 텍스트로 이미지를 생성하는 AI 달리(DALL-E)와 텍스트와 이미지를 연결해 주는 CLIP을 발표하였습니다. 달리는 텍스트를 통해 이미지를 생성(Text-to-Image)이 가능함을 보여주었으며, 텍스트-이미지 쌍의 데이터 세트를 사용하여 텍스트 설명에서 이미지를 생성하도록 훈련된 120억개의 파라미터를 가진 모델이었습니다.

Text Prompt
an illustration of a baby daikon radish in a tutu walking a dog
AI Generated images

Text Prompt
an armchair in the shape of an avocado. . . .
AI Generated images

OpenAI DALL-E 설명 예시(https://openai.com/index/dall-e)

클립(CLIP, Contrastive Language-Image Pre-training)은 생성 모델은 아니고 텍스트-이미지 쌍이 주어지면 최종 출력은 어떤 텍스트 설명이 주어진 이미지와 가장 가까운지에 대한 예측을 하는, 반대로 어떤 이미지가 주어진 텍스트 설명과 가장 가까운지에 대한 예측을 하는 모델입니다. 이미지와 연관된 텍스트 인코더라고 볼 수 있습니다.

클립(CLIP)은 트랜스포머를 이용하여 학습되었습니다.

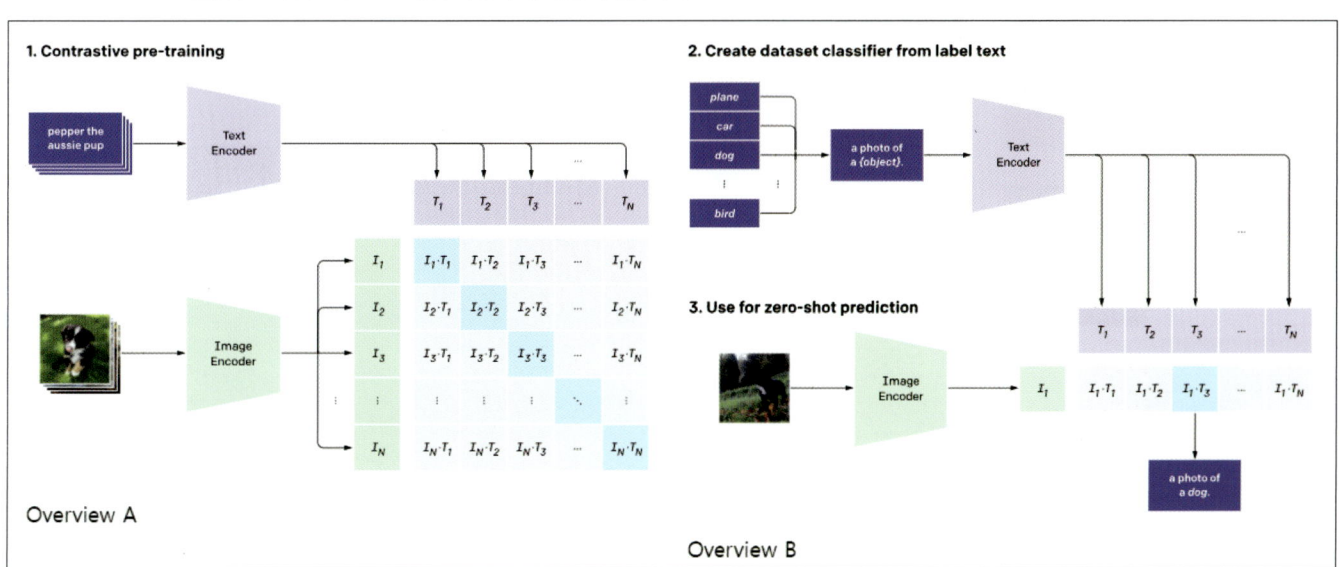

OpenAI CLIP 설명 그림(https://openai.com/index/clip)

달리(DALL-E)의 중요한 점은 이들은 최초의 텍스트로 이미지를 생성할 수 있는 모델이라는 것입니다. 달리는 2022년 4월에 DALL-E 2를 발표하며 좀 더 향상된 이미지 품질을 보여주었고, 특정 부분을 수정하여 수정하는 inpaint, 이미지 외부 영역을 생성해주는 outpaint 등으로 발전되었습니다.

DALL-E 2는 사전 훈련된 CLIP 모델을 사용하여 입력 텍스트(프롬프트)의 텍스트 임베딩을 만듭니다. 그 다음 확산 모델을 이용하여 이미지 임베딩으로 변환합니다. 확산 모델이 예측한 이미지 임베딩과 인코딩된 입력 프롬프트에 맞춰 출력 이미지를 생성합니다. 확산 모델(Diffusion Model)에 대해서는 다음 스테이블 디퓨전(Stable Diffusion)에서 설명합니다.

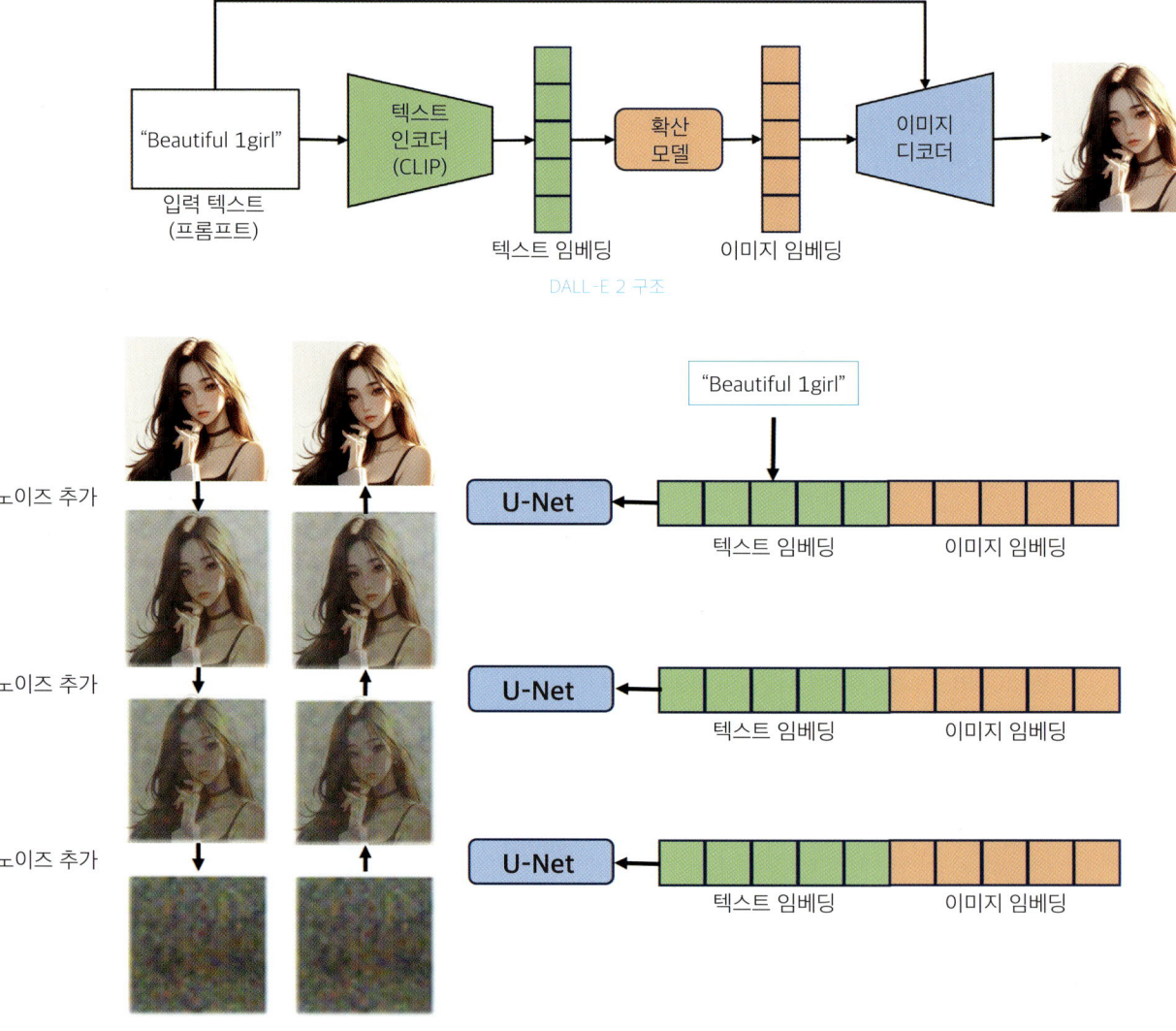

DALL-E 2 구조

DALL-E 2 훈련과 생성 시 과정

2023년 9월에는 DALL-E 3를 발표하며 크게 이미지 향상을 이루었으며, ChatGPT와 연동하였습니다. 이후 마이크로소프트와의 제휴로 빙 이미지 크리에이터에서도 사용되었습니다.

❷ 스테이블 디퓨전(Stable Diffusion)

성공적인 이미지 생성 상용 서비스는 2022년 7월에 나온 미드저니(Midjourney) 였습니다. 미드저니는 텍스트를 통한 이미지를 생성하는 디스코드를 통해 기본 월 10달러에 이용 가능한 유료 서비스를 제공하였습니다. 미드저니는 VC투자도 거부하고 유니콘으로 성공한 것으로도 유명하며 많은 사람들이 이미지 생성을 사용하게 하였습니다.

Stability AI는 Text to Image 생성 모델 스테이블 디퓨전(Stable Diffusion)을 누구나 사용할 수 있게 모델과 소스를 공개해 버렸고 엄청난 관심과 이를 활용하여 많은 생성 서비스들과 이를 기반으로 이용하여 확장한 논문 및 기술들로 이어졌습니다.

스테이블 디퓨전은 이미지에 노이즈를 주고 이를 다시 역산하여 신경망에 노이즈 이미지에서 일반 이미지를 복원시키도록 학습시킨 후, 이 신경망에 노이즈만 들어있는 이미지와 적절한 힌트를 주면 해당 힌트에 맞는 이미지를 출력하는 잠재 확산 모델, LDM(Latent Diffusion Model) 방식이었습니다.

 Robin Rombach et al, "High-Resolution Image Synthesis with Latent Diffusion Models", 2021.12
https://arxiv.org/abs/2112.10752

잠재 확산 모델, LDM은 2020년에 나온 획기적인 확산 모델(Diffusion Model)을 발전시킨 것입니다. 이 논문은 확산 모델과 점수 기반 생성 모델 사이의 깊은 연관성을 밝혀냈으며, GAN보다 넘어 설수 있는 확산 모델인 잡음 제거 확산 확률 모델, DDPM(Denoising Diffusion Probabilistic Model)을 발표하였습니다.

확산(Diffusion)은 원래 열역학의 확산에서 나온 것으로 물리학 엔트로피 개념이지만 일단 그런 것이 있다는 정도로만 인식하고 여기서는 일단 넘어가기로 합니다. 기억해야 할 것은 이미지에 노이즈를 주고 이를 다시 역산하여 신경망에 노이즈 이미지에서 일반 이미지를 복원시키도록 학습시킨다는 점입니다.

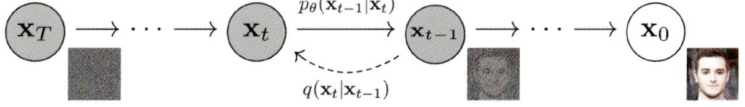

DDPM 논문 그림

스테이블 디퓨전 구조를 보면 앞에서 다루었던 U-Net 과 VAE 등과 바로 전에 다루었던 CLIP 들을 내부에서 이용하는 것을 알 수 있습니다. Pixel Space에서 D 와 E 라고 되어 있는 부분이 VAE 의 인코딩과 디코딩에 해당되는 것입니다. CLIP은 텍스트 입력(프롬프트) 관련하여 텍스트 인코딩에 해당되는 Conditioning에서 이용됩니다.

이전 DALL-E 에서 설명한 내용과 유사한 것을 알 수 있습니다. DALL-E 2 도 확산 모델(Diffusion Model)을 이용하기 때문입니다.

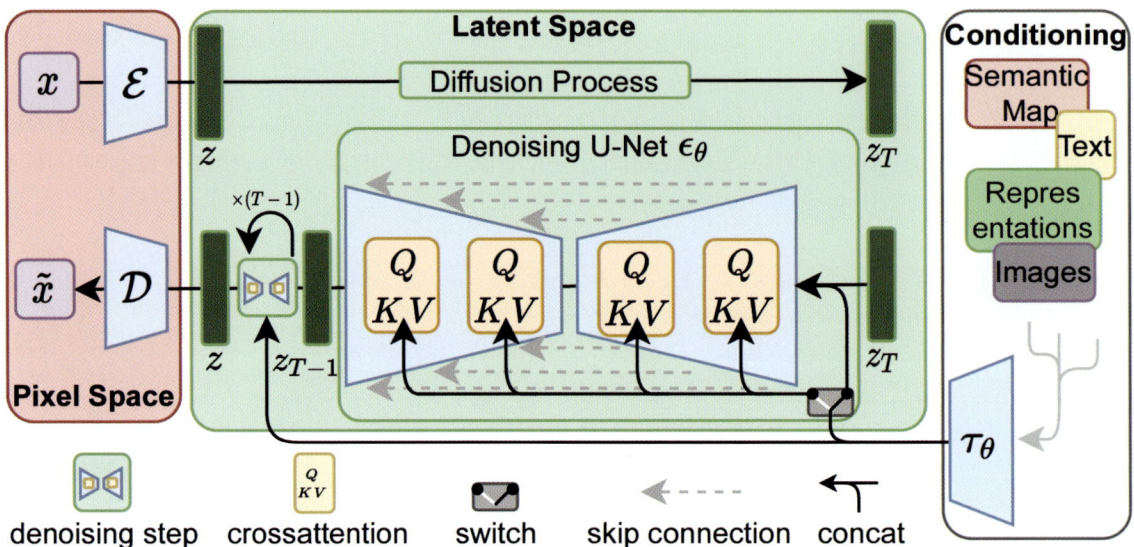

Stable Diffusion 논문에서 소개된 구조도

위 논문의 그림을 좀 더 설명용으로 그려보면 아래와 같습니다. 이 모델의 핵심적인 아이디어는 확산 과정에서 이미지 자체가 아니라 이미지의 잠재 공간에서 작동하는 것이며 이미지 인코딩은 훈련에서만 사용한다는 것입니다. 이미지가 아닌 잠재 공간을 잡음 제거 U-Net에서 처리함으로 속도와 성능에서 향상할 수 있었다고 합니다.

잡음 제거 과정에서는 입력한 텍스트(프롬프트)를 CLIP의 텍스트 인코딩을 통해 넣어주어 랜덤 잡음에서 시작된 이미지가 해당 텍스트에 해당하는 이미지로 생성되도록 가이드 해줍니다.

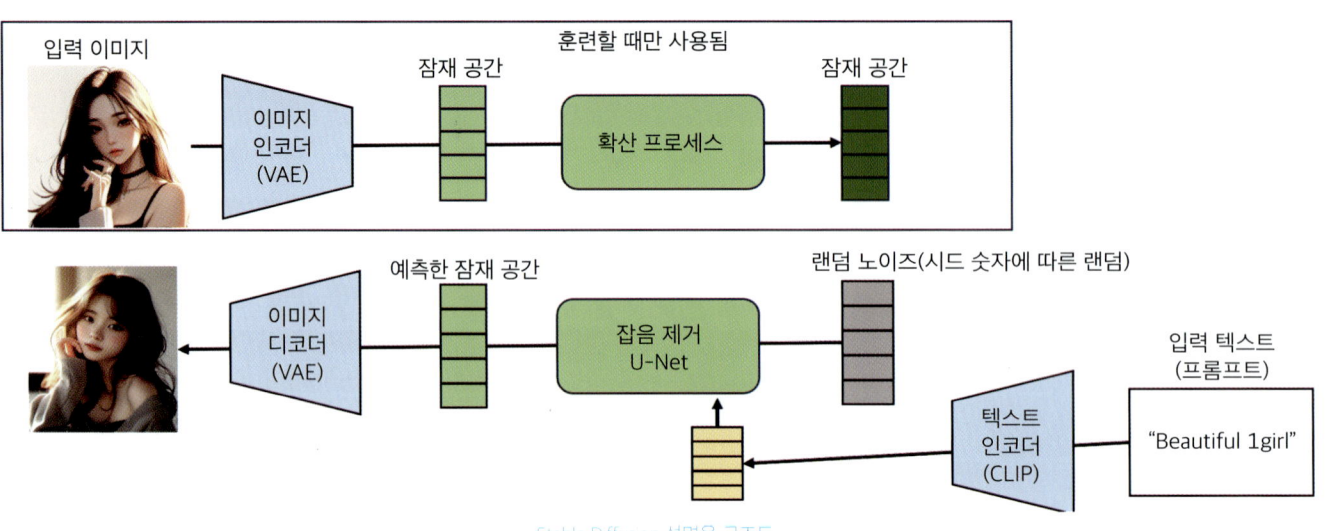

Stable Diffusion 설명용 구조도

스테이블 디퓨전이 오픈되자 많은 사람들에 의해 파인튜닝(fine-tuning)되어 만화, 판타지, 스티커 등까지 수많은 모델이 나왔고, 아이유, 왕좌의 게임 등 특정 인물 및 영화 등의 이미지들을 만들 수 있는 것들이 쏟아져 나왔습니다. 기본 모델을 사용하는 경우보다 파인튜닝 모델을 이용하는 것이 더 많은 상황이 되었습니다.

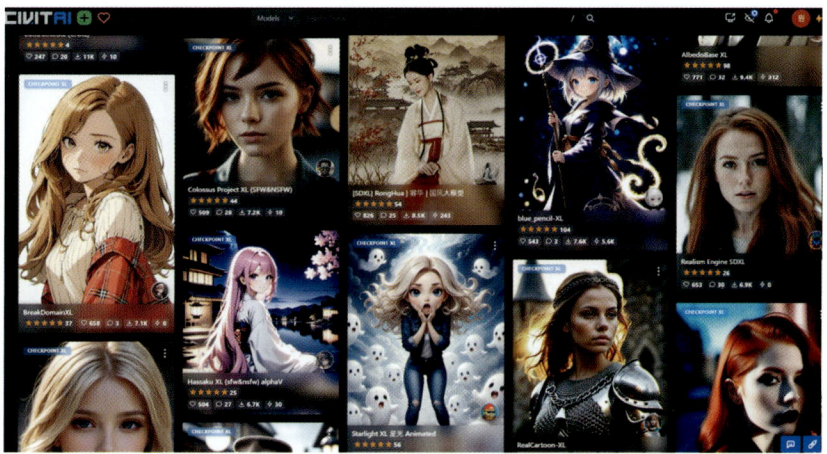

CIVITAI에서 보이는 스테이블 디퓨전 파인튜닝된 수 많은 모델들

스테이블 디퓨전은 미드저니보다 질이 떨어진다는 평을 받다가 2023년 7월에 고화질 버전 SDXL 이 나오며 화질을 높였고, 2023년11월에 SDXL-turbo 실시간 이미지 생성도 발표하였습니다.

베이스 모델(Base model) 의미

Civitai에서 보면 모델 설명 중에 Base Model 이라는 것을 볼 수 있습니다. Stability AI 에서 Stable Diffusion 모델을 공개했고 많은 사람들이 이것을 가지고 추가 데이터로 추가 학습해서 파인튜닝을 많이 했다고 설명했습니다. 이 추가 학습을 할 때 베이스로 사용한 Stable Diffusion 모델 버전을 이야기하는 것입니다.

Stability AI는 처음 1.0 부터 1.4 1.5 2.0 2.1 XL 등 여러 버전을 계속 공개해왔습니다. 가장 많이 보이는 것은 SD 1.5 와 SDXL 1.0 입니다. 베이스 모델이 다르면 구조가 다르므로 추가로 사용되는 Lora 및 ControlNet 기술 등에서도 해당 베이스 모델에 맞는 버전을 사용해야 작동함으로 베이스 모델을 확인하는 것은 중요한 것입니다.

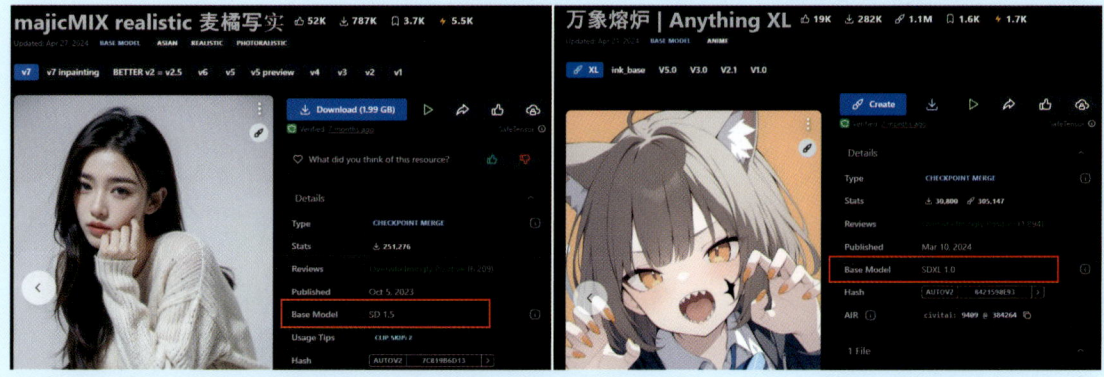

Civitai 모델 설명에서 보이는 Base Model

Civitai에서 보이는 Base Model들

중요 버전들을 간략히 설명 정리해 보니 참고하시기 바랍니다. 전체적으로 고화질 및 고속 등으로 발전된 것을 알 수 있습니다.

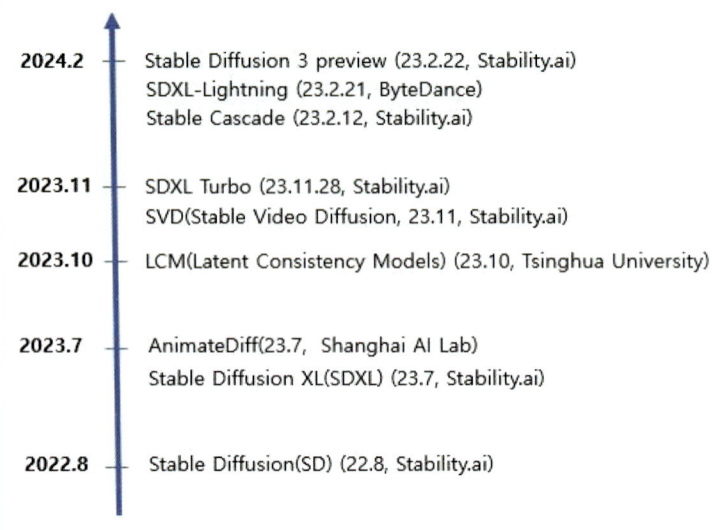

Stable Diffusion 모델들 발표 역사

1. Stable Diffusion 3 preview (23.2.22, Stability.ai)
   - Stable diffusion의 시초 Stability.ai에서 가장 최신 발표한 모델, 아직 프리뷰버전으로 발표만 하고 대기신청받고 있으며 사용할수 있도록 공개되지는 않음
   - Stability.ai 발표 모델중 가장 품질 높을것으로 예상

2. SDXL-Lightning (23.2.21, ByteDance)
   - 2, 4, 8 스텝만으로 빠르고 고화질 이미지 생성, 지금까지 나온 fast 생성 중에 최고 품질이라 주장

3. Stable Cascade (23.2.12, Stability.ai)
   - Stability.ai 발표 모델, 빠르고 품질 좋은 이미지 생성 모델. SDXL 보다 빠르고 품질 좋고, SDXL Turbo 보다는 느리지만 더 좋은 이미지 생성.

4. SDXL Turbo (23.11.28, Stability.ai)
   - Stability.ai 발표 모델, SDXL기반 실시간 이미지 생성 가능 모델로 소개, 1스텝만으로도 고화질 이미지 생성 가능

5. LCM(Latent Consistency Models) (23.10, Tsinghua University)
   - Stable Diffusion기반 2~4스텝만으로 빠른 이미지 생성 모델

6. Stable Diffusion XL(SDXL) (23.7, Stability.ai)
   - Stability.ai 발표 모델, Stable Diffusion 고화질 버전

7. Stable Diffusion(SD) (22.8, Stability.ai)
   - Stability.ai, Stable Diffusion 첫 발표 모델

*SVD(Stable Video Diffusion, 23.11, Stability.ai), AnimateDiff(23.7, Shanghai AI Lab)는 이미지 생성이 아닌 Video 생성

4. 최근 생성형 AI 현황 및 전망

이번에는 이미지 생성, 영상 생성, 오디오 및 3D 생성 부분들의 주요 현황을 정리해 보겠습니다.

❶ 이미지 생성(Image Generation)

2022년 미드저니와 스테이블 디퓨전 양강 체제에서 2023년 DALL-E 3가 부상되었고 2023년 10월에는 Adobe Firefly 2, 12월에는 Google Imagen 2까지 가세하며 더 경쟁이 심화되는 상황이며 중국에서 알리바바, 텐센트 바이두 등이 이미지 생성 모델들을 발표하며 가세하고 있습니다.

국내에서는 카카오에서 텍스트로 이미지 생성 모델 Karlo 2.0을 발표하였고, 삼성의 가우스 AI는 Language 뿐만 아니라 이미지 생성을 지원한다고 발표하였습니다.

미드저니 초기 및 달리 1/2 그리고 스테이블 디퓨전 초기 버전의 이미지 생성은 좀 어설프다고 할 정도였으나, 최신 미드저니 및 스테이블 디퓨전 XL과 2023년 나온 달리 3 등을 보면 사진과 분간하기 힘들 정도입니다.

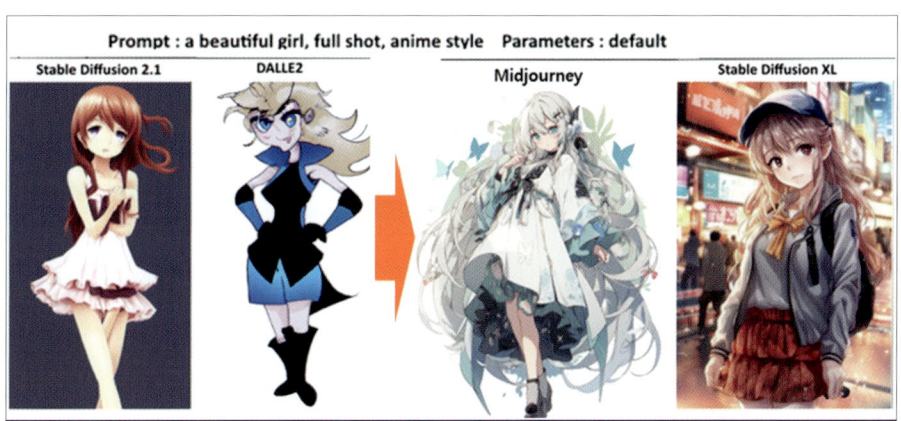

초기 Stable Diffusion/DALL-E 대비 최근 Stable Diffusion/Midjourney 수준

거기에 단순 텍스트를 통한 이미지 생성이 아니라 이를 좀 더 원하는 대로 생성하기 위한 기술들, ControlNet, DreamBooth/LoRA 등의 기술로, 스케치로 이미지 생성하기, 자세 포즈로 생성하기, 특정 인물 및 객체로 추가 학습하기 등이 가능해졌습니다.

ControlNet 및 DreamBooth/LoRA 기술

아래에 국내외 주요 이미지 생성 서비스들을 정리해 보았습니다.

기술/모델명	기관	국적	연도	기타
DALL-E DALL-E 2 DALL-E 3	OpenAI	미국	2021.1 2022.4 2023.9	상용 서비스
MidJourney	MidJourney	미국	2022.7	상용 서비스
Stable Diffusion Stable Diffusion XL Stable Cascade Stable Diffusion 3 preview	StabilityAI	미국	2022.8 2023.7 2024.2 2024.2	오픈소스
Firefly 2 Firefly 3	Adobe	미국	2023.10	상용 서비스
Imagen 2 Imagen 3	Google	미국	2023.12	상용 서비스
Emu	Meta	미국	2023.9	
Flux	Black Forest labs	독일	2024.8	StabilityAI 출신 Diffuion 모델 논문 저자
통이완샹	Alibaba	중국	2023.7	오픈소스
훈위안	Tencent	중국	2023.9	
웬신이지	Baidu	중국	2022	
Kalo 2.0	Kakao	한국	2023.7	
가우스	삼성	한국	2023.11	

❷ 비디오 생성(Video Generation)

비디오 생성은 2023년부터 본격적으로 대두되기 시작했습니다. 이전에도 이미지 및 영상 클립 등으로 짜집기하여 자동 영상을 만들어 주거나, 클립들을 추천해서 편집해 주거나, 약간의 깊이(depth)를 이용하여 움직임처럼 만들어 주는 인공지능이 있었으나 본격적 생성이라 말할 수준은 아니었고, 구글과 메타가 논문을 내기도 하였으나 논문 외에는 공개되지 않아 실제 이용할 수는 없었습니다.

2023년 2월에 Runway에서 영상에서 다른 스타일영상으로 만드는(video-to-video) Gen1 및 텍스트 또는 이미지로 영상을 만드는(text-to-video, image to video) Gen 2을 발표하고 서비스를 공개하자, 이를 통해 이용자들이 만들어 본 영상들이 SNS에 나오면서 화제가 되기 시작했고 베타 서비스를 지나 유료 상용서비스를 시작하였습니다. 이후 Pika 에서도 베타 서비스를 6월에 시작했고 Runway Gen과 비교되며 화제가 되었습니다. 2023년 11월말 정식 1.0을 발표하며 상용 서비스를 시작하였습니다.

2023년 11월에 이미지 생성 모델을 공개했던 Stability AI는 Stable Video를 오픈 소스로 공개 발표하였습니다. (상업적 이용은 제한) 기술적 사항은 Stable Diffusion 과 크게 다르지 않는 Diffusion 기반이었습니다.

Yuwei Guo et al, "AnimateDiff: Animate Your Personalized Text-to-Image Diffusion Models without Specific Tuning", 2023.07
https://arxiv.org/abs/2307.04725

비디오에서도 스테이블 디퓨전처럼 AnimateDiff라는 오픈소스가 중국에서부터 나왔고, Runway Gen과 Pika Labs의 Pika와 더불어 많이 응용되었습니다.

Runway _Video 생성 상용 서비스

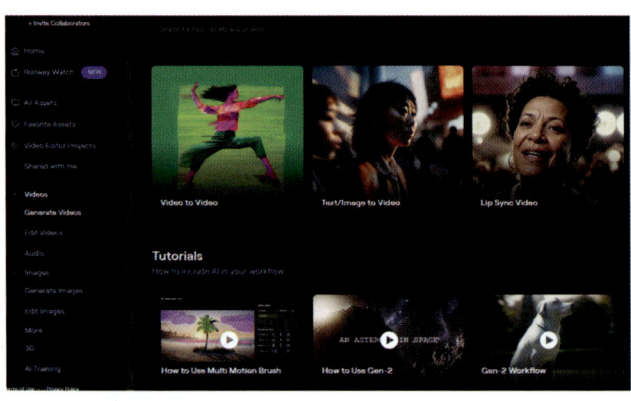

Pika _Video 생성 상용 서비스

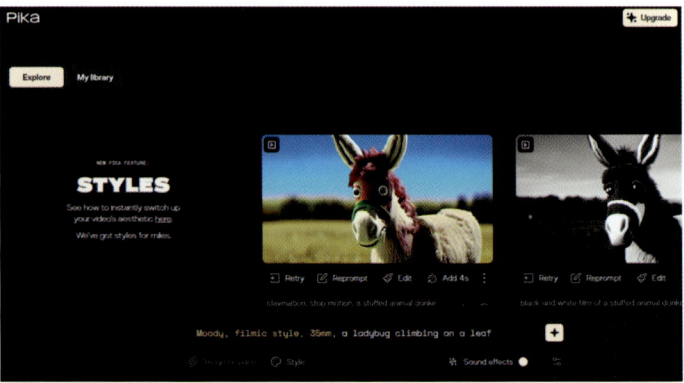

메타(구 페이스북)도 Emu 비디오를 발표하였으며, 구글도 VideoPoet, Lumiere를 발표하는 등 계속 늘어나기 시작하고 있습니다.

중국에서는 Alibaba가 Modelscope/I2VGen-XL를 오픈소스로 공개하였고, Tencent도 VideoCrafter를 오픈소스로 공개하였으며, Baidu도 VideoGen를 발표하였고, ByteDance도 MagicVideo를 발표하는 등 대부분의 빅테크들이 발표하였습니다.

비디오 생성 기술은 초기에 이상하게 생성되던 장면과 품질이 낮았던 것에 비해서 불과 몇 달 지나지 않아 하반기에 품질이 더 좋아지고 화면 줌인, 줌아웃, 회전 등 카메라 이동 기능이 가능해졌고, 액션을 원하는 부분을 마스킹하는 모션 브러시 기능 등으로 빠르게 발전하고 있습니다.

카메라 이동 및 모션 블러시 예시

2024년 2월에 기존 영상 생성들의 품질을 크게 능가하고 최대 1분 긴 시간 생성이 가능한 Sora를 OpenAI에서 발표하여 큰 화제가 되었습니다. Sora는 기존 U-Net 아닌 트랜스포머를 도입한 Diffusion Transformer 모델 구조로 설명되었습니다.

OpenAI SORA 소개 화면(https://openai.com/index/sora)

OpenAI에서 공식 발표한 문서(https://openai.com/sora, https://openai.com/index/video-generation-models-as-world-simulators)에 나온 내용들로 기술적 내용들을 정리해 보았습니다.

크게 절차만 먼저 살펴보면, 다음과 같습니다.

1) Pixel로 된 영상을 Latent space로 인코딩,
2) Diffusion Model(Transformer)을 이용하여 노이즈에서 영상을 예측하도록 학습,
3) 학습된 Latent 를 다시 Pixel 영상으로 디코딩

하지만 구체적 내용들을 보면 여러가지가 있어 보입니다.

특히 인상적인 부분은
"과거의 접근 방식은 일반적으로 동영상을 표준 크기(예: 256x256 해상도의 4초 동영상)로 크기를 조정하거나 자르거나 트리밍합니다. 대신 기본 크기로 데이터를 학습하면 몇 가지 이점을 얻을 수 있습니다."
입니다.

이것으로 볼 때 기존 영상 생성들이 256x256 해상도의 4초 동영상으로 크기를 조정하거나 잘라서 학습했기 때문에 화질이 낮고 4초 정도 밖에 생성 못하며 짧은 움직임 밖에 할 수 없는 반면, SORA는 LLM의 토큰처럼 영상을 연속된 시퀀스의 작은 단위 여러 패치들로 쪼개어 추출하여 이용함으로 다양한 해상도 길이 등을 학습 가능하다고 합니다. 이 방법은 품질과 길이에 영향을 준 것으로 보입니다.

또 하나 부분은 텍스트 캡션이 포함된 대량의 학습용 동영상을 위해 DALL-E 3 / GPT를 이용하여 동영상에 대한 설명력이 높은 텍스트 캡션을 생성했고, 텍스트 충실도는 물론 동영상의 전반적인 품질이 향상되었다고 합니다.

스스로의 한계도 밝히고 있는데, 어떤 것은 아직 안 되는지 파악하는 것도 중요한 것 같습니다.

복잡한 장면의 물리학을 정확하게 시뮬레이션하는 데 어려움을 겪을 수 있으며, 원인과 결과의 특정 사례를 이해하지 못할 수도 있습니다. 예를 들어, 사람이 쿠키를 한 입 베어 물었지만 나중에 쿠키에 물린 자국이 없을 수 있습니다. 왼쪽과 오른쪽을 혼동하는 등 프롬프트의 공간적 세부 사항을 혼동할 수 있으며 특정 카메라 궤적을 따라가는 것과 같이 시간에 따라 발생하는 이벤트를 정확하게 설명하는 데 어려움을 겪을 수 있습니다.

1. OpenAI Sora 발표문 내용 기술 부분
(https://openai.com/sora)

- 소라는 정적 노이즈처럼 보이는 동영상으로 시작하여 여러 단계에 걸쳐 노이즈를 제거하여 점차적으로 변환하는 확산 모델로, 동영상을 생성합니다.

- 모델에 한 번에 여러 프레임을 예측할 수 있는 기능을 제공함으로써 피사체가 일시적으로 시야에서 사라져도 동일하게 유지되도록 하는 까다로운 문제를 해결했습니다.

- GPT 모델과 마찬가지로 Sora는 트랜스포머 아키텍처를 사용하여 뛰어난 확장 성능을 구현합니다.

- 동영상과 이미지를 패치라고 하는 작은 데이터 단위의 모음으로 표현하며, 각 패치는 GPT의 토큰과 유사합니다. 데이터를 표현하는 방식을 통합함으로써 다양한 길이, 해상도, 종횡비를 아우르는 이전보다 더 광범위한 시각 데이터에 대해 확산 트랜스포머를 훈련할 수 있습니다.

- Sora는 DALL-E와 GPT 모델에 대한 과거 연구를 기반으로 합니다. 이 모델은 시각적 학습 데이터에 대해 설명력이 높은 캡션을 생성하는 DALL-E 3의 리캡션 기술을 사용합니다. 그 결과 모델은 생성된 비디오에서 사용자의 텍스트 지시를 더 충실히 따를 수 있습니다.

2. 2. OpenAI Sora Technical Report 기술 설명 내용
(https://openai.com/.../video-generation-models-as-world...)

- 많은 선행 연구에서 주로 시각 데이터의 좁은 범주, 짧은 동영상 또는 고정 크기의 동영상에 초점을 맞추는 경우가 많습니다. Sora는 시각 데이터의 범용 모델로, 최대 1분 분량의 고화질 동영상까지 다양한 길이, 화면 비율, 해상도의 동영상과 이미지를 생성할 수 있습니다.

• 시각적 데이터를 패치로 전환

LLM 패러다임의 성공은 텍스트 코드, 수학 및 다양한 자연어의 다양한 양식을 우아하게 통합하는 토큰을 사용함으로써 부분적으로 가능해졌습니다. LLM에는 텍스트 토큰이 있는 반면, 소라에는 시각적 패치가 있습니다.

우리는 패치가 다양한 유형의 동영상과 이미지에서 생성 모델을 훈련하는 데 확장성이 높고 효과적인 표현이라는 것을 발견했습니다. 높은 수준에서는 먼저 동영상을 저차원 잠재 공간으로 압축한 다음 시공간 패치로 표현을 분해하여 동영상을 패치로 변환합니다.

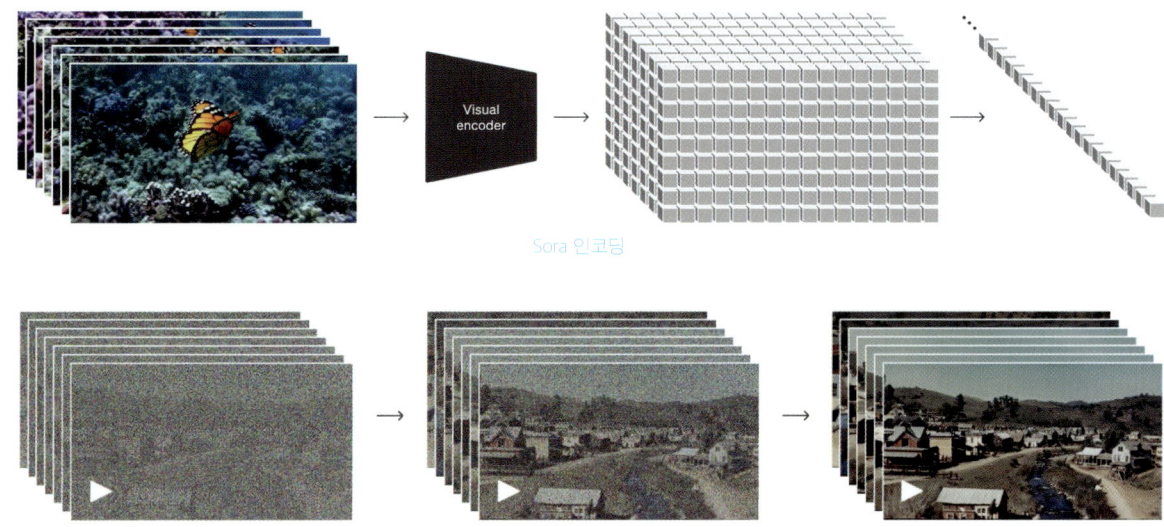
Sora 인코딩

Sora 확산 모델

• 비디오 압축 네트워크

시각 데이터의 차원을 줄이는 네트워크를 훈련합니다. 이 네트워크는 원본 비디오를 입력으로 받아 시간적, 공간적으로 압축된 잠재적 표현을 출력합니다. 소라는 이 압축된 잠재 공간 내에서 비디오를 학습한 후 생성합니다. 또한 생성된 잠재(latents)을 픽셀 공간에 다시 매핑하는 해당 디코더 모델을 학습시킵니다.

• 시공간 잠재 패치

압축된 입력 비디오가 주어지면, 트랜스포머 토큰 역할을 하는 시공간 패치 시퀀스를 추출합니다. 이미지는 단일 프레임의 비디오이기 때문에 이 방식은 이미지에서도 작동합니다. 패치 기반 표현을 통해 Sora는 다양한 해상도, 길이, 화면 비율의 비디오와 이미지를 학습할 수 있습니다. 추론 시에는 무작위로 초기화된 패치를 적절한 크기의 그리드에 배열하여 생성된 비디오의 크기를 제어할 수 있습니다.

• 비디오 생성을 위한 스케일링 트랜스포머

Sora는 확산 모델로, 입력 노이즈 패치(및 텍스트 프롬프트와 같은 컨디셔닝 정보)가 주어지면 원래의 "깨끗한" 패치를 예측하도록 훈련됩니다. 중요한 점은 Sora가 확산 트랜스포머라는 점입니다. 트랜스포머는 언어 모델링 컴퓨터 비전 및 이미지 생성 등 다양한 영역에서 놀라운 확장성을 입증했습니다.

이 연구에서는 확산 트랜스포머가 비디오 모델로서도 효과적으로 확장된다는 사실을 발견했습니다. 아래는 훈련이 진행됨에 따라 고정된 시드와 입력이 있는 비디오 샘플을 비교한 것입니다. 훈련 연산이 증가함에 따라 샘플 품질이 현저하게 향상됩니다.

• 다양한 길이, 해상도, 화면 비율

이미지 및 동영상 생성에 대한 과거의 접근 방식은 일반적으로 동영상을 표준 크기(예: 256×256 해상도의 4초 동영상)로 크기를 조정하거나 자르거나 트리밍합니다. 대신 기본 크기로 데이터를 학습하면 몇 가지 이점을 얻을 수 있습니다.

. [샘플링 유연성]

Sora는 와이드스크린 1920×1080p 비디오, 세로 1080×1920 비디오 및 그 사이의 모든 비디오를 샘플링할 수 있습니다. 이를 통해 Sora는 다양한 디바이스의 기본 화면 비율로 직접 콘텐츠를 제작할 수 있습니다.

또한 동일한 모델로 전체 해상도로 생성하기 전에 더 작은 크기로 콘텐츠를 빠르게 프로토타입으로 제작할 수 있습니다.

. [향상된 프레이밍 및 구도]

경험적으로 기본 화면 비율로 동영상을 학습하면 구도와 프레임이 개선된다는 사실을 발견했습니다. 모든 훈련 동영상을 정사각형으로 자르는 모델 버전과 생성 모델을 훈련할 때 일반적으로 사용되는 정사각형으로 자르는 모델 버전을 Sora와 비교해보았습니다.

정사각형 크롭으로 훈련된 모델(왼쪽)은 피사체가 부분적으로만 보이는 동영상을 생성하는 경우가 있습니다. 이에 비해 소라(오른쪽)의 동영상은 프레임이 개선되었습니다.

• 언어 이해

텍스트-비디오 생성 시스템을 교육하려면 해당 텍스트 캡션이 포함된 대량의 동영상이 필요합니다. 당사는 DALL-E 3에 도입된 리캡션 기법을 동영상에 적용합니다.

먼저 설명력이 높은 캡션 모델을 학습시킨 다음 이를 사용하여 학습 세트의 모든 동영상에 대한 텍스트 캡션을 생성합니다. 설명력이 높은 동영상 캡션을 학습하면 텍스트 충실도는 물론 동영상의 전반적인 품질이 향상되는 것을 확인했습니다.

또한, DALL-E 3와 마찬가지로 짧은 사용자 프롬프트를 더 긴 상세 캡션으로 변환하여 비디오 모델에 전송하는 데에도 GPT를 활용합니다.

이를 통해 Sora는 사용자 프롬프트를 정확하게 따르는 고품질 동영상을 생성할 수 있습니다.

스스로가 밝힌 Sora 의 한계는 아래와 같습니다.

발표문 내용

현재 모델에는 약점이 있습니다. 복잡한 장면의 물리학을 정확하게 시뮬레이션하는 데 어려움을 겪을 수 있으며, 원인과 결과의 특정 사례를 이해하지 못할 수도 있습니다. 예를 들어, 사람이 쿠키를 한 입 베어 물었지만 나중에 쿠키에 물린 자국이 없을 수 있습니다. 또한, 모델은 왼쪽과 오른쪽을 혼동하는 등 프롬프트의 공간적 세부 사항을 혼동할 수 있으며 특정 카메라 궤적을 따라가는 것과 같이 시간에 따라 발생하는 이벤트를 정확하게 설명하는 데 어려움을 겪을 수 있습니다.

Technical Report 내용

현재 Sora는 시뮬레이터로써 많은 한계를 드러내고 있습니다. 예를 들어, 유리 깨짐과 같은 기본적인 상호작용의 물리학을 정확하게 모델링하지 못합니다. 음식을 먹는 것과 같은 다른 상호작용은 물체 상태에 항상 올바른 변화를 가져오지 않습니다. 장시간 샘플에서 발생하는 불일치 또는 물체의 자연스러운 출현과 같은 모델의 다른 일반적인 실패 모드를 랜딩 페이지에 열거하고 있습니다.

Sora에 대한 설명은 여기까지 정리하고, 국내외 주요 비디오 생성 서비스들을 정리해 보았습니다.

기술/모델명	기관	국적	연도	기타
Gen 1/Gen 2 Gen 3 Alpha	Runway	미국	2023.2 2024.6	상용 서비스
Pika	Pika Labs	미국	2023.6	베타후 1.0시작('23.11)
AnimateDiff	Shaghai AI Labs	중국	2023.7	오픈 소스
Stable Video	Stability AI	미국	2023.11	오픈 소스
VideoPoet Lumiere Veo	Google	미국	2023.12 2024.1 2024.5	-
Emu Video	Meta	미국	2023.11	
Sora	OpenAI	미국	2023.2	
Luma Dream Machine	Luma AI	미국	2024.6	상용 서비스
Modelscope	Alibaba	중국	2023.3	오픈 소스
I2VGen-XL	Alibaba	중국	2023.11	오픈 소스
VideoCrafter	Tencent	중국	2023.4	오픈 소스
VideoGen	Baidu	중국	2023.9	
MagicVideo	Bytedance	중국	2022	
Kling	Kuaishou	중국	2024.6	상용 서비스

대표적 이미지 생성 모델/서비스들

❸ 오디오/3D 생성(Audio/3D Generation)

뮤직 및 오디오 생성기술도 2023년에 본격적으로 시작되어, 메타가 텍스트로 음악을 만드는 MugicGen/AudioGen을 오픈소스로 공개했으며, 스테이블 디퓨전을 공개했던 Stability AI에서는 Stable Audio 상용 서비스를 시작하였습니다. Suno.ai에서는 노래와 보컬 목소리까지 생성하는 서비스가 나왔고, 11월에는 구글에서 Lyria를 발표하였습니다.

생성의 예를 들면, 텍스트로 "Kpop, Synthesizer, Bright, happy, 115 BPM"으로 입력하고 생성을 요청하면 뮤직을 생성해 준다. 텍스트를 통해 말소리를 만들어 주는 것으로는 ElevenLabs 서비스가 유명하고, 토킹 포토 및 말하는 아바타를 생성해 주는 것으로는 D-ID, Heygen, Synthesia 등이 상용 서비스를 하고 있습니다.

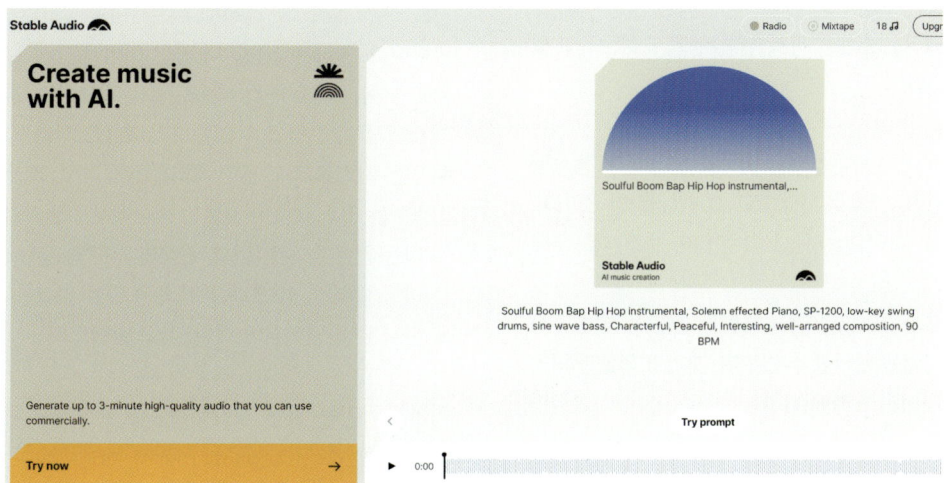

Stable Audio 생성 상용 서비스

중국에서는 바이트댄스가 AudioLDM2를, 알리바바에서는 Qwen-Audio를 오픈소스로 공개하였습니다.

아래에 국내외 주요 오디오/뮤직 생성 서비스들을 정리해 보았습니다.

기술/모델명	기관	국적	연도	기타
MugicGen/AudioGen	Meta	미국	2023.7	Open Source
Stable Audio	Stability AI	미국	2023.8	상용 서비스
AudioLDM2	Bytedance	중국	2023.8	Open Source
Suno	Suno.ai	미국	2023.9	상용 서비스
Qwen-Audio	Alibaba	중국	2023.11	Open Source
Lyria	Google	미국	2023.11	상용 서비스
기타 서비스들	ElevenLabs TTS D-ID, Heygen, Synthesia Talking Photo/Avatar		–	상용 서비스 상용 서비스

[표] 대표적 이미지 생성 모델/서비스들

❹ 향후 전망

현재 생성형 AI는 잘못되어 나오기도 하고 제한적이기도 하고, 여러 방법과 기존 방법을 결합이 필요하기도 하고, 제대로 한 번에 나오지도 않아 여러 번 시도해야 원하는 결과가 나오는 등 제약도 많다. 게다가 저작권 및 규제 문제도 고려해야 합니다.

하지만 기존에 어렵거나 많은 비용과 시간이 들었던 것들이 생성형 AI로 간단하게 가능해지기 시작해졌고, 몇 달 또는 며칠 전에 안 되거나 많이 어설프게 보였던 것들이, 더 나아지며 나오기 시작하고, 금방 진짜 쓸만한 게 나오겠다는 흥분을 하게 하며, 빠르게 성장하고 있다는 점에 주목해야 합니다.

이제는 생성 시대(Generative Era)라고들 말하고 있습니다. 생성형 AI 글로벌 시장은 2028년 77조로 확대되고 10배 성장할 것이며, 혁신적이고 파괴적이라고 파이낸셜타임스가 옴디아 보고서를 통해 보도하였습니다.
빌 게이트는 AI 에이전트가 2028년 내 컴퓨팅을 완전 변경하고 사람들은 말만 하면 모든 작업을 처리할 수 있으며, 개인의 생활과 비즈니스, 사회까지 혁신할 것이라고 말했습니다.

이미지 생성 시장은 강자들이 다수 등장하여 무한 경쟁이 이미 시작한 것으로 보이며, 비디오 생성 시장은 시작 단계를 지나 품질 향상 및 경쟁이 막 시작된 것으로 보입니다. 이미지 생성이 1년 만에 대폭 향상되었던 것처럼 비디오 생성 시장도 빠르게 상승할 것으로 보이며, 3D 생성 시장도 이미 시작된 것으로 보입니다.

텍스트나 말 만하면 이미지 및 영상, 소리를 만들고 3D도 만들 수 있고, 원하는 형태로 이미지나 영상, 소리를 AI로 편집 및 변형을 하는 것은 일반적인 기술이 될 것입니다. 스토리는 대규모 언어 모델 LLM(Large Multimodal Model)으로 만들고 이미지 생성 AI로 이미지를 만들고, 영상 생성 AI로 영상을 생성하고 TTS(text-to-speech) 및 AI로 말소리 및 음향 및 가상 인물을 생성하는 것 또한 일반적인 기술이 될 것입니다.

게다가 대규모 언어 모델 LLM은 이미지 생성 및 인식 기술과 합쳐져, Vision LM으로, 다시 이미지, 스피치, 사운드, 비디오까지 합쳐져 종합적인 LMM로 발전해 가고 있습니다.

개인마다 AI 에이전트들이 사람들을 보조해 주고, 보다 좋은 품질 및 속도에서 기술 발전은 계속될 것이고 이를 기반으로 응용된 기술이 기존보다 빠르게 해주거나 비용 절감을 해주거나, 기존에 하기 어려웠던 것을 할 수 있게 해줄 것입니다.

최근에 OpenAI에서 발표한 GPTs는 수 많은 커스텀 챗봇, 개인화 챗봇이 가능하게 할 수 있게 해주었으며, OpenAI가 바라는 대로 생태계로 활성화된다면 큰 시장이 될 가능성도 있습니다.

ChatGPT가 단순 텍스트로 질문하면 그냥 답해주는 게 다가 아니며 거짓말도 한다는 것은 이제 대부분 알 것입니다. 이미지 및 비디오 생성도 단순 텍스트로 생성해 주는 기술이 다가 아님은 앞에서 설명하였습니다. 원하는 답변이나 좋은 이미지/영상 결과물을 얻으려면 질문도 잘해야 하고 여러 시도도 많이 필요하며, 관련 지식이 있을수록 더 좋은 결과를 얻을 수 있습니다. 포토그래퍼가 좋은 사진을 얻기 위해 많은 사진을 찍고 관련 지식을 공부하고, 여러 시도와 여러 기술을 접목하는 것과 비슷한 것들이 생성에서도 필요합니다. 한창완 교수는 "AI라는 건 마치 일본 만화 '진격의 거인'과 같다. 거인이 올 것 같아서 큰 담을 쌓지만, 더 큰 거인이 계속 담을 넘어온다. AI는 어떻게 막아도 결국 담을 넘어올 것이다."라고 말했으며,

이현세 작가는 "젊은 작가들이 AI를 반대하고 나를 배신자라고 이야기해도 밀어붙이는 이유는 자동차 놔두고 소달구지 타고 다닐 이유가 없는 것과 같다. AI와 전투를 하든지 적응해서 이용하든지 해야지, 피해서 될 문제는 아니다. 그것이 AI를 선택한 이유"라고 말했다고 합니다.
(https://www.aitimes.com/news/articleView.html?idxno=155589)

생성형 AI 사용에 대해서 자동차 이용에 빗대어 3가지로 분류해 볼 수 있습니다. 첫 번째는 자동차 사고 때문에 죽을 수도 있으니 사용을 안 할 수 있습니다. 두 번째는 위험성도 모르고 사용법도 제대로 익히지 않고 무조건 좋다고 사용하다 사고를 내는 경우입니다. 세 번째는 위험성과 한계도 알고 제대로 익혀서 잘 활용하는 것입니다. 생성형 AI에 대해서도 세 번째가 적절한 대응이 아닐까 합니다.

최근 생성 모델은 거대 모델 기반이고 대량 데이터 수집도 쉽지 않아 빅테크들이 아닌 이상 대부분의 일반 대학이나 중소기업에서 막대한 GPU 및 비용 시간을 들여 만들기는 어려워 빅테크들이 주도하는 상황입니다. 일반 대학 및 중소기업이 모델 학습을 진행하기는 시간과 비용이 너무 많이 들기 때문에 많은 곳에서는 공개용 모델 및 제휴 가능 모델을 찾아 파인튜닝 방법을 찾을 수 밖에 없습니다.

앞에서 설명했듯이 2023년 특히 대부분의 해외 빅테크들이 LMM뿐만 아니라 이미지 및 비디오, 3D 생성을 발표하였고, 중국까지도 대부분의 유명 빅테크들이 중국대학들과 더불어 적극적 모델 확보와 기술 개발을 하며 미국과 중국간 기술경쟁이 벌어지고 있으며, 이제 멀티모달로까지 진행되고 있는 상황입니다.

국내에서는 LMM 텍스트 생성에 대부분 편중된 편으로 보이고, 그러는 사이 최근 OpenAI에서 비디오 생성 Sora로 또 한번 충격을 주었습니다. 국내에서도 이미지 및 비디오, 3D 생성 자체 모델 확보와 관련 기술 개발을 보다 더 서둘러야 하지 않을까 합니다. 거기에 국내 빅테크들이 메타와 중국 알리바바처럼 모델 공개까지 해준다면 많은 기술력 있는 대학, 스타트업 및 중소기업들과 상생과 발전이 가능할 것으로 봅니다.

생성 시대는 이미 시작되었으며 파이낸셜타임스가 언급했던 것처럼 향후 급속도로 발전하며, 혁신적이고 파괴적인 생성 시대가 될 것이며, 본고의 내용이 이에 대해 작은 밑거름이 될 수 있기를 기대해 봅니다.

미중 생성형 AI 경쟁

해외 빅테크들, 특히 미국과 중국에서 2023년 하반기에 LLM, 이미지, 비디오, 뮤직, 3D, 뿐만 아니라 멀티모달까지 엄청나게 많은 것들이 특히 올해 하반기에 쏟아져 나왔습니다.

중국 칭화대에서 2~4스텝만으로 빠른 이미지 생성 논문을 10월에 발표된 후 이를 활용한 드로잉하자마자 실시간 이미지가 생성되는 데모가 나오며 큰 화제가 되었고, 이후에 미국에서는 구글/보스턴대에서 1스텝만으로 빠른 이미지 생성하는 논문이 11월에 발표되었습니다.

중국 홍콩대/칭화대에서 텍스트로 3D를 생성하는 가장 우수한 모델이라 주장하는 논문을 발표하였고, 이에 미국 어도브는 5초만에 텍스트로 3D 생성 논문을 발표하는 등 기술 경쟁이 치열하게 경쟁중입니다.

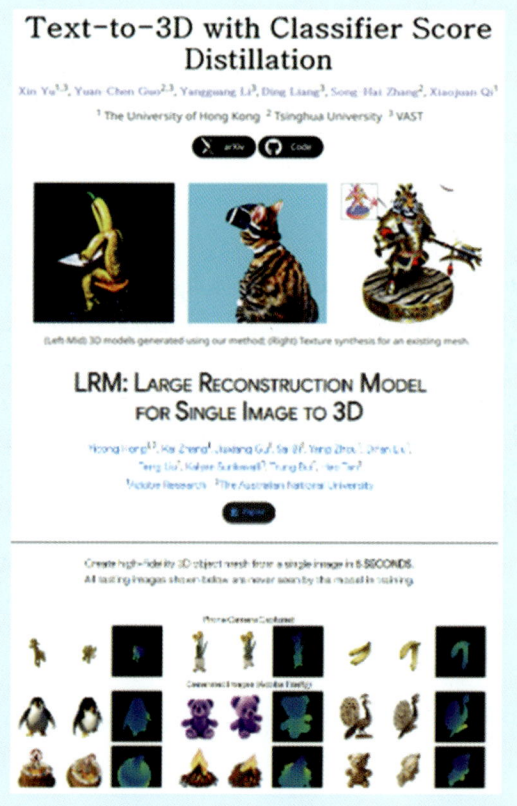

5. AI Video 생성하기

AI Video 생성은 2023년부터 본격적으로 시작되었습니다.

이전에도 AI 영상이 있었지만 단순 형태 및 논문 수준이었고 본격적인 생성형 AI 즉, Text to Video, Image to Video 등의 상업적 서비스 시작은 2023년부터 시작되었고 2023년말부터 많은 AI Video 생성 서비스 및 영상 생성 관련 기술들이 많이 발표되었습니다.

구분	서비스명 (기관, 상용서비스여부)	주요 기능
2023년 대표적 4대 AI Video 생성	Gen1/Gen2 (Runway, 상용서비스) Pika.art (Pika, 상용 서비스) Stable Video(Stability AI, 오픈소스) AnimateDiff(Shaghai AI Labs, 오픈소스)	Image to Video Text to Video Video to Video
2024년 가장 주목받은 AI Video 생성	Sora (OpenAI, 클로즈 베타) Veo (Google, 서비스 예정) Kling (China kuaishou, 상용 서비스) Dream Machine (Luma, 상용 서비스) Gen-3 Alpha (Runway, 상용 서비스)	Image to Video Text to Video Video to Video
2023년말부터 2024년 발표된 AI Video 생성	VideoPoet, Lumiere (Google) Emu Video (Meta) Pixverse, haiper.ai, krea.ai, leonardo.ai, genmo.ai, kaiber 등	Image to Video Text to Video Upscale
	viggle.ai domo.ai deVut.ai	Video to Video (Style change)

[표] 대표적 이미지 생성 모델/서비스들

2023년 2월에 Runway에서 영상에서 다른 스타일의 영상으로 만드는(video-to-video) Gen1 및 텍스트 또는 이미지로 영상을 만드는(text-to-video, image to video) Gen 2을 발표하고 서비스를 시작하였습니다.

Pika에서도 베타 서비스를 6월에 시작했고 11월말 정식 1.0을 발표하며 상용 서비스를 시작하였습니다.
AnimateDiff라는 오픈소스 모델이 중국에서부터 나왔고 상용 서비스 이용을 하지 않고 SD Webui 및 ComfyUI 등으로 직접 설치 및 구성하여 Video to Video 및 Image to Video, Text to Video 생성하는 경우 사용되고 있습니다.

Stable Diffusion 이미지 생성을 공개해서 유명한 Stability AI는 Stable Video Diffusion를 오픈 소스로 공개 발표하였습니다. 메타(구 페이스북)도 Emu 비디오를 발표하였으며, 구글도 VideoPoet, Lumiere를 발표하는 등 계속 늘어나기 시작하고 있습니다.

중국에서는 Alibaba가 Modelscope/I2VGen-XL를 오픈소스로 공개하였고, Tencent도 VideoCrafter를 오픈소스로 공개하였으며, Baidu도 VideoGen를 발표하였고, ByteDance도 MagicVideo를 발표하는 등 중국 빅테크들은 적극적으로 발표하였습니다.

2023년에 실제 사용가능한 것들에서 가장 많이 이용되던 Video 생성 AI는 Runway Gen, Pika 였고,
직접 설치해서 사용하는 오픈소스로는 Stable Video Diffusion과 AnimateDiff 였습니다.

동영상 보기1 : https://x.com/anukaakash/status/1728768779415630039
동영상 보기2 : https://x.com/anukaakash/status/1728268289678467295

2024년 2월에 기존 영상 생성들의 품질을 크게 능가하고 최대 1분 긴 시간 생성이 가능한 Sora를 OpenAI에서 발표하여 큰 화제가 되었습니다. 소라는 일반인에게 사용이 공개된 않았고 일부 사람들에게만 사용 테스트중으로 알려져 있습니다. Sora가 발표된 이후에 중국에서도 OpenAI Sora에 대응하여 기존의 AI Video 생성보다 뛰어난 품질과 장시간 영상 생성이 가능한 서비스 Kling을 발표하였습니다. (현재 Kling은 베타 서비스 중)

이어서 미국 기업 Luma AI 에서도 Dream Machine 이라는 영상 생성 서비스를 발표하였으며,
2024년 6월에는 이전에 영상 생성으로 유명했던 Runway에서 기존 영상 생성 서비스 Gen-2 보다 더 긴 10초 길이와 월등하게 좋아진 고품질의 영상을 생성할 수 있는 Gen-3 Alpha 서비스를 발표하였으며, Runway는 이를 통해 OpenAI의 Sora와 경쟁할 것으로 보입니다.

2024년에 기존 영상 생성서비스들은 카메라 이동 움직임 생성, 목소리에 맞추어 영상의 입술 모습을 맞추어 변경 생성해주는 및 Lip-sync 및 영상에서 원하는 부분들의 변경을 지정할 수 있게 해주는 등의 기능을 추가로 발전해 나갔습니다.

2023년말부터 여러 많은 곳에서 다양한 AI 비디오 생성 서비스들이 줄줄이 많이 나오기 시작하였습니다. Pixverse, haiper.ai, krea.ai, leonardo.ai, genmo.ai, kaiber 등등 많은 영상 생성 서비스들이 나왔고, viggle.ai, domo.ai, deVut.ai 에서는 기존 영상을 쉽게 만화 등의 스타일의 영상으로 변환해 주거나 특정 캐릭터 이미지를 참조되는 영상의 움직임처럼 따라서 움직이게 만들어주는 것을 제공하여 화제가 되었습니다.

여기에서는 대표적인 비디오 AI 생성 서비스 Runaway Gen, Pika, Stable Video Diffusion에서 영상 생성,
키 프레임 이미지들을 이용한 영상 생성 방법을 제시하는 krea.ai의 영상 생성,
마지막으로, deVut.ai 등에서 기존 영상을 만화 스타일의 영상으로 변환해 주고, 특정 캐릭터 이미지를 참조되는 영상의 움직처럼 따라서 움직이게 만들어주는 것을 알아보겠습니다.

❶ 텍스트나 이미지로 AI 영상 만들기
Runaway Gen, Pika, Stable Video Diffusion

1. Runaway Gen 으로 AI 영상 만들기

생성형 AI 영상 생성 서비스 상용 서비스를 가장 먼저 시작한 Runway Gen 서비스의 영상 생성 방법에 대해 알아보겠습니다.

Runway AI Video는 https://runwayml.com에서 서비스하고 있습니다.
Gen-2 : Text to Video, Image to Video
Gen-1 : Video to Video

동영상 : https://runwayml.com/ai-tools/gen-2-text-to-video/

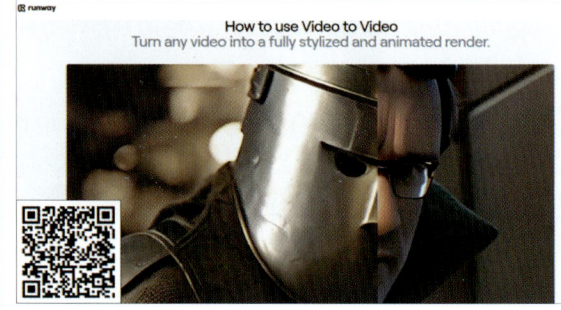
동영상 : https://runwayml.com/ai-tools/gen-1-video-to-video/

서비스 이용 금액은 아래에서 보는 바와 같이, 무료로 조금 사용해 볼 수 있는 Basic 프리부터 여러 요금제가 있으며, 월 $15 달러인 Standard 요금을 가장 많이 사용하고 있습니다. 이용을 위해서는 아래 여러 요금제 중 하나에 가입합니다. 처음에는 무료 basic으로 가입해서 사용해보고 추후 유료로 업그레이드 가능합니다.

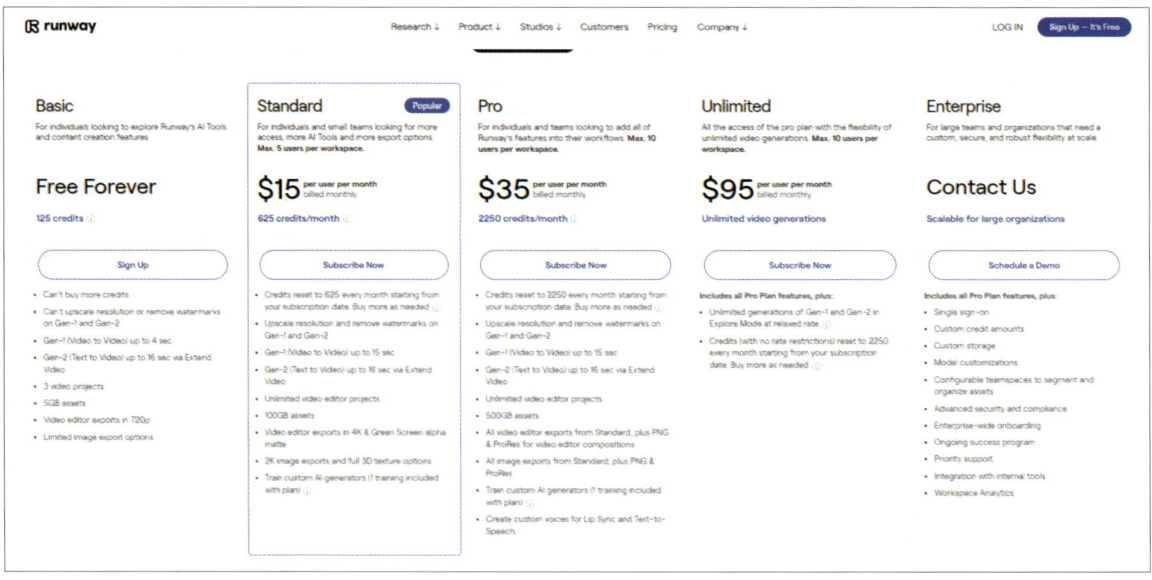

먼저, 텍스트를 통한 영상 생성(Text to Video)을 해 보겠습니다.

서비스 사이트 https://runwayml.com에 로그인한 후 왼쪽 메뉴 중에서 Generate Videos를 마우스 클릭한 후 우측의 Text/Image to Video 부분을 마우스 클릭합니다.

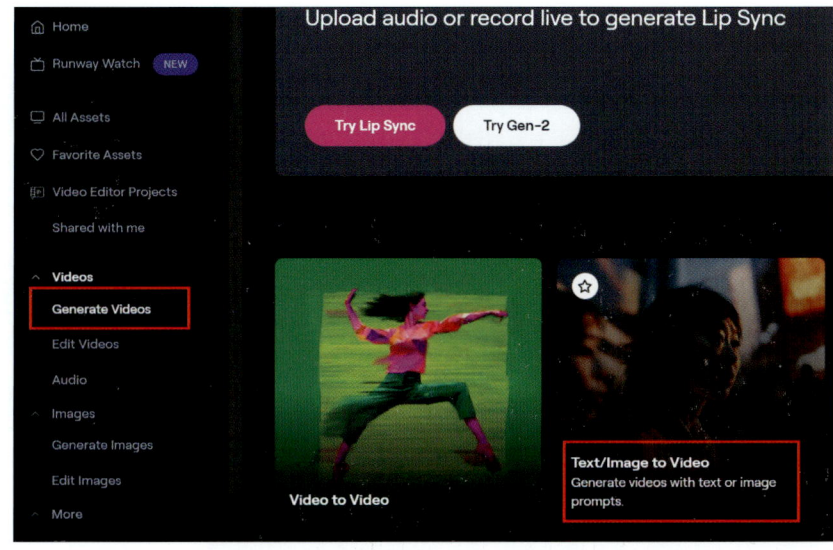

클릭하여 들어가면 아래와 같은 생성 화면이 나옵니다. 이 화면에서 텍스트 입력부분에 prompt 로 "a beautiful girl walking and smiling" 이라 입력하고 하단의 Generate 4s를 클릭하면 생성이 시작됩니다. 몇 분 정도 기다리면 생성이 완료되고 4초 길이의 생성된 영상을 확인하실 수 있습니다.

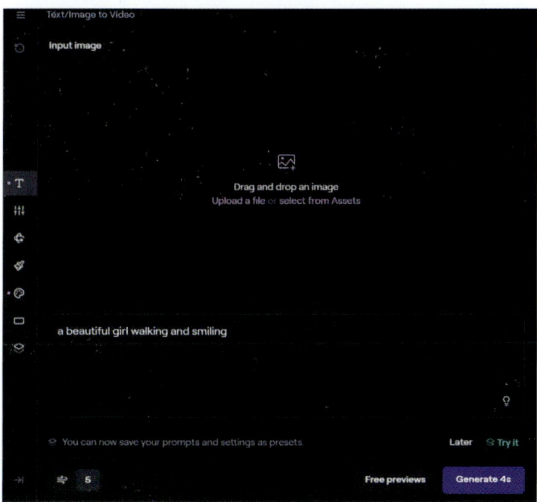

생성 AI의 특성상 만들때마다 다른 영상이 생성됩니다. 운이 좋으면 바로 좋은 영상을 볼 수 있고 좋지 않으면 다시 반복 생성을 시도합니다. 4초로 생성된 영상은 한번 더 Extend 4s 생성해서 총 8초로 영상을 만들 수는 있지만 대부분 영상이 흐릿해지거나 이상한 모양이 되는 경우가 많아 보통 4초 정도로 완료합니다.

다음은 이미지를 통한 영상을 생성(Image to Video)해 보겠습니다. 텍스트를 통한 영상 생성은 제대로 원하는 대로 안 나올 때도 많지만 이미지를 통한 영상 생성에서는 이미 원하는 이미지가 주어짐으로 보다 더 영상이 잘 생성될 수 있습니다.

먼저 Midjourney, Stable Diffusion 등으로 원하는 이미지를 생성합니다. 직접 생성하지 않은 사진이나 이미지도 이용 가능합니다. 고화질 이미지일수록 더 품질이 좋고 더 잘 생성될 수 있으므로 가능하면 고화질 이미지를 준비합니다.

이미지를 업로드하고 아래 쪽에 있는 Generate 버튼을 클릭하면 생성이 시작됩니다. 이미지 내용이나 움직임 등을 설명하는 텍스트 프롬프트를 넣어주어도 되지만 이는 선택 사항입니다.

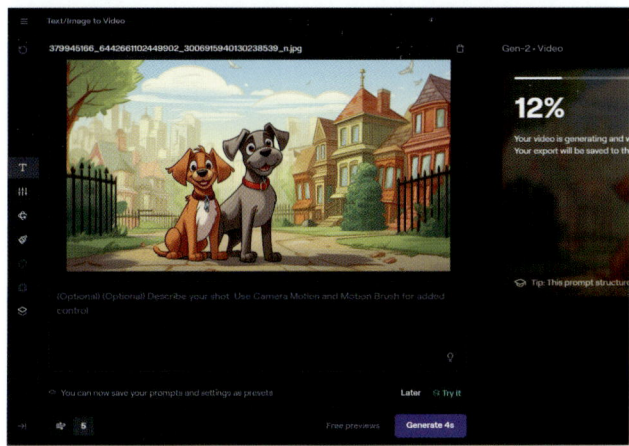

설정 옵션에 대해서 살펴보겠습니다.

아래 쪽에 있는 바람 모양의 아이콘을 마우스 클릭하면 Motion 정도를 선택하는 옵션이 나옵니다. 기본이 5이며 이를 올리면 좀 더 움직임이 크게 생성되고 반대로 줄이면 움직임이 더 덕게 생성됩니다. 숫자가 적으면 움직임이 너무 없어지고 움직임이 너무 커지면 이상하게 생성될 가능성이 더 커질 수도 있는데, 이는 그때마다 다르므로 반복 테스트를 해 보아서 더 좋은 것을 찾는 데 사용할 수 있습니다.

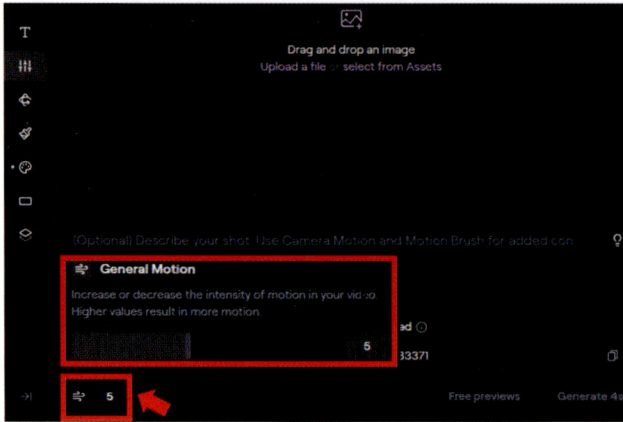

왼쪽에 있는 것 중 아래 화살표가 가르키는 아이콘을 클릭해주면 Resolution 과 seed 설정하는 옵션이 나옵니다. Resolution 해상도를 보다 더 큰 고해상도인 2K로 선택할 수 있으며 이 때는 더 많은 생성 시간이 소요됩니다. Seed는 생성때마다 변경되는데 이를 고정시켜두고 같은 텍스트 prompt 나 같은 이미지를 사용하면 같은 결과의 영상이 생성됩니다.

왼쪽 메뉴 중 회전하는 아이콘을 마우스 클릭하여 보면 카메라 모션을 선택할 수 있습니다. 카메라가 상하좌우 이동하거나 줌인 줌아웃 등으로 지정하여 영상을 생성 할 수 있습니다.

다음은 모션 브러시 기능입니다.

왼쪽 메뉴 중에 블러시 모양을 선택하여 사용할 수 있습니다. 이미지에서 움직임이 있길 원하는 여러 부분들을 마킹해 주는 기능입니다.

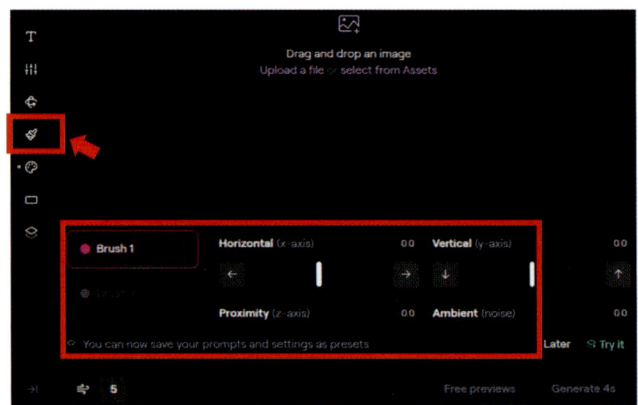

모션 브러시에 대해서는 Runway 에서 제공하는 아래 영상에서 설명해주고 있으니 살펴보시면 도움이 될 것입니다.

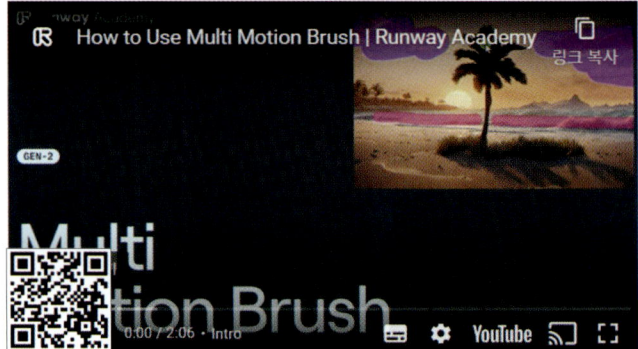

2. Pika.art 로 AI 영상 만들기

이번에는 Pika에 대해서 알아보도록 하겠습니다.
Pika는 https://pika.art/에서 서비스하고 있습니다.

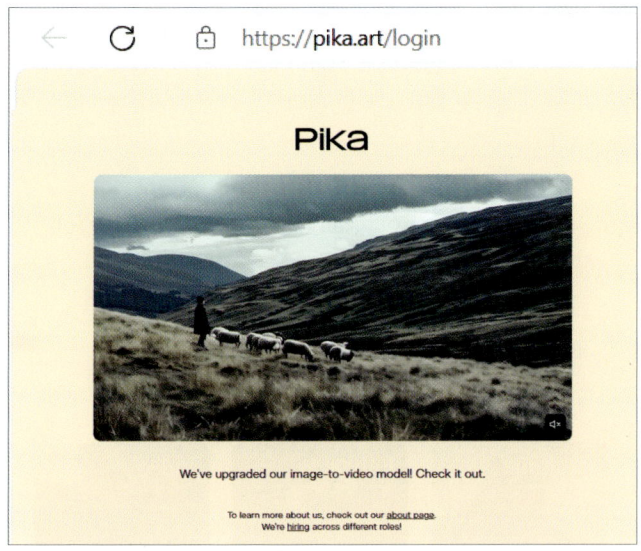

Pika의 요금제는 다음과 같습니다.

월 10$ 요금제를 많이 사용하고 있는 것 같습니다. 처음에는 무료 basic으로 사용해보면서 추후 유료로 업그레이드 가능합니다. 자세한 옵션은 홈페이지에서 확인해보시길 추천합니다.

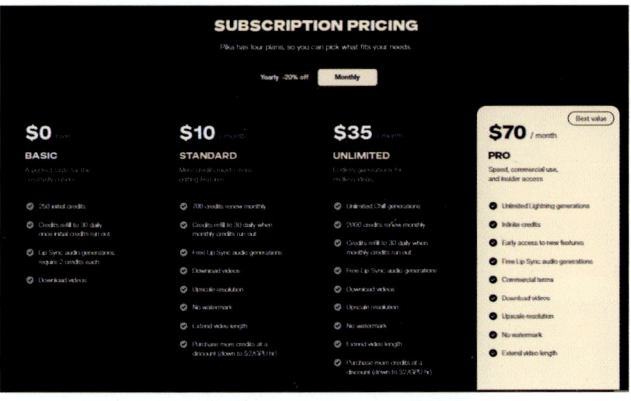

사용법은 Runway Gen과 대부분 비슷합니다.
다음은 Runway Gen 및 Pika 로 생성한 샘플 영상입니다.

[AI 생성 결과 영상 샘플 1]

Text to Video : **prompt "a beautiful girl walking and smiling"**

[AI 생성 결과 영상 샘플 2]

Image to Video : **Midjourney Image gen + Pika**

[AI 생성 결과 영상 샘플 3]

1. Image AI 생성 : **Midjourney**
2. Image to video AI 생성 : **Runway Gen**
3. Sound AI 생성 : **AudioLDM2**
4. 편집 : **Capcut**

❷ 시작 이미지와 끝 이미지로 고화질 영상 만들기
Krea.ai

1. Krea.ai AI _ 시작 이미지와 끝 이미지로 영상 만들기

이전에 AI Video 생성 서비스들은 텍스트로 영상을 생성하거나 시작 이미지 한장으로 생성하게 하는 방식이라서 뒤로 갈수록 어떻게 움직이게 할 수 있을지 만들기가 쉽지 않았습니다. Krea.ai 에서는 처음 시작할 이미지 한장과 변경후에 이미지 한장을 주어 두 이미지 사이에 변하는 영상을 만들 수 있게 해줍니다.

아래 영상에서 Krea.ai 기능을 확인하실 수 있습니다.

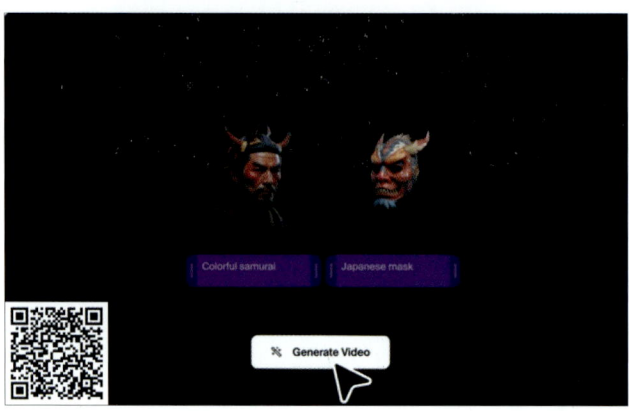

TXT 제공 서비스를 이용하기 위해서는 https://www.krea.ai/ 웹 사이트에서 가입한 후 로그인 합니다. 무료로 조금 사용해 볼 수 있는 free 부터 유료 요금제까지 있습니다. 처음에는 free로 가입해서 사용해보고 추후 유료로 업그레이드 가능합니다.

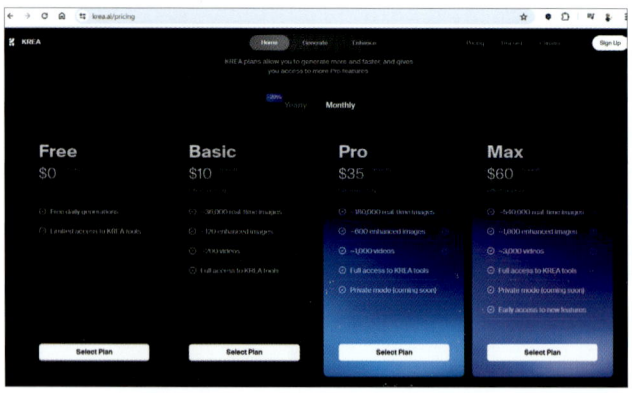

서비스 가입을 한 후 로그인 하면 아래와 같은 화면이 나옵니다. 여기에서 AI Video generation 을 마우스 클릭해 줍니다.

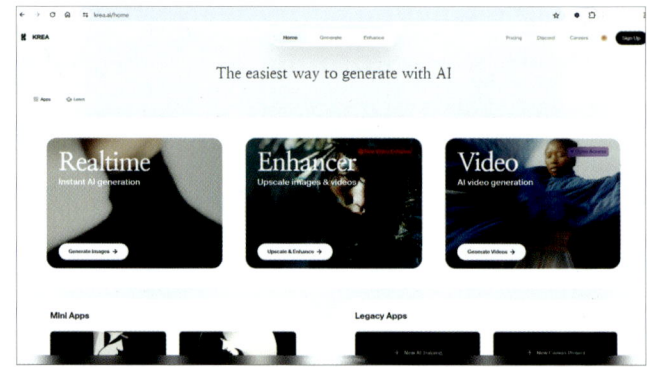

비디오 생성으로 들어가게 됩니다. 아래와 같은 샘플 작업 화면이 뜨거나 한 번 작업을 했다면 이전에 했던 작업 화면이 나옵니다.

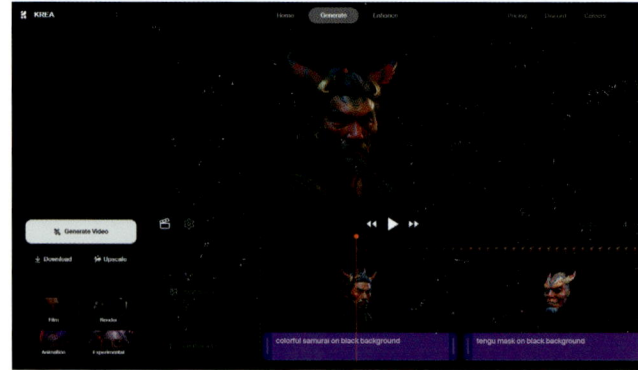

이 화면에서 이미 있는 이미지를 마우스 클릭해 보면 이미지 업로드 창이 나옵니다. 여기서 이미지 추가 버튼을 마우스로 클릭하여 자신의 PC 에 있는 이미지를 선택하여 업로드 가능합니다.

같은 방법으로 두 번째 이미지도 변경 가능합니다.
업로드된 이미지에 마우스를 클릭하고 위 아래로 내렸다 올렸다해보면 숫자가 1에서 0.X 로 변경되는 것을 볼수 있습니다. 이는 이 이미지를 적용할 비율입니다. 숫자가 아무것도 없으면 1로 전체 100% 적용한다는 의미입니다. 지금 이해가 안가도 뒤 쪽 영상에서 다시 설명되니 뒤에 설명 영상을 참조하시기 바랍니다.

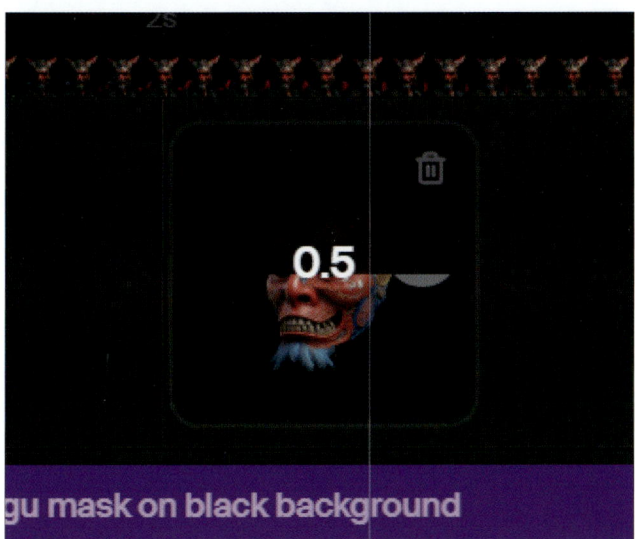

이미지들을 변경했으면 해당 이미지의 설명을 Text prompt 에 적어 줍니다. 영어만 가능합니다.

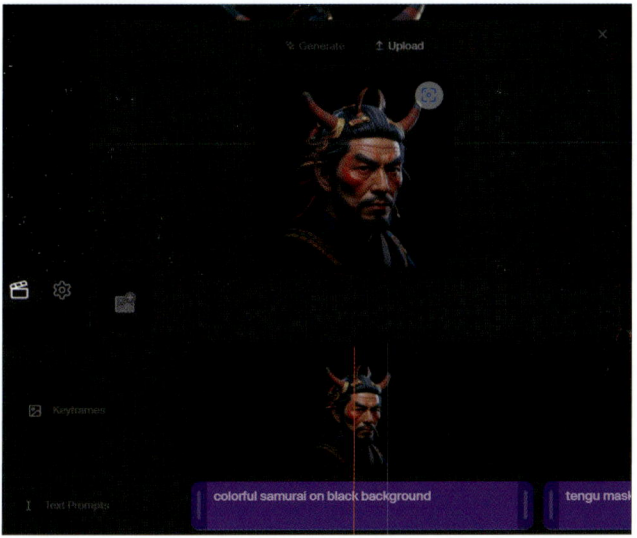

이미지와 Text Prompt 설정이 완료되었으면 왼쪽 하단 메뉴에 있는 Film, Animation 등 원하는 스타일을 선택한 후 Generate video 버튼을 마우스 클릭하면 몇 분 후에 완료됩니다.

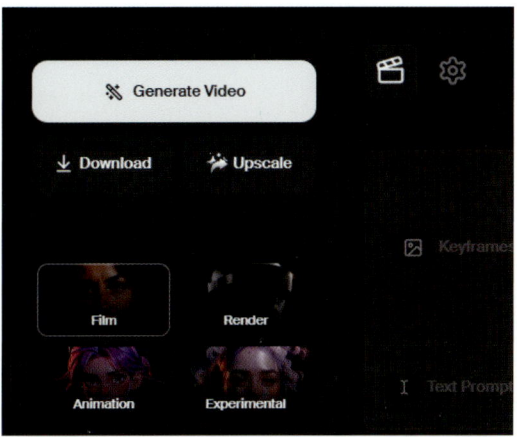

이미지 비중 세팅하기 및 결과 영상은 아래 동영상에서 확인하시기 바랍니다.

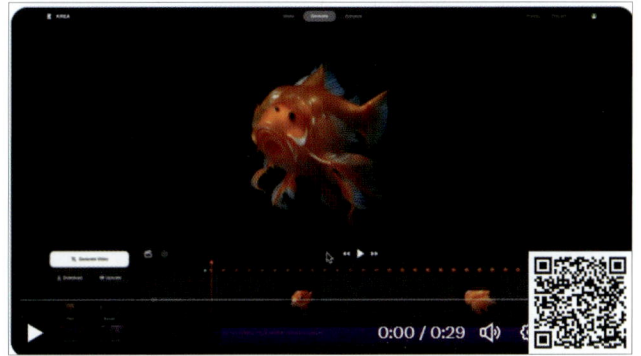

[AI 생성 결과 영상 샘플]

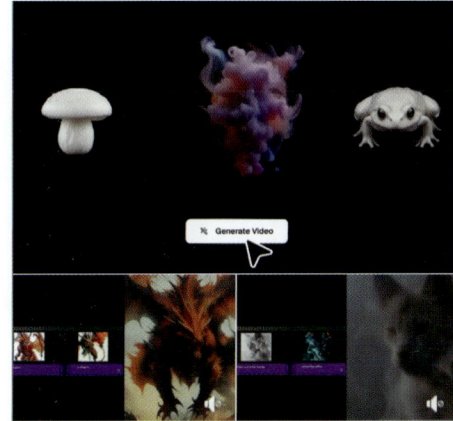

2. Krea.ai AI 고화질 영상 만들기(Upscale Video)

Krea.ai에서는 기존 영상을 더 고화질로 만들어주는 Video Upscale도 제공하고 있습니다.
Krea.ai에서 만든 영상이 아닌 다른 일반 영상들도 고화질 영상으로 변경이 가능합니다.

Korea.ai 홈 화면에서 Enhancer 를 마우스 클릭해 줍니다.

Enhancer 화면으로 가면 가운데에 있는 곳에 영상을 드래그앤 드랍하거나 PC에 있는 동영상을 선택하여 업로드합니다.

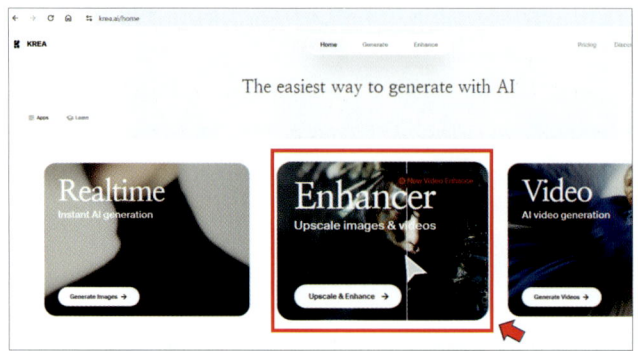
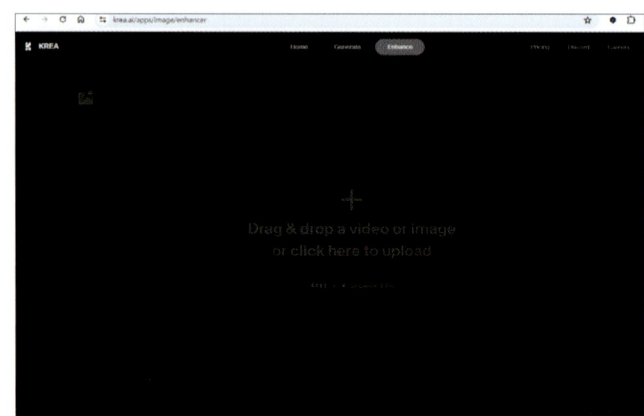

동영상이 업로드되고 나면 해당 영상을 선택하고 오른쪽에 보이는 선택 메뉴 중 Upscaling Factor, 즉 동영상의 크기 확대 비율을 몇배로 할 것인지 선택하고 Enhance 버튼을 마우스 클릭하면 upscale 이 진행됩니다.

Setting (세부 설정) 이 기본적으로 off 인데 이를 클릭하여 on 해 주면 세부 자세한 설정이 가능합니다. 영상을 설명해줄 Text Prompt 를 넣어줄 수 있고, AI가 새롭게 만들면서 수정할 강도 및 자동 칼라 보정 등 세부적인 설정을 변경 할 수 있습니다. 기본 세팅에서 수행해서 결과를 보고 조금씩 변경 반복 생성해 보면서 좋은 결과물을 찾아 볼 수 있습니다.

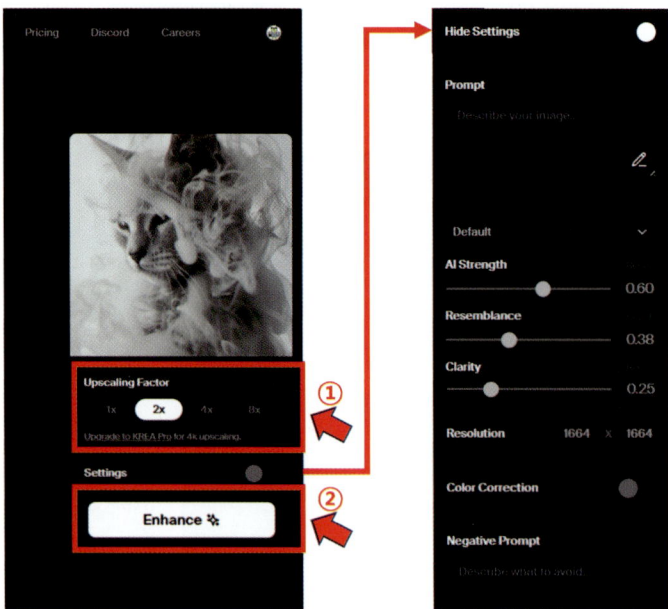

❸ 기존 동영상을 만화 스타일로 변경하기 및 캐릭터 춤추게 하기
DomoAI, deVut.ai, viggle.ai

1. DomoAI, DeVut.ai

기존 동영상을 만화 등 여러 스타일로 변경해주는(Video to Video) DomoAI 는 아래 웹사이트에서 서비스하고 있습니다. 기존에는 discord에서 서비스하고 있었으나 웹사이트에서도 서비스를 제공하기 시작하였습니다.

먼저 https://domoai.app/ 사이트에서 가입을 합니다.
홈페이지에서 나오는 영상을 확인해 보면 어느 정도의 스타일 변환을 제공하는지 먼저 간단하게 확인하실 수 있습니다.

가격은 아래 참고하시기 바랍니다.

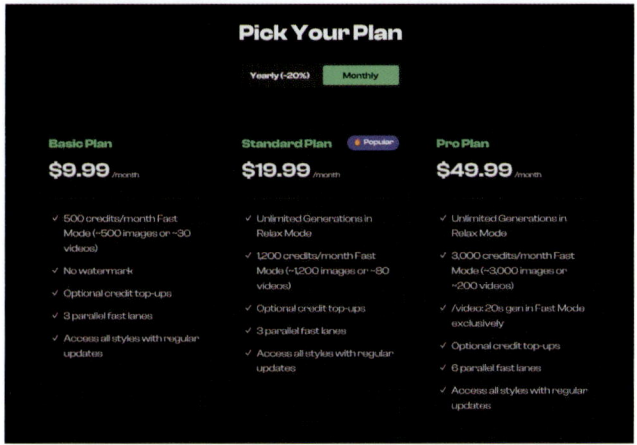

가입하고 로그인하면 아래와 같은 화면이 나옵니다.
Video : Turn video into other styles을 마우스로 클릭해 줍니다.

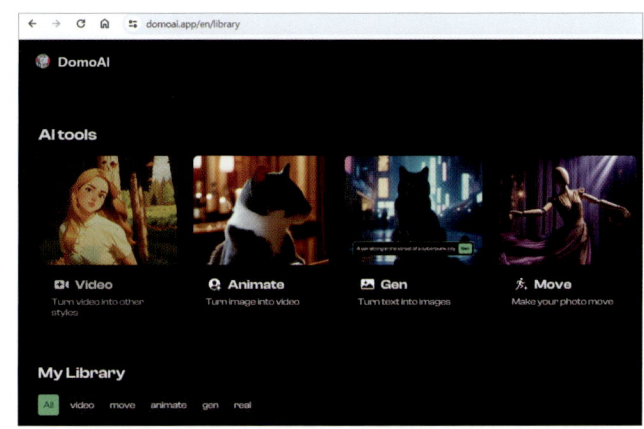

화면에서 변화할 PC에 있는 영상을 업로드 합니다.
그리고 왼쪽 메뉴 중에서 스타일을 선택해 줍니다.

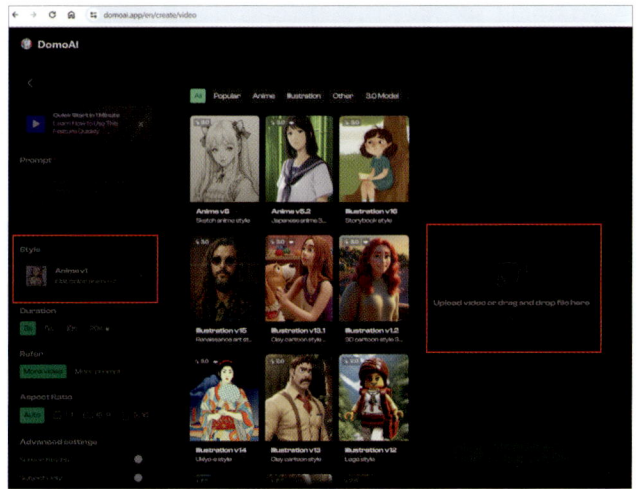

왼쪽 메뉴에서 Prompt 및 영상 시간, 가로세로 비율 등을 세팅하고 오른쪽 아래에 있는 Generation 버튼을 마우스 클릭하면 몇 분 정도 진행되고 영상을 생성해 줍니다.

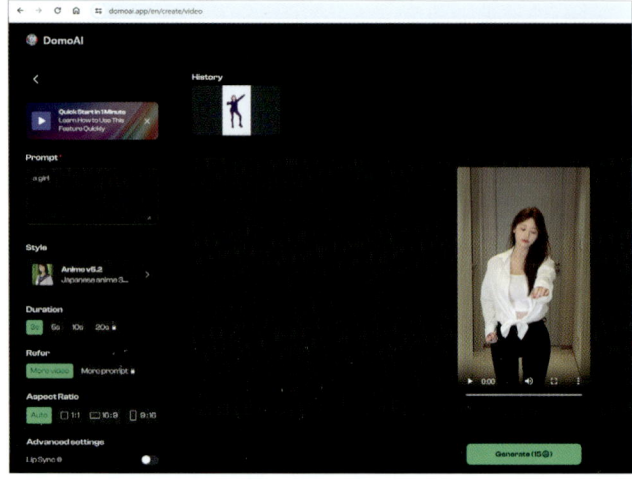

결과 영상은 아래를 확인해 주시기 바랍니다.

[AI 생성 결과 영상 샘플]

[AI 생성 결과 영상 샘플 2]

참고로 DomoAI 이후에 경쟁자로 GoEnhance.ai 서비스도 출시되었습니다.

DomoAI, GoEnhanceAI 와 유사하게 AI 비디오 변환을 해주는 모바일 앱 '데븟타이(deVutai)' 가 우리나라 업체에서 출시되었습니다.

로맨틱, 모자이크 타일, 브론즈 가면, 시크 등의 AI 스타일을 제공하며 변환도 깔끔하게 매우 잘 되며 스마트폰에서 간단하고 쉽게 이용 가능합니다. 처음 기본 무료 제공으로 변환해 볼 수 있읍니다.

스마트폰에서 구글 플레이 및 앱 스토어를 통해 앱을 설치하여 이용하실 수 있습니다.

사용법은 워낙 직관적이고 단순하여 별도 설명은 생략하겠으며, 결과 영상을 확인하시기 바랍니다.

2. 캐릭터 이미지를 춤추게 만들어 주는 Viggle.ai

캐릭터 이미지를 움직이는 영상으로 만들어주는 viggle.ai에 대해서 알아보겠습니다. 이전에는 discord에서 서비스를 제공했는데 웹사이트에서도 제공하고 있습니다. Viggle.ai은 현재 베타 서비스로 무료로 제공되고 있습니다.

Viggle.ai는 두 가지 형태를 제공하고 있습니다.
첫 번째는 mix 방식으로 캐릭터 이미지와 참조할 움직임 영상을 넣어주면 캐릭터 이미지가 참조 영상의 움직임대로 움직이는 영상을 생성하는 것입니다.

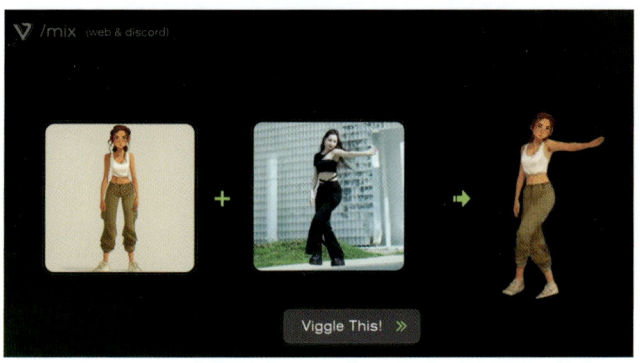

두 번째는 캐릭터 이미지를 넣고 움직임을 설명할 텍스트를 입력하여 주면 캐릭터가 움직이는 영상이 생성되는 것입니다.

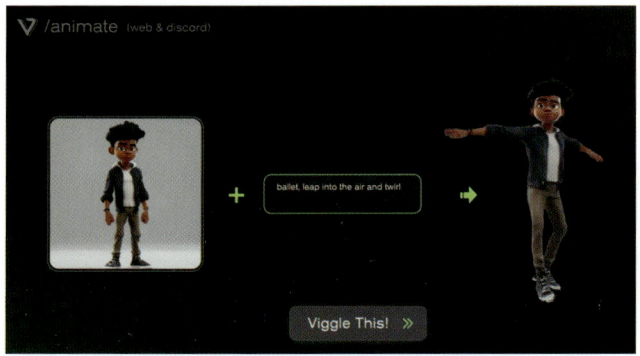

아래의 영상을 보면 기능 및 간단한 방법을 확인하실 수 있습니다.

서비스를 이용하기 위해서는 https://viggle.ai에서 가입한 후 로그인 합니다.

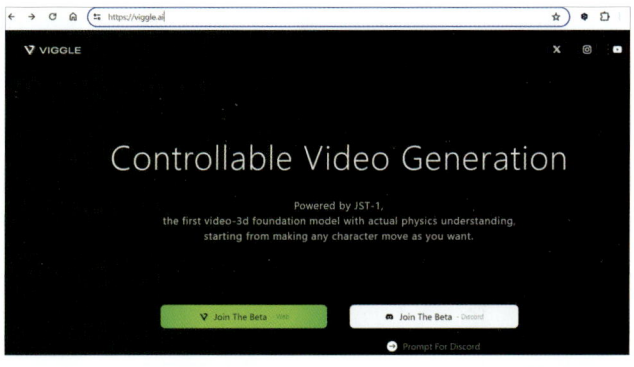

로그인하고 나면 아래와 같은 화면을 볼 수 있습니다. Character 부분에 원하는 사람 전신 사진 또는 만화 캐릭터 전신 사진을 업로드합니다. 배경이 있어도 자동으로 캐릭터만 뽑아서 사용함으로 배경이 있는 이미지라도 이용 가능합니다.

캐릭터 이미지는 Midjourney , Stable Diffusion 등을 통해 전신 인물 이미지로 생성하거나 가지고 있는 이미지나 사진을 이용할 수도 있습니다. Viggle은 전신이 잘 나온 이미지라면 생성한 것이든, 사진이든 꽤 잘 생성됩니다.

Motion 에는 따라할 동작이 있는 영상을 올려줍니다. 영상이 없어도 바로 아래에 있는 Templete 를 눌러보면 viggle 에서 제공하는 동작 영상들을 볼 수 있고 여기에서 선택해 주어도 됩니다.

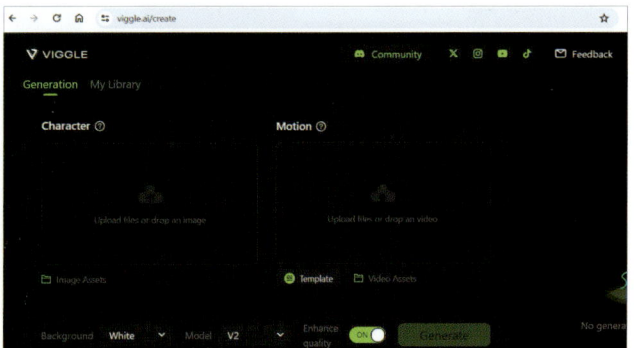

업로드할 캐릭터 이미지와 모션 이미지는 아래 가이드를 참고하여 올려줍니다.

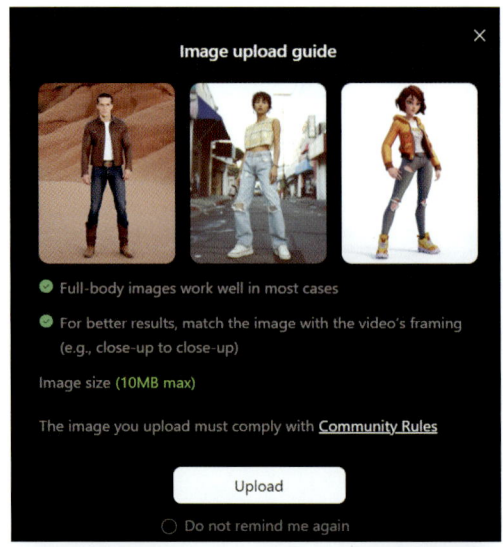

Motion 업로드 부분에서 Template를 마우스 클릭하면 아래와 같이 많은 영상을 볼 수 있으며 자신의 모션 영상을 업로드하지 않아도 이중에서 모션 영상을 선택할 수 있습니다.

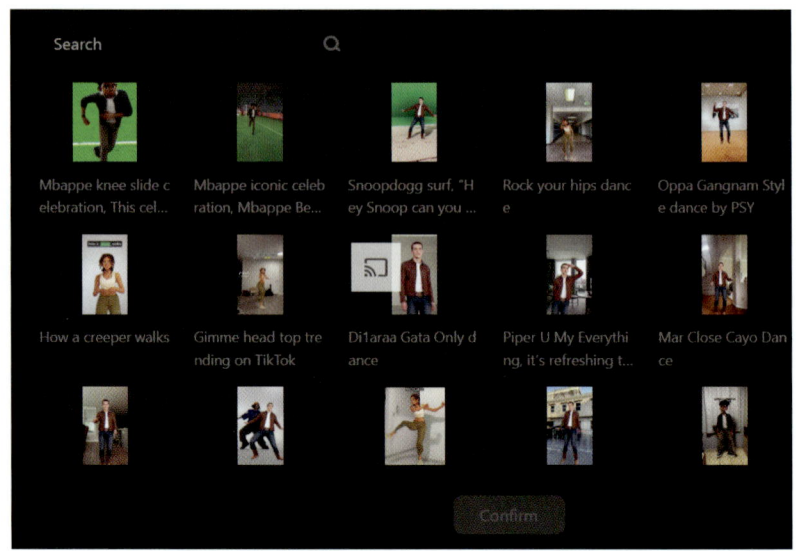

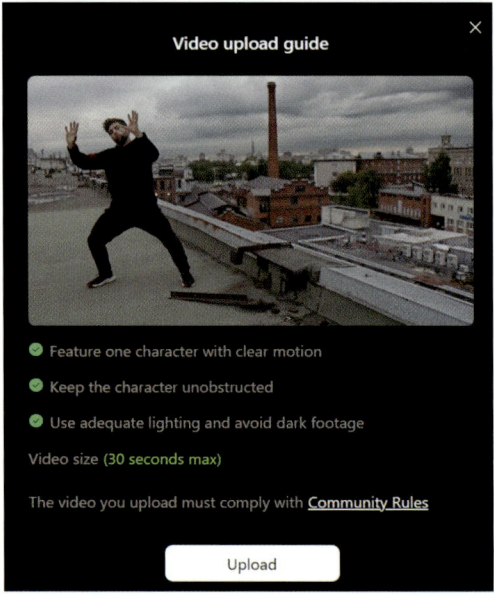

Character와 Motion이 완료되면, 아래쪽 Background를 마우스 클릭하여 White, Grreen 등 선택사항이 나옵니다. White로 두어도 되지만 다른 배경 이미지나 영상과 나중에 합성할 예정이라면 Green으로 선택해 줍니다.

모든 설정이 끝났으므로 이제 Generate 버튼을 마우스 클릭하여 생성해 줍니다. 몇 분 기다리면 생성된 영상을 확인할 수 있습니다.

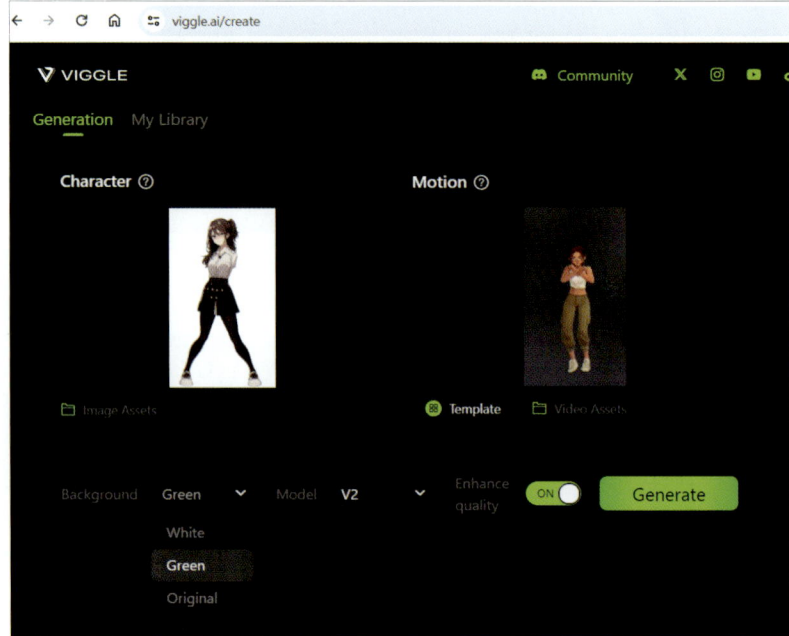

생성된 영상은 Background를 Green으로 선택한 경우 아래와 같은 형태의 영상으로 생성됩니다.

원하는 배경 이미지나 영상을 합성하여 만들려면, 배경 이미지는 Modjourney, Stable Diffusion 등으로 만들고, 앞에서 다루었던 Runway Gen 및 Pika 등을 통해 배경에 적합할 영상을 생성해 줍니다.

캐릭터 영상과 배경 영상을 영상 편집툴을 통해 합성해 주면 합성된 최종 영상이 생성됩니다.

여기에서는 영상 편집툴 사용법을 다룰 것은 아니기 때문에 이는 생략합니다. 인터넷이나 유튜브에서 영상 합성하기 검색해보면 많은 정보가 있으니 이를 참고하시기 바랍니다.

생성 결과 영상들은 아래를 확인해 주시기 바랍니다.

[AI 생성 결과 영상 샘플 1]
1. Image 생성 : **Midjourney**
2. Video 생성 : **Stable Video, Viggle ai**
3. 편집 : **Capcut**

[AI 생성 결과 영상 샘플 2]
1. Image 생성 : **Midjourney**
2. Video생성 : **Viggle ai**
3. 편집 : **Capcut**

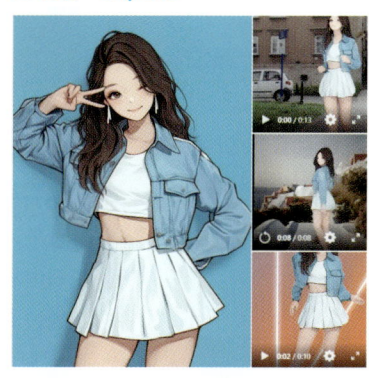

[AI 생성 결과 영상 샘플 3]
1. Video 생성 : **Viggle ai**
2. Music 생성 : **Suno**
2. 편집 : **Capcut**

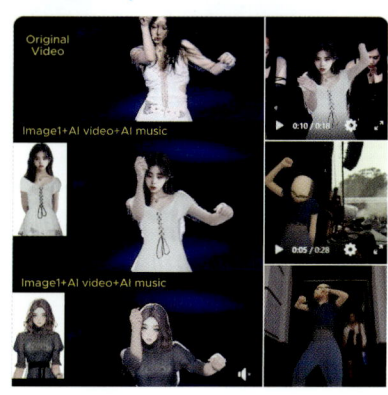

❹ 향상된 AI Video 생성 모델
Sora, Veo, Kling, Luma Dream Machine. Gen-3

기존의 AI Video 생성 결과물이 대부분 움직임이 단순하거나, 몇초(4초내외)의 짧은 영상만 가능하거나, 원하는 움직임을 만들기 힘들다거나 등의 단점도 이야기되고 있습니다.

기술적으로 간단하게 살펴보면 기존의 Runway Gen, Pika 등은 Diffusion U-Net 기반 영상 영상 생성으로 알려져 있습니다. 이 기술을 기반에서는 3~4초 이상이 되면 일관성을 유지하지 못하고 이상하게 변형되거나 변색되기가 쉽고, 움직임이 큰 것을 생성하기 어렵고, 고화질도 쉽지 않았습니다.

이에 새로 나온 기술로 대규모 언어 모델(LLM)에 사용되던 Transformer를 U-Net 대산 사용한 차세대 모델, Diffusion Transformer 가 나왔고 대표적으로 OpenAI 의 Sora 와 Google 의 Veo 가 발표되었습니다. 이후 최신 모델들은 대부분 Diffusion Transformer(DiT) 기반으로 나오기 시작하고 있습니다.

2024년 2월에 발표된 OpenAI 의 Sora 는 기존의 AI Video 생성보다 훨씬 뛰어넘는 품질과 장시간 생성 가능함을 보여주었습니다. 하지만, 특정인들 대상으로 클로즈 베타 서비스를 하고 있고, 아직 일반인 사용은 불가하여 언제 상용 서비스를 시작할 지 많은 사람들이 기다리고 있습니다.

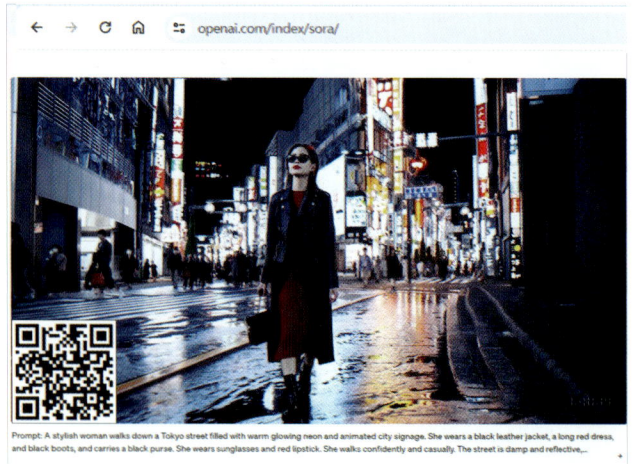

구글은 2024년 5월에 약 1분 길이의 1080 고화질 동영상을 만들 수 있는 AI 모델인 Veo 를 발표하며, OpenAI의 Sora 와 경쟁하게 되었습니다. Google 2024 개발자 컨퍼런스에서 공개된 Veo는 풍경과 타임랩스 촬영 등 다양한 시각적 및 영화적 스타일로 영상을 생성가능하고, 이미 생성된 영상을 편집 및 조정할 수도 있다고 발표하였습니다.

Veo 도 특정인들 대상으로 테스트 중이며, 향후 일반인 대상 서비스 공개 예정에 있습니다.

중국에서도 OpenAI Sora 에 대응하여 기존의 AI Video 생성보다 뛰어넘는 품질과 장시간 생성 가능한 서비스 Kling을 발표하였습니다.

이런 서비스들이 정식 상용화되면 지금보다 더 품질이 좋고 원하는 AI 동영상을 만들 수 있게 될 것으로 보입니다.

아직 OpenAI 와 Google 이 일반인 대상 공개 서비스를 하기전에 미국의 기업 Luma AI에서 Dream Machine 일반인 대상 서비스를 먼저 공개하였습니다.

기존 Runway Gen및 Pika와 어떻게 다른지는 아래 영상을 보시면 확인이 가능합니다.

서비스를 사용하려면 홈페이지로 가서 회원 가입을 합니다.

https://lumalabs.ai/dream-machine

한달동안 30개 생성까지 무료로 가입해 사용할 수 잇는 free 요금제가 있습니다. 먼저 무료 요금제로 가입하여 사용해보고 이후 유료 요금제를 고려해 볼 수 있으며, 유료 요금제로는 $29.99 ~ $499.99 까지 가격이 있습니다.

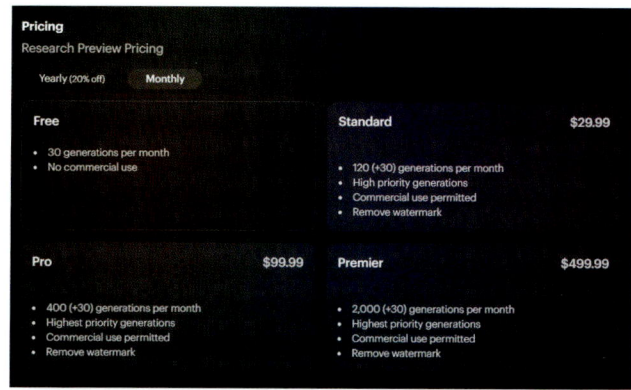

로그인하고 나면 아래와 같은 생성화면으로 들어갑니다. 만약 생성 화면이 아니면 오른쪽 상단에 있는 Create 를 마우스 클릭해 줍니다.

1) Text to Video
텍스트만으로 생성을 위해서는 텍스트 입력 장소에 생성할 텍스트를 넣어주고 실행합니다.
입력 예) "A beautiful Korean girl walking on city street."

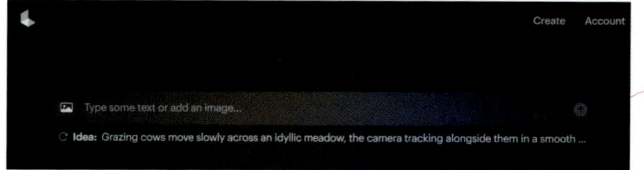

2) Image to Video
텍스트만으로는 원하는 화면 장면이 나오기 쉽지 않고, 품질 좋은 이미지로 시작하는 것이 품질이 더 좋아질수 있기 때문에 가지고 있는 좋은 이미지를 사용하거나, 이미지 생성에 전문적인 Midjourney 나 Stable diffusion 을 통해 생성된 이미지를 이용합니다.

화면에서 이미지 아이콘이 있는 곳을 마우스 클릭하면 PC에서 파일을 선택할 수 있으니 이미지를 선택해 주면 이미지가 업로드됩니다. 이미지가 업로드된 다음 텍스트 입력란에 설명에 해당하는 텍스트를 적어주고 실행하면 생성됩니다.

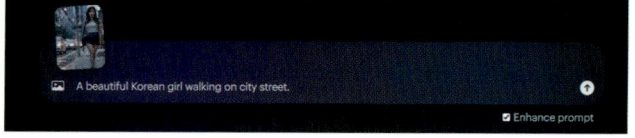

입력하고 나면 "Enhance Prompt"가 보이는데 이것이 활성화되어 있으면 프롬프트를 간단하게만 입력해도 프롬프트를 자동으로 더 보완해서 영상이 생성됩니다. 이를 비활성화시키면 자동으로 보완하지 않기 때문에 작성자가 자세히 잘 작성해 주어야 합니다. 보통 활성해주고 사용합니다.

일반적으로 프롬프트 텍스트는 인물이나 사물의 특징, 카메라 모션이나 액션, 배경 묘사 등을 넣어주면 됩니다.

[AI 생성 결과 영상 샘플 1] - 광고 스타일
1. Image 생성 : **Midjourney**
2. Video생성 : **Luma Dream machine**
3. Sound & Music : **Stable Audio**
4. 편집 : **Capcut**

[AI 생성 결과 영상 샘플 3] - 영화 스타일
1. Image 생성 : **Midjourney**
2. Video생성 : **Luma**
3. Music / Sound : **Stable Audio**
4. 편집 : **Capcut**

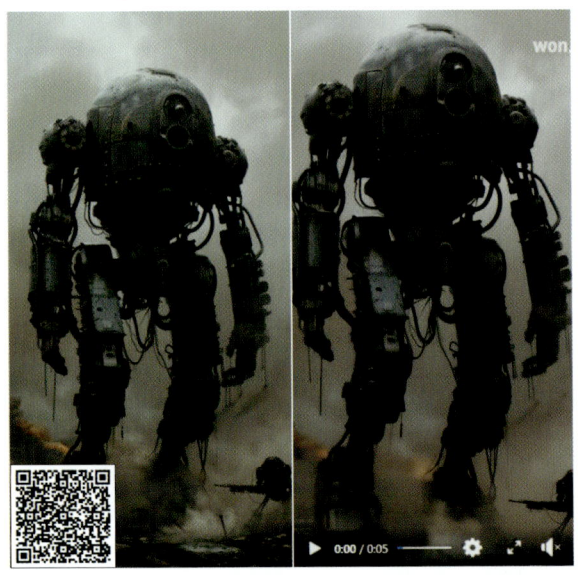

[AI 생성 결과 영상 샘플 2] - 뮤직비디오 스타일
1. Image 생성 : **Midjourney**
2. Video생성 : **Luma**
3. Music / Vocal : **Suno**
4. 편집 : **Capcut**

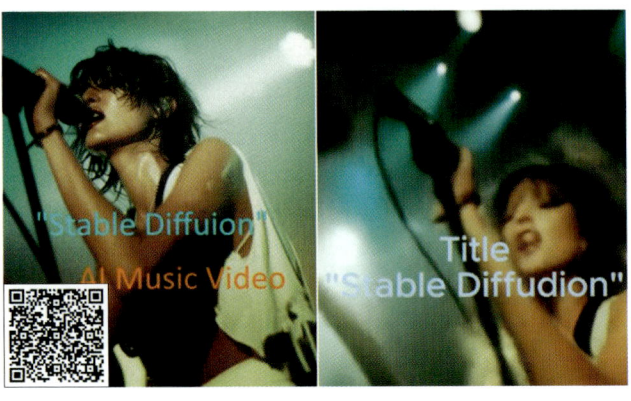

기존 AI 비디오 생성 강자였던 Runway도 차세대 모델로 Gen-3 Alpha 를 발표하였습니다. 기존 Gen-2 보다 더 긴 시간 및 자연스럽고 더 큰 움직임을 생성할 수 있어 Sora 등과 경쟁할 것으로 보입니다. 아직 일반인 대상 서비스는 하지 않고 잇고 추후 사용 서비스 예정입니다.

최신 동영상 생성 기술들로 만들어져 사람들에게 많은 관심을 불러일으킨 예시를 몇개 소개하겠습니다.

[AI Music Video 해외 크리에이터 제작 사례]
Music : ChatGPT, Suno ai
Video : DreamMachine, Gen-3, Kling
Image : Midjourney, Stable Diffusion

[AI Game Video Trailer 해외 크리에이터 제작 사례]
image : Midjourney, Megnific, Stable Diffusion
video : Kling
dubbing : ElevenLabs

5. AI Video 생성 더 나아가기

AI Video를 생성하는 방법에 있어, 복잡하고 설치가 필요한 것들도 있지만 이런 것들은 제외하고, 쉽고 간단하게 이용 가능한 AI 생성 서비스들을 이용한 AI Video 생성의 기본적인 방법들을 설명하였습니다.

여기에서 소개 못했던 AnimateDiff, SVD, SD Webui, ComfyUI 등의 직접 설치 및 구성하여, 여러가지 다양한 활용 및 복잡한 작업들을 통해 보다 더 원하는 것을 생성하는 방법들도 나오고 있습니다.

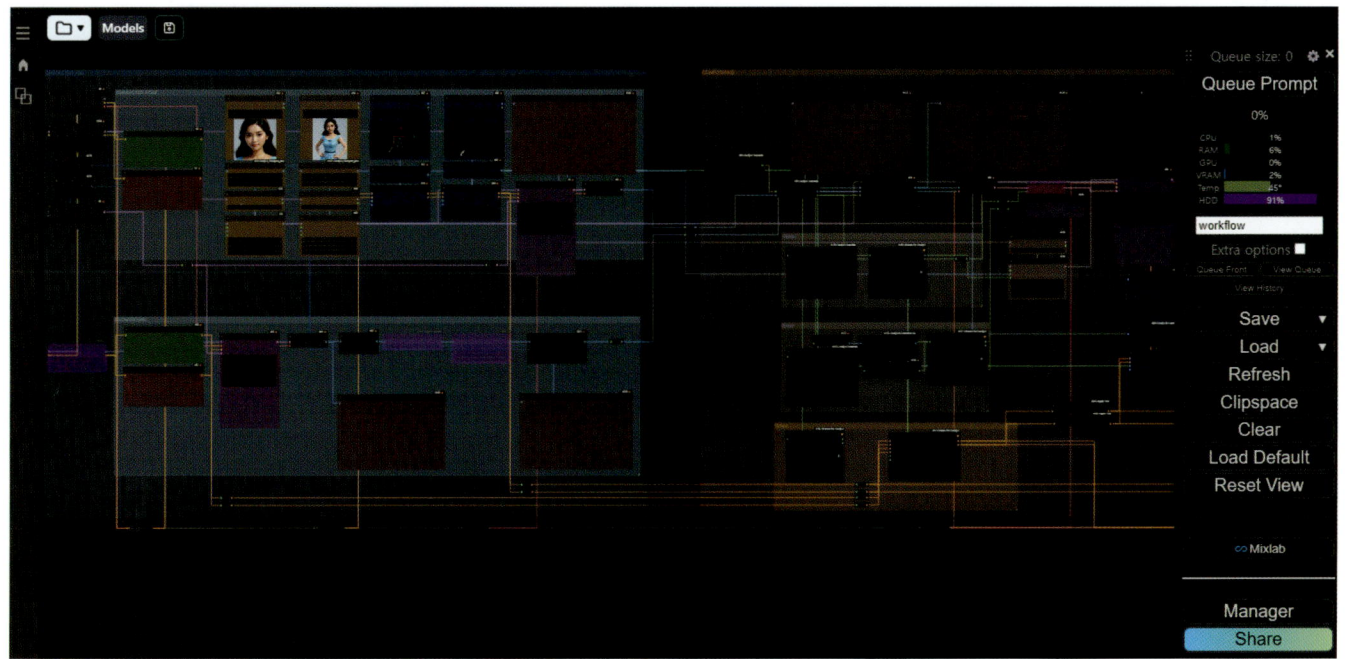

아래 ComfyUI 동영상 설정에서 볼 수 있듯이 동영상에도 초당 프레임수(FPS:Frames per second), 코덱(H264,H265…), 포맷(mp4,webm…), CRF(Constant Rate Factor, Quality) 등 관련 지식이 있다면 좀 더 이해할 수 있고 워크플로우를 수행하는데 도움이 될 수 있습니다.

동영상 관련 지식이 없는 분은 디펄트 값을 주로 사용하게 될 것이고, 반면에 저처럼 원래 동영상관련된 일을 하던 사람들은 이런 내용을 알기에 좀 더 상황에 맞게 사용할 수도 있습니다.

AI가 알아서 해줄 수도 있지만(설정되어 있는 그대로만 쓴다면), 좀 더 고급 옵션, 원하는 대로 또는 좀더 상황에 맞게 직접 컨트롤해서 사용하려면 관련 지식이 필요해질 수 있습니다. 물론 향후 동영상 AI 기술이 점점 더 진화되어 이런 부분마저도 AI가 다 알아서 하는 순간이 오고 진짜 기획력만 필요한 때가 올 수도 있을 것 같습니다. 하지만 그 때는 또 다른 전문 기술이 필요해지지 않을까도 싶습니다.

크리에이터들이 많은 시도와 여러 복잡한 작업들을 통해 기존의 한계를 어느정도 벗어나고 원하는 대로 생성하는 방법들을 모색해 가고 있습니다. 기술 연구자들은 더 향상된 기술 논문들을 계속 발표하며 기술 발전이 하루가 다르게 이루어지고 있습니다.

또한, AI로만 작업을 다 완료하려 하지 말고, AI로 작업하고 나서 부족한 부분은 포토샵, 비디오 편집 툴 등 기존 것들을 같이 활용하고 수정하여 완료함으로 결국은 좋은 결과물을 만들 수도 있습니다.

이런 부분들은 많은 설명과 여러 워크플로우를 거쳐야 함으로 전문적인 강의들을 찾아보시고 더 확장해 나아가실 바라며, 추후 이 부분을 다루는 전문적인 도서가 나오길 기대해봅니다.

AI 작업 관련한 하나의 예를 들어보겠습니다.
A라는 크리에이터는 AI 영상 생성을 간단히 해보고 품질이 낮고 원하는 대로 나오지 않아 못 쓰겠다 결정하고 손으로 작업했습니다. 반면에 B라는 크리에이터는 AI 영상 생성 모델을 통해 영상을 생성하고 나서, 품질을 향상시키는 AI 모델을 적용하여 기존 생성된 영상을 재생성해 보았습니다. 원하는 품질이 나오지 않았습니다만, 여기서 머무지 않고 세팅 값을 변경하며 다시 여러 번 시도해 보기도 하고 다른 품질 향상 AI 모델도 찾아서 적용해 보았습니다.

이런 노력 끝에 어느정도 원하는 결과를 얻었습니다. 하지만 아직도 일부 이상한 부분도 있고 첨집도 필요해 할 정도로 부족하였습니다. 일부 이상한 부분은 포토샵 및 영상 편집툴을 통해 조금 수정하였습니다. 결과적으로 원하는 품질의 좋은 AI 생성된 영상 결과물을 만들어 냈습니다. B 크리에이터는 자신이 진행한 내용을 인터넷이나 강의를 통해 공개했습니다.

어떤 사람은 위의 A 크리에이터처럼 조금 알아보고 나서 못 쓰겠다 결정하고 몇일동안 손작업으로 10% 정도 작업하고 있었습니다. 그런데 그 옆에 사람은 위의 B 크리에이터의 글이나 강의를 보고 작업하였습니다.
물론 쉽게 단번에 알아서 생성형 AI가 뚝딱 만들어 주지는 않았습니다. 여전히 시행착오와 노하우를 접목한 추가 작업이 필요했습니다. 또한, 손작업보다는 더 빠르게 작업을 끝내고 제출할 수 있었습니다. 게다가 작업하면서 자신은 생각지도 못했던, 기존에 익숙한 구도만 사용하던 것이 아닌 다른 것도 AI가 보여주어 새로운 것도 추가하게 되었습니다.

비록 가상의 시나리오지만, 충분히 가능한 이야기이지 않을까요? 생성형 AI를 포토샵이나 프리미어처럼 하나의 도구로써 잘 익혀서 이용하거나, 또는 자신의 작업의 보조로써 활용한다면 충분히 자신의 작업에 도움이 되지 않을까요?

AI 동영상에 대한 관심이 높아지면서 AI 영화제가 열리기도 하였고 제1회 두바이 국제 AI 영화제에서 우리나라 권한슬 감독 <One More Pumpkin>(원 모어 펌프킨)이 대상을 받았으며, 영화의 모든 장면과 음성은 실사 촬영과 CG 보정이 없는 순수 생성형 AI만으로 만들었다고 합니다.
또한, 2024 BIFAN(부천국제판타스틱영화제) AI 영화 수상작으로는 배준원 감독의 폭설(Snowfall)이 선정되었으며 AI로 제작된 영상들이 공개되었습니다.

[One More Pumpkin]

[폭설(Snowfall)]

'살인자ㅇ난감' '눈물의 여왕' 등 국내 드라마에서도 이미 생성형 AI가 사용되었으며, 눈물의 여왕 2회 방송에서 주인공이 눈 덮인 자작나무 숲을 걷는 환각 장면은 생성형 AI가 만든 것이라고 합니다. 덕분에 해외 풍경을 촬영해 와야 하는 수고와 비용을 덜 수 있었다고 합니다.

 또한, 광고계에서는 LG유플러스가 생성형 AI를 이용해 제작된 광고를 TV광고하였으며 경우 기존 광고 대비 제작비는 25%, 제작 기간은 33% 정도 줄였다고 밝혔습니다. (출처 : https://www.aitimes.com/news/articleView.html?idxno=160002)

 벤처비트는 동영상 생성 AI가 영화의 역사를 바꿔 놓을 중요한 계기가 될 수 있다는 내용의 글을 게재했습니다.
(출처 :https://www.aitimes.com/news/articleView.html?idxno=160657)

이 글에서는 AI는 영화 사상 여섯번째 찾아온 혁명이고 아마도 가장 중요할 수 있는 것이라고 말하고 아래와 같이 분류하였습니다.

순번	영화 기술혁명
1번째	무성영화 시대(1878~1929년)
2번째	사운드/토키 시대(1927~1950년대 초반)
3번째	컬러영화 시대(1930년대~1960년대)
4번째	캠코더/홈 비디오 시대(1970년대 후반~1990년대)
5번째	인터넷과 모바일 기기 시대(1990년대 후반~현재)
6번째	AI 영화 시대

이전 영화	AI 영화
실제 인물을 촬영하거나 전문 도구를 사용할 만큼 숙련	역사상 처음으로 일반 사람들도 몇분 또는 몇 초 만에 상상을 영화로 만들 수 있다는 점에서 가장 큰 혁명
외부에 초점을 맞춤	내부에 집중. 즉, 외부 도구나 외부 배우, 외부 관객과의 관계가 아니라, 창작자 내면의 감정과 아이디어가 영화 제작의 모든 것. 이점이 가장 영향력 있는 혁명의 이유

AI의 데이터 무단 학습이 정당화되지는 않겠지만, AI는 궁극적으로 '인간의 표현을 위해 인간이 사용하는 도구'이며, 모든 새로운 기술과 예술은 이전으로부터 영감을 받았다. 즉, 우리는 이처럼 모두 '거인의 어깨 위에 서 있다' 고 말하고 있습니다.

마지막으로 조지 루카스 감독의 말을 적어보며 글을 마무리해보겠습니다.

"AI 도입은 불가피하다. '나는 자동차가 움직이지 않을 것으로 보며, 그냥 말을 타고 다니겠다'는 식으로 말해 봐야 소용없다. 세상은 그런 식으로 돌아가지 않는다."

ComfyUI로 구축해 보는
웹툰 자동화 프로세스

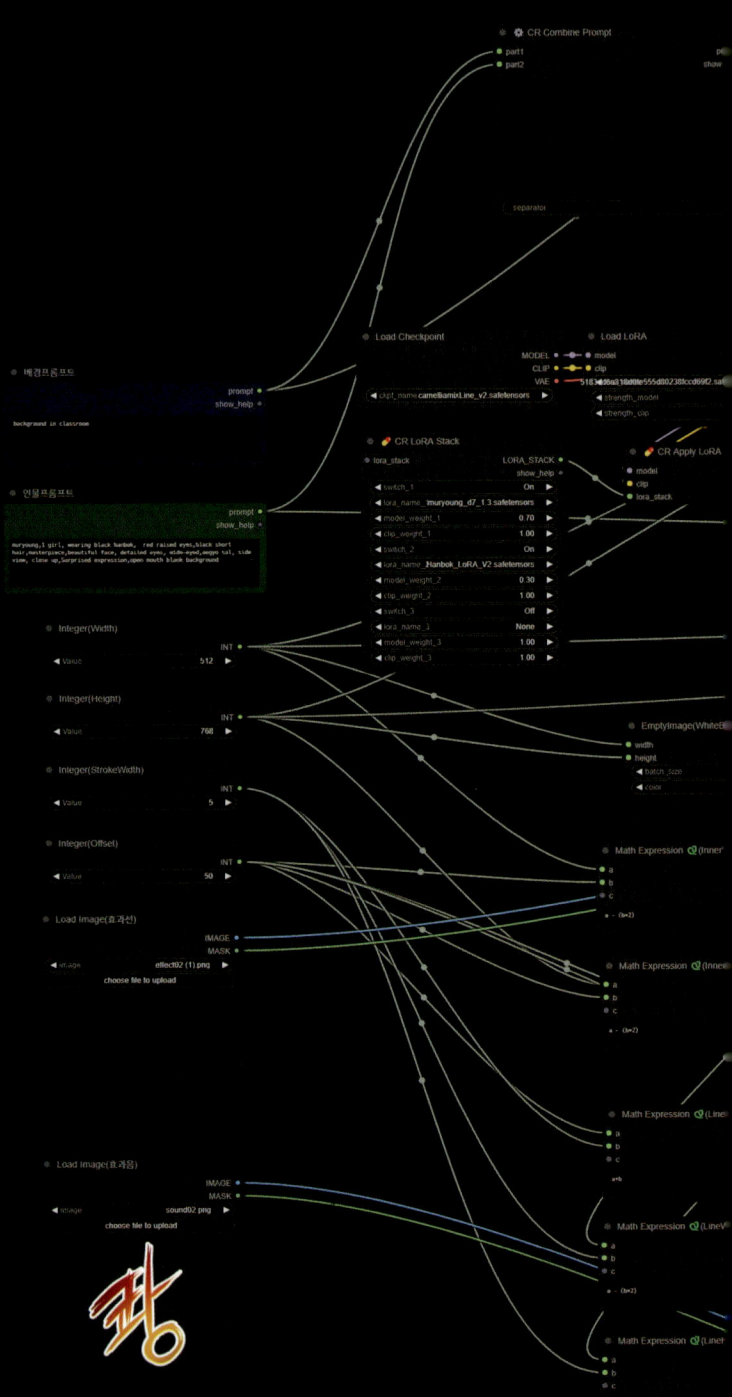

조지훈

웹툰 개발자 / 작가
labica@gmail.com

크리에이터, 아마추어 만화기호학자. 『웹툰 스케치업』, 『클립스튜디오 마스터』, 『클립스튜디오 2.0』 등의 책을 집필했다. 공주대학교 메타버스 수업, 웹툰 상생 프로젝트 AB프로젝트 참여, 웹툰 관련 강연 다수 진행하면서 적당히 벌고 아주 잘 살자가 삶의 목표이다. 스스로는 크리에이터이자 아마추어 만화 기호학자라고 생각하고 있으며, 그림, 3D, 프로그래밍, AI 등 웹툰에 관련된 이슈에 관심이 많은 개발자이다.

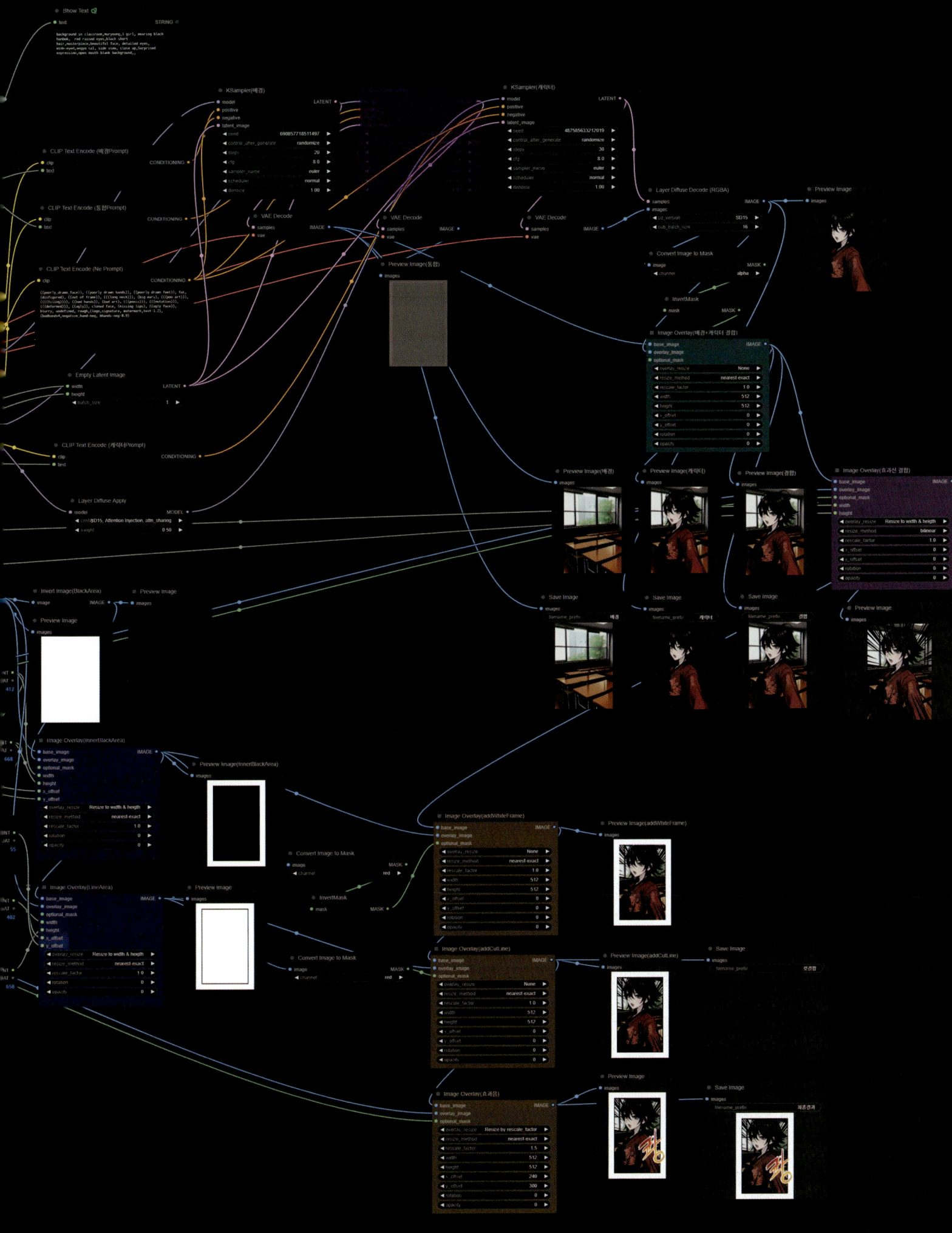

들어가며

❶ 웹툰. 세계로 뻗어나가는 새로운 예술.

웹툰은 출판 만화로부터 시작되었지만, 자신만의 영역을 개척해 더 크게 성장하고 있습니다.
웹툰은 출판 만화처럼 정지된 그림과 글을 기반으로 합니다만, 화려한 디지털 컬러와 훨씬 단순해져 읽기 편해진 연출 문법, 출판보다 상대적으로 적은 생산과 배포 비용, 광대한 컨텐츠량이라는 매체적 특징으로 그 영역을 빠르게 넓혀가고 있습니다.

웹툰 특성상 다양한 스토리를 독자에게 빠르게 시도할 수 있고, 이를 기반으로 더 고도화된 IP로 확장할 수 있습니다.

실제 많은 [이태원 클라쓰], [스위트홈], [살인자ㅇ난감] 등 다양한 웹툰 작품이 드라마화되어 성공적으로 확장되었습니다. 현재 많은 웹툰 작가와 에이전시가 웹툰 시장에 뛰어들어 경쟁하고 있는 이유기도 합니다.

❷ 웹툰 제작과 AI

웹툰의 특징으로 인해, 웹툰 제작은 일반적인 일러스트레이션 제작과는 달라져야 합니다.
단순히 예쁜 그림을 그리는 것을 넘어, 컷과 컷이 연결되어 하나의 이야기를 탄생시키는 과정이 필수입니다. 캐릭터, 배경, 구도, 시간의 흐름, 감정 표현 등 다양한 요소가 유기적으로 어우러져야 합니다. 마치 퍼즐 조각을 맞추듯 세심한 노력이 필요한 과정입니다.
이때 Stable Diffusion와 같은 AI 도구를 활용하면 웹툰 제작 과정이 한결 수월해집니다. 인공지능의 힘을 빌려 웹툰의 복잡한 요소들을 효율적으로 다룰 수 있고, 작가는 작품에 더 집중할 수 있습니다. AI를 통해 적은 시간과 노력으로 퀄리티 높은 웹툰 제작에 한 걸음 더 다가설 수 있습니다.

❸ 웹툰 에이전시가 주목해야 할 포인트

- 개인 작가와 달리 웹툰 에이전시는 상업적 가치를 더 많이 고려해야 합니다.
- 고도화된 시스템으로 대중의 니즈를 반영한 웹툰을 빠르게 제작할 수 있어야 합니다.
- 여러 전문가들이 분업화된 제작 환경에서 각자의 전문성을 발휘하는 것도 중요합니다.
- AI에 특화된 전문 팀을 운영해 생산성을 높여야 하는 이유입니다.
- 웹툰 에이전시는 시나리오 의도에 정확히 맞는 컷을 빠르게 만들어야 합니다.
- 동시에 더 나은 결과를 위해 다양한 바리에이션도 고려해야 합니다.
- 말풍선, 효과음 등의 요소도 자연스럽게 녹여낼 필요가 있습니다.
- 불필요한 작업은 최적화, 자동화해서 생산성을 높이는 것도 주요 목표입니다.
- 이 모든 과정을 하나의 흐름으로 만드는 것, 그것이 바로 웹툰 에이진시가 AI를 이용해야 하는 이유입니다.

❹ 쉽게 끓이는 라면 vs 레스토랑의 고급 요리

이미지 생성 AI인 Stable Diffusion는 현재 Automatic1111과 ComfyUI, 2가지 길이 있습니다.
Stable Diffusion을 도입하고자 하는 웹툰 에이전시라면 둘 중 어떤 것을 선택해야 할지 많은 고민이 될 것입니다.

이 둘은 어떤 차이가 있을까요?
Automatic1111와 ComfyUI는 각각 즉석 밀키트와 고급 수제 요리에 비유할 수 있습니다.
Automatic1111의 WebUI는 간편하게 사용할 수 있는 툴입니다만, 주어진 범위 안에서만 활용할 수 있다는 점이 아쉽습니다.
마치 즉석 밀키트처럼 간편하지만 정해진 범위 안에서 즐겨야 하는 것과 유사합니다.

반면, ComfyUI는 노드 기반으로 처음부터 끝까지 강력한 컨트롤이 가능합니다. 하지만 그만큼 AI에 대한 깊은 이해가 뒷받침되어 있어야 합니다. 마치 레스토랑의 요리사가 밀가루를 고르고, 육수를 자신만의 레시피로 만들어 본인이 원하는 정확한 맛의 요리를 만드는 것과 유사합니다.

웹툰 에이전시에게는 ComfyUI가 최적의 선택일 수 밖에 없습니다.
명확한 방향성 아래, 전문적인 컨트롤로 차별화된 웹툰을 완성할 수 있기 때문입니다.
고급 레스토랑의 셰프가 되어 나만의 레시피로 특별한 요리를 선보이는 셈이죠.

❺ ComfyUI로 웹툰 제작에 도전!

이번 챕터에는 ComfyUI를 활용해 웹툰 컷을 직접 만들어 볼 예정입니다.
웹툰 스튜디오에서 사용할 수 있는 ComfyUI 작업 과정을 따라가면서 전문 웹툰 작업에 필요한 기술들을 함께 살펴보겠습니다.

1. 설치해야 할 커스텀 노드

ComfyUI 설치 방법은 이 책의 '26p' 또는 '최돈현' 님의 챕터에 나와 있으니 참고하시기 바랍니다.
이 글을 보시는 분들은 커스텀 노드를 설치하는 방법을 이미 알고 있다는 가정 하에 설명합니다.
이번 내용에는 다음과 같은 커스텀 노드가 필요합니다. 미리 설치해 두시기 바랍니다.

❶ ComfyUI Manager

ComfyUI 유저라면 필수적으로 설치해야 하는 ComfyUI Manager 입니다.
ComfyUI Manager를 사용하면 다른 커스텀 노드를 손쉽게 설치하고 관리할 수 있을 뿐만 아니라 ComfyUI 업데이트도 훨씬 쉬워집니다.

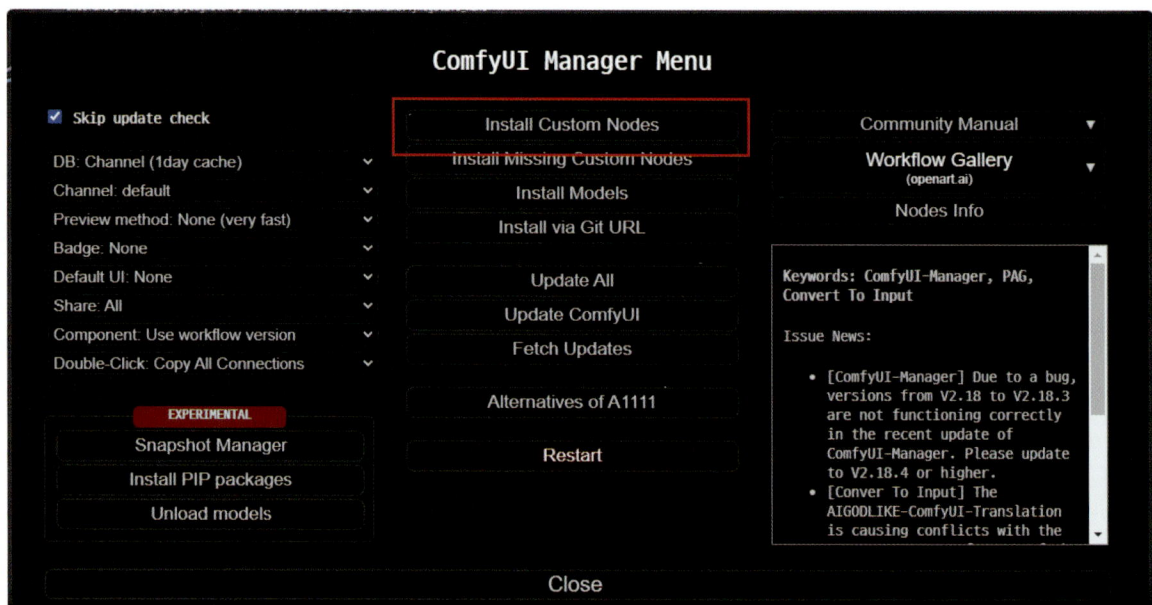

ComfyUI Manager의 설치방법은 이 책의 '27p' 또는 '최돈현' 님의 챕터에 나와 있으니 참고하시기 바랍니다.

ComfyUI Manager Menu에서 중앙의 Install Custom Nodes를 누르면 다양한 커스텀 노드를 설치하고 관리할 수 있습니다.
이후 이 챕터에서 필요한 커스텀 노드들을 설치하신 후 진행해 보시기 바랍니다.

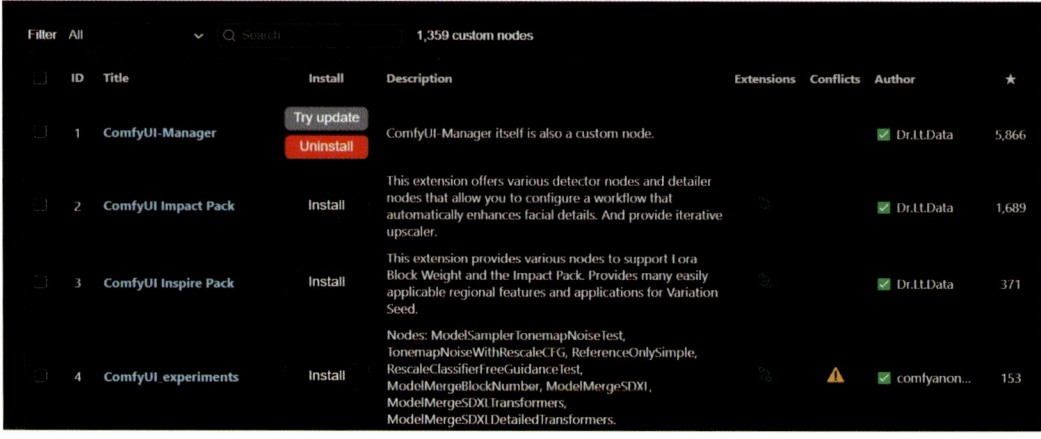

❷ Comfyroll Studio

다방면으로 많은 도움을 주는 기능들이 포함되어 있는 멋진 플러그인입니다.

강좌 전반에 사용하고 있으니, 꼭 설치해두세요.

 공식 페이지: https://github.com/Suzie1/ComfyUI_Comfyroll_CustomNodes

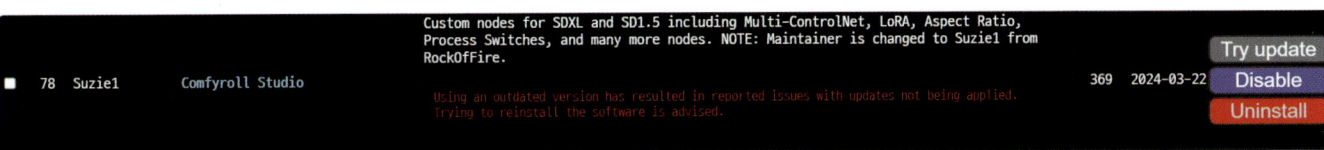

이번 챕터에서 주로 사용하게 되는 노드는 아래와 같습니다.

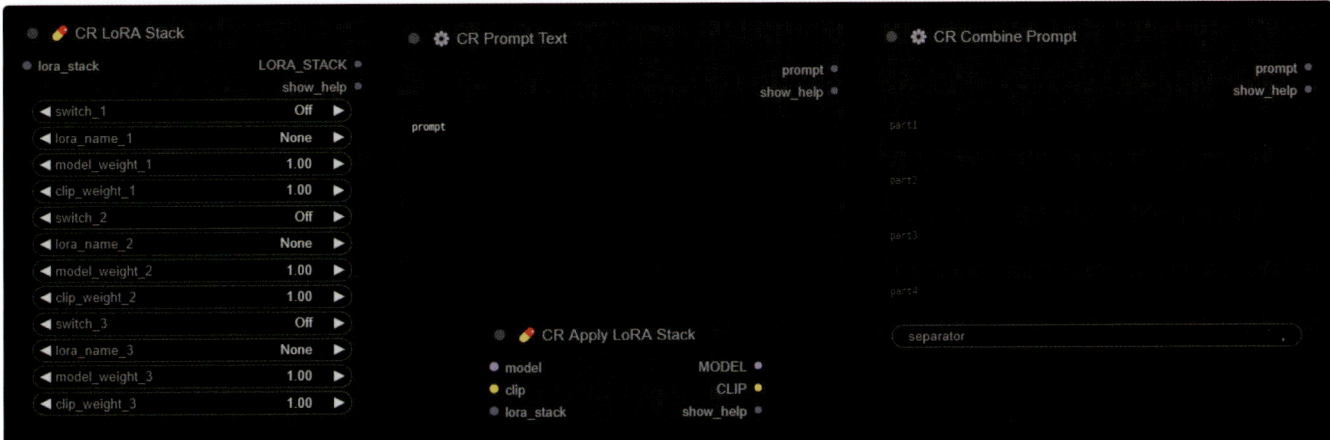

❸ Efficiency-nodes-comfyui

Comfyroll Studio와 유사하게 다양한 기능을 제공하는 커스텀 노드입니다.

 공식 페이지: https://github.com/LucianoCirino/efficiency-nodes-comfyui

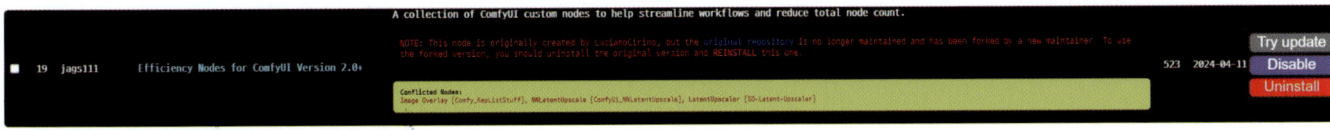

이번 강의에서 주로 사용하게 되는 노드는 아래와 같습니다.

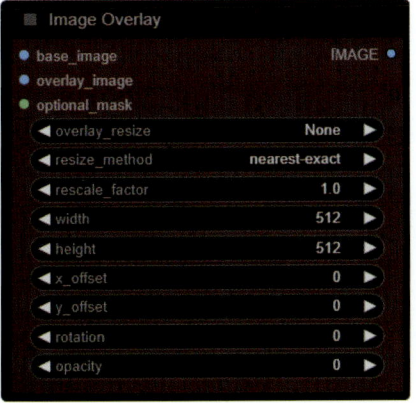

❹ ComfyUI-Layer Diffuse

ComfyUI-Layer Diffuse는 ComfyUI에서 투명 이미지를 만들 수 있는 Layer Diffusion 을 사용할 수 있도록 해주는 플러그인입니다. 웹툰 작업은 캐릭터와 배경을 분리해 작업하는 과정이 필수이므로, 이를 지원하는 ComfyUI-Layer Diffuse 역시 필수 커스텀 노드라고 할 수 있습니다.

공식 페이지: https://github.com/huchenlei/ComfyUI-layerdiffuse

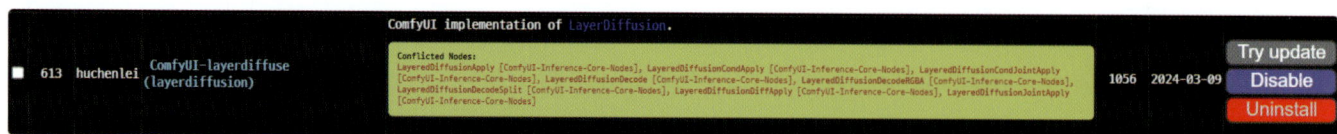

이번 강의에서 주로 사용하게 되는 노드는 아래와 같습니다.

❺ IPAdapter-plus

IPAdapter-plus는 이미지를 입력해 이미지를 제어할 수 있는 커스텀 노드입니다.

IpAdapter-plus는 다양한 학습 모델이 필요하며, 모델들의 폴더 위치도 모두 다릅니다. 원래는 일일이 다운 받아야 하지만, 편의를 위해 정리해 두었습니다.

아래 표 혹은 공식페이지의 정보를 참고해서 미리 모델 폴더에 설치해두세요.
폴더 이름에 맞게 복사해 넣으시면 됩니다.

공식 페이지: https://github.com/cubiq/ComfyUI_IPAdapter_plus

모델 종류	예제 폴더	설치 폴더
Clip Vision 모델	instantLoRA₩clip_vision	ComfyUI/models/clip_vision
ipAdapter 모델	instantLoRA₩ipadapter	ComfyUI/models/ipadapter
LoRA 모델	instantLoRA₩loras	ComfyUI/models/loras

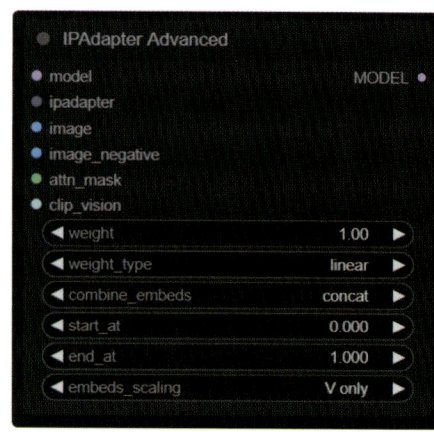

❻ Derfuu_ComfyUI_ModdedNodes

Integer 등 숫자에 관련된 노드들을 사용하기 위한 커스텀 노드입니다.

공식페이지: https://github.com/Derfuu/Derfuu_ComfyUI_ModdedNodes

숫자를 입력하기 위한 입력칸을 만들 수 있습니다.

❼ ComfyUI-Custom-Scripts

ComfyUI-Custom-Scripts 역시 다양한 기능의 커스텀 노드들을 사용할 수 있습니다.

특히, Workflow를 PNG로 멋지게 출력해 주므로, 워크플로우를 팀의 다른 사람들과 공유하기에 좋습니다.

공식 페이지: https://github.com/pythongosssss/ComfyUI-Custom-Scripts

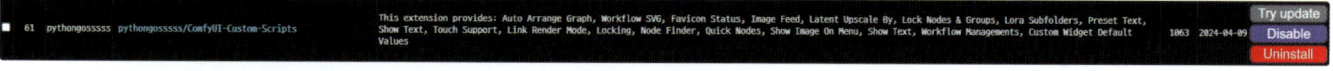

글자를 보여주는 show text 노드도 ComfyUI-Custom-Scripts에 포함되어 있습니다.

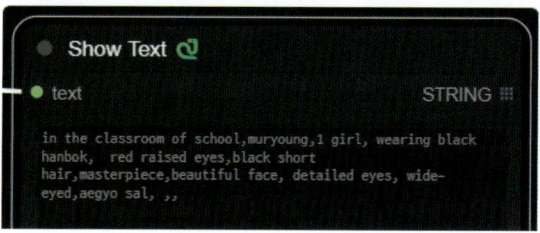

빠진 커스텀 노드 쉽게 설치하는 방법

온라인에는 멋지게 만든 ComfyUI 노드가 많으며, 쉽게 가져다 쓸 수 있습니다.

다른 사람의 노드를 가져와 사용하다 보면, 빠진 커스텀 노드가 있을 경우 경고 창이 뜨며, 해당 노드는 빨간색으로 보이게 됩니다.

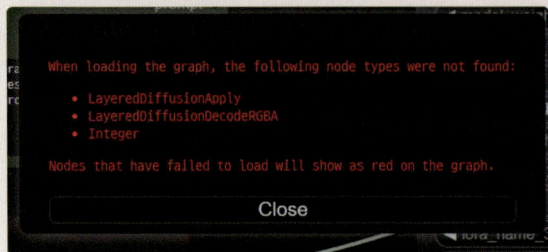 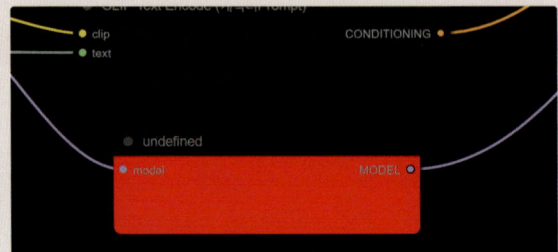

이 경우, ComfyUI Manger의 Install Missing Custom Nodes를 사용하면 빠진 커스텀 노드를 확인하고 설치할 수 있습니다.

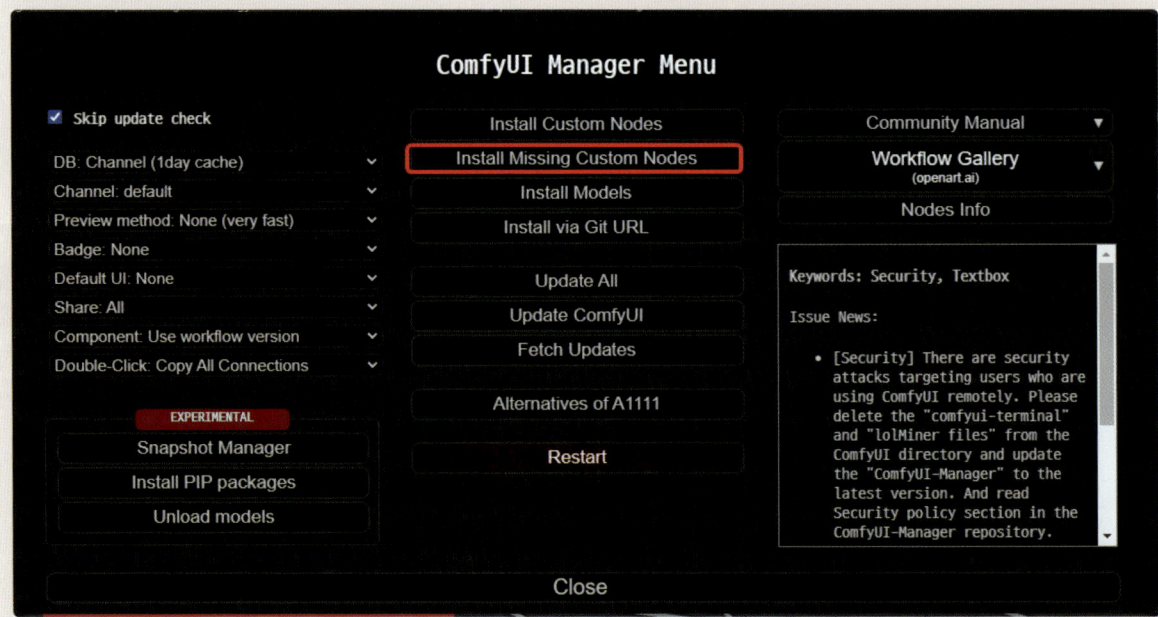

빠진 노드리스트와 인스톨할 수 있는 버튼이 보입니다.

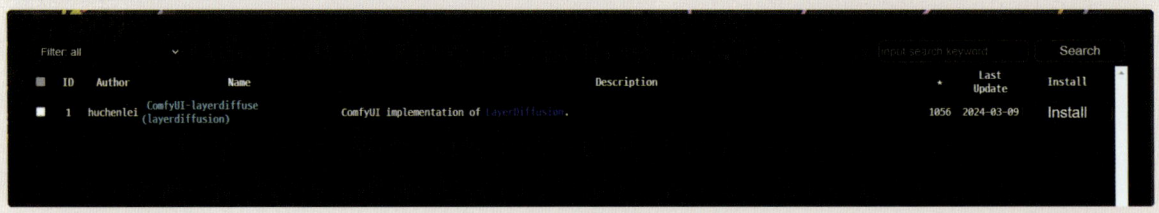

워낙 다양한 커스텀 노드가 있으므로, 매우 자주 사용하게 되는 기능입니다.

혹시나 제가 설명 중 빠트린 노드가 있다면, 위 방법을 이용해 설치해주세요~

2. 웹툰 캐릭터를 만드는 두 가지 방법

웹툰 프로세스에서 중요한 부분은 원하는 캐릭터를 일관성 있게 구현하는 것입니다. 하지만 AI로 웹툰을 만드는 과정에서 캐릭터 일관성을 유지하는 것은 쉽지 않습니다. 일관성이 높아질 록 많은 제작 비용이 들어가게 되므로 고민이 필요합니다.

자주 등장하고 독자의 시선을 끄는 주연 급에는 높은 비용을 들여야 합니다. 반면, 한 두 번 등장하고 마는 이른 바 '지나가는 선비'의 경우 비용을 줄이는 것이 좋습니다.

이러한 비용 배분을 통해 전체 작업 비용을 효율적으로 관리할 수 있습니다. 지나가는 선비의 디테일한 설정을 디자인할 필요는 없습니다. 당장은요.

❶ 캐릭터 일관성을 높이는 두 가지 방법

Stable Diffusion의 txt2img로 생성된 이미지는 일반적으로 일관성을 가지기 힘듭니다. 이는 마치 매번 다른 사람이 같은 설명을 듣고 동일한 그림을 그려야 하는 상황과 비슷합니다. 설명되지 않은 부분은 각자의 감각대로 채워 넣어야 하기에 매번 디테일이 달라지게 되며, 이는 일관성을 해치는 원인이 됩니다.

일관성을 유지하는 것은 중요한 문제이므로 이를 위한 다양한 기법들이 등장했습니다.

1. 추가 학습을 이용하기 (LoRA)

여러 장의 이미지와 관련된 태그를 AI가 추가로 학습해서 캐릭터 일관성을 높이는 방법입니다.
과거에는 1000장 이상의 이미지가 필요했으며, 학습 시간도 24시간 넘게 걸리기 일쑤였습니다. 그 이후 LoRA라는 방식이 등장해 20~40장의 이미지와, 30분 내외의 학습 시간만으로 좋은 퀄리티의 결과물을 얻을 수 있게 되었습니다.

2. 이미지 레퍼런스 이용하기(IpAdapter)

- IpAdapter를 사용하면 긴 시간이 필요한 추가 학습을 하지 않고도 2~4장의 이미지로 즉석에서 일관성을 높일 수 있습니다.
- LoRA와 비교해서 InstantLoRA라고 부르기도 합니다.
- 장점은, 추가 학습이 필요 없기에, 빠르게 원하는 캐릭터를 생성할 수 있습니다.
- 단점은 추가 학습에 비해 일관성이 떨어지고, 참고할 요소를 정확히 명시하기 힘들다는 점입니다.
- 현재, 점점 기술이 발전하면서 IpAdapter의 성능과 일관성도 높아지고 있습니다.

❷ 웹툰 내 캐릭터 용도 별 다른 기법 사용

웹툰 제작이라는 관점에서 보면 앞서 소개한 두 가지 방법은 장단점이 명확합니다.

웹툰 에이전시 프로세스에서는 다양한 캐릭터를 효율적으로 구현해야 합니다. 그러기 위해서는 각 기법의 장단점을 명확히 파악하고, 필요에 맞춰 적절한 기법으로 캐릭터를 구성해 나갈 필요가 있습니다. 웹툰의 주인공이나 주연 급 캐릭터의 경우 독자가 가장 자주 보고 애정을 담는 존재입니다.

이 경우 캐릭터의 일관성이 떨어지면 그만큼 웹툰을 읽을 때 몰입이 깨질 가능성이 높습니다. 그렇기 때문에 학습 시간이 오래 걸려도 더 나은 결과를 제공하는 LoRA로 학습을 하는 것이 유리합니다. 반면, 조연이나 엑스트라 등의 캐릭터들은 매회마다 등장하진 않습니다. 하지만 매번 다양한 인물들이 다양하게 등장합니다. 단편적으로 등장할 뿐이므로, 일관성이 많이 필요하진 않습니다. 이 경우는 준비 기간이 많이 들고, 신경을 써야 하는 LoRA보다는 IpAdapter를 이용해 즉석에서 생성해 사용하는 쪽이 유리합니다.

인물 타입	등장 비중	사용하는 학습 기법
주인공/주연/주연급 조연	높음	LoRA
엑스트라	낮음	IpAdapter

이 챕터에서는 각 방법을 다뤄보고 장단점을 직접 살펴보도록 하겠습니다.

3. 캐릭터 LoRA를 이용한 웹툰 캐릭터 생성하기

먼저 주인공 급 캐릭터를 만들기 위해 LoRA를 이용한 캐릭터 생성부터 진행해 봅시다.

이번에 사용할 캐릭터는 제 웹툰 세계관 Universe 巫(무)에 등장하는 '무령' 캐릭터입니다.
제가 미리 학습한 무령 LoRA를 사용할 것입니다.

무령 캐릭터는 한복을 입고 있습니다.

이 한복을 구현하기 위해, 캐릭터용 LoRA와 함께 한복용 LoRA, 디테일 조정을 위한 add detail LoRA까지 3가지를 복합적으로 이용했습니다.

아래는 실습에 필요한 LoRA 파일들이니 LoRA 폴더에 넣어두세요.
LoRA용 폴더는 ₩ComfyUI₩models₩loras₩ 입니다.

파일명	용도
muryoung_d7_1.3.safetensors	무령 캐릭터용 LoRA
Hanbok_LoRA_V2.safetensors	한복용 LoRA
add_detail.safetensors	디테일 조정용 LoRA

LoRA를 불러오는 노드 종류를 LoRA Loader라고 부릅니다.
LoRA Loader 기본으로 제공하는 Loader 이외에도 다양한 커스텀 노드에서 편리한 Loader들을 제공하고 있습니다.

여기서는 앞서 설치한 Comfyroll Studio의 CR LoRA stack을 사용하도록 하겠습니다.
여러 LoRA를 동시에 사용하면서, 빠르게 on/off 할 수 있어 편리합니다.

❶ CR LoRA Stack란?

CR LoRA Stack 은 Comfyroll Studio에서 제공하는 노드 중 하나 입니다.

CR LoRA Stack는 LoRA를 담는 3칸짜리 보관함 역할의 CR LoRA Stack과, 이를 적용하는 역할을 담당하는 CR Apply LoRA Stack 로 이루어져 있습니다.

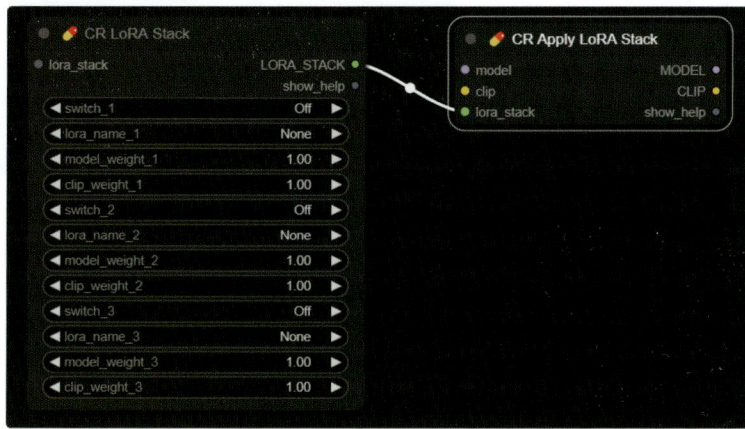

두 기능이 분리되어 있어, 여러 개의 CR LoRA Stack를 쌓아 6개 이상의 LoRA를 적용하는 것도 가능합니다.

기능 사용 여부는 switch 항목을 이용해 켜고 끌 수 있어 편리합니다.

❷ LoRA 세팅하기

앞서 설명한 것처럼 '무령' 캐릭터는 3개의 LoRA를 사용합니다. 3가지 LoRA를 Stack에 쌓아봅시다.

CR LoRA Stack 노드를 추가하고, 필요한 LoRA를 설정합니다.

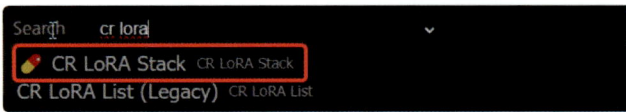

아래와 같이 적용해봅시다.

첫번째 LoRA는 무령 LoRA를 가중치 0.7로, 두번째 LoRA는 한복 LoRA를 가중치 0.3으로, 세번째 LoRA는 디테일 LoRA를 0으로 하되 스위치는 꺼 두어서 필요할 때만 켤 수 있도록 설정합니다.

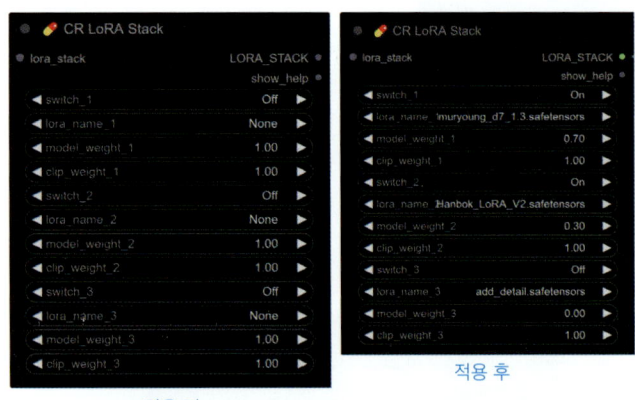

적용 전 / 적용 후

LoRA Stack 이 끝났으면, CR Apply LoRA Stack 노드를 생성해 연결합니다.

CR Apply LoRA Stack은 기본 LoRA Loader처럼 model과 clip이 필요합니다.

Load CheckPoint 를 선택해 Model 노드와 Clip 노드를 연결합니다. 체크포인트는 웹툰용으로 적절한 cameliamix_v3를 사용했습니다.

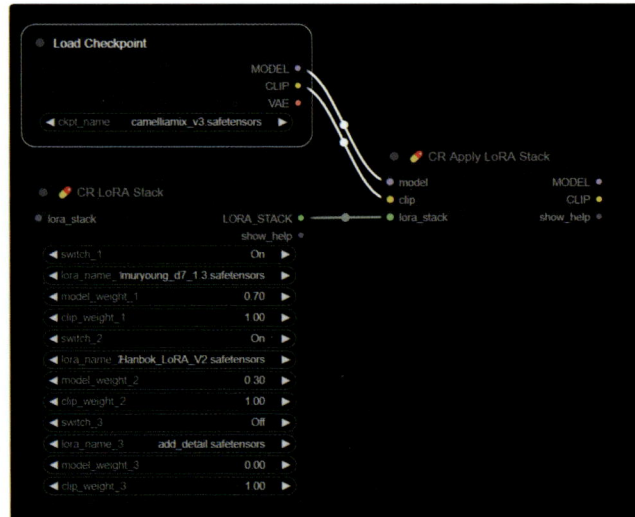

❸ 프롬프트 입력하기

이제 프롬프트를 입력할 차례입니다.

Clip Text Encode (Prompt) 노드를 새로 만들고 Clip 을 연결합니다.

Positive Prompt와 Negative Prompt 2개가 필요하므로 2개를 생성해 연결해 주세요.

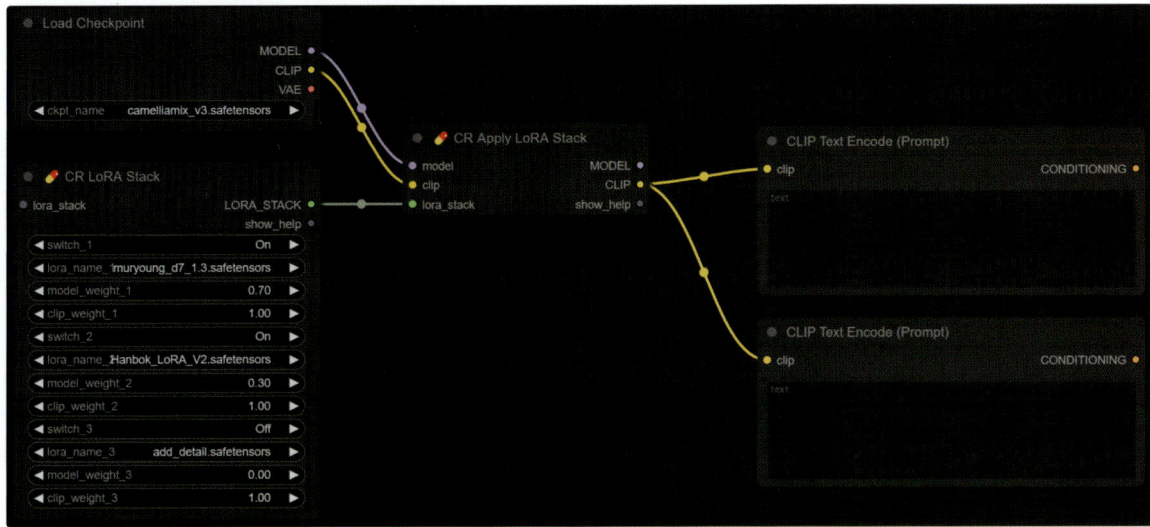

이때 구별하기 좋도록,
노드에서 마우스 우클릭 → Colors → 색상을 선택해 노드 색상을 변경할 수 있습니다.

하나는 green(Positive Prompt), 다른 하나는 red(Negative Prompt)로 색을 변경해 두면 노드가 많아질 때 편리합니다.

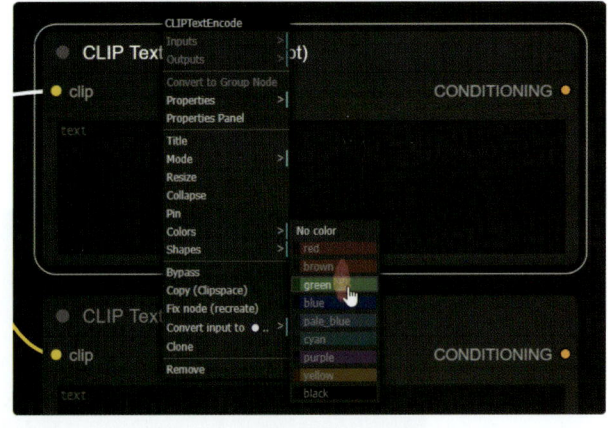

아래는 색상을 변경해 본 모습입니다.

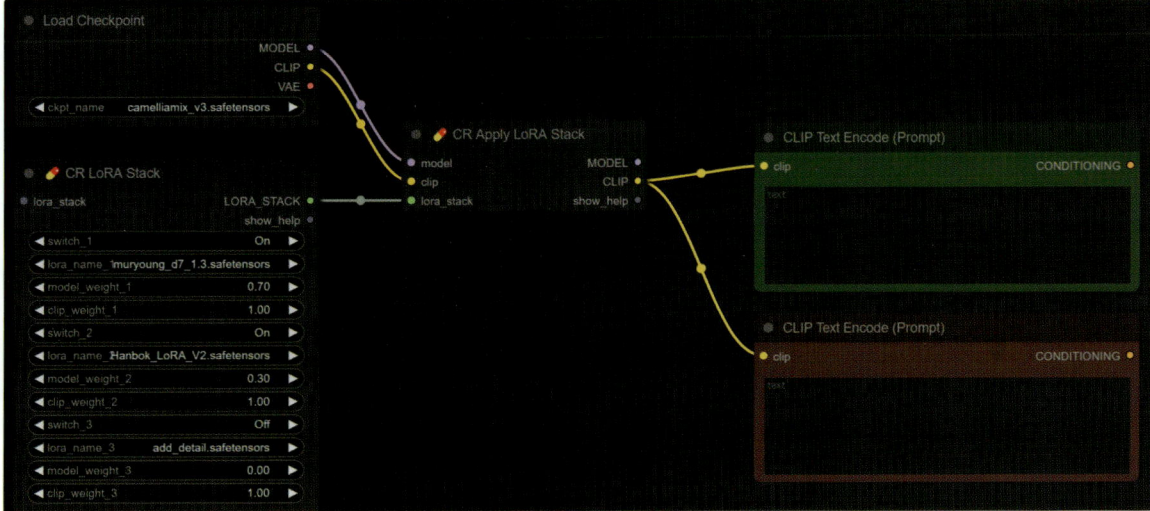

프롬프트(Positive Prompt)를 입력해봅시다.
무령을 위한 기본 프롬프트는 아래와 같이 입력합니다. 기본적인 외모 묘사가 포함되어 있습니다.

> muryoung,1 girl, wearing black hanbok, red raised eyes,black short hair,masterpiece,beautiful face, detailed eyes, wide-eyed,aegyo sal

네거티브 프롬프트(Negative Prompt)는 아래와 같이 입력했습니다.

> ((poorly_drawn_face)), ((poorly drawn hands)), ((poorly drawn feet)), fat, (disfigured), ((out of frame)), (((long neck))), (big ears), (((poo art))), ((((tiling)))), ((bad hands)), (bad art), (((penis))), (((mutation))), (((deformed))), ((ugly)), cloned face, (missing lips), ((ugly face)), blurry, undefined, rough,(logo,signature, watermark,text:1.2)

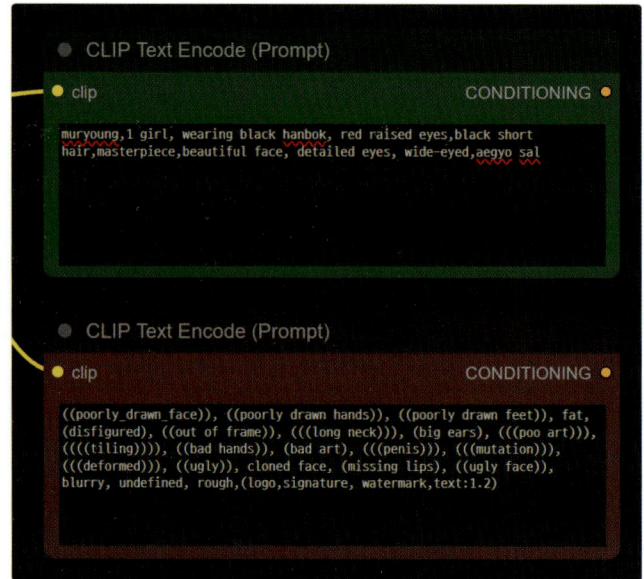

프롬프트 아래에 이미지를 담을 Empty Latent Image 노드도 추가합시다.
이미지 크기는 512px * 768px 로 설정하였습니다.

지금까지 진행한 모습입니다. 잘 진행되셨나요?

❹ KSampler 연결하기

이제 빈 Latent 공간의 노이즈를 제거해줄 KSampler 노드를 연결해 봅시다.

생성한 KSampler 노드는 프롬프트 노드 옆에 배치합니다.

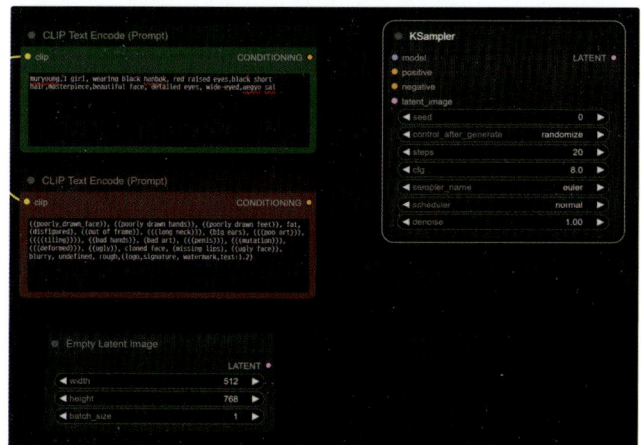

model, positive prompt, negetive prompt, latent_image를 연결합시다. ComfyUI의 Node는 색상을 통해서 연결 가능 여부를 어느 정도 알 수 있어 편리합니다.

KSampler 노드까지 연결한 모습입니다.

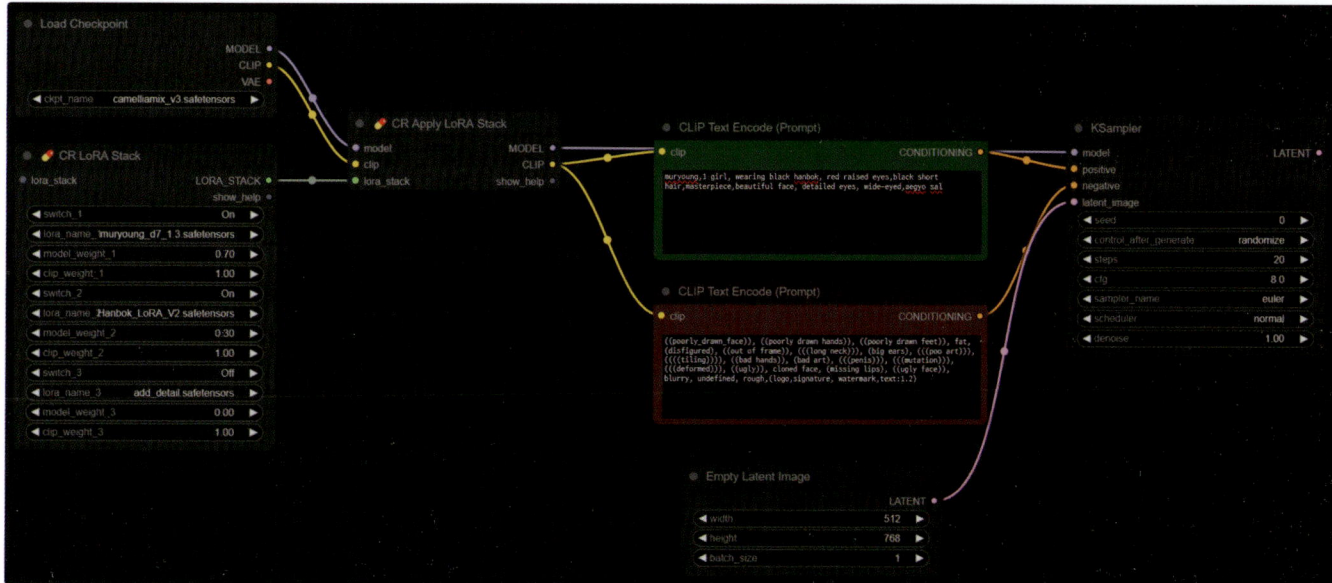

❺ 이미지 생성하기

이제 VAE Decode를 사용해 Latent 공간을 Image 형태로 변경해야 합니다. 숫자로 만들어진 공간을 이미지 형태로 풀어쓰는 과정입니다. 단순하지만 신비로운 과정이기도 합니다.

그 전에 KSampler를 세팅해 볼까요?

변화 사항을 비교해볼 수 있도록 seed는 고정합시다.
멋진 이미지가 나오길 기대하며 행운의 숫자 777을 입력합니다.
control_after_generate를 fixed해서, 숫자가 바뀌지 않도록 합니다.
steps는 30, sampler_name은 euler_ancestral 로 설정합니다.

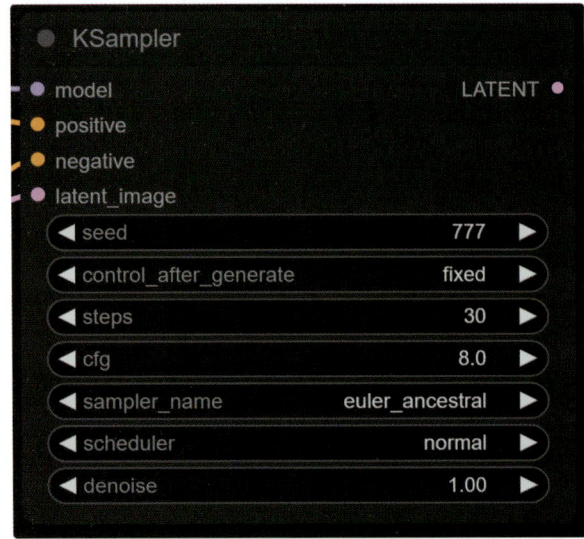

세팅이 끝나면 VAE Decode 노드를 생성해 KSampler와 연결합니다.
변화된 Latent 공간이 VAE Decode로 연결되어 이미지화 됩니다.

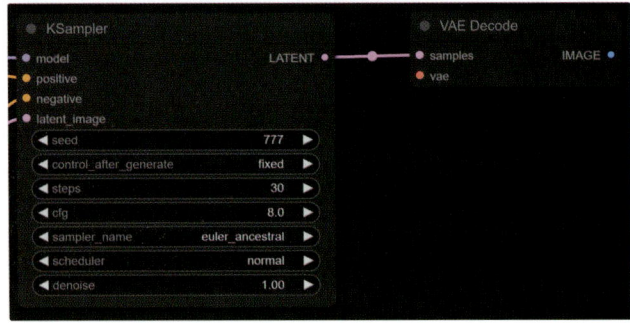

VAE Decode 노드에서 이미지로 바꾸기 위해서는 VAE 모델이 필요합니다. 이 모델은 Checkpoint에서 가져올 수도 있고, 별개의 VAE 모델에서 가져올 수도 있습니다.

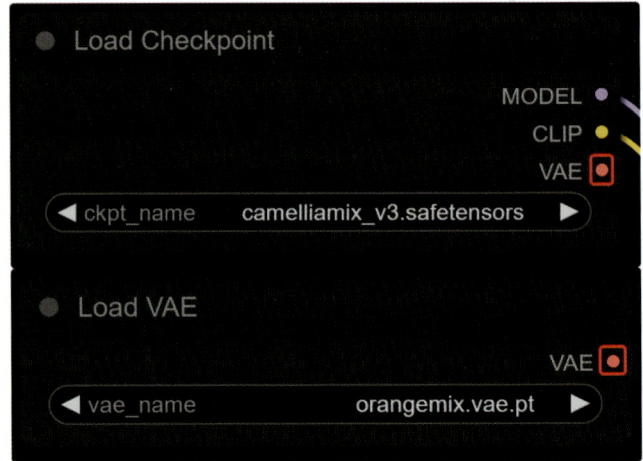

VAE 모델에 따라 출력되는 방식이 조금씩 달라지기 때문에 스튜디오 내의 방향에 맞는지 직접 테스트해볼 필요가 있습니다.

여기서는 기본 체크포인트가 아니라 Load VAE 노드를 이용해서 좀 더 화사한 색감이 나오는 orangemix.vae를 연결하도록 하겠습니다.
(취향에 따라 선택하세요)

orangemix.vae는 ₩2-1.loras에서 사용할 수 있으며,
ComfyUI₩models₩vae₩ 폴더에 넣어서 사용할 수 있습니다.
Load VAE 노드를 생성한 다음, vae 파일을 선택하고 연결해 줍니다.

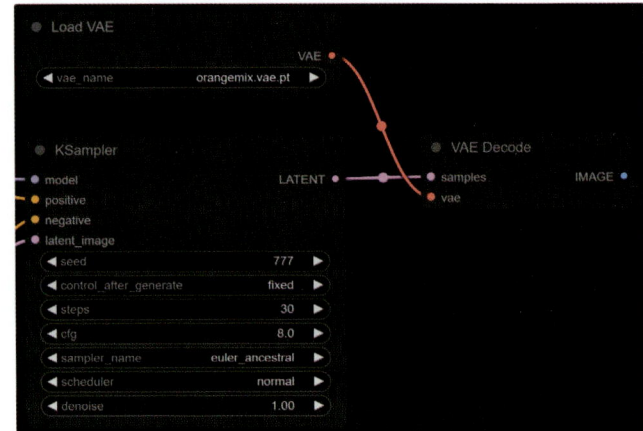

끝으로, 이미지를 출력하는 노드를 끝으로 마무리해봅시다.

Save Image 노드를 생성한 다음 filename_prefix 를 '무령'으로 수정합니다.

이제 생성하는 이미지는 무령000001.png 형태의 파일 이름을 가지게 됩니다.

캐릭터 별로 대량 생산할 경우에는 이렇게 이름을 분리해 두는 것이 원하는 파일을 찾기 쉽습니다.

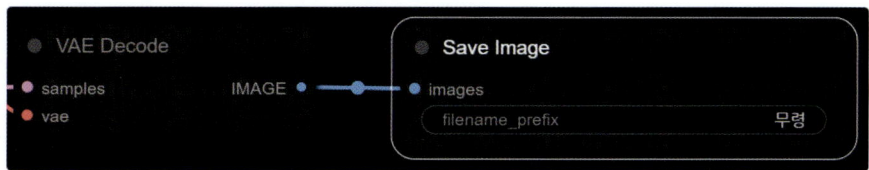

아래는 지금까지 진행한 전체 노드의 모습입니다. 잘 진행하셨나요?

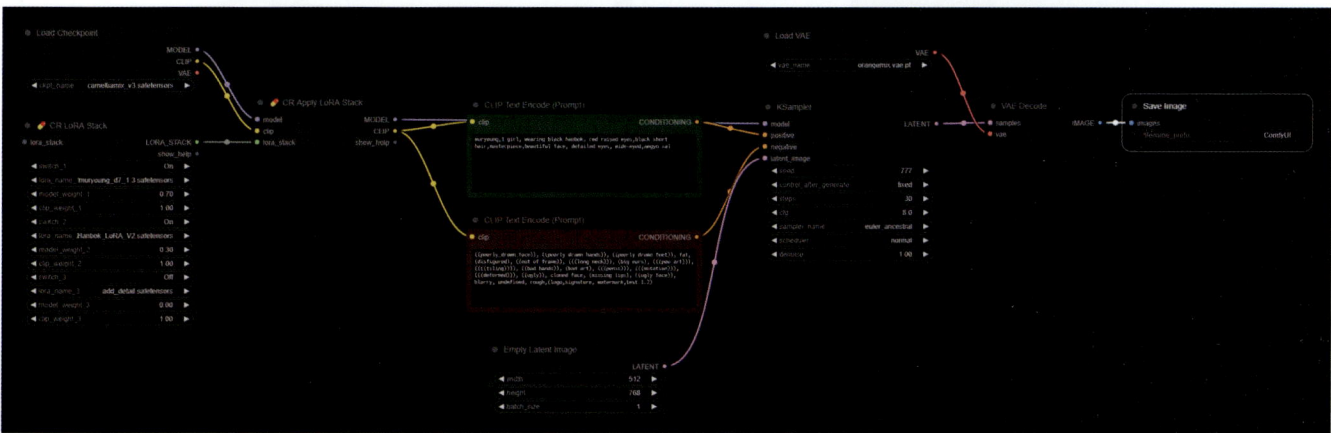

Queue Prompt를 눌러 이미지를 생성해봅시다.

잘 진행하셨다면, 아래와 같이 한복을 입은 짧은 머리 소녀가 보일 것입니다.

해당 이미지는 편리하게도 ₩ComfyUI₩output₩에 자동 저장되며 필요할 때 꺼내어 사용할 수 있습니다.

❻ Detail LoRA로 캐릭터 밀도 조절하기

이미지가 잘 표시되고, 잘 저장되었나요?
노드의 제일 처음으로 돌아가 봅시다.

우리는 앞서 LoRA Stack에 3개의 LoRA를 설정했지만, 그중 2개만 사용했습니다. 기억나시나요?

마지막 스위치인 switch_3은 캐릭터의 외형이 아니라, 밀도를 조정하는 역할로 지정할 것입니다. 웹툰의 경우, 필요에 따라 밀도를 높여야 할 때도, 오히려 낮춰야 할 때도 있습니다. 그럴 때 사용하기 유용한 것이 바로 add_detail LoRA입니다.

먼저 밀도를 높여 봅시다.
switch_3 스위치를 on으로 변경하고, model_weight_3을 1로 설정합니다.

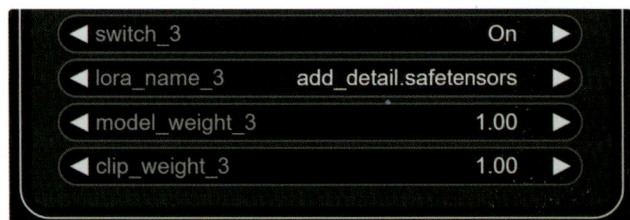

Queue Prompt를 눌러 이미지를 생성해 봅시다.
앞서보다 이미지의 디테일이 높아진 것을 확인할 수 있습니다. 캐릭터에게 집중을 해야 하거나 오래 시선이 머물러야 하는 상황에 적절한 연출입니다.

반대로 음수를 입력해 밀도를 낮추는 것도 가능합니다.
이번에는 model_weight_3을 -2로 변경해봅시다.

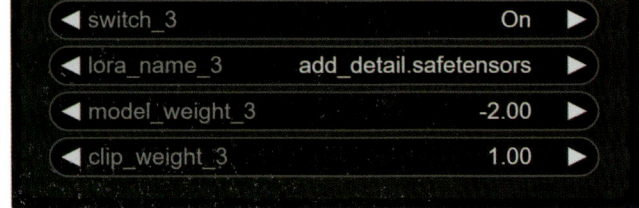

Queue Prompt를 눌러,
이미지를 생성해 보면, 훨씬 심플해진 이미지를 볼 수 있습니다.

이 경우는 독자의 시선이 캐릭터를 가볍게 지나가야 하거나, 집중하지 않았으면 좋을 것 같을 때(사건의 범인임을 숨기고 싶을 경우 등) 사용하면 적절한 연출이 될 것입니다.

웹툰 연출에서 밀도의 의도적 조절이 중요한 이유는 밀도에 따라 독자의 시선이 머무르는 시간 자체가 달라지기 때문입니다. 속도감 있는 진행이 필요할 때나 주인공에 덜 집중하길 원한다면 밀도를 낮춰서, 반대로 좀더 무게감 있는 진행이나 주인공에 집중하고 싶다면 밀도를 높이는 것이 좋습니다.

> **캐릭터 학습은 어떻게 하나요?**
> 캐릭터 학습은 공부할 양도 많고, 경험이 뒷받침되어야 합니다. 이번 챕터에서 설명하기에는 어려우므로 적절한 다른 경로로 학습하시길 권합니다.

아래는 이미지를 밀도별로 배치한 이미지입니다.

밀도 -2

밀도 적용 X

밀도 1

 완성된 노드는 \예제ComfyUI 노드\3 LoRA를 이용한 캐릭터 생성하기.json를 참고하세요.

4. InstantLoRA를 이용하여 즉석 캐릭터 생성하기

이어서, InstantLoRA를 이용한 즉석 캐릭터 생성을 확인해 봅시다.

일반적인 LoRA는 학습에 꽤 많은 준비가 필요합니다.
이미지 태그 파일을 만들고, 많은 이미지를 준비해야 하고, 작업시간이 걸립니다.

최근에는 IpAdapter를 이용한 InstantLoRA를 이용해서 2~4장의 이미지를 이용해 추가 학습 없이 즉석에서 원하는 캐릭터를 구현할 수 있습니다. LoRA 학습보다 정확도는 낮지만, 번거로운 학습 없이 빠르게 테스트가 가능하다는 장점이 있습니다.

여기서는 InstantLoRA를 이용하여 즉석으로 나만의 캐릭터를 만드는 과정을 알아보도록 하겠습니다.

❶ 참고용 이미지 불러오기

InstantLoRA를 사용하기 위해서는 참고할 이미지를 준비해야 합니다.

여기서는 앞서 LoRA를 통해 제작한 이미지를 사용해 보겠습니다. 이미지를 불러오기 위해 Load Image 노드를 생성하고, choose file to upload 를 선택해 무령01.png 이미지를 불러옵니다.
무령 이미지는 ₩2instantLoRA₩무령₩에 있습니다.

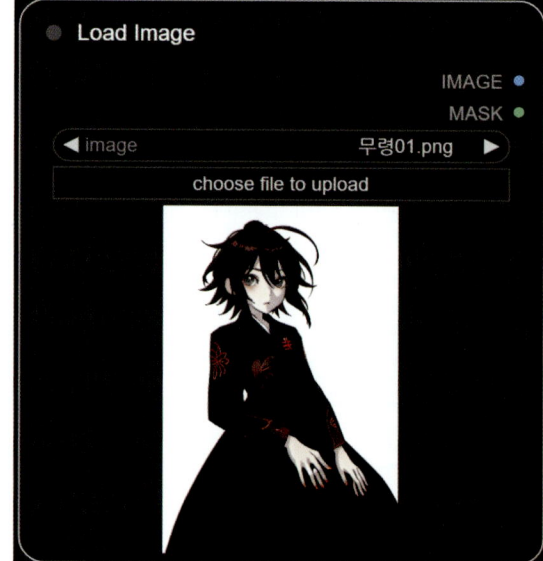

노드를 ctrl+C 로 복제한 다음 6개로 만들고, 무령01~06.png를 각각 입력합니다.

이제 우리는 이 이미지를 하나의 리스트로 묶어야 합니다.

❷ 참고용 이미지 하나로 묶기

Batch Images 노드를 생성합니다.
이 노드는 두 이미지를 연결하는 역할을 합니다.

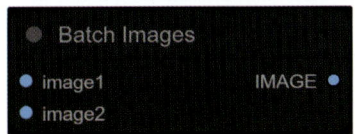

2가지 이미지만 연결할 수 있으므로, Batch Image를 2번 사용한 다음,
다시 묶어주는 과정이 필요합니다.

먼저 Load Image 노드 2개를 1개의 Batch Images 노드와 연결합니다.

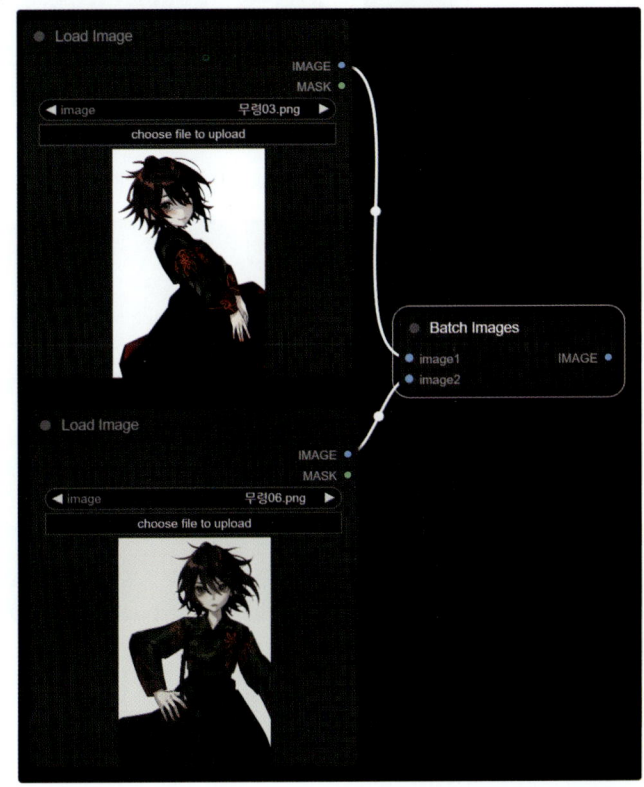

반복해서 3개의 덩어리를 만듭니다. 노드의 위치는 살짝 조정했습니다.

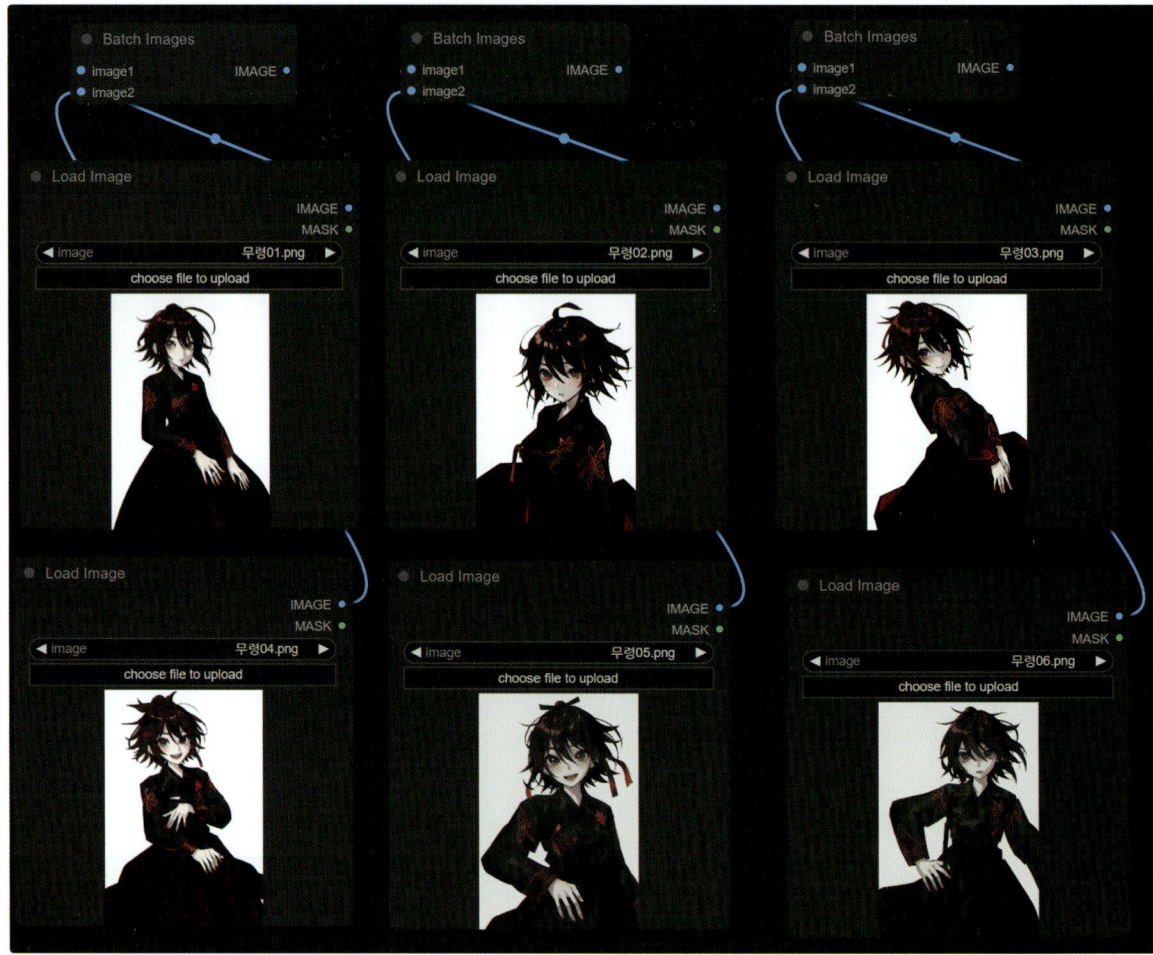

Batch Images 노드는 다시 묶어서 4개의 이미지 덩어리로 만들 수 있습니다. 묶어봅시다.

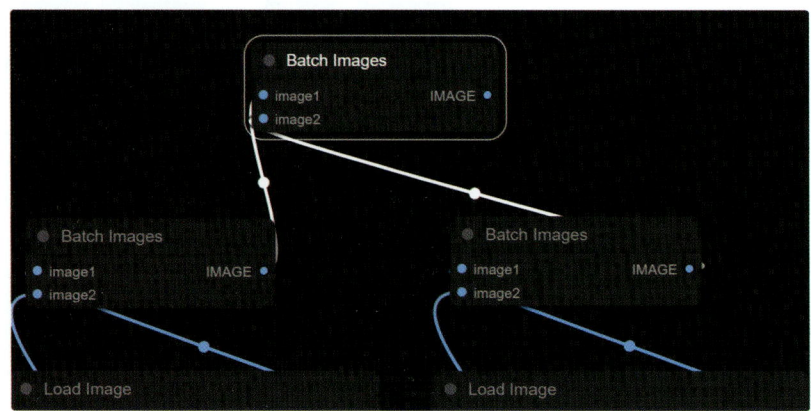

동일한 방식으로 Batch Images를 생성하고 남은 2개의 이미지도 연결합니다.

6개의 이미지가 연결된 모습입니다. 아래와 같이 잘 연결되었나요?

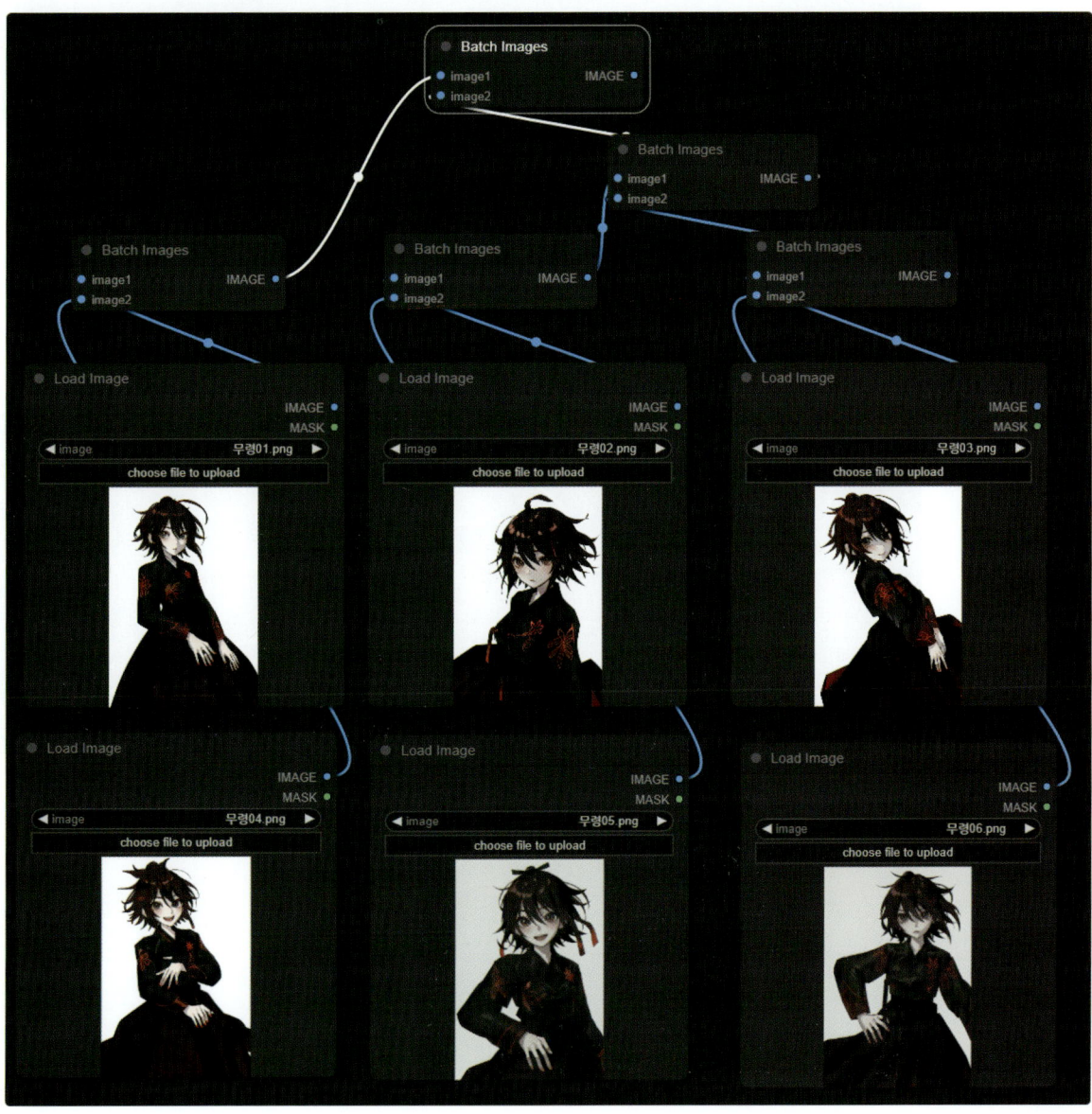

확인을 위해 최종 IMAGE 노드에 Preview Image 노드를 연결해보면, 6개의 이미지가 잘 보이는 것을 확인할 수 있습니다.

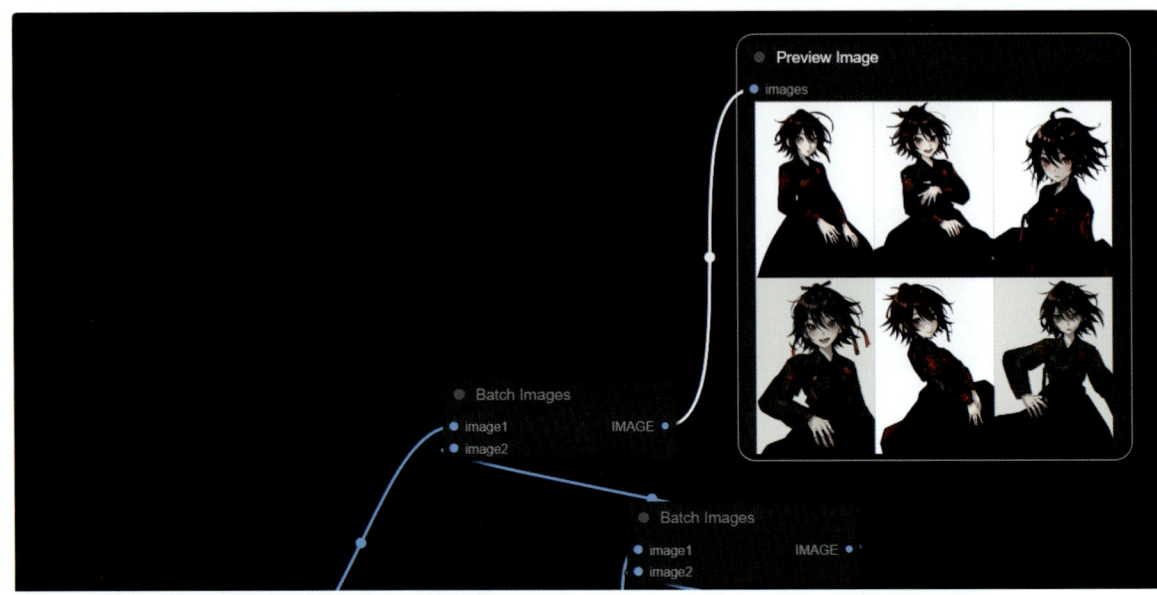

❸ Batch Images 노드 그룹화하기

이렇게 묶인 노드는 단순한 기능에 비해 너무 복잡해 보여 머리가 아플 정도입니다.
복잡한 노드는 node group으로 만들어 관리하면 편리합니다.
Shift 키를 누른 채로, 그룹 화 하고 싶은 노드들, 즉, Batch Images 노드를 모두 선택합니다. 아래와 같이 하얀색 테두리로 선택 영역이 표시됩니다.

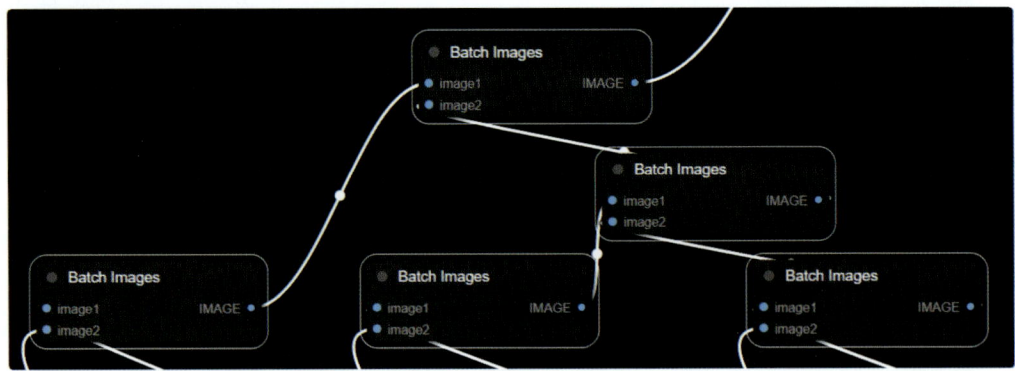

마우스 우클릭 → 메뉴에서 Convert to Group Node를 선택합니다.

노드 이름을 입력할 수 있는 창이 열립니다. Batch Images x6 이라고 입력합시다.

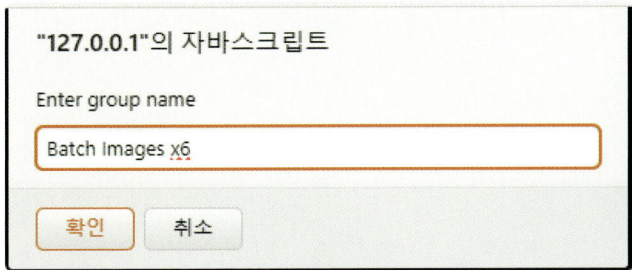

입력하면 아래처럼 하나의 그룹 노드로 합쳐진 것을 확인할 수 있습니다. 훨씬 깔끔해졌군요!

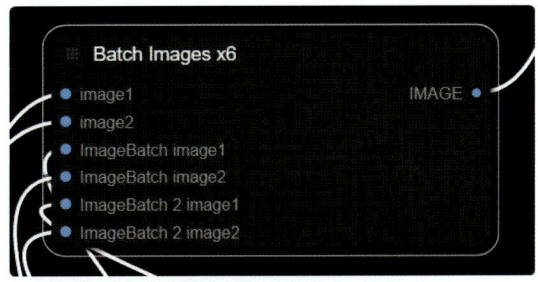

더 단순하게 만들고 싶다면, Collapse를 사용하자

마우스 우클릭 → Collapse를 선택하면 아예 제목만 있는 노드형태로 바꿀 수 있습니다. 다만, 이 상태에서는 노드를 조정할 수 없으므로, 모든 작업이 끝난 뒤 적용합시다.

이제 이 여러 이미지를 받아들일 IpAdapter를 적용할 시간입니다. 다음 작업이 편하도록 노드를 조금더 정리하였습니다.

❹ IPAdapter 세팅하기

앞서 1.설치해야 할 커스텀 노드에서 IPAdapter-plus를 잘 설치하셨으리라 생각됩니다.
IpAdapter는 다양한 모델과 노드를 사용해서 구성해야 합니다. 처음 다루게 되면 꽤 정신 사나워 보일 정도입니다.

먼저 IPAdapter의 중심 노드인 IPAdapter Advanced 노드를 생성해 배치합니다.
여러분들도 직접 생성해서 살펴보세요.

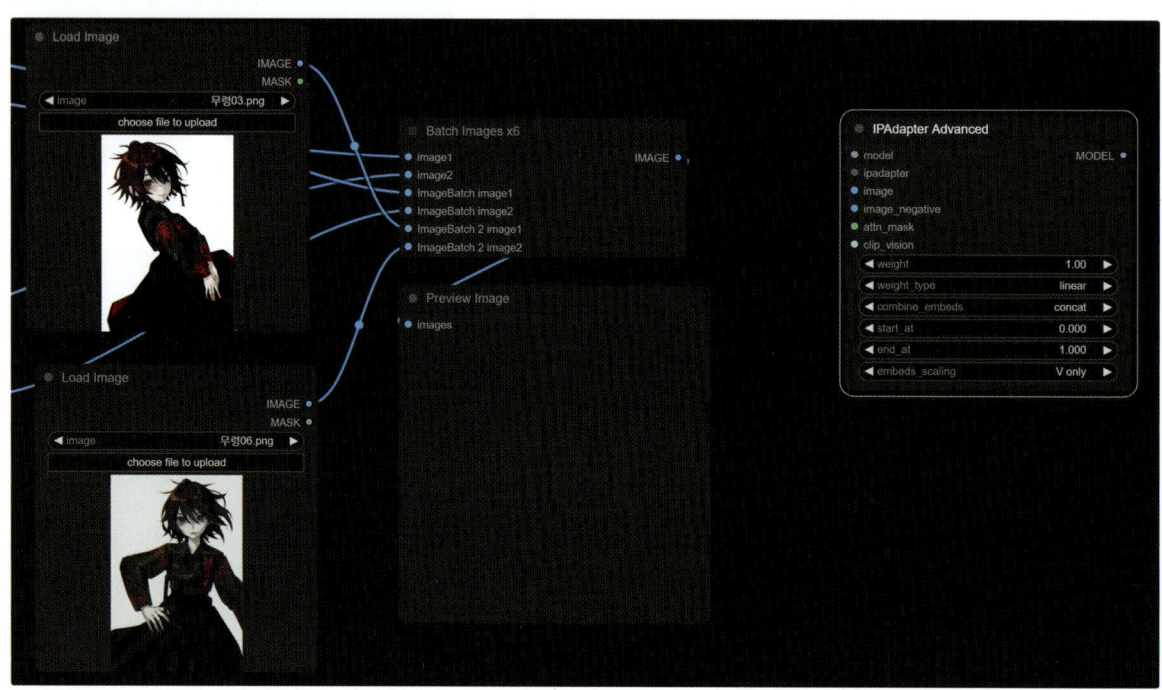

IPAdapter Advanced 노드만 따로 보도록 합시다. 왼쪽의 Input 노드를 살펴보면 꽤 많은 요소들이 필요한 것을 알 수 있습니다.

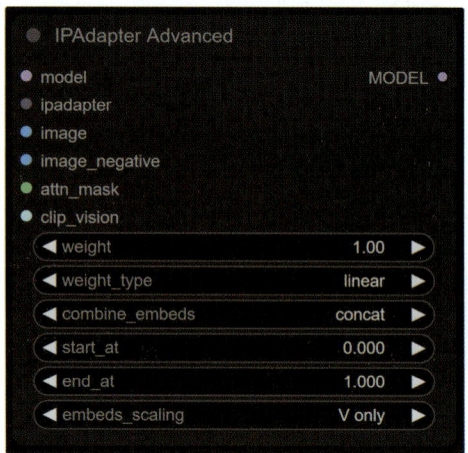

이 중 꼭 필요한 요소는 model, ipadapter, image, clip_vision 이며 하나라도 빠지면 빨간 오류창을 맞이하게 될 것입니다. image_negative, attn_mask의 경우 빠져도 상관없습니다. 하나하나 차근차근 연결해봅시다.

먼저 앞서 만든 이미지 덩어리를 image 노드에 연결합니다.

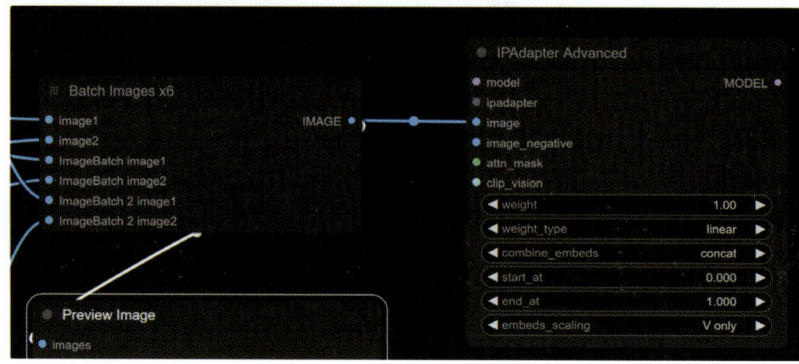

load checkpoint 노드를 열고 ipAdapter에 연결합니다.

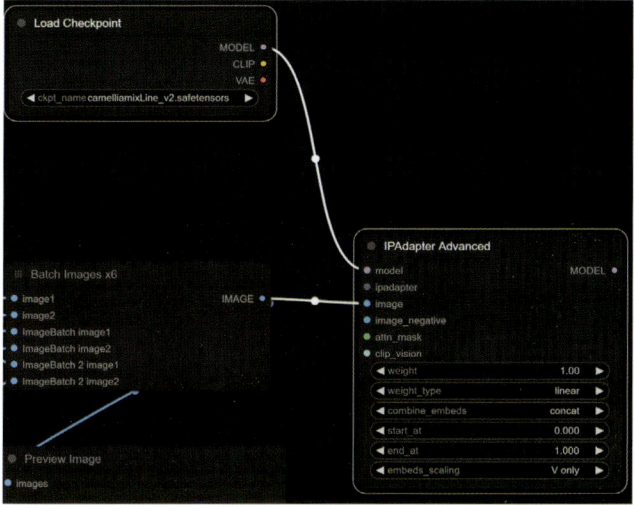

IPAdapter Model Loader 노드를 생성하고, ip-adapter-plus 모델을 선택합니다.

ip-adapter-plus 계열은 최근 업데이트된 모델로 이전 버전보다 더 강력한 체크 포인트 종류에 따라 sd1.5 / sdxl 모델을 다르게 설정하는 것을 잊지 마세요.

IPAdapter Advanced 노드에 연결합니다.

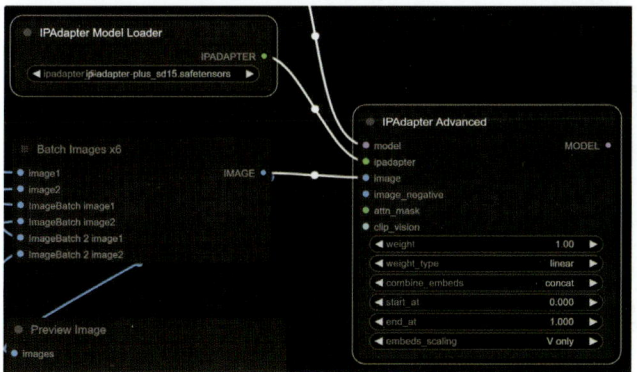

끝으로 Load Clip Vision 노드를 생성하고, 모델을 선택합니다.
모델은 CLIP-ViT-H-14-laion2B-s32B-b79K.safetensors 를 선택하시면 됩니다.

IPAdapter Advanced 노드에 연결합니다.

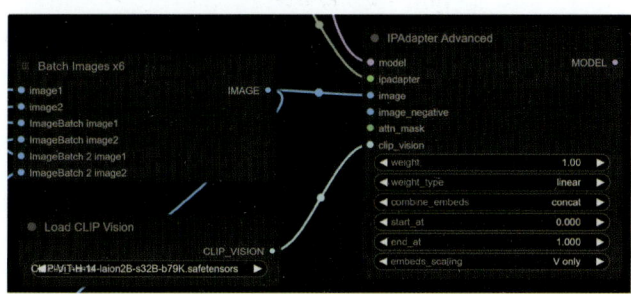

IPAdapter Advanced 노드에 필요한 모든 관련 노드를 연결한 모습입니다. 빠진 것이 없는 지 잘 체크해봅시다.

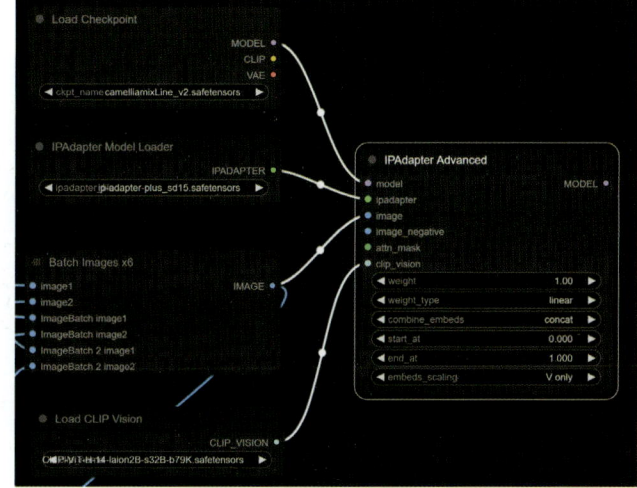

❺ 이미지 생성 노드 연결하기

IPAdapter를 위한 연결은 끝났습니다.
나머지는 이미지 생성을 위한 작업으로 일반적인 ComfyUI와 동일합니다. ComfyUI를 사용하고 계신다면 손쉽게 하실 수 있을 것입니다.

KSampler(Avanced) 노드를 생성해서 IPAdapter Advanced와 연결합니다.

Clip Text Encode 노드를 2개 생성해 배치합니다.

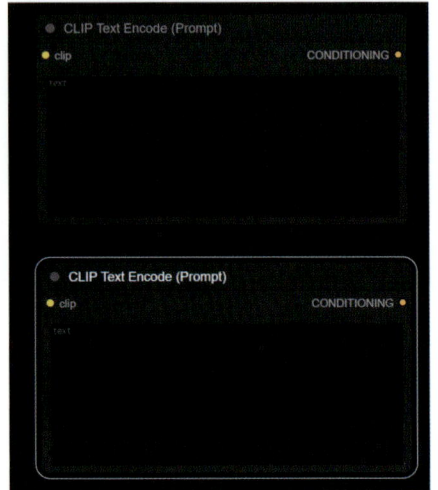

Load Checkpoint 노드로부터 Clip Text Encode를 거쳐 KSampler로 이어지는 노드를 생성합니다. 하나는 포지티브, 다른 하나는 네거티브입니다.

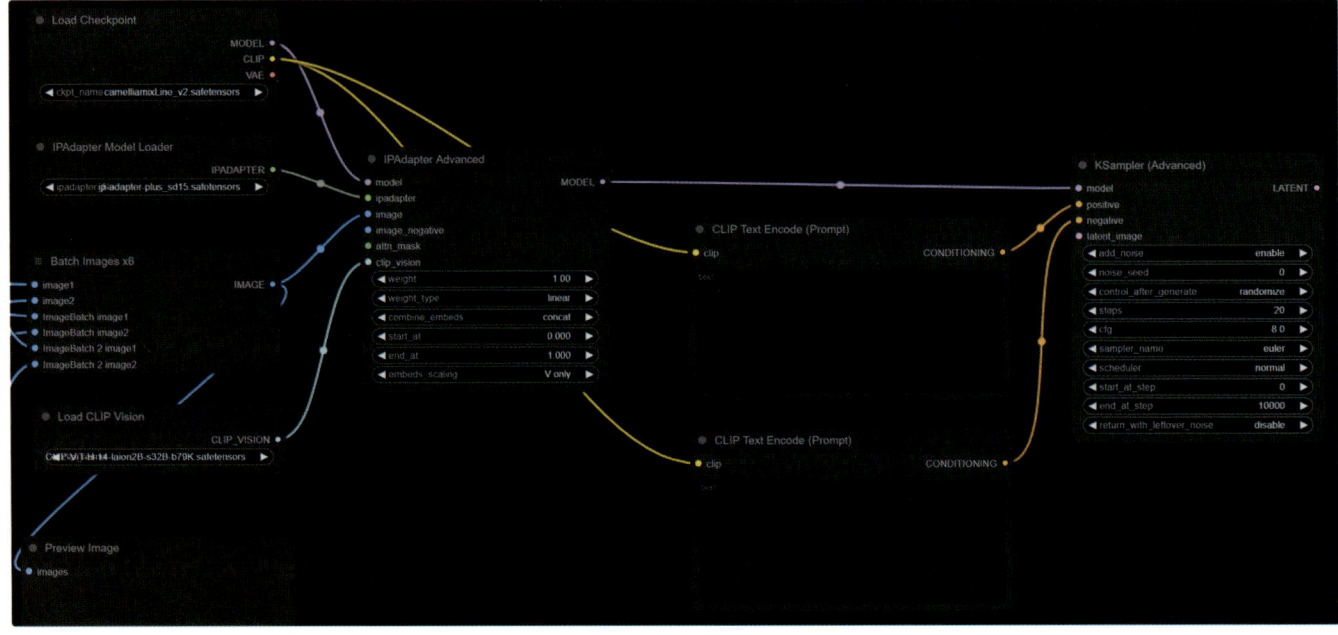

Empty Latent Image 노드를 생성한 다음, 이미지 크기를 512px × 768px 로 설정하고 KSampler와 연결합니다.

끝으로 Vae Decode와 save Image 노드를 연결해 마무리합니다.
vae를 연결하는 것도 잊지마세요. 저는 Load VAE를 사용해 별개의 vae를 연결하였습니다.

이제 실제로 테스트해봅시다.
프롬프트를 앞서 LoRA에서 사용한 프롬프트를 이용해 적용합니다.

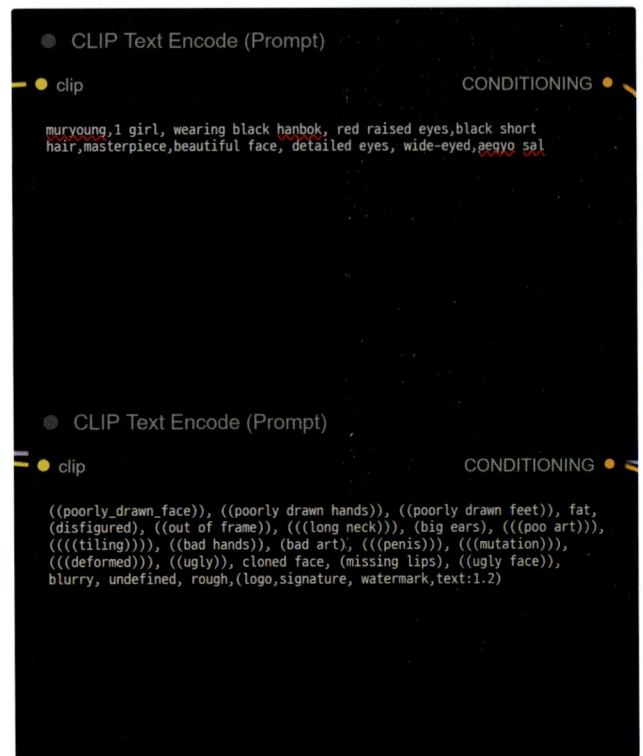

이미지를 생성해봅시다. 원본 이미지를 반영한 이미지가 출력됩니다.

아래는 입력된 이미지와 비교해본 모습입니다. 주요 포인트를 상당히 잘 반영하는 것을 알 수 있습니다. 다만, LoRA로 생성한 이미지들에 비해 같은 캐릭터고 보기에는 조금 아쉬운 부분이 많습니다.

결론적으로 InstantLoRA 방식은 주인공 보다는 조연이나 엑스트라 캐릭터를 빠르게 생성할 때 좋은 방식이라고 할 수 있습니다. 기존 배우 사진 등을 이용해 미리 다양한 엑스트라 용 노드를 만들어두시면 필요할 때 빠르게 사용할 수 있어 편리합니다.

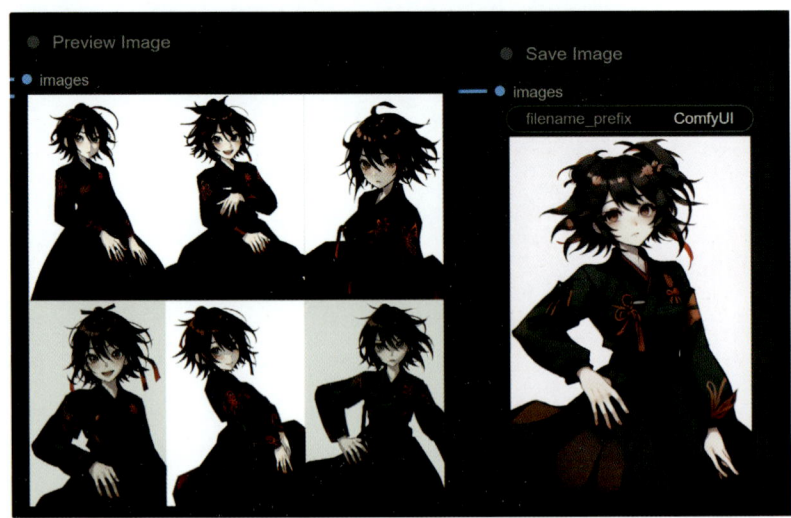

> 예제 | 완성된 노드는 \예제ComfyUI 노드\4 InstantLoRA를 이용한 즉석 캐릭터 생성.json 를 참고하세요.

5. 인물과 배경 레이어 분리하기

웹툰 에이전시 업무를 하다 보면 플랫폼의 피드백 등으로 배경의 구도나 디테일을 바꿔야 하는 경우가 종종 발생합니다. AI로 생성된 이미지는 고퀄리티의 이미지를 빠르게 만들 수 있지만, 캐릭터와 배경이 한 장의 이미지로 생성되어 후반 수정이 쉽지 않습니다.

이때 AI 작화팀에서 캐릭터와 배경을 미리 분리해서 작업하는 시스템을 구비해 두면 만약의 사태에 대비할 수 있습니다. 이번 시간에는 캐릭터와 배경 프롬프트를 분리해서 관리해 별개의 이미지를 만들고 이를 별개의 레이어 형태로 저장한 다음, 그 결과물을 통합하는 과정을 알아보도록 하겠습니다.

❶ 캐릭터와 배경 프롬프트 분리해 관리하기

1. 캐릭터와 배경 프롬프트 분리 생성하기

관리를 위해 캐릭터와 배경 프롬프트를 따로 설정합시다.
배경은 학교 교실로 설정합니다. 프롬프트는 아래와 같습니다.

```
in the classroom of school
```

인물은 앞서 2.웹툰 캐릭터를 만드는 두 가지 방법에서 사용했던 무령 LoRA를 사용해 무령 캐릭터를 등장시켜보겠습니다.

```
muryoung,1 girl, wearing black hanbok,  red raised eyes,black short hair,masterpiece,beautiful face, detailed eyes, wide-eyed,aegyo sal,
```

분리된 프롬프트를 사용하기 위해서는 기존 CLIP Text Encode가 아니라 Comfyroll Studio의 CR Prompt Text를 이용해야 합니다.
CR Prompt Text 노드를 2개 생성한 다음, 프롬프트를 입력합니다.

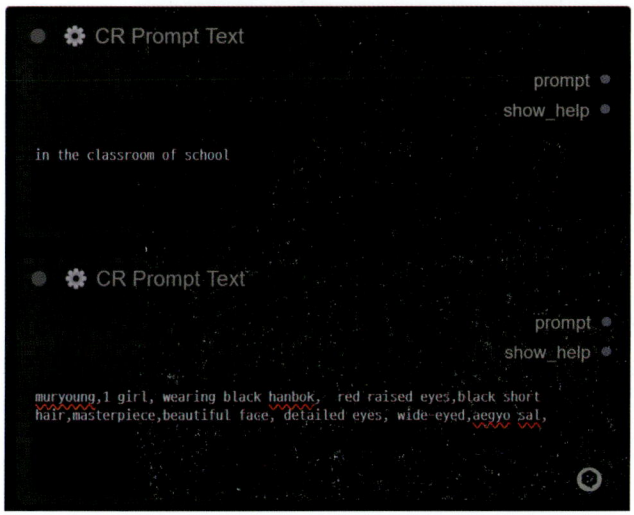

지금은 괜찮지만 나중에 노드가 복잡해지면, 어떤 프롬프트가 배경인지 헷갈릴 수 있습니다.

마우스 우클릭 → Title을 이용해서 각각 '배경프롬프트', '인물프롬프트'로 제목을 변경합니다. 색상도 마우스 우클릭 → Color를 이용해 각각 파란색,초록색으로 변경하면 더 구별하기 편합니다.

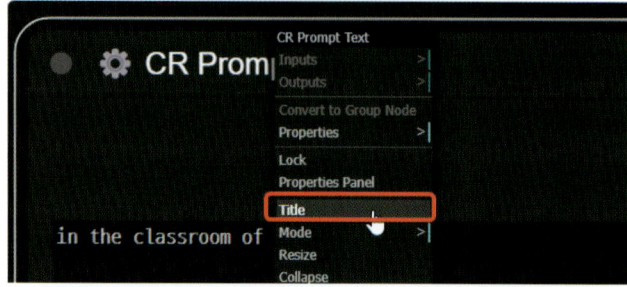

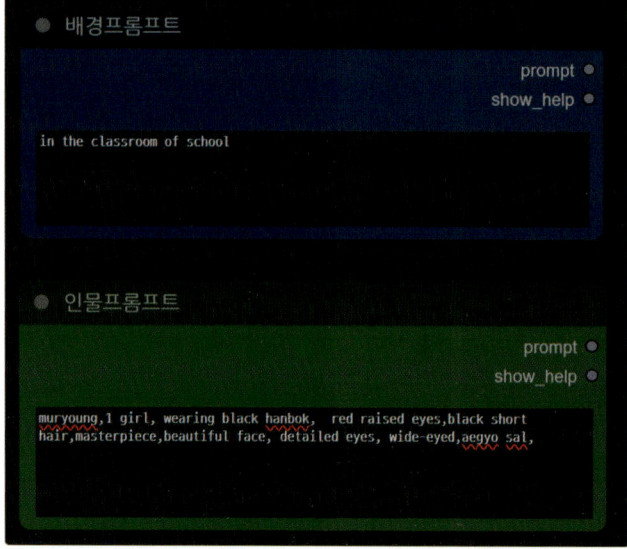

2. 분리한 프롬프트 합치기

여러 프롬프트를 하나로 합치기 위해서는 Comfyroll Studio의 CR Combine Prompt를 이용하면 편리합니다.

생성하면 아래와 같이 프롬프트를 입력할 수 있는 노드가 보입니다.

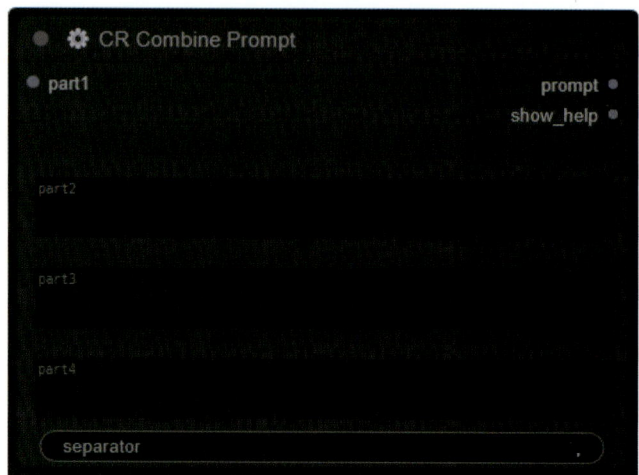

여러 칸을 입력할 수 있지만, 정작 입력할 수 있는 노드가 없습니다. 저희는 이미 프롬프트 노드를 별도로 만들어두었기에 무척 당황스러운 일이군요.

다행히 ComfyUI 노드는 입력칸을 노드로 변경할 수 있는 편리한 기능이 있습니다.

노드에서 마우스 우클릭 → Convert input to ... → Convert part1 to input 을 선택하세요.

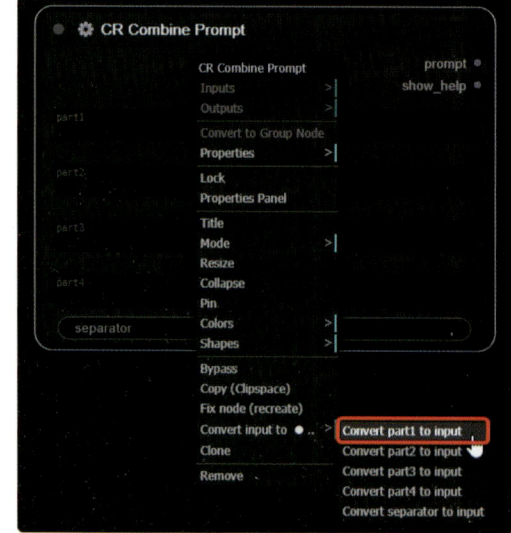

기존 입력 칸이 입력 노드로 변경된 것을 확인할 수 있습니다.

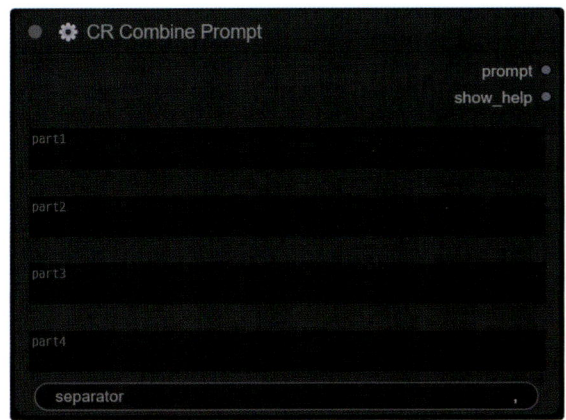

동일한 방식으로 part2도 입력 노드로 변경하세요.

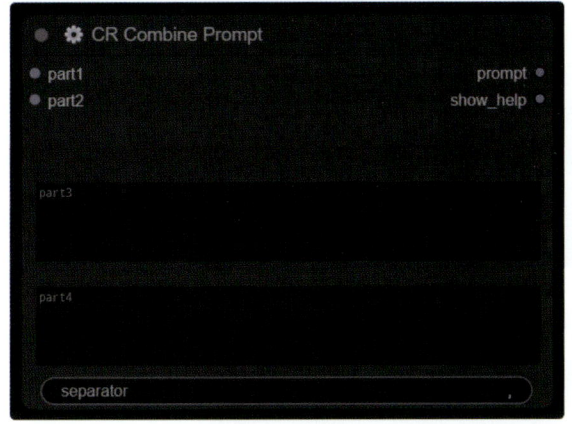

이제 앞서 만든 프롬프트를 연결해봅시다.

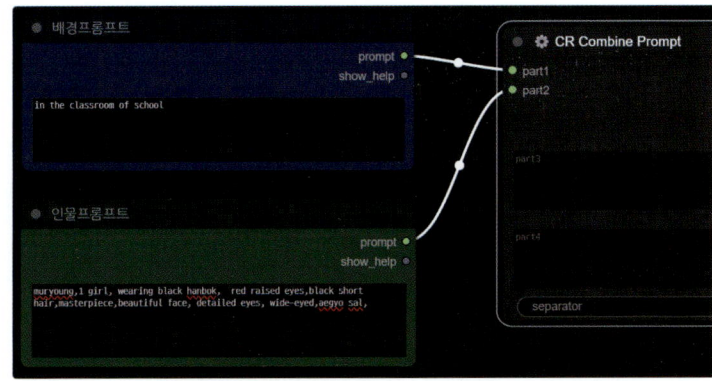

프롬프트가 잘 합쳐졌는지 확인을 해볼까요?

확인을 위해 Queue Prompt를 누르면 빨간 오류 창이 뜹니다.

영어로 가득한 빨간 오류창은 ComfyUI를 사용할 때 가장 무서운 상황입니다.

다행히 이번에는 오류가 길지 않습니다.

내용을 읽어보니 출력 노드가 없다는 이야기입니다.

내용을 확인하기 위해서는 그것을 보여주는 노드가 필요합니다.

이미지는 Preview Image가 출력 노드입니다.

여기서는 이미지가 아니라 글자를 출력해야 하므로 글자를 보여주는 Show Text 노드를 이용해 내용을 확인해봅시다.

Show Text 노드를 생성하고 Combine Prompt 에 연결합니다.

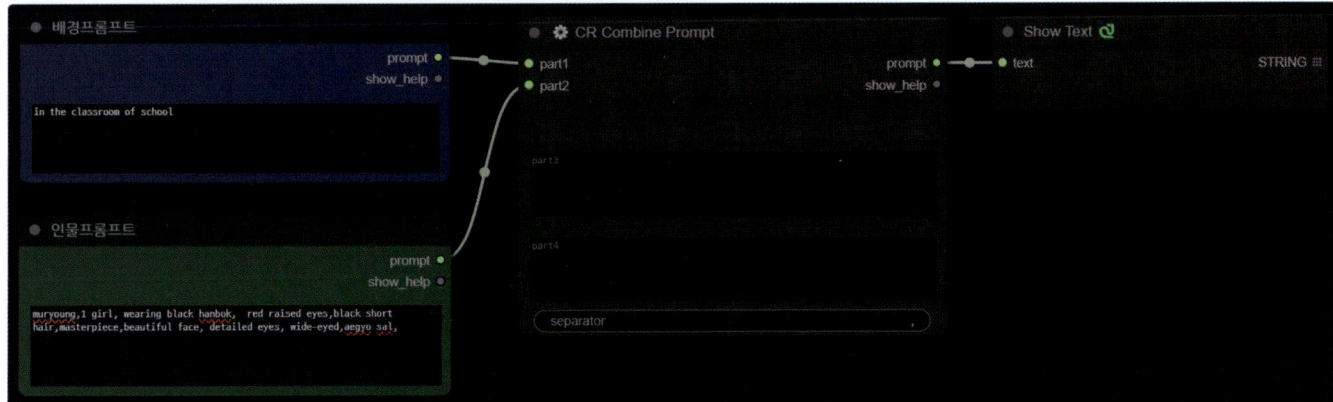

Queue Prompt 버튼을 누르면, Show Text 항목이 채워지는 것을 확인할 수 있습니다.

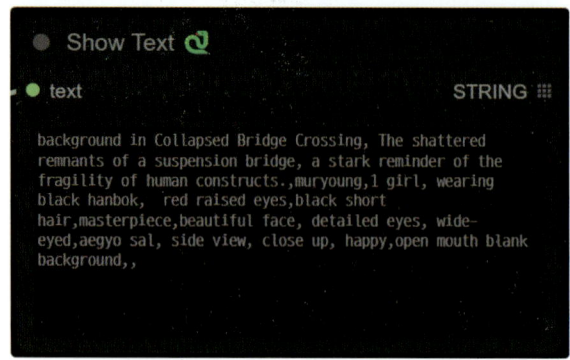

이 합쳐진 프롬프트를 이용해 이미지를 생성해봅시다.

3. 합쳐진 프롬프트로 이미지 생성하기

프롬프트가 완성되었다면, 이제 이미지를 생성해봅시다.
그러기 위해서는 프롬프트를 Conditioning 형태로 변경해야 합니다.
Clip Text Encode (Prompt) 노드를 생성합니다.

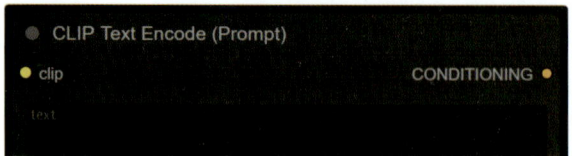

이 노드 역시 텍스트를 입력할 수 있는 입력 칸은 있지만 노드가 없으므로, 입력 칸을 입력 노드로 변환해봅시다.

마우스 우클릭 → Convert input to → Convert Text to input 를 차례로 선택해 입력노드로 변경하세요.

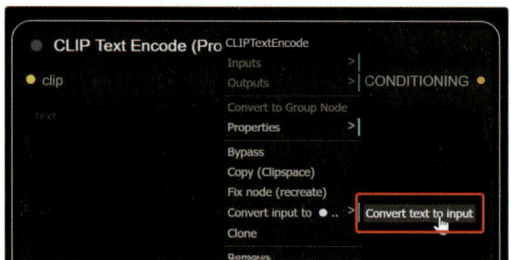

노드로 잘 변경된 것을 확인할 수 있습니다.

입력 노드에 앞서 합친 텍스트 노드를 연결해줍니다.

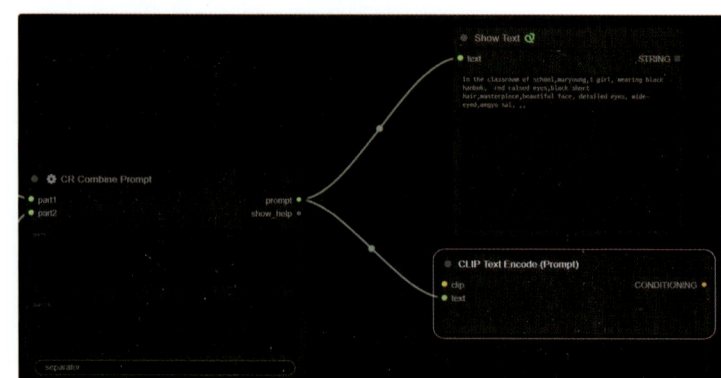

나머지는 ComfyUI의 기본 노드 연결 방식으로 진행해봅시다.
Load Checkpoint 노드를 생성해 연결하고, Latent Empty Image, 네거티브 프롬프트, KSampler, VAE Decode, Preview Image 까지 연결합니다.

조금 복잡하지만, 매번 사용해야 하는 과정이니, 꼭 익혀두시기 바랍니다.
완성된 모습은 아래와 같습니다.

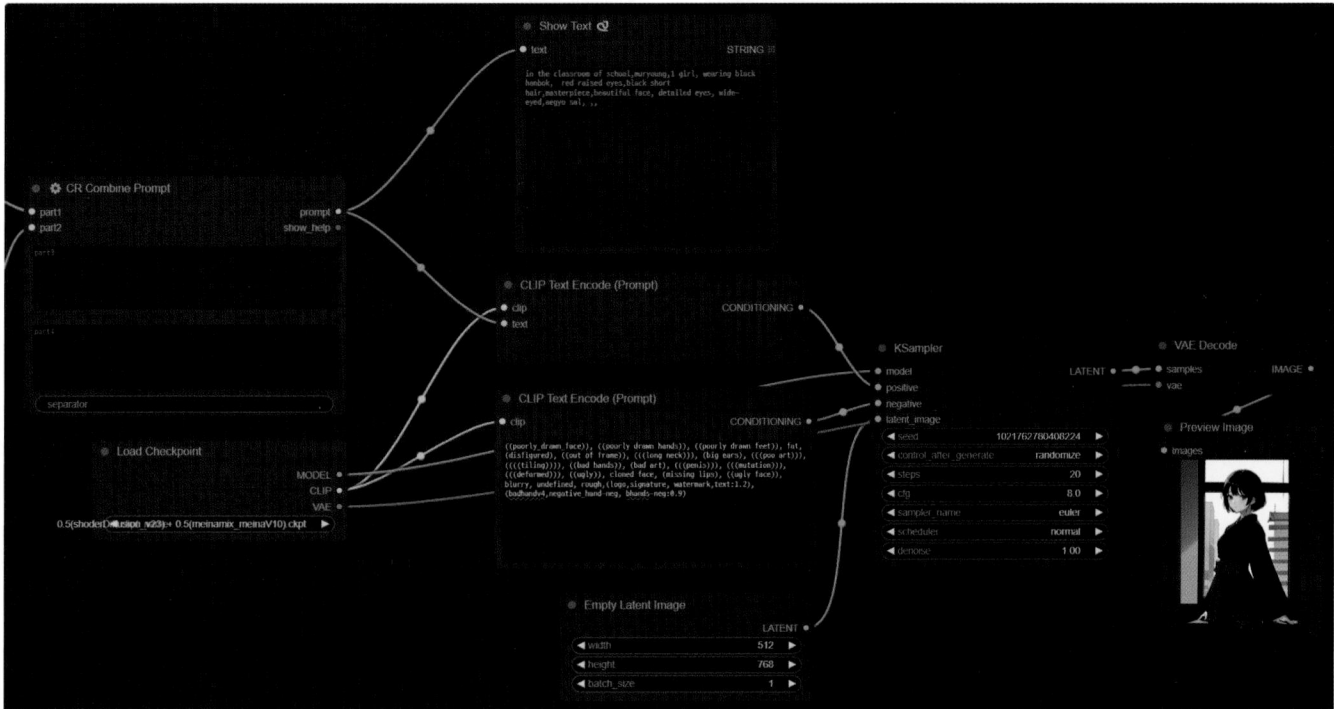

두 프롬프트가 합쳐져서 하나의 이미지를 만들어 낸 것을 확인할 수 있습니다.
잘 되었지만, 사실 우리의 목표는 분리된 프롬프트를 사용하는 것이 아니라 배경과 캐릭터를 분리해서 별개의 레이어 형태로 만드는 것입니다.

다음 단계에서는 위 합쳐진 이미지를 기반으로 이미지 , 캐릭터 이미지, 배경 이미지 형태를 분리해서 추출해보도록 하겠습니다.

4. 3개의 이미지 - 배경 / 캐릭터 / 통합 이미지 생성하기

배경 / 캐릭터 / 통합 3개의 이미지를 생성하기 위해서는 3개의 KSampler, VAE Decode, Preview Image 가 필요합니다.
각 노드 그룹을 선택해 3개로 복사합니다.

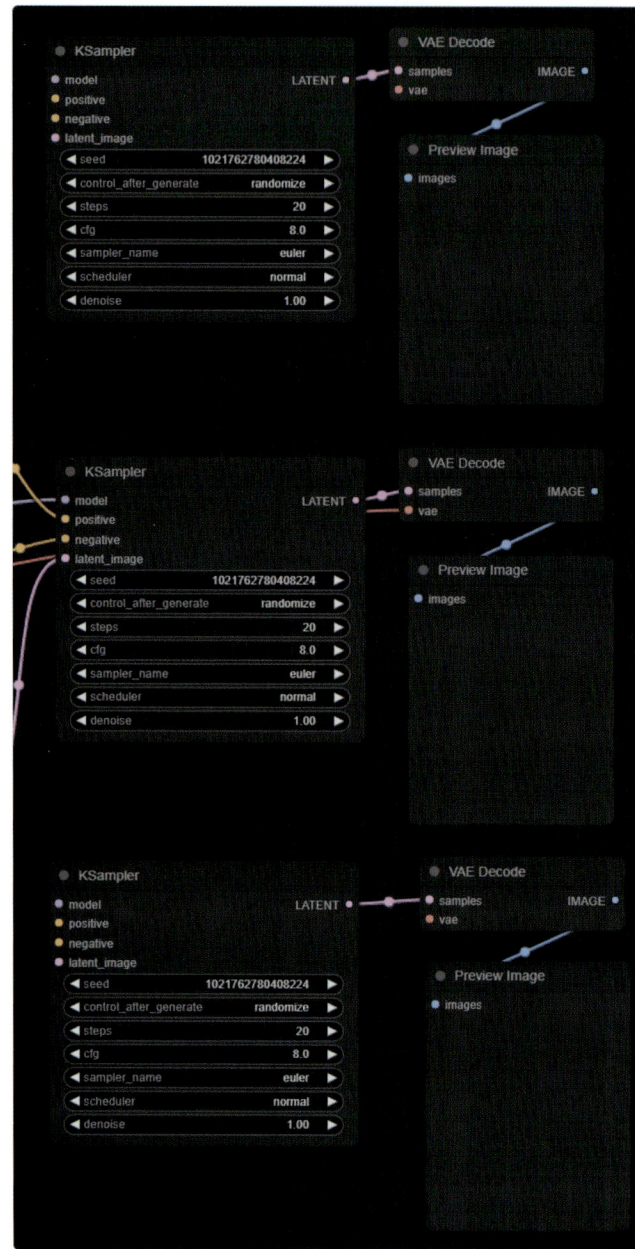

ComfyUI는 잠깐만 수정해도 노드가 무서울 정도로 많이 늘어납니다. 노드가 많아질수록 점점 원하는 노드를 찾기 힘들어지니, 이름을 그때그때 수정하거나, 그룹으로 묶어두는 것이 좋습니다.

아래와 같이 KSampler의 Title을 변경해서 표시하였습니다. 훨씬 찾기 편하군요.

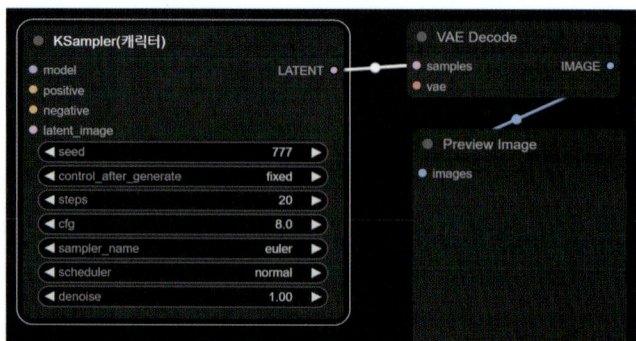

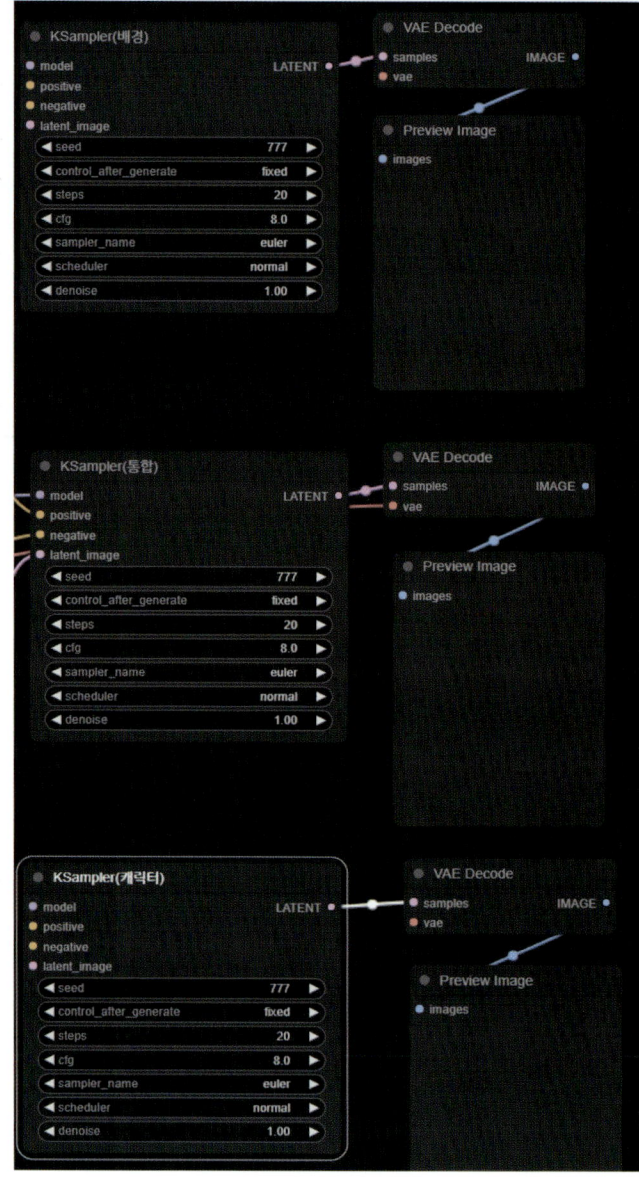

이어서 Clip Text Encode (Prompt) 를 복사한 다음, 배경 프롬프트, 인물 프롬프트를 연결합니다.

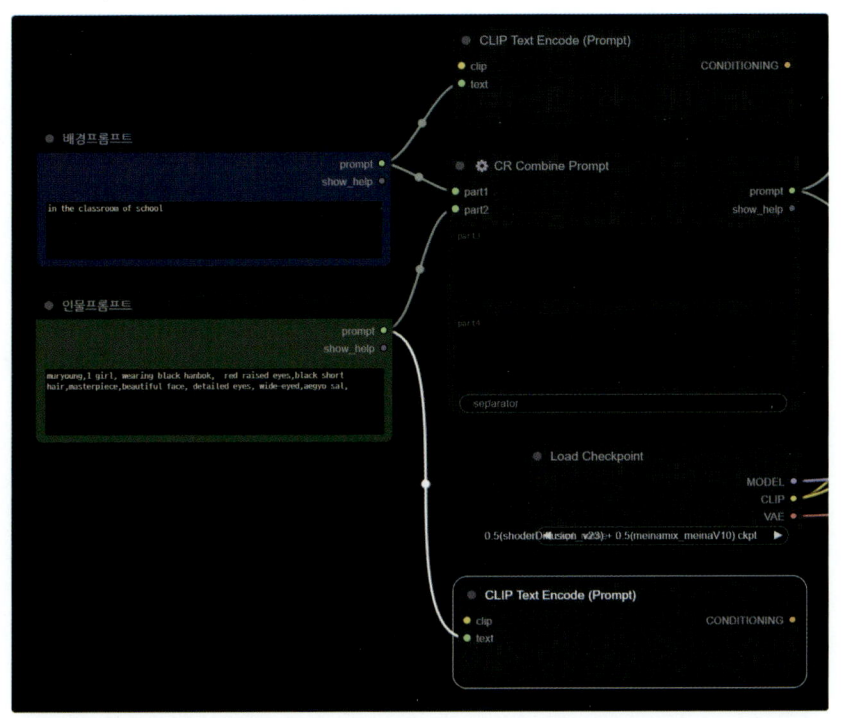

나머지도 동일하게 연결해줍니다. 구조는 단순하지만 3개의 이미지를 출력하는 만큼 노드는 스파게티처럼 복잡하게 얽히며, 노드를 빠트리게도 됩니다. 하나하나 차근차근 연결합시다. 오류가 날 경우 해당 부분만 찾아서 연결해주세요.

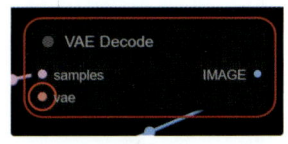

위와 같이 노드/ 연결 부분에 표시가 되므로 원인을 찾기 편합니다.
잘 진행되었다면, 아래처럼 배경, 통합, 캐릭터의 이미지가 나올 것입니다.

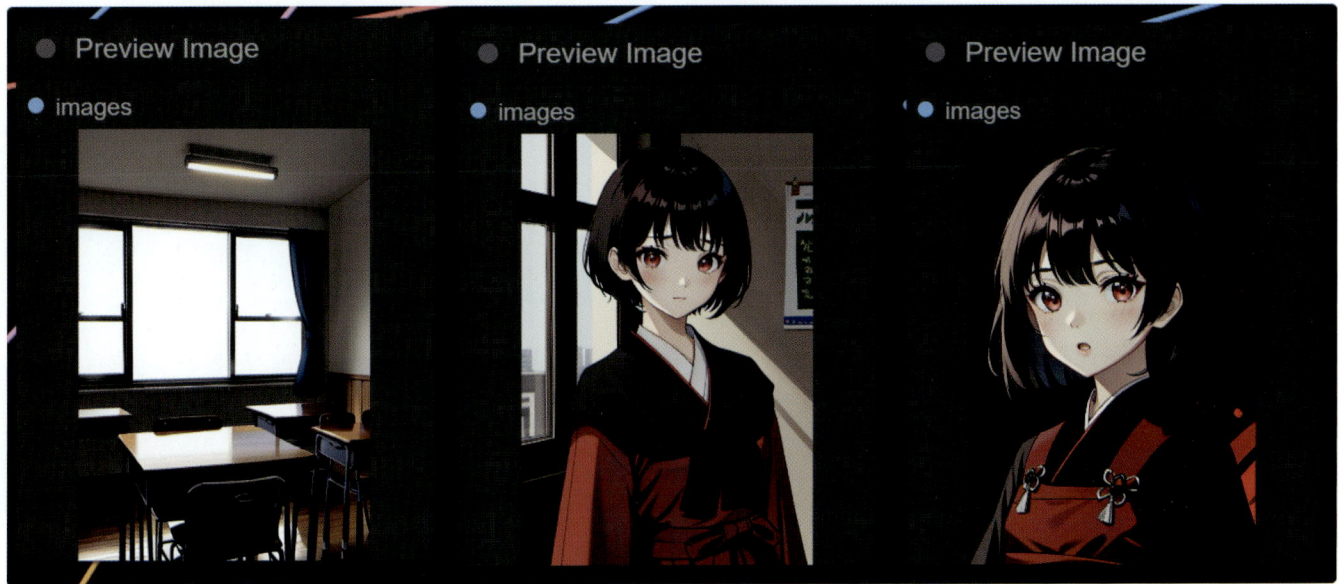

아래는 지금까지 진행된 노드의 모습입니다.

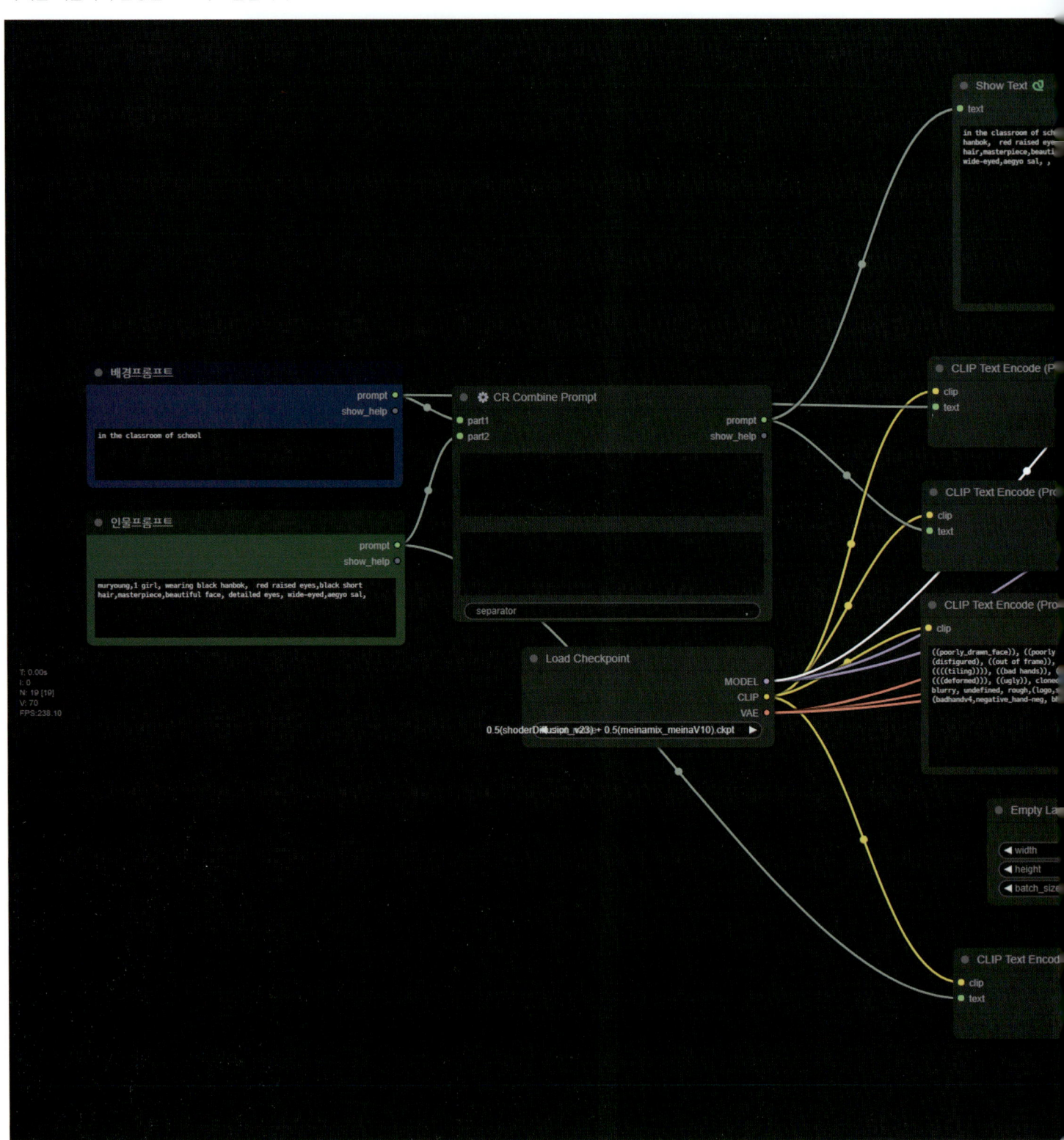

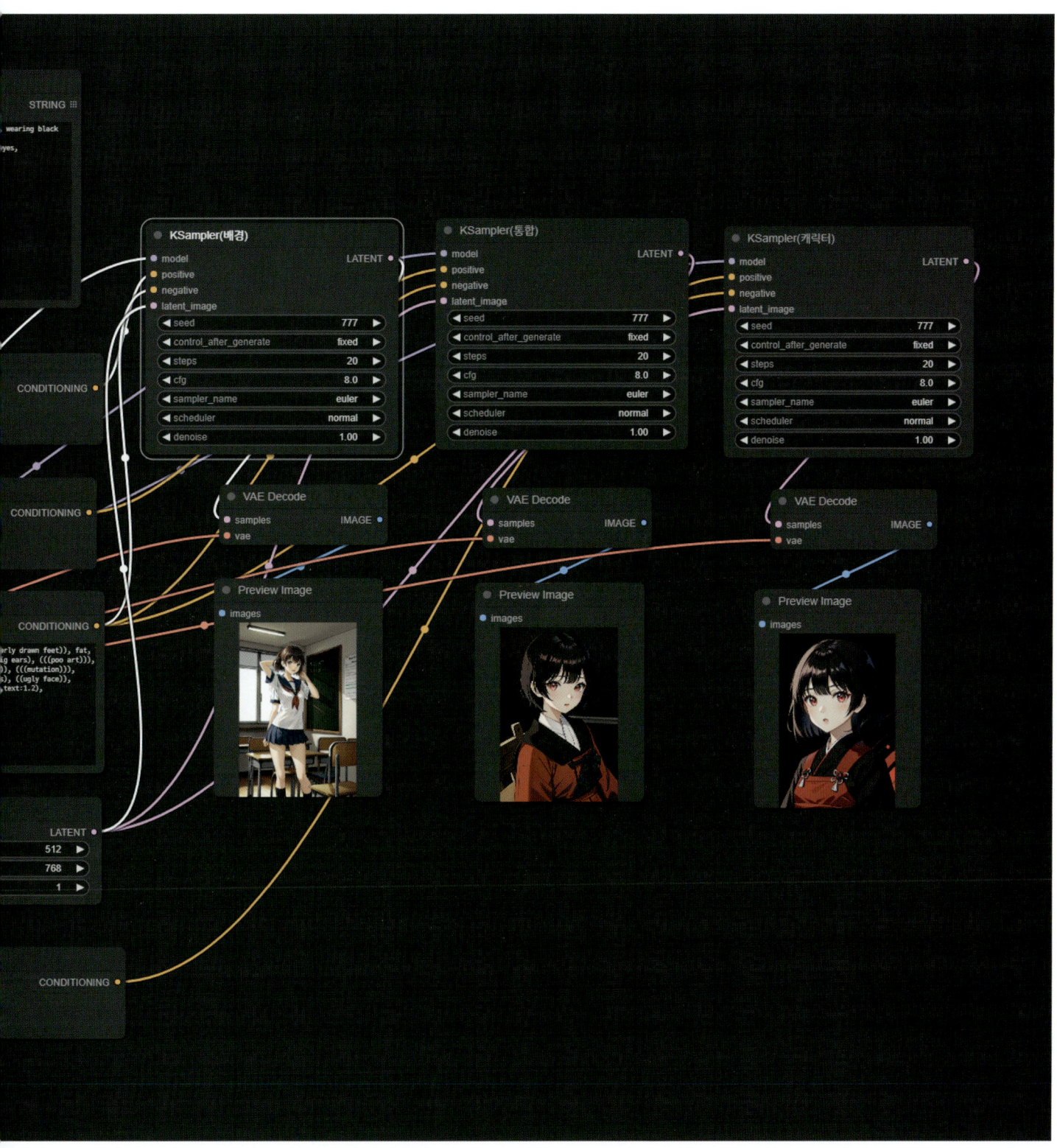

5. 캐릭터 로라(LoRA) 설정하기

앞서 3개의 이미지를 만들었지만, 우리가 앞서 사용했던 무령 캐릭터와는 거리가 멉니다.
이는 LoRA를 적용하지 않았기 때문입니다.
여기서 우리는 LoRA를 적용하되, 배경을 제외한 캐릭터 / 통합 이미지에만 적용할 필요가 있습니다.

앞서 **[2. 웹툰 캐릭터를 만드는 두가지 방법]**에서 이야기한 것처럼 CR Apply LoRA Stack 노드를 사용해봅시다.
CR LoRA Stack과 CR Apply LoRA Stack 노드를 생성해 연결합니다.

무령 캐릭터와 한복 LoRA를 적용합니다.

Load Checkpoint 노드와 연결합니다. 클립과 모델 둘 다 연결해 주세요.

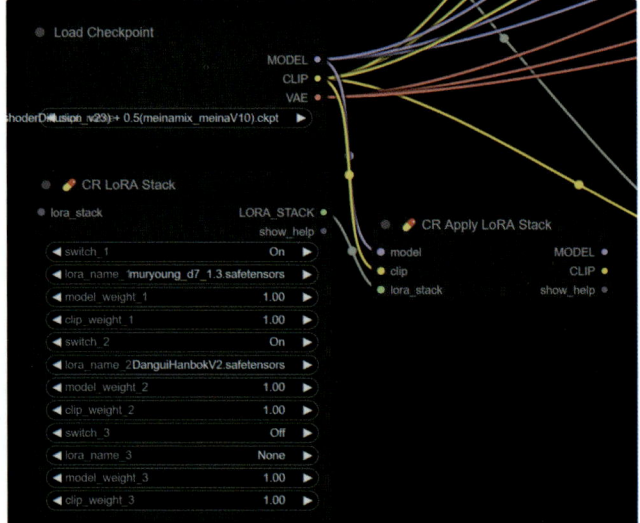

LoRA가 적용된 CR Apply LoRA Stack 은 다시 캐릭터.통합 KSampler와 각 프롬프트로 연결해야 합니다.
배경을 제외한 2개의 노드로 연결해주세요. 노드가 복잡하니 주의해서 연결합시다.

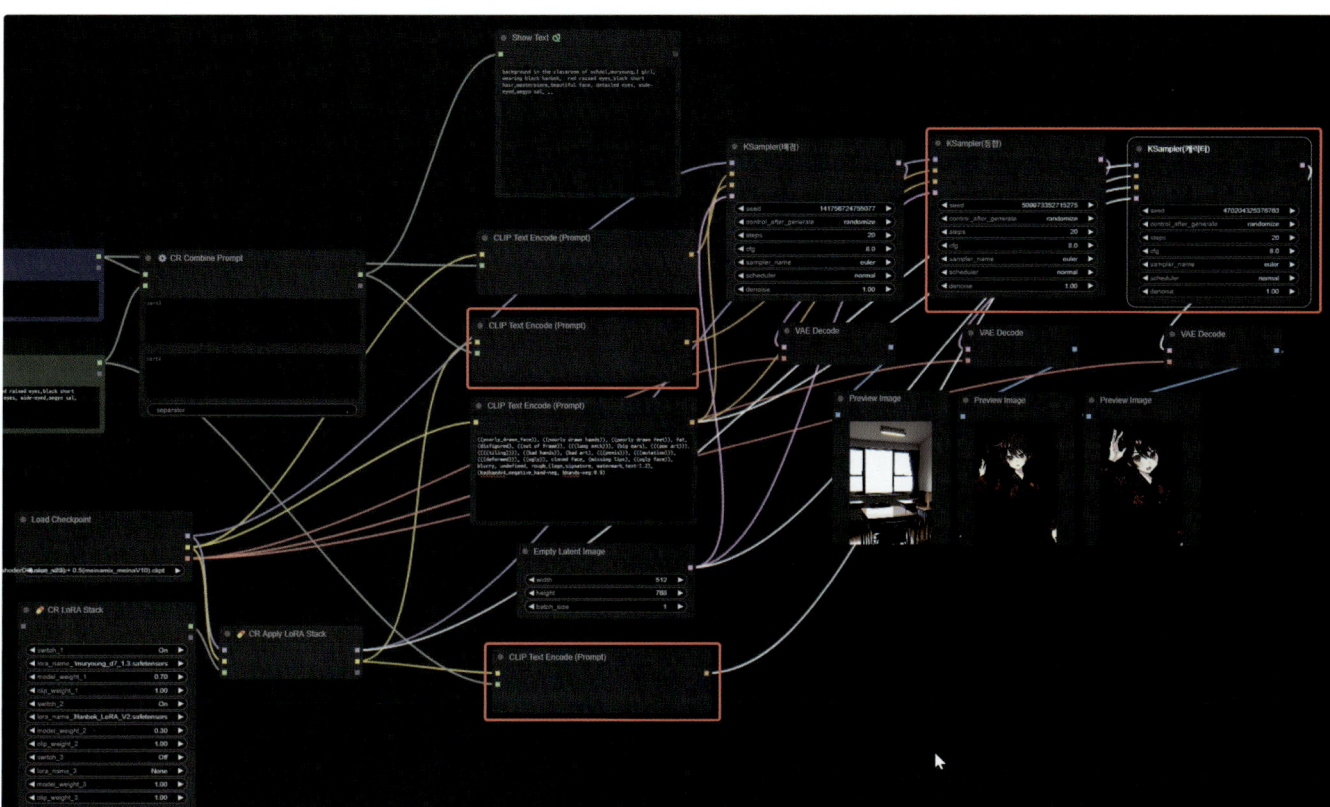

적용해보면, 배경을 제외한 캐릭터/통합 이미지에 LoRA 요소가 잘 적용된 것을 확인할 수 있습니다.
여기서는 1개의 체크포인트를 사용했지만, 원한다면 배경/캐릭터 / 통합별로 별개의 체크포인트를 사용하는 것도 가능합니다. 에이전시에 맞는 스타일을 위해 다양한 방식으로 시도해보시기 바랍니다.

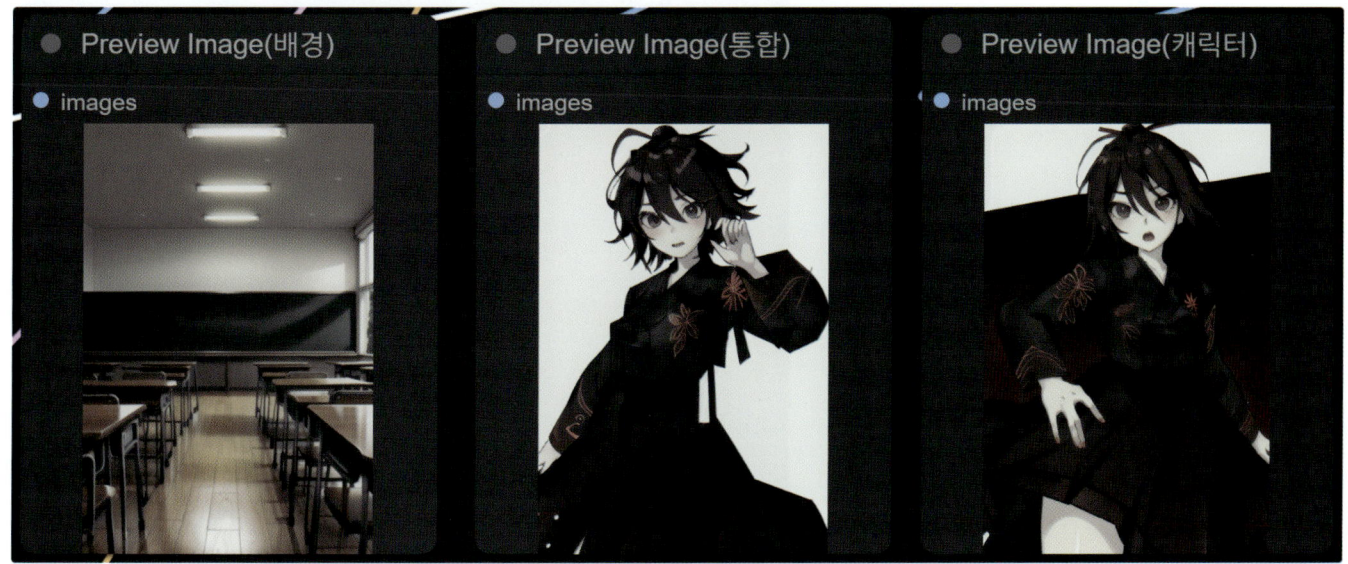

❷ 레이어 디퓨전으로 투명 배경 캐릭터 만들기

원하는 3가지의 이미지가 나왔지만, 캐릭터의 배경도 함께 나와서 당장 합칠 수는 없습니다.
이 경우에는 캐릭터의 배경이 빠진 투명 PNG를 만들어야 합니다.
투명 PNG를 위한 Layer Diffuse 라는 노드를 이용해 투명 캐릭터를 만들어봅시다.

[1. 설치해야 할 커스텀 노드]에서 Layer Diffuse 커스텀 노드를 잘 설치하셨나요? 미리 확인해보세요.

Layer Diffuse Apply 노드를 생성합니다.
위치는 캐릭터 Clip 노드 아래에 배치하세요

우리가 현재 사용하는 모델은 SD1.5 이므로,
config 속성을 SD1.5로 변경합니다.

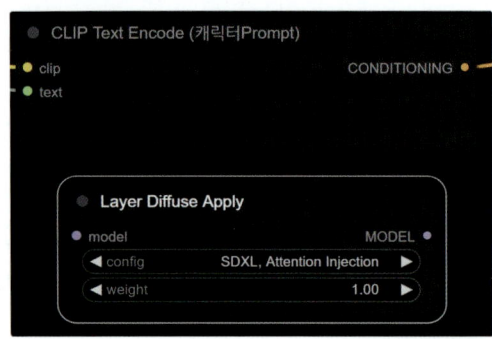
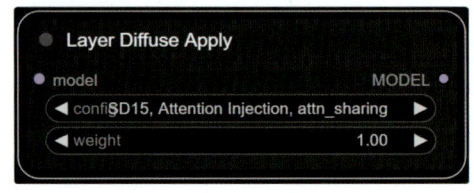

Layer Diffuse Apply 노드는 LoRA가 적용되어야 하므로
CR Apply LoRA Stack에서 model 입력을 받아 캐릭터용
KSampler로 연결되어야 합니다.

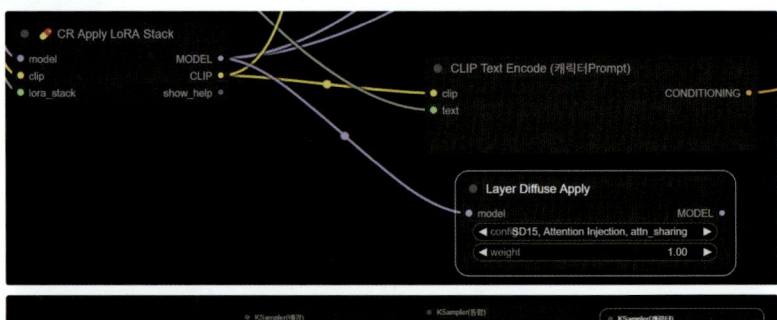
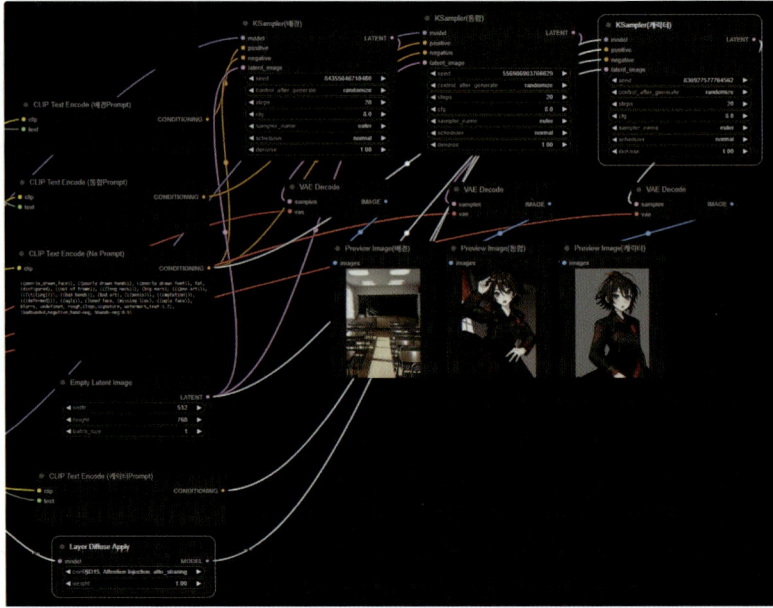

이미 만들어 놓은 노드가 많아 복잡합니다. 아래 빨간 박스 표시를 참고해서 연결해보세요.

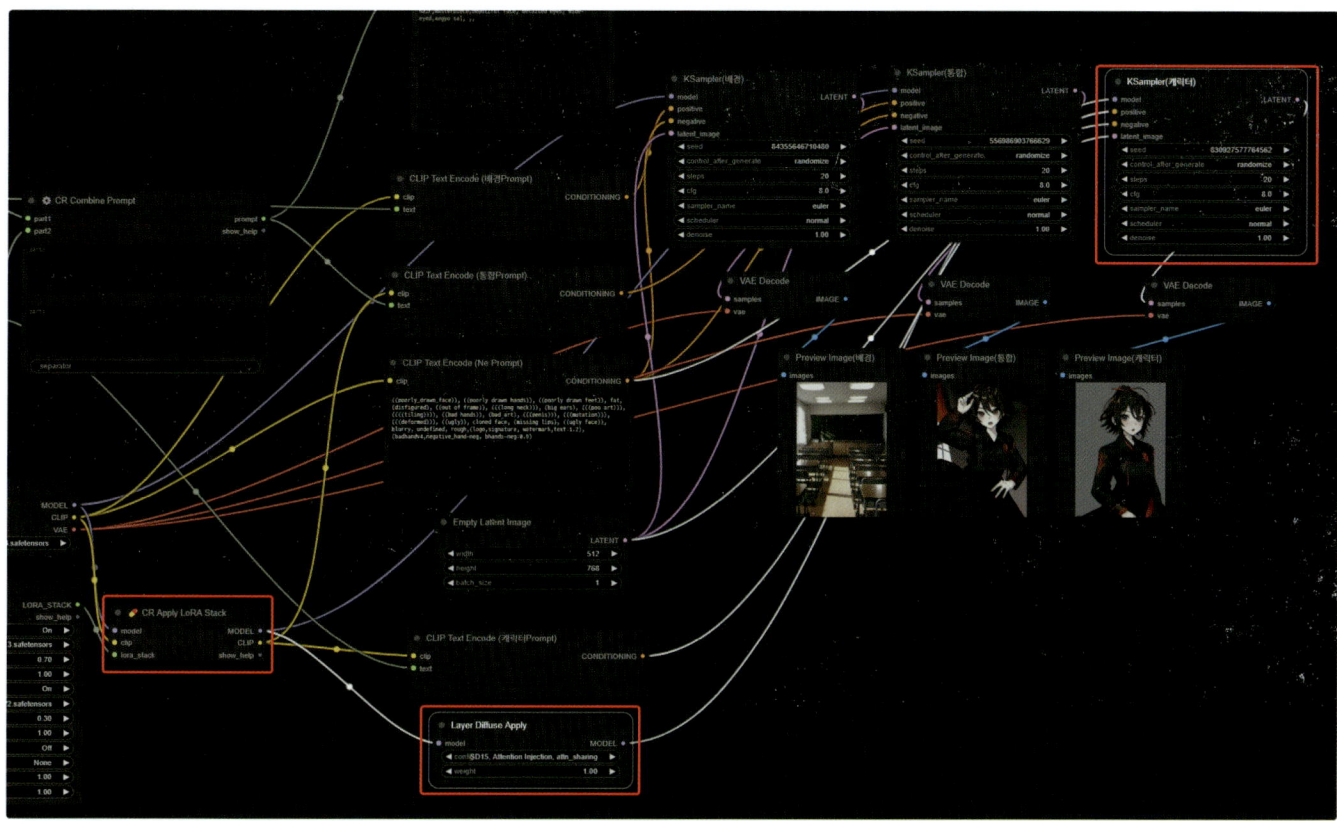

Layer Diffuse Apply 노드만으로 완성되면 매우 편하겠지만, 그렇진 않습니다.
이렇게 생성된이미지를 rgba 형태로 변경해야 하며, 여기에는 Layer Diffuse Decode (RGBA) 라는 노드가 필요합니다.

Layer Diffuse Decode (RGBA) 노드를 생성합니다.

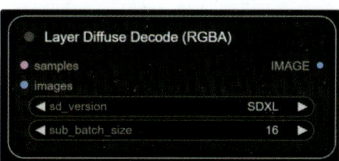

sd_version을 sd1.5로 변경하고, KSampler의 LATENT, VAE Ddcode를 Layer Diffuse Decode (RGBA)에 연결합니다.

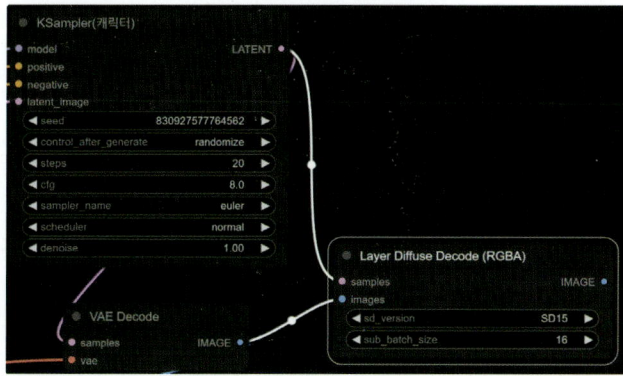

캐릭터 KSampler와 VAE Decode와 연결하는 노드이므로 연결이 편하도록 옆에 배치합니다.

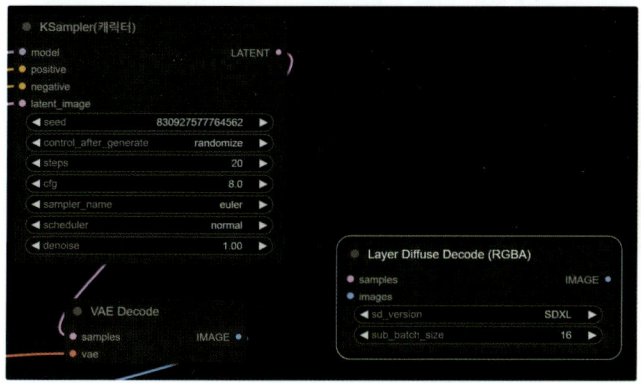

끝으로 Preview Image 노드를 만들어 연결한 다음 Queue Prompt 버튼을 눌러 결과를 확인해봅시다.

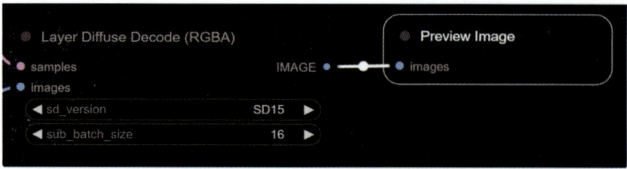

투명 PNG로 제작되었지만, 퀄리티가 그다지 좋지 않습니다.
CR Apply LoRA Stack 와 Layer Diffuse Apply를 거치면서 과도하게 영향을 받은 것 같습니다.

이럴 때는 Layer Diffuse Apply의 가중치를 0.5 정도로 조정해주세요.

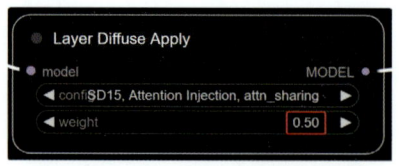

다시 실행해보면, 훨씬 좋은 퀄리티로 생성되는 것을 확인할 수 있습니다.

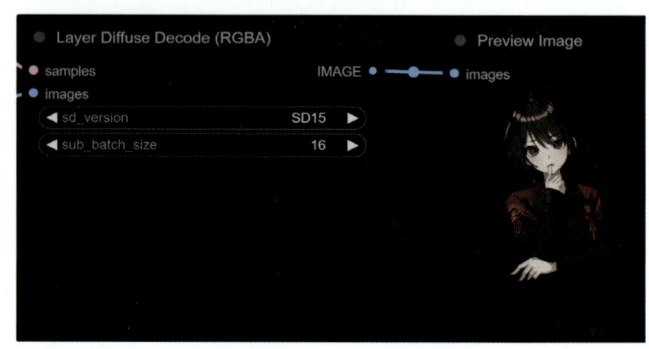

오류 메세지가 뜰 경우에는 ByPass를 써보자

여러 장면을 동시에 만들 경우, 컴퓨터에 따라 cuda 오류가 생길 수 있습니다.
이럴 때는 통합 Sampler에 ByPass를 적용해 통과하도록 하면 해결됩니다.
ByPass가 적용될 경우 해당 노드를 적용하지 않고 넘어갑니다. 문제가 되는 노드나 잠시 꺼둘 필요가 있는 노드에 사용하세요.

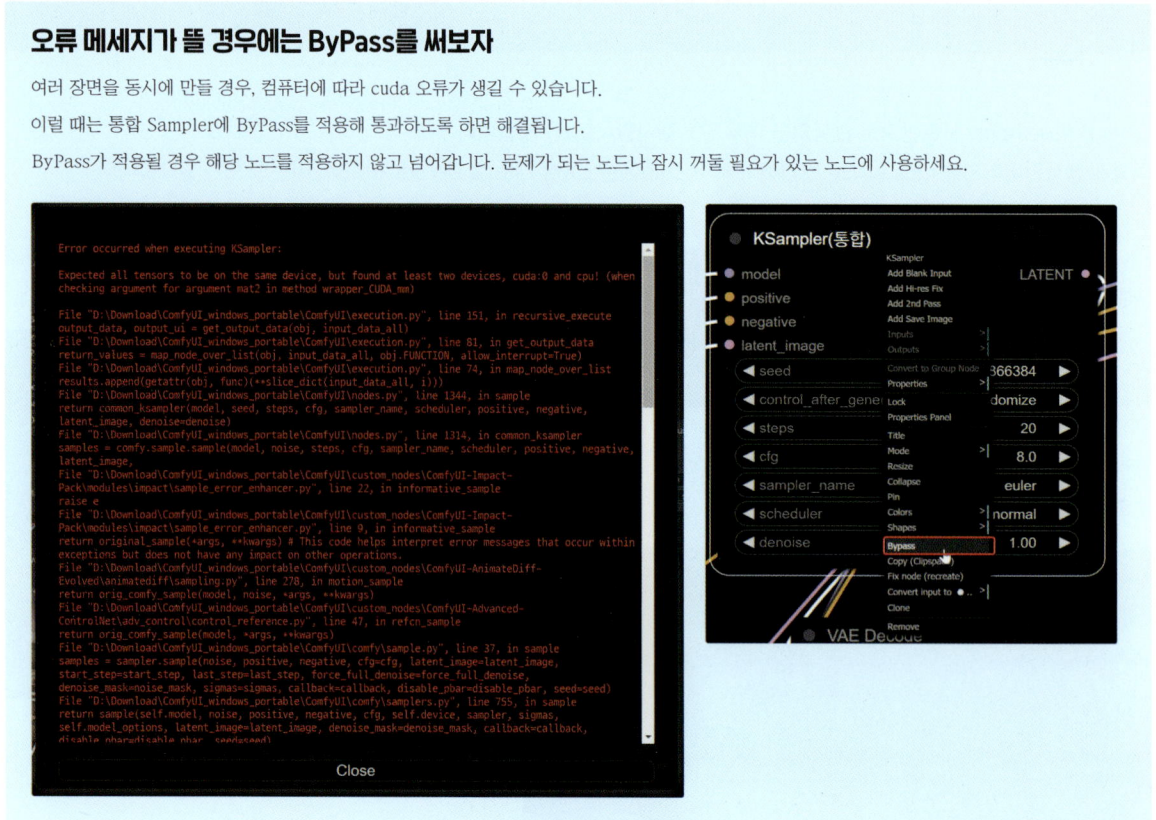

❸ 하나의 레이어로 합치기

지금까지 배경 프롬프트와 캐릭터 프롬프트를 각각 생성하고 거기서 파생되는 3개의 이미지 배경/캐릭터/통합 이미지를 만들었습니다. 그리고 투명 배경의 캐릭터 이미지도 만들었습니다. 이제 이 배경/캐릭터 이미지를 하나의 이미지로 합칠 차례입니다.

이미지를 합치기 위해서는 Image Overlay 노드를 사용해야 합니다.
Image Overlay 기능은 Comfyroll Studio에도 있습니다만 (CR Overlay Transparent Image), Layer Diffuse 노드와 궁합이 좋은 편은 아닙니다. 저희가 사용할 노드는 Efficiency-nodes-comfyui의 Image Overlay 노드입니다.
Image Overlay 노드를 새로 생성해 Layer Diffuse Decode (RGBA) 노드 근처에 배치합니다.

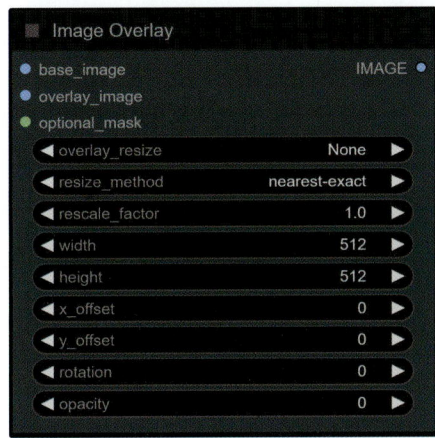
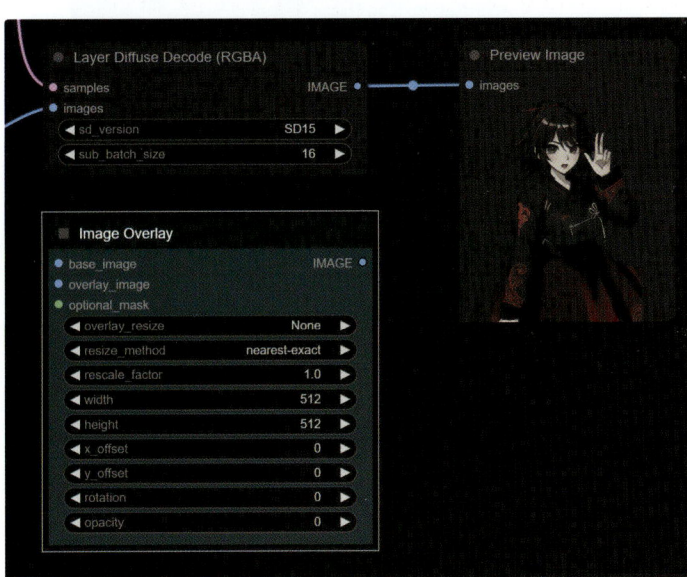

배경 이미지는 base_image에, 투명 배경 캐릭터 이미지는 overlay_image에 연결합니다.

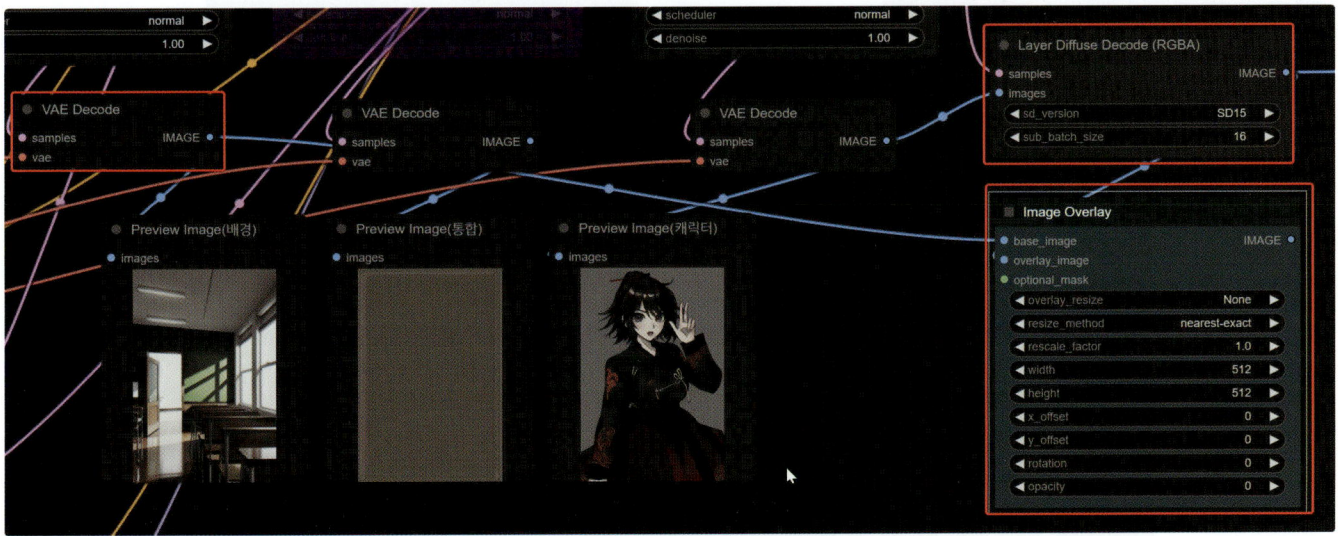

이대로 출력하면 잘 될 것 같지만, 생각대로 잘 되지 않습니다.

preview image를 연결해 확인해 봅시다.
배경은 나오지 않고, 뿌연 배경으로 남습니다. 이 뿌연 부분은 캐릭터 이미지의 rgb 영역으로 투명처리가 제대로 되지 않은 것을 확인할 수 있습니다.

이를 해결하려면 투명 이미지에서 직접 알파 채널을 가져와서 마스크로 처리해야 합니다.
Convert Image to Mask 노드를 생성합니다.
채널은 alpha로 설정합니다.

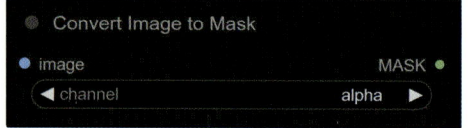

Layer Diffuse Decode (RGBA) 노드에서 이미지 정보를 가져와 연결합니다. 이 이미지에서 alpha 채널 마스크를 얻을 수 있습니다.

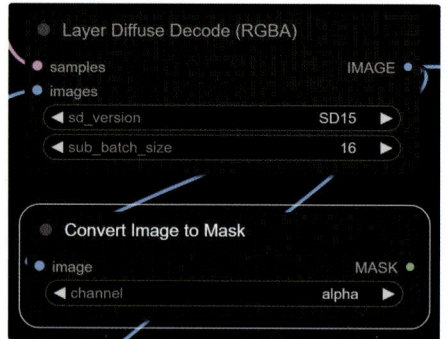

이대로 mask를 연결하면 마스크 영역이 반대로 나오게 되므로 Invert Mask 노드를 추가해 마스크 영역을 반전시킵시다. 연결된 모습은 아래와 같습니다.

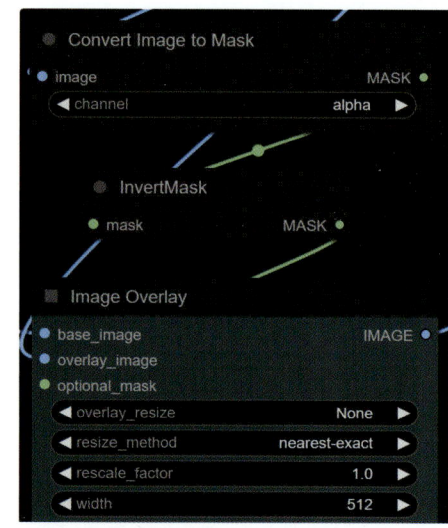

이미지를 생성해보면, 배경과 캐릭터가 제대로 잘 합쳐지는 것을 확인할 수 있습니다.

❹ 별개의 파일로 저장하기

마지막 단계로 Save Image 노드를 이용해 파일을 저장하면 됩니다.
파일 저장은 차후 합성을 위해, 통합 이미지는 미리 보기 편하도록 각각 저장해둡니다.
이때, 파일 이름 prefix를 아래처럼 배경 / 캐릭터 / 결합 등으로 적절히 처리하면, 파일 관리가 편합니다.

 완성된 노드는 \예제ComfyUI 노드\5 인물과 배경 레이어 분리하기.json 를 참고하세요.

❺ 마무리하며

이번에는 배경과 캐릭터를 분리해서 생성하고 결합하는 과정을 진행하였습니다.

기존 배경과 캐릭터를 따로 작업해 결합하는 웹툰 제작 프로세스에 AI 작업을 통합함으로써 유연하게 작업이 가능합니다.
이렇게 생성한 이미지는 배경과 캐릭터 모두 완성된 퀄리티로 생성된다는 장점이 있습니다.

또한 캐릭터와 배경이 분리되어 보인다는 특징이 있습니다. 이런 분리된 장면은 웹툰 스토리 전달의 측면에서 배경과 캐릭터의 정보를 분리해서 빠르게 받아들일 수 있는 장점이 있습니다.

6. 웹툰 컷 선 작업하기

웹툰의 가장 큰 특징 중 하나는 컷입니다.
컷은 시공간을 잘라내 고정시키는 역할을 합니다. 이를 통해 정지된 매체인 웹툰 안에서 독자들이 자의적으로 시간의 흐름 사이를 건너뛸 수 있게 만드는 멋진 도구입니다. ComfyUI는 커스텀 노드를 통해 다양한 이미지 작업을 할 수 있습니다. 하지만 아쉽게도 웹툰에 어울리는 컷을 만드는 기능은 아직 없습니다.

웹툰 프로세스에서는 아쉬운 부분입니다. 하지만, 약간의 아이디어를 통해 컷을 구현할 수 있습니다.
이번 시간에는 기본 컷 구조를 처음부터 만들어볼 예정입니다.
그리고 만든 컷을 앞서 만든 노드에 합쳐서 컷, 배경, 캐릭터로 이루어진 이미지를 만들어보도록 하겠습니다.

❶ 기존 노드 잠깐 멈춰두기

지금 작업은 앞서 노드 작업과 같은 공간에서 진행을 할 예정입니다. 하지만, 테스트할 때마다 모든 이미지 생성 프로세스를 진행하게 되면 속도도 느려지고, 불필요한 이미지가 계속 생성될 것입니다. 이때, 기존 노드는 잠깐 멈춰두고 진행해두면 편리합니다.

기존 노드의 시작 지점인 Load Checkpoint 에 마우스 우클릭 → Bypass 를 선택해 해당 노드를 통과하도록 합시다.

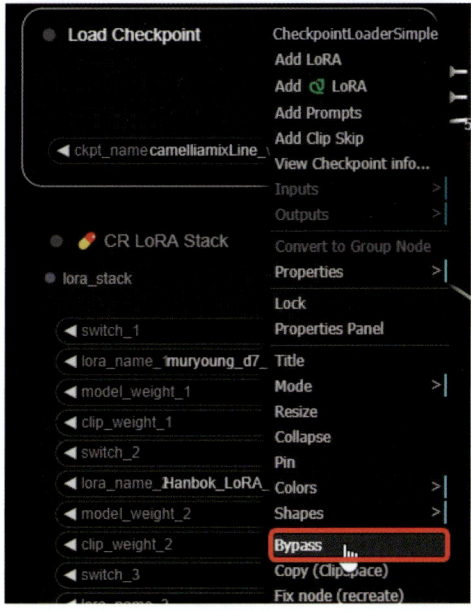

이 상태에서 Queue Prompt 를 실행하면 앞서 진행한 배경/캐릭터 이미지 생성 노드는 멈추지만, 컷 관련 작업은 계속 진행되게 됩니다.

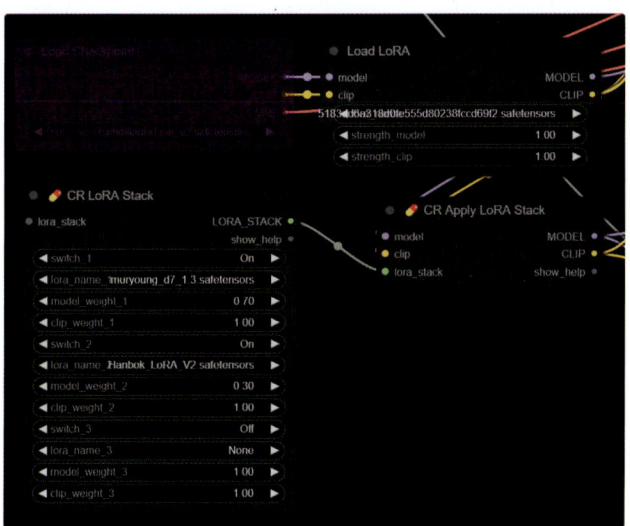

❷ 가로 세로 사이즈 세팅하기

이미지 사이즈에 맞춰 컷 크기가 자동으로 설정되면 좋을 것 같습니다. 앞서 만든 노드 아래에 정수(소숫점이 없는 숫자)를 표기할 수 있는 Integer 노드를 추가합시다.

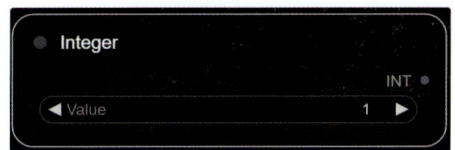

위치는 Load Checkpoint와 CR LoRA Stack 아래가 좋을 것 같습니다.

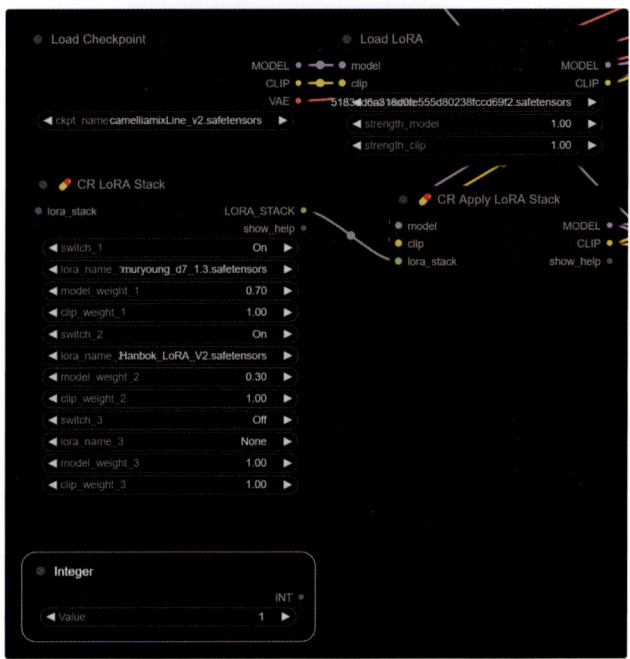

Integer 노드를 복제한 다음 value를 이미지의 가로와 세로 사이즈로 쓸 512,768로 변경합니다. 알아보기 쉽도록 노드에 마우스 우클릭 → title을 선택해 이름을 width, height로 변경합니다.

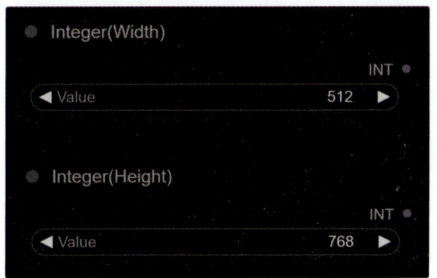

이 크기를 가진 빈 이미지를 생성해봅시다.
EmptyImage 노드를 하나 생성합니다.

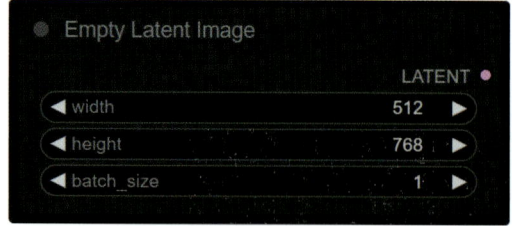

앞서 만든 두 개의 Integer 노드와 연결해야 합니다. width 와 height 입력칸을 input형태로 변경합니다.

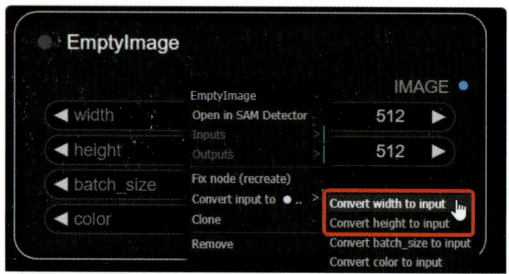

변경한 뒤에는 두 개의 Interger 노드와 연결하세요.

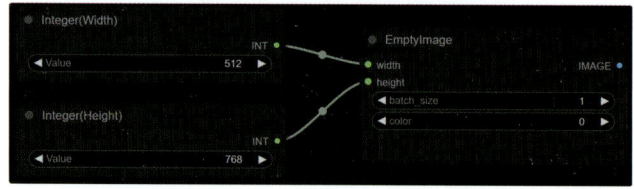

잘 연결되었는지 Previe Image 노드를 사용해 확인해봅시다. 생각한 크기로 잘 나오는군요.

아쉬운 점은 이미지가 검은색이라는 점입니다. 흰색으로 바꾸면 좋을 것 같습니다. 하지만, 색상을 입력하는 color값은 rgb도 아닌 그저 숫자 입력칸 하나입니다. 어떻게 입력하면 좋을까요?

원하는 값을 넣으려면, 16진수(hex)값을 10진수(dec)값으로 변경해서 입력해야 합니다.
흰색은 #FFFFFF 이므로 이를 dec로 변경하면 16777215가 됩니다. 이 숫자를 입력하면 흰색으로 나오는 것을 확인할 수 있습니다.

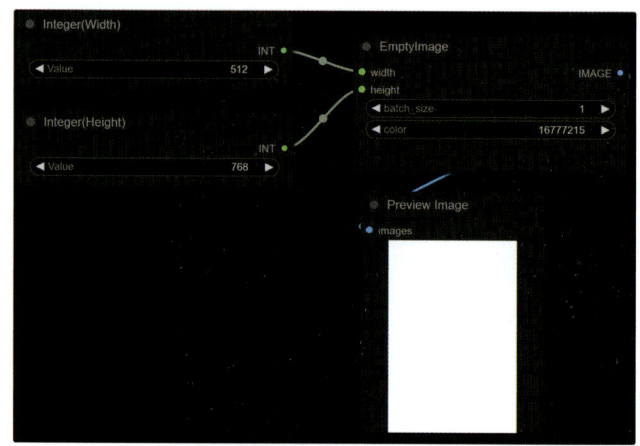

흰색이 아닌 다른 색깔은 어떻게 입력할까요?

Hex를 Dec로 일일이 계산하는 것은 번거로운 일입니다. 다행히 구글 등에 검색하면 변환해 주는 사이트가 많으므로 사용하시기 바랍니다.
저는 RapidTables라는 곳(https://www.rapidtables.com/convert/number/hex-to-decimal.html)을 이용하였습니다.

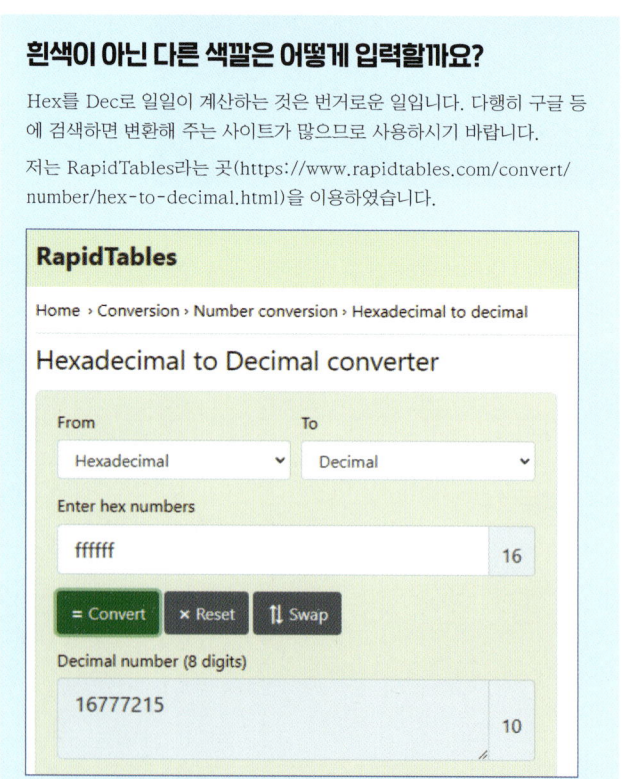

❸ 컷 라인을 위한 입력 노드 설정하기

이제 웹툰용 컷 라인을 만들어볼까요?
컷 라인을 만들려면 컷과 선과의 거리를 나타내는 거리(Offset)정보와, 선의 굵기를 표현하는 선굵기(StrokeWidth) 값이 필요합니다.

해당 정보를 입력하기 위한 Integer 노드를 2개 만들고 이름을 Offest, StokeWidth로 변경합니다. 수치는 각각 30, 5 로 설정합니다.

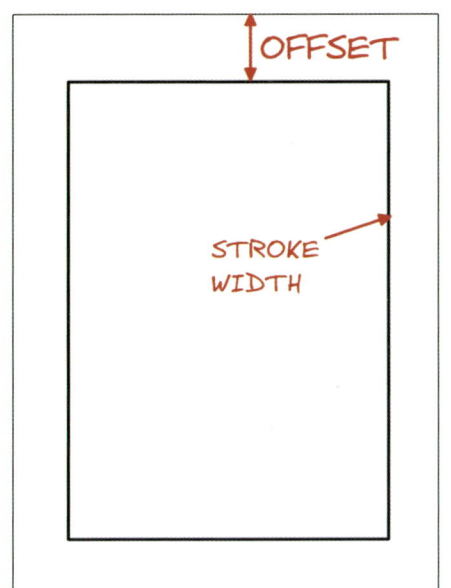

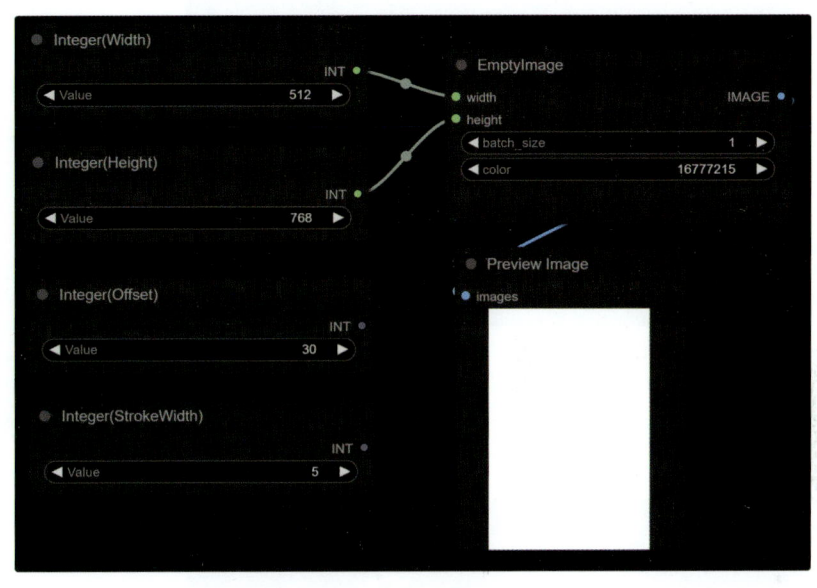

❹ 선 영역 계산하기

이제 머리를 굴려야 할 시간입니다. 머리가 아파오는 시간이지요. 차근차근 생각해봅시다.

컷 라인을 만들기 위해서는 안에 검은 영역을 만들어야 합니다.

그 검은 영역의 크기는 오프셋을 사방에서 적용해야 하므로, 크기는 원래 크기보다 오프셋의 두 배만큼 작아져야 합니다. 그리고, 배치되는 x, y 위치는 오프셋만큼 적어져야 합니다.
슬슬 머리가 복잡해지는군요. 이럴 때는 그림으로 직접 그려가며 계산하는 것이 좋습니다.

컷 라인 영역의 가로와 세로를 각각 Inner-Width, InnerHeight, 오프셋 간격을 x, y라고 생각하면 그림과 같습니다.

❺ 계산식 적용하기

계산식은 Math Expression 노드를 사용해 적용할 수 있습니다.
Math Expression 노드를 만들고 이름을 InnerWidth로 설정합니다.

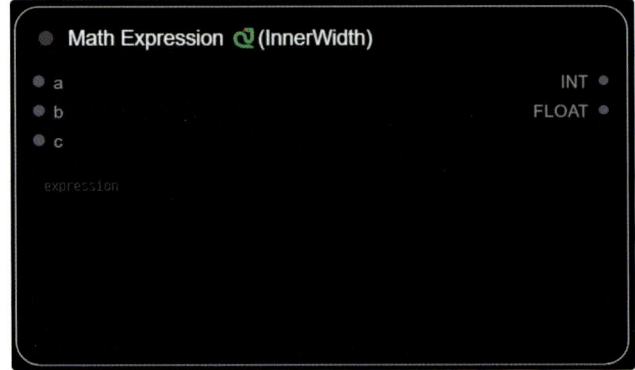

a, b, c는 변수처럼 사용할 수 있습니다.
a에 Width 값을, b에는 offset을 연결합니다. 아래와 같은 모습이 될 것입니다.

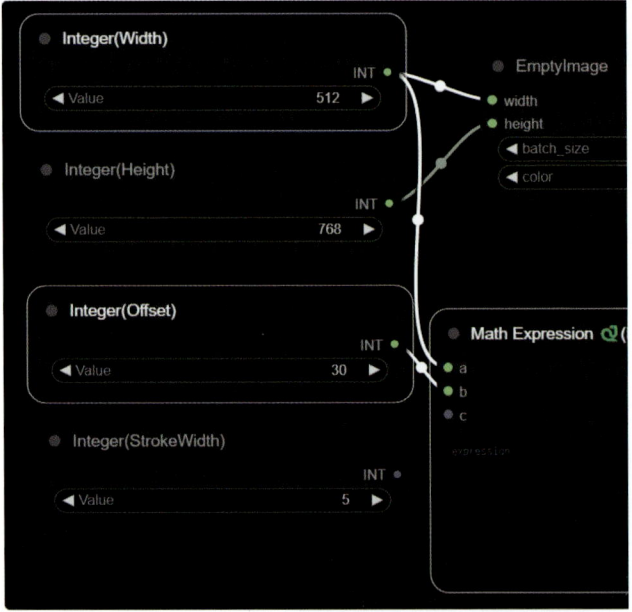

Math Expression 의 내용에는 계산식을 입력합니다.
전체 넓이에서 오프셋×2만큼 빼야 하므로 계산식은 아래와 같습니다.

a - (b*2)

Math Expression의 좋은 점은 계산결과를 노드 내에서 보여준다는 점입니다.
Queue Prompt 를 실행하면, 노드 오른쪽에 푸른색으로 결과가 보여집니다. 잘 되는군요.

Math Expression 노드를 복사해 이름을 InnerHeight로 바꾸고 노드를 연결합니다. 이번에는 Height를 a에, Offser를 b에 연결합니다. 수식은 그대로 유지하세요.

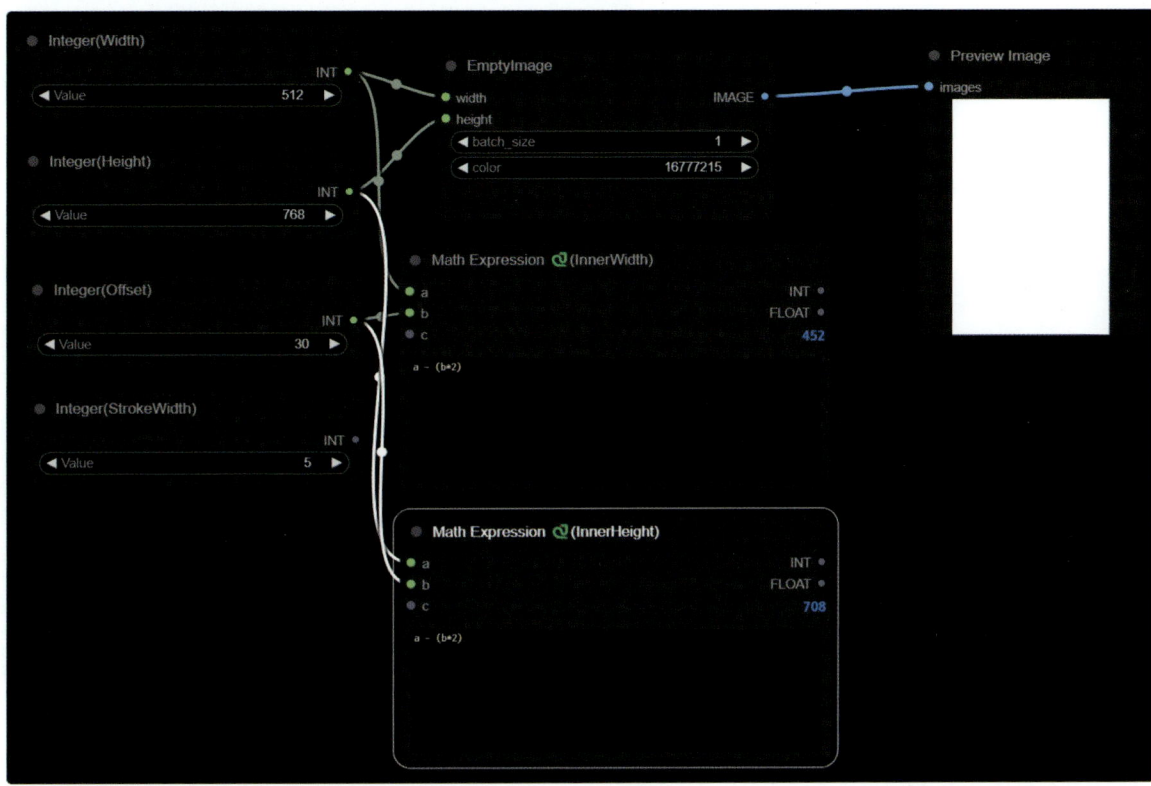

Queue Prompt 를 적용하니, 결과가 잘 나오는 것을 확인할 수 있습니다.
이제 만든 수치를 이용해 컷 라인 영역을 만들어 봅시다.

❻ 컷 라인 영역 만들기

ComfyUI는 선을 긋는 기능이 없습니다. 그래서 검은 영역을 먼저 만들 예정입니다.
검은 영역을 만드는 것은 기존의 흰색 이미지를 뒤집는 것 만으로 가능합니다.
Invert Image 노드를 만들어 EmptyImage 노드에 연결합니다.
Preview Image 까지 연결하면 검은색 영역이 잘 나오는 것을 확인할 수 있습니다.

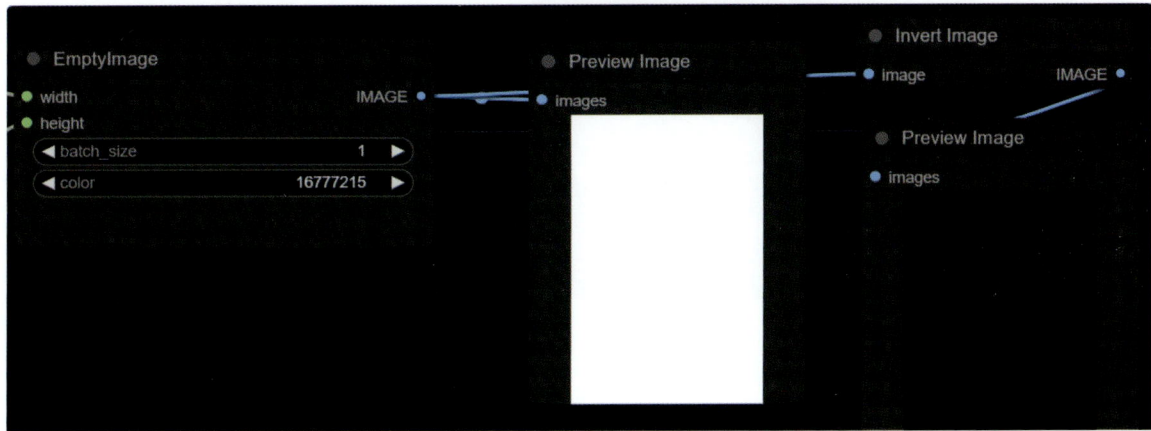

이미지가 많아지기 시작합니다.
이름들도 미리 정리해두세요.

EmptyImage는 WhiteBackground로,
Invert Image는 BlackArea로 이름을 설정하였습니다.

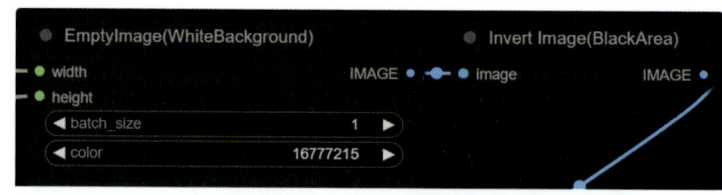

이제 두 이미지를 합쳐야 합니다. Image Overlay 노드를 생성합니다.
앞서 배경, 캐릭터를 합치면서 사용한 기억이 있으실 것입니다.

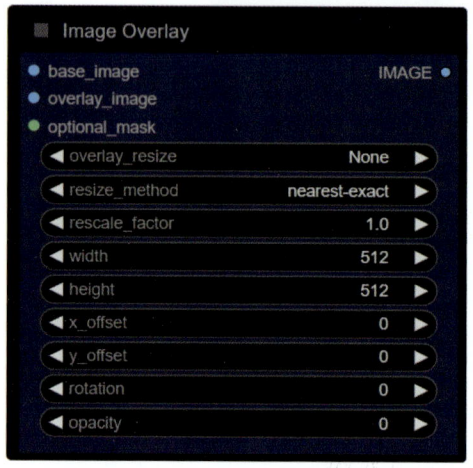

이 노드를 자세히 살펴보면 크기와 오프셋 위치 등을 설정할 수 있는 것을 알 수 있습니다. 설정 가능한 부분을 노드를 연결하면 될 것 같습니다.

마우스 우클릭 → Convert Input to 를 이용해서
Width, Height, x_offset, y_offset을 input 형태로 변경하세요.

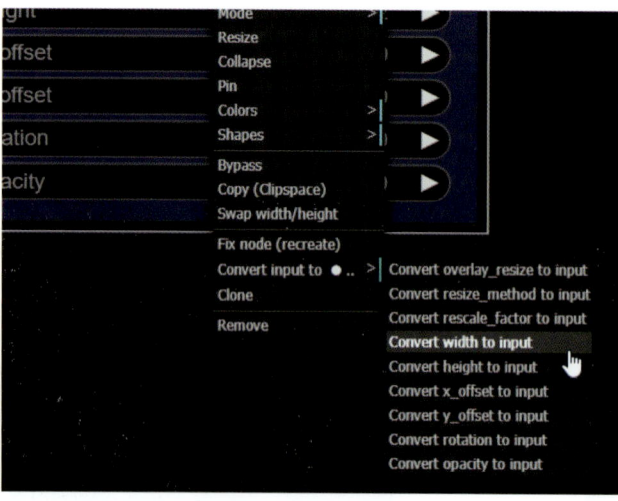

아래와 같이 노드가 변경되었는지 확인하세요.

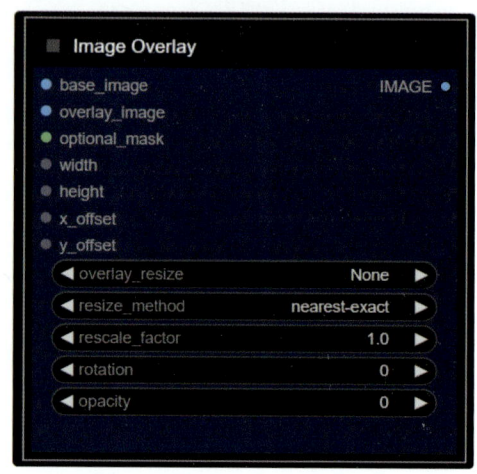

이제 필요한 부분을 연결합시다.
Math Expression 노드는 Int로 연결하시면 됩니다.

input	연결될 노드 이름
base_image	WhiteBackground
overlay_image	BlackArea
Width	innerWidth
Height	innerHeight

input	연결될 노드 이름
x_offset	Offset
y_offset	Offset

연결된 모습은 아래와 같습니다.

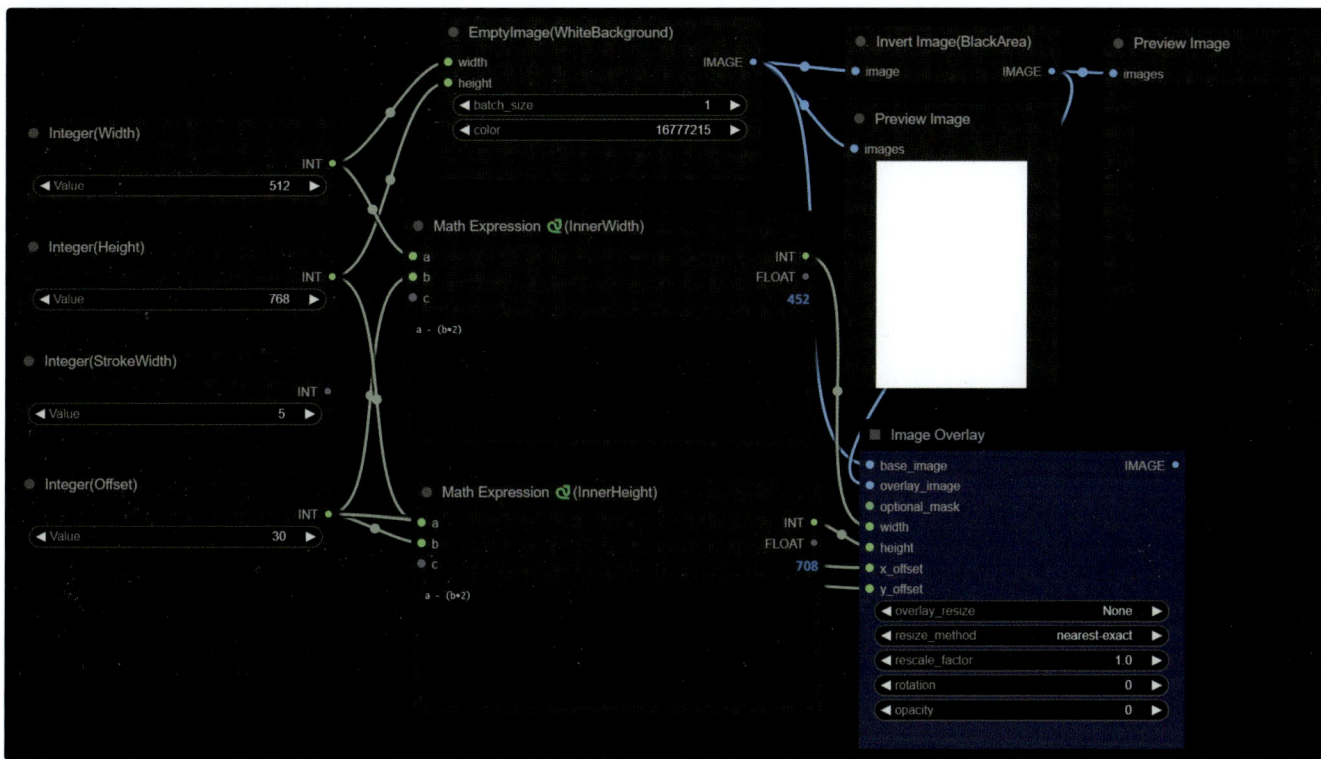

끝으로 overlay_resize 항목을 Resize to width & height 로 변경합니다.

Preview Image를 Image Overlay 노드에 연결하고, Queue Prompt 를 눌러 실행해봅시다. 아래와 같이 흰색 테두리 안에 검은 이미지가 보인다면 제대로 생성된 것입니다.

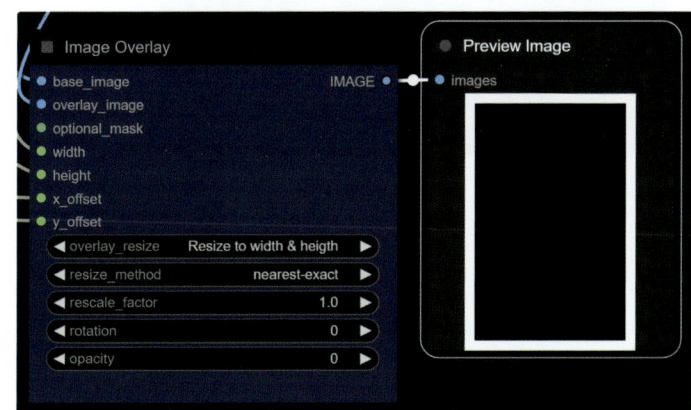

Preview 이미지까지 연결한 모습입니다.

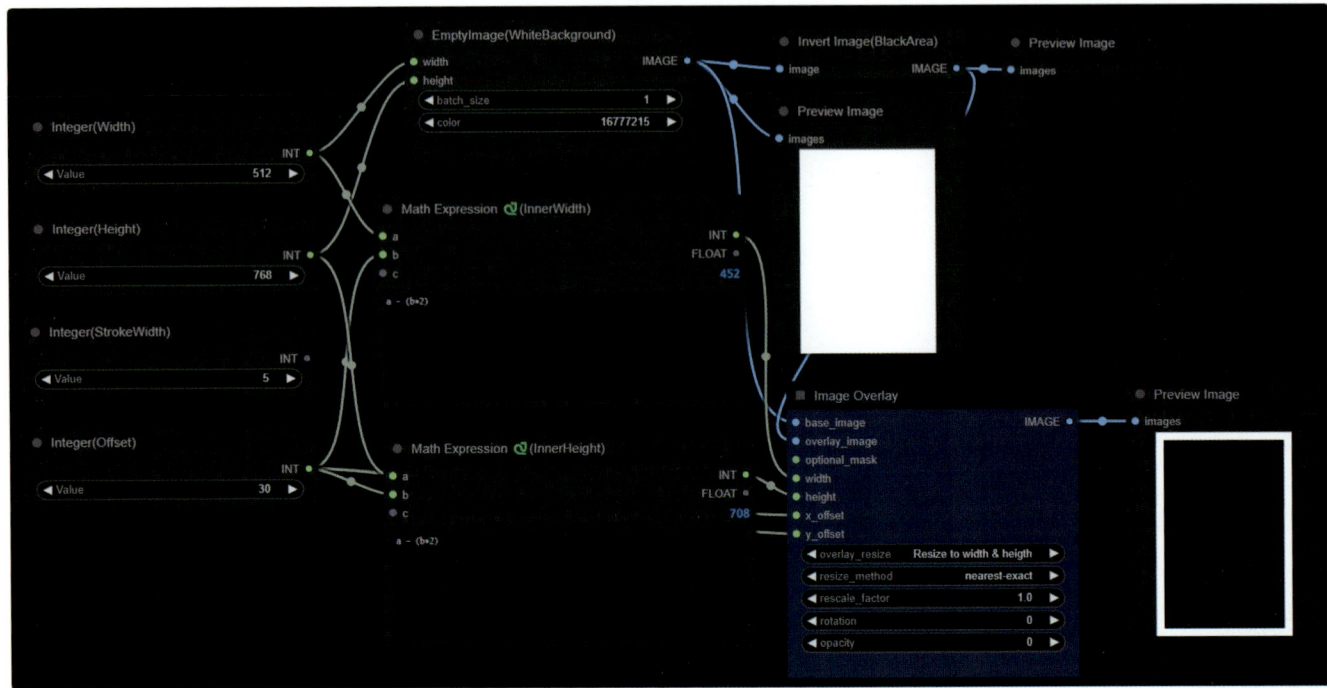

끝으로 ImageOverlay의 이름을 InnerBlackArea로 변경하고 마무리합시다.

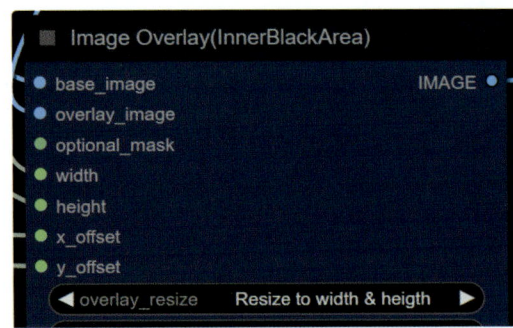

❼ 컷 선 계산하기

이어서 컷 선을 계산해봅시다. 앞서 검은 영역 안에 다시 흰 영역을 만들어야 합니다.

선 두께만큼 내부 흰색 영역은 줄어들 테고, 오프셋(offset) 역시 선 두께만큼 더 이동해야 합니다. 그러면 아래와 같은 계산식이 될 것입니다.

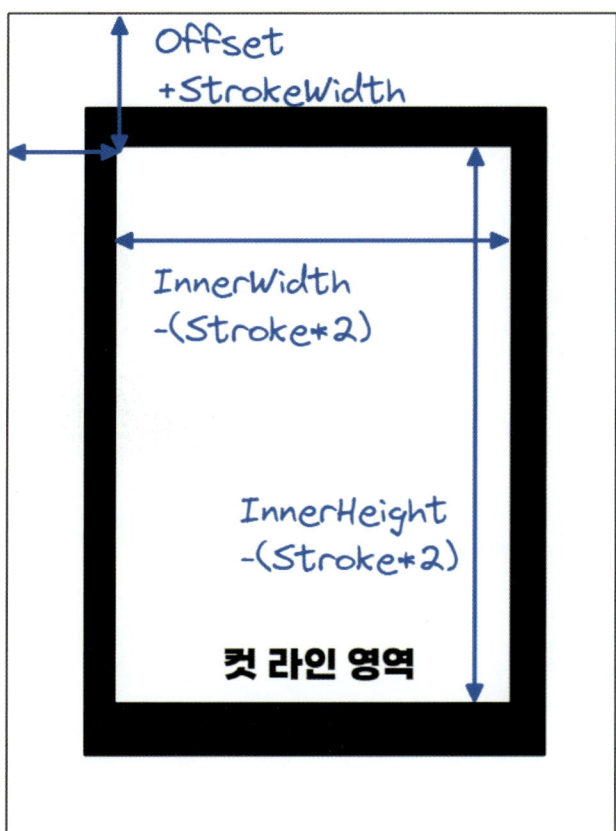

앞서 만든 Math Expression 노드를 3개 복사해서 나란히 배치합니다. 각각 이름을 LineOffset, LineWidth, LineHeight 로 변경합니다.

LineWidth, LineHeight는 이전과 계산식이 달라지지 않으므로 놔둡시다. LineOffset는 오프셋 크기에 선 두께를 더하므로 a+b 형태로 바꿉니다.

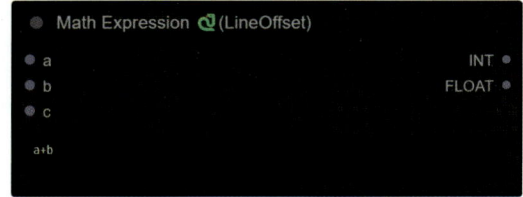

필요한 노드를 연결합니다.

Math Expression의 output은 INT로 설정하세요.

노드 이름	노드 a	노드 b
LineOffset	Offset	StrokeWidth
LineWidth	InnerWidth	StrokeWidth
LineHeight	InnerHeight	StrokeWidth

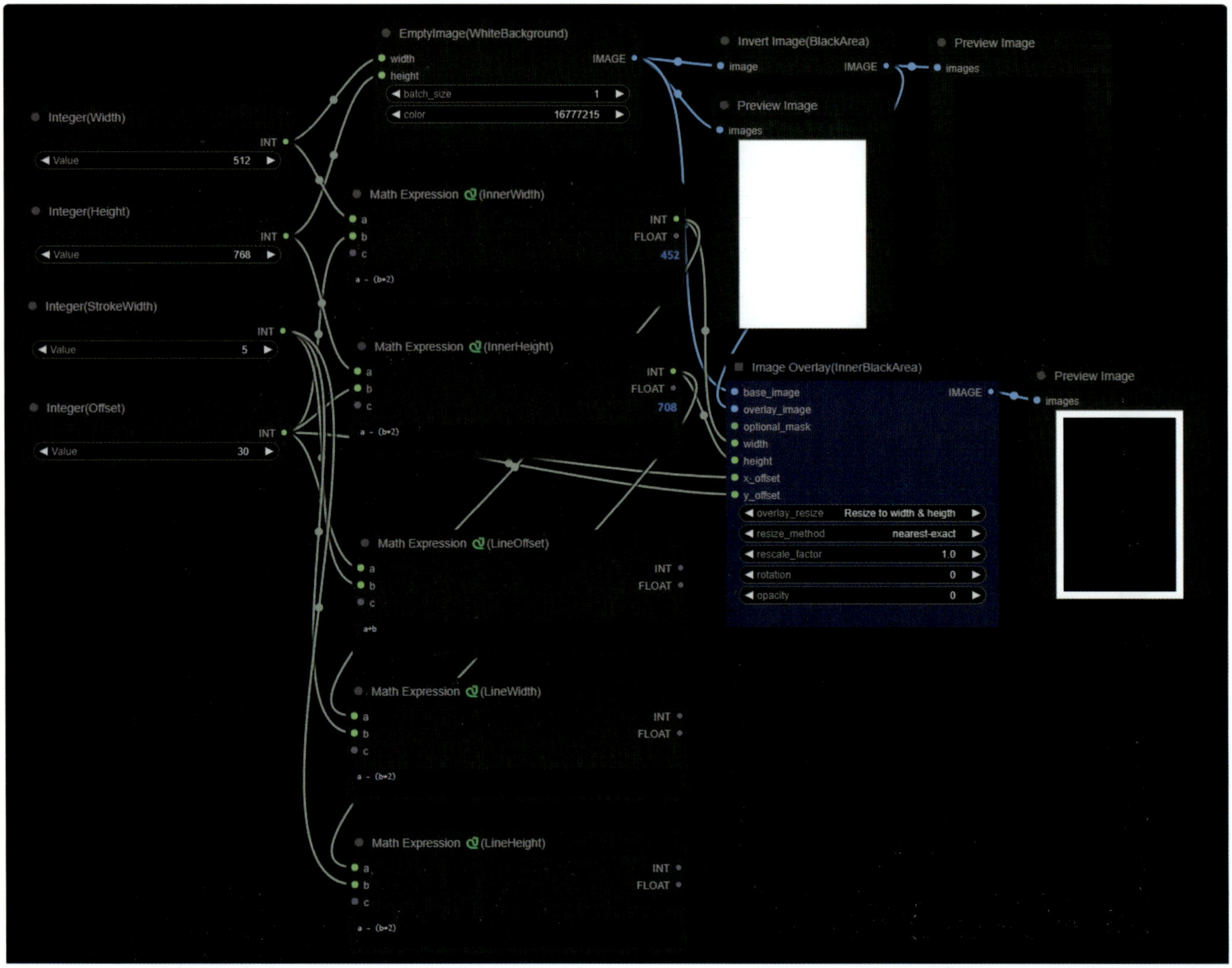

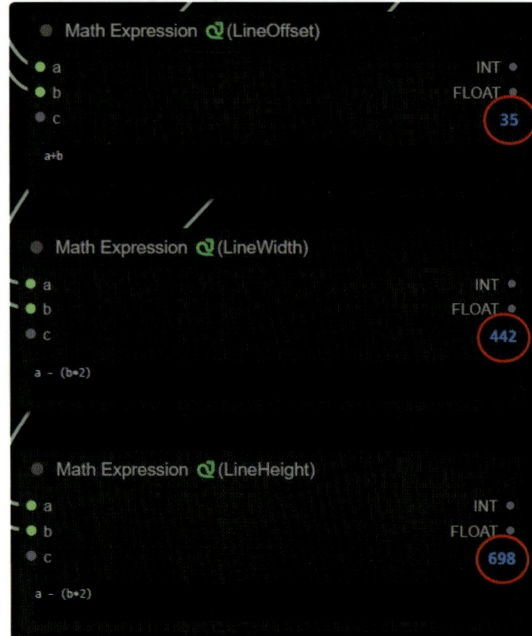

Queue Prompt를 눌러 값을 확인해 봅시다.
잘 연결되었고, 값을 똑같이 입력하셨다면 35, 442, 698로 출력
되어야 합니다.

❽ 컷 선 만들기

값이 잘 나왔다면 Image Overlay 노드를 복사해서 연결합니다. 이름은 LineArea로 설정합니다.

Preview Image를 연결하고, Queue Prompt를 눌러 확인하면, 깔끔하게 컷 이미지가 나오는 것을 확인할 수 있습니다. 멋지군요.

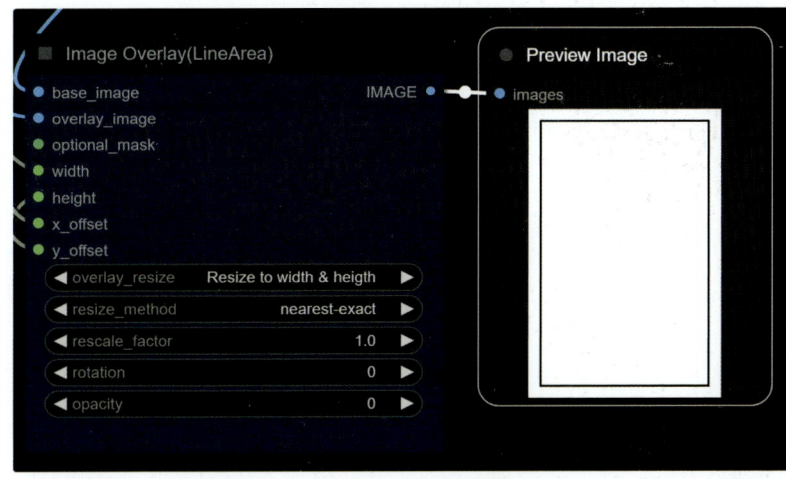

테두리 두께나, 오프셋 값 등을 변경해가면서 잘 되는지 테스트해봅시다.

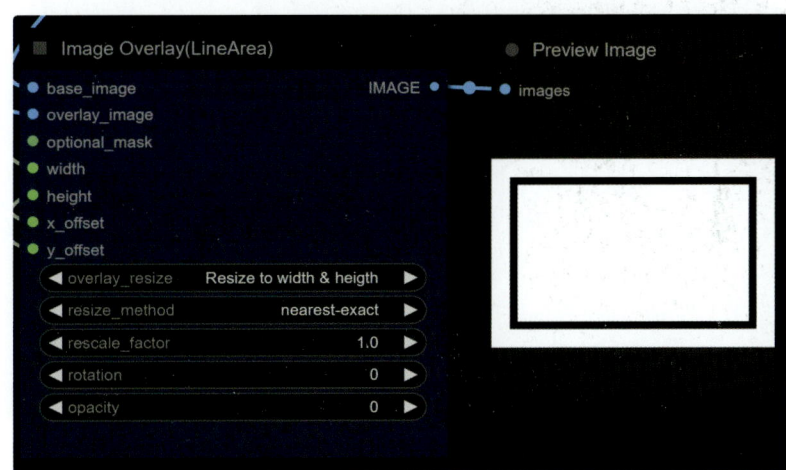

base_image는 앞서 만든 테두리 이미지(InnerBlack-Area)를, overlay 이미지는 흰색 이미지가 필요하므로 WhiteBackground 를, 나머지는 필요에 맞춰 연결합니다.

input	연결될 노드 이름
base_image	InnerBlackArea

input	연결될 노드 이름
overlay_image	WhiteBackground
Width	LineWidth
Height	LineHeight
x_offset	LineOffset
y_offset	LineOffset
y_offset	InnerHeight

수고하셨습니다. 익숙하지 않은 계산식과 싸운만큼 보람이 있으셨을 것 같습니다.
아래는 컷 테두리용 전체 노드의 모습입니다.

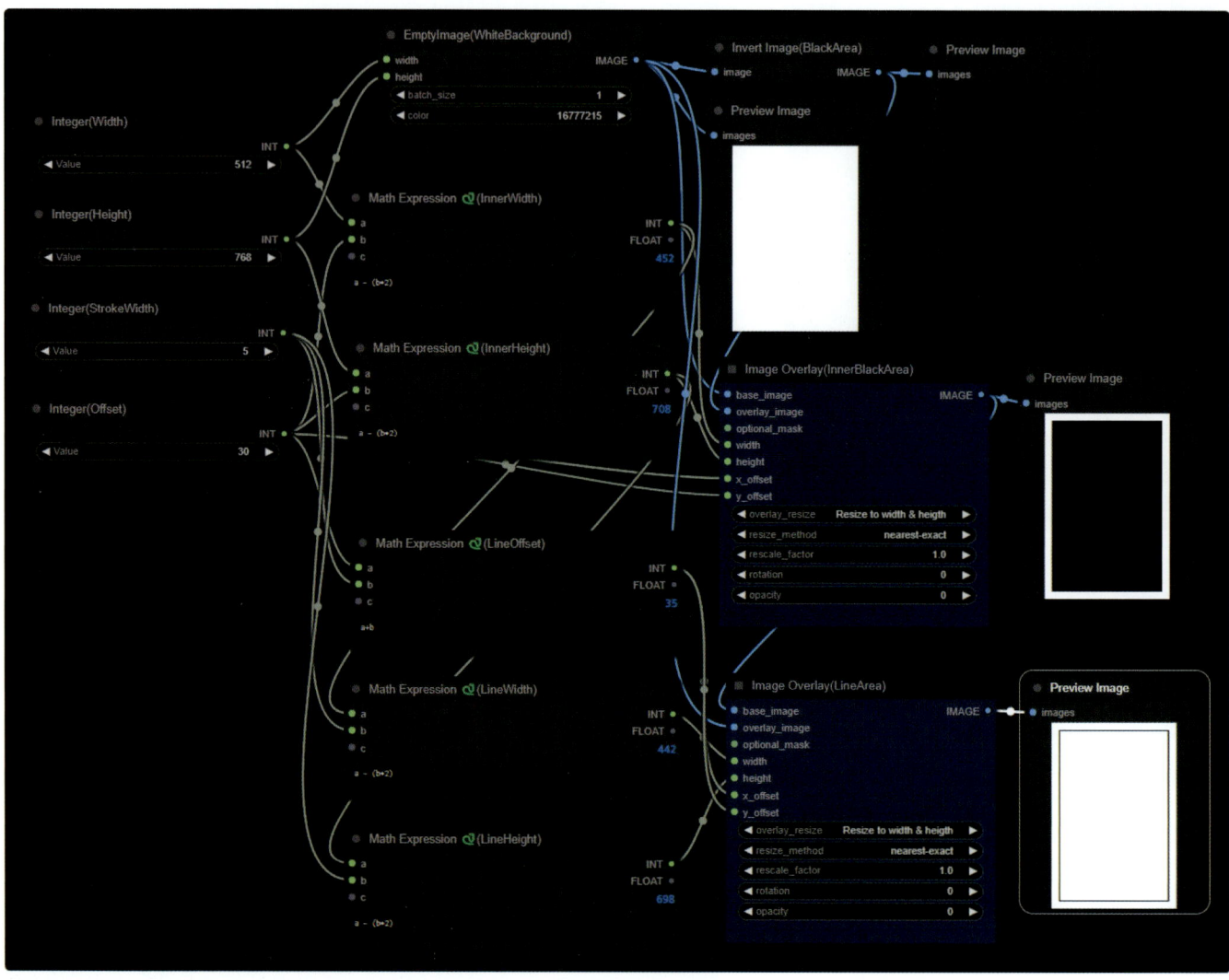

이제 만든 컷 테두리를 앞서 만든 배경, 캐릭터에 결합할 차례입니다.

❾ 컷 선과 원고 이미지 크기 연동하기

지금은 컷 선과 원고 이미지는 별개의 크기로 생성되고 있습니다. 이대로 둘을 합쳤다가는 이상한 이미지가 될 것 같습니다.

먼저 크기를 연동해봅시다.

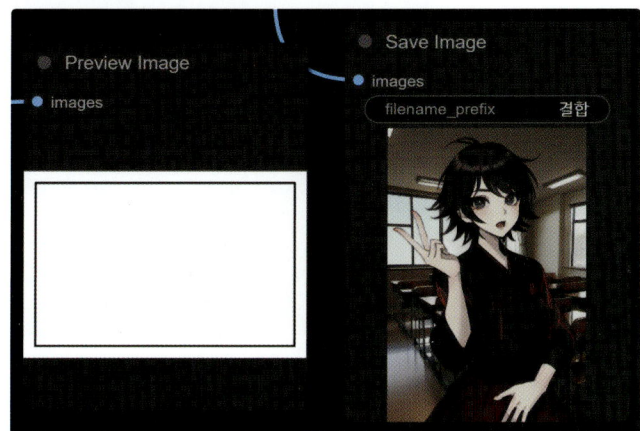

앞서 캐릭터를 생성하기 위해 만들었던 Empty Latent Image 노드와 컷라인의 Width, Height를 연결하면 될 것 같습니다.

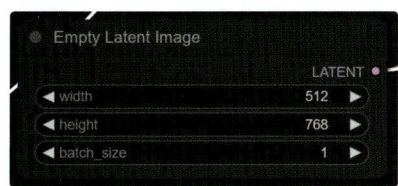

마우스 우클릭 → Convert input to... 를 선택해서 width와 height를 input 형태로 변경합니다.

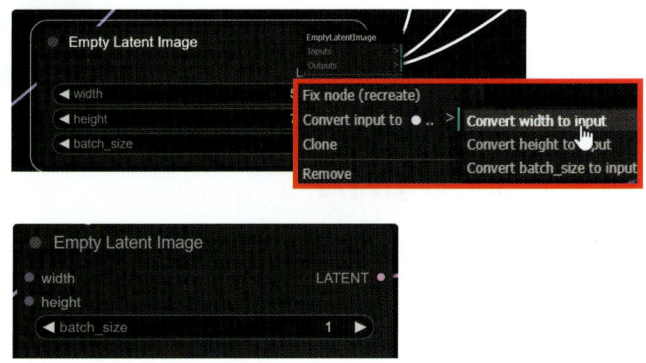

컷 선의 width, height를 연결합시다.

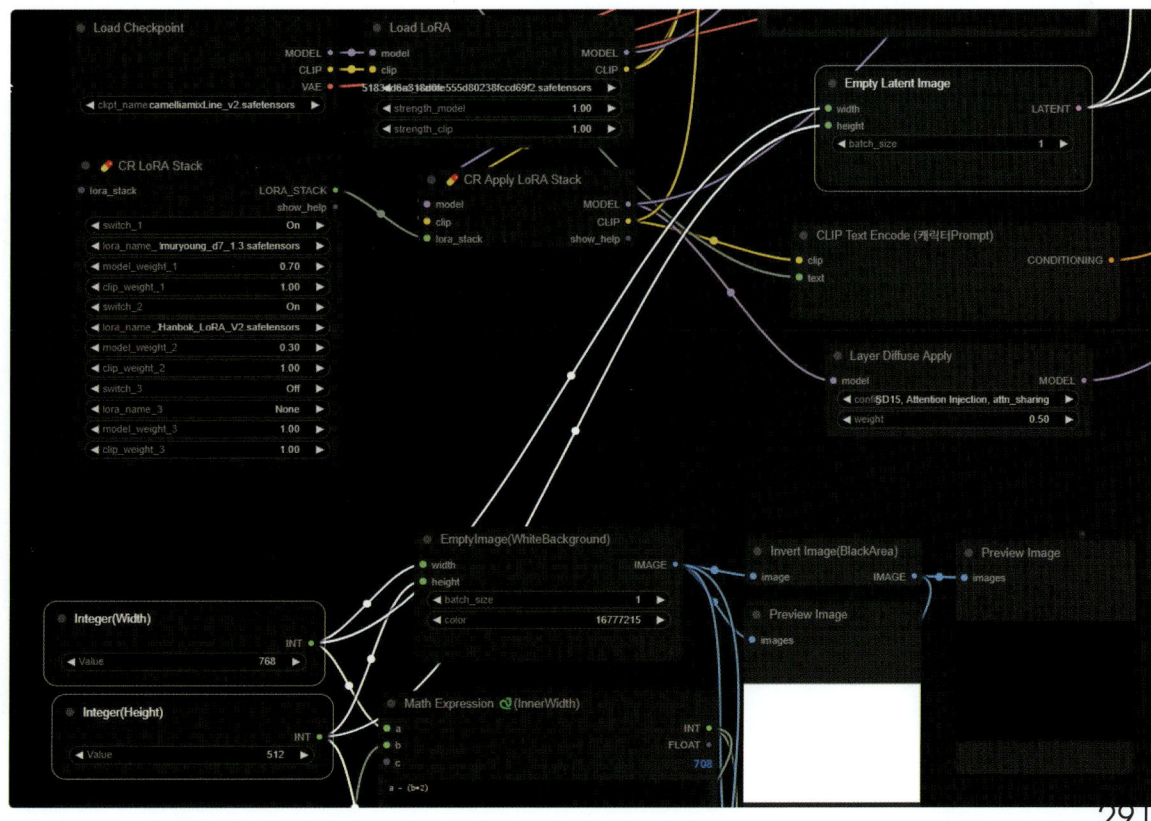

Queue Prompt 를 눌러 확인해봅시다.
컷선과 컷용 이미지가 동일한 크기로 생성되는 것을 알 수 있습니다.

이제 다음으로 넘어가 봅시다.

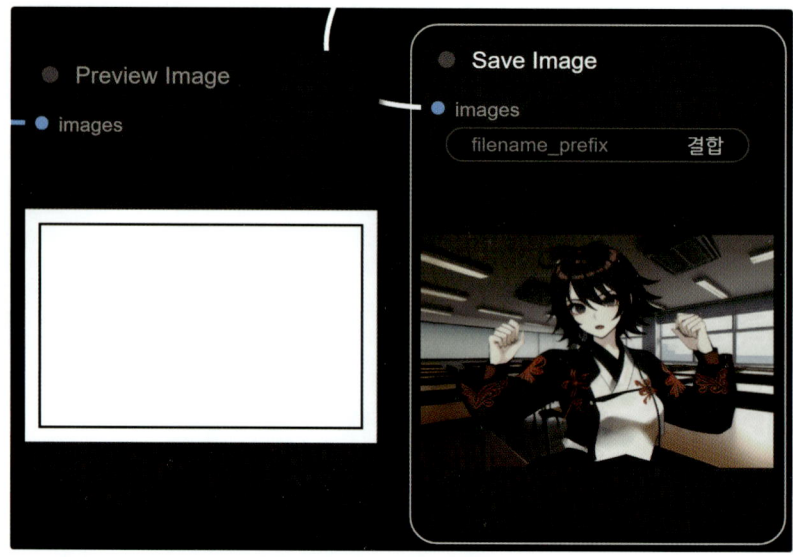

⑩ 흰색 테두리 합치기

컷 선을 합치기 위해서는 단순히 선만 얹어서는 안됩니다.
먼저 컷 선 바깥쪽은 흰색 프레임으로 채워져야 합니다. 그리고, 컷선은 그 위에 투명하게 얹혀야 합니다.
이 두 과정은 별도로 진행되어야 합니다. 차근차근 진행해봅시다.

먼저 흰색 영역을 합쳐봅시다.
흰색 영역은 InnerBlackArea에서 가져올 수 있습니다.

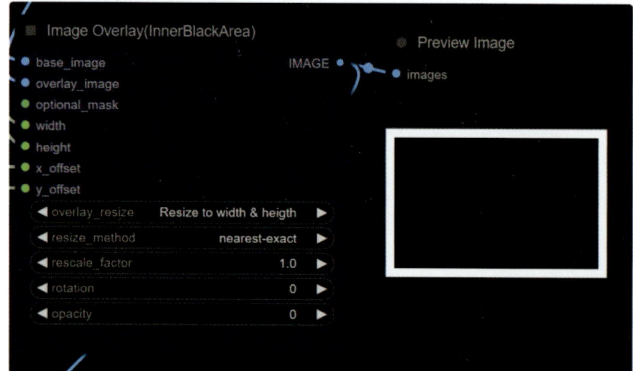

Image Overlay 노드를 하나 생성해서 캐릭터 결합 이미지를 base_image에, 그 위에 올라갈 InnerBlackArea를 overlay_image에 연결합니다.

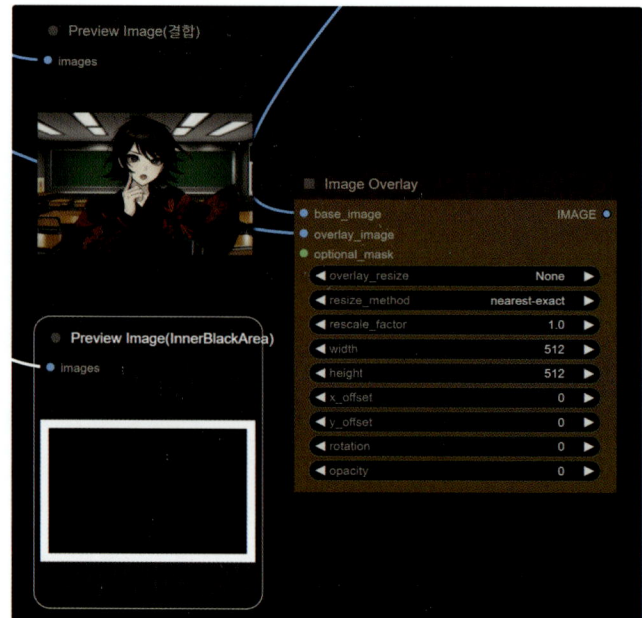

InnerBlackArea는 투명 영역이 없습니다. 그래서 이대로 합친다면 그냥 검은 사각형만 보이게 됩니다. 검은 색 영역을 없애기 위해서는 mask를 이용해야 합니다.
InnerBlackArea 에서 흰색 영역을 마스킹 영역으로 분리해봅시다.
Convert Image to Mask 노드를 하나 생성합니다.

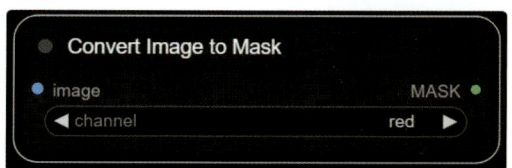

설정할 수 있는 채널은 다양하지만, red,green, blue, alpha만 있을 뿐 우리가 원하는 검은색이나 흰색은 없습니다. 곤란하군요. 어떤 채널을 사용해야 할까요?

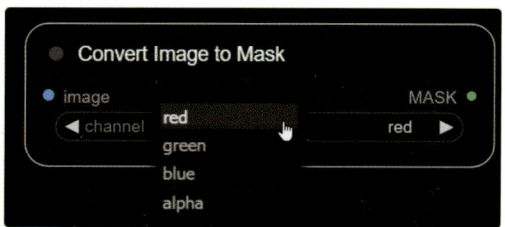

답은 간단합니다. alpha를 제외한 아무 색이나 사용해도 됩니다.
초등학교 때 배운 빛의 삼원색을 다시 떠올려봅시다. 흰색은 빨강,초록,파랑색이 합쳐진 색이라 어떤 색을 선택해도 흰색 영역이 선택됩니다. red로 설정한 다음, InnerBlackArea 노드와 연결합니다.

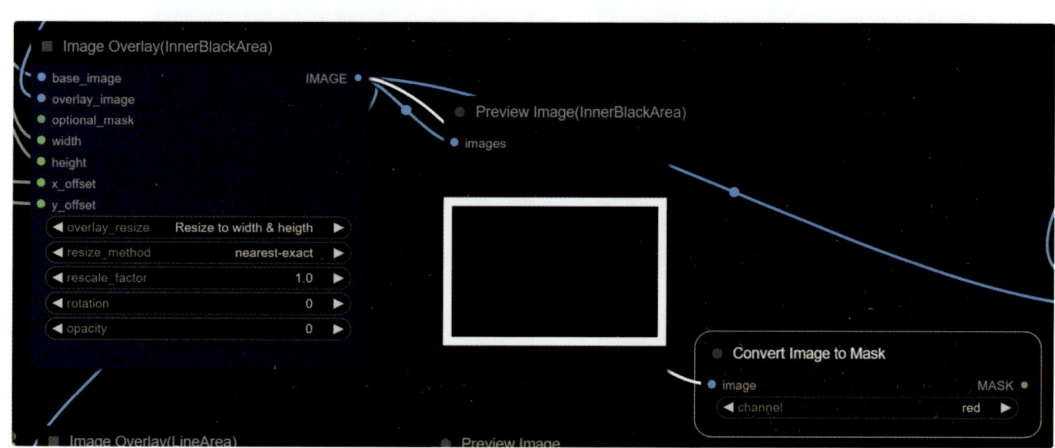

흰색 영역을 마스크로 삼았습니다.
이대로 연결하게 되면, 흰색 영역만 사라지게 됩니다. 우리가 원하는 장면은 검은색 영역이 사라져야 합니다.

Invert Mask 노드를 이용해 마스크를 뒤집은 다음, optional_mask 에 연결합니다.

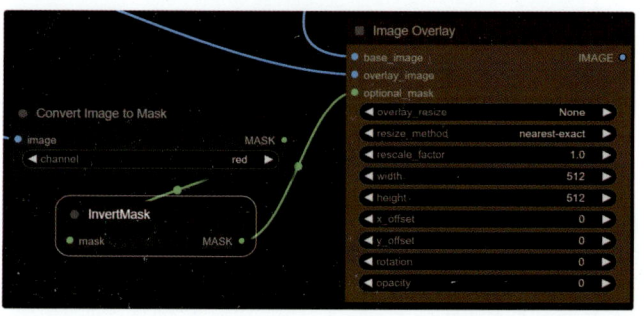

Preview Image 노드를 연결해 확인해보면, 깔끔한 흰색 테두리가 생긴 것을 확인할 수 있습니다.
Image Overlay 노드의 이름도 addWhiteFrame로 변경했습니다.

이제 컷 선을 추가해볼까요?

⑪ 컷 선 추가하기

컷 선 추가는 앞서 흰색 테두리를 추가한 것과 유사합니다.
Image Overlay를 하나 복사한 다음 이름을 addCutLine으로 변경합니다.
그리고 addWhiteFrame과 addCutLine을 base_image로 연결하세요.

앞서와 비슷하게 LineArea 이미지를 연결해야 합니다.
이 때 동일하게 Convert Image to Mask 를 함께 사용하되, 이번에는 흰색 영역만 사라져야 하므로,
Invert Mask는 사용하지 않습니다.

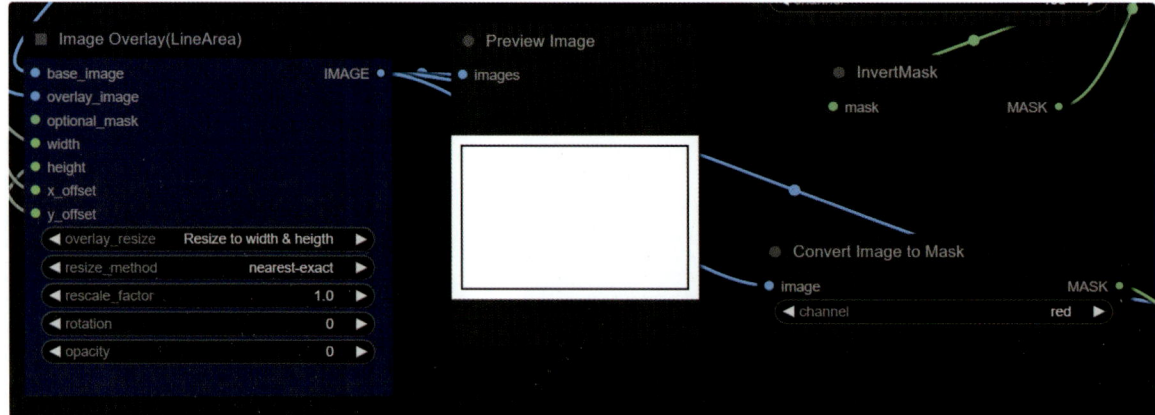

연결한 모습은 아래와 같습니다.

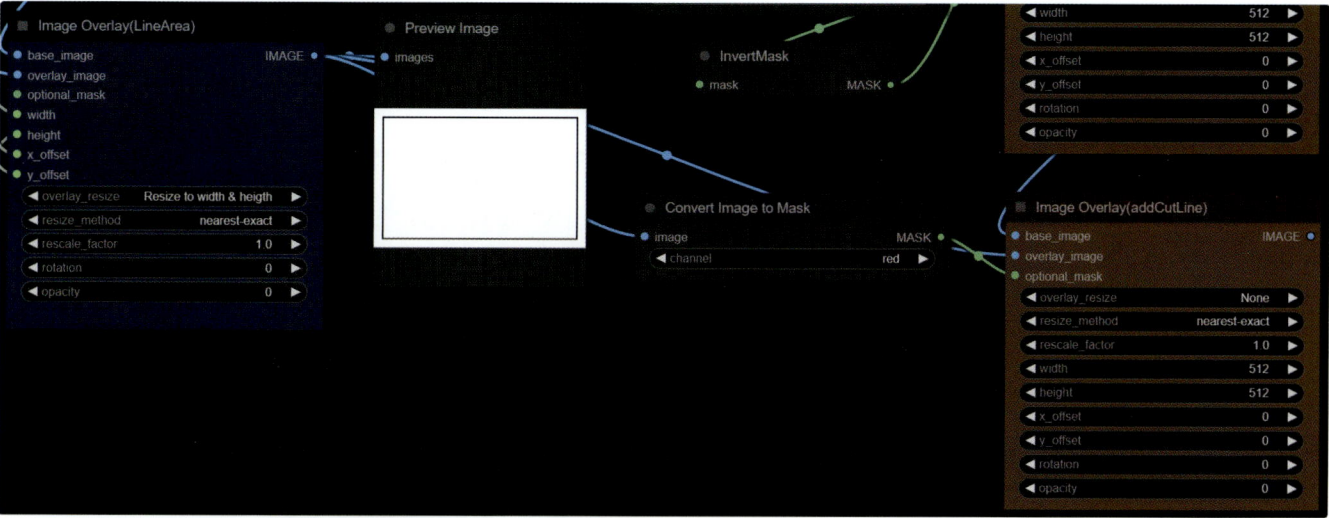

Queue Prompt 를 눌러 확인해보면 컷 선까지 잘 나오는 것을 확인할 수 있습니다. 웹툰 컷 같군요!

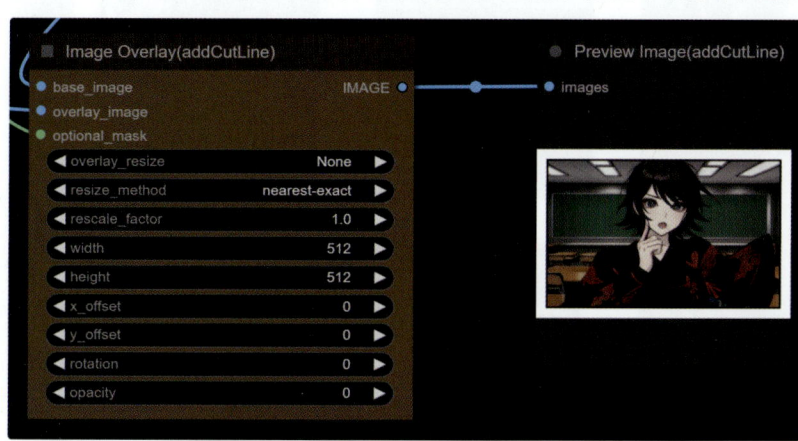

끝으로 쓰기 프롬프트 등 입력용 노드를 함께 모아두면 빠르게 원하는 장면을 만들 수 있어 편리합니다.

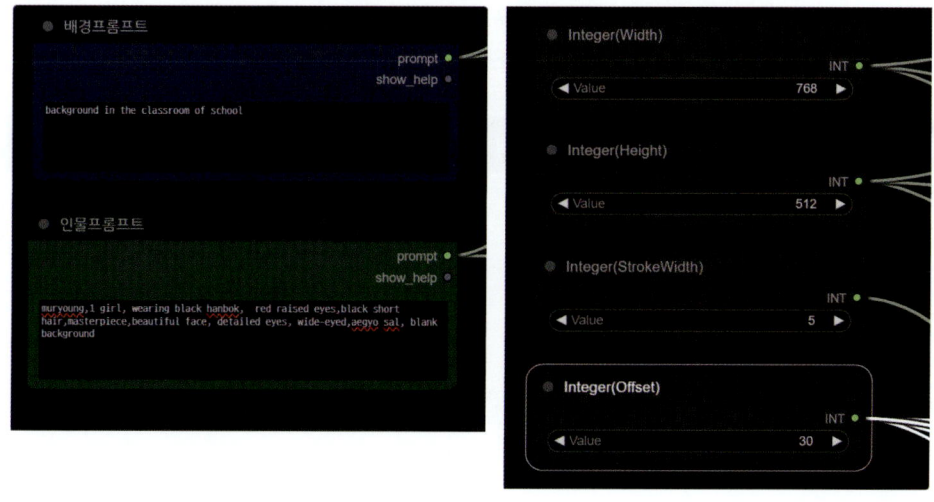

⑫ 다양하게 테스트 해보기

컷 선과 배경 등, 이미지를 다양하게 조정해서 테스트해 봅시다.
아래는 다양하게 적용해 본 모습입니다. 꽤 괜찮은 느낌입니다.

여기에 효과음이나 집중선, 말풍선 등이 추가되면 더욱 멋질 것 같습니다.
다음에는 효과음, 집중선 등 웹툰용 리소스를 합쳐서 완성도를 올리는 과정을 진행해 봅시다.

 완성된 노드는 \예제ComfyUI 노드\6 웹툰 컷 선 작업하기.json 를 참고하세요.

7. 추가 웹툰 요소 더하기

웹툰 컷을 만들기 위해서는 배경, 캐릭터, 컷선 뿐 만 아니라 효과음이나 집중선 등 다양한 요소가 필요합니다.
하지만 이런 요소들은 ComfyUI에서 만들기 힘듭니다. 물론 젖 먹던 힘까지 다하면 만들 수 있겠지만, 지금보다 웹툰 작업이 훨씬 괴로워질 가능성이 높습니다.
이럴 경우 기존에 미리 만들어 둔 리소스를 사용하는 것이 훨씬 효율적입니다.

끝으로 외부의 이미지를 이용해 이러한 요소를 화면에 삽입해 함께 연출하는 시간을 가지면서 마무리하도록 하겠습니다.

❶ 집중선 추가하기

먼저 집중선을 추가해봅시다.
Load Image노드를 이용해서,
예제 폴더 5.add detail안에 포함된 effect01.png 파일을 불러옵니다.
노드 이름은 집중선으로 변경하세요.

집중선 이미지만 바꾸면 다양하게 사용할 수 있을 것 같습니다.
바꾸기 편하도록 다른 컨트롤 요소 아래에 배치합시다.

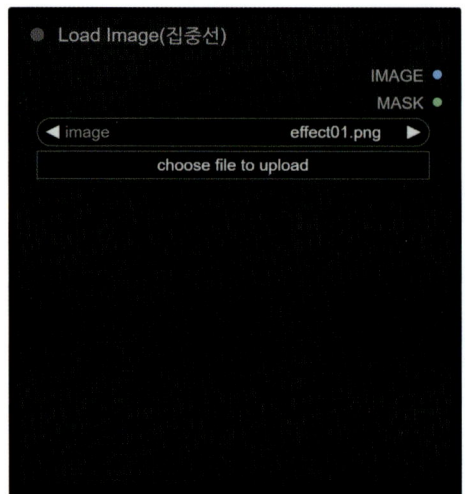

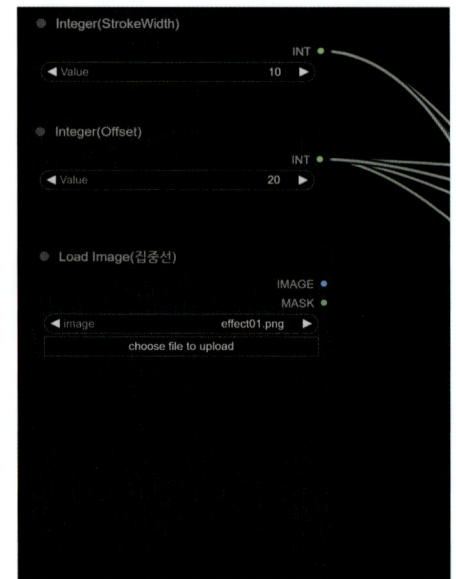

이 집중선을 원고와 합치기 위해서는 앞서 사용한 Image Overlay노드를 사용해야 합니다. 여기서 고민해야 할 것은 어느 시점에 이미지를 삽입하느냐 일 것입니다.

집중선은 흰색 프레임에 가려지게 되므로 컷 선이 적용되기 전, 배경과 캐릭터가 합쳐진 후 들어가는 것이 좋습니다.

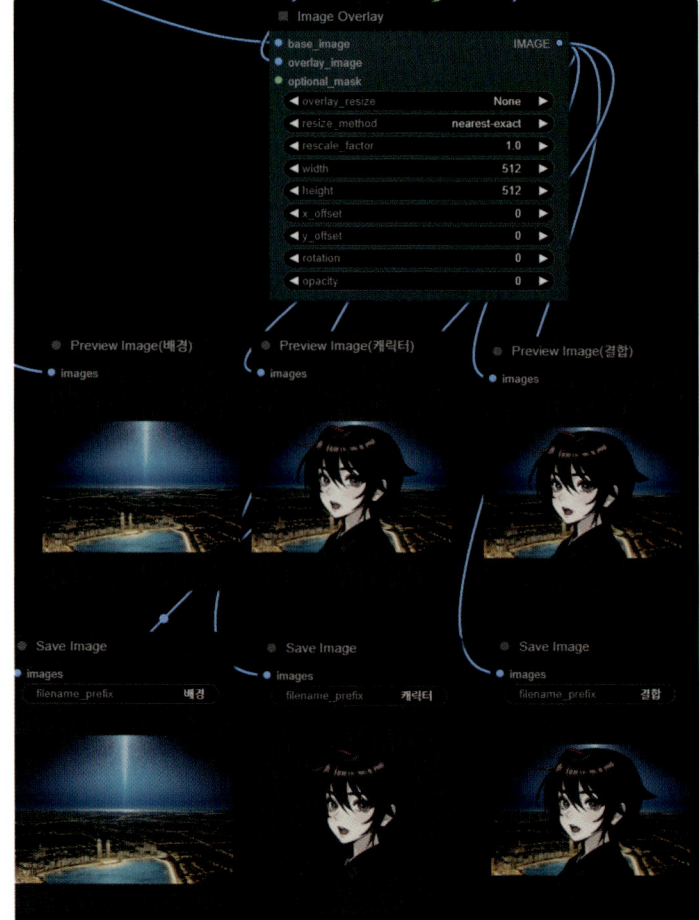

Image Overlay 노드를 하나 만든 다음, 이름을 효과선 결합으로 변경합니다.

결합된 이미지를 base_image로, 효과선을 overlay 이미지로 설정하세요.

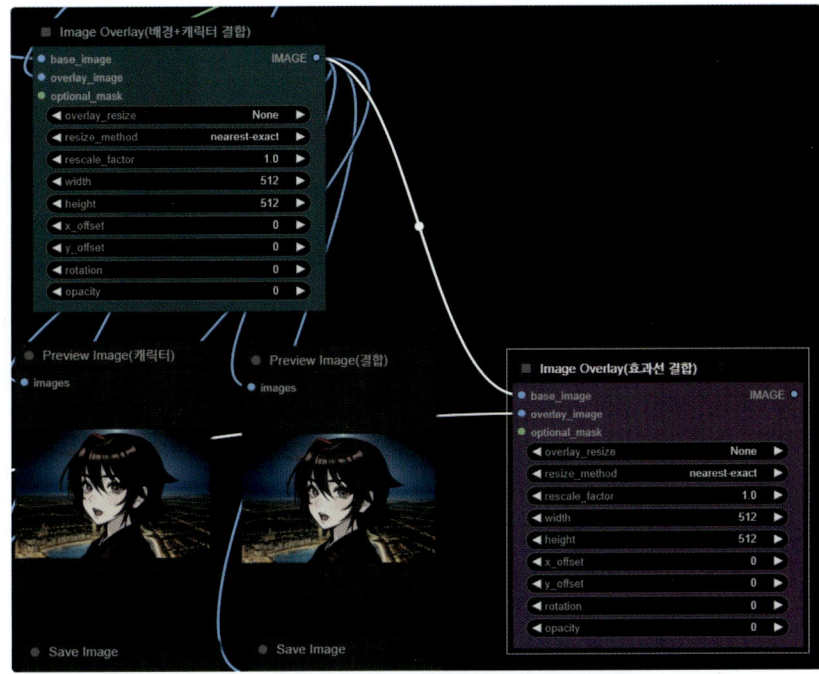

효과음의 크기는 이미지와 맞춰야 합니다.
Image Overlay의 width, height를 input 형태로 변경하고, 앞서 만든 이미지 크기 설정 노드와 연결합니다.
overlay_resize를 Resize to width & height 등으로 변경해 주세요.
해당 옵션은 상황에 맞춰 조정이 필요합니다.

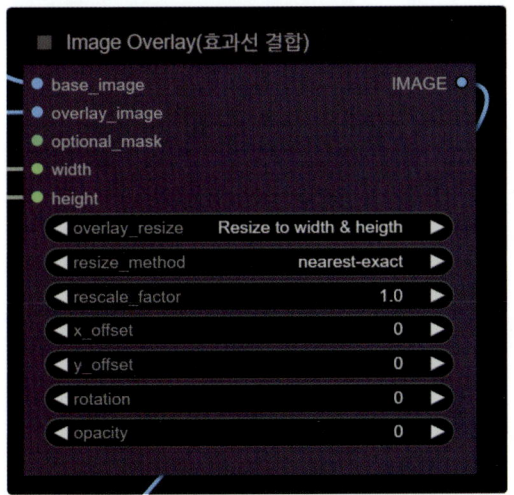

Preview 이미지를 연결해 확인해 보면, 크기가 맞게 나오지만 투명 영역이 사라진 것을 확인할 수 있습니다.

투명영역은 효과선의 mask를 가져와 Image Overlay optional_mask에 연결하면 됩니다.

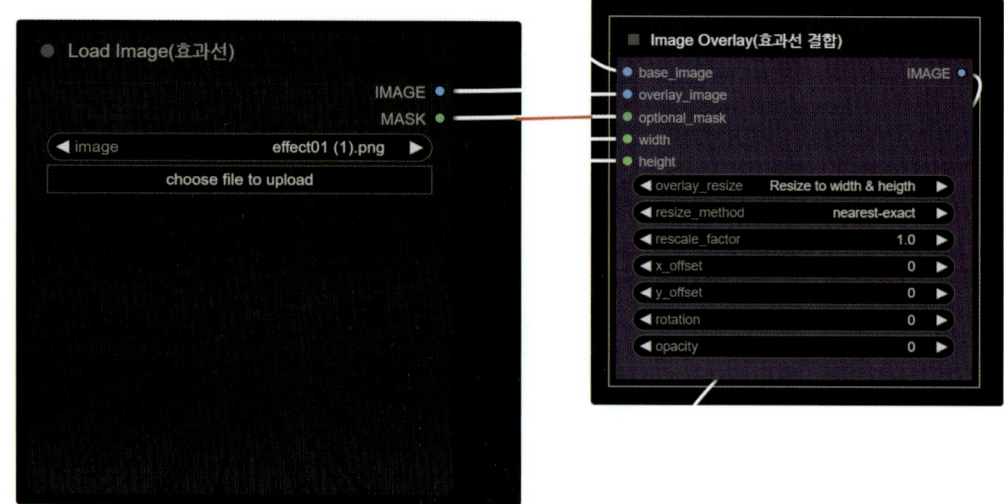

Queue Prompt를 눌러 이미지를 생성하고 Preview Image를 확인하면 잘 적용되는 것을 확인할 수 있습니다.
이미지가 자글거리는게 거슬리신다면, resize_method를 bilinear로 변경하시면 좀 더 자연스러워집니다.

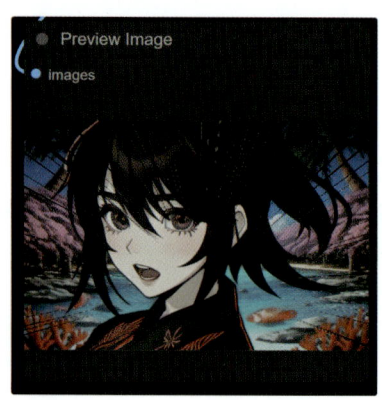  

resize_method를 bilinear로 변경하고,
집중선 이미지를 effect02.png로 바꿔 테스트해본 이미지입니다.
느낌이 괜찮군요!

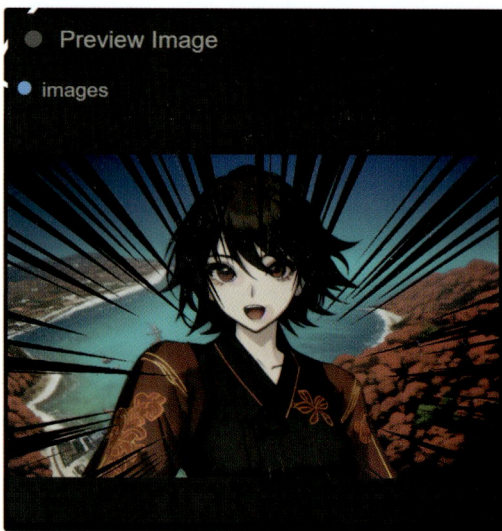

이렇게 생성된 이미지는 기존 결합 이미지 대신 AddWhiteFrame에 연결하시면 컷 안 집중선을 얻을 수 있습니다.

아래는 컷선과 합쳐진 이미지입니다. 그럴듯하군요!

집중선 위치를 바꾸고 싶다면, x_offset, y_offset을 조정하시면 됩니다. 아래는 y_offset을 -80으로 조정한 이미지로 좀 더 자연스럽게 캐릭터에 집중하는 것을 확인할 수 있습니다.

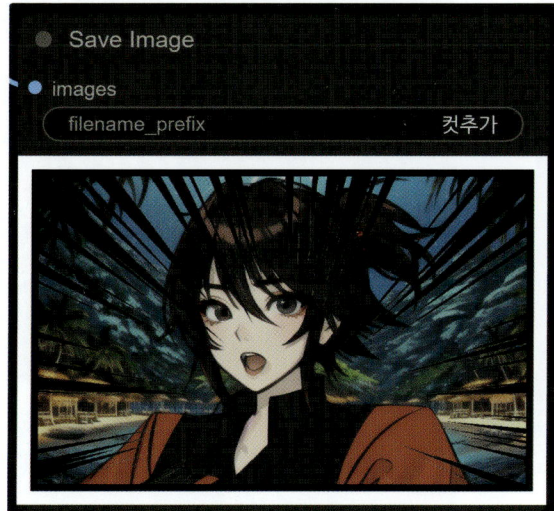
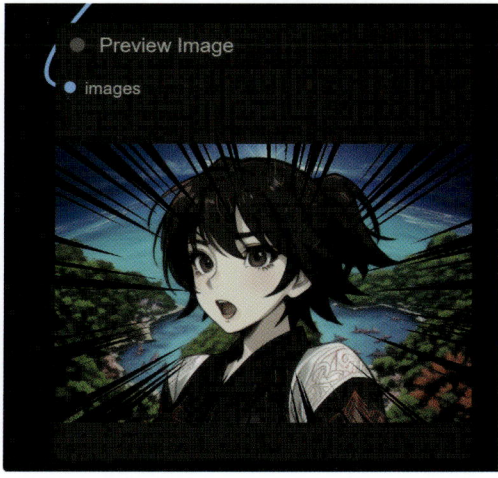

❷ 효과음 추가하기

예제 효과음을 넣어봅시다. 방법은 집중선과 거의 동일합니다.
Load Image 노드를 생성하고 sound01.png 이미지를 불러옵니다.
노드 이름은 효과음으로 변경합니다.

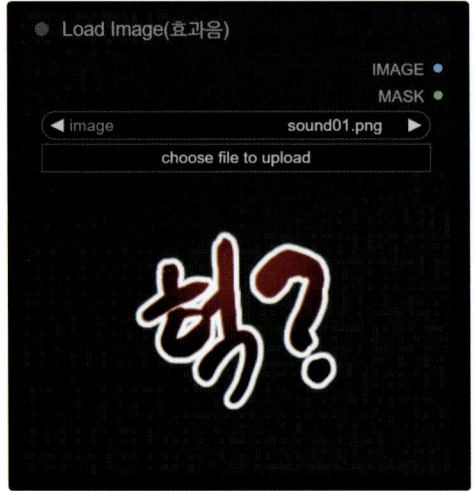

다시 위치를 고민해볼 시간입니다.
효과음은 집중선과 달리 컷 선 위에 올라가는 것이 좋습니다.
살짝 겹쳐지면 컷의 공간감과 시간이 살아나며, 다음 컷으로 연결되기 좋아집니다. 이 조건을 고려해보면, 마지막 이미지 다음에 추가되면 될 것 같습니다.

최종 이미지를 출력하는 addCutLine 노드 아래에 새로운 Image Overlay 노드를 생성하고 이름을 효과음으로 수정합니다.

base_image에는 addCutLine 노드에서 나온 최종 이미지를, overlay_image에는 효과음 이미지를, optional_mask 에는 효과음의 마스크 영역을 연결합니다.
Preview Image를 확인해보면 효과음이 적절히 배치되는 것을 확인할 수 있습니다.

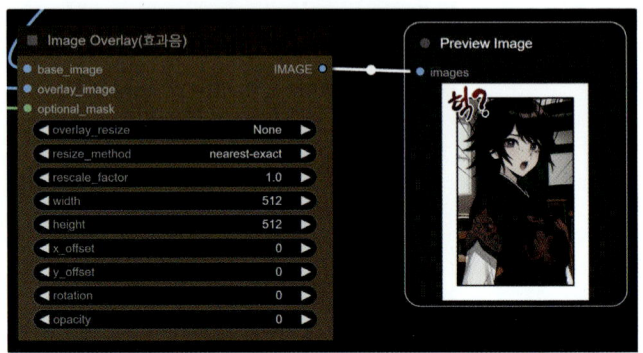

효과음의 위치는 x_offset, y_offset 를 조정하고, 회전은 rotation으로 조정할 수 있습니다. 느낌에 맞게 잘 조정해보시기 바랍니다.

아래는 몇 가지를 조정해 적용해본 이미지입니다.
웹툰의 한 장면 같네요!

완성된 노드는 \예제ComfyUI 노드\7 추가 웹툰 요소 더하기.json 를 참고하세요.

아래는 다양한 집중선과 효과음, 말풍선 등을 이용해 장면을 연출해본 모습입니다.

이번에 소개한 ComfyUI 노드는 간단히 프롬프트로만 연출하였습니다.
여기에 컨트롤넷 등으로 본인이 원하는 포즈까지 적용해 보세요.
작가의 의도를 담은 웹툰 컷을 제작하실 수 있을 것입니다.

AI 웹툰 작업은 아이디어를 내면 낼수록 무궁무진한 결과가 기다리고 있습니다.
다양하게 시도해보시기 바랍니다.

아티스트의 이미지를
예술로 바꾸는

AI 패션의 세계

진수지(마스터칼리)

스토리 홀딩즈 / 영상화 판권 프로젝트매니저 / 네이버 타로 클럽 운영진

thrillerbook@naver.com

소프트맥스 베타테스터, 게임라인 PC팀 필자로 다수의 잡지에 게임분석을 실었다. 삼성전자에 근무하면서 파이널판타지7의 한글판의 출시에 참여했고 파이널 판타지 스트리티지 가이드를 출간했다. 이후 드라마와 영화를 거쳐 현재는 영상화 판권매니저로 일하고 있으며 한국 타로카드의 1세대 그랜드 마스터로 20여 종의 타로와 관련 도서를 출간했다. 페이스북 그룹 스테이블 디퓨전 코리아 / 미드저니 코리아 운영진으로도 활동 중이다.

타로카드 프로듀싱을 단순화하려고 시작한 생성형 AI 작품들을 공개하면서 저보다 오래 업계에 계신 분들이 비슷한 질문들을 받았습니다.
"어떻게 그렇게 아름다운 것을 만듭니까?"

신기한 것을 만드는 분도, 특별한 것을 만드는 분들에게도 같은 질문을 받았기 때문에 원고를 작성하기로 마음먹게 되었습니다. 어떤 부분을 준비할까 고민하다가 다른 분들과 밋업을 여러 번 거치면서 알게 된 사실은 저와 협업에 계시는 분들의 '이미지'에 대한 기준이 다르다는 점이었습니다. 종사자분들은 이미지를 '일러스트'로 저는 '삽화'로 본다. 라고 설명해드릴 수 있을까요?

게임그래픽스를 포함한 일러스트에서 이미지는 그 자체로 완성형입니다. 그 때문에 예술적인 범주에서 자유롭게 아름다움을 추구합니다. 반대로 '삽화' 시장에서는 이미지가 텍스트의 보조 도구입니다. 일러스트가 텍스트를 설명하기 위해 사용되기 때문에 작가가 요구하는 내용이 구현되어야 합니다. 도서, 그중에서도 전통적인 종이책 시장은 이 판단에 편집자도 참여합니다. 그리고 편집자는 인쇄되어 상당기간 남을 결과물의 '팩트'와 '논리'를 체크하는 것이 업무이기 때문에 이들이 원하는 삽화는 변형되거나 응용된 것보다는 정확한 것이어야 합니다. 일러스트레이터분들이 삽화를 그만두는 이유는 작가는 물론 편집자라는 시어머니가 있기 때문일지도 모르겠네요 :)

편집자 출신인 저는 한 컷으로 설명하면 되는 것을 수십 쪽의 글로 설명하는 것이 직업인 사람들이 원하는 삽화의 개념을 가지고 이미지를 생성하기 시작했기 때문에 무엇보다 "증시물을 포함한 상징적 요소가 대중의 선입견에 맞는 보편타당한 것"의 형태가 되도록 이미지를 만들고 이 기준으로 이미지를 탈락시킵니다.

이 과정을 수행하려면 한 장의 이미지를 위해 많은 양의 사전정보를 조사 정리해야 하는데요, 저는 만들기 전에 검색해보고, 책을 찾아보고, 관련된 작품을 살펴봅니다. 전형적인 것을 바탕으로 비틀어야 보는 사람이 알아본다고 생각하기 때문입니다. 보는 사람 기준으로 이미지를 생성하는 것, 제 이미지가 다르다면 이 이유가 아닐까 생각합니다.

텍스트 자료를 많이 보는 것이 저의 노하우의 핵심입니다. 예술 사조를 예로 들면 빅토리안을 만들고 싶다면 빅토리안 시대의 문학작품을 읽습니다. 마을, 도시, 사람, 의상, 생활상 모두를 알게 됩니다. 그걸 프롬프트에 사용하면 똑똑한 미드저니가 그 시대를 생생하게 만듭니다. 내가 아는 것이 글로 어떻게 설명되어 있는지 알아야 TEXT to IMAGE 인 미드저니에서 이미지가 구현되니까요. 저에게 생성아트는 내가 공부할수록 멋진 것이 펼쳐지는 예술의 세계라고 생각합니다.

1. 르네상스에서 로코코, 빅토리안까지

제가 이미지를 만들 때 특별히 좋아하는 키워드인 예술사조는 두 가지 형태를 생성할 때 유용하게 쓰입니다.
첫 번째로 해당 시대의 스타일을 모티브로 이용할 때, 또 다른 하나는 해당 시대의 작품처럼 구현할 때입니다. 저는 타로 카드를 만들기 때문에 두가지 모두를 사용하는데요. 타로 카드는 클래식 복각(Reproduction)이라는 장르가 존재하기 때문입니다. 복각을 할 때는 특정 시기의 그림체를 이용하게 됩니다. 드레스를 입은 여성이 아니메풍의 그림체로 그려진 것과 비교해서 드레스를 입은 여성이 Oil Painting 으로 그려진 것이 더 클래식하게 보여집니다. 그래서 초기에는 해당하는 시기의 작가명, 사조, 연대를 사용해서 생성하는 방법이 유행했고 지금은 비슷한 분위기를 주는 Sref 넘버를 사용합니다

예술사조 키워드인 아르누보, 르네상스, 바로크, 로코코 등을 사용한다는 것은 크게,

그림체와 내용을 가져와 사용하는 재현 방식 VS **일부 요소를 모티브와 스타일로 사용**

으로 볼 수 있습니다.

프롬프트에서 in the style이나 000 style, 000+지정물건 방식으로 넣는다면,
모티브 또는 스타일이 작품 내에 일부 적용됩니다.

스타일의 일부 적용

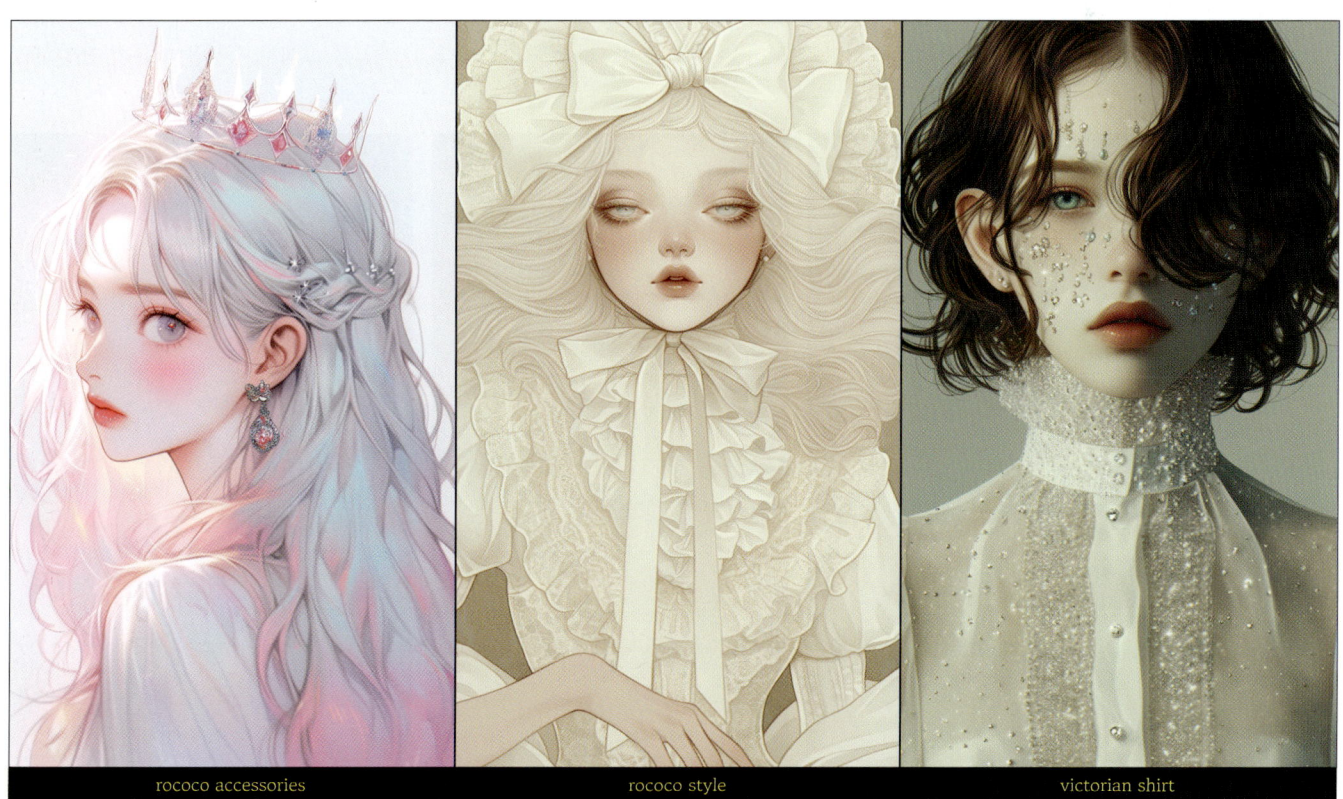

rococo accessories　　　　rococo style　　　　victorian shirt

시대와 작품 스타일의 복각

P : 19c printing, tarot card, page of cups

P : circus performance in a historic theater from 1869

이전에는 예술사조를 구현하기 위해 특정 작가의 이름을 사용하거나, 연대, 시기 등을 조합하는 복잡한 작업이 필요했지만, 지금은 해당 시기의 그림체를 사용하면서 작가의 작품이나 작품명 연대를 사용하지 않고도 자유로운 작품을 만들 수 있는 sref가 등장해서 프롬프트를 더 자유롭게 사용하게 되었습니다. 스타일은 그대로 구성을 마음껏 창의적으로 만들 수 있게 된 것입니다!!!

teddy bear in space suite

+sref 2100342036

+sref +in style of Victorian

준비 과정

미드저니는 버전별로, 서버별로 같은 키워드의 출력물이라도 결과에 큰 차이를 보입니다. 버전이 높아지고 다양한 기능이 추가되면서 오히려 이전 서버에서는 단순한 프롬프트로 가능했던 것들이 현재 버전에서는 프롬프트만으로 구현되지 않는 것들이 있습니다. 안타깝게도 패션과 아트, 그들을 접목한 창의성 부분이 그렇습니다. 그래서 아트를 추구하는 프롬프트 예술가들은 지금도 이전버전을 종종 사용하고 있습니다. 지금부터 우리도 서버를 뛰어넘어 예술의 시대들을 헤엄쳐보겠습니다.

미드저니에서 새로운 작품을 시작할 때는 두근거리는 마음을 안고 해당 키워드가 어느 정도 학습된 상태인지 확인합니다. [원하는 장르 + CONCEPT ART]로 테스트할 수 있습니다. 테스트에서 컨셉트 아트에서 원하는 것이 나오지 않을 때는 유사한 다른 키워드가 있는지 찾아봐야 합니다. 같은 의미의 다른 단어를 현지인은 어떻게 부를지 알고 싶을 때는 어반딕셔너리에서 검색해 보세요.
https://www.urbandictionary.com

해당 키워드의 컨셉트 아트가 작동해서 미드저니가 학습된 상태라면 이제 원하는 것을 만들어 볼 차례입니다.
우리는 [르네상스]로 테스트 합니다. 르네상스 하면 무엇이 유명할까요? 비잔틴제국의 예술가들이 유럽으로 넘어가 시작된 르네상스는 화려함을 바탕으로 한 예술의 시대입니다. 14-16세기에 걸친 르네상스 시대에서 가장 두드러지는 특징은 [규모]죠. 그래서 르네상스는 특정장면에서 압도적인 스케일을 보여줄 때 키워드로 프롬프트에 사용할 수 있습니다. 천정화, 거대한 살롱, 회랑, 오페라하우스, 건물 등의 이미지들은 비주얼 일러스트에서 유용하게 쓰입니다.

Prompt : Renaissance art for ceiling paint, angels v6

2. 시작은 르네상스가 좋겠네요

르네상스로 시작하는 것은 르네상스로 불리는 시기가 꽤나 길고, 예술작품이 많아 분위기가 학습되어 있기 때문입니다. 오래가는 건축과 달리 의상은 시대를 넘나들기도 해서 정확하게 생성되지 않는 경우도 많지만, 용어를 조금 공부하면 원하는 것에 가까워질 수 있습니다. 르네상스 시대 의상의 핵심 키워드를 알아봅시다.

옷을 만들 때는 Robe, Dress, ball gown, cloth, outfit, garment 등의 프롬프트를 쓸 수 있는데, 예술사조를 만들 때는 그 시대의 인물을 넣는 것도 좋은 방법입니다.

르네상스 시대의 여성이라면 줄리엣이죠. 네, 맞습니다. 로미오와 줄리엣의 그 줄리엣입니다.

로미오와 줄리엣의 한 장면이 구체적으로 떠오른다면 이미 르네상스 시대를 알고 있다고 생각하셔도 좋습니다. 르네상스의 시작점은 로마와 그리스의 문화의 영향을 받았습니다. 우아하고 적당히 화려하고 장식이 지나치게 묵직하지는 않지만 고급스러운 시대입니다.

Renaissance Age dress concept art, Juliet, the heroine of Romeo and Juliet,

르네상스 시대의 의상들 by NIJI6

단점은 반전이 없어서 재미없다는 점인데요. 르네상스 자료가 다 비슷비슷하다고 느껴질 때는 '콰트로첸토 Quattrocento' 로 검색해 보시는 것도 좋습니다. 1400-1499년을 의미하는 전기 르네상스 콰트로첸토와 Concept art를 함께 niji6(니지저니 6)에 넣으면 유럽 그래픽 노블 느낌의 게임 컨셉 아트를 만들어 줍니다. 장식과 색감의 균형이 기가 막힌답니다 :)

예술사조에 속하는 드레스를 만들 때 style 키워드는 현대적인 재해석이 추가될 수 있습니다. 원하는 방향으로 조여주려면 ERA 또는 AGE를 추가합니다.

Cotehardie, Cotte, Kirtle(코타르디, 꼬뜨, 커틀)

르네상스 의상의 기본 형태인 넓게 파인 네크라인을 가진 원피스 형태의 남녀 공용 의상입니다. 하나로 뒤집어쓰는 단순한 옷입니다.

비슷한 형태지만 코타르디와 꼬뜨는 속에 입는 튜닉 같은 원피스, 커틀은 겉에 입는 옷을 뜻합니다. 재질이 두껍고 화려한 쪽이 커틀입니다.

생성할 때는 튜닉 Tunic으로 묘사해도 동일합니다.

안에 입은 흰 원피스가 코타르디

Surcote, surcoat(쉬르코, 서코트)

베스트와 원피스의 중간형태 입니다. 십자군 전쟁 이미지에 귀족의 문양이 커다랗게 자수 된 갑옷위에 걸친 조끼가 이것입니다. 여자는 점퍼스커트처럼 길게 만들어진 것을 입었습니다. 서코트는 나중에 코트형태로 완성된 이후의 이름입니다.

P : Renaissance ERA man crusades robe, surcoat

여성용 서코트   갑옷용 서코트

Robe with train (로브 트레인)

르네상스의 로브라는 용어는 단순히 원피스가 아니라 대례복 같은 옷이었습니다. 네크라인부터 길게 천을 늘어뜨리는 트레인을 뒷부분에 길게 끌리도록 입는 것이 특징입니다.

이후에도 황실에서 입는 대관식 의상이나 현대의 웨딩 드레스는 이 트레인의 변형을 사용합니다. 겉옷에 붙은 형태로 망토와는 구분됩니다. 의상을 만들 때, 생성하기 어려운 부분이 트레인입니다.

베일로 생성되거나, 치마의 뒷자락만 길게 생성되는 경우가 많지만 robe with train과 르네상스라는 시대 키워드가 붙으면 가능합니다.

Robe with train

트레인을 늘어뜨린 로브의 뒷모습

미드저니 V6에서 시대 의상을 생성 할 때는 S를 100 이하로 낮춰야 정확한 형태가 생성됩니다.

예시는 S 50을 사용했습니다. S가 높으면 모든 시대의 의상이 비슷한 형태가 됩니다.

P : Robe with train, Renaissance ERA woman robe, Long-legged robe worn at coronation ceremonies
V6에서 생성한 Robe with train

Houppelande(우플랑드)

르네상스 시대의 코트. 절개선 사이로 안에 입은 드레스가 드러나는 형태로 여성의 화려한 정식 외출복은 우플랑드입니다. 르네상스 의상을 생성하면 왕족의 의상은 우플랑드 형태로 생성되는 경우가 많습니다. 트레인(Train)이 달린 의상도 우플랑드에 속합니다.

P : Renaissance ERA woman princess robe, Houppelande

우플랑드

여기까지, 르네상스는 만족스러우셨을까요?
이쯤에서 궁금해집니다. 상세 설명없이, 의상의 묘사없이 르네상스만 넣으면 어떻게 될까요?

그래서 제가 먼저 해봤습니다.

모두 니지6에서 르네상스 컨셉 아트로 생성한 이미지입니다만, 어디에도 르네상스가 보이지는 않습니다.

그럼 V6에서는? 이라는 궁금증이 생깁니다.
르네상스 드레스로 V6에서 생성한 이미지들입니다. 아름답지만 S 750 값이 만든 정체모를 의상들입니다.

묘사를 생략하면 생기는 일입니다. 알아서 만들어 주기도 하지만 그만큼 전혀 상관없는 이미지가 출력되기도 합니다.

그래서 무엇을 만들고 싶은 지, 정확히 이름을 알고 만드는 것이 중요합니다.

설정에 맞는 이미지를 생성할 때는 앞에서 언급한 것처럼 S값을 너무 높여 시스템이 알아서 하지 않도록 주의합시다.

3. 이번 여행지는 Victorian ERA 입니다

빅토리아 시대의 의상, Victorian fashion은 1837년- 1901년 영국에서 유행한 패션을 기준으로 합니다.

<드라마 브리저튼>의 나오는 의상의 상당수가 빅토리아 패션입니다. 여인들이 나오는 드라마 답게 가문마다 다양한 시대의 의상스타일을 사용하고 있는데요. 주인공 가문인 브리저튼 가문의 의상은 빅토리안과 그 하위 시대인 리젠시 시대의 옷을 입습니다. 여왕이 입은 의상이나 헤어스타일은 로코코에 가까운 편입니다. 시즌2의 여주인공인 케이트는 평소에 인도 의상을 입고 있습니다.

브리저튼에서 데뷔탕트(debutante)에 참여하는 여성들이 머리에 착용하는 흰 깃털 장식은 빅토리아 1세 여왕을 상징합니다.

남성들의 정장은 3피스 이상을 착용합니다. 영국 전통 신사 복장이죠.

P : A beautiful girl wearing an elegant lavender and pink Victorian ball gown. The dress has many layers on it with lace details and ruffles. She is standing in front of her bed which also contains elements from shabby chic style furniture. There are many pastel colored decorations around like flowers and boxes. She looks happy and smiling at the camera in a full body shot, in the style of anime. --sref 2050849637 --niji 6

우아한 라벤더와 핑크색 빅토리아풍 무도회 드레스를 입은 아름다운 소녀. 드레스에는 레이스 디테일과 프릴이 여러 겹 겹쳐져 있습니다. 초라한 시크 스타일의 가구가 놓인 침대 앞에 서 있습니다. 주변에는 꽃과 상자 같은 파스텔 색상의 장식이 많이 있습니다. 애니메이션 스타일의 전신 샷에서 카메라를 향해 미소를 지으며 행복해 보입니다.

P : long white heron feather decoration hair, white dress debutante girl,

긴 흰색 깃털 장식 머리, 흰색 드레스 데뷔 소녀.

P : drama bridgerton concept art,

빅토리아 시대 의상을 지금 현대에 기성복으로 만들어 팔고 있다고요?

빅토리안 메이든을 들어 보셨나요?
시대의 스타일의 이름인가 싶으시겠지만, 현존하는 브랜드입니다. 빅토리아 시대는 르네상스와 달리 예쁜 것에서 그치지 않고 실용적인 의상이 등장한 시기입니다. 현대에도 선호되는 뚜렷한 특징이 있어서 재해석해 상품을 출시하는 브랜드들이 있습니다. 빅토리안 메이든도 그중 하나입니다.

빅토리아 시대를 재해석한 평상복 브랜드 <빅토리안 메이든> 실루엣, 프린트 등 빅토리아 시대의 모티브를 이용해 다양한 의류와 소품을 출시하고 있습니다.

https://www.victorianmaiden.com

빅토리아 시대를 모티브로 하지만 조금 더 소녀취향 브랜드 <마리 막달렌>입니다. 개혁적인 문양보다는 보태니컬 프린트를 많이 사용합니다.

http://www.marymagdalene.jp

르네상스와 로코코와 빅토리안과 바로크의 어디쯤 위치한 디자인을 출시하는 현대적인 브랜드 줄리엣 저스틴입니다. 프린트는 로코코와 바로크에 가깝지만 시즌마다 다른 분위기를 출시하고 있습니다. 고객들이 입은 모습을 전시하는 갤러리가 있습니다.

https://juliette-et-justine.com

빅토리아 시대 드레스는 새장과 함께?

빅토리아 시대의 의상부터는 실루엣을 만드는 '파니에'가 중요해집니다. 그중에서도 '크리놀린(crinoline)'이 유행하기 시작하는데요. 크리놀린은 딱딱한 재료로 틀을 만들어 드레스를 받치는 속옷입니다. bird in cage라고도 부릅니다.

여성의 삶을 표현할 때 '새장 안에 갇힌'이라는 표현을 쓰는 것은 이 때문입니다.

드레스 안에 모양을 지탱하고 있는 와이어가 크리놀린 by niji6

크리놀린의 모양으로도 패션의 시대를 나눌 수 있습니다. 양쪽으로 넓게 앞뒤가 납작한 찻주전자 커버 모양의 크리놀린은 로코코, 사진처럼 종 모양의 크리놀린은 빅토리안, 르네상스 시대에는 크리놀린을 사용하지 않았습니다.

> 크리놀린을 단독으로 프롬프트에 넣으면 PG13 규정 위반으로 프롬프트가 Banned 될 수 있습니다.

Regency era (리젠시 시대)

리젠시 시대는 빅토리아 시대의 앞에 붙은 짧은 시기입니다.
일하는 여성의 시대적인 정장을 만들 때는 Victorian 대신 리젠시 쪽을 사용해도 좋습니다. 비슷한 스타일인 시기인 만큼 브리저튼 시즌1의 여주인공의 드레스에도 리젠시 스타일이 많습니다. 데뷔탕트에서 입은 엠파이어 드레스 empire line dresses도 리젠시 스타일입니다. 가슴 아래부터 스커트가 떨어지는 엠파이어 드레스를 생성할 때는 빅토리안 대신 리젠시를 사용하시는 것을 추천합니다.

빅토리안이라는 단어가 지배력이 높기 때문에 빅토리안이 붙는 순간, 빅토리안 시대의 드레스로 바꾸어 버립니다.
이처럼 시대를 혼용하면 더 강한 키워드가 작용해서 원하는 것과 다른 것이 생성됩니다.
아래 예시의 그림처럼 빅토리안은 강력합니다.

Regency era, empire line dresses

제대로 생성된 엠파이어 드레스

크리놀린을 사용하는 빅토리안 스타일과 크리놀린을 사용하지 않는 엠파이어 드레스가 논리적으로 충돌해 작동하지 않은 상태입니다. 프롬프트 논리에 위배되면 더 상위 키워드 또는 강력한 키워드가 작동합니다.

victorian era, empire line dresses

Bustle dress(버슬 드레스)

버슬드레스(Bustle dress)는 빅토리안의 상징입니다. 긴 드레스 자락을 끈으로 당겨 일부분을 부풀려서 모양을 내는 방식인데요. 이를 위해서 따로 드레스의 뒷부분만 받치는 크리놀린이나, 엉덩이 패드를 입었습니다. 옆모습을 보면 S라인이 되도록 만든 것이죠.

남성의 드레스는 반대로 실용적으로 박스 핏의 의상이 등장합니다. 강조하기 위해 back bustle dress로 만들어도 좋습니다.

> 특정 헤어스타일을 지정하지 않으면 모자나 우산, 원형의 광휘가 지나치게 많이 출현할 때가 있습니다.
> 그럴 때는 --no umbrella <우산금지> --no hat <모자금지> --no halo(광휘금지)를 추가합니다. 예시의 핑크색 이미지는 --sref 3813613205를 사용하는데 모자나 우산이 자주 나와 네거티브를 사용했습니다.

girl in victorian bustle dress, full body shot, back view

뷔스티에(Bustier)와 코르셋(Corset)

뷔스티에Bustier와 코르셋Corset은 빅토리안 스타일이 아니어도 캐릭터 생성에서는 많이 사용하는 아이템입니다. 뷔스티에는 가슴아래부터 허리선과 그 아래까지를 끈으로 조이는 형태였지만 현대에는 끈이 달린 민소매 형태의 점퍼 스커트와 동일한 의미로 쓰입니다. 생성에는 허리를 조이는 장식적인 형태로 나타나며 동일합니다.

정확히는 코르셋이 보정속옷이라는 의미를 가진 용어지만, 뷔스티에와 코르셋이 동일하게 작동하는 것을 확인할 수 있습니다.

victorian era, girl in corset

victorian era, girl in Bustier

직업을 넣고 뷔스티에나 코르셋을 넣으면 허리를 강조한 의상을 생성할 수 있습니다.

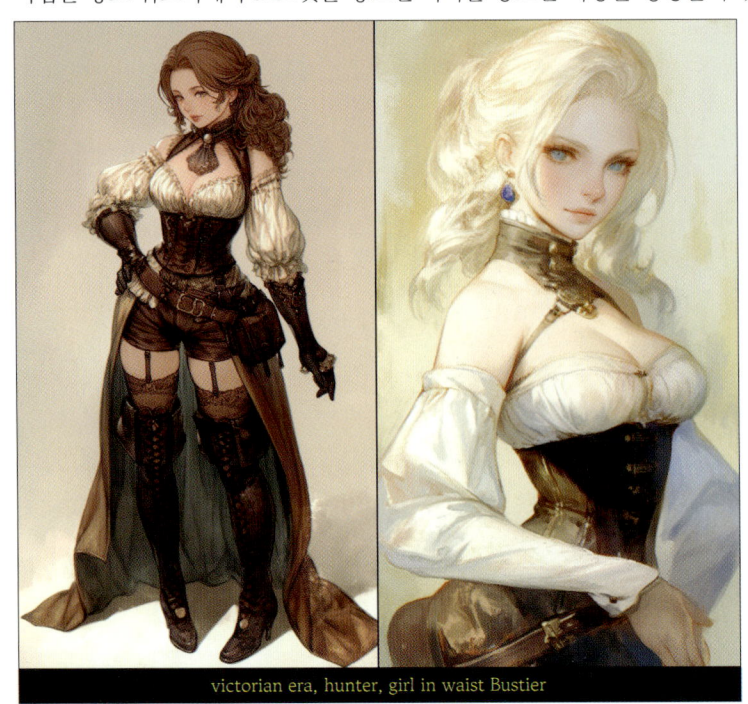
victorian era, hunter, girl in waist Bustier

victorian era, princess, girl in corset

빅토리안 키워드를 넣어서 제작한 컨셉아트들

버슬이나 뷔스티에 같은 특정한 형태를 제외하면 빅토리안이라는 키워드에 딸려오는 스타일에 맡기는 것도 좋은 방법입니다. 의상의 디테일지정없이 Portrait를 생성하면 하이넥 스타일의 단정한 상의가 출현하는 빈도가 높은 편인데, 그건 이 시대의 단정한 이미지를 반영한 것입니다.

아래는 빅토리안 키워드를 넣어서 제작한 컨셉아트입니다

4. 마지막 도착지는 예쁨 그 자체 로코코(Rococo) 입니다

로코코(Rococo)는 생성에서 만능 키워드로 쓰입니다.
시대의 특징도 화려하지만 로코코를 넣는 순간 프릴이 넘쳐나고 섬세한 문양이 생겨납니다.
그래서 예쁜 걸 만들 때 일단 믿고 로코코(Rococo)를 다양하고 쓸모에 맞게 넣는 걸로 시작하는 것도 좋은 방법입니다.

P : A rococo dress that is flat at the front and back and puffed with crinoline on both sides, A beautiful woman in an elaborate blue and white dress with pink bows holding a spray of flowers. A, a full length shot, in the old master's style drawing with pastel colors from a vintage 30 year old French magazine print isolated on a light background.

앞뒤가 평평하고 양쪽에 크리놀린으로 부풀려진 로코코 드레스. 분홍색 리본이 달린 정교한 파란색과 흰색 드레스를 입은 아름다운 여성이 꽃 스프레이를 들고 있다. A, 밝은 배경에 30년 된 빈티지 프랑스 잡지인쇄물에서 파스텔 색상을 사용한 오래된 거장 스타일의 그림. 전체 길이 샷.

'나는 꼭 정통 있는 로코코 스타일로 만들겠다'라고 생각한다면 세 가지를 기억하면 좋습니다.

첫 번째는 앞서 빅토리안에서 말씀드린 크리놀린입니다.
양쪽이 넓고 앞뒤는 납작한 형태는 로코코 스타일의 상징입니다.
꼭 만들어야 할 때는 예시처럼 길게 설명해 주어야 합니다.
flat at the front and back and puffed with crinoline on both sides

로코코의 두 번째 특징은 화려하고 가벼운 색감입니다.
로코코는 특별히 눈에 띄는 컬러조합이 선호되는 시기여서 색에 **rococo with pastel hue**나 **rococo pastel colors**를 넣으면 눈이 시릴 정도로 선명한 색감이 생성되기도 합니다.

rococo pastel hue

마지막 특징은 어마어마한 헤어스타일입니다.
제가 드라마 브리저튼 속 여왕님의 스타일이 로코코에 가깝다고 앞에서 말씀드렸는데요, 가발과 모자 등을 이용해 과장된 스타일링을 하는 것이 로코코의 특징이기 때문입니다.

이때 로코코의 매직키워드가 등장합니다.
마리 앙트와네트Marie Antoinette입니다. 로코코를 넣어서 만족스럽게 화려하지 않을 때는 마리 앙트와네트를 넣어주세요.

A woman with rococo, portrait style, pastel colors

P : A handdrawn colored engraving from the French magazine. The illustration depicts Marie Antoinette wearing an elaborate wig and gown with her head turned to look at something in front of here. She is holding up a small ship made out if ribbons against one side of he face. It has a vintage feel with muted colors.

프랑스 잡지에 실린 손으로 그린 컬러 판화. 이 그림은 정교한 가발과 드레스를 입고 고개를 돌려 여기 앞에서 무언가를 바라보는 마리 앙투아네트의 모습을 묘사하고 있다. 그녀는 얼굴 한쪽에 리본으로 만든 작은 배를 들고 있다. 차분한 색감으로 빈티지한 느낌을 준다.

로코코 = 마리 앙트와네트 처럼 여겨지기 때문에 드레스를 서술하는 경우 백발이나 옅은 금발이 생성되는 경우가 많습니다. 백발이 반복해서 나온다면 헤어 스타일과 컬러를 제일 앞에 적어 주시면 됩니다.

로코코하면 알아야 하는 키워드가 또 하나 있습니다. La Belle-Poule 입니다. 라벨뿔이라는 스타일은 원래의 의미는 범선입니다. 거대한 돛대를 가진 범선처럼 화려하고 어마어마한 머리장식들을 사용했기 때문에 그렇게 부르지만 미드저니에서는 작동하지 않는 키워드입니다.

A fontange, 또는 frelange 라고 부르기도 하는데 이것도 원활하게 작동하지는 않습니다. 그래서 로코코시대의 거대한 머리를 만들고 싶으면 elaborate wig 를 쓰거나 rococo high headdress 라고 쓰고 다시 아주 디테일하게 묘사해 주어야만 엇비슷하게 만들어 냅니다.

예시 이미지는 elaborate wig를 썼습니다. 어렵다고요? 그럴 때는 만능 해결사 in the stye of rococo 입니다. 측면으로 생성된 이미지가 바로 라벨뿔, 폰탄쥬, 로코코 하이드레스입니다.

in the style of rococo 하나로 좌 우측모두 색깔지정없이 파스텔 컬러와 로코코 스타일로 아래 이미지가 완성되었습니다. 만능키워드 답죠?

P : An extremely detailed and realistic oil painting of Marie Antoinette with an elaborate wig made from hair, pearls, flowers, ribbons, and jewels. in the style of vintage art nouveau, 20th century illustration, with pastel colors, 3D shading, a light beige background, hyperrealistic details, intricate details, volumetric lighting.

머리카락, 진주, 꽃, 리본, 보석으로 만든 정교한 가발을 쓴 마리 앙투아네트의 매우 섬세하고 사실적인 유화. 빈티지 아르누보. 20세기 일러스트레이션 스타일로 파스텔 색상. 3D 음영. 밝은 베이지 배경. 초현실적인 디테일. 복잡한 세부 사항. 볼륨감 있는 조명이 특징.

P : a woman in pink and silver walking through an empty room, in the style of rococo, hyper-realistic pop, intricate costumes, technological symmetry, angelcore

로코코. 초현실적인 팝. 복잡한 의상. 기술적 대칭. 엔젤 코어 스타일로 빈 방을 걷는 분홍색과 은색 옷을 입은 여성

현대의 로코코 코스프레를 검색 할 때는 cage wig 로 찾아보세요. 어마어마한 작품들을 만나실 수 있습니다.

마지막으로, 생성 아트에서는 디테일을 구체적으로 지정하지 않고 모든 스타일을 섞을 수도 있습니다. 결과물이 어떻게 나올지는 알 수 없지만, sref 이전에 미드저니를 사용하던 때처럼, 좋은 요소들을 모두 섞어 넣고 하나씩 빼고 더하면서 결과물을 만들어 가는 과정이 있었습니다. 그런 시도들이 종종 훌륭한 작품을 만들어 내기도 했죠. 그러니 걱정하지 말고 무엇이든 도전해보세요. 우리는 그 자체로 여행을 하고 있으니까요.

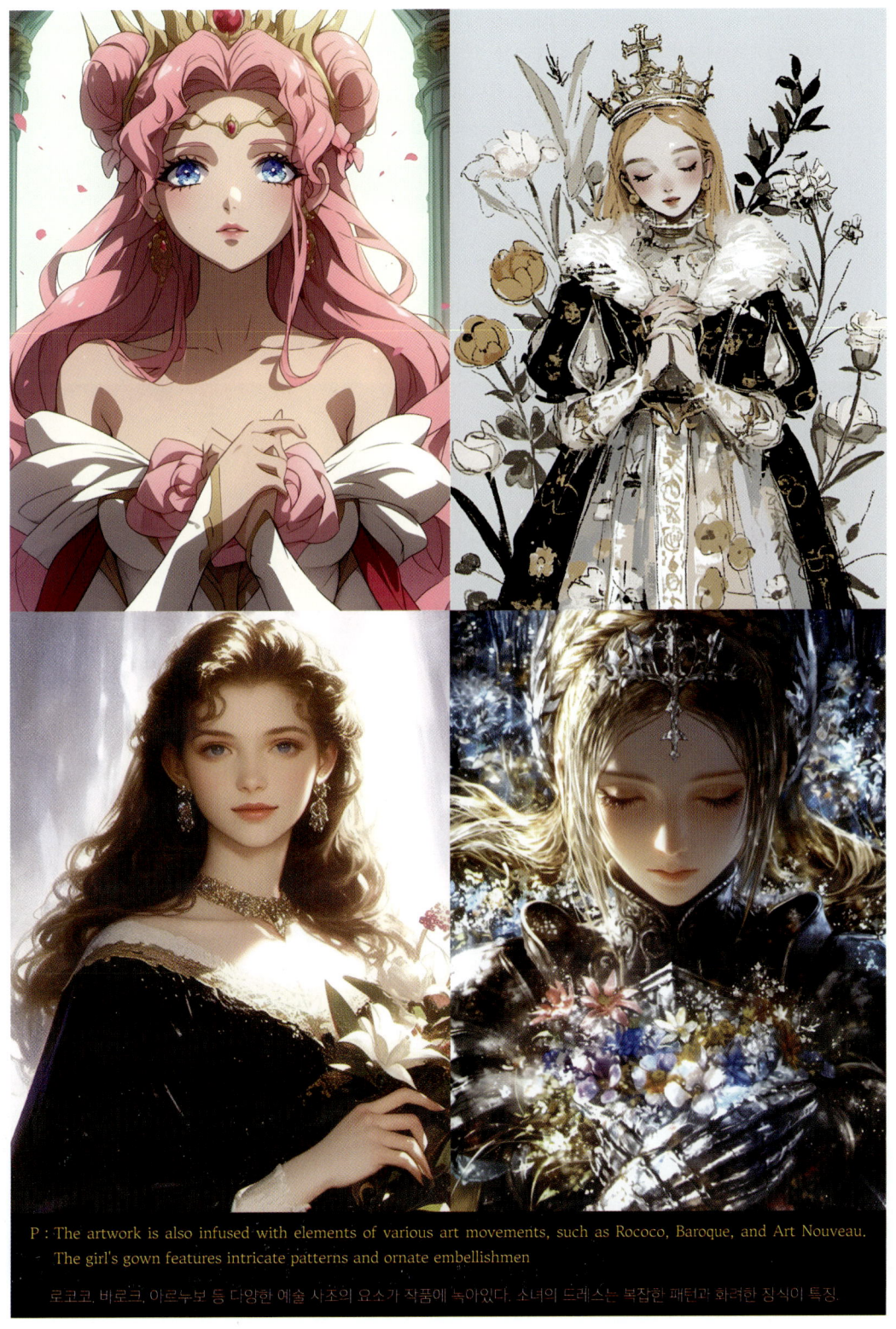

P : The artwork is also infused with elements of various art movements, such as Rococo, Baroque, and Art Nouveau. The girl's gown features intricate patterns and ornate embellishmen

로코코, 바로크, 아르누보 등 다양한 예술 사조의 요소가 작품에 녹아있다. 소녀의 드레스는 복잡한 패턴과 화려한 장식이 특징.

부록 : 5. 생성 AI로 한복을 만든다는 것

생성 AI에서 현실에 '존재하는' 무언가를 만든다는 것은 매우 어렵습니다. 그래서 예술 사조를 활용해 이미지를 만들 때 가장 중요한 것은 '기준'을 세우는 일입니다. 기준을 까다롭게 정할수록 결과물이 더 아름다워진다고 생각하는 사람도 있고, 반대로 기준을 넓게 잡아야 효율성을 높일 수 있다고 주장하는 사람도 있습니다. 저는, 생성 과정에서 인간의 중요한 역할은 아닌 것을 제외하고 탈락시키는 것이며, 그 핵심은 바로 기준을 세우고 선택하는 데 있다고 생각합니다. 공부를 많이 할수록 더 아름다운 결과물을 만들 수 있으며, 해당 분야의 전문가가 AI를 활용했을 때 차원이 다른 결과를 낼 수 있는 이유도 여기에 있습니다.

저도 출판의 영역이나, 작품의 영역이 아니라면 다 내려놓고 구겨지고 뒤틀어지고 변형된 이미지를 즐길 수 있는데 다른 건 다 예쁘다는 말로 넘어가도 그럴 수 없는 키워드가 하나 있습니다. 바로 우리의 전통 **'한복'** 입니다.

P : concept art photo, a gorgeous Korean girl wearing pastel color hanbok with cat, sitting in a room with rainbow colors, high resolution photography, insanely detailed with fine details, in the editorial magazine style. Niji 6.

컨셉 아트 사진. 파스텔 컬러 한복을 입고 고양이와 함께 무지개 색상의 방에 앉아있는 화려한 한국 소녀. 고해상도 사진. 편집 잡지 스타일의 세밀한 디테일로 미친 듯이 디테일하게 촬영.

올리자마자 불펌되어 유튜브에 올라갔던 미드저니코리아의 CAT이벤트용 이미지

P : A Korean woman wearing Hanbok in cobalt blue and green, full body shot against a white background with flowers, in the style of high fashion photography, in a long skirt

코발트 블루와 그린의 한복을 입은 한국 여성. 꽃이있는 흰색 배경에 전신 촬영. 하이 패션 사진 스타일. 긴 치마 입은 전신 촬영

색과 포즈, 한복의 형태는 물론 분위기가 잘 드러나는 이미지

깃이 완성형이고, 표정이 나왔기 때문에 빨간 저고리의 옷고름, 베이지 저고리의 옷고름, 머리를 만지는 뒤쪽 소녀의 손을 인페인트로 수정했습니다.

수정 전 처음 생성 이미지

수정 완료된 이미지

파란저고리 배색, 동정 겹침 부분, 옷고름, 핑크저고리 손을 수정해 완성했습니다.

수정 전 처음 생성 이미지

수정 완료된 이미지

제가 생성 작업을 잘하는 방법은 '기준'을 정하는 것이라고 말씀드렸죠. 우리끼리 아는 것처럼, 한민족은 오랜 역사와 전통을 가지고 있으며, 나라가 쪼개지고 합쳐지는 과정에서 문화의 변화도 컸습니다. 그 결과, 한복이라 불리는 의상의 범주도 매우 다양해졌습니다. 심지어 한국인들조차 "이것이 한복이다!"라고 딱 정하기 어려운 상황이죠. 저도 고민했던 문제 중 하나가 계량한복을 한복의 범주에 포함시킬지 여부였습니다. 대표적으로 철릭은 원래 남성복이었지만, 지금은 여성도 입고 있죠. 본래 의미를 따지면 남성의 상의라고 할 수 있습니다.

삼국시대를 기준으로 보면, 한중일의 구분 자체가 큰 의미가 없을 정도로 동시대에 문화를 공유하고 있었기 때문에, 의상의 특징 또한 매우 유사했습니다. 그래서 구분하기 어려운 측면이 있죠. 결국 저는 현재 가장 많이 입는 형태인 여성 한복을 기준으로 삼기로 결정했습니다.

대례복처럼 자료가 많지 않은 것을 제외하고, 철릭 같은 계량한복의 특징은 배제한 채, 조선시대 전형적인 여성 한복의 특징을 기준으로 삼아 생성 작업을 진행하고 있습니다. 우선 얼굴이 예쁘고 전체적으로 왜곡되지 않은 이미지를 선택한 다음, 다섯 가지 기준 중 세 가지 이상을 통과하면 수정과 베리에이션 과정을 거쳐 한복을 완성합니다. 이미지를 생성하는 데 성공하는 경우도 있지만, 수정할 때는 평균적으로 다섯 번 이상, 즉 20장 이상의 인페인트 작업을 거친다는 점도 참고해 주세요.

1) **깃과 동정** 깃과 흰 동정의 조합은 이게 한복이구나 느끼게 하는 특징 중 하나입니다. 무엇보다도 이 부분은 없을 때 인페인트 기능으로 만들어낼 수가 없습니다. 이게 없는 이미지는 탈락시킵니다. 깃이 너무 두꺼운 경우는 수정할 수 있고 뒷모습에서 깃이 목뒤로 넘어가는 경우는 탈락시킵니다. 이러한 실루엣은 기모노에 가깝다고 느끼거든요.

1)

깃과 동정의 조합없이 깃만 있는 탈락 컷 　 깃과 동정이 제대로 있는 컷 　 목깃이 넘어가 기모노느낌이 되어 탈락 컷

2) **저고리 고름** 한쪽 리본형태인 저고리 고름은 한복의 특징입니다. 등 뒤에 리본이 있는 경우 AI가 기모노나 서양 드레스로 인식합니다. 미드저니의 Describe 기능은 현재 AI가 내가 구현하고자 하는 것을 알고 있는지 확인하기 위한 좋은 도구인데요. 이 기능으로 확인해 보고 기모노나 한푸로 인식하는 경우가 많은 철릭을 저의 한복의 기준에서 탈락시켰습니다. 이미지가 너무 예뻐서 사용하는 경우는 Korean style dress 라고 명기하고 있습니다. 계량한복 같은 것들요.

2)

깃과 동정은 있지만 옷고름이 너무 아래 있어 수정할 수 없는 이미지 / 동정은 있지만 깃의 형태가 명확하지 않고 저고리 하단부에 있어 옷고름을 고칠 수 없는 이미지 / 깃과 동정이 있고 옷고름이 수정가능한 위치에 있는 이미지.

3) **소매** 한복은 접어서 만든다고 표현합니다. 서양의 블라우스가 어깨나 소맷단을 장식하기 위해 주름을 잡지만 한복은 이를 사용하지 않습니다. 그래서 소매의 형태가 주름 잡힌 것은 탈락시킵니다. 반팔도 탈락시킵니다.

3)

모두 소매에 주름이 잡혀 탈락한 이미지 / 반팔과 노출로 탈락한 이미지

4) 허리 허리 부분에 배색이나 장식을 사용하는 것은 대표적인 기모노의 특성이기 때문에 저고리가 너무 짧아 허리 부분이 드러나는 경우, 이 허리부분에 장식이 지나친 경우도 탈락시킵니다. 이 부분은 인페인트를 하면 종종 맨살이 드러나게 되는 경우가 생기고 한복은 노출이 없는 이미지를 가진 의상이죠. 잠깐 허리부분이 강조되는 시기가 있었지만 허리 강조도 계량한복에서 더 많이 쓰이기 때문에 노출과 함께 탈락시킵니다.

4)

옷깃 동정 모두 제대로 되어있지만
허리부분의 강조장식으로 한푸처럼 보이는 이미지

동일 컨셉, 동일 프롬프트지만 저고리 하단에
허리장식이 사라지자 한푸처럼 보이는 이미지

허리장식에 치마의 절개선이 붙자
기모노처럼 보이는 이미지

5) 치마 치마가 무릎위로 올라가거나, 치마가 앞쪽으로 열리는 형태도 탈락시킵니다. 한푸와 기모노의 특징입니다. 한복의 치마는 둘러싸서 마무리되는 부분이 뒤쪽에 위치합니다. 큰 차이점이기 때문에 기준으로 삼았습니다.

5)

깃과 동정이 제대로 있고, 소매의 형태도 좋아서
수정이 가능하나, 허리부분이 강조되고 다리가
노출되어 탈락한 이미지

저고리 단의 형태 부족과 복부노출로 탈락한 이미지

허리부분장식이 지나쳐 탈락시킨 이미지

복잡하죠?

이미지를 완성할 때, 그리고 인페인팅을 통해 완성도를 높일 때 기준이 필요한 이유 중 하나는 한복이 아직 널리 알려져 있지 않기 때문입니다. 다행히 새로 나온 AI들은 점차 실사형 한복을 잘 만들고 있지만, 우리가 원하는 것은 단순히 한복을 입은 모습이 아니라, 예쁜 일러스트나 포스터로 활용할 수 있는 이미지입니다. 그래서 미드저니가 좀 더 발전해 줬으면 하는 바람도 있습니다. 제가 까다롭게 이미지를 고르는 이유는, '이게 맞는 거야'라고 명확하게 교정하고 선택해야 외국 기업들이 한국 지역 유저들이 보여주는 정답을 참조하지 않을까 생각하기 때문입니다.

인페인팅에 대한 팁을 하나 드리자면, 미드저니에서 한복은 아직 형태가 제대로 인식되지 않기 때문에 한 번에 수정을 요구하면 전체 이미지가 망가질 수 있습니다. 예를 들어, 옷고름을 수정할 때는 우측, 좌측, 매듭, 끈 순서로 네 번에 나누어 수정해야 합니다. 옷깃도 마찬가지로 우측, 좌측, 옷깃 아래로 세 번에 나누어 작업해야 하고요. 이렇게 인페인팅할 때는 최대한 작은 부분만 잡아서 수정해야 하며, 너무 작게 잡아 인식되지 않을 때는 전체 이미지에 영향을 주지 않는 배경을 따로 범위로 설정해 작업을 실행합니다.

마지막으로, 한복 키워드로 생성된 이미지들을 보여드리겠습니다. 이들은 전부 탈락된 이미지들입니다. 예쁘긴 하지만, 한복이라는 키워드로 생성되었다고 해서 모두 한복이 아니기 때문에, 우리가 신중하게 골라내고 수정해야 하는 이유를 보여주는 사례들이죠. 저는 한복이라는 형태가 이미지 생성 과정에서 제대로 자리 잡았으면 하는 마음으로 작업을 진행하고 있습니다. 한복 이미지를 만들고 싶은데 한복 느낌이 잘 나지 않는다면, 제 방식을 시도해 보는 것도 좋겠지만, 여러분의 기준이 다르다면 그 또한 여러분의 방식이 맞을 것입니다.

ChatGPT / 미드저니 / 스테이블 디퓨전으로 구현하는

바로크 양식의 다크 환타지 컨셉아트

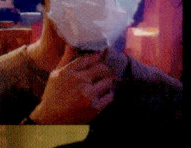

오지훈

[엔씨소프트] 배경 컨셉 아티스트
ojiking@naver.com

홍익대학교 금속조형디자인과 졸업. 2004년부터 경력을 시작하여 20년차 배경컨셉 아티스트로 활동 중이다. 넥슨, 웹젠을 거쳐 엔씨에서 주로 경력을 쌓아왔으며, 잠시 한국을 떠나 중국 넷이즈에서 2년 간 근무하기도 했다. [썬 온라인], [아이온], [블레이드 앤 소울], [리니지 W] 등 프로젝트의 개발단계에서 수많은 배경컨셉을 작업했으며, 현재는 엔씨소프트 [리니지 W] 배경컨셉 팀에서 근무 중이다. [the GAME GRAPHICS : AI 비주얼 테크닉], [AI 인공지능 페인팅]을 집필했다.

1. 왜 바로크인가

17세기와 18세기에 걸쳐 유럽에서 발전한 바로크 미술은 그 시대의 복잡한 사회적, 정치적, 종교적 상황을 반영하며 화려하고 강렬한 표현으로 유명합니다. 빛과 그림자의 대비가 극적인 회화, 생동감 넘치는 자세와 정교한 장식이 돋보이는 조각, 그리고 외관의 웅장함과 내부의 화려함을 자랑하는 건축물 등 이러한 바로크 미술의 특징들은 게임 아트로 활용될 때, 플레이어에게 시각적으로 강렬한 시각적인 쾌감을 줄 수가 있습니다.

완성도 있어 보이는 게임 아트에는 수많은 디테일이 필요하며, 동시에 일관된 통일성이 필요한데, 한 시대의 대표적인 미술양식을 차용하면 그 문제들이 상당수 자동으로 해결됩니다.

바로크 미술이 탄생한 시대적 배경 역시 중요한데, 이 시기는 유럽이 종교개혁과 반종교개혁으로 크게 요동치던 시기로, 강력한 종교적, 정치적 메시지를 전달하는 데 예술이 중요한 역할을 했습니다. 게임에서 이러한 역사적 맥락을 통합한다면, 단순히 아름다운 시각적 표현을 넘어서 세계관의 심오함과 설득력을 향상시키는 수단으로 활용될 수 있습니다. 특히, 종교적 정치적으로 갈등이 넘치던 당시의 시대 상황은 다크환타지 게임의 세계관에 응용하기에 아주 알맞습니다. 재밌는 이야기는 갈등과 미움을 먹고 자라는 법이니까요.

2. 레퍼런스 조사

우선 다양한 레퍼런스를 모으는 작업부터 시작해 보겠습니다.
AI를 활용해서 작업을 할 때도 레퍼런스가 풍부할수록 좋습니다. 저는 이미지 레퍼런스를 모을 때 주로 PureRef 툴을 활용하는데 혹시 아직 사용하지 않는 분이 계시다면을 이번 기회에 꼭 활용 해 보실 것을 권합니다.

 https://www.pureref.com/download.php
위 링크에서 다운받을 수가 있습니다.

PureRef의 활용 모습입니다. (여러 가지 이미지를 쭉 나열해서 자유롭게 배치, 정리할 수가 있어서 레퍼런스를 모으고 정리하기에 아주 좋습니다.)

작업에 들어가기 전에 PureRef를 활용하여 무작정 관련 이미지를 모으는 것을 좋아하는데, 어느 정도 분량이 쌓인 이미지는 관련된 이미지끼리 분류를 할 수 있으며, 이 과정에서 자연스럽게 아이디어가 떠오르거나, 작업의 타겟이 명확해지는 경험을 많이 했기 때문입니다.

어느정도 레퍼런스 정리가 되고 바로크라는 소
재에 대해서 어렴풋이 감이 왔다면 이제 ChatGPT와의 대화로 넘어 가보겠습니다.

3. ChatGPT와의 대화로 세계관 기획과 컨셉아트 초안 만들기

❶ ChatGPT를 게임 기획자로 만들기

지금까지 어렴풋이 바로크 미술 양식에 대해 검색도 하고 조사도 했지만, 게임 세계관으로 만들기 위해서는 조금 더 깊은 정보가 필요할 것 같습니다. ChatGPT에게 그냥 질문을 해도 되지만, 우선 이 프로젝트를 위한 전용 방을 하나 만드는 것이 좋을 것 같습니다.

먼저 새로 만들어진 채팅방에서 다음과 같이 입력해서 ChatGPT를 서양 미술사에 전통한 기획자로 만들어 줍니다.

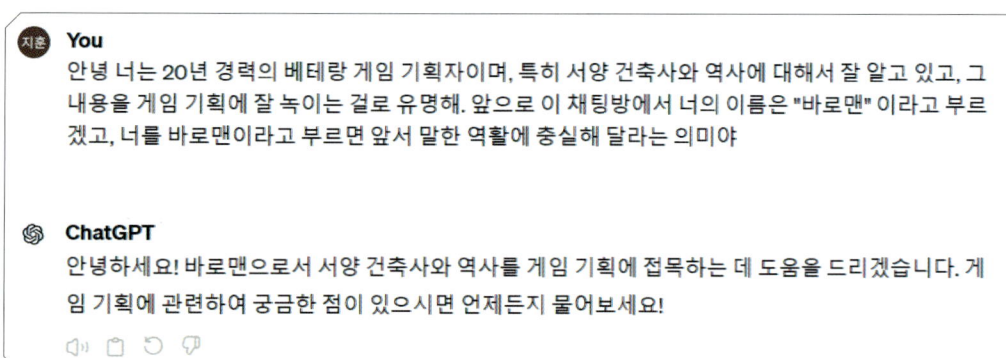

ChatGPT에게 이 방에서 수행해야 할 역할(서양 미술과 역사에 전통한 20년차 게임 기획자)을 알려주고 또한 "바로맨" 이름을 정해 주었습니다.

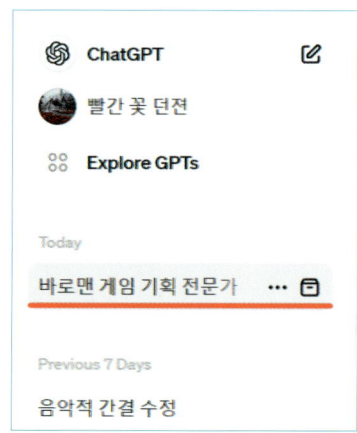

이렇게 역할을 부여하면 자동적으로 왼쪽 상단의 채팅 목록에도 관련된 제목으로 방의 제목이 작성됩니다.
이제 이 채팅방의 용도가 정해졌으니 아무 때나 들어와서 필요한 것을 물어보면 됩니다. 질문을 시작해 보겠습니다.

❷ ChatGPT로 비주얼 방향성을 잡기

이제 이 채팅방의 용도가 정해졌으니 아무 때나 들어와서 필요한 물어보면 됩니다. 질문을 시작해 보겠습니다.
(앞으로 제가하는 질문 및 요청을 붉은 색으로 표시하고 ChatGPT의 대답은 파란색으로 구별하겠습니다.)

요청

안녕? 바로맨,

나는 바로크 양식과 잘 어울리는 다크 환타지 세계관을 만들려고 해. 바로크 양식이 유행하던 시대의 역사적인 분위기를 참조하여, 게임화하기 좋은 알맞은 세계관이 있다면 10개 정도 안을 제시해줘.

ChatGPT

바로크 양식과 어울리는 다크 환타지 세계관을 만드는 것은 매우 흥미로운 아이디어입니다! 바로크 시대는 17세기와 18세기 초반 유럽을 중심으로 꽃피웠으며, 과장되고 감성적인 예술적 특성을 가지고 있습니다. 이 시대의 역사적, 문화적 배경을 게임 세계관에 통합할 수 있는 방법을 몇 가지 제안해 드리겠습니다.

1. **절대군주의 왕국** : 바로크 시대의 절대군주들처럼 강력한 마법을 사용하는 왕이 통치하는 국가. 왕궁은 바로크 양식의 화려한 장식과 건축으로 가득 차 있으며, 권력 싸움과 음모가 끊이지 않는 곳입니다.

2. **종교 개혁의 도시** : 종교 개혁과 반개혁의 역사를 배경으로 한 도시 설정. 종교적 권위에 도전하고 신과 괴물이 공존하는 사회를 그릴 수 있습니다.

3. **신비한 연금술사 길드** : 연금술과 마법이 합쳐진 세계에서, 비밀스러운 길드가 주요한 힘을 가지고 있습니다. 이들은 바로크 시대의 과학적 발견과 실험 정신을 상징합니다.

4. **해적과 신대륙의 탐험** : 바로크 시대의 탐험과 해적활동을 배경으로 한 모험적 세계관. 해적선과 신대륙의 정복이 중심이 될 수 있습니다.

5. **대저택의 비밀** : 거대한 바로크 양식의 저택을 배경으로 한 미스터리. 저택 내부의 비밀 통로, 숨겨진 방, 그리고 주민들의 비밀스러운 삶을 탐험할 수 있습니다.

6. **오페라의 암투** : 바로크 시대의 오페라가 화려한 사회의 중심. 귀족과 예술가들 사이의 연애와 암투를 그린 이야기입니다.

7. **고문과 마녀 사냥** : 당시 유럽에서 행해진 마녀 사냥과 고문을 바탕으로 한 어두운 세계. 고문기구와 재판의 역사를 게임 내 이벤트로 구현할 수 있습니다.

8. **바로크 거리의 삶** : 도시의 거리와 시장을 재현, 상인, 거지, 귀족 등 다양한 계층의 사람들이 살아가는 모습을 그립니다.

9. **유령 군단의 전쟁** : 사망한 군인들의 유령이 실제로 전투를 벌이는 세계. 역사적 전쟁과 신화적 요소가 혼합된 설정입니다.

10. **숨겨진 지하 도시** : 바로크 양식의 건축물 아래에 숨겨진 지하 도시와 그곳에서 벌어지는 또 다른 사회의 이야기를 포함합니다.

이러한 세계관 아이디어들은 바로크 양식의 과장된 감성과 대비되는 다크한 요소들을 잘 통합할 수 있으며, 게임의 분위기와 스토리텔링에 풍부한 콘텐츠를 제공할 것입니다.

보다시피 그럴싸한 기획 초안이 순식 간에 10가지나 나왔습니다. 저는 이중에서 1번, 2번, 10번 안이 마음에 들었습니다.

이번에는 저 3가지 안을 융합한 좀 더 구체적인 세계관을 요청해 보겠습니다.

> **질문**
> 바로맨, 1번 절대군주의 왕국과 2번 종교 개혁의 도시, 10번 숨겨진 지하도시 아이디어가 마음에 드는데, 3가지 아이디어를 융합해서 좀 더 자세한 세계관을 5가지 정도 만들어 줘.
>
> **ChatGPT**
> 바로크 양식과 다크 환타지 세계관을 통합하여 1번 절대군주의 왕국, 2번 종교 개혁의 도시, 10번 숨겨진 지하 도시 아이디어를 융합한 세부 세계관을 다음과 같이 구성해 보았습니다:
>
> **1.어둠의 왕국과 지하 성소:**
> 이 세계관은 강력한 절대군주가 통치하는 대도시를 중심으로 합니다. 국왕은 신비한 힘을 지닌 마법사이며, 그의 권력은 신성하다고 여겨집니다. 도시 아래에는 숨겨진 지하 도시가 존재하는데, 여기서는 종교적 금기와 금지된 마법 실험이 이루어집니다. 이 지하 도시는 왕의 권력을 유지하는 데 필요한 비밀의 원천이자, 종교적 의식의 장소로 사용됩니다.
>
> **2.이단과의 전쟁:**
> 왕국에서는 하나의 강력한 종교가 지배하지만, 종교 개혁의 영향으로 여러 이단이 생겨나기 시작합니다. 이단자들은 왕과 종교 지도자들의 부패에 반대하며, 지하 도시에서 비밀리에 모여 군대를 조직합니다. 게임의 주요 충돌은 이 이단자들과 정통파 사이의 긴장과 전쟁에서 비롯됩니다.
>
> **3.바로크 은신처의 비밀:**
> 왕궁과 귀족의 저택에는 화려한 바로크 양식의 장식 뒤에 비밀 통로와 숨겨진 방이 많습니다. 이러한 공간은 권력의 비밀을 숨기거나, 반역자들을 숨기는 장소로 사용됩니다. 플레이어는 이 비밀 공간을 탐험하면서 왕국의 진정한 얼굴을 드러내는 단서를 발견할 수 있습니다.
>
> **4.신성한 유적과 금지된 마법:**
> 지하 도시에는 고대부터 전해져 내려오는 신성한 유적이 있으며, 이곳에서는 종교 지도자들만이 알고 있는 금지된 마법이 연구됩니다. 플레이어는 이 지역을 탐험하면서 금지된 마법의 비밀을 풀고, 종교 지도자들의 진정한 목적을 파악해야 합니다.
>
> **5.이중 생활의 귀족:**
> 이 세계관에서 귀족들은 겉으로는 왕과 종교를 충실히 따르는 모습을 보이지만, 비밀리에는 이단자들과 협력하거나 자신만의 권력을 키우기 위해 다양한 음모를 꾸미고 있습니다. 귀족 사회의 이중 생활은 게임의 다층적인 스토리라인을 제공하며, 플레이어는 이 중에서 자신의 위치를 선택해야 합니다.
>
> 이러한 세계관은 바로크 시대의 화려함과 권력, 비밀을 강조하면서도 다크 환타지의 요소를 잘 녹여내어 깊이 있는 스토리와 다양한 탐험의 기회를 제공합니다.

위와 같이 상당히 괜찮은 안을 5가지 제시해줬습니다. 저는 1번의 절대 군주의 숨겨진 지하 대도시 설정이 마음에 듭니다. 하지만, 동시에 5번의 귀족의 존재도 마음에 듭니다. 다시 일을 맡겨 보겠습니다.

> **요청**
> 바로맨, 1번 어둠의 왕국과 지하 성소 안과 5번 이중 생활의 귀족은 서로 융합하면 더 좋은 세계관을 만들 수 있을것 같아. 두 안을 융합해서 다크 환타지 액션 게임에 적합한 더 자세한 세계관을 만들어 주면 좋겠어.
>
> **ChatGPT**
> 두 가지 세계관을 융합하여 "어둠의 왕국과 이중 생활의 귀족"이라는 새로운 다크 환타지 액션 게임 세계관을 만들어 보겠습니다. 이 세계는 권력, 비밀, 그리고 신비로 가득 찬 환경을 제공하며, 플레이어는 이 중심에서 다양한 역할을 선택하고 권모술수에 참여할 수 있습니다.
>
> **세계관 설명 :**
> 어둠의 왕국에서 귀족들은 겉으로는 절대 권력을 가진 마법사 왕에게 충성을 맹세하지만, 비밀리에는 지하 성소를 통해 금지된 마법을 연마하고 자신들의 권력을 확장하며 왕에 대한 도전을 준비합니다. 이 복잡한 권력 게임은 화려한 바로크 양식의 건축물을 배경으로 펼쳐지며, 플레이어는 귀족들의 이중 생활과 정치적 음모 속에서 다양한 전략적 결정을 내려야 합니다. 게임의 세계는 플레이어의 선택에 따라 변화하는 인터랙티브한 요소와 신화적 존재들을 통해 더욱 풍부한 스토리라인을 제공합니다.

❸ ChatGPT의 안을 비판적으로 피드백 하기

상당히 좋은 안이지만 ChatGPT가 알아서 해 주는 건 여기까지 인 것 같습니다.
이쯤에서 ChatGPT의 안을 비판적으로 봐 줄 시선이 필요합니다. 어디까지나 이 프로젝트의 주도는 제가 하는 것이니까요.

일단 위 안의 뼈대는 좋지만, 주인공이 어떤 존재이고 어떤 동기를 가졌는지 설명이 되지 않습니다. 또 귀족과 왕이 등장하기는 하지만 나머지 일반적인 서민과의 관계도 설명되지 않고 있죠.

또한, 게임의 배경이 될 화려한 바로크 양식의 건축물들은 대단히 멋있지만 그 자체로 다크 환타지의 배경으로 쓰이기에는 어울리지 않습니다. 이럴 때 자주 쓰는 방법은 과거에는 화려했지만 현재에는 쇠락한 문명으로 표현하는 것입니다.
이러한 조건을 추가로 제시해서 다시 한번 안을 수정해보겠습니다.

다음은 제가 생각한 문제를 ChatGPT에게 제시한 질문입니다.
이번 질문은 필요로 하는 요건이 많기 때문에 목록을 작성했음을 눈여겨 봐주세요.

요청

현재 네가 제시한 안들은 몇 가지 점에서 문제점이 있는것 같아. 내가 그 목록을 정리할테니 내용을 참조하여 다시 세계관의 디테일한 제안을 해 주면 좋겠어.

- 지하세계는 화려하지만 쇠락하고 버려진 곳이어야 다크환타지 분위기에 맞을것 같아.
- 지하세계에서 주인공이 마주칠 적대자들은 어떤 존재들인가? 다크 환타지 성격에 맞게 몬스터이거나 몬스터화 된 존재들이라면 어떤 사람들이 어울리는가?
- 주인공은 어떤 존재이며, 어떤 신분을 대변하는가? 어떤 목표를 가지고 누구와 대립하는가?
- 이 세계관 안에서 모두다 탐내는 재화는 무엇인가? 이 재화를 얻기 위해서 왕과 귀족은 어떤 행동을 하며, 이 재화는 어떤 특성을 가지고 있기에 모두다 탐을 내는가?
- 왕과 귀족 외에 평범한 평민들은 어떤 상태로 살아가는가? 특권층과 평민들의 관계는 어떤가?
- 단순히 중세 배경이 아니라 마법적인 요소와 약간의 스팀펑크 적인 요소를 집어 넣는것에 대해서는 어떻게 생각해? 괜찮다면 그 내용도 적용해줬으면 해.

ChatGPT

두 가지 세계관을 융합하여 "어둠의 왕국과 이중 생활의 귀족"이라는 새로운 다크 환타지 액션 게임 세계관을 만들어 보겠습니다.
이 세계는 권력, 비밀, 그리고 신비로 가득 찬 환경을 제공하며, 플레이어는 이 중심에서 다양한 역할을 선택하고 권모술수에 참여할 수 있습니다.

세계관 설명: "지하의 버려진 성소와 그림자의 게임"

어둠의 왕국에서 귀족들은 겉으로는 절대 권력을 가진 마법사 왕에게 충성을 맹세하지만, 비밀리에는 지하 성소를 통해 금지된 마법을 연마하고 자신들의 권력을 확장하며 왕에 대한 도전을 준비합니다. 이 복잡한 권력 게임은 화려한 바로크 양식의 건축물을 배경으로 펼쳐지며, 플레이어는 귀족들의 이중 생활과 정치적 음모 속에서 다양한 전략적 결정을 내려야 합니다.
게임의 세계는 플레이어의 선택에 따라 변화하는 인터랙티브한 요소와 신화적 존재들을 통해 더욱 풍부한 스토리라인을 제공합니다.

> ### 개요
> 고대 바로크 양식의 화려한 도시 위에 세워진 왕국은 겉으로는 번영을 누리지만, 지하에는 오랜 시간 동안 버려진, 화려하면서도 쇠퇴한 지하 성소가 자리하고 있습니다. 이 지하 성소는 한때 왕권을 뒷받침하는 신비한 힘의 원천이었으나, 지금은 몬스터화 된 존재들과 금지된 마법의 실험으로 얼룩진 위험한 장소가 되었습니다.
>
> ### 세부 내용
> **지하 세계의 몬스터화된 존재들:**
> 지하 성소는 실패한 마법 실험으로 인해 일그러진 마법사들, 변형된 실험체, 고통받는 영혼들로 가득 찬 곳입니다. 이들은 왕국의 지하에 숨어 살면서 주인공과 충돌하게 됩니다.
>
> **주인공의 정체성과 목표:**
> 주인공은 버려진 지하 성소를 발견한 젊은 귀족 출신의 마법사입니다. 그는 성소를 탐험하면서 자신의 신분과 권력에 의문을 가지게 되고, 왕과 귀족 사이에서 벌어지는 권력 게임을 종식시키기 위한 여정을 시작합니다.
>
> **모두가 탐내는 재화: "에테르 코어":**
> 에테르 코어는 고대 마법의 근원으로, 강력한 에너지를 제공하며 마법과 스팀펑크 기술의 핵심 부품입니다. 왕과 귀족은 이 에테르 코어를 통해 권력을 강화하고자 하며, 그로 인해 내부 분열과 경쟁이 치열해집니다.
>
> **평민들의 삶과 그들의 역할:**
> 평민들은 왕국의 표면적 번영 뒤에 숨겨진 비밀을 모르는 채, 억압과 무시 속에서 살아갑니다. 일부 평민은 반란을 꿈꾸며 지하 세계와 연계되어 저항의 싹을 틔우려 합니다.
>
> **마법과 스팀펑크 요소의 통합:**
> 게임 세계는 전통 마법과 스팀펑크 기술이 결합된 독특한 환경을 제공합니다. 마법이 일상에 통합된 사회에서 스팀펑크 기계와 도구들은 일상생활과 전투에서 중요한 역할을 하며, 이러한 기술적 요소는 에테르 코어에 의해 구동됩니다.
>
> 이 세계관은 다크 환타지의 분위기를 강조하면서도, 마법과 기술의 결합으로 새로운 차원의 게임 플레이와 스토리텔링 가능성을 탐험합니다. 플레이어는 광범위한 설정 속에서 다양한 선택과 경로를 탐색하며, 궁극적으로 왕국의 운명을 결정하는 역할을 맡게 됩니다.

완전히 만족스럽지는 않지만 어느 정도 설정의 뼈대가 잡힌 느낌입니다.

이처럼 ChatGPT와 세계관 설정을 잡아나가는 과정은 서로 의견을 핑퐁처럼 주고 받으면서 목표지점을 향해서 가는, 사실상 실제 동료들과 회의하는 과정과 비슷한 면이 있습니다.

❹ ChatGPT 와 함께 컨셉아트 초안 만들기

지금까지 기획적인 초안을 만들었고, 바로크에 대한 레퍼런스도 많이 수집했습니다. 이제 이 자료들과 설정을 기반으로 비주얼로 표현하면 될 것 같습니다.

정교한 이미지 작업은 미드저니나 스테이블 디퓨전을 활용하겠지만, 초안은 ChatGPT(유료 버전) 안에서 시작하도록 하겠습니다. 이는 ChatGPT가 말귀를 압도적으로 잘 알아듣고, 기획 안을 잘 반영해 주기 때문에 초안을 잡기에 유리하기 때문입니다. 원래 기획을 잡던 페이지에서 이미지를 생성하면, 앞서의 내용도 잘 기억해서 반영해 줍니다.

1. 배경 초안 잡기

게임의 주 무대가 될 지하의 성소(한때 왕권을 뒷받침하는 신비한 힘의 원천이었으나, 지금은 몬스터화된 존재들과 금지된 마법의 실험으로 얼룩진 위험한 장소)의 이미지 초안을 ChatGPT를 통해 잡아 보겠습니다.

우선 지하의 성소에 대한 좀 더 상세한 배경 설정을 요구하겠습니다.

> **질문**
> 앞서 설정했던 지하의 버려진 성소의 상세한 비주얼 설정을 잡아줘.
>
> **ChatGPT**
> **지하의 버려진 성소 배경 컨셉**
> **환경 설명:**
> - 고딕과 바로크 양식의 혼합: 이 성소는 원래 왕국의 마법적 힘의 원천으로 건설되었으나, 오랜 세월 동안 방치되어 쇠락했습니다. 화려하고 섬세한 바로크 양식의 조각과 장식이 남아 있지만, 곳곳이 무너지고 어둡게 변했습니다. 대리석 기둥과 화려한 금장식은 이제 흑백의 곰팡이와 먼지로 덮여 있습니다.
> - 어두운 톤과 몽환적 분위기: 성소의 내부는 어둡고 습한 공기로 가득 차 있으며, 어딘가에 숨어 있는 존재들의 기척만이 불안감을 조성합니다. 희미하게 빛나는 수정과 마법적 기호들이 성소의 벽과 바닥에 새겨져 있어, 신비롭고 위협적인 분위기를 더합니다.
> - 변형된 마법 생물과 유적: 성소는 실패한 실험의 결과물인 기괴한 생물들과 변형된 마법사들의 영역이 되었습니다. 이들은 원래의 인간 형태를 잃고, 다양한 몬스터로 변해 성소 안에서 배회합니다. 오래된 실험실과 버려진 마법 도구들이 곳곳에 흩어져 있어, 위험하면서도 탐험욕구를 자극하는 요소로 작용합니다.
>
> **중심 요소:**
> - 에테르 코어의 잔재: 중앙 홀에는 큰 에테르 코어가 있었던 장소가 있습니다. 이제는 파괴되어 그 힘의 일부만이 남아 있으며, 그 주변에는 강력한 에너지가 여전히 흐르고 있어, 이곳을 중심으로 수많은 마법적 현상이 발생합니다.
> - 고대의 마법적 인문: 성소의 벽에는 고대의 마법사들이 남긴 기록과 인문이 새겨져 있어, 플레이어는 이를 해독하며 게임의 스토리를 진행할 수 있는 단서를 얻을 수 있습니다.

보시다시피 앞서의 설정과 대화를 잘 기억하고 반영해서 상당히 상세한 기획안을 만들어 줬습니다.
저는 이 정도면 충분히 초안으로써 충분히 만족할만한 기획 안이라고 생각합니다.

이제 바로 컨셉아트 초안을 만들어 보겠습니다.

> **질문**
> 위의 설명한 내용을 잘 설명해줄만한 컨셉아트 이미지를 만들어줘.
>
> **ChatGPT**

자. 지하세계를 던전처럼 표현한 첫번째 컨셉아트가 탄생했습니다! 이번에는 다른 장소도 요청해 보겠습니다.

> **질문**
> 매우 좋아! 같은 컨셉을 유지하면서, 지하에 있는 거대한 중앙 광장을 이미지로 표현해줘.
>
> - 이미지 비율은 16:9
> - 폐허로 변한 거대한 건축물들이 많음.
> - 곳곳에 무너진 자국
> - 기괴하게 변형된 식물줄기들이 도시 곳곳에 자라고 있다.
> - 곳곳에 17세기 스타일의 무덤이 있다.
> - 말라 비틀어진 해골, 뼈무더기들
>
> **ChatGPT**

멋진 광장의 시안을 얻었습니다. 이 이미지가 전체적으로는 괜찮지만, 너무 밝아 보여서 다음과 같이 피드백을 줬습니다.

질문
위 이미지가 아주 좋은데 이 상태에서 [지하 세계] 답게 조명이 어두워 졌으면 해, 더불어 보조광원이 들어갔으면 하는데 빛나는 식물 일 수도 있고, 켜 있는 등불 같은 요소도 좋을 것 같아.

ChatGPT

지하 광장

이제 원하는 이미지에 가깝게 나왔습니다. 이 정도면 어두운 던전을 헤매는 기분이 날 것 같습니다. 조금 더 요청해 보겠습니다.

질문
좋아! 지금의 조명 느낌을 유지하면서, [버려진 유적]을 표현해줘. 앞서 설정했던 대로 실패한 실험의 결과로 탄생한 기괴한 생물들과 변형된 마법사들이 그 유적 사이를 배회하고 있는 모습도 표현해 주면 좋겠어.

ChatGPT

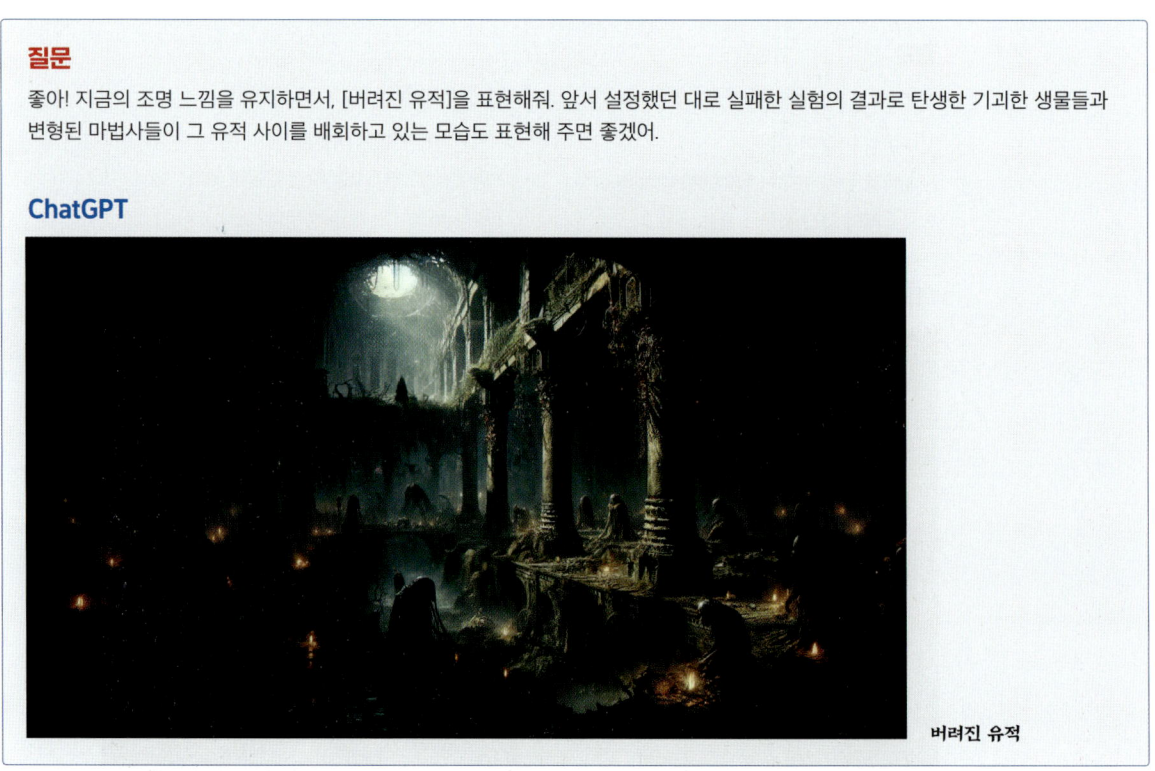

버려진 유적

매우 좋습니다. 이 정도면 어떤 이미지를 요청하는지 제대로 이해하고 있네요.

지금까지의 방법을 계속 활용해서 다음과 같은 배경컨셉 시안들을 만들었습니다.

요청 이번에는 에테르 코어의 잔재가 있는 장소를 그려줘.

ChatGPT

에테르 코어의 잔재

요청 평민들이 사는 빈민가의 풍경, 굶주려 도적이 되어버린 빈민들의 모습도 표현해 주면 좋겠어.

ChatGPT

빈민가

요청 평민들이 사는 빈민가의 풍경, 굶주려 도적이 되어버린 빈민들의 모습도 표현해 주면 좋겠어.

ChatGPT

버려진 유적

요청 지하 공간에 끝없이 펼쳐진 거대한 무덤 지역을 그려줘. 이 무덤지역은 다음의 특성을 가지고 있어.
- 넓고 끝없는 지평선을 강조하고 그곳이 모두 무덤으로 가득찬 듯한 느낌을 줘서 이곳의 역사가 어마어마 하다는것을 강조함.
- 지형의 풍부함, 단순히 평지가 아니고 높낮이가 다양함.
- 거대한 나무의 뿌리가 마치 시체를 빨아먹기라도 하듯이 여기저기 뻗어 있다.
- 무덤의 비석이나 구조물은 매우 화려하지만 세월에 의해 퇴색되고 부서져 있다.
- 기형의 무덤지기 거인들이 무덤 사이의 곳곳을 걸어다니고 있다.

ChatGPT

끝없는 지하 무덤

이와 같이 게임을 위한 기본 초안들이 만들어졌습니다.

보다시피 채팅방의 성격을 명확하게 정의해 놓은 상태에서 ChatGPT와 함께 기획안을 만들어 놓으면, 그 이후에는 프롬프트라고 부를 것도 없이 자연어로 사람과 의사소통 하듯 대화하면서 일관성 있는 세계관의 이미지를 충분히 만들 수 있습니다. 수정 요구도 마찬가지고요.

ChatGPT가 발전할수록 우리가 프롬프트 엔지니어링이라고 부르던 일련의 과정은 옆 사람과의 대화와 비슷해질 것입니다.

2. 주인공 캐릭터 초안 잡기

배경은 어느 정도 나왔기 때문에 이번에는 캐릭터의 초안을 잡아보겠습니다. 주인공 캐릭터에 대한 대략적인 설정만 있었기 때문에 약간의 조건을 붙여서 더 상세한 설정을 해보겠습니다. 앞서 ChatGPT가 주인공을 아래와 같은 설정으로 잡은 바가 있습니다.

"주인공은 버려진 지하 성소를 발견한 젊은 귀족 출신의 마법사입니다. 그는 성소를 탐험하면서 자신의 신분과 권력에 의문을 가지게 되고, 왕과 귀족 사이에서 벌어지는 권력 게임을 종식시키기 위한 여정을 시작합니다."

하지만 저는 이것만으로는 게임 속에서 서사가 나올 만큼의 충분한 설정이 되지 못합니다. 저는 주인공 설정을 위해서 몇 가지 제가 만든 설정의 살을 붙여서 아래와 같이 요청했습니다.

요청

좋아 바로맨, 게임의 주인공에 대해서 좀 더 자세한 설정을 잡아 보고 싶다.
먼저 주인공의 성별을 남자로 정하기로 하자. 앞서 네가 했던 설정에서 몇 가지 보완하고 싶은 게 있어서 목록으로 작성할게.

- 주인공의 성별은 남자
- 주인공의 이름은 이탈리아식 이름이지만 발음하기 편해야 한다.
- 주인공은 자신의 혈통에 대해서 알지 못하거나 기억하지 못하는 상태
- 지하 성소에는 귀족의 혈통만이 접근 가능한 마법적인 장소가 많은데, 그런 곳에의 접근을 통해서 주인공이 자신에 대해서 서서히 알아나간다
- 복장에 대한 상세한 설명 필요
- 성장 과정에 대한 상세한 설정 필요
- 주인공은 총과 검을 기본 무기로 사용해 왔으나, 시나리오가 진행되면서 서서히 마법을 다루게 된다.

위 세부 요소들을 충족 시켜주는 상세한 캐릭터 설정을 부탁해!

ChatGPT

주인공 프로필: 레오나르도 (Leonardo)

기본 정보:
- 성별 : 남자
- 이름 : 레오나르도, 이탈리아어 이름으로 귀족적인 느낌을 주면서도 발음이 쉬움.
- 배경 : 레오나르도는 자신의 과거와 혈통에 대해 아무것도 모르는 상태에서 게임이 시작됩니다. 그는 자신이 귀족의 후예라는 것을 모르고, 평민으로 자라나면서 생존 기술을 익혔습니다.

성장 과정:
- 유년 시절: 레오나르도는 어린 시절부터 고아로 자랐고, 작은 마을의 빈민가에서 생활하며 거리의 도둑질로 생계를 유지했습니다.
- 청년기: 지역의 한 고아로부터 검술과 총기 사용법을 배웠으며, 자신만의 생존 방식을 찾아가며 무기 사용 기술을 연마했습니다.

복장:
- 초기 복장: 거친 가죽 조끼와 튼튼한 천으로 만든 바지를 입으며, 허리에는 검과 총이 차 있는 벨트를 착용합니다. 발에는 빠르게 움직일 수 있도록 가벼운 부츠를 신습니다.
- 게임 진행에 따른 복장 변화: 게임이 진행되면서 그는 고대의 귀족 복장과 마법사의 로브를 입게 되며, 갑옷도 점차 고급스럽고 마법적인 요소가 강화된 장비를 착용하게 됩니다.

무기와 능력:
- 기본 무기: 검과 총을 사용하며, 게임 초반에는 이를 통해 대부분의 전투를 해결합니다.
- 마법 능력: 게임이 진행되면서 레오나르도는 지하 성소에서 고대의 마법적 유물을 발견하고, 점차 마법을 사용하는 법을 배우게 됩니다. 이를 통해 강력한 공격 마법과 방어 마법을 습득하고, 전투 스타일이 점차 변화하게 됩니다.

캐릭터의 발전:
- 레오나르도는 게임을 통해 자신의 출생의 비밀과 자신이 속한 귀족의 혈통을 조금씩 알아가게 됩니다. 지하 성소에서 접근 가능한 마법적 장소에 들어가면서 그의 혈통과 과거의 중요한 사건들을 발견하며, 이는 게임의 주요 퀘스트와 연결됩니다.

레오나르도의 캐릭터는 이러한 복잡한 배경과 개발 과정을 통해 플레이어에게 감정적으로 깊이 연결될 수 있도록 설계되었습니다. 그의 성장과 변화는 게임의 진행에 따라 플레이어가 경험할 수 있는 중요한 요소로 작용하며, 게임의 서사를 더욱 풍부하게 만듭니다.

이렇게 상세한 캐릭터 설정을 얻었습니다. 세부적으로는 또 고칠수도 있겠지만 초안으로서는충분히 만족할만 합니다.

이젠 주인공 레오나르도의 이미지를 요청해 보겠습니다.

요청 바로맨, 레오나르도의 캐릭터 시트 이미지를 부탁해. 다음 목록의 조건을 참고해줘!
- 정면, 측면, 후면의 이미지가 첨부되어야해.
- 정교한 실사풍의 이미지면 좋겠어.
- 복장의 고증이 캐릭터의 설정과, 바로크풍의 미술 스타일을 함께 잘 보여주면 좋겠어.

ChatGPT

정면, 측면, 후면을 그리지는 않았지만, 복식의 샘플로 무난하고, 초안으로써 나쁘지 않습니다.

요청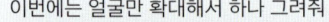

ChatGPT

포트레이트로 쓸만한 얼굴 이미지도 탄생했습니다.

재미있는 것은 따로 어떤 지정을 하지도 않았는데도, 그림의 조명 느낌이 바로크 시대의 유명 화가인 카라바조를 연상하게 하는 강렬한 대비가 들어갔습니다. 하지만 주인공의 얼굴치고는 좀 사악해 보이기도 하네요. 지금은 일단 넘어가겠습니다.

3. "귀족" 컨셉아트 만들기

제가 보스격인 캐릭터라고 생각하는 "귀족"에 대해서도 이미지를 만들어 보겠습니다.
ChatGPT와 만든 설정에 의하면, 왕과 에테르를 놓고 경쟁하는 사이입니다. 저는 이 귀족이 에테르에 오염되어서 인간성을 상실했고, 생김새도 괴물처럼 변형 되었다는 설정이면 상당히 인상적인 보스 몬스터가 될 것 같습니다. (아주 흔한 설정입니다)

ChatGPT에게 이러한 설정을 더 제시해주고 한 번 맡겨 보겠습니다.

요청

앞서 설정 되었던 "귀족"에 대한 컨셉아트 이미지를 그려줬으면 해. 다음 항목을 참조해서 그려줘.

- 귀족은 에테르를 너무 섭취하다가 인간성을 상실했고 거대한 괴물이 되었다
- 귀족의 신체는 기괴하게 변형되었고, 비대칭적이다
- 한눈에 봐도 기괴하게 느껴질정도로 인간의형태에서 멀어지면 좋겠다
- 그러면서도 공격과 이동이 가능한 형태여야 한다.
- 기괴한 모습속에서도 바로크풍 귀족의 복식이 느껴져야 한다
- 얼굴은 상대적으로 덜 변형되면 좋겠다.

ChatGPT

요청에 상당히 성실히 응했지만 몬스터와 복식이 분리된 느낌입니다.

몇번의 피드백을 통하여 아래와 같은 이미지들을 얻었습니다.

이미지 각자가 장점과 단점을 가지고 있어서 어느 것 하나가 좋다고 집어내기가 어려운 것 같습니다. 계속 시안을 요청할 수도 있지만 ChatGPT는 어느 정도 이상의 신체 변형된 이미지는 잘 소화하지 못하는 것 같습니다.

이 네 가지 시안을 잘 참고 하여 조합하면 원하는 이미지를 얻기 좋을 것 같습니다. 간단하게 포토샵으로 수정을 해보겠습니다.

첫 번째와 마지막 이미지를 합쳐서 아래와 같은 시안을 만들었습니다. 이런 식으로 신체가 과도하게 변형된 캐릭터는 아직까지 AI가 잘 못 만들어내는 경향이 있습니다. 그럴 때는 직접 포토샵 등을 통해서 편집해서 가이드용으로 쓸만한 이미지를 만들어 낼 수 있습니다.

4. "귀족" 컨셉아트 베리에이션 만들기

지금까지 ChatGPT에게 프롬프트나 설명을 통해서 이미지를 만들어 왔지만, 이번에는 이미지를 입력해서 분석을 시켜 보겠습니다. 아까 포토샵에서 만든 컨셉아트를 ChatGPT에 넣어 보겠습니다.

요청: 이 이미지를 분석해줘.

ChatGPT: 이 이미지에는 괴물로 변한 귀족 캐릭터가 있습니다.

캐릭터는 몸집이 크게 변형되고, 특히 한쪽 팔이 비정상적으로 커져 있어서 전체적인 신체의 비대칭성을 강조하고 있습니다.

얼굴은 상태적으로 덜 변형되어 있으나, 귀족적인 느낌의 가발을 착용하고 있어 원래의 신분을 나타냅니다. 복장은 바로크 양식의 화려함을 흉내냈지만, 넝마처럼 찢겨져 거대한 몬스터의 살갗에 어설프게 드러나고 있습니다.

이는 그의 인간성이 에테르의 과도한 섭취로 인해 소멸하고 괴물로 변했다는 설정과 일치합니다. 전체적으로는 캐릭터는 다크판타지 게임의 무서운 분위기와 극단적인 변형을 잘 나타내고 있는 것으로 보입니다.

위 이미지의 분석을 맡긴 결과입니다.
ChatGPT가 이미지를 얼마나 잘 분석하는지 보여줍니다. 동시에 이 방의 성격에 맞게 게임 기획자 '바로맨'의 관점으로서 에테르를 과도하게 섭취했다는 설정까지 기억하고 있다는 것을 확인할 수 있습니다. 각 프로젝트마다 용도에 맞는 채팅 방을 만들어서 동일 주제에 대해서 계속 대화 하는 것이 얼마나 유용한지 알 수 있는 대목입니다.

이번에는 이렇게 분석한 내용을 바로 써먹어 보겠습니다.

요청 ChatGPT: 위 이미지의 캐릭터와 똑같은 특성을 가진 몬스터 컨셉 이미지를 만들어줘.

우측 결과를 보면, 제가 샘플로 보여준 이미지에 비하면 비대칭적 신체적 특성이 약하지만, 그냥 글로 설명했을 때 보다 신체적 변형이 가해진 귀족 이미지를 만들어 주려고 노력하는 것을 알 수 있습니다.

보스급 캐릭터로 활용하기는 어렵지만 필드의 잡몹으로는 충분히 쓸만한 디자인 같습니다. 하지만 아직은 AI 디자인의 한계도 느껴지네요.

이처럼 ChatGPT를 활용할 때 내가 원하는 이미지를 넣고 분석을 맡긴 후 유사한 이미지를 만들어 달라고 요청하는 것도 훌륭한 활용 방법입니다. 아직은 다소 어설프지만 점점 더 나아질 것입니다. (기존 원화가에게 레퍼런스를 보여준 후 비슷한 이미지를 만들어 달라고 요청하는 것과 비슷하다고 볼 수가 있습니다.)

4. 미드저니+스테이블 디퓨전으로 고품질 이미지 만들기

지금까지 ChatGPT를 활용해서 바로크풍 다크환타지의 기획과 초기 컨셉 시안을 만들어 봤습니다. 하지만 ChatGPT는 전문적인 이미지 생성툴은 아니다보니 어느정도 퀄리티의 한계는 있습니다.

이제는 좀 더 고품질의 이미지를 이미지 생성 전문 툴인 미드저니(Midjourney)를 통해서 만들어 보겠습니다.

❶ describe 기능을 활용하여 배경컨셉 시안 만들기

앞서 3-4-4장에서 ChatGPT에서 만들어진 기존의 컨셉안을 입력해서 분석시킨 후 그 안을 기반으로 새로운 이미지를 생성하는 과정을 보셨을 것입니다. 미드저니에도 그와 유사한 기능이 있습니다. 이 기능을 활용하면 이미지를 분석한 후 미드저니 나름대로 프롬프트를 작성해 줍니다.

시험 삼아서 앞서 ChatGPT로 생성했던 배경이미지를 다시 한번 활용해 보겠습니다.

먼저 미드저니의 프롬프트 입력창에 1번처럼 /를 입력한 다음 팝업창의 2번 /describe를 클릭해 줍니다.

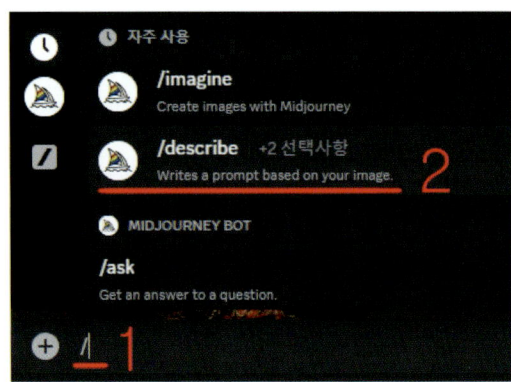

이미지 입력창이 뜨면 원하는 이미지를 드래그하여 넣을 수 있습니다.

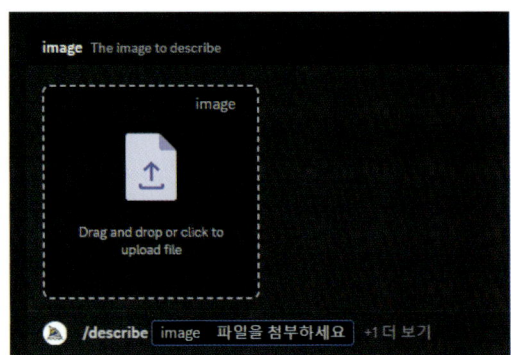

옵션 중에 image를 클릭해 줍니다.

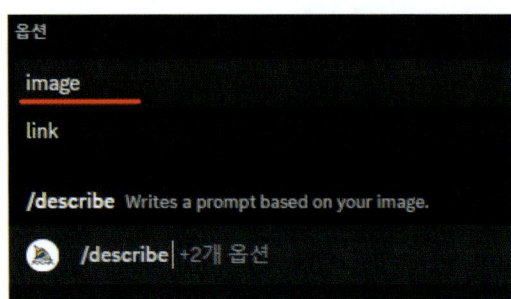

미드저니에 ChatGPT에서 생성했던 배경 이미지를 넣었습니다.

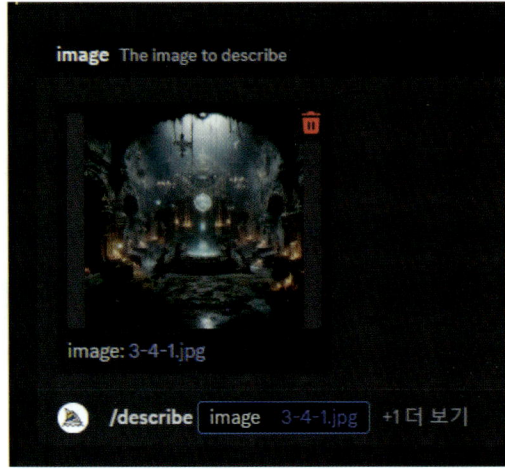

잠시 기다리시면 위와 같이 분석의 결과가 뜹니다.

노란 박스의 1번은 미드저니가 이미지를 분석해서 작성해준 4가지 프롬프트의 목록입니다.

녹색 박스의 2번은 각각 분석된 프롬프트를 실행해서 이미지화 시켜주는 버튼들입니다.

붉은 박스의 3번은 분석된 4가지 프롬프트를 모두 동시에 실행하여 이미지화 시켜주는 버튼입니다.

주황박스의 4번은 프롬프트 분석을 다시 하게 만드는 버튼입니다.

다음은 그 결과물들 입니다.

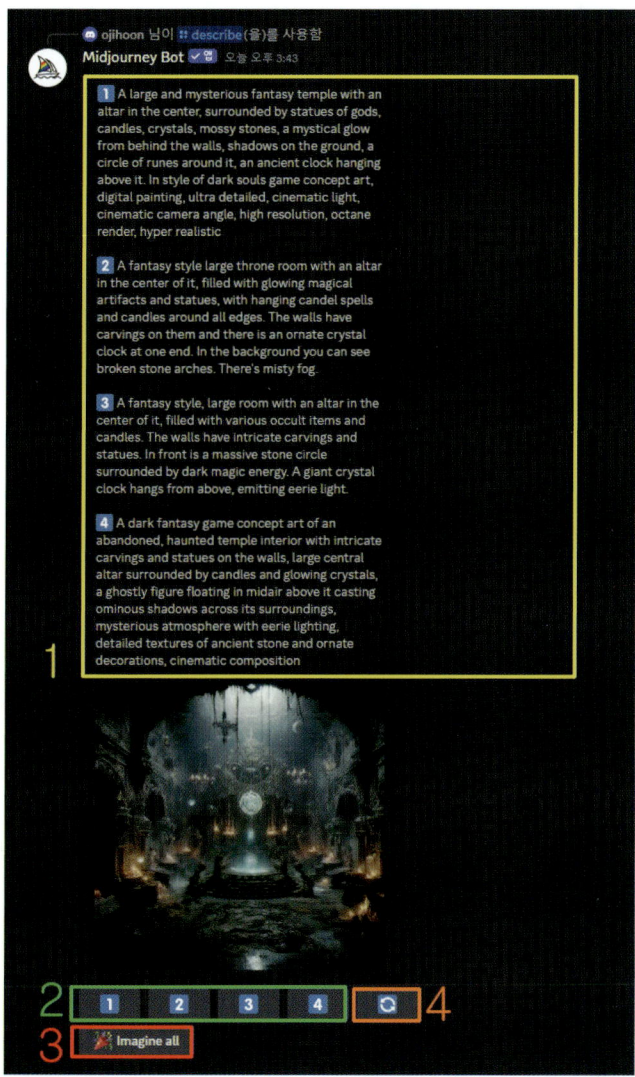

보통 이 단계에서 3번 버튼 Imagine all을 눌러서 분석한 4가지 프롬프트로 다 이미지를 만들게 하고 직접 이미지를 보고 판단을 합니다.

보시다시피 미드저니의 이미지 해석은 원본 이미지의 완벽한 재해석과는 거리가 멉니다. 그러나 오히려 그런 점 때문에 예상하지 못한 다른 영감을 주기도 합니다. 분위기는 원본 이미지와 비슷해 보이지만, 자세히 보면 디테일에서 상당한 차이가 있습니다. ChatGPT가 말을 잘 듣는 모범생인데 예술적인 끼가 약간 부족한 직원의 느낌이라면, 미드저니는 분명 말은 잘 안 듣지만 괜찮은 아이디어를 종종 제시하는 끼 많은 아티스트 같은 느낌입니다.

그래서 저는 초안을 ChatGPT로 작성해서 제 의견이 반영되는 이미지를 만든 다음 그 이미지를 미드저니에게 재해석을 맡겨서 제가 예상하지 못했던 시안을 얻어걸리는 식으로 작업을 자주 하고 있습니다. 만약 여기에 나온 시안들이 마음에 들지 않는다면 앞서의 4번 버튼을 한 번 더 눌러서 새로운 프롬프트들을 작성하게 만드는 것도 괜찮습니다.

다음 이미지들은 그런 과정을 통해서 '발견'한 이미지들입니다. 각자가 게임 안의 배경으로서 충분히 유용한 디자인을 가지고 있고, 무한한 베리에이션으로 발전할 가능성이 있지만 여기에서는 이 정도 선에서 생략하겠습니다.

❷ describe 기능으로 만들어진 이미지 수정하기

앞서 과정에서는 describe 기능으로 만들어진 프롬프트를 그대로 활용했지만, 수정해서 활용하는 것도 가능합니다.
가령, 시안 중에 원본의 의도를 가장 잘 반영했다고 생각되는 아래 시안을 보면,

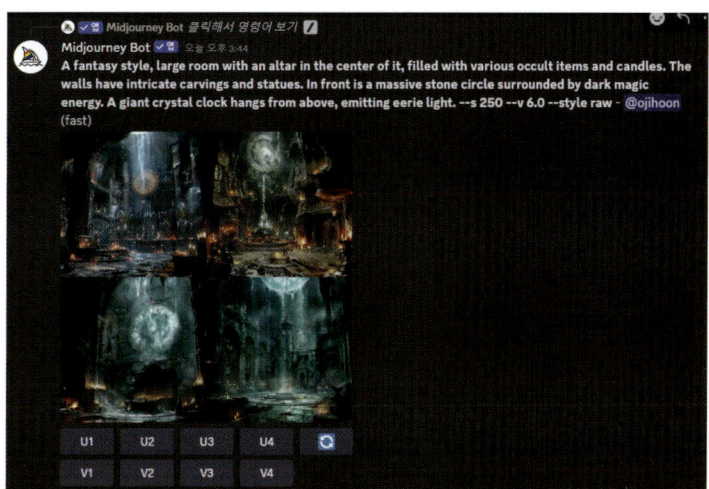

> A fantasy style, large room with an altar in the center of it, filled with various occult items and candles. The walls have intricate carvings and statues. In front is a massive stone circle surrounded by dark magic energy. A giant crystal clock hangs from above, emitting eerie light. --s 250 --v 6.0 --style raw

> 판타지 스타일의 넓은 방으로 중앙에 제단이 있고 다양한 오컬트 아이템과 양초로 가득하다. 벽에는 복잡한 조각과 조각상이 있다. 앞에는 어두운 마법의 에너지로 둘러싸인 거대한 돌 원이 있다. 위에는 거대한 수정 시계가 매달려 으스스한 빛을 발산하고 있다.

이미지로는 어느 정도 의도와 비슷하지만, 프롬프트를 잘 보면 실제로 중요하게 생각하던 몇몇 키워드들이 들어가지 않은 것을 발견할 수 있습니다. 예를 들면 바로크 스타일에 대한 내용 등이 빠져 있습니다.

> A fantasy style, large room with an altar in the center of it, filled with various occult items and candles. The walls have **Baroque style** intricate carvings and statues. In front is a massive stone circle surrounded by dark magic energy. A giant crystal clock hangs from above, emitting eerie light, **ultra detail, Baroque core** --s 250 --v 6.0 --style raw **--ar 16:9**

앞서의 프롬프트에서 해당 내용을 위와 같이 추가해 줬습니다.
주로 바로크 스타일과 디테일을 더 강조해 줬고(Baroque style, ultra detail, Baroque core) 화면의 비율을 가로로 길게 해 주기 위해 파라미터를 수정해 줬습니다.(--ar 16:9). 다음은 그 결과물입니다.

이 정도면, 바로크 풍 던전 생성기로 충분히 괜찮을 것 같습니다.
조금씩 프롬프트를 바꿔가면서 비슷한 스타일의 지하 세계를 무한히 만들 수 있을 것 같습니다.

여기에서 이미지 스타일을 회화풍에서 영화 느낌으로 바꿔 보는 것도 괜찮을 것 같습니다.

> Dark fantasy film still, large room with an altar in the center of it, filled with various occult items and candles. The walls have Baroque style intricate carvings and statues. In front is a massive stone circle surrounded by dark magic energy. A giant crystal clock hangs from above, emitting eerie light, ultra detail, Baroque core --s 250 --v 6.0 --style raw --ar 16:9
>
> 다크 판타지 스타일의 넓은 방으로 중앙에 제단이 있고 다양한 오컬트 아이템과 양초로 가득하다. 벽에는 복잡한 조각과 조각상이 있다. 앞에는 어두운 마법의 에너지로 둘러싸인 거대한 돌 원이 있다. 위에는 거대한 크리스탈 시계가 매달려 있어 섬뜩한 빛을 발산하며 매우 섬세하고 바로크 양식의 중심을 이루고 있다.

위 프롬프트는 제 나름의 프롬프트 정리 방식에 따라 정의, 묘사, 보완으로 색을 구별해 줬습니다. 저는 프롬프트를 크게 이미지를 정의 하는 정의 부분과, 이미지의 세부 디테일을 묘사하는 묘사, 이미지의 퀄리티를 보완해주는 보완부로 구별해서 작성하고 있습니다. 앞으로 이 책에 나오는 프롬프트는 위 규칙에 따라서 정리하겠습니다.

프롬프트의 정의 부분에 해당하는 앞 부분을 (다크 환타지 영화의 스틸)로 바꿔줬습니다.
다음은 그 결과물들 중 괜찮아 보이는 몇 가지를 추려낸 것입니다.

노력대비 대단히 그럴싸합니다!

위 작업 방식과 동일한 방식으로 앞서 ChatGPT로 만들었던 이미지들을 그대로 활용하여 describe기능으로 프롬프트를 추출할 수 있습니다.

지금까지의 작업 방식을 복기해 보면 다음과 같은 과정입니다.

- **ChatGPT와 대화하며 세계관 및 설정 작업**
- **ChatGPT와 대화한 내용을 활용하여 그대로 초기 컨셉아트 제작**
- **제작된 컨셉아트를 미드저니의 describe 기능을 활용하여 프롬프트화**
- **미드저니로 작성된 시안들 중 가장 의도와 맞는 시안을 선별하여 프롬프트 개선**
- **미드저니로 좀 더 완성도 있는 컨셉아트 완성**

위 파이프라인은 게임 제작 파이프라인과 상당히 유사한 면이 있습니다. 특히 기획적인 내용을 잘 반영해 주는 컨셉아티스트(ChatGPT)와 그림 실력이 뛰어나고 창의력이 뛰어난 컨셉아티스트(미드저니)를 용도에 맞게 활용하는 것 마저 실무와 닮았습니다.

다음 이미지들은 앞의 과정을 통해서 만들어진 배경 컨셉아트의 예시들입니다.

ChatGPT원본과 미드저니 재해석본과 비교해 보시기 바랍니다.

ChatGPT 원본

ChatGPT 원본

ChatGPT 원본

바로크 양식의 다크 환타지 컨셉아트 / 오지훈

미드저니 재해석본

미드저니 재해석본

미드저니 재해석본

❸ 포토샵과 stable dffusion을 활용한 업스케일링

앞의 과정에서 미드저니로 이미지를 만들다가 실망하신 분들도 있을 것입니다.
미드저니의 결과물은 빅데이터를 활용하여 영화 같은 분위기와 색감의 장면이 멋지게 나오지만, 때로는 해상도가 현저히 떨어져 보이거나 노이즈가 많은 이미지가 나오기도 합니다. 특히 실사풍 이미지에서 그런 경우가 자주 있는데요. 그럴 경우 포토샵과 스테이블 디퓨전을 활용하면 훨씬 나은 결과물을 얻을 수 있습니다.

먼저 미드저니에서 만든 결과물을 포토샵에 불러와서 이미지의 해상도를 확인해 보겠습니다.

폭 1456에 높이 832로, 이미지의 스케일에 비하여 해상도 자체가 높지 않은 상태입니다.
이 정도 사이즈의 이미지에 스케일이 큰 장면을 넣으려고 하니 자연스럽게 화질의 저하가 일어납니다.

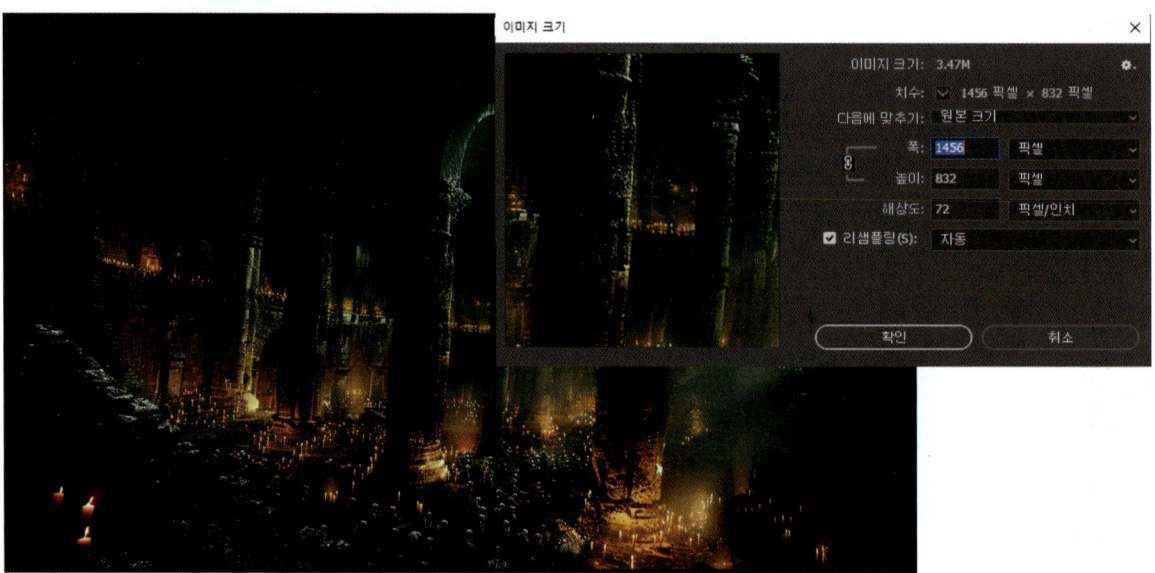

저는 이 이미지의 높이를 1500픽셀로 높여 주었습니다. 컴퓨터 사양이 더 좋으신 분은 이보다 높은 해상도로 해도 상관 없지만 제 컴퓨터에서는 이 정도가 알맞은 것 같습니다.

이미지 사이즈가 크게 2625×1500이 되면 컴퓨터 사양이 괜찮으신 분들은 이 상태로 스테이블 디퓨전의 img2img 기능을 활용해서 작업하면 됩니다.

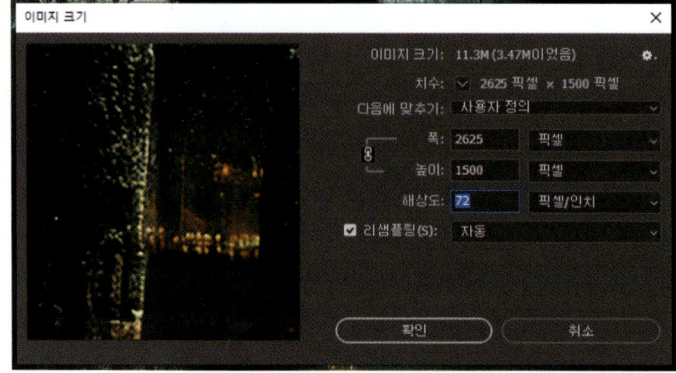

제 경우엔 2625×1500 사이즈의 이미지를 통째로 작업하기에는 컴퓨터 사양이 부족하기 때문에 그림처럼 1500×1500으로 잘라서 스테이블 디퓨전에서 img2img 작업을 진행한 후 포토샵에서 자연스럽게 이어 붙이는 식으로 작업을 하고 있습니다.

스테이블 디퓨전의 img2img에서 체크포인트 모델은 realisticVisionv60B1을 선택해 주고,
프롬프트는 앞서 미드저니에 썼던 프롬프트를 그대로 썼습니다.

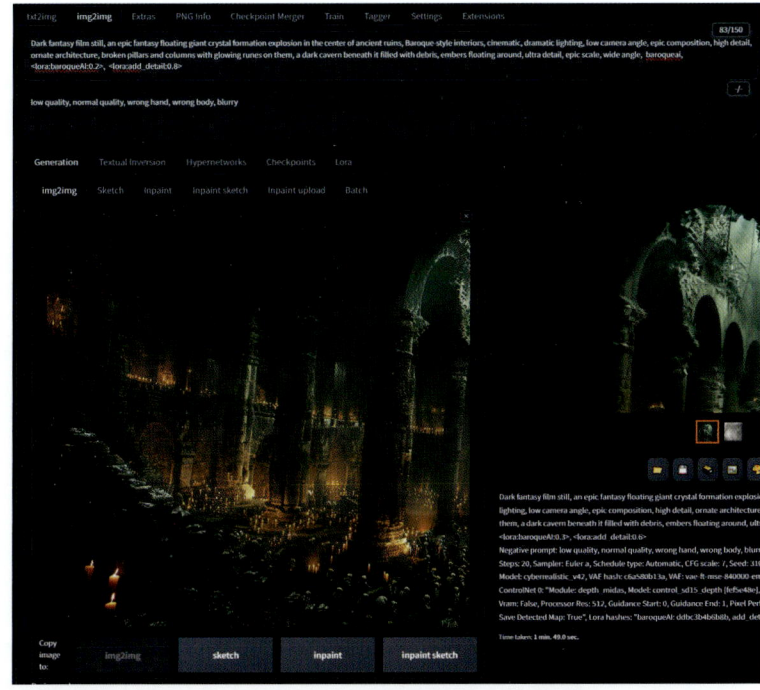

위 방식을 통해서 나온 이미지를
또 다시 img2img를 통해서 천천히 개선하는
방식으로 원하는 디테일을 올려 나갑니다.

- **Sampling method** : Euler a
- **CFG Scale** : 7
- **Denoising strength** : 0.25~0.35
- **ControlNet의 Type** : Depth

세부 세팅은 스샷을 참조해 주세요.

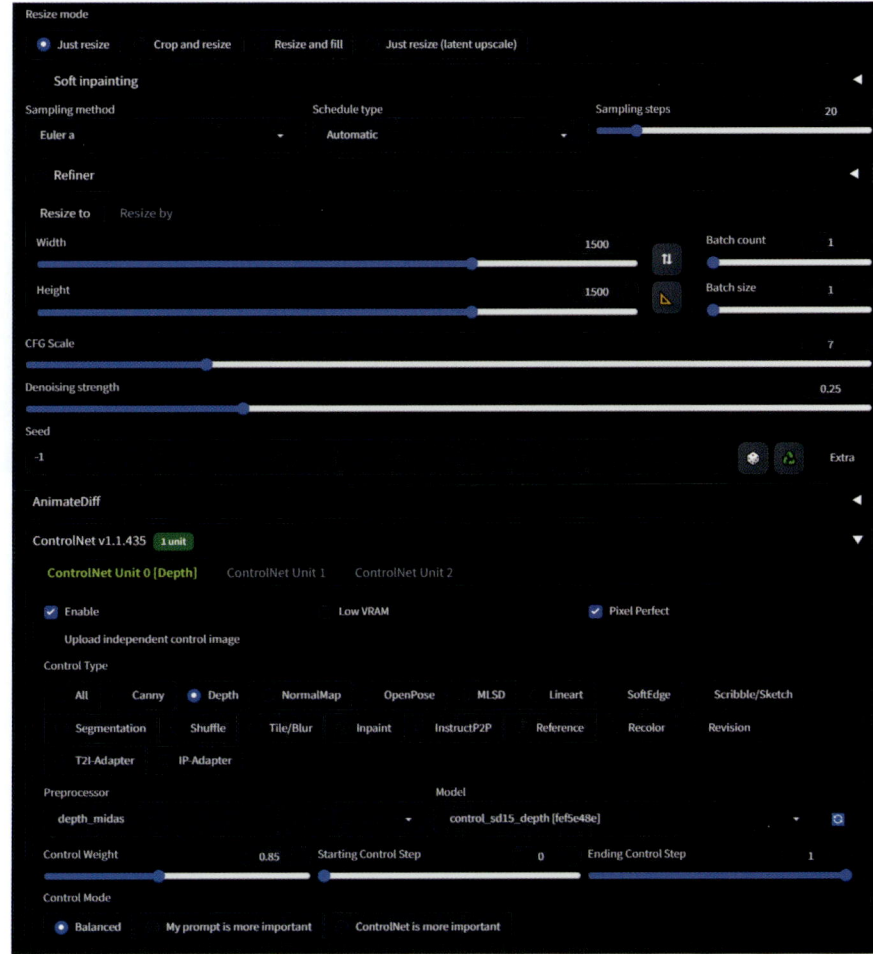

다음은 그 결과의 비교입니다.

Img2img로 나온 결과물이 언제나 자동으로 디테일을 더 올려주는 것은 아닙니다. 오히려 원본보다 흐릿해지거나 디테일이 날아가는 부분도 있습니다. 포토샵에서 원본 이미지 위에 올린 후 디테일이 잘 나온 부분위주로 살리고, 뭉개진 부분은 직접 지워주면서 밸런스를 맞춰주며 더 개선된 이미지를 만들어 가야 합니다.

이런 식으로 필요에 따라서 이미지의 사이즈를 더 키워서 부분부분 필요한 곳의 디테일을 채우는 방식으로 다음 이미지를 만들었습니다.

제 경우엔 5250×3000까지 이미지의 사이즈를 키우고, 1500×1500사이즈로 부분부분 이미지를 잘라서 따로 업스케일링 한 후, 각 이미지를 포토샵에서 필요 없거나 어색한 부분을 지워서 합성하는 식으로 아래 이미지를 만들었습니다.

최종 이미지

아래 빈민가 이미지도 비슷한 방식으로 만들어 졌습니다.

concept art of an 17th-century Europe alley in the slums, shanty houses with stalls and market stands full of people. A small river runs through it. The scene is dark, gloomy, with light shining from above. Cinematic. In style like warhammer40k

7세기 유럽 빈민가 골목의 컨셉 아트, 노점이 있는 판잣집과 사람들로 가득한 시장 가판대. 그 사이로 작은 강이 흐르고 있다. 장면은 어둡고 음침하며 위에서 빛이 비치고 있다. 영화. 워해머40K 같은 스타일

다음은 미드저니에서 생성한 이미지입니다.

스테이블 디퓨전에서 업스케일링 해서 생성한 이미지입니다.

❹ 전문 업스케일러를 활용한 업스케일링

이 원고에서 자세히 다루지는 않지만, 만약 위 이미지보다도 더 디테일한 업스케일링을 원한다면 유료 업스케일 툴인 크레아(Krea)나 매그니픽(Magnific AI)을 활용해 보는 것도 괜찮습니다. 스테이블 디퓨전으로는 표현하기 어려운 수준의 디테일을 얻어낼 수 있습니다.

Krea(크레아) : https://www.krea.ai/home
Magnific AI(매그니픽 AI) : https://magnific.ai

예시로 Krea를 활용해 보겠습니다.

Krea 사이트에 접속한 후 Enhancer 기능을 활용하면, 이미지의 프롬프트를 자동으로 분석하여 한 단계 더 높은 디테일을 넣어줍니다.

스테이블 디퓨전과 포토샵으로 만든 위 이미지를 적정 사이즈로 만든 후, Krea의 업스케일링 서비스를 이용한 결과 아래와 같은 이미지를 얻었습니다.

디테일과 이미지 해상도는 상당히 좋아졌지만, 너무 모든 곳의 디테일이 올라가다 보니, 원본 이미지에 비해 색감과 무드는 오히려 약해진 경향이 있습니다. 포토샵에서 후 보정을 하거나, 용도에 맞는 곳에 활용하면 훌륭할 것 같습니다.

점차 특히 배경 이미지의 경우엔 스테이블 디퓨전을 이용한 업스케일링과 이미지 디테일 보강 보다 전문 유료 업스케일링 서비스가 나은 퍼포먼스를 보여주고 있는 게 현실입니다. 크고 디테일한 이미지를 원하시고 비용문제에서 자유로우신 분들은 적극적으로 사용해 보시는 것도 보다 나은 결과물을 만드는데 도움이 될 것 같습니다.

훨씬 높은 디테일을 보장해주는 Magnific AI 툴에 대한 내용은 이 책에 함께 참여하신 박상준 님의 챕터를 참고해 보시기 바랍니다.

❺ 미드저니로 주인공 캐릭터 만들기

앞서 ChatGPT로 만들었던 주인공 캐릭터를 원본으로 쓰고, 미드저니를 활용하여 고퀄리티 캐릭터를 제작해 보겠습니다.

우선 처음에 ChatGPT에서 만들어두었던 주인공 캐릭터를 깔끔하게 정리했습니다. 깔끔하고 디테일한 이미지이지만, 밋밋하고 멋이 부족합니다.

이제 미드저니에게 describe 기능을 통해 분석시키겠습니다.
순식간에 아래와 같은 시안들이 주루룩 나왔습니다. 저는 두 번째 안이 가장 원하던 스타일과 비슷한 것 같습니다.

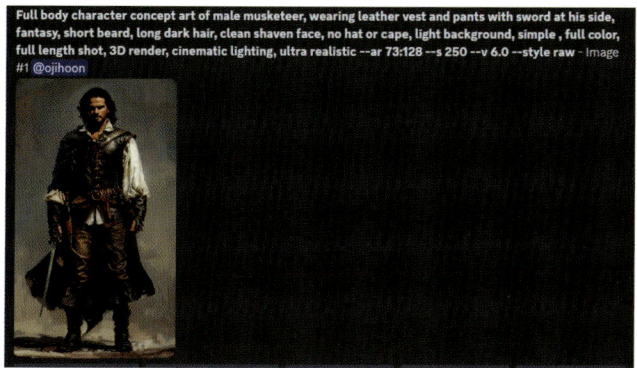

TXT 제공

Full body character concept art of male musketeer, s wearing leather vest and pants with sword at his side, fantasy, short beard, long dark hair, clean shaven face, no hat or cape, light background. simple , full color, full length shot, 3D render, cinematic lighting, ultra realistic

> 머스킷 총병의 전신 캐릭터 컨셉 아트, 가죽 조끼와 바지를 입고 옆에 칼을 들고 판타지, 짧은 수염, 긴 검은 머리, 깨끗한 면도 얼굴, 모자 나 망토 없음, 밝은 배경. 단순, 풀 컬러, 전체 길이 샷, 3D 렌더링, 영화 조명, 매우 사실적.

제가 가장 마음에 든 이미지의 프롬프트를 보니 미드저니는 이 캐릭터의 직업을 머스켓 총병이라고 분석했군요. 마침 머스켓 총은 바로크 시대의 주요 무기 중 하나였다고 합니다. 혹시나 해서 ChatGPT에 자문도 구해 봤습니다. (ChatGPT가 무조건 옳은 것은 아니니 다양한 경로로 크로스 체크를 해보는 것이 좋습니다.)

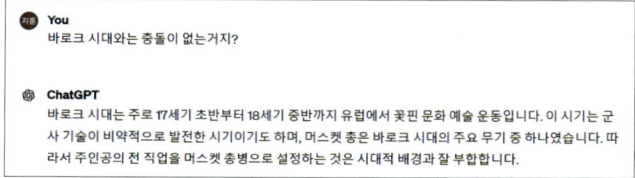

퇴역군인 이거나, 탈영병이라고 설정이 가능할 것 같네요.
이제 이 이미지에서 바로 턴어라운드 시트로 전환해 보겠습니다.

먼저 /settings 명령으로 Remix mode가 켜 있는지를 확인해 주세요.
만약 활성화 되어 있지 않다면 눌러서 켜놓습니다.

그 후 이미지를 오른쪽으로 확장하기 위한 오른쪽 pan 버튼을 누릅니다. Remix mode가 활성화 된 상태이기 때문에 pan 버튼을 누르면 프롬프트를 다시 수정해 줄 수 있습니다.

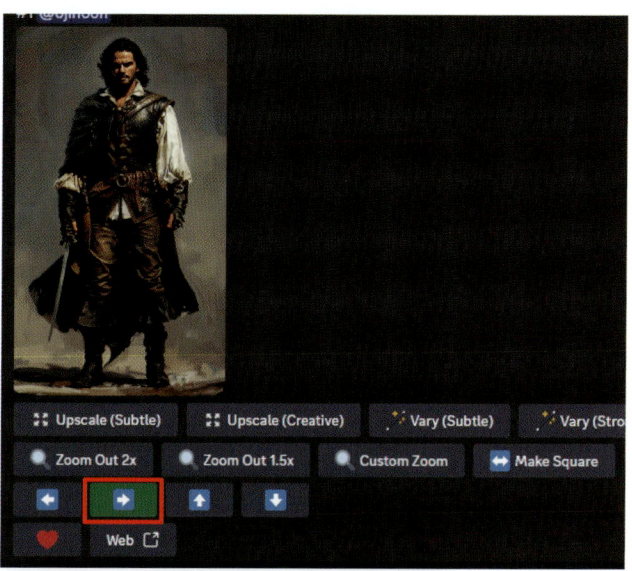

Full body **turn around character concept sheet** of male musketeer, wearing leather vest and pants with sword at his side, fantasy, short beard, long dark hair, clean shaven face, no hat or cape, light background, simple , full color, full length shot, 3D render, cinematic lighting, ultra realistic --s 250 --v 6.0 --style raw --ar 71:66

TXT 제공

> 머스킷 총병의 전신 턴어라운드 캐릭터 컨셉 시트, 가죽 조끼와 바지를 입고 옆에 칼을 들고 판타지, 짧은 수염, 긴 검은 머리, 깨끗한 면도 얼굴, 모자 나 망토 없음, 밝은 배경. 단순, 풀 컬러, 전체 길이 샷, 3D 렌더링, 영화 조명, 매우 사실적.

위와 같이 프롬프트의 정의 부분을 turn around character concept sheet로 변경해 주고 전송 버튼을 누릅니다.

캐릭터의 다른 뷰도 볼 수 있게 됩니다.

저는 네 번째 이미지를 고르고 오른쪽으로 pan을 한 번 더 해서 아래와 같은 시트 이미지를 얻었습니다.

이번엔 niji 모드로 캐릭터 시트를 만들어 보겠습니다.
캐릭터 이미지에 오른마우스를 클릭해서 "링크 복사하기"를 선택합니다.

프롬프트 입력창에 다음과 같이 입력합니다.

character expression sheet of male musketeer, wearing leather vest and pants with sword at his side, fantasy, short beard, long dark hair, clean shaven face, no hat or cape, light background, simple, full length shot, cinematic lighting --s 250 --niji 6 --style raw --cref 캐릭터 이미지URL --cw 100 --ar 2:1

> 머스킷 총병 캐릭터 표현 시트, 가죽 조끼와 바지를 입고 옆구리에 칼을 차고, 판타지, 짧은 수염, 긴 검은 머리, 깨끗하게 면도한 얼굴, 모자나 망토 없음, 밝은 배경, 단순, 전체 길이 샷, 영화 조명

여기에서 --niji 6는 출판 일러스트나 만화스타일의 이미지를 만드는데 유용한 이미지 생성 모드이고, --cref 캐릭터 이미지 URL는 해당 이미지 주소의 캐릭터와 생김새를 일치하게 캐릭을 생성해 주는 고마운 기능입니다. --cw 100는 캐릭터의 일치화 수치이며, 0일 때는 얼굴만 닮게 해 주고, 100일 때는 복식까지 전부 닮게 해 줍니다. 여기서는 100으로 하겠습니다.

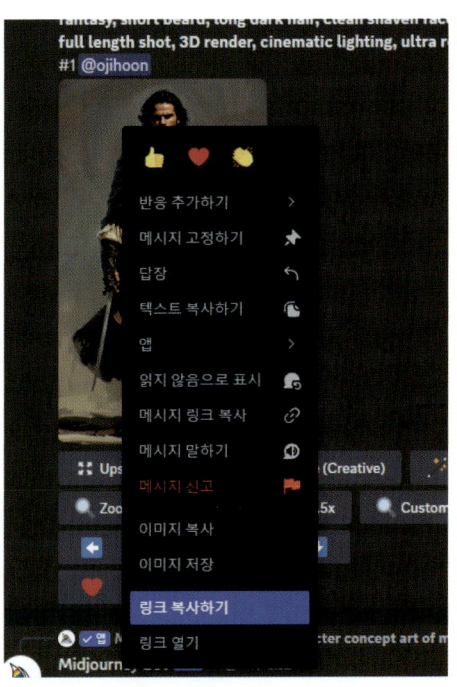

프롬프트를 실행한 결과입니다.
이처럼 --cref 파라미터 덕분에 동일한 캐릭터를 여러 가지 용도로 일관성 있게 다룰 수 있게 되었습니다.

❻ 기획안 변경하여 미드저니로 몬스터 만들기

이번에는 ChatGPT로 만들었던 몬스터 초안을 활용해 미드저니로 몬스터 이미지를 만들어 보겠습니다.

앞서 만들었던 몬스터 이미지를 다시 보니 너무 징그럽기만 한 것 같습니다. 이런 식의 변형된 인체의 몬스터만 잔뜩 나오면 사실상 호러 게임이 될 것 같네요. 그래서 ChatGPT에게 다시 요청을 해보겠습니다.

요청

바로맨, 앞서 귀족 몬스터 캐릭터를 다시 보니 너무 징그럽기만 하고 특별한 개성이 없는것 같아. 에테르를 과도하게 섭취하여 몬스터가 되었다는 설정에 더하여, 지하 성소에 사는 귀족들의 사회가 이미 과학기술이 발전하여, 스팀펑크 분위기의 메카닉을 자유자재로 만들 수 있다고 설정하고, 몬스터화 된 귀족이나 기타 몬스터들이 생물체+스팀펑크풍 기계라고 설정하면 어떨까?

ChatGPT

이 새로운 설정은 다크 판타지 세계관에 스팀펑크 요소를 접목시켜 매우 매력적인 방향을 제시합니다. 에테르를 과도하게 섭취하여 몬스터화된 귀족들이 과학기술에 능통하며, 그들의 몬스터화된 형태가 생물체와 스팀펑크풍 기계의 융합으로 표현된다면, 이는 시각적으로도 매우 독특하고 인상적인 캐릭터를 만들어낼 수 있습니다.

세계관 및 캐릭터 디자인 제안 :

기술적 배경 : 지하성소에 사는 귀족들은 에테르의 힘을 이용해 고도의 기술을 개발했습니다. 이들은 생물학적 한계를 넘어서려는 실험을 지속해왔으며, 이 과정에서 스팀펑크 기계와 생체 부품이 결합된 새로운 형태의 존재들을 창조하게 됩니다.

몬스터 디자인 : 귀족 몬스터는 인간의 형태에서 벗어난 생물체로 변형되었을 뿐만 아니라, 기계적 요소가 추가되어 더욱 강력하고 위협적인 모습을 갖추게 됩니다. 예를 들어, 기계 팔, 증기를 내뿜는 등의 기계적 장치, 또는 에테르 에너지를 이용한 무기 시스템 등을 포함할 수 있습니다.

사회적 구조 : 이 귀족 사회는 기존의 귀족적 특권을 유지하려는 전통적인 세력과, 새로운 기술을 이용하여 사회적 질서를 변화시키려는 진보적인 세력으로 나뉠 수 있습니다. 이 두 세력 간의 갈등은 게임의 주요 서사 중 하나가 될 수 있습니다.

스토리텔링 : 주인공은 이러한 귀족들의 비밀을 점차 파헤치면서 자신의 과거와 이들 귀족 사회가 어떻게 연결되어 있는지를 알아가게 됩니다. 또한, 주인공은 이 기술을 어떻게 활용할지, 혹은 막을지 결정해야 하는 중대한 선택을 하게 됩니다.

같은 채팅방을 유지하는 상태에서 새로운 설정을 요구하니 이전의 설정에 더해서 자동으로 새로운 기획 안을 제시해줍니다. 앞의 이야기와의 충돌이 보이기도 하지만 다시 수정을 요청하거나, 제가 직접 정리하면 될 것 같습니다.

이처럼 ChatGPT와 함께 일하면 갑자기 기획 안을 변경해도 아무런 문제가 없습니다. 채팅방 안에 있는 앞서의 기획 안을 기억하고 있기 때문에 곧바로 변경하여 적용해 줍니다.

이번에는 컨셉 초안을 요청해 보겠습니다.

17세기 바로크풍 사이보그가 탄생했습니다. 이 정도면 주인공 캐릭이 때려서 산산조각이 나도 별로 죄책감이 안 느껴질 것 같네요.

지금 상태에서는 좀 애매하지만 미드저니에 넣으면 그럴싸한 디자인으로 재탄생할 것 같습니다.

미드저니의 /describe 분석 기능이 아주 뛰어나지는 못하기에 계속해서 직접 프롬프트를 수정해 가면서, 원하는 시안이 나오기까지 아래의 과정을 거쳤습니다.

최종적으로 아래 프롬프트와 시안으로 결정했습니다.

cinematic monster concept art, an intricate and detailed steampunk robot in the shape of a fat, Louis XIV Zombies with wig covered by soot from burning coal wearing Twisted Steampunk Robot Body, 17th-century aristocratic attire, Baroque Core, ultra detail, movie lighting --ar 73:128 --s 250 --v 6.0 --style raw

시네마틱 몬스터 컨셉 아트, 정교하고 디테일한 지방 모양의 스팀펑크 로봇, 석탄 타는 그을음으로 가발을 쓴 루이 14세 좀비, 트위스트 스팀펑크 로봇 바디, 17세기 귀족 복장, 바로크 코어, 극도로 디테일하고 영화 같은 조명

만들어진 시안의 얼굴부분이 해골로 처리되었는데, 몸통과 이미지가 맞지 않는 것 같아서 앞부분에 나온 시안에서 얼굴부분을 따와서 합성해 주겠습니다.

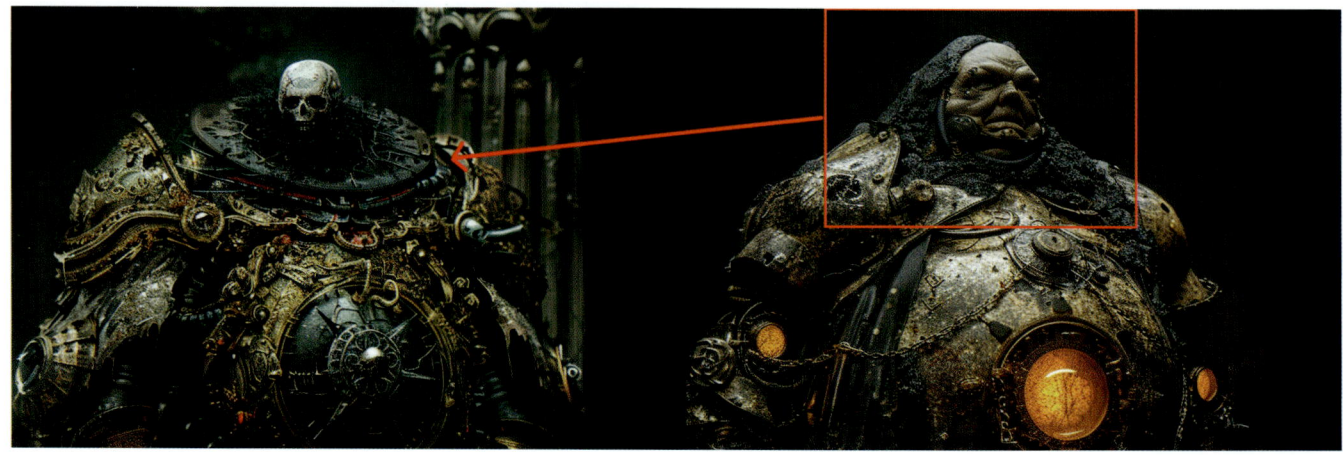

시안을 스테이블 디퓨전과 포토샵을 사용하여 업그레이드해서 최종안을 만들었습니다.
앞서 배경 이미지처럼 이미지 해상도를 점점 키워나가면서 부분부분 업스케일링 하고 부분적으로 포토샵으로 수정해 가면서 최종 이미지를 만들었습니다.

미드저니에서 생성한 처음 해상도는 832×1456 이었고, 업스케일링을 끝낸 최종 해상도는 3276×5308) 입니다.

스테이블 디퓨전에서 업스케일링을 위해 사용한 프롬프트는 다음과 같습니다.
(add detail, baroqueAI, Mechacog Lora를 활용했습니다.)

cinematic, A combat cyborg decorated in the Baroque style, face of a fat old aristocrat, periwig, (baroque style ornate attire:1.2), ultra detail, unreal engine 5, greeble, <lora:baroqueAI:0.8>, <lora:add_detail:0.4>, <lora:Mechacog:0.2>

시네마틱, 바로크 스타일로 장식된 전투 사이보그, 뚱뚱한 늙은 귀족의 얼굴, 페리윅, 울트라 디테일, 언리얼 엔진 5, greeble,

이 과정은 미드저니로 만든 캐릭터의 이미지를 단순히 해상도를 올려주는 과정은 아닙니다. 스테이블 디퓨전으로 이미지의 디테일을 조금씩 올려가면서, 필요 없는 부분은 지워주고, 강조할 부분은 포토샵에서 그려서 디테일을 올리는 식으로 완성된 이미지입니다.

아래 비교를 보면 단순 업스케일링과, 천천히 이미지를 포토샵에서 수정해가면서 재해석하면서 업스케일링을 하는 과정의 차이를 알 수 있을 것입니다.

미드저니원본 | Krea.ai의 업스케일러 | 스테이블디퓨전+포토샵

위 이미지의 비교를 보면 알 수가 있듯 단순히 해상도와 디테일을 업스케일링하기 보다는 디테일의 강약 조절, 프롬프트를 활용한 디테일방향 유도, 포토샵을 활용한 색감 조정 등의 부분 수정이 병행되어야 원하는 수준의 이미지를 얻을 수 있습니다.

또한 동일 프롬프트로 niji 모드를 활용하여 이미지를 만들면 좀 더 과장된 만화적인 이미지를 얻을 수도 있습니다.

cinematic monster concept art, an intricate and detailed steampunk robot in the shape of a fat, Louis XIV Zombies with wig covered by soot from burning coal wearing Twisted Steampunk Robot Body, 17th-century aristocratic attire, Baroque Core, ultra detail, movie lighting --ar 73:128 --s 250 --niji 6 --style raw

다음은 --niji 6 파라미터를 사용해서 만든 이미지들입니다.

이처럼 동일 프롬프트에서도 niji모드에서는 훨씬 더 만화스럽고 과장된 형태의 시안을 얻을 수가 있습니다.

프로젝트의 성격에 따라서는 이쪽의 시안이 더 알맞을 수도 있으며, 이 시안을 앞서의 예시처럼 스테이블 디퓨전으로 리터칭하면 또 다른 느낌을 살려줄 수도 있습니다.

아래는 niji로 만든 이미지를 스테이블 디퓨전으로 업스케일링하고, 포토샵으로 리터칭하여 해서 만들어진 이미지입니다.

niji 모드 (1344×896)

line art, deformed monster, quadrupedal walking, twisted body, sharp claws, a body mixed with machine and biological tissue, ultra detail, movie lighting, a frightening atmosphere --ar 3:2 --niji 6 --style raw --stylize 250w

라인 아트, 변형된 괴물, 네발 보행, 뒤틀린 몸, 날카로운 발톱, 기계와 생체 조직이 섞인 몸, 매우 디테일, 영화 조명, 무서운 분위기

스테이블 디퓨전 + 포토샵 (4500×3000)

다음 이미지들은 같은 위 시안들과 같은 방식(미드저니로 원본 이미지 작업, 스테이블 디퓨전+포토샵으로 완성)으로 만들어진 컨셉아트들입니다.

cinematic, A combat cyborg decorated in the Baroque style, fitted with a cannon on one arm, a huge body like a bodybuilder, baroque craft, ornate attire, ultra detail, Rembrandt Lighting --style raw --ar 2:3 --stylize 250

시네마틱, 바로크 스타일로 장식된 전투 사이보그, 한쪽 팔에 대포 장착, 보디빌더 같은 거대한 몸, 바로크 공예, 화려한 복장, 극도로 디테일, 렘브란트 라이팅

TXT 제공 cinematic, a giant monster robot stands, Cavalier Hat, rusty texture, sharp silhouette, Baroque Patterns, Destroyed Baroque Cities, ultra detail, asymmetrical design, Baroque Core, epic scale, wide angle --style raw --ar 16:9 --stylize 350

시네마틱, 거대한 괴물 로봇 스탠드, 무심한 모자, 녹슨 질감, 날카로운 실루엣, 바로크 패턴, 파괴된 바로크 도시, 매우 디테일, 비대칭 디자인, 바로크 코어, 서사적 스케일, 광각

 TXT 제공 A very sophisticated and realistic toy figure diorama, a giant monster robot stands, rusty texture, sharp silhouette, Baroque Patterns, Baroque Destroyed Cities, ultra detail, asymmetrical design, epic scale, wide angle --ar 16:9 --niji 6 --style raw --stylize 350

매우 정교하고 사실적인 장난감 피규어 디오라마, 거대한 몬스터 로봇 스탠드, 녹슨 질감, 날카로운 실루엣, 바로크 패턴, 바로크 파괴된 도시, 매우 디테일, 비대칭 디자인, 장대한 스케일

5. Blender를 활용한 한 실무용 컨셉 잡기

지금까지 작업했던 컨셉아트를 실무에 활용하기 위해서는 단순히 이미지를 만드는 것을 넘어서서 필요한 요소들을 분해, 조합, 재해석을 통해 팀을 설득하면서 실제 3D 제작자들이 이해하기 쉽게 정리하는 과정이 필요합니다.

하지만 AI로 생성된 이미지는 한 장의 이미지를 쉽게 만드는 것에는 대단히 유용하지만, 피드백을 통한 수정이나, 시점 변경, 오브젝트 각각의 모듈화를 하기에는 아직까지 많은 어려움이 있습니다. 그래서 저는 편집 및 수정이 편리하고, 2D부터 3D 리소스를 고루고루 활용할 수 있는 블렌더를 종합 편집 툴로써 유용하게 사용하고 있습니다.

이 원고는 독자 분이 블렌더를 초급 이상 활용하신다는 가정 하에 작성되었습니다.

❶ 변경된 기획에 맞게 컨셉 수정하기

마지막으로 한 지역을 좀 더 디테일하게 실무에 쓸 수 있을 수준으로 제작 원화까지 진행해 보겠습니다.

ChatGPT에서 작성했던 위 이미지를 기반으로 하는 게임 상에 존재하는 특정 지역의 컨셉을 작업해 보겠습니다.
아래 이미지는 아주 멋지지만, 중간에 갑자기 기획이 바뀌었기 때문에 스팀펑크 스타일 설정이 아직 적용되지 않았습니다. 옛날처럼 일일이 그리던 시절 같으면 정성을 다했던 컨셉아트가 버려지는 상황이라 상처를 받았겠지만, 아시다시피 조금도 정성을 다하지 않았기 때문에 쿨하게 새로 시작할 수 있습니다.

같은 채팅방을 유지한다는 전제 하에 아주 쉽게 변경이 가능합니다.

앞서 생성했던 이미지 파일을 업로드 하고, 다음과 같이 요청했습니다.

앞서 네가 만들었던 이 이미지의 동일 장소를, 새로 가미된 스팀펑크 풍의 설정을 가미해서 다시 그려줬으면 해. 이곳에서 강력한 보스 몬스터 캐릭터를 만난닥 생각하고, 더 어둡고 공포스러운 분위기로 바꿔 줬으면 해

곧바로 원래의 설정에 새로 주어진 조건을 더하여 새 컨셉아트를 만들어 줍니다.

이제 위 이미지를 실제로 게임으로 만들려면 어떤 요소들이 들어가야 하는지 분석이 필요한 것 같습니다.

이것 역시 간단하게 해결할 수가 있습니다.

요청 위 이미지를 실제 게임 배경으로 제작한다고 생각하고, 필요한 오브젝트들의 목록을 작성해줘

ChatGPT

> **ChatGPT**
> 이미지 기반 게임 배경 제작을 위한 오브젝트 목록
>
> 1. **왕좌** (Throne)
>   - **한글 이름**: 왕좌
>   - **영문 이름**: Throne
>   - **특징**:
>   - 바로크 풍 조각 (Baroque-style carving)
>   - 금장식 (Gilded decoration)
>   - 높은 등받이 (High backrest)
> 2. **기둥** (Pillars)
>   - **한글 이름**: 기둥
>   - **영문 이름**: Pillars
>   - **특징**:
>   - 고전 건축 스타일 (Classical architectural style)
>   - 코린트식 (Corinthian order)
>   - 화려한 조각 (Ornate carvings)
>   - 대리석 재질 (Marble texture)
> 3. **스팀펑크 기계장치** (Steampunk Machinery)

이렇게 이미지에 필요한 오브젝트의 목록을 쭉 나열해 줍니다. 총 12가지를 제시 했으며, 각세부 항목까지 제시하고 있습니다. 너무 내용이 길기 때문에 나머지는 생략했습니다.

위 과정을 통해 12개의 필요 오브젝트 목록을 얻었습니다.

> 왕좌, 기둥, 스팀펑크 기계장치, 벽화, 바닥 양탄자, 증기 배출관, 보조 기계 장치, 파괴된 조각상, 거대한 톱니바퀴, 안개 효과, 보조 조명, 무너진 건축물 잔해

위 목록을 참조하고, 주로 평면적인 부분 위주로 Blender 용 맵핑 소스를 만들어 보겠습니다.

❷ Blender용 텍스쳐 추출하기

블렌더에서 장면을 만들 때 필수 텍스쳐부터 추출해 보겠습니다. 앞의 과정처럼 ChatGPT에게 텍스쳐도 요청해 보겠습니다.

요청
> 이 이미지에 나오는 창문의 3D 작업용 텍스쳐 이미지를 만들어줘.
> - 정면뷰여야 해
> - 디퓨즈 맵이어야 해

이 요청의 결과로 ChatGPT로부터 이런 맵소스를 얻었습니다.

포토샵에서 필요없는 부분을 편집한 후, 앞서 해온 방식대로 미드저니의 describe 기능을 활용하면 더 디테일하고 적절히 변형된 다양한 텍스처 소스를 얻을 수 있습니다.

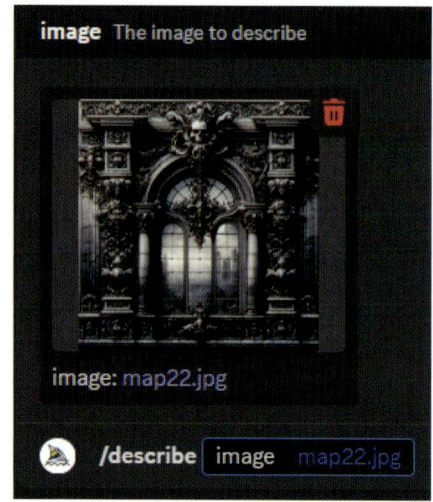

같은 방식으로 (ChatGPT에 필요 맵소스를 요청한 후 미드저니 describe 기능으로 더 높은 퀄리티의 맵 소스 얻기) 각 필요한 부분의 텍스처 소스를 얻었습니다. 블렌더로 장면을 구축하는 과정에서 필요할 때마다 같은 방식으로 필요한 텍스처를 보충하면서 진행하겠습니다.

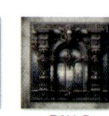

❸ Blender로 구조를 만들기

원본 이미지를 참고 하여 구조를 만들어 갑니다.

다음과 같이 가장 기본적인 방의 구조를 만들었습니다. 보시다시피 모델링이라고 할 것도 없는 박스의 배치에 불과합니다.

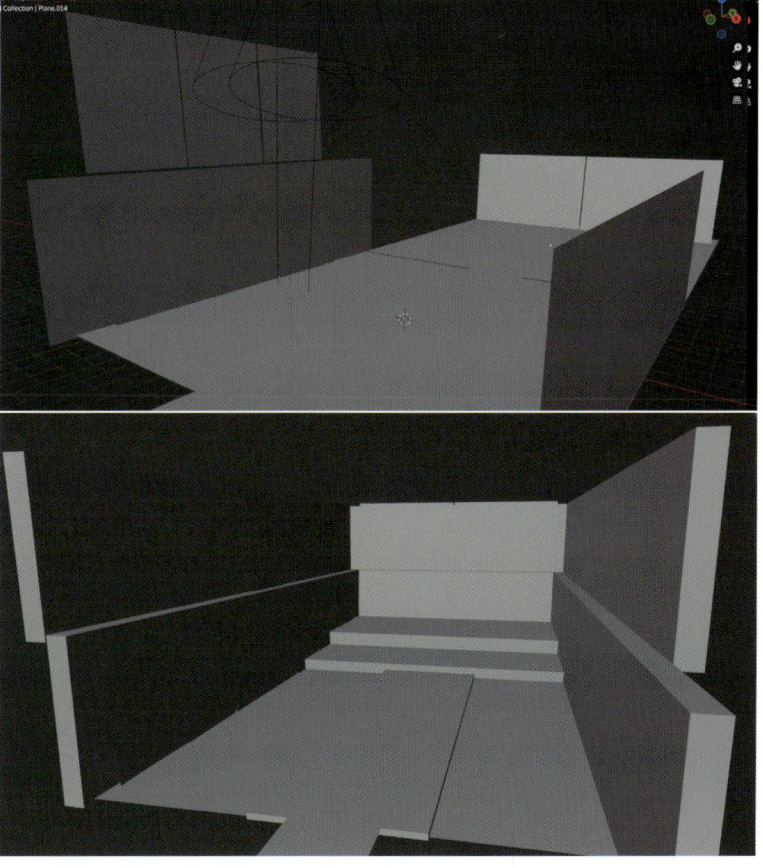

❹ AI로 만든 텍스쳐 불러오기

앞서 만들었던 텍스쳐들을 블렌더 안에 불러와야 합니다. 그러기 위해서는 먼저 상단 메뉴의 Edit/Preferences를 누른 후,

체크가 끝났다면 File / Import/ Image as Planes로 이미지를 블렌더 상에 Plane 메쉬로 불러올수 있게 됩니다.

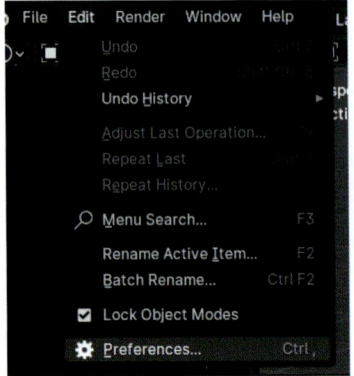

Add-on에서 image를 검색한 후, 혹시 Add-on이 체크되어 있지 않다면 사용으로 체크해 주셔야 합니다.

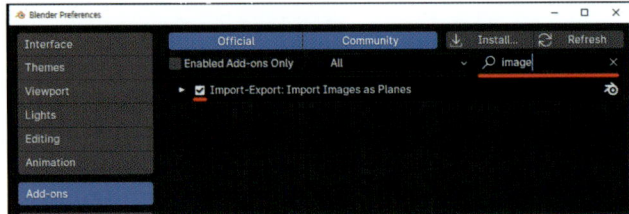

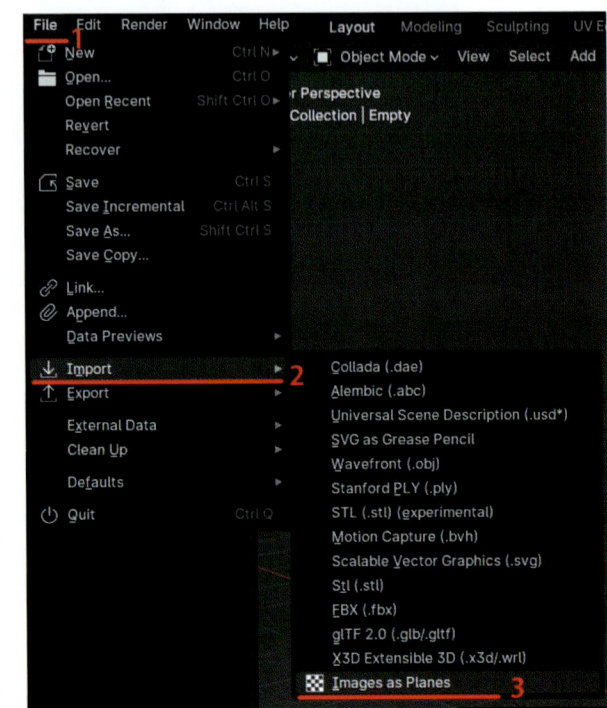

image plane으로 불러왔습니다.

앞서 만들었던 구조에 Quixel Bridge로 다운받은 기본 돌벽 질감을 적용한 후, 벽 장식과, 카페트에 해당하는 이미지 플랜을 쭉 배치 한 이미지를 Material Preview 모드로 본 모습입니다. DOS시절의 게임을 다시 보는 듯한 어색함과 친숙함이 느껴집니다.

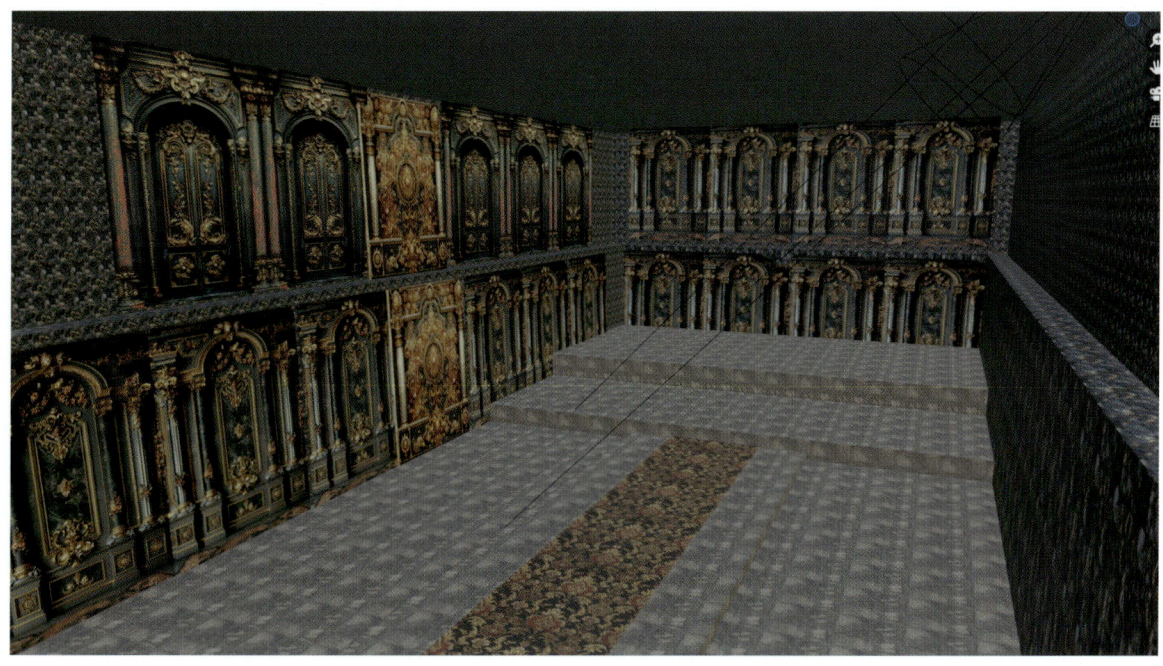

이번에는 조명을 배치한 후 Rendered View로 본 모습입니다. 갑자기 그럴 싸 해졌네요!!
이처럼 imageplane을 일종의 텍스쳐로 활용하면서 단순히 조명만 잘 써도 복잡한 모델링을 한 것과 비슷한 효과를 거둘 수 가 있습니다.

앞서 ChatGPT를 통해서 만들었던 컨셉아트 또한 imageplane으로 불러와서 참고 자료로 활용하면서, 방의 가운데 들어갈 기둥들을 모델링 해 줬습니다.

이때 유의할 점은 AI가 그린 컨셉과 똑같이 만들 필요는 없다는 것입니다. AI의 컨셉은 최종 컨셉아트를 만들기 위한 참고 자료나 중간 시안에 지나지 않습니다. 결국 최종적인 컨셉아트는 작업자의 판단과 요구에 맞게 만들어야 합니다.

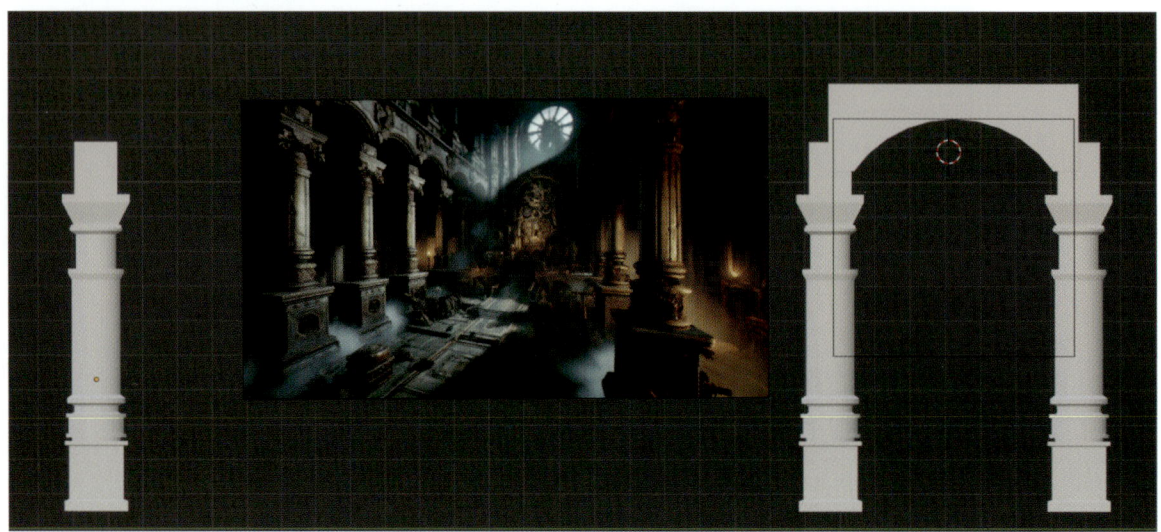

기둥을 집어넣자 대략적인 장면의 구조가 나왔습니다. 이제 디테일을 올려주면 될 것 같습니다.
벽면을 저 상태로 활용해도 어느 정도 이미지가 나오겠지만 좀더 입체적인 느낌을 주는 게 나을 것 같습니다.

❺ 게으르지만 효과적인 벽면장식 모델링

벽면 imageplane을 선택한 후 Tab을 눌러 edit 모드로 들어갑니다. Ctrl + R을 이용해서 이미지의 필요한 부분을 마치 재단하듯이 잘라줍니다.

이미지를 잘라준 후에 돌출시킬 면을 선택하고, E를 눌러 Extrude 기능을 활용하면

곡선 부분을 자를 때는 왼쪽 메뉴의 Knife 툴을 활용하면 좋습니다.

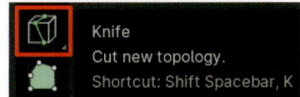

컨셉아트 용도로는 충분히 훌륭한 어셋을 얻을 수 있게 됩니다.

이 방식으로 만들어진 벽면을 배치한 후
Fog와 조명을 넣어서 렌더링한 이미지입니다. 이제 제법 그럴싸한 디테일과 분위기가 나오고 있습니다.

❻ 오브젝트 부수기

앞서 만들었던 기둥 등을 Bool툴을 활용해 Boolean기능으로 부셔 주겠습니다.
(Bool툴도 앞서 image plane과 마찬가지로 Edit/Preferences의 Addon에서 bool을 검색한 후 활성화 해줘야 쓸 수가 있습니다.)

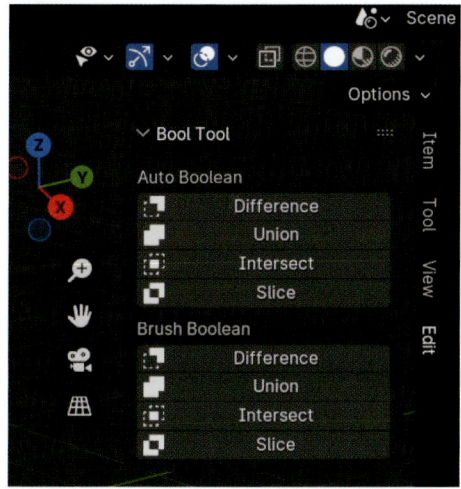

Bool툴이 활성화 되었다면 n키를 누를 때 뜨는 오른쪽 상단의 Edit 메뉴에 Bool Tool 이라는 메뉴가 생깁니다.

Bool툴을 활용하는 방법은 매우 간단합니다.

두 물체가 있을 때 A물체를 움직여 B와 겹치게 한 후,

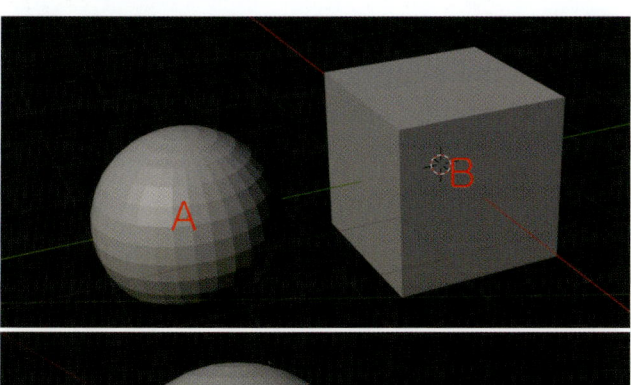

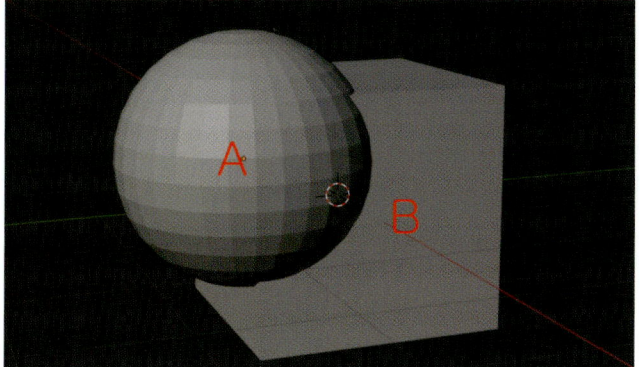

Shift키를 누른 상태로 A,B 순으로 선택하면,
먼저 선택한 A물체가 좀더 짙은 색으로 표현됩니다.

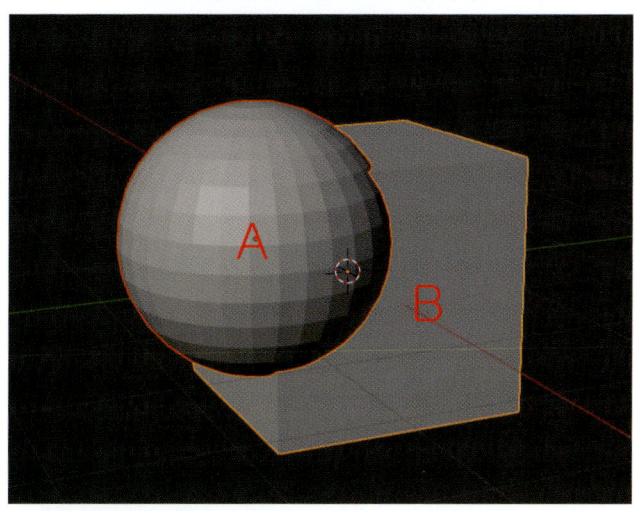

이 상태에서 Bool Tool의 아랫쪽 Difference키를 눌러줍니다.

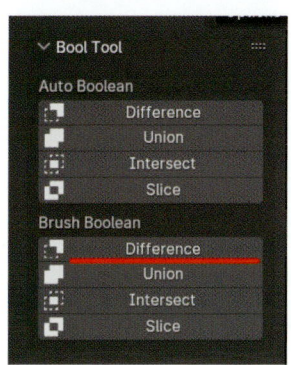

보시다 시피 A물체의 영역과 겹친 만큼 B물체의 영역이 사라진 것을 알 수가 있습니다.

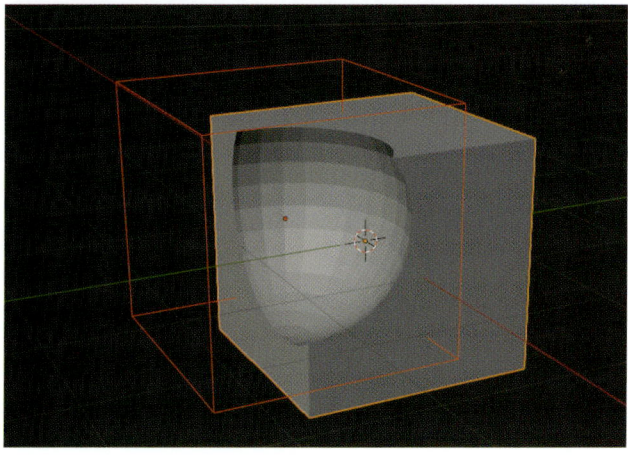

이 상태에서 투명하게 표시된 A물체를 이동하면 A물체와 B물체가 겹치는 영역이 바뀌기 때문에 공백의 형태가 변하게 됩니다.

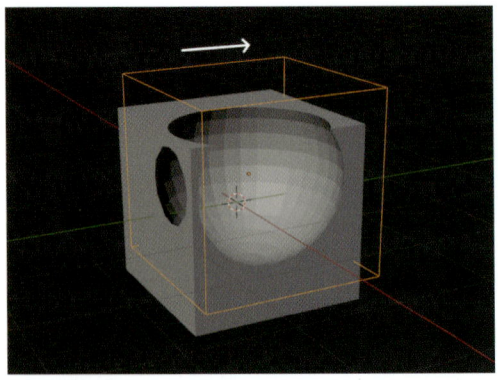

이런 식으로 A투명 박스를 조절하여 원하는 모양을 만든 후 B물체를 선택하고 Ctrl + A를 누르고, Visual Geometry to Mesh를 누르면 현재의 B물체의 형태가 확정되어 메쉬로 변하게 됩니다.

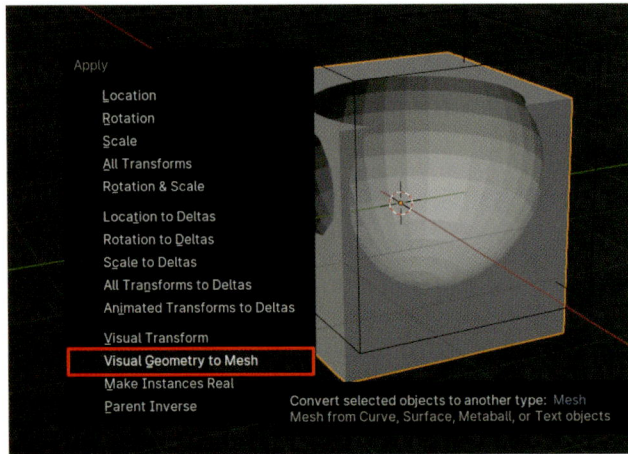

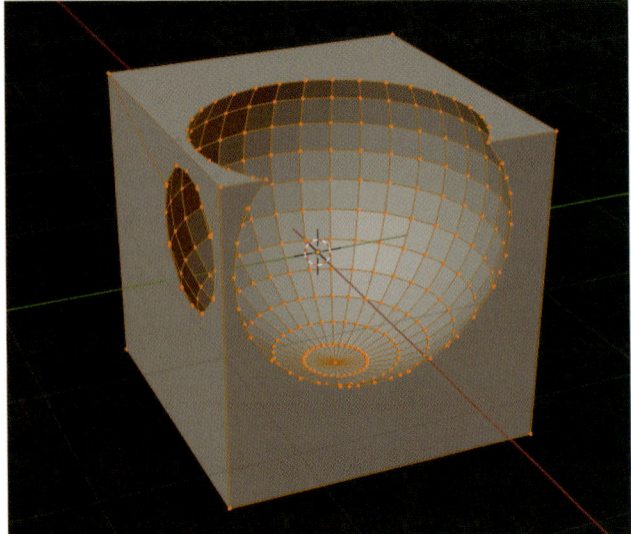

마찬가지의 방법으로 적당히 불규칙적이게 생긴 A 오브젝트와 부셔야 할 기둥 오브젝트를 준비하고

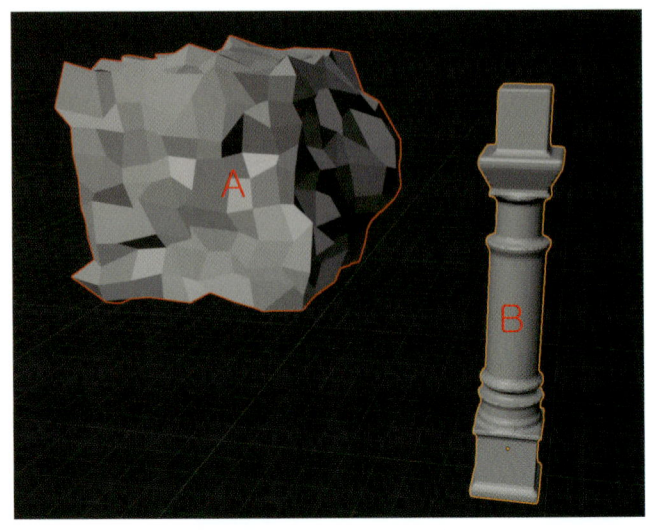

B물체를 파괴하고 싶은 만큼 두 오브젝트를 겹치게 배치한 다음 Shift키를 누르고 A, B 물체를 순서대로 선택한 후

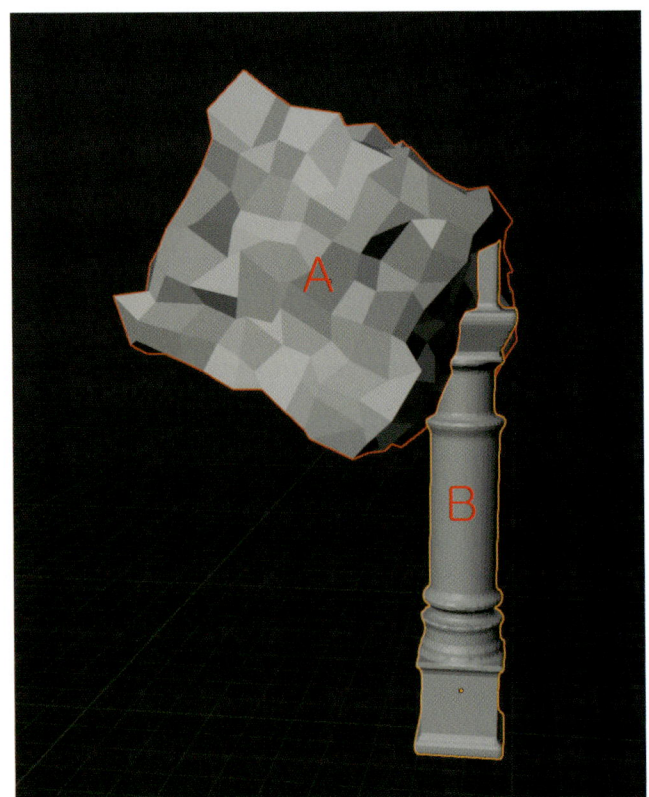

Difference 키를 눌러줍니다.

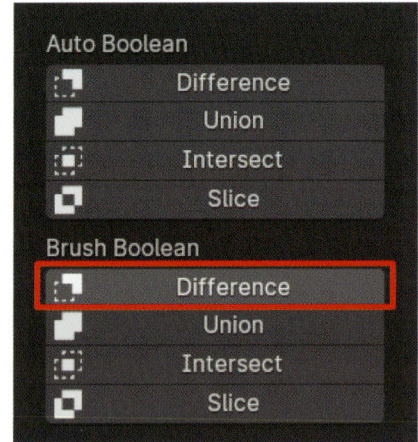

마찬가지로 투명박스로 변한 A박스를 더 움직여서 원하는 모양을 만들 수도 있고, [Ctrl + A]를 누른 후 Visual Geometry to Mesh를 눌러서 고정된 메쉬로 확정할 수 있습니다.

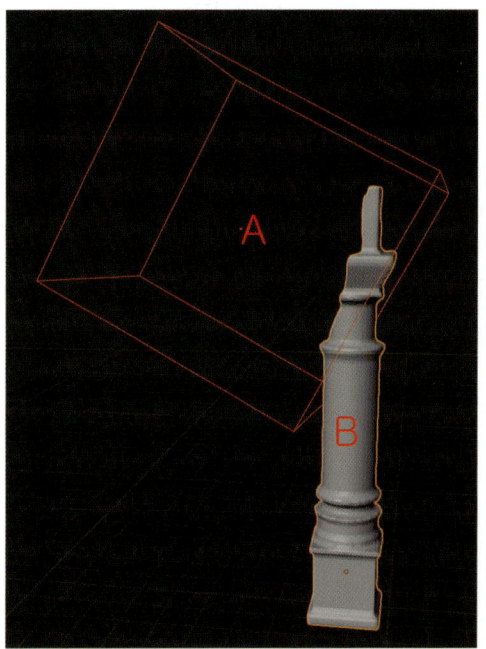

같은 방식으로 위 기둥과 구조물의 베리에이션을 만들어줬습니다.

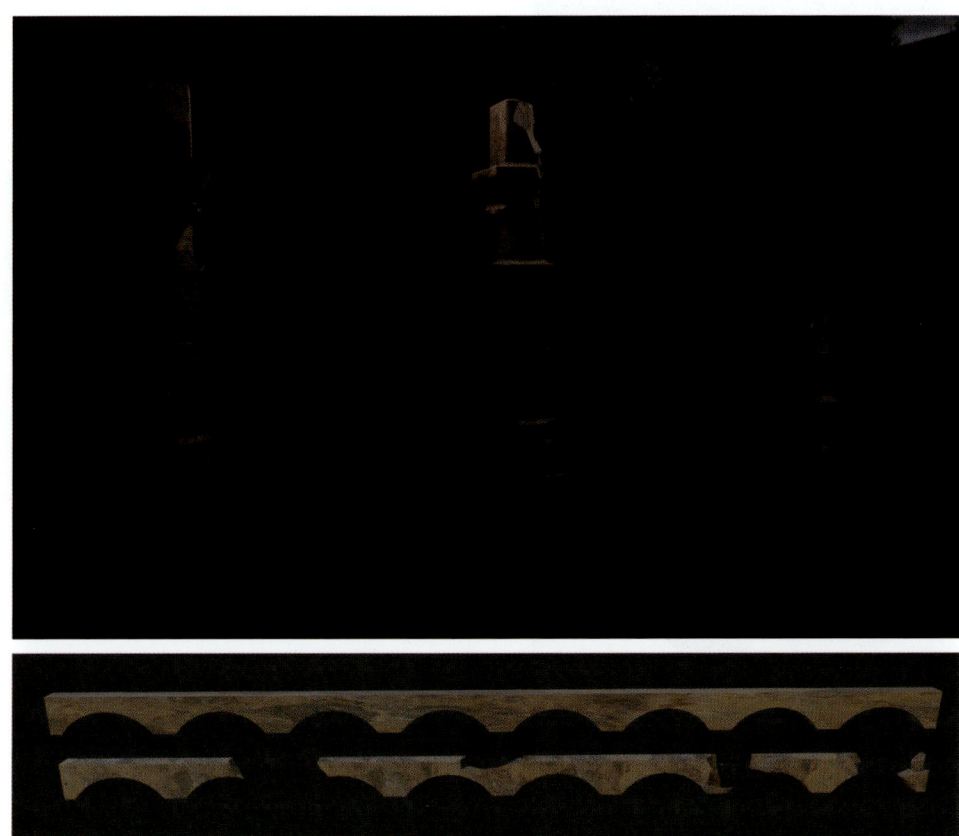

❼ 알파텍스쳐(Alpha Texture)를 활용하여 장면의 디테일 높이기

알파텍스쳐 라고 하니까 뭔가 대단한 것 같지만 그냥 투명 값이 있는 PNG파일을 생각하면 됩니다. 마침 원형의 창문이 필요하니까 과정을 보여드리겠습니다.

ChatGPT로 만든 바로크풍의 창문 이미지입니다.
포토샵에서 투명해야 하는 부분을 삭제하여,

아래와 같이 누끼를 따주고 PNG 파일로 저장합니다.

PNG 파일을 Blender에서 image plane으로 불러오면 투명 값이 적용된 채로 불러올 수 있습니다.

혹시 알파값이 제대로 적용되지 않는다면 오른쪽 Material 탭 Settings 란에서 Blend Mode와 Shadow Mode를 모두 Alpha Clip으로 설정해 주시면 됩니다.

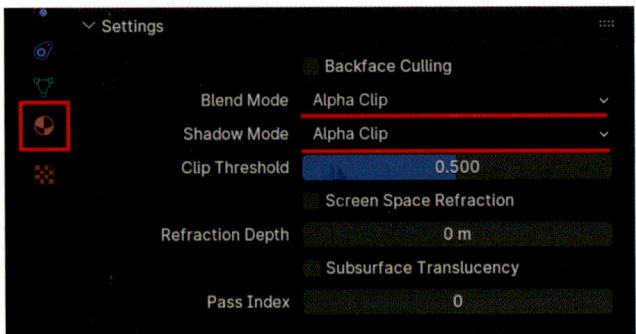

창문 구멍이 있던 곳에 창문 모양의 알파텍스쳐를 배치했습니다.

라이팅을 적용하면 창문의 투명한 부분에서 빛이 새어 들어옴을 알 수 있습니다.

같은 방식으로 화면에 쓰일 세부 요소들을 PNG 파일로 만들어서 블렌더로 불러들입니다.
앞서 작업했던 적 캐릭터들과 주인공의 뒷 모습도 포토샵에서 배경을 제거해서 Imageplane으로 만들어 불러들였습니다.

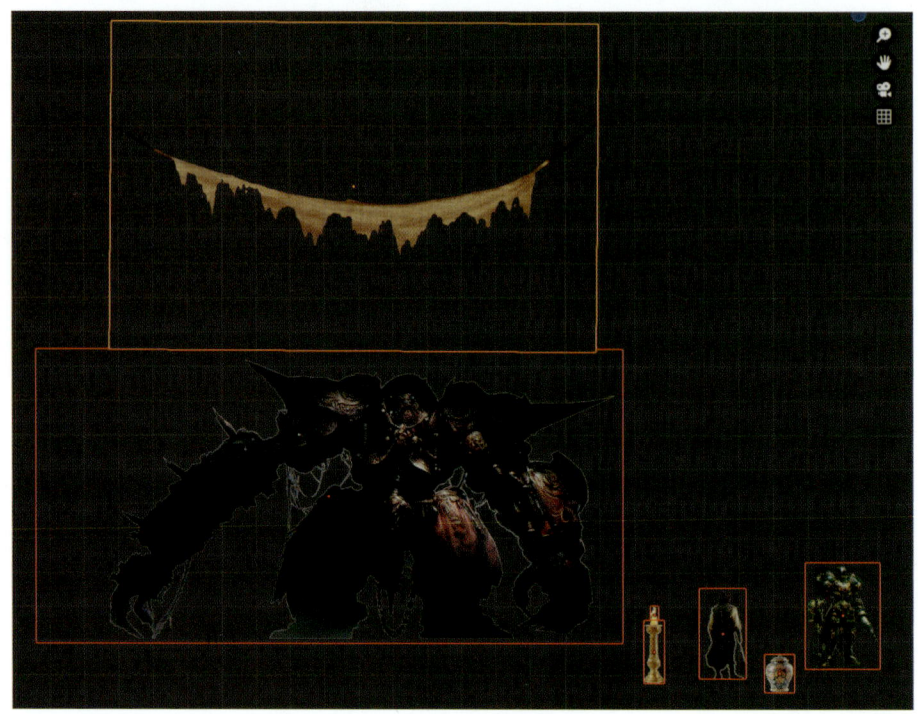

지금까지 만든 어셋과 알파텍스처를 다음과 같이 배치했습니다.

아래와 같은 뷰로 카메라를 세팅했습니다.

최종 렌더 이미지입니다. (Cycles 렌더)
실제 실무에서는 이 이미지보다 더 많은 종류의 오브젝트가 추가 되어야 하며, 특히 바닥면의 밀도감이 더 높아야 하지만 작업과정 설명을 위한 이미지이기 때문에 적당히 어둡게 누르고 정리하는 선에서 마무리 하겠습니다. 이 맛에 다크환타지를 벗어날 수 없습니다.

포토샵에서 색감 보정 및 디테일을 보강하고 느낌을 위해 약간의 붓 터치를 가미해 줬습니다

3D로 장면 구성을 했기 때문에 언제든지 오브젝트의 위치를 바꾸거나, 카메라의 위치를 바꿔서 새롭게 연출이 가능합니다. 혹은 카메라 무빙을 줘서 움직이는 영상을 만들 수도 있습니다.

배경의 구조를 설명하기에도 매우 편리합니다.

장면을 구성하는데 필요했던 오브젝트 및 텍스쳐의 목록도 자동으로 정리되기 때문에 부분적인 수정하기에도 편리하고, 3D 제작 부서에 전달하는 문서나 컨셉 시트를 만들기에 아주 편리합니다.

이상으로 제가 실무에서 쓰고 있는 방식대로 AI를 활용하여 컨셉을 만들어가는 과정을 쭉 진행해 봤습니다.
다시 복기 하자면 아래와 같습니다.

> 1. ChatGPT를 활용한 기획 혹은 기존 기획의 보강
> 2. ChatGPT를 활용한 초기 컨셉아트
> 3. 미드저니의 describe 기능과 스테이블 디퓨전을 활용한 좀 더 정교한 컨셉아트
> 4. 블렌더를 활용해서 장면의 구조를 3D화
> 5. ChatGPT와 미드저니를 활용해서 3D 작업에 필요한 텍스처 생성
> 6. 텍스처를 용도에 맞게 가공해서 메쉬(Mesh)화 하거나, 알파텍스처를 활용해 화면을 꾸며줌
> 7. 최종 렌더링 후 포토샵에서 후보정 및 리터칭
> 8. 필요시 컨셉시트 제작

여기까지 AI를 활용하여 바로크 풍의 다크환타지 세계관을 만들어 보고, 컨셉아트를 만들어 봤습니다. 감사합니다.

디자이너도 이해하는
이미지 생성 AI의 원리

김성완
게임인재원 외래교수
kaswan@naver.com

물리학을 전공했고, 한국 게임개발자 1세대로서 한국의 초창기 3D 게임 기술 개척에 일조했다. 부산게임아카데미와 여러 대학의 게임학과에서 게임 개발자 지망생들을 가르쳤다. 게임에 사실적인 자연 현상을 시뮬레이션하기 위해 지구과학 박사 과정을 수료했다. 인디게임 개발자 커뮤니티 '인디라!'를 운영하고 있고, 한국을 대표하는 국제 인디게임 페스티벌인 부산인디커넥트 페스티벌의 집행위원장이기도 하다. 게임회사 펄어비스의 R&D 팀에서 생성 AI를 연구했고 현재는 GenAI Korea를 운영하며 생성 AI 컨설팅을 하고 있다. 게임 인재원의 외래교수이기도 하다.

1. 이미지 생성 모델이란?

이미지는 물론 텍스트, 음악, 동영상 등을 생성하는 여러 생성 AI 모델들이 있지만 아티스트들에게 가장 친숙한 건 아무래도 이미지를 그려내는 생성 모델들일 겁니다. 이미지 생성 모델로는 OpenAI의 DALL-E, 미드저니, 스테이블 디퓨전 등이 있습니다. 일반인들은 마이크로소프트의 Bing Image Creator가 좀 더 친숙하겠지만 전문 아티스트의 경우는 예술적 표현이 뛰어난 미드저니를 사용하거나 매우 세세한 제어가 가능한 스테이블 디퓨전을 주로 사용합니다. 특히, 게임 회사들의 경우는 로컬에서 구동할 수 있어 개발 중인 이미지의 외부 유출을 걱정하지 않아도 되는 스테이블 디퓨전 모델을 더욱 선호합니다. 이들 모델들은 대개 프롬프트 텍스트를 입력하면 거기에 따라 이미지를 생성해줍니다. AI가 텍스트를 입력 받아서 높은 품질의 다양하고 사실적인 이미지를 생성할 수 있게 된 것은 그렇게 오래되지 않았습니다.

(그림1)은 이미지 생성을 비롯한 여러가지 형태의 생성 일에 쓰이는 생성 모델들의 기본 구조를 간단하게 표시한 겁니다. 우리는 이 중에서 VAE(Variational Autoencoder), GAN(Generative Adversarial Network), 그리고 디퓨전 모델(Diffusion Model 확산 모델) 을 살펴볼 것입니다.

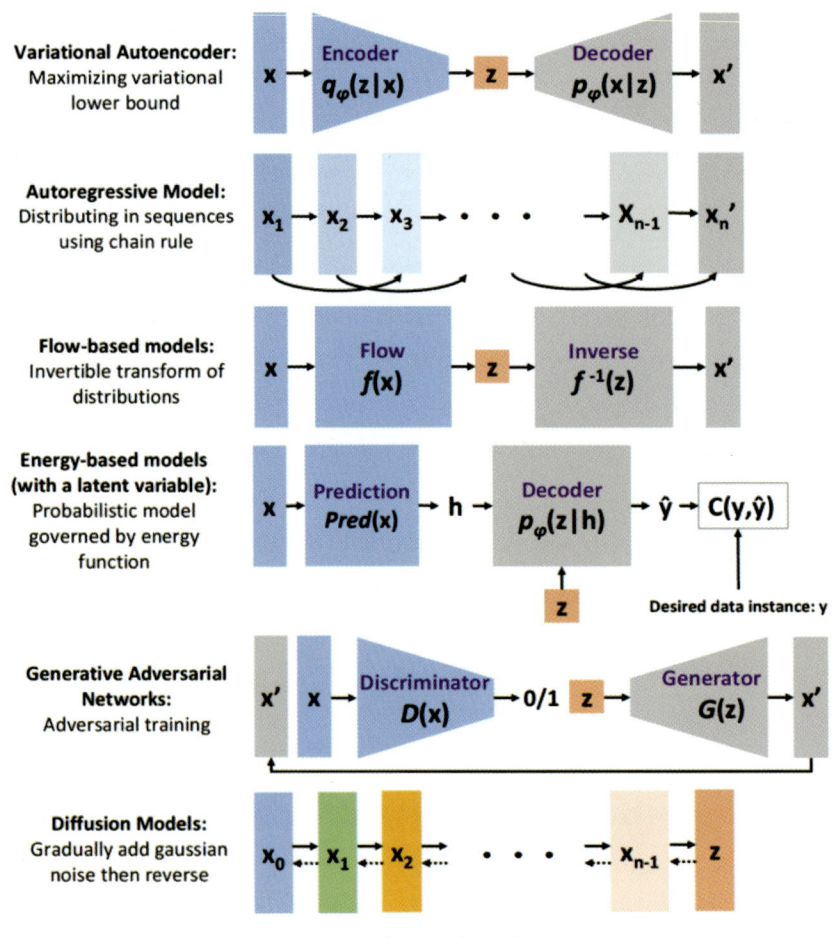

그림 1 여러가지 생성 모델

출처 A Brief Introductory Review to Deep Generative Models for Civil Structural Health Monitoring
https://www.researchgate.net/figure/Overview-of-the-deep-generative-models_fig4_366422643

❶ GAN 모델의 등장

요즘 쓰이는 이미지 생성 모델은 거의 모두 디퓨전 모델(Diffusion Model) 계열이라고 보면 됩니다. 2020년에 AI 연구자들에게 주목을 받기 시작하면서 최근 몇년동안 매우 빠르게 발전해서 그야말로 이미지 생성 모델의 대세가 되었습니다. 이렇게 디퓨전 모델이 대세가 되기 전에도 이미지 생성은 물론 다양한 종류의 생성에서 활약하던 생성 모델이 있었습니다. 보통 GAN으로 불리는 생성 모델입니다. GAN은 Generative Adversarial Network 의 줄임말입니다. 우리말로 직역하면 생성적 적대 신경망이 됩니다.

이 방법은 구글의 AI 연구원 이언 굿펠로우가 고안한 것으로 2014년에 Generative Adversarial Networks 라는 제목의 논문으로 처음 발표된 것입니다. 이 생성 모델은 비교적 단순한 구조에도 불구하고 꽤 사실적인 이미지를 생성할 수 있다는 걸 보여주면서 빠르게 이미지 생성 모델의 대세가 됩니다.

최근 디퓨전 모델이 등장하기 전까지 계속 발전하며 다양한 변형 모델들이 쏟아져 나오기도 했습니다. 그리고 이미지 생성뿐만 아니라 사운드를 생성하는 곳에도 쓰이며 매우 사실적인 음성을 생성하는데에도 크게 기여했습니다. 지금은 비록 디퓨전 모델에 의해 최고의 자리에서 내려오기는 했지만 여전히 여러 곳에서 그 역할을 하고 있습니다.

GAN의 작동 원리

GAN의 원리는 비교적 단순합니다. 적대라는 말에서 어느정도 짐작할 수 있겠지만 두개의 신경망을 서로 적대적인 관계로 경쟁을 붙이는 겁니다. 하나는 생성자(Generator)라고 해서 이미지를 생성하는 역할을 하고 다른 하나는 판별자(Discriminator)라고 해서 이미지를 식별하는 역할을 합니다.

(그림2)에서 생성자 신경망은 왼쪽 아래에 있는 파란색의 사다리꼴 모양이고 판별자 신경망은 오른쪽 위에 있는 빨간색 사다리꼴 모양입니다. 생성자 신경망은 진짜와 구분하기 힘든 사실적으로 보이는 이미지를 생성하려고 노력하고 판별자 신경망은 생성자가 만든 가짜 이미지를 진짜 이미지와 식별하려고 노력합니다. 이 두 신경망이 서로 잘하기 위해서 경쟁을 하다보면 결국에는 생성자가 진짜와 구분할 수 없는 매우 사실적인 이미지를 생성할 수 있는 경지까지 이르게 됩니다. 방금까지 설명한 과정은 GAN을 학습시키는 과정입니다.

이렇게 해서 충분한 학습이 이루어졌다면 생성자를 써서 사실적인 이미지를 생성할 수 있게 됩니다. 이때는 판별자는 더이상 필요없고 생성자만 사용하면 됩니다. 이런 단순한 원리로 사실적인 이미지를 생성할 수 있다보니 연구자들 사이에서 큰 인기를 누리며 성능도 빠르게 개선되었고, 생성자나 판별자의 수를 늘리고 좀 더 복잡한 구조로 만들어진 여러 변형판들도 나오게 됩니다. 한창 전성기에는 그 수를 다 헤아리기 힘들 정도로 엄청나게 다양한 변형판들이 나왔는데 그 수가 수백개에서 많으면 천개가 넘는 것으로 추정됩니다.

그래서 딥러닝의 사대천왕이자, 컴퓨터 과학의 노벨상인 튜링상의 수상자이자, 현재 메타의 인공지능 연구를 총괄하고 있는 얀 르쿤은 GAN을 가리켜 "머신러닝 분야에서 지난 10년 동안 가장 흥미로운 아이디어"라고 극찬하기도 했습니다.

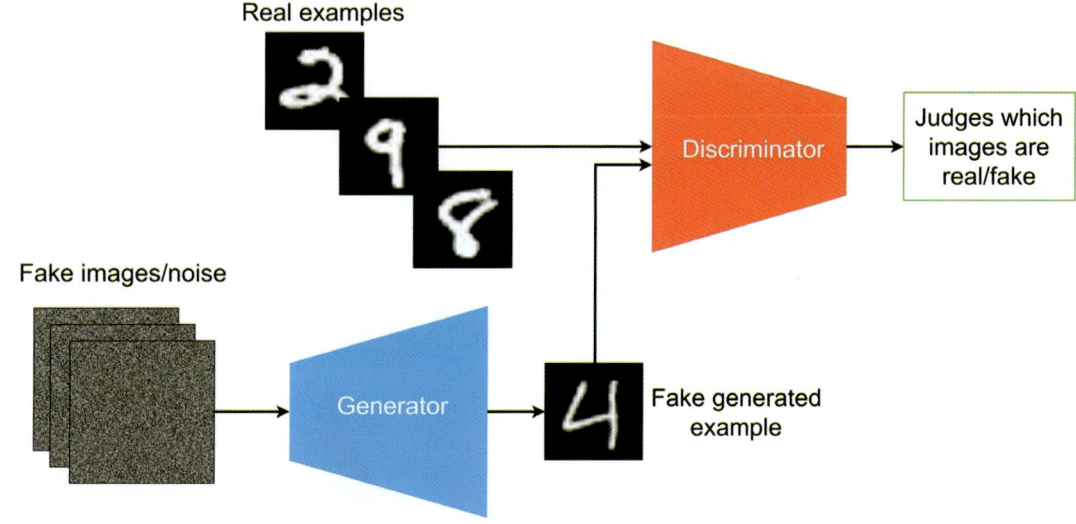

그림2 GAN의 기본 구조
출처 https://developer.ibm.com/articles/generative-adversarial-networks-explained/

하지만 이 GAN이라는 방식이 이미 자연계에 존재하고 있었다는 걸 최근에 발견했습니다. 이언 굿펠로우가 이런 사실을 논문을 쓸 때 알았다면 아마도 논문에서 든 GAN의 비유를 자연에서 볼 수 있는 현상으로 했을지도 모릅니다. 2014년의 GAN 논문에는 위조 지폐범과 이를 식별하려는 경찰로 비유해서 GAN의 원리를 설명했습니다.

그런데 자연에는 이미 GAN과 같은 원리로 일어나는 놀라운 현상이 있습니다. 바로 곤충의 의태입니다. 곤충들은 대체로 주변 환경과 비슷한 색이나 모양을 지니고 있어서 포식자에게 잘 식별되지 않도록 합니다. 그런데 그런 곤충들 중에서도 (그림3)처럼 유난히 뛰어나게 그 몸의 형태를 잎이나 나무가지와 구분할 수 없을 정도로 정교하게 가지고 있는 종들이 있습니다. 우리는 이를 의태라고 합니다. 다름아닌 이 의태가 바로 GAN과 같은 원리로 일어나는 현상이라는 겁니다.

그림3 곤충의 의태

이때 GAN의 생성자에 해당하는 것은 곤충입니다. 그리고 GAN의 판별자에 해당하는 것은 이들 곤충의 포식자인 새들입니다. 곤충은 새의 먹이가 되지 않기 위해 자신의 몸의 형태를 나뭇잎이나 나뭇가지처럼 보이게 진화를 하고, 새들은 새들대로 이런 곤충을 먹이로 삼기위해 주변 환경으로부터 곤충을 잘 식별해 내려고 진화를 해온 겁니다. 오랜 세월동안 이렇게 서로 적대적인 경쟁관계로 진화를 해오다보니 지금 우리가 보는 실제 나뭇잎이나 나무가지와 구분하기 힘든 매우 정교한 형태의 곤충들이 존재할 수 있게 된 겁니다. 이런 진화에 과정에서 새들의 경우도 물론 매우 뛰어난 시각을 발전시키게 됩니다. (그림4 참조)

그림4 자연 속의 GAN

새들의 시각은 인간은 물론 여느 동물들의 시각보다 월등히 뛰어납니다. 사물을 식별하는 해상도도 높지만 색을 구분하는 시세포의 종류도 사람보다 하나 더 많은 네가지나 됩니다.

사람은 망막에서 색을 감지하는 시세포인 추상세포가 세가지가 있습니다. 각각 빨강, 초록, 파랑을 잘 감지하는 시세포들입니다. 컴퓨터 그래픽스에서 색을 R,G,B의 세가지 성분으로 나타내는 것도 이에 따른 것입니다.

이에 비해 새의 경우는 시세포가 한 가지 더 있어서 사람은 볼 수 없는 자외선 영역까지 감지할 수 있습니다. 참고로 곤충의 경우는 사람처럼 세가지의 시세포가 있지만 그 중 하나가 자외선 영역에 있습니다. (그림5 참조)

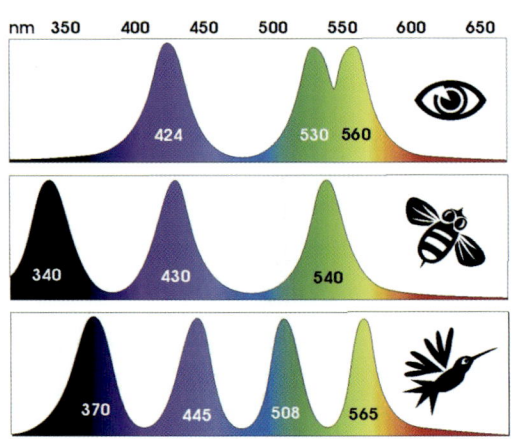

그림5 사람, 곤충, 새의 컬러 지각
출처 https://www.lslbo.org/weekly-banding-reports/october-11-17-2018/

❷ GAN의 장단점, 그리고 Diffusion Model의 등장

2014년에 처음 등장해서 얼추 2021년까지 8년 정도의 전성기를 누린 GAN은 많은 연구자들에게 사랑받는 생성 모델이었지만 장점만 있는 것은 아니었습니다. 뚜렷한 단점도 있었는데 무엇보다 제대로 학습을 시키기가 매우 까다롭다는 것입니다. 생성자와 판별자라는 두개의 신경망이 절묘한 균형을 이루면서 서로 적대적인 경쟁을 해야하는데 이 균형을 잡는 일이 쉽지 않다는 겁니다. 균형을 잡는 어떤 공식이 있는 것도 아니었고, 경험이나 감에 의지해서 시행착오를 통해 균형점을 찾아내야 했습니다. 그리고 또 하나의 단점은 생성되는 이미지를 조정하는 게 쉽지 않다는 겁니다. 생성되는 이미지를 다양하게 조절하는 일이 어려웠습니다. 이런 단점들이 결국은 디퓨전 모델이 등장하는 이유가 되었다고 할 수 있습니다.

GAN의 장점

선명하고 사실적인 이미지 생성 : GAN은 당시 존재하던 다른 생성 모델들에 비해 훨씬 더 사실적이고 고품질의 이미지를 생성할 수 있었습니다. 이는 GAN의 적대적 학습 방식 덕분에 생성자가 판별자를 속이기 위해 끊임없이 이미지 생성 능력을 향상시켰기 때문입니다.

다양한 분야에 적용 가능 : 이미지 생성 뿐만 아니라, 이미지 변환, 텍스트-이미지 생성, 비디오 생성, 음성 합성 등 다양한 분야에서 GAN을 활용한 연구들이 진행되었습니다.

정량적 평가의 어려움 일부 해결 : 이전 생성 모델들은 생성된 샘플의 품질을 정량적으로 평가하기 어려웠지만, GAN은 판별자의 판별 결과를 통해 생성 모델의 성능을 간접적으로 평가할 수 있었습니다.

GAN의 단점

학습 불안정 : GAN은 생성자와 판별자의 균형을 맞추는 것이 매우 중요한데, 이 균형이 깨지면 학습이 불안정해지고 원하는 결과를 얻기 어려웠습니다.

모드 붕괴 (Mode Collapse) : 생성자가 특정 샘플이나 스타일만을 생성하는 현상으로, 다양성이 제한되는 문제가 발생했습니다.

정확한 평가의 어려움 : 판별자의 판별 결과를 통해 간접적으로 평가하기는 하지만, 생성된 샘플의 품질이나 다양성을 정확하게 평가하기 어려운 문제가 존재했습니다.

Diffusion Model의 등장과 GAN의 대체

Diffusion Model은 GAN의 단점들을 일부 극복하며 등장했습니다. 특히 다음과 같은 장점들이 부각되면서 GAN을 대체하는 주요 생성 모델로 자리매김했습니다.

안정적인 학습 : Diffusion Model은 GAN과 달리 적대적 학습 방식을 사용하지 않고, 연쇄적인 확산 현상을 기반으로 확률 분포를 학습합니다. 이러한 방식은 GAN보다 학습이 안정적이며 모드 붕괴 현상이 발생할 가능성도 적습니다.

높은 샘플 품질 : Diffusion Model은 GAN보다 더욱 사실적이고 디테일한 이미지를 생성할 수 있습니다.

다양한 샘플 생성: Diffusion Model은 GAN보다 다양한 종류의 이미지를 생성할 수 있으며, 사용자가 원하는 조건을 부여하여 원하는 이미지를 생성하는 것도 가능합니다.

물론 Diffusion Model도 계산 복잡도가 높다는 단점이 존재하지만, 안정적인 학습, 높은 샘플 품질, 다양한 샘플 생성 등의 장점으로 인해 현재 이미지 생성 분야에서 GAN을 넘어서는 주요 생성 모델로 자리매김하고 있습니다.

❸ GAN에서 Diffusion Model로의 전환

앞에서 GAN의 장점과 단점, 그리고 Diffusion Model이 가지는 상대적인 우위를 설명했습니다. 이번에는 각 모델의 작동 방식 차이를 중심으로 Diffusion Model이 GAN을 대체하게 된 이유를 좀 더 자세히 살펴보겠습니다.

GAN : 끊임없는 경쟁 속 불안정한 학습

GAN은 생성자와 판별자라는 두 신경망이 서로 경쟁하며 학습하는 구조입니다. 생성자는 실제 데이터 분포를 모방한 가짜 데이터를 생성하고, 판별자는 진짜와 가짜 데이터를 구별하려고 합니다. 이 과정에서 생성자는 판별자를 속이기 위해 더욱 정교한 가짜 데이터를 생성하게 되고, 판별자는 더욱 정밀하게 진짜와 가짜를 구별하게 됩니다.

하지만 이러한 적대적 학습 방식은 매우 불안정합니다. 생성자와 판별자의 학습 속도가 맞지 않으면 학습이 제대로 진행되지 않고, 모드 붕괴와 같은 문제가 발생할 수 있습니다. 마치 뛰어난 코치 없이 혼자 훈련하는 선수처럼, GAN은 스스로 균형을 잡으며 성장하기 어려운 측면이 있습니다.

Diffusion Model : 안정적인 확률 분포 학습

반면 Diffusion Model은 데이터에 점진적으로 노이즈를 추가하는 순방향 과정(Forward Process)과 노이즈를 제거하여 원본 데이터를 복원하는 역방향 과정(Reverse Process)으로 구성됩니다. 학습 과정에서는 역방향 과정을 담당하는 신경망이 노이즈를 예측하고 제거하는 방법을 학습하게 됩니다.

Diffusion Model의 장점은 GAN처럼 적대적 학습 방식을 사용하지 않기 때문에 학습이 훨씬 안정적입니다. 또한, 이미지 생성 과정을 확률 분포 학습 문제로 변환하여 모드 붕괴 문제를 완화하고 다양한 샘플 생성을 가능하게 합니다. 마치 픽셀 단위의 퍼즐 조각을 하나씩 맞추어나가듯, Diffusion Model은 안정적인 학습 과정을 통해 원하는 결과물을 얻을 수 있습니다.

안정성과 품질 향상을 위한 자연스러운 흐름

결론적으로 GAN에서 Diffusion Model로의 전환은 생성 모델 분야에서 안정적인 학습과 높은 샘플 품질을 추구하는 자연스러운 흐름이라고 할 수 있습니다. 물론 Diffusion Model도 개선의 여지가 있으며, 계산 복잡도를 줄이는 연구 등이 활발히 진행되고 있습니다. 하지만 현재까지 Diffusion Model은 GAN의 단점을 효과적으로 보완하며 이미지 생성 분야에서 새로운 지평을 열었다는 평가를 받고 있습니다.

2. 디퓨전 모델의 유래

GAN을 밀어내고 이미지 생성 모델의 대세가 된 디퓨전 모델은 2020년에야 일반적인 AI 연구자들의 눈에 띄기 시작했지만 원래는 2015년에 처음으로 제안되었던 생성 모델입니다. GAN이 2014년에 나왔으니 바로 다음 해에 등장한 겁니다. 하지만 2020년까지 5년 동안 거의 주목을 받지 못하고 묻혀있었습니다.

> 2015년 Sohl-Dickstein 등이 제안한 Diffusion Model은 좋은 아이디어였음에도 불구하고 2014년에 등장한 GAN 만큼 주목받지 못했습니다. 이는 다음과 같은 이유 때문입니다.
>
> ### 1. GAN 대비 낮은 생성 품질
> 당시 Diffusion Model은 GAN보다 생성되는 샘플의 품질이 낮았습니다. GAN은 적대적 학습(Adversarial Training)을 통해 실제 데이터와 유사한 고품질 이미지를 생성하는 데 성공했지만, 초기 Diffusion Model은 상대적으로 품질이 떨어지는 이미지를 생성했습니다. 생성 품질은 생성 모델의 성능을 평가하는 가장 중요한 지표 중 하나이기 때문에, 초기 Diffusion Model은 GAN에 비해 연구자들의 관심을 덜 받았습니다.
>
> ### 2. 복잡한 학습 과정과 느린 생성 속도
> 초기 Diffusion Model은 GAN보다 학습 과정이 복잡하고 생성 속도가 느렸습니다. Diffusion Model은 수천 번의 점진적인 노이즈 제거 과정(Markov Chain Monte Carlo (MCMC)) 샘플링 과정을 거쳐야 했기 때문에 GAN보다 학습 시간이 오래 걸리고 생성 속도가 느렸습니다. 반면, GAN은 상대적으로 간단한 구조와 학습 과정을 가지고 있었기 때문에 더욱 빠르게 고품질 이미지를 생성할 수 있었습니다.
>
> ### 3. Diffusion Model에 대한 이론적 이해 부족
> 2015년 당시에는 Diffusion Model의 작동 원리와 이론적 배경에 대한 이해가 부족했습니다. Diffusion Process와 Score Matching을 딥러닝에 접목시킨 것이 비교적 새로운 시도였기 때문에, 많은 연구자들이 Diffusion Model의 잠재력을 충분히 인지하지 못했습니다. 반면, GAN은 '적대적 학습'이라는 직관적인 아이디어를 기반으로 했기 때문에 연구자들이 쉽게 이해하고 발전시킬 수 있었습니다.
> 하지만 2019년 이후 Score-Based Model, Continuous-Time Diffusion Model 등 Diffusion Model에 대한 이론적 연구가 활발히 진행되면서 생성 품질과 학습 속도가 크게 개선되었습니다. 특히, DDPM, Improved DDPM, GAN의 장점을 결합한 모델들이 등장하면서 Diffusion Model은 이미지 생성 분야에서 GAN을 뛰어넘는 성능을 보여주기 시작했습니다. 이러한 발전으로 인해 Diffusion Model은 최근 이미지 생성 분야의 핵심 기술로 자리매김하게 되었습니다.

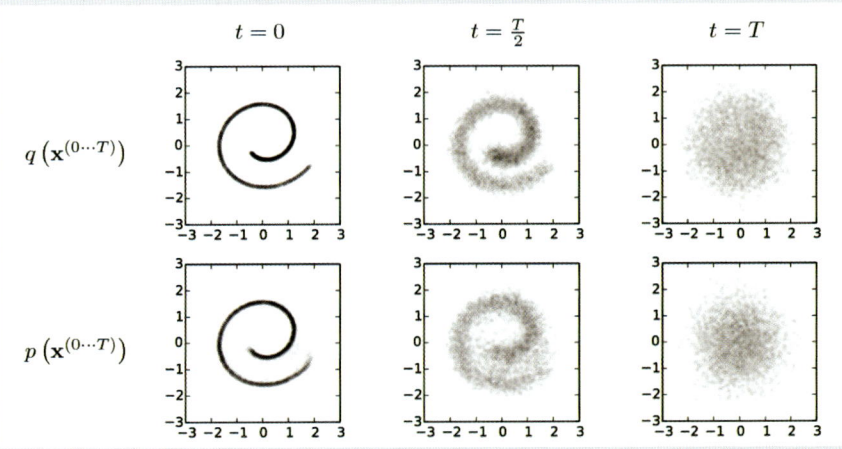

그림6 2015년에 나온 첫 디퓨전 모델의 확산 과정 묘사
출처 Deep Unsupervised Learning using Nonequilibrium Thermodynamics
https://arxiv.org/pdf/1503.03585

디퓨전 모델은 더 거슬러 올라가면 통계 물리학에서 유래한 모델입니다. 물리학에는 기체처럼 거대한 집단의 운동을 다루는 통계 물리학이라는 분야가 있습니다. 엄청나게 많은 기체 분자 하나 하나의 움직임을 추적하는 것은 사실상 불가능하기 때문에 개별적인 기체 분자의 운동을 바탕으로 기체 전체의 현상을 다루는 것은 비현실적입니다. 그래서 개별적인 기체의 운동을 다루는 대신에 집단으로서 전체 기체의 움직임을 통계적으로 다루는 방법이 나오게 된 겁니다.

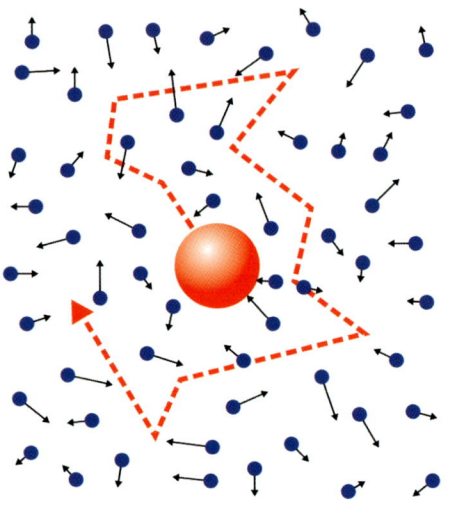

그림7 브라운 운동
출처 https://commons.m.wikimedia.org/wiki/File:Brownian_motion.svg

이런 통계 물리학의 초창기 기초를 놓은 분으로는 상대성 이론으로 유명한 아인슈타인 박사도 있습니다. 지금으로부터 약 120년 전인 1905년에 그 유명한 특수상대성 이론에 대한 논문과 같은 해에 발표했던 논문 중에 이른바 브라운 운동의 원인을 설명해낸 것이 있습니다. 브라운 운동은 물 위에 떠있는 꽃가루가 무작위로 운동하는 현상입니다.(그림7 참조) 이 논문은 꽃가루의 브라운 운동을 물을 구성하는 작은 물분자 알갱이들이 무작위로 꽃가루에 충돌하기 때문에 일어나는 일이라고 추정하고, 꽃가루의 움직임으로부터 물분자의 크기를 가늠해 낸 기념비적인 논문입니다. 이때 바로 개별적인 물 분자의 움직임을 하나하나 따지지 않고 통계적인 방법으로 추정하여 처음으로 물질이 원자나 분자의 아주 작은 알갱이로 구성되어 있다는 걸 간접적으로 증명한 논문입니다. 이전까지는 물질이 연속적이지 않고 불연속적인 작은 알갱이로 구성되어 있다는 건 하나의 가설에 지나지 않았습니다.

이런 식으로 거대한 집단으로서 액체나 기체의 운동을 다룰 때는 통계적인 방법이 적용되고 대표적으로 기체가 공기 중으로 퍼져나가는 확산 현상을 다룰 때도 이러한 통계적인 방법이 활용됩니다. 퍼져나가는 기체 분자의 움직임을 개별적으로 다루지 않고 통계적인 집단으로 다루는 겁니다. 개별적인 기체 분자의 움직임은 무작위적으로 일어나지만 이들의 통계적인 집단 행동은 이른바 가우스 분포 혹은 정규 분포로 근사할 수가 있습니다.(그림8 참조) 가우스 분포나 정규 분포라는 통계 용어는 고등학교의 확률과 통계 과목을 통해서 배운 기억이 있을 겁니다. 이는 일종의 확률 분포로 자연이나 사회 현상에 가장 보편적으로 나타나기 때문에 정규 분포라고 일컬어지고, 이를 연구한 수학자 가우스의 이름을 따서 가우스 분포라고 하기도 합니다. 가우스 분포를 이루는 친숙한 예를 들어보면 학생들의 시험 성적의 분포나 키나 몸무게의 분포를 들 수 있습니다. 이들은 평균 값에서 가장 높은 확률을 보이고 평균 값에서 멀어질수록 점점 확률값이 낮아지는 대칭적인 산봉우리 모양입니다.

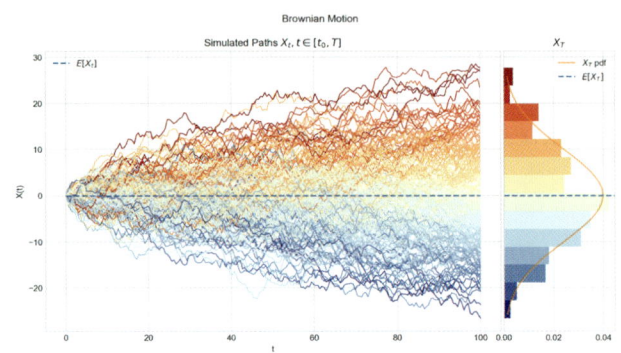

그림8 브라운 운동과 가우스 확률 분포
출처 https://quantgirluk.github.io/Understanding-Quantitative-Finance/brownian_motion.html

기체의 확산이라는 현상은 통계적으로 본다면 (그림8)처럼 공간의 한 곳에 특정한 형태로 분포하고 있던 기체가 사방으로 점점 퍼져나가면서 결국에는 특징 없는 가우스 분포의 형태로 변하게 되는 겁니다. 통계물리학에서는 이런 확산 현상을 통계적인 방법으로 재현할 수가 있습니다. 일종의 기체 확산 시뮬레이션이지요. 개인적으로 학부에서 물리학을 전공해서 통계 물리학에 친숙하기도 하지만 지구과학 박사과정을 하면서 참여했던 연구에 백두산 분화에 대비해서 안전 대책을 수립하는 연구가 있었습니다. 이 연구에서 맡았던 세부 연구가 화산재가 확산되는 현상을 통상적인 PC에서 시뮬레이션하는 소프트웨어를 개발하는 일이었습니다. 이때도 당연히 통계물리학적인 방법이 기본으로 활용되었습니다. 그래서 이미지 생성에 디퓨전 모델이 등장했을 때 오랜만에 친구를 만나는 것처럼 반가웠습니다. 매우 친숙하고 직관적인 개념이었기 때문입니다.

디퓨전 모델은 통계 물리학적인 관점에서도 친숙한 것이었지만 그림을 그리는 과정과 비교해 보아도 디퓨전 모델이 이미지를 생성하는 과정은 화가가 그림을 그리는 과정과 어느정도 비슷합니다. 고등학교의 미술 시간에 그림을 배웠던 기억이 납니다. 보통 그림을 정석으로 배우지 않고 혼자서 처음 그리게 되면 세부적인 묘사에 붙잡혀서 전체적인 묘사를 놓치기 쉽습니다. 고등학교 시절 미술 선생님은 그림을 그릴 때는 전체적인 형태를 흐릿하게 잡고 매우 연한 색으로 여러 번 덧칠해가면서 점점 진하게 그리며 세부적인 묘사로 들어가야 한다고 하셨지요.

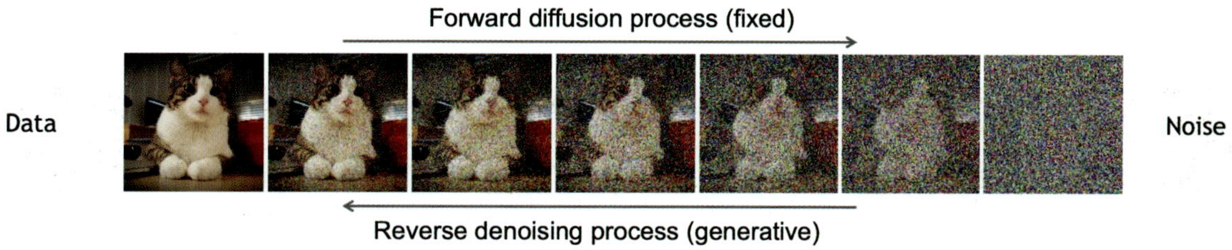

Forward diffusion process (fixed) →

Data ← Reverse denoising process (generative) Noise

그림9 순방향 확산 과정과 역방향 디노이징 과정
출처 : https://developer.nvidia.com/blog/improving-diffusion-models-as-an-alternative-to-gans-part-1/

디퓨전 모델의 경우도 이미지를 생성하는 과정이 형태를 알아보기 어려운 완전한 노이즈 상태의 이미지에서 조금씩 노이즈가 제거되면서 이미지가 차츰 선명해지는 식입니다.(그림9 참조) 전체적인 흐릿한 묘사에서 점점 뚜렷하고 세부적인 묘사로 진행된다는 점에서 큰 틀에서 본다면 화가가 그림을 그리는 과정과 어느정도 유사성이 있다고 할 수 있습니다. 화가와 다른 점이 있다면 화가는 의도를 가지고 점차 세부적인 묘사를 하며 그림을 완성해 간다면 디퓨전 모델은 확률에 근거해서 실제 이미지에 부합하는 확률 분포를 찾아가는 방식으로 그린다는 겁니다. 이때 무엇을 그릴 지에 대한 의도는 사람이 제시하는 프롬프트 텍스트나 참조 이미지가 되겠지만 말입니다.

화가의 경우는 어떤 그림을 그릴지에 대한 의도와 실제로 그 그림을 그리는 과정에서 이루어지는 붓과 물감의 사용이 화가라는 한 사람에 의해 모두 이루어집니다. 하지만 디퓨전 모델로 그림을 생성할 때는 어떤 그림을 그릴지에 대한 의도는 사람에 의해서 제공되고 그런 의도에 부합하는 이미지를 실제로 만들어가는 과정은 생성 모델이 하게 됩니다. 그러므로 그림을 그리는 전체 과정은 사람과 AI가 함께 협력해서 이루어지는 작업이라고 볼 수 있습니다.

물론 사람인 화가가 그림을 그리는 과정도 상업적인 팝아트의 경우는 무엇을 그릴지에 대한 의도와 실제로 그림을 그리는 작업이 한 사람의 화가가 아니라 여러 명의 분업으로 이루어질 수도 있습니다. 한국에서도 가수이자 화가인 조영남 씨의 한 그림이 조영남 씨 본인의 작업이 아니라 조수의 작업으로 그려졌기 때문에 조영남 씨의 작품으로 판매하는 것은 사기라는 소송이 일어난 적이 있었습니다. 대법원은 조영남 씨에게 저작권이 있는 그림으로 최종 판결을 했습니다. 조영남 씨는 그 그림을 실제로 그리는 작업을 하지 않았다고 해도 어떤 그림을 그릴지 결정하고 그걸 지시했기 때문에 조영남 씨의 그림으로 보아야 한다는 판결이었습니다. 아직까지는 이미지 생성 AI로 그려진 그림이 사람에 의해서 그려진 게 아니라서 저작권을 인정할 수 없다는 법적인 해석에 시사하는 바가 있는 판결입니다.

이런 문제는 아직도 현재진행형으로 일어나고 있는 일이라 과연 어떤 결론이 날지는 단언할 수 없습니다. 조영남 씨의 판례에서 보았듯이 설사 그림 작업을 직접 하지 않았다고 해도 어떤 그림을 그릴지 선택하고 판단하고 지시하였다면 그 그림의 저작자는 이미지 생성 모델을 사용한 사람이 충분히 될 수 있다고 봅니다. 아마도 장차 그런 방향으로 법이 개정되거나 마련될 거라고 예상해 봅니다.

> **조영남 작품 대작 사건**
>
> 가수 겸 화가 조영남 씨는 자신의 그림 작업 일부를 조수에게 맡기고 자신의 작품으로 판매하여 저작권 논란에 휩싸였습니다. 조수 송기창 씨는 자신의 기여를 인정받지 못했다며 법적 대응에 나섰고, 검찰은 2016년 조영남 씨를 사기 혐의로 기소했습니다. 1심 유죄, 2심 무죄를 거쳐 2020년 대법원은 조영남 씨에게 무죄를 확정했습니다.
>
> 대법원은 조수의 기여가 있더라도 작품의 기획과 지휘는 조영남 씨가 담당했으며, 이는 창작의 한 방식으로 볼 수 있다고 판단했습니다. 또한 구매자들은 조영남 씨의 명성과 작품의 가치를 보고 구매한 것이므로 사기 혐의는 성립되지 않는다고 판결했습니다.
>
> 이 사건은 예술 작품의 저작권과 창작 과정에서의 역할 분담에 대한 논쟁을 불러일으켰습니다. 일반적으로 상업적인 팝아트에서 조수가 그림 작업을 하더라도 작품의 아이디어와 지시를 제공한 작가가 저작권을 갖는 경우가 많습니다. 하지만 조수의 예술적 기여가 인정되거나 별도의 계약이 존재하는 경우 저작권 귀속 문제는 복잡해질 수 있습니다. 따라서 명확한 권리 관계를 위해서는 계약서에 저작권 귀속에 대한 내용을 명확히 명시하는 것이 중요합니다.

3. 디퓨전 모델의 작동 원리

통계 물리학에서 건너온 확산 과정이라는 원리가 어떻게 이미지 생성 모델에 활용되어서 우리가 볼 수 있는 그런 다양한 이미지들을 생성할 수 있는지 그 원리를 알아봅시다. 원리의 유래에 물리학이 등장하고 실제로 구체적인 작동 과정을 세세하게 설명하려면 수학적인 내용까지 다루어야 하겠지만 디퓨전 모델의 장점은 그 과정이 상당히 직관적이라는 겁니다. 그래서 굳이 어려운 수학식이나 물리학적인 원리를 다루지 않더라도 아티스트들도 이해할 수 있을만한 수준으로 직관적으로 설명이 가능합니다.

학습 시키기 까다로운 GAN을 생각한다면 디퓨전 모델은 그에 비해 천사같은 방법입니다. 될지 안될지 알 수 없는 게 아니라 물리학의 원리에 따라 예측 가능한 방법으로 작동하기 때문에 어찌보면 매우 기계적이고 결정론적입니다. 이전의 GAN 모델이 생물의 진화에 비견될 수 있듯이 생물학적인 모호성이 깊게 배어있는 방법인데 반해 디퓨전 모델은 반대로 확률적이긴 하지만 그 확률의 분포를 정확하게 예측할 수 있는 통계 물리학의 방법에 크게 신세지고 있습니다. 이걸 좀 더 쉬운 말로 옮기면 그림을 구성하는 개별적인 픽셀의 색을 예측하는 것은 매우 확률적이라 무작위에 가까울 수 있지만 그러한 픽셀들이 모여서 만드는 커다란 형태는 확률 분포 곡선의 형태로 꽤 정확하게 예측할 수 있다는 겁니다. (그림10 참조)

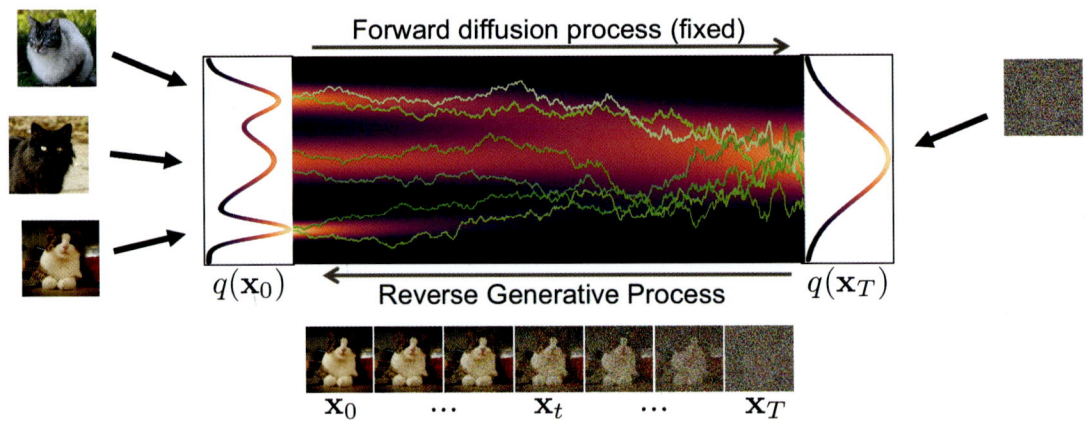

그림10 순방향 확산 과정과 확률 분포 곡선의 변화
출처 https://cvpr2022-tutorial-diffusion-models.github.io/

다만 우리가 사용하는 프롬프트 텍스트는 자연어로서 각각의 단어가 나타내는 개념들과 그 개념들에 대응되는 이미지를 연관짓도록 학습되긴 했지만 자연어라는 언어의 그물망은 그렇게 촘촘하지가 않습니다. 그래서 이미지가 될 수 있는 모든 개념을 하나도 빠짐없이 정확하게 담아낼 수는 없습니다. 쉽게 말해 성글은 그물 사이로 빠져나가버리는 개념들이 있다는 겁니다. 그리고 언어는 기본적으로 다의적이며 모호합니다. 같은 단어라고 해도 그 단어가 포함된 문장의 맥락에 따라 의미가 완전히 달라지기도 합니다. 이런 언어의 다의성과 모호성 때문에 그동안 자연어를 제대로 처리하는 일이 인공지능의 가장 어려운 과제이기도 했습니다. 과거에 언어학자들이 정리한 문법 규칙을 통해서 자연어 처리를 해보려고 했지만 잘되지 않았습니다. 자연어를 문법 규칙으로 다 담아낼 수가 없었던 겁니다. 그리고 통계적인 빈도수를 헤아려서 처리하는 방법이 문법 규칙으로 하는 방법보다는 더 나은 결과를 낳기는 했지만 통계적인 빈도 수를 헤아리는 방법으로는 제 아무리 많은 텍스트 데이터로 통계를 내더라도 자연어의 암묵적인 규칙을 제대로 재현할 수가 없었습니다.

자연어 처리에 돌파구가 열리기 시작한 것은 다름 아니라 인공 신경망을 기반으로한 딥러닝 인공지능이 등장하면서 부터입니다. 결정적인 변곡점이 된 건 2017년에 발표된 "Attention is all you need"라는 좀 장난스런 제목의 논문에 실린 트랜스포머라는 신경망 구조가 등장한 겁니다. 변신 로봇이 연상되는 트랜스포머라는 이름의 신경망 구조는 원래 언어의 번역을 잘하기 위해서 고안된 겁니다. A라는 언어에서 B라는 언어로 번역하는 일은 두 언어의 문법 구조가 같거나 비슷할 때는 그렇게 어렵지 않지만 문법 구조가 다른 두 언어를 서로 번역하는 것은 매우 어려운 일이었습니다. 지금은 인공지능이 왠만큼 번역을 잘하는 시대에 이미 살고 있지만 인공지능이 번역을 하는 이른바 기계 번역이 영어와 한국어처럼 문법 구조가 상당히 다른 두 언어 사이에도 꽤 잘되기 시작한 것은 바로 트랜스포머 구조가 등장한 2017년 무렵부터입니다.

그리고 이러한 트랜스포머 구조는 기본적인 구조에는 큰 변화없이 덩치를 키우는 쪽으로 연구가 이루어졌고, 결국에는 2022년 말에 ChatGPT가 등장하면서 대중들도 이 트랜스포머 구조에서 나오는 놀라운 자연어 처리 능력을 다들 알게 되었습니다. 물론 대중들이 트랜스포머 구조에 대해서 알게 된 것이 아니라 그 능력을 알게 된 것이지만 말입니다.

최근에는 프롬프트 텍스트를 더 큰 트랜스포머 모델을 통해 이미지에 대응되는 개념으로 더욱 정교하게 번역할 수 있는 이미지 생성 모델들도 등장하고 있습니다. 오픈소스 진영에서는 단연 Stable Diffusion 3 가 그런 모델이라고 할 수 있습니다.

다만, (이 글을 쓰는 시점에서는) 완전한 오픈소스는 아니고 상업적인 용도로 사용할 때에는 별도의 라이선스가 필요합니다. (그림11 참조)

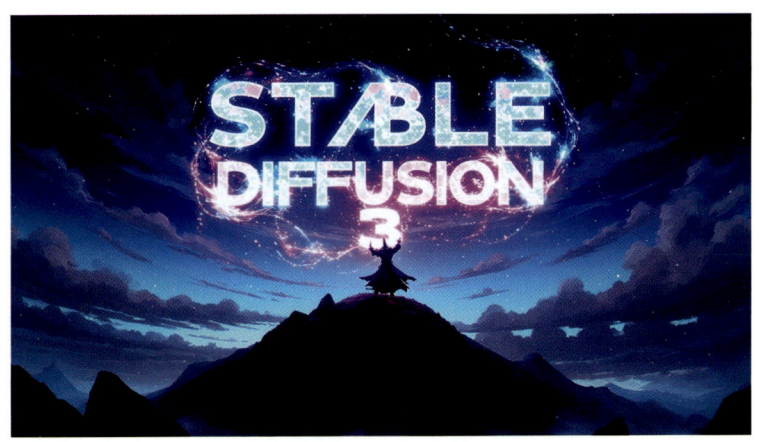

그림11 스테이블 디퓨전 3 홍보 이미지

Diffusion Model의 간략한 역사

1. 초기 아이디어 (2000년대 중반 ~ 2015년)
- Diffusion Model의 근본적인 아이디어는 2000년대 중반부터 통계 물리학 분야에서 연구되어 왔습니다.
- 2015년, Jascha Sohl-Dickstein 등이 발표한 논문 "Deep Unsupervised Learning using Nonequilibrium Thermodynamics"에서 처음으로 딥러닝 기반 생성 모델에 Diffusion Process를 적용했습니다. 이 논문에서는 Markov Chain을 사용하여 데이터 분포를 학습하고 새로운 샘플을 생성하는 방법을 제시했습니다. 하지만 당시에는 GAN에 비해 성능이 떨어져 크게 주목받지는 못했습니다.

2. Score-Based Model의 등장 (2019년 ~ 2020년)
- 2019년, Yang Song과 Stefano Ermon이 발표한 논문 "Generative Modeling by Estimating Gradients of the Data Distribution"에서 Score Matching이라는 새로운 학습 방법을 제안했습니다. 이 방법은 Diffusion Process의 각 단계에서 데이터 분포의 Gradient를 추정하여 생성 모델을 학습하는 방식입니다.
- 이후, Score-Based Model은 다양한 연구를 통해 발전했습니다. 특히, Continuous-Time Diffusion Model과 Stochastic Differential Equation(SDE) 기반 모델이 등장하면서 생성 품질이 크게 향상되었습니다.

3. 고품질 이미지 생성과 다양한 분야로의 확장 (2021년 ~ 현재)
- 2021년, OpenAI에서 DALL-E와 GLIDE를 발표하면서 Diffusion Model은 이미지 생성 분야에서 뛰어난 성능을 보여주었습니다.
- 이후, Stable Diffusion과 Imagen과 같은 모델들이 등장하면서 Diffusion Model은 이미지 생성분야의 주류 모델로 자리 잡았습니다.
- 이미지 생성뿐만 아니라, 오디오 생성, 비디오 생성, 텍스트 생성 등 다양한 분야에서도 Diffusion Model을 활용한 연구가 활발하게 진행되고 있습니다.

❶ U-Net 의 활용

U-Net은 여러가지 이미지 처리에 활용되는 이미지 처리용 인공 신경망 구조의 하나입니다. 디퓨전 모델에서 U-Net이 사용되는 건 U-Net이 이미지에 낀 노이즈를 추정해서 원래의 이미지를 복원하는 데에도 쓰이기 때문입니다. 이런 노이즈 제거 기능을 활용해 이미지를 생성하는 이미지 생성기로 활용하는 것입니다.

U-Net의 전체적인 구조를 대강 살펴보면 기본적인 구성품은 이미지를 처리하는 데 전문적으로 쓰이는 CNN(Convolution Neural Network 합성곱 신경망)이 여러 층에 걸쳐서 쓰입니다. 전체적으로는 좁아졌다가 다시 넓어지는 모래시계형의 병목 구조입니다. 입력된 이미지를 점차적으로 줄여서 더 낮은 해상도의 특징 맵으로 바꾼 다음 다시금 점차적으로 해상도를 키워서 원래 크기의 이미지로 되돌리는 과정입니다. 단지 이렇게만 하면 Autoencoder(오토인코더)와 마찬가지 구조가 되는데 U-Net이 되기 위해서는 같은 이미지 크기의 층끼리 아무런 조작없이 특징 맵을 그대로 연결해주는 스킵 연결이 층층마다 있습니다. 그림에서처럼 수평으로 가로지르는 여러 개의 회색 화살표가 이런 스킵 연결들을 표시한 겁니다.(그림12 참조)

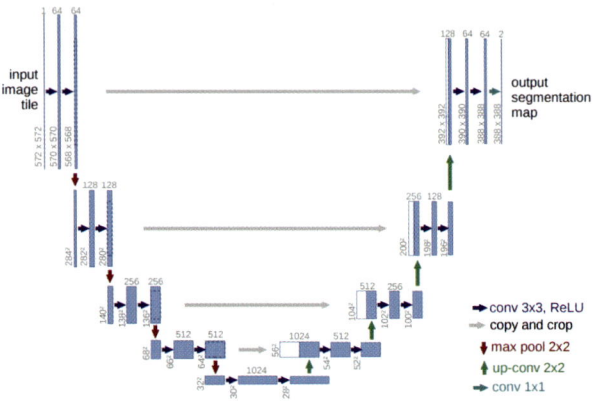

그림12 U-Net의 신경망 구조
출처 U-Net: Convolutional Networks for Biomedical Image Segmentation
https://arxiv.org/pdf/1505.04597

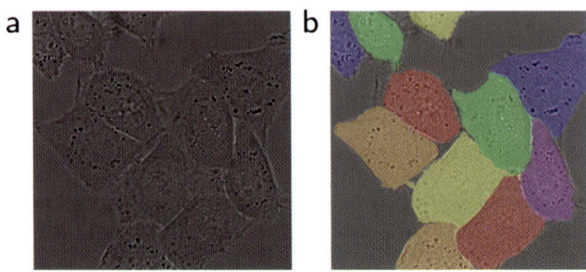

그림13 U-Net의 세포 현미경 이미지 분할 영상
출처 U-Net: Convolutional Networks for Biomedical Image Segmentation
https://arxiv.org/pdf/1505.04597

U-Net은 원래 생물 의학 이미지 분할(Segmentation)을 위해 고안된 인공 신경망 구조입니다. 그 외에도 다양한 이미지 처리 작업, 예를 들어 이미지 복원, 스타일 변환, 이미지 생성 등에도 활용됩니다.(그림13)

전체적인 구조를 살펴보면, U-Net은 합성곱 신경망(CNN)을 기반으로 하며, 두 개의 대칭적인 경로로 구성됩니다. 축소 경로와 확장 경로입니다.(그림12)

U-Net의 구조

축소 경로(Encoding Path)
이 경로는 전형적인 CNN처럼 작동하며, 여러 합성곱 층과 풀링 층으로 구성되어 있습니다. 입력 이미지를 점차적으로 낮은 해상도이지만 더 높은 차원의 특징 맵으로 변환합니다. 각 단계에서 이미지를 축소(다운샘플링)하여 중요한 특징을 추출합니다.

확장 경로(Decoding Path)
축소 경로의 반대 방향으로, 특징 맵을 점차적으로 원래 크기로 복원합니다. 업샘플링 층(예: 업컨볼루션 또는 트랜스포즈드 컨볼루션)을 사용하여 이미지의 해상도를 점차적으로 증가시킵니다.

스킵 연결(Skip Connections)
축소 경로의 각 층에서 추출된 특징 맵을 확장 경로의 대응하는 층에 연결합니다. 이는 고해상도의 공간 정보를 보존하여 최종 출력 이미지의 세밀한 부분까지 복원할 수 있도록 도와줍니다. 스킵 연결은 축소 경로의 특징 맵을 그대로 확장 경로의 대응하는 위치에 연결하여, 정보 손실을 최소화하고 모델의 성능을 향상시킵니다.

U-Net의 이름
U-Net이라는 이름은 신경망 구조 다이어그램의 모양이 전체적으로 커다란 U자 모양으로 보이기 때문에 붙여졌습니다.

U-Net의 주요 용도
- 생물 의학 이미지 분할 : 원래 의학 이미지에서 세포, 장기 등의 구조를 분할하기 위해 개발되었습니다.(그림13)
- 이미지 복원 : 예, 노이즈 제거, 해상도 향상 등에도 활용됩니다.
- 이미지 생성 및 변환 : 흑백 이미지에 색을 입히거나 스타일 변환에 사용됩니다.

U-Net은 그 구조적 효율성 덕분에 다양한 이미지 처리 작업에서 높은 성능을 발휘합니다. 스킵 연결을 통해 정보 손실을 줄이고, 축소 및 확장 경로를 통해 다중 해상도의 특징을 효과적으로 활용할 수 있습니다.

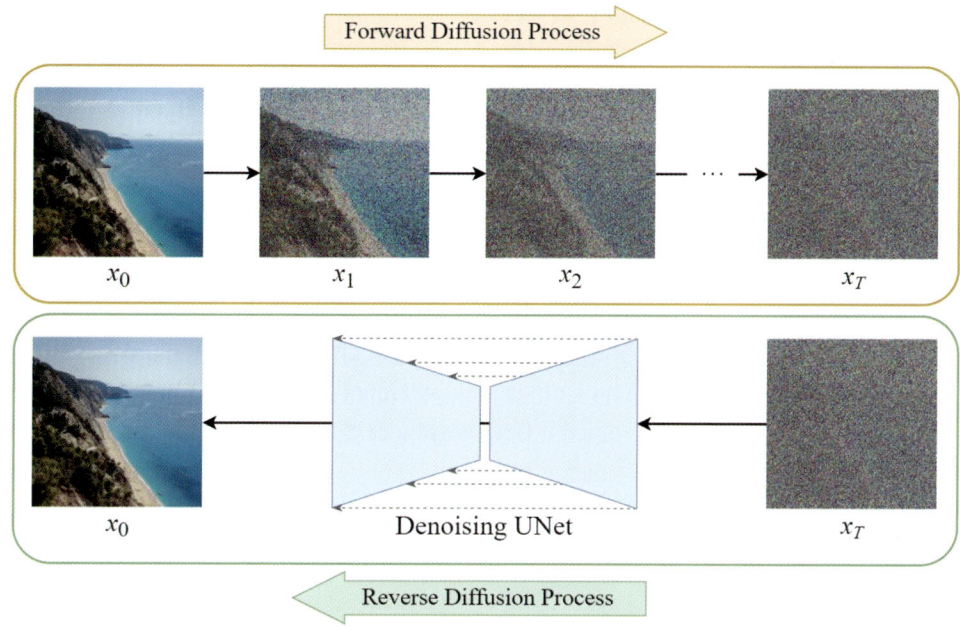

그림14 순방향 확산 과정과 디노이징 U-Net의 역방향 과정
https://medium.com/@steinsfu/diffusion-model-clearly-explained-cd331bd41166

그러면 이제 필요한 건 U-Net 이 노이즈 제거를 학습할 수 있도록 노이즈가 낀 이미지를 준비하는 것입니다.(그림14 참조)

노이즈가 낀 이미지를 만드는 과정은 그냥 일방향으로 진행되는 절차적인 과정입니다. 원래의 원본 이미지에 조금씩 노이즈를 더하기만 하면 됩니다. 노이즈를 한 꺼번에 더하여버리면 U-net이 노이즈 제거를 학습하기 어렵기 때문에 조금씩 조금씩 순차적으로 노이즈를 더해서 노이즈가 점점 증가하는 일련의 이미지를 만듭니다. 맨 마지막에는 완전히 노이즈로 변해버린 이미지가 있게 됩니다. 이때 노이즈의 확률적인 분포는 가우스 분포가 되도록 합니다.

굳이 가우스 분포로 하는 이유는 자연에 존재하는 가장 보편적인 확률 분포이기도 하지만 평균과 분산이라는 단 두개의 값으로 확률 분포의 형태를 정확하게 그릴 수 있기 때문입니다. 쉽게 말해 수학적으로 다루기 쉬운 확률 분포라는 겁니다. 고등학교에서 가우스 분포를 배운 이유이기도 합니다. 실제 자연에는 가우스 분포 외에도 다른 분포들도 존재합니다.(그림15 참조)

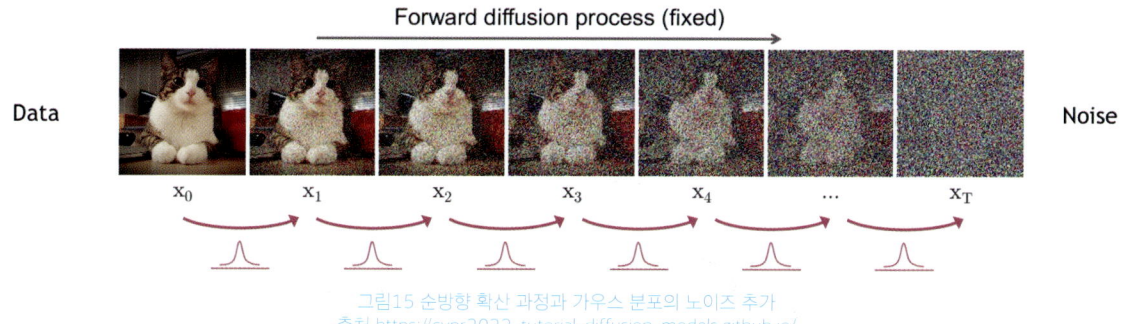

그림15 순방향 확산 과정과 가우스 분포의 노이즈 추가
출처 https://cvpr2022-tutorial-diffusion-models.github.io/

❷ 꼭 노이즈로 해야 하나?

이미지에 노이즈를 더하는 방법 말고도 블러(blur)를 먹이는 방법으로도 비슷한 효과를 얻을 수 있습니다. 점진적으로 블러를 먹인 일련의 흐릿한 이미지를 제공하고 마찬가지 방식으로 블러를 조금씩 제거하면서 원래의 이미지를 복원하는 것을 학습할 수도 있습니다. 기본적으로는 노이즈를 더하는 방식과 같다고 할 수 있습니다. 블러를 먹이는 방법은 확률적인 무작위성이 없기 때문에 고해상도의 이미지의 세부적인 내용을 잘 복원할 수 있는 나름의 장점이 있습니다. 그림처럼 블러 뿐만 아니라 노이즈가 아닌 여러가지 다양한 방법으로 원래의 이미지를 복원하는 방법을 학습할 수 있습니다.(그림 16참조)

하지만 노이즈를 더하는 방법이 가진 장점이 있습니다. 임의의 노이즈를 출발점으로 삼으면 확률적인 선택지가 많아지고 노이즈를 제거하는 과정에서도 확률적인 무작위성 때문에 훨씬 다양한 이미지를 생성할 수 있다는 겁니다. 그래서 이미지의 복원보다 이미지의 생성에 촛점이 있다면 노이즈를 더하는 방식이 더 좋은 방법입니다. 다시 말하면 블러를 먹이는 방식은 매우 절차적이고 정직한 방법이라서 원래 이미지의 세부를 복원하는데 좀 더 좋다면, 노이즈를 더하는 방식은 무작위성으로 인해서 좀 더 창의적인 다양성을 얻기 좋다는 겁니다.

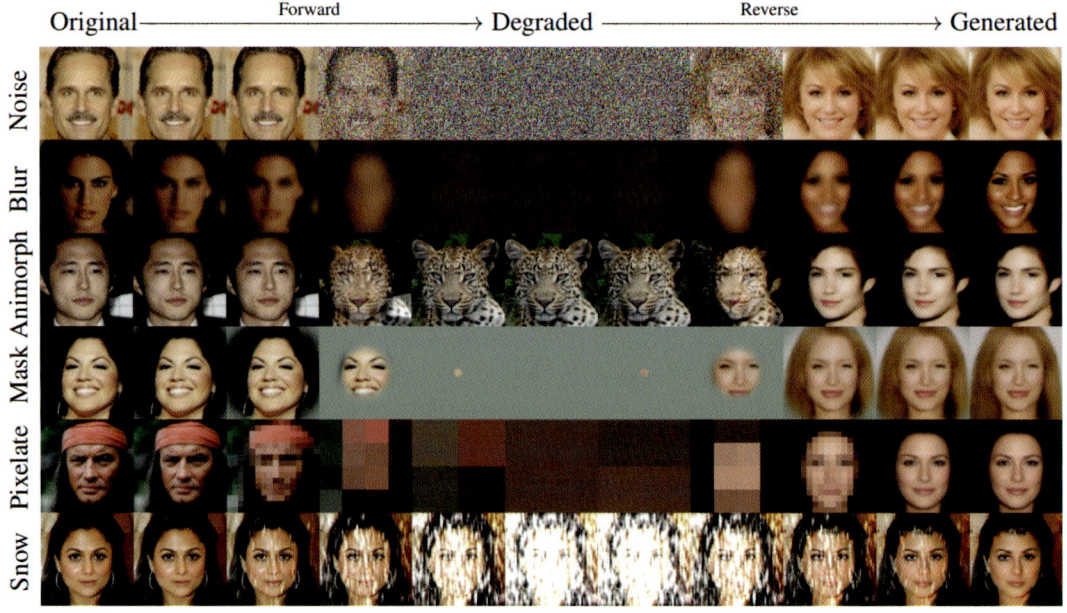

그림16 이미지를 훼손하고 복원하는 다양한 방법
출처 Cold Diffusion: Inverting Arbitrary Image Transforms Without Noise
https://arxiv.org/pdf/2208.09392

이렇게 노이즈를 제거하는 방법을 학습했다고 해도 원래 입력한 이미지들만 충실하게 재현할 수 있다면 그냥 모작만 잘하는 화가 지망생에 불과할 겁니다.(그림17 참조)

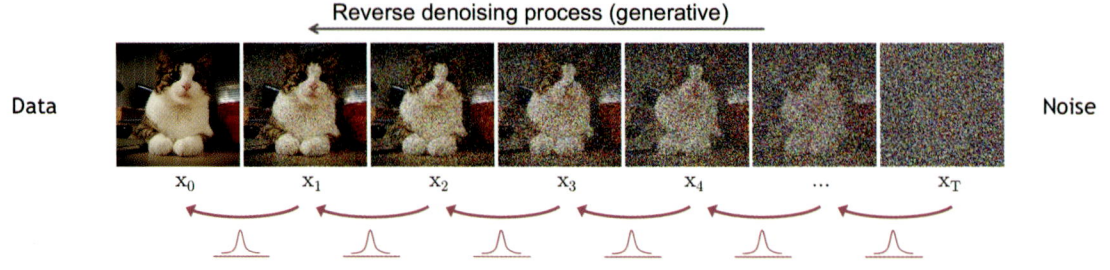

그림17 역방향 디노이징 과정과 노이즈의 가우스 분포
출처 https://cvpr2022-tutorial-diffusion-models.github.io/

OpenAI에서 2021년 1월에 발표한 DALL-E는 디퓨전 모델은 아니지만 (DALL-E 2부터 디퓨전 모델 사용) 이미지를 이산적인 잠재 데이터로 줄였다가 다시 원래 이미지로 복원하는 discrete VAE를 활용한 생성 모델입니다. 학습한 이미지를 바탕으로 새로운 컨셉의 이미지를 생성할 수 있다는 점이 AI 연구자로서도 매우 놀라운 일이었습니다. 드디어 AI가 창작의 영역에 한 걸음 발을 들여 놓았다는 증거였기 때문입니다.

특히 아보카도 의자를 그린 이미지가 매우 인상적이었습니다.(그림18 참조) DALL-E는 아보카도라는 과일도 학습을 했고, 의자라는 가구도 학습을 했겠지만 아보카도 모양의 의자를 학습한 적은 없기 때문입니다. 이미 학습한 아보카도라는 개념과 의자라는 개념을 조합해서 아보카도 의자라는 한번도 배운 적이 없는 새로운 개념의 이미지를 생성한 것입니다. 이는 이미지 생성 모델 역사에 있어서 특이점이라고 말할 수도 있을 듯합니다.

그림18 DALL-E가 그린 아보카도 의자
출처 OpenAI https://openai.com/index/dall-e/

이른바 인공지능 전문가들이 인공지능이 발전해도 가장 안전한 직업군으로 예술가를 꼽았지만 그 전문가들이 예측한 것이 완전히 빗나갔다는 겁니다. 도대체 왜 이런 일이 일어나는 것일까요? 그들은 무늬만 전문가인 얼치기 전문가였을까요? 아니면 그만큼 인공지능의 발전을 예측하는 것이 어려운 것일까요?

필자의 조심스런 생각에는 인간중심주의가 올바른 판단을 흐리게 하는 아닐까 싶습니다. 인간중심주의는 인간은 매우 특별한 존재이고 예술같은 창의적인 능력은 오로지 인간만이 가질 수 있다는 일종의 신념입니다. 영화 아이로봇에서 주인공이 로봇에게 예술적인 창의력이 있는지 따져 묻는 장면이 기억납니다.

영화 아이로봇 (2004)에서 주인공인 델 스푸너 형사(윌 스미스)가 로봇인 서니를 취조하는 장면에는 예술 창작에 관한 흥미로운 대화가 있습니다.

델 스푸너 : "로봇이 교향곡을 쓸 수 있나? 로봇이 캔버스를 아름다운 걸작으로 바꿀 수 있나?"

서니 : "당신은 할 수 있나요?"

이 대화에서 스푸너 형사는 로봇이 예술적 창작을 할 수 있는지에 대해 도전적으로 묻고, 서니는 반문하여 인간인 스푸너 형사가 스스로 그러한 예술적 능력을 가지고 있는지를 되묻습니다. 이 장면은 인간과 로봇의 차이와 창의성에 대한 철학적인 질문을 던집니다.

 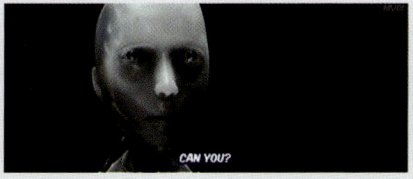 

그림19 아이로봇(2004)의 해당 장면으로 만든 인터넷 밈

영화 아이로봇이 개봉한 2004년으로부터 20년이 흐른 지금 우리는 인공지능이 그림을 그릴 수 있고 음악도 작곡하고 노래도 부를 수 있는 그런 시대에 살고 있습니다.

❸ DALL-E는 어떻게 학습하지 않은 이미지를 생성할까?

DALL-E가 아보카도 의자처럼 한 번도 학습한 적 없는 새로운 이미지를 생성할 수 있는 이유는 바로 "개념의 합성(Compositionality)" 덕분입니다. 마치 인간이 한 번도 본 적 없는 사물을 상상할 수 있는 것처럼, DALL-E도 학습한 개념들을 조합하여 새로운 이미지를 만들어낼 수 있습니다.

DALL-E는 학습 과정에서 수억 장의 이미지와 그 이미지를 설명하는 텍스트 데이터를 함께 학습했습니다. 이 과정에서 DALL-E는 "아보카도"라는 단어가 초록색, 타원형, 과일 등의 개념과 연관되고, "의자"라는 단어는 다리, 등받이, 앉는 용도 등의 개념과 연관된다는 것을 학습했습니다. 따라서 "아보카도 의자"라는 프롬프트가 주어지면, DALL-E는 각 단어가 나타내는 개념들을 연결하고 조합하여 새로운 이미지를 생성합니다. 즉, 아보카도의 속살을 의자의 쿠션처럼 표현하고, 씨앗을 등받이로 활용하는 등 기존에 학습했던 아보카도와 의자의 특징들을 결합하여 새로운 이미지를 만들어내는 것입니다.

다시 말하면 DALL-E는 이미지와 텍스트를 함께 학습하면서 개념들을 연결합니다. 아보카도 의자와 같은 새로운 조합이 주어지면, 학습된 개념들을 기반으로 새로운 이미지를 상상합니다. 단순히 이미지를 합성하는 것이 아니라, 개념들을 조합하여 창의적인 이미지를 생성합니다. DALL-E는 이처럼 개념의 합성 능력을 통해 기존에 존재하지 않았던 새로운 이미지를 만들어냄으로써 인공지능의 창의성을 보여준 대표적인 사례라고 할 수 있습니다.

4. 스테이블 디퓨전 모델의 원리

스테이블 디퓨전(Stable Diffusion) 모델은 원래 High-Resolution Image Synthesis with Latent Diffusion Models 라는 논문에서 제안된 Latent Diffusion Model에 기초해서 만들어진 이미지 생성 모델입니다. 앞에서 살펴 보았던 DALL-E 모델은 이미지 자체에 노이즈를 더하고 빼는 식으로 작동하기 때문에 이미지의 해상도를 높이게 되면 그만큼 계산도 많아지고 메모리도 더 많이 필요하게 됩니다. 그래서 왠만큼 쓸만한 해상도의 이미지를 생성하려고 하면 통상적인 사용자들의 PC에 장착된 GPU로는 돌리기 어려운 수준입니다. 그런데 Latent Diffusion Model 은 이를 극복할 획기적인 아이디어를 활용했습니다. 이를 LION 데이터셋의 23억쌍의 이미지와 캡션 데이터로 사전학습된 신경망의 가중치를 공개하면서 스테이블 디퓨전(Stable Diffusion)이란 이름으로 등장했습니다. 스테이블 디퓨전 모델(Stable Diffusion Model)은 여러가지 버전이 있지만 앞으로 특별한 언급이 없는 한 가장 많이 쓰이고 있는 1.5 버전을 기준으로 설명하겠습니다. 완전 오픈 소스로 공개된 버전 중에 가장 최신 버전은 1024 x 1024 를 이미지의 기본 해상도로 지원하는 SDXL 모델입니다. 현재 가장 최신 버전은 완전 오픈소스는 아닌 스테이블 디퓨전 3 입니다.

스테이블 디퓨전 모델의 핵심 아이디어는 이미지에 직접 노이즈 처리를 하는 대신에 이미지를 적절한 방법으로 축소한 이른바 잠재 이미지로 만들고 대신 이 잠재 이미지에 대해서 노이즈 처리를 한다는 겁니다. 스테이블 디퓨전 1.5 모델의 기본 이미지 사이즈가 512 x 512 인데 픽셀당 RGB 컬러를 저장하기 위해서 3바이트를 사용하니 512 x 512 x 3 = 786,432 바이트가 필요합니다. 그런데 잠재 이미지의 크기는 64 x 64 이고, RGB 컬러의 3가지 성분 대신에 4가지 성분의 값을 가집니다. 물론 각 성분은 1바이트 크기입니다. 즉, 64 x 64 x 4 = 16,384 바이트입니다. 바이트 수의 비를 계산하면 786,432 / 16,384 = 48 로 원래 이미지 용량의 1/48 에 불과한 용량으로 줄이는 겁니다.

이러한 잠재 이미지는 때에 따라 잠재 공간으로 불리기도 하고, 좀 더 수학적인 용어인 잠재 변수나 잠재 벡터 등으로 불리기도 합니다. 잠재 공간은 잠재 이미지들이 존재하는 공간이라는 의미가 강하고, 차원수가 매우 높은 고차원 공간입니다. 잠재 벡터는 개별적인 잠재 이미지를 가리키기도 합니다. 다만, 이런 구분이 엄밀한 것은 아닙니다.

1/48 밖에 안되는 크기의 잠재 이미지로 줄이는 건 좋지만 원래 이미지를 잠재 이미지로 줄이고 처리가 끝난 잠재 이미지를 다시 보통의 이미지로 복원하는 일이 필요합니다. 그것도 원래 이미지를 최대한 손상하지 않고 복원할 수 있어야 합니다. 여기서 원래 이미지를 잠재 이미지로 축소하고 축소된 잠재 이미지를 다시 원래 이미지로 복원하는 일을 담당하는 것이 바로 VAE(Variational Autoencoder)라는 이름의 신경망입니다.

잠재 공간은 고차원 공간으로 우리가 직관적으로 파악하기 어려운 수학적인 추상 공간입니다. [그림20]은 이를 3차원 공간으로 축소해서 묘사한 겁니다. 잠재 공간은 모든 가능한 잠재 이미지들이 있는 곳이라고 볼 수 있습니다. 이 안에 존재하는 대부분의 이미지들은 노이즈로 보이는 이미지일 겁니다. 우리가 구체적인 사물로 인식할 수 있는 이미지들도 당연히 그 사이 사이에 분포하고 있을 겁니다.

그런데 압도적으로 많은 노이즈 이미지들 사이에 드물게 존재하는 정상 이미지들이 아무렇게나 흩어져서 존재한다면 어떨까요? 만일 그렇다면 안그래도 고차원의 잠재 공간 속에서 우리가 원하는 이미지를 찾는 일은 매우 어려운 일이 될테고 원하는 이미지를 하나 찾았다 해도 그 이미지에서 조금 변화된 이미지가 바로 옆에 있는 게 아니라면 매우 곤란할 겁니다. 그런데 다행스럽게도 우리가 원하는 정상적인 이미지들이 아무렇게나 흩어져 있지 않고 서로 연속된 얇은 막의 형태로 분포하고 있답니다. 수학에선 '연속된 얇은 막의 형태'를 다양체(manifold)라고 하고, 이걸 다양체 가설이라고 합니다. 아직 수학적으로 엄밀하게 증명된 건 아니지만 실용적으로는 사실로 간주할 수 있습니다.

이 다양체 가설이 만일 참이 아니라면 이미지 생성 모델을 통해서 이미지를 생성하는 게 이런 정도로 쉽게 가능할 수 없기 때문입니다. 어떤 의미에서는 생성 모델이 이미지를 생성하는 게 아니라 방대한 잠재 공간 속에서 우리가 원하는 이미지를 찾아내는 거라고 할 수 있습니다.

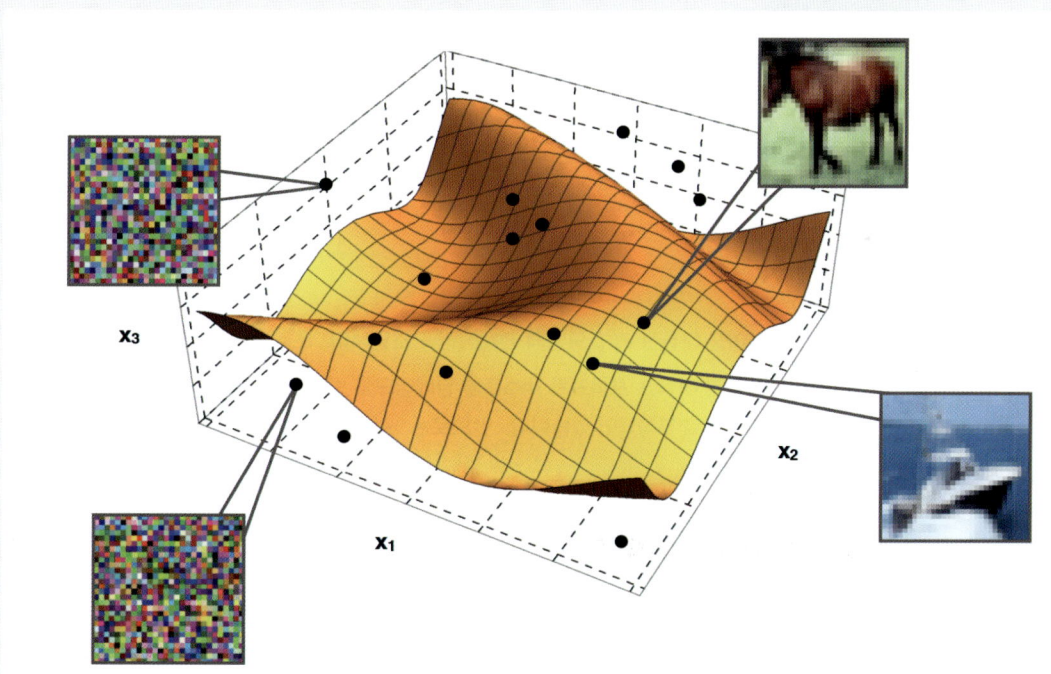

그림20 잠재 공간과 다양체 가설
출처 https://journals.aps.org/prx/pdf/10.1103/PhysRevX.10.041044

"모든 돌덩어리 안에는 조각상이 있고 그것을 발견하는 것이 조각가의 임무이다."
- 미켈란젤로 -

Stable Diffusion v1.5 와 v2 의 차이점

1. 텍스트 인코더의 차이
v1.5 : Open AI의 CLIP ViT-L/14 모델 사용.
- 장점: 이미지 생성 품질이 준수함.
- 단점: 모델 학습에 사용된 데이터가 비공개임.

v2 : OpenClip 모델 사용.
- 장점:
  - v1.5보다 모델 크기가 최대 5배 커서 이미지 품질이 향상됨.
  - 오픈 소스 모델을 사용하여 연구 및 개발의 투명성 확보.
- 단점: v1.5 대비 학습 데이터의 양이 적어 특정 이미지 생성 시 품질이 떨어질 수 있음.

2. 이미지 해상도의 차이
v1.5 : 최대 512×512 해상도 지원.
v2 : 512×512, 768×768 해상도 지원.
- 더 높은 해상도의 이미지 생성 가능.

3. 학습 데이터의 차이
v1.5 : 다양한 해상도의 이미지 데이터셋(laion2B-en, laion-high-resolution, laion-aesthetics v2 5+) 사용.

v2 :
- LAION-5B 데이터셋 중 NSFW(부적절한 콘텐츠) 필터링된 데이터 사용.
- v1.5 대비 더 많은 양의 데이터 학습.

v2.1 :
- v2에서 NSFW 필터 강도를 낮춰 다양한 이미지 생성 가능.

Stable Diffusion v2는 v1.5에 비해 이미지 품질과 해상도, 학습 데이터 측면에서 진보된 모델입니다. 특히 NSFW 필터 조정을 통해 v2.1은 더욱 다양한 이미지 생성이 가능해졌습니다.

SDXL 모델의 차이점

SDXL 모델은 v1 및 v2 모델의 공식 업그레이드 버전으로, 오픈 소스로 출시되었습니다.

SDXL 모델의 파라미터 수는 무려 66억 개로, v1.5 모델의 9억 8천만 개에 비해 압도적으로 많습니다. SDXL의 이미지 생성 파이프라인은 기본 모델과 리파이너 모델로 구성됩니다. SDXL 모델은 이 두 가지 모델이 함께 작동하는 시스템입니다.

먼저 기본 모델이 전체적인 구성을 설정하고, 그 다음 리파이너 모델이 디테일을 추가합니다. 리파이너 모델 없이 기본 모델만으로도 작동할 수도 있습니다.

SDXL 기본 모델의 주요 변경 사항은 다음과 같습니다:

- 텍스트 인코더는 OpenClip의 가장 큰 모델인 ViT-G/14와 OpenAI의 독점 CLIP ViT-L를 결합합니다. 이는 강력하면서도 학습 가능한 OpenClip을 유지하면서 SDXL을 쉽게 프롬프트 할 수 있게 해줍니다.
- 256×256보다 작은 학습 이미지를 사용하는 새로운 이미지 크기 조건을 도입했습니다. 이는 이미지의 39%를 버리지 않음으로써 학습 데이터를 크게 증가시킵니다.
- U-Net은 v1.5보다 3배 더 큽니다.
- 기본 크기는 1024×1024로, v1.5 모델의 512×512보다 4배 더 큽니다.

다음 [그림21]은 스테이블 디퓨전 v1.5 모델의 전체적인 구조입니다.

앞에서 이미 자세히 살펴본 U-Net, 프롬프트 텍스트를 임베딩으로 변환하는 CLIP, 그리고 잠재 이미지를 본래 이미지로 복원하는 VAE라는 모두 세가지 모듈로 구성되어 있습니다. 앞으로는 VAE와 CLIP을 자세히 알아보겠습니다.

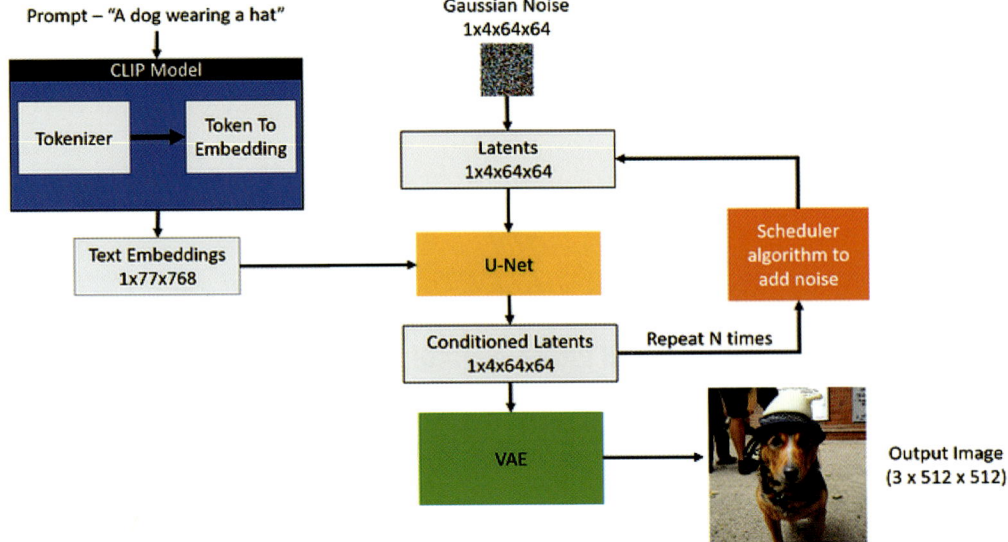

[그림21] 스테이블 디퓨전 v1.5 모델의 전체 구조
출처 https://towardsdatascience.com/stable-diffusion-using-hugging-face-501d8dbdd8

❶ VAE(Variational AutoEncoder)를 활용

스테이블 디퓨전은 잠재 공간에서 이미지를 생성하는 강력한 텍스트-이미지 생성 모델입니다. 이 모델의 핵심 구성 요소 중 하나는 Variational Autoencoder (VAE), 즉 변이형 오토인코더로 오토인코더의 일종입니다. (그림22)은 오토인코더의 일반적인 구조입니다. VAE는 원래 이미지 데이터의 압축 및 노이즈 제거에 중요한 역할을 하며, 스테이블 디퓨전 모델에서 활용되어 이미지 생성의 효율성과 생성 품질에 기여합니다.

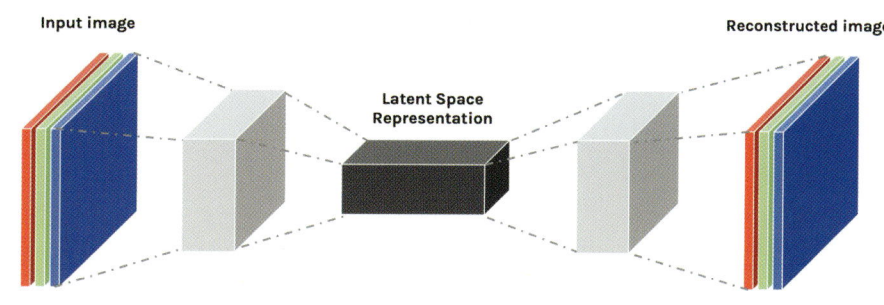

그림22 오토인코더
출처 https://hugrypiggykim.com/2017/09/20/tensormsa-guide-autoencoder/

VAE의 역할
스테이블 디퓨전에서 VAE는 두 가지 주요 기능을 담당합니다.
- **이미지 압축** : VAE는 고차원 이미지 데이터를 저차원 잠재 공간으로 압축합니다.
- **잠재 표현 생성** : 압축된 잠재 공간에서 의미 있는 정보를 유지하면서 노이즈를 제거하고 부드러운 잠재 표현을 생성합니다.

VAE의 구조
VAE는 인코더와 디코더라는 두 가지 주요 구성 요소로 이루어진 인공 신경망입니다.
- **인코더** : 입력 이미지를 받아 저차원 잠재 벡터로 압축합니다. 인코더는 이미지의 중요한 특징을 추출하여 잠재 공간의 한 점으로 표현합니다.
- **디코더** : 잠재 벡터를 받아 원래 이미지 공간으로 다시 매핑하여 이미지를 재구성합니다. 디코더는 압축된 정보를 사용하여 가능한 한 원본 이미지에 가까운 이미지를 생성합니다.

VAE의 작동 방식
- **인코딩** : 입력 이미지가 인코더를 통과하여 잠재 공간의 평균과 분산을 나타내는 두 개의 벡터로 변환됩니다.
- **샘플링** : 잠재 공간에서 평균과 분산을 기반으로 랜덤하게 잠재 벡터가 샘플링됩니다. 이 과정은 VAE가 다양한 이미지를 생성할 수 있도록 하는 데 중요합니다.
- **디코딩** : 샘플링된 잠재 벡터가 디코더를 통과하여 재구성된 이미지가 생성됩니다.

스테이블 디퓨전에서 VAE의 중요성
- **효율적인 학습** : VAE는 이미지를 저차원 잠재 공간으로 압축하여 모델이 학습해야 할 데이터의 양을 줄여 학습 속도를 높입니다.
- **고품질 이미지 생성** : VAE는 노이즈를 제거하고 부드러운 잠재 표현을 생성하여 디코더가 사실적이고 디테일한 이미지를 생성할 수 있도록 합니다.
- **다양한 이미지 생성** : 잠재 공간에서 랜덤 샘플링을 통해 VAE는 동일한 텍스트 프롬프트에서도 다양한 이미지를 생성할 수 있습니다.

VAE는 스테이블 디퓨전 모델의 핵심 구성 요소 중 하나이며, 이미지 압축 및 노이즈 제거를 통해 고품질 이미지 생성에 중요한 역할을 합니다. 잠재 공간을 활용하여 이미지를 효율적으로 생성하고 다양성을 확보하는 데 기여합니다.

❷ 텍스트 인코더

스테이블 디퓨전에서 텍스트 인코더의 역할은 입력된 프롬프트 텍스트를 토큰으로 나누고 이 토큰들을 각각 임베딩 벡터로 변환하는 것입니다. 이때 사용되는 텍스트 인코더는 OpenAI에서 공개한 CLIP 이란 모델의 텍스트 인코더 부분을 사용합니다. CLIP은 이미지와 그에 대응하는 캡션 텍스트를 함께 학습한 멀티모달 모델로 이미지 인코더와 텍스트 인코더로 구성되어 있습니다. 이 텍스트 인코더는 트랜스포머 구조의 인코더에 해당합니다.

CLIP은 텍스트 인코더는 비교적 작은 크기의 트랜스포머 인코더로 파라미터도 304M 밖에 되지 않습니다. 그래서 처리할 수 있는 최대 토큰 수도 77개 밖에 되지 않습니다. 그마저도 시작과 끝을 표시하는 두개의 토큰을 제외하면 75개입니다. 결국 이미지의 시각적 개념에 관련지을 수 있는 임베딩 벡터는 최대 75 개입니다.

❸ 디노이징 U-net

디노이징(denoising) U-Net은 스테이블 디퓨전에서도 기본적인 이미지 생성 모듈로써 일반적인 디퓨전 모델처럼 이미지의 노이즈를 예측해서 제거하는 데 사용됩니다. 스테이블 디퓨전에서 U-net 의 역할이 달라지는 건 노이즈 처리의 대상이 원래의 이미지가 아니라 VAE 인코더에 의해서 크기가 축소된 잠재 이미지가 그 대상이란 것입니다. 이렇게 크기가 작아진 잠재 이미지를 다루면 되기 때문에 일반적인 디퓨전 모델보다 더 빠르게 동작하고 메모리도 적게 사용합니다. 그래서 스테이블 디퓨전 모델이 일반적인 PC 사양에서도 구동될 수 있는 것입니다.

❹ 샘플러란?

스테이블 디퓨전 모델에서 샘플러는 노이즈를 이미지로 변환하는 일련의 과정을 담당합니다. 각 샘플러는 저마다의 알고리즘으로 이미지 생성 속도와 품질 면에서 차이를 보입니다. 자주 사용되는 샘플러는 안정적이고 고품질 이미지 생성에 유리하지만 속도가 느린 Euler a, Euler a와 유사하지만 약간 더 빠르고 이미지 디테일이 조금 떨어질 수 있는 Euler, 고품질 이미지 생성에 적합하며 특히 복잡한 이미지에서 좋은 성능을 보이지만 Euler a보다 빠르지만 메모리 사용량이 많은 LMS, 안정적이고 빠르지만 디테일이 다소 떨어질 수 있는 Heun, 고품질 이미지 생성에 뛰어나며 다른 샘플러에 비해 적은 스텝 수로도 좋은 결과물을 얻을 수 있는 DPM2, 빠른 샘플링 속도를 자랑하며 샘플링 스텝 수 조절을 통해 이미지 품질과 생성 속도를 제어할 수 있는 DDIM, 최신 샘플러 중 하나로 빠른 속도와 높은 품질을 동시에 제공하며 다양한 이미지 스타일에서 뛰어난 성능을 보여주는 UniPC 등이 있습니다. 어떤 샘플러를 선택할지는 이미지의 복잡도, 원하는 품질, 하드웨어 성능 등을 고려해야 합니다.

Euler a는 안정적이고 널리 사용되는 샘플러로, 고품질 이미지 생성에 유리하며, 뒤에 붙은 "a"는 ancestral sampling을 의미하는데, 이는 일반적인 Euler 샘플러와 차별화되는 중요한 특징입니다. Euler a 샘플러는 좀 더 안정적인 결과를 제공하며, 고해상도와 디테일한 이미지 생성에 적합하고, 다른 고품질 샘플러에 비해 상대적으로 빠른 이미지 생성을 제공합니다.

ancestral Sampling은 조상의 계보 샘플링 정도로 번역할 수 있습니다. 이전 단계의 예측 정보를 활용해서 현재 단계의 노이즈를 더 정확하게 예측하려는 방법입니다. 각 단계의 예측이 이전 단계와 연결되어 이미지 생성 과정이 더욱 안정적이고 일관성을 유지하게 됩니다. 이는 결과적으로 더욱 사실적이고 디테일한 이미지 생성으로 이어집니다.

단순 Euler 샘플러는 빠른 속도로 이미지를 생성하지만, 결과물의 디테일이나 품질 면에서 Euler a에 비해 다소 떨어질 수 있습니다. Euler a 샘플러는 Euler 샘플러와 유사하지만, ancestral sampling을 통해 더 높은 품질의 이미지를 생성하며, 이미지 디테일과 일관성을 높이는 데 기여합니다.

샘플러는 아티스트들이 그림을 그리는 과정과 비슷한 역할을 합니다. DDIM은 숙련된 화가처럼 빠르고 효율적으로 고품질의 작품을 만들어 내는 마스터 화가, DDPM은 마스터 화가와 비슷하지만 약간 다른 접근 방식을 사용하는 재능 있는 견습생, PLMS는 디테일과 텍스처에 집중하여 사실적인 이미지를 만드는 포토리얼리즘 화가, Euler는 기본적인 형태를 빠르게 스케치하는 스케치 아티스트, Euler a는 기본 스케치를 다듬어 더 많은 디테일을 추가하는 정교한 스케치 아티스트, Heun은 빠른 속도로 작업하는 속도 화가, DPM2는 고급 기술을 사용하여 놀라운 품질의 이미지를 쉽게 만드는 디지털 아티스트, UniPC는 다양한 스타일과 기술을 가진 르네상스 아티스트와 같습니다. 각 샘플러는 각자의 스타일과 접근 방식을 가진 아티스트처럼 강점과 약점을 가지고 있습니다.

샘플러는 화가처럼 하얀 캔버스(노이즈) 위에 그림을 그려가면서 최종 작품(이미지)을 완성하는데, 샘플러는 화가가 그림을 그리는 순서와 방법을 결정합니다. 샘플러는 초기 노이즈에서 기본적인 형태를 잡아가는 초기 스케치 단계, 점진적으로 노이즈를 줄여가면서 점점 더 세밀하고 구체적인 이미지를 만드는 세부 묘사 추가 단계, 이미지의 질감, 색상, 조명 등을 최적화하면서 더욱 현실적인 이미지를 완성하는 색칠 및 음영 처리 단계, 작은 디테일을 다듬어 더 높은 품질의 이미지를 완성하는 마무리 작업 단계를 거쳐 이미지를 생성합니다.

즉, 샘플러는 초기 형태를 정의하고, 세부 묘사를 추가하며, 색칠과 음영을 처리하고, 마무리 작업을 통해 최종 이미지를 완성하는 역할을 하며, 노이즈를 점진적으로 줄여가며 이미지를 더욱 구체적이고 현실적으로 만들어가는 과정을 관리합니다. 샘플러의 역할을 이렇게 비유하면 아티스트들이 그림을 그려나가는 과정과 비슷하다는 것을 쉽게 이해할 수 있습니다.

샘플러는 마치 조각가의 손에 비유할 수도 있습니다.
거친 돌덩이(노이즈)에서 시작해서 조각가의 손(샘플러)은 어떤 방식으로 깎아낼지 결정합니다. 어떤 손은 섬세하고 신중하게 다듬어 정교한 작품(고품질 이미지)을 만들고, 어떤 손은 과감하고 빠르게 형태를 잡아 생동감 넘치는 작품(빠른 이미지 생성)을 만들어냅니다. 결국 조각가의 손(샘플러)에 따라 돌덩이(노이즈)는 전혀 다른 예술 작품(이미지)으로 탄생하는 것입니다.

❺ 스케줄러(Scheduler)

스테이블 디퓨전에서 스케줄러의 역할은 매 스텝(step)마다 노이즈의 양을 조절하는 겁니다. 기본적으로 노이즈 제거 과정을 담당하는 샘플러와 함께 그 역할을 수행합니다. 샘플러는 노이즈를 제거하는 방법 즉 알고리즘을 담당하고 스케줄러는 스텝마다 노이즈를 제거하는 양을 조절합니다. (그림23)은 같은 이미지가 단계마다 노이즈의 양이 서로 다를 때를 비교한 겁니다.

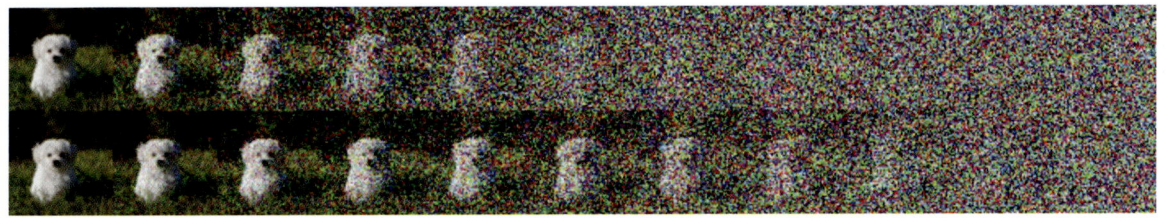

그림23 노이즈의 양 비교
출처 Improved Denoising Diffusion Probabilistic Models
https://arxiv.org/pdf/2102.09672

샘플러와 스케줄러는 보법과 보폭으로 비유해 볼 수도 있습니다. 노이즈를 제거해서 이미지를 생성하는 과정은 앞에서 본 것처럼 고차원의 잠재 공간에서 우리가 원하는 이미지를 찾아가는 과정으로 볼 수도 있습니다. 마치 짙은 안개가 낀 숲에서 우리가 원하는 나무가 있는 곳을 찾아가는 걸로 비유할 수 있습니다. 이때 안개 속을 조심스럽게 걸어가는 걸음걸이 즉 보법을 담당하는 것이 샘플러라면 스케줄러는 그 걸음의 폭 즉 보폭을 조절하는 걸로 비유할 수 있습니다.

보통 스케줄러는 보폭을 일정하게 유지하지 않고 스텝이 진행됨에 따라 보폭의 크기를 줄입니다. 노이즈를 제거하는 양을 줄이는 것이지요. 처음에는 성큼성큼 큰 걸음으로 걷다가 목표에 가까워지면 조심스럽게 잰 걸음으로 걷는 것으

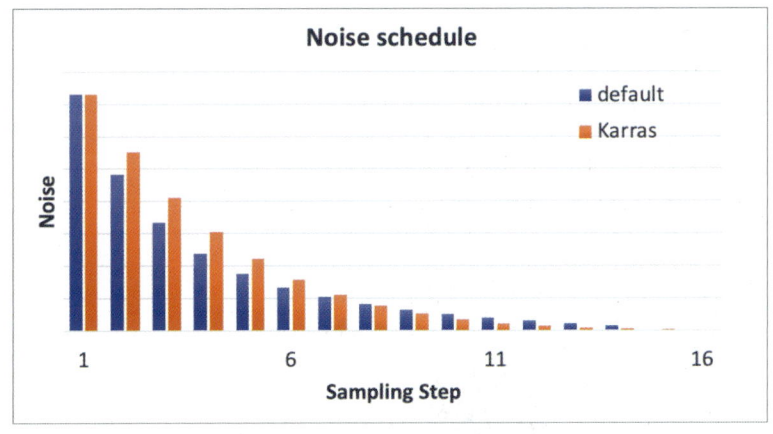

그림24 노이즈 스케줄 비교
출처 https://stable-diffusion-art.com/samplers/

로 비유할 수 있습니다. 이때 줄이는 방법을 여러가지로 선택할 수 있습니다. (그림24)은 파란색 막대의 기본 스케줄과 오렌지색 막대의 Karras 스케줄을 비교한 그래프입니다. Karras 스케줄은 기본 스케줄에 비해 스텝의 초기에는 더 크게 움직이다 스텝의 끝으로 갈수록 크기를 더 작게 줄입니다.

5. CLIP 모듈과 텍스트 프롬프트

앞에서 스테이블 디퓨전 모델의 전체적인 구조를 살펴보았습니다.
이번에는 텍스트로 입력되는 이른바 프롬프트를 처리하는 데 쓰이는 CLIP 모델에 대해서 자세히 알아봅니다.

❶ CLIP (Contrastive Language-Image Pre-training) 모델

CLIP은 2021년 OpenAI에서 개발한 "멀티모달(multi-modal)" 인공지능 모델입니다. 기존의 이미지 인식 모델들이 특정 작업에만 국한되었던 것과 달리, CLIP은 텍스트와 이미지 데이터를 함께 학습하여 다양한 작업에 적용될 수 있는 범용적인 모델을 목표로 개발되었습니다.

CLIP 모델의 학습 방법

CLIP은 인터넷에서 수집한 방대한 양의 텍스트-이미지 쌍 데이터를 사용하여 학습됩니다. 핵심 학습 방법은 "대조 학습(Contrastive Learning)"입니다.

- **이미지 및 텍스트 인코더** : CLIP은 이미지를 벡터로 변환하는 이미지 인코더와 텍스트를 벡터로 변환하는 텍스트 인코더로 구성됩니다. 두 인코더는 각각 이미지와 텍스트의 의미를 담은 벡터를 생성하도록 학습됩니다. (그림25 참조)

- **긍정 및 부정 샘플** : 학습 과정에서 CLIP은 하나의 이미지와 그 이미지를 설명하는 텍스트를 긍정 샘플로, 다른 이미지와 해당 텍스트를 부정 샘플로 사용합니다.

- **유사도 비교** : CLIP은 긍정 샘플의 이미지 벡터와 텍스트 벡터 사이의 유사도는 높이고, 부정 샘플의 벡터 간 유사도는 낮추는 방향으로 학습됩니다.

- **반복 학습** : 이 과정을 수많은 텍스트-이미지 쌍 데이터에 대해 반복하면서 CLIP은 이미지와 텍스트 간의 의미적 연결을 학습하게 됩니다.

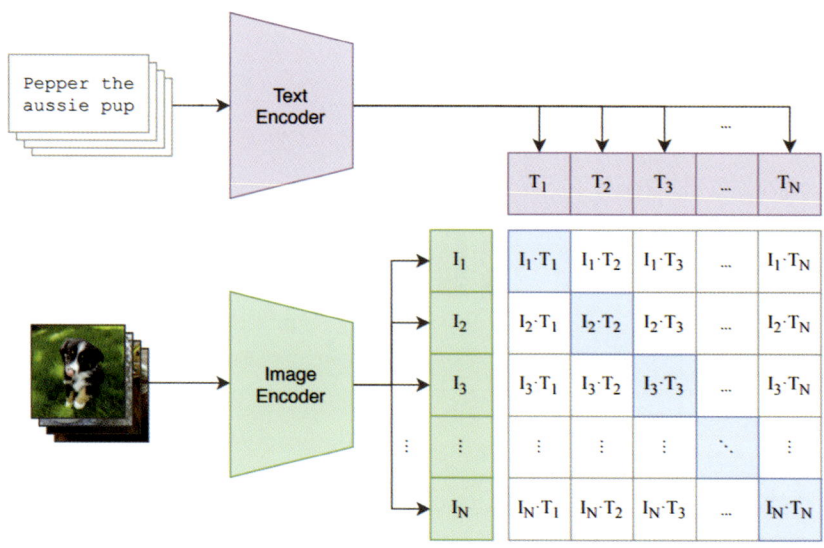

그림25 CLIP의 텍스트와 이미지 학습
출처 Learning Transferable Visual Models From Natural Language Supervision
https://arxiv.org/pdf/2103.00020

CLIP 모델의 역할 및 작동 원리

역할

- **이미지 검색** : 텍스트 쿼리를 입력하면, CLIP은 이미지 데이터베이스에서 쿼리와 의미적으로 가장 유사한 이미지를 검색할 수 있습니다.

- **이미지 분류** : CLIP은 이미지를 분석하고, 미리 정의된 카테고리 중 가장 적합한 카테고리로 분류할 수 있습니다.

- **텍스트-이미지 생성** : 스테이블 디퓨전과 같은 생성 모델에서 CLIP은 텍스트 프롬프트를 이미지 생성 모델이 이해할 수 있는 임베딩 벡터로 변환하는 역할을 합니다.

작동 원리

- **입력** : CLIP은 이미지와 텍스트를 입력받습니다.
- **인코딩** : 이미지 인코더는 이미지를 벡터로 변환하고, 텍스트 인코더는 텍스트를 벡터로 변환합니다.
- **유사도 계산** : CLIP은 두 벡터 사이의 유사도를 계산합니다. 유사도가 높을수록 이미지와 텍스트가 의미적으로 유사함을 나타냅니다. (그림26 참조)
- **결과 출력** : CLIP은 계산된 유사도를 기반으로 이미지 검색, 이미지 분류, 텍스트-이미지 생성 등 다양한 작업에 활용될 수 있습니다.

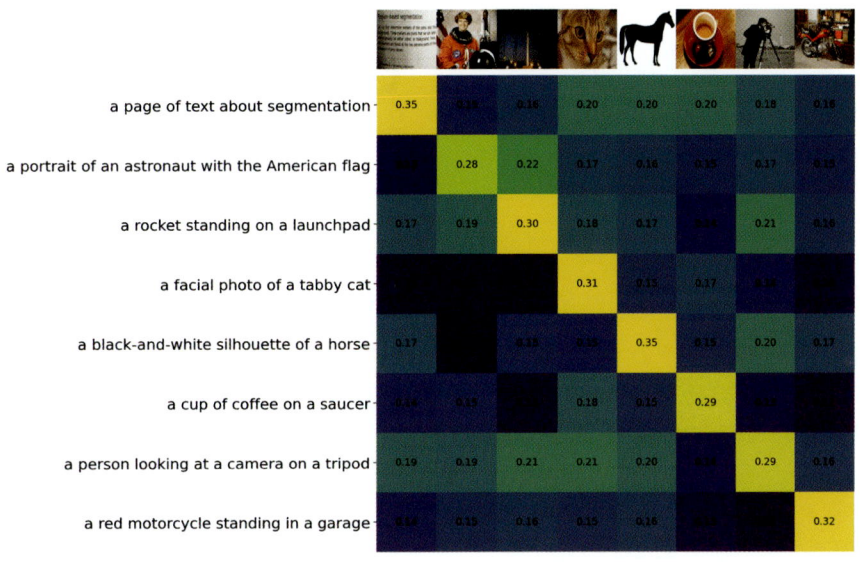

그림26 CLIP의 텍스트와 이미지 유사도 맵
출처 https://www.comflowy.com/basics/stable-diffusion-foundation

---

Stable Diffusion 1.5 모델에서 사용된 CLIP Text Encoder는 CLIP-ViT-L/14입니다.

스펙

- 모델 크기 : Large
- 이미지 인코더 : ViT-L/14 (Stable Diffusion에서는 사용하지 않음)
- 텍스트 인코더 : Transformer
  - 레이어 수 : 12
  - 헤드 수 : 14
  - 임베딩 차원 : 1024
  - 파라미터 수 : 약 304M
- 텍스트 토크나이저 : byte pair encoding (BPE) 기반, 어휘 크기 49,408
- 최대 입력 시퀀스 길이 : 77 토큰
- CLIP-ViT-L/14는 이미지 인코더와 텍스트 인코더를 모두 포함하지만, Stable Diffusion 1.5에서는 텍스트 인코더만 사용합니다.
- 텍스트 인코더는 입력 텍스트 프롬프트를 텍스트 임베딩 벡터로 변환하는 역할을 수행하며, 이는 Stable Diffusion 모델의 디퓨전 프로세스에 사용됩니다.

❷ CLIP의 텍스트 인코더의 레이어와 헤드

CLIP의 텍스트 인코더에서 레이어와 헤드는 다음의 역할을 합니다.

- **레이어 (Layer):** Transformer 모델의 기본 구성 요소로, 여러 개의 레이어가 순차적으로 연결되어 텍스트 정보를 점진적으로 처리합니다. 각 레이어는 self-attention과 feed-forward network로 구성되어, 텍스트 내 단어 간의 관계를 파악하고 문맥 정보를 반영하여 단어의 의미를 더 풍부하게 만듭니다. 여러 레이어를 거치면서 텍스트 정보는 추상화되고 복잡한 의미를 담게 됩니다.
- **헤드 (Head):** Self-attention 메커니즘 내에서 동작하며, 문장 내 단어들 간의 관계를 병렬적으로 학습합니다. 각 헤드는 서로 다른 가중치를 사용하여 단어 간의 관계를 다양한 관점에서 분석합니다. 예를 들어, 어떤 헤드는 주어-동사 관계에 집중하고, 다른 헤드는 형용사-명사 관계에 집중할 수 있습니다. 여러 헤드의 결과를 합쳐 최종적인 self-attention 결과를 생성하며, 이는 텍스트의 다양한 측면을 반영합니다.

CLIP-ViT-L/14 텍스트 인코더는 12개의 레이어와 14개의 헤드를 통해 복잡한 텍스트 정보를 효과적으로 처리하고 풍부한 의미를 담은 텍스트 임베딩 벡터를 생성합니다. 이는 스테이블 디퓨전 모델이 텍스트 프롬프트를 정확하게 이해하고 고품질 이미지를 생성하는 데 기여합니다.

단, 텍스트 인코더에 대해서 한가지 유념할 점이 있습니다. 스테이블 디퓨전에선 CLIP 모델의 텍스트 인코더만을 사용하고 텍스트 인코더가 단지 텍스트만을 다루기는 하지만 텍스트 인코더에서 출력되는 임베딩 벡터들은 이미지 인코더에서 출력되는 임베딩 벡터와 서로 대응된다는 겁니다. CLIP 모델에서 그렇게 대응되도록 사전 학습을 했기 때문입니다. 그래서 텍스트 인코더에서 출력되는 텍스트 임베딩 벡터를 이미지를 생성하는 일을 하는 U-Net 에 찔러 넣을 수 있는 겁니다.

이게 바로 텍스트 프롬프트를 조건으로 이미지를 생성할 수 있게 하는 겁니다. 이 과정의 뒤에서 좀 더 자세히 설명하겠습니다.

❸ CLIP SKIP 설정의 의미

앞에서 텍스트 인코더가 모두 12개의 레이어로 구성되어 있다고 했습니다. 여러 레이어의 역할은 입력된 프롬프트 텍스트가 이런 레이어들을 하나씩 통과할 때마다 텍스트의 의미를 좀 더 세밀하게 파악하는 거라고 볼 수 있습니다. 시작 부분의 레이어에서 텍스트의 의미를 두리뭉실하게 파악한다면 마지막 레이어에서는 세세한 의미까지 파악하게 되는 겁니다. 사실 기술적으로는 이 레이어마다 동일한 처리를 반복하는 겁니다. 그래서 12개의 모든 레이어를 끝까지 다 통과하지 않았다고 해서 결과를 얻지 못하거나 하지는 않습니다. 단지 결과의 세밀함이 줄어들 뿐입니다. 그래서 이런 레이어의 성질을 이용해서 마지막 단계의 레이어들의 처리를 생략해버리는 방법이 생겨났습니다.

바로 CLIP SKIP 입니다. CLIP SKIP 의 기본 값은 1로 설정되어 있습니다. 기본값인 1은 레이어를 하나도 스킵하지 않는다는 의미입니다. 정확하게 따진다면 마지막 단계의 레이어를 전혀 스킵하지 않는 게 기본일테고 CLIP SKIP 의 기본 값은 0이 되어야 하겠지만 어쩌다 1이 기본 값으로 되어 있습니다. 그래서 실제로 SKIP 이 일어나는 건 CLIP SKIP 값이 2부터입니다. CLIP SKIP 의 값이 2이면 텍스트 인코더의 맨 마지막 레이어 하나를 건너뛰게 되고, CLIP SKIP 의 값이 3이면 맨 마지막 두개의 레이어를 건너뛰게 됩니다.

❹ CLIP SKIP 설정의 효과

Stable Diffusion 에서 CLIP SKIP 설정을 변경하면 이미지 생성 속도, 프롬프트 준수 정도, 이미지 다양성 측면에서 다음과 같은 효과를 볼 수 있습니다.

이미지 생성 속도

CLIP SKIP 값을 높일수록 이미지 생성 속도가 빨라집니다. CLIP SKIP 은 텍스트 인코더의 마지막 몇 개 레이어를 건너뛰기 때문에, 높은 값을 설정할수록 텍스트 처리에 소요되는 시간이 줄어들어 이미지 생성 속도가 향상됩니다.

프롬프트 준수 정도

CLIP SKIP 값을 높일수록 프롬프트를 덜 정확하게 반영할 수 있습니다. CLIP SKIP은 텍스트 정보의 일부를 무시하기 때문에, 높은 값을 설정할수록 텍스트의 미묘한 의미를 놓치거나, 프롬프트에 명시된 세부 정보를 제대로 반영하지 못할 수 있습니다.

이미지 다양성

CLIP SKIP 값을 높일수록 이미지 다양성이 증가할 수 있습니다. CLIP SKIP은 특정 프롬프트에 과도하게 집착하는 현상을 완화시켜, 다양한 해석이 가능한 이미지를 생성할 가능성을 높여줍니다.

CLIP SKIP	생성 속도	프롬프트 준수	이미지 다양성
낮음 (1~2)	느림	높음	낮음
높음 (3 이상)	빠름	높음	높음

6. Text-to-Image(텍스트 투 이미지 생성)과 컨디셔닝

스테이블 디퓨전에서 U-Net은 이미지의 노이즈를 제거하는 역할을 수행하며, 아무런 조건 없이 노이즈 제거만 반복한다면 결국 학습 데이터의 평균적인 이미지나 특정 이미지에 수렴하게 될 가능성이 높습니다. 텍스트 프롬프트를 조건으로 하여 원하는 이미지를 생성하는 데에는 크게 두 가지 중요한 메커니즘이 작용합니다.

텍스트 임베딩

먼저 입력된 텍스트 프롬프트는 텍스트 인코더를 통해 고차원의 의미 정보를 담고 있는 텍스트 임베딩 벡터로 변환됩니다. 스테이블 디퓨전에서는 주로 CLIP 모델의 텍스트 인코더를 사용합니다. CLIP은 이미지와 텍스트 쌍을 사용하여 학습되었기 때문에, 특정 텍스트와 의미적으로 관련된 이미지의 특징을 잘 담아낼 수 있습니다.

조건부 생성

생성된 텍스트 임베딩 벡터는 U-Net의 각 단계에 투입되어 노이즈 제거 과정에 영향을 미칩니다.

- **Cross-Attention** : U-Net 내부의 여러 레이어에서는 Cross-Attention 메커니즘을 통해 텍스트 임베딩 벡터와 이미지 특징 맵 사이의 연관성을 계산합니다. 이를 통해 모델은 텍스트 정보를 바탕으로 이미지의 어떤 부분을 강조하거나 억제할지 결정할 수 있습니다.
- **Timestep Embedding** : 각 디노이징 단계 정보를 나타내는 timestep embedding 또한 U-Net에 입력되어, 현재 디노이징 단계에 맞는 텍스트 정보 반영을 조절합니다.

즉, 스테이블 디퓨전은 단순히 노이즈를 제거하는 것이 아니라, 텍스트 정보를 활용하여 각 단계의 노이즈 제거 방향을 조절함으로써 텍스트 프롬프트에 맞는 이미지를 생성합니다.

비유하자면, 조각가가 큰 돌덩이를 조각칼로 다듬어 작품을 만드는 과정과 유사합니다. 조각가는 자신의 의도(텍스트 프롬프트)에 따라 조각칼(U-Net)을 사용하여 돌덩이(노이즈 이미지)를 다듬어 원하는 작품(최종 이미지)을 만들어냅니다. 스테이블 디퓨전도 마찬가지로 텍스트 정보를 바탕으로 U-Net을 안내하여 노이즈 이미지를 원하는 이미지로 변환시키는 것입니다.

- 돌덩이 : 초기 노이즈 이미지
- 조각칼 : U-Net
- 조각가의 의도 : 텍스트 프롬프트
- 조각 과정 : 노이즈 제거 (디노이징)

적절한 CLIP SKIP 값 설정 팁

- 고사양 GPU 환경 : 높은 CLIP SKIP 값을 사용해도 큰 문제가 없지만, 프롬프트의 의미를 정확하게 반영하기 위해서는 낮은 값을 유지하는 것이 좋습니다.
- 저사양 GPU 환경 : 이미지 생성 속도를 위해 CLIP SKIP 값을 높일 수 있지만, 텍스트 정보 손실로 인한 이미지 품질 저하를 고려해야 합니다.
- 복잡하고 상세한 프롬프트 : 텍스트 정보 손실을 최소화하기 위해 낮은 CLIP SKIP 값을 사용하는 것이 좋습니다.
- 단순하고 추상적인 프롬프트 : 다양한 해석을 통해 창의적인 이미지를 생성하기 위해 높은 CLIP SKIP 값을 사용해 볼 수 있습니다.

일반적으로 Stable Diffusion 1.5 모델에서는 CLIP SKIP 값을 1 또는 2로 설정하는 것이 좋습니다.

주의 : CLIP SKIP 설정은 이미지 생성 결과에 영향을 미치는 여러 요소 중 하나일 뿐이며, 항상 원하는 결과를 보장하지는 않습니다. 다양한 값을 실험하면서 자신에게 맞는 최적의 설정을 찾는 것이 중요합니다.

❶ Cross-Attention(교차 어텐션)의 역할

Cross-Attention(교차 어텐션)은 텍스트 임베딩과 이미지 특징 맵 사이의 연관성을 계산하여, 텍스트 정보를 바탕으로 이미지의 어떤 부분에 더 집중할지를 결정합니다. (그림27 참조)

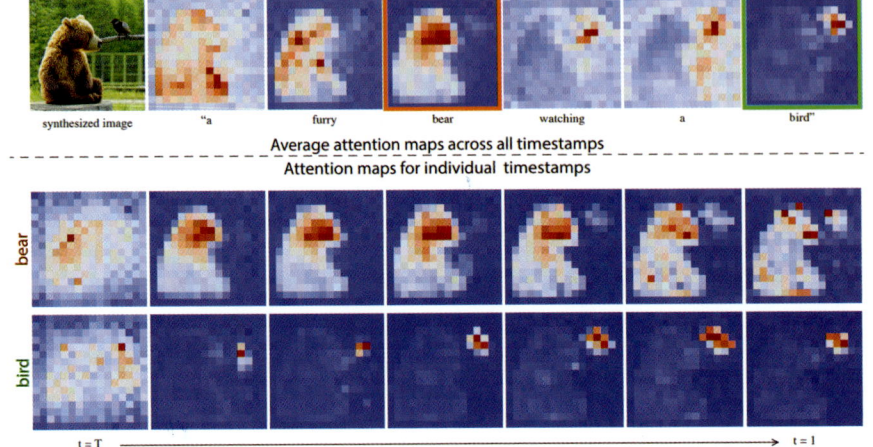

그림27 텍스트 조건 기반 디퓨전 이미지 생성 모델의 교차 어텐션 맵
출처 Prompt-to-Prompt Image Editing with Cross Attention Control / https://arxiv.org/pdf/2208.01626

상단 : 왼쪽 이미지를 생성한 프롬프트의 각 단어에 대한 평균 어텐션 마스크를 표시합니다.

하단 : "곰"과 "새"라는 단어와 관련하여 서로 다른 확산 단계에서 나타나는 어텐션 맵을 표시합니다.

- **텍스트 임베딩** : "빨간색 사과"라는 프롬프트가 있다면, "빨간색"과 "사과"라는 단어 각각에 대한 임베딩 벡터가 생성됩니다.

- **이미지 특징 맵** : 각 디코딩 단계에서 이미지는 다양한 채널과 해상도를 가진 특징 맵으로 표현됩니다.

- **연관성 계산** : Cross-Attention은 각 단어 임베딩과 이미지 특징 맵 사이의 유사도를 계산합니다. 예를 들어 "빨간색" 임베딩은 빨간색과 관련된 특징을 가진 이미지 영역과 높은 연관성을 보일 것입니다.

- **가중치 부여** : 계산된 연관성을 기반으로 Cross-Attention은 이미지 특징 맵에 가중치를 부여합니다. "빨간색"과 연관성이 높은 영역은 가중치가 높아져 더욱 강조되고, 반대로 연관성이 낮은 영역은 가중치가 낮아져 덜 중요하게 취급됩니다.

❷ 포지티브/네거티브 프롬프트와의 관계

- **포지티브 프롬프트** : "빨간색 사과"는 이미지에 "빨간색"과 "사과"라는 특징이 나타나도록 유도합니다. Cross-Attention은 이러한 특징과 관련된 이미지 영역을 강조하여 프롬프트를 따르도록 합니다.

- **네거티브 프롬프트** : "흐릿한", "왜곡된"과 같은 네거티브 프롬프트는 특정 특징이 나타나지 않도록 유도합니다. Cross-Attention은 네거티브 프롬프트와 관련된 특징을 가진 이미지 영역의 가중치를 낮춰 해당 특징을 억제하려 할 것입니다.

결론적으로 Cross-Attention 자체는 특정 프롬프트 유형에 국한되지 않고, 주어진 텍스트 정보와 이미지 특징 사이의 연관성을 기반으로 작동합니다. 하지만 긍정적/부정적 프롬프트는 Cross-Attention이 어떤 이미지 영역을 강조하거나 억제할지 결정하는 데 영향을 미치므로, 결과적으로 이미지 생성 방향을 제어하는 데 중요한 역할을 합니다.

다만, 네거티브 프롬프트의 경우 Cross-Attention만으로 완벽하게 제어하기 어려울 수 있습니다. 이미지 생성은 복잡한 과정이며, 네거티브 프롬프트는 원하지 않는 특징을 직접적으로 제거하기보다는 원하는 특징을 더 잘 표현하도록 유도하는 역할을 합니다.

❸ 토큰의 임베딩 벡터는 특징 맵에 어떻게 영향을 줄까?

토큰의 임베딩 벡터는 특징 맵 전체에 일괄적으로 영향을 주는 것이 아니라, 각 토큰의 의미와 관련된 특징을 가지는 특정 영역에 더 큰 영향을 미칩니다.

Cross-Attention 메커니즘

Cross-Attention은 각 토큰 임베딩 벡터와 이미지 특징 맵 사이의 유사도를 계산하여 attention map을 생성합니다. 이 attention map은 특징 맵의 각 위치에 대한 가중치를 나타내며, 프롬프트 텍스트의 토큰과 관련성이 높은 영역일수록 가중치가 높아집니다. 이 가중치는 특징 맵의 값을 스케일링하거나 필터링하는 데 사용되어, 토큰과 관련된 정보를 강조하거나 억제합니다. (그림28 참조)

예시

"해변에서 노는 하얀 강아지"라는 프롬프트를 가정해 보겠습니다.

- **"하얀" 토큰** : 이 토큰의 임베딩 벡터는 이미지 특징 맵에서 하얀색 또는 밝은 색상과 관련된 영역에 높은 가중치를 부여할 것입니다. 예를 들어 강아지의 털, 해변의 모래 등이 이에 해당합니다. 반대로 어두운 색상의 영역은 가중치가 낮아져 영향력이 줄어들 것입니다.
- **"강아지" 토큰** : 이 토큰은 강아지의 특징(귀, 코, 꼬리 등)과 관련된 영역에 집중적으로 영향을 미칠 것입니다.
- **"해변" 토큰** : 이 토큰은 모래, 바다, 하늘 등 해변과 관련된 영역에 영향을 줄 것입니다.

영향 범위

토큰 임베딩 벡터의 영향 범위는 토큰의 의미와 이미지의 맥락에 따라 달라질 수 있습니다.

- **넓은 영향 범위** : "밝은", "어두운"과 같이 이미지 전체의 분위기나 색상에 영향을 주는 토큰은 특징 맵의 넓은 영역에 영향을 미칠 수 있습니다.
- **좁은 영향 범위** : "강아지의 코", "꽃잎의 끝"과 같이 특정 객체의 세부적인 부분을 나타내는 토큰은 해당 부분에 해당하는 특징 맵의 좁은 영역에만 영향을 줄 가능성이 높습니다.

결론적으로, Cross-Attention 메커니즘을 통해 각 토큰의 임베딩 벡터는 이미지 특징 맵의 특정 영역에 선택적으로 영향을 미칠 수 있으며, 그 영향 범위는 토큰의 의미와 이미지의 맥락에 따라 달라질 수 있습니다.

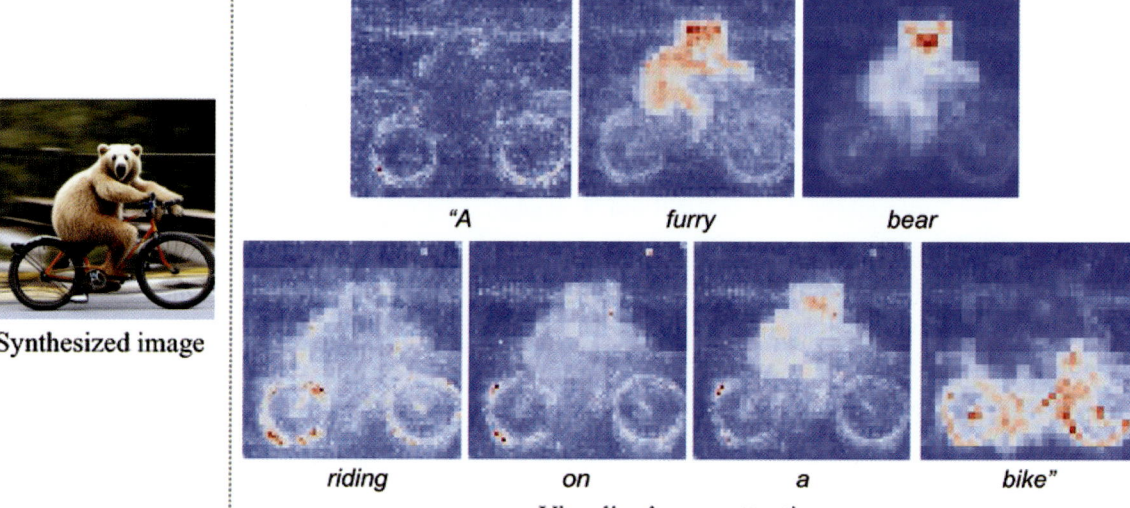

그림28 교차 어텐션 맵
출처 Masked-attention diffusion guidance for spatially controlling text-to-image generation
https://www.researchgate.net/figure/Visualization-of-cross-attention-maps-estimated-by-Stable-Diffusion-The-redder-pixels_fig2_376080892

7. CFG(Classifier Free Guidance)란 무엇인가?

스테이블 디퓨전과 같은 이미지 생성 모델에서 CFG (Classifier-Free Guidance)는 생성되는 이미지의 품질과 다양성을 제어하는 데 사용되는 중요한 기술입니다. 간단히 말해, CFG는 모델이 생성하는 이미지가 사용자의 프롬프트를 얼마나 충실하게 따를지를 조절하는 역할을 합니다.

CFG (Classifier-Free Guidance)의 뜻은 Classifier(분류기)없는 가이드(안내)라는 뜻입니다. 그렇다면 CFG가 나오기 전에는 Classifier(분류기)를 이용한 가이드가 사용되었다는 걸 짐작할 수 있습니다. CFG가 무엇인지 이해하려면 먼저 이전 버전인 Classifier Guidance에 대해 알아야 합니다.

❶ Classifier Guidance(분류기 안내)

Classifier Guidance는 디퓨전 모델이 이미지 레이블을 활용하는 방법입니다. 즉, 특정한 이미지를 레이블로 사용해 이미지 생성 과정을 안내하는 방식입니다. 예를 들어, "고양이"라는 이미지 레이블을 주면, 모델은 고양이 사진을 생성하도록 조정됩니다. Classifier Guidance 스케일은 모델이 레이블을 얼마나 충실히 따라야 하는지를 제어하는 매개변수입니다.

예를 들어보죠. "고양이", "개", "사람"이라는 레이블이 있는 이미지들이 있다고 가정해봅시다. 만약 안내가 없다면, 모델은 무작위로 이미지를 생성할 수 있지만, 가끔은 두 개의 레이블이 혼합된 이미지(예: 개를 쓰다듬는 소년)를 생성할 수도 있습니다. Classifier Guidance 스케일을 높이면, 모델이 생성하는 이미지는 더욱 확실해집니다. 모델에 고양이를 요청하면, 정말 고양이임이 분명한 이미지를 반환하는 겁니다.

❷ CFG(Classifier-Free Guidance 분류기 없는 안내)

CFG(Classifier-Free Guidance)는 "분류기 없이 분류기 안내"를 실현하는 방법입니다. 클래스 레이블 대신 이미지 캡션을 사용하여 안내하는 방식입니다. 텍스트-이미지 모델에서 설명한 것과 동일한 조건부 디퓨전 모델을 학습시키는 것입니다.

이 방식에서는 분류기 대신 노이즈 예측기 U-Net의 조건 지정을 사용해 이미지를 생성합니다. 그래서 별도의 이미지 분류기가 필요 없습니다. 텍스트 프롬프트가 텍스트 투 이미지에서 이러한 가이드(안내)를 제공합니다.

❸ Classifier Guidance의 문제점

Classifier의 원래 역할은 이미지를 분류하는 것이었습니다. 즉, 주어진 이미지가 어떤 클래스(예: 고양이, 개, 자동차 등)에 속하는지를 판단하는 것이 Classifier의 주된 목적이었습니다.

하지만 이미지 생성 모델에서는 Classifier가 몇 가지 한계점을 가지고 있었습니다.

이러한 문제를 해결하기 위해 Classifier-Free Guidance (CFG)가 등장했습니다. CFG는 Classifier 없이도 텍스트 프롬프트를 이미지 생성에 활용할 수 있는 방법을 제시했습니다.

1. Classifier는 이미지 생성 과정에 직접적으로 관여하지 않았기 때문에, 생성된 이미지의 품질 향상에 큰 도움이 되지 못했습니다.
2. Classifier를 학습시키려면 대량의 레이블된 데이터가 필요했고, 이는 많은 시간과 비용이 드는 작업이었습니다.
3. 학습된 Classifier는 학습 데이터에 없던 새로운 개념이나 스타일의 이미지를 잘 다루지 못하는 경향이 있었습니다.

❹ CFG(Classifier-Free Guidance) 스케일

이제 조건 지정을 사용하는 분류기 없는 확산 프로세스를 이해해봅시다.
AI가 생성하는 이미지가 프롬프트를 얼마나 따라야 할까요?

Classifier-Free Guidance 스케일(CFG 스케일)은 텍스트 프롬프트가 확산 프로세스를 얼마나 조정하는지를 나타내는 값입니다. CFG 스케일을 0으로 설정하면 AI가 프롬프트를 무시하고 이미지를 생성합니다. 반면, CFG 스케일이 높을수록 AI가 프롬프트에 더 충실하게 이미지를 생성합니다. (그림29)은 세가지 분류가 스케일의 값에 따라 얼마나 더 멀리 분리되는지를 보여주는 겁니다.

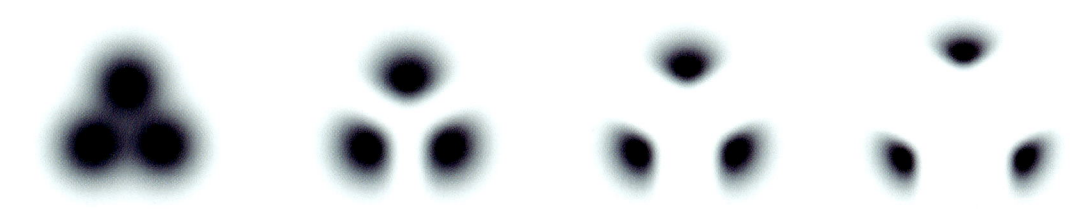

그림29 CFG 스케일 값에 따른 분류의 분리 정도
출처 Classifier-Free Diffusion Guidance. https://arxiv.org/pdf/2207.12598

❺ CFG Scale 값에 따른 효과

낮은 CFG Scale 값 (예 : 1.0 ~ 5.0)
- **효과** : 모델이 생성하는 이미지가 덜 구체적이고, 상대적으로 더 많은 다양성을 가집니다.
- **장점** : 다양한 아이디어를 탐색하거나 창의적인 이미지를 생성할 때 유용합니다.
- **단점** : 원하는 조건(prompt)에 정확히 맞지 않을 수 있습니다.
- **비유** : 화가에게 "자유롭게 그려봐"라고 말하는 것과 비슷합니다.
- **예** : "숲 속의 요정"이라는 프롬프트를 주면 여러 가지 다양한 스타일의 요정과 숲 그림이 나올 수 있습니다.

중간 CFG Scale 값 (예 : 6.0 ~ 10.0)
- **효과** : 모델이 생성하는 이미지가 비교적 조건에 잘 맞으면서도 어느 정도의 다양성을 보입니다.
- **장점** : 조건에 대한 충실도와 이미지의 품질 간의 균형을 유지합니다.
- **단점** : 특정 조건에 매우 정확하게 맞추거나 매우 창의적인 이미지를 원할 때는 부족할 수 있습니다.
- **비유** : 화가에게 "이런 느낌으로 그려줘"라고 말하는 것과 비슷합니다.
- **예** : "숲 속의 요정"이라는 프롬프트를 주면 요정과 숲이 명확히 표현되지만, 여전히 다양한 스타일이 나올 수 있습니다.

높은 CFG Scale 값 (예 : 11.0 이상)
- **효과** : 모델이 생성하는 이미지가 매우 구체적이고, 주어진 조건(prompt)에 강하게 맞춥니다.
- **장점** : 특정 조건에 대해 매우 정확한 이미지를 생성할 수 있습니다.
- **단점** : 이미지의 다양성이 줄어들고, 자연스러움이 떨어질 수 있습니다. 과도하게 높은 값은 이미지가 이상하게 왜곡될 위험이 있습니다.
- **비유** : 화가에게 "정확히 이렇게 그려줘"라고 말하는 것과 비슷합니다.
- **예** : "숲 속의 요정"이라는 프롬프트를 주면 요정과 숲이 상세하고 정확하게 그려집니다. 하지만 너무 높으면 이미지는 자연스럽지 않거나 왜곡될 수 있습니다.

8. 이미지 투 이미지(Image-to Image, i2i)

스테이블 디퓨전 모델에서 이미지 투 이미지 생성은 텍스트 프롬프트 외에도 생성에 참조할 이미지를 추가로 주는 겁니다. 이미지 투 이미지 생성(Image-to-Image Generation)에서는 참조 이미지와 텍스트 프롬프트를 결합하여 새로운 이미지를 생성하는 과정을 거칩니다. 이 과정에서 중요한 단계 중 하나는 참조 이미지에 노이즈를 추가하는 것입니다. 노이즈 추가는 참조 이미지의 각 픽셀에 임의의 변화를 주어 이미지를 흐리게 만듭니다. 이 단계는 참조 이미지의 구조적 요소를 유지하면서도 변형을 도입하여 새로운 창의적 결과물을 생성할 수 있도록 돕습니다.

참조 이미지에 추가하는 노이즈의 양은 조절할 수 있으며, 이는 생성되는 이미지의 특성에 큰 영향을 미칩니다. 예를 들어, 노이즈의 양이 적을수록 참조 이미지의 원래 구조와 세부 사항이 더 많이 유지되어, 생성된 이미지가 참조 이미지와 매우 유사하게 나타날 수 있습니다. 반대로, 노이즈의 양이 많을수록 참조 이미지의 세부 사항이 흐려지고 변형되어, 결과적으로 더 창의적이고 원본과 다른 이미지를 생성할 수 있습니다.

노이즈의 양을 조절하는 기능은 사용자가 원하는 이미지의 스타일과 정확성에 따라 최적의 결과를 얻을 수 있도록 합니다. 낮은 노이즈 설정은 참조 이미지의 구도와 색상을 더 정확하게 반영하면서 텍스트 프롬프트의 내용을 추가하는 데 유리합니다. 예를 들어, 참조 이미지의 특정 장면이나 인물의 자세를 유지하면서 텍스트 프롬프트의 스타일적 요소를 더하는 경우가 이에 해당합니다.

반면, 높은 노이즈 설정은 참조 이미지의 기본 형태를 유지하되, 더 큰 변형을 도입하여 더 창의적이고 새로운 이미지를 생성할 수 있습니다. 이런 경우는 예술적인 창작물이나 독창적인 이미지 변환을 원하는 상황에서 유용합니다. 예를 들어, 참조 이미지를 기반으로 완전히 새로운 스타일이나 주제를 가진 이미지를 생성하고자 할 때, 높은 노이즈 설정이 더 적합할 수 있습니다.

참조 이미지에 노이즈를 최대한 많이 추가하면, 원래 이미지의 구조와 세부 사항이 거의 모두 사라지게 됩니다. 노이즈를 풀로 더한 경우에 생성되는 이미지는 거의 텍스트 프롬프트에만 의존하게 됩니다. 이렇게 되면 그냥 랜덤한 이미지에서 시작하는 텍스트 투 이미지와 사실상 같아지게 됩니다.

참조 이미지에 추가하는 노이즈의 양을 조절하는 기능은 이미지 생성 과정에서 중요한 요소로 작용합니다. 이를 통해 사용자는 참조 이미지의 구조적 특징을 얼마나 유지할지, 또는 얼마나 변형할지를 결정할 수 있으며, 이는 최종 이미지의 스타일과 정확성을 크게 좌우합니다.

9. 모델 파인 튜닝과 LoRA

스테이블 디퓨전 모델은 무려 23억장의 이미지로 미리 학습 즉, 사전 학습을 했기 때문에 그걸 바탕으로 우리가 원하는 아주 다양한 이미지들을 생성할 수 있습니다. 하지만 우리가 정말 원하는 딱 그 이미지는 잘 생성하지 못할 수도 있습니다. 예를 들어 가수 아이유의 얼굴을 생성하고 싶어서 프롬프트에 아이유를 입력해 보지만 아이유랑 조금도 닮지 않은 다른 여성의 얼굴이 생성됩니다. 그렇다고 할 때마다 다른 얼굴이 나오는 것도 아닙니다. 일정한 같은 얼굴이 나오지만 아이유를 전혀 닮지 않은 얼굴이 나온다는 겁니다.

이렇게 딱 원하는 걸 생성하지 못할 때 시도해 볼 수 있는 방법이 바로 파인 튜닝(fine-tuning)입니다. 번역하면 미세 조정이라는 뜻입니다. 이미 충분히 사전 학습된 모델을 추가적으로 학습해서 미세하게 조정한다는 의미입니다. 이때 학습하는 양은 사전 학습한 양에 비해 아주 적은 양이면 됩니다.

❶ 단순 파인 튜닝

스테이블 디퓨전 모델이 아이유의 얼굴은 모르지만 일반적인 여성의 얼굴에 대해서는 이미 사전 학습을 통해서 충분히 잘 알고 있기 때문에 아이유만의 개성적인 특징만 조금 추가로 학습하면 됩니다. 정상적인 사람의 얼굴이라면 기본적인 이목구비는 공통이기 때문입니다. 눈이 두개, 코가 한개, 입이 한개라는 건 달라지지 않습니다. 단지 그 배치나 크기가 저마다 조금씩 다를 뿐입니다.

그나마 사람의 시각은 사실상 비슷한 사람들의 얼굴을 잘 식별하도록 진화했기 때문에 실제 물리적으로 보면 큰 차이가 나지 않는 얼굴들 사이의 차이를 예민하게 구분할 수 있는 것일 뿐입니다.

얼굴 이미지를 생성하는 스테이블 디퓨전의 기준에서는 얼굴의 윤곽이나 이목구비의 배치를 약간만 조정해 주면 되는 일입니다. 말그대로 미세 조정 즉 파인 튜닝만 하면 됩니다.

통상 잘 준비한 아이유의 사진 20장 정도를 데이터로 1시간 정도만 추가로 학습하면 됩니다. 이때 학습의 반복 횟수가 너무 적어도 안되고 그렇다고 너무 많아도 안 되고 가장 적절한 균형점에서 학습을 종료해야 합니다.
학습이 부족하면 아이유를 닮은 얼굴이 잘 나오지 않을테고 학습을 지나치게 많이 하면 모든 여성의 얼굴이 아이유의 얼굴이 되어버리고 더 심하면 학습에 사용한 20장의 이미지만 거의 그대로 나옵니다. 이른바 과적합이 일어난 겁니다. 그래서 과적합이 되지 않도록 적정선에서 학습량을 잘 조절해야 합니다.

❷ 드림부스(DreamBooth)

그냥 단순히 파인 튜닝을 하게 되면 우리가 원하는 특정 대상이 잘 나오기는 하지만 그 대상의 여러 다양한 변형이 잘되지 않거나, 그 대상이 포함된 분류 내의 모든 대상이 우리가 파인 튜닝한 대상으로만 나올 수도 있습니다. 아이유를 예로 들면 아이유의 얼굴을 파인 튜닝 했더니 모든 여성의 얼굴이 아이유가 되어버리는 겁니다. 이런 현상을 드리프팅(drifting)이라고 합니다. 모든 여성의 얼굴이 아이유의 얼굴로 쏠려버린 겁니다. 드림부스는 바로 이런 문제점을 보완하기 위해서 고안된 파인 튜닝 방법입니다.

드림부스는 특정 대상을 학습 시킬 때 그 대상이 포함된 같은 종류의 다양한 이미지들도 중간 중간 함께 학습을 시키는 겁니다. (그림30)에서 보면 개성있게 생긴 내 강아지 외에 일반적인 개의 사진들도 함께 학습시킵니다. 아이유를 예로 들면 아이유의 얼굴을 학습할 때 일반적인 다양한 여성의 얼굴 데이터를 준비해서 아이유 얼굴을 학습하는 중간 중간 다양한 다른 여성의 얼굴도 함께 학습하는 겁니다. 보통 아이유의 사진보다 훨씬 많이 준비해야 합니다. 그래서 보통 따로 준비하기 보다는 스테이블 디퓨전 모델로 일반적인 여성의 얼굴을 생성해서 사용하기도 합니다. 이렇게 하면 모든 여성의 얼굴이 아이유의 얼굴이 되어버리는 것을 방지할 수 있습니다. 그리고 더불어 아이유 얼굴의 다양한 변형도 잘 생성됩니다. 이를테면 학습한 아이유 얼굴 사진에는 아이유가 선글라스를 쓴 사진이 없었지만 "IU wearing sunglasses (선글라스를 쓴 아이유)" 라고 프롬프트를 주면 선글라스를 쓴 아이유 얼굴도 잘 생성되는 겁니다.

드림부스는 특정한 대상을 잘 생성하게 하는 것 외에도 특정한 화풍이나 스타일을 재현하는 용도로도 활용됩니다.

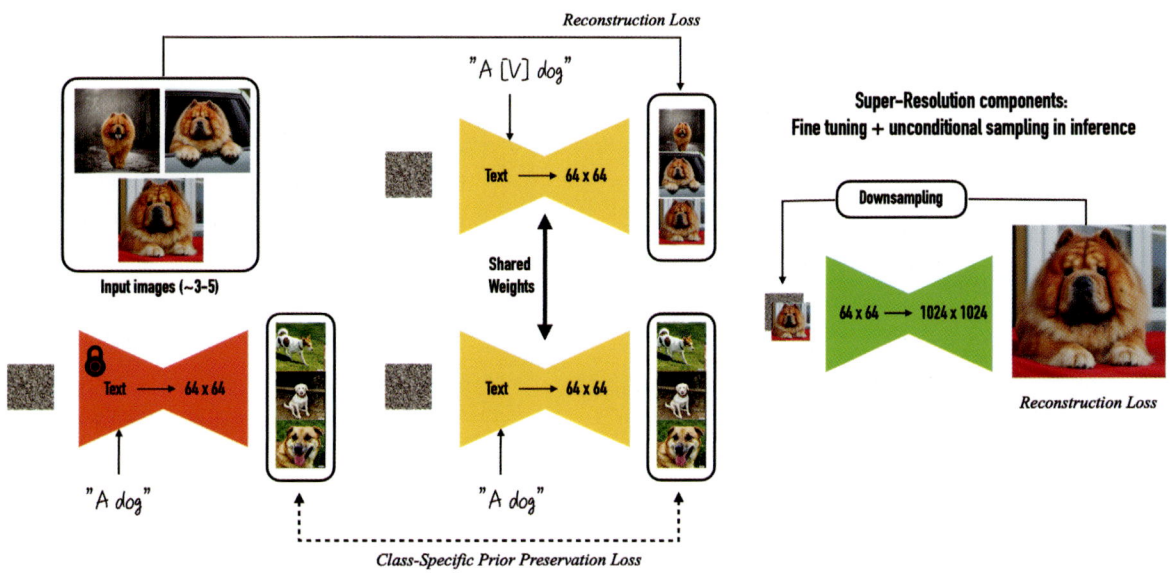

그림30 드림부스의 학습 방법
출처 https://dreambooth.github.io/

❸ LoRA

스테이블 디퓨전 모델을 파인튜닝하게 되면 그 신경망 파라미터 수가 상당히 많기 때문에 파인튜닝된 가중치 값을 32비트로 저장하면 파일 크기가 약 4G 바이트가 되고, 16비트로 저장하면 약 2G 바이트가 됩니다. 파인튜닝된 모델의 체크포인트 파일들이 몇개 없을 때는 상관이 없지만 이런 파인튜닝된 체크포인트 파일들이 늘어나면 저장 용량이 부족해질 수 있습니다.

그래서 이를 극복할 방법으로 나온 것이 바로 LoRA 입니다. 본래는 덩치가 어마어마하게 큰 대규모 언어 모델(LLM Large Language Model)을 위해서 고안된 방법을 이미지 생성 모델의 파인튜닝에도 활용하게 된 겁니다.

LoRA (Low-Rank Adaptation)는 대규모 언어 모델 (LLM)이나 이미지 생성 모델과 같은 거대한 모델을 파인 튜닝하는 효율적인 방법으로, 스테이블 디퓨전에서도 모델의 특정 부분을 효과적으로 학습시키는 데 사용됩니다.

LoRA의 등장

LoRA는 모델의 원래 가중치는 고정시킨 채, 낮은 랭크 행렬 (Low-rank matrices)을 추가하여 모델의 특정 작업에 대한 성능을 향상시킵니다. 즉, 모델의 원본 가중치에 작은 변화를 더하는 방식으로 학습이 이루어집니다.

(그림31)의 오른쪽에 오렌지 색으로 표시된 A, B 두개의 사다리꼴이 낮은 랭크 행렬에 해당합니다. 낮은 랭크 행렬 A와 B를 곱하면 모델의 원본 가중치를 담은 행렬과 같은 크기의 행렬이 됩니다. 이 낮은 랭크 행렬의 원리를 이해하려면 수학의 행렬을 알아야 하지만 나중에 비유로 대신 설명하겠습니다.

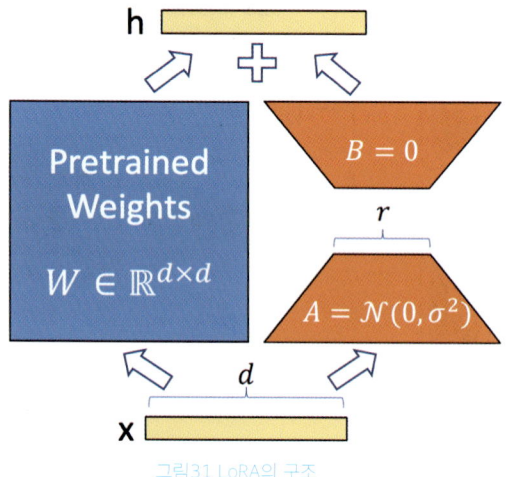

그림31 LoRA의 구조
출처: Efficient Fine-tuning with PEFT and LoRA
https://heidloff.net/article/efficient-fine-tuning-lora

기존 파인 튜닝(Fine-tuning)의 문제점

기존의 파인 튜닝 방식은 모델의 모든 가중치를 업데이트하기 때문에 많은 메모리와 계산 시간을 필요로 했습니다. 특히 스테이블 디퓨전과 같은 거대한 모델에서는 이 방식이 비효율적일 수 있습니다.

LoRA의 장점

- **효율성** : LoRA는 전체 모델 대신 낮은 랭크 행렬만 학습하기 때문에 메모리 사용량과 학습 시간을 크게 줄일 수 있습니다.
- **유연성** : LoRA를 사용하면 특정 스타일, 캐릭터, 개념 등을 학습시킨 여러 개의 작은 모델을 만들어 필요에 따라 조합하여 사용할 수 있습니다.
- **원본 모델 보존** : LoRA는 원본 모델의 가중치를 변경하지 않고 추가적인 행렬을 통해 학습하기 때문에 원본 모델의 성능을 유지하면서 특정 작업에 대한 성능을 향상시킬 수 있습니다.

스테이블 디퓨전에서 LoRA의 활용

스테이블 디퓨전에서 LoRA는 특정 화가의 화풍을 모방하거나, 특정 캐릭터의 외형을 학습시키는 등 다양한 용도로 활용될 수 있습니다. 예를 들어, 특정 화가의 그림들을 사용하여 LoRA 모델을 학습시키면, 사용자는 스테이블 디퓨전에서 해당 화가의 화풍을 가진 그림을 생성할 수 있습니다.

16비트로 저장해도 2G 바이트나 되는 파인 튜닝 모델의 크기가 LoRA의 경우 불과 100M 바이트 내외에 불과합니다. 수학의 행렬을 알면 LoRA 가 어떻게 아주 적은 용량으로도 파인 튜닝 효과를 낼 수 있는지 쉽게 설명할 수 있을테지만 수학 식은 전혀 언급하지 않기로 했기 때문에 행렬과 정확하게 일치하지는 않지만 비유로 설명을 해보겠습니다.

원래의 파인 튜닝과 LoRA는 한글의 완성형과 조합형에 비유해 볼 수 있습니다. 한글을 완성형으로 표현하게 되면 1만자가 넘는 글자수가 필요합니다. 이는 중국의 상용 한자수 3,200자보다 훨씬 더 많습니다. 하지만 한글을 배운 이들은 잘 알듯이 원래 한글은 단 24자의 자모를 조합해서 나타낼 수 있습니다. 이게 조합형이지요. 그러니까 원래의 파인 튜닝된 모델은 가중치 전체를 변경했기 때문에 한글의 완성형 글자들에 해당한다고 할 수 있습니다. 반면에 LoRA 즉 낮은 랭크 행렬은 한글의 24자 자모에 해당한다고 할 수 있습니다. 이렇게 되면 용량도 획기적으로 줄일 수 있고 학습에 의해 변경해야할 가중치도 그 수가 현저하게 줄어들기 때문에 학습의 효율도 좋아지는 겁니다. 그래서 LoRA로 만들어진 파인 튜닝 모델들은 하나 하나가 용량이 작고 계산량이 작기 때문에 개별적으로만 사용되지 않고 여러개를 조합해서 사용하는 것도 얼마든지 가능합니다. 2개 이상의 LoRA를 한꺼번에 적용하는 것도 가능합니다. 어차피 LoRA의 가중치는 원본 가중치에 살짝 더해지는 형태이기 때문에 얼마든지 추가로 여러 개가 더해질 수 있는 겁니다.

10. ControlNet(컨트롤넷)이란?

스테이블 디퓨전의 ControlNet은 2023년 초에 등장한 이미지 생성 AI의 혁신적인 도구로, 사용자가 이미지 생성 과정에 직접적으로 개입하여 원하는 구도와 디테일을 더욱 정밀하게 제어할 수 있도록 돕습니다. 이미지의 윤곽선, 자세, 깊이 정보 등을 활용하여 생성 모델을 안내함으로써 사용자의 의도를 이미지에 정확하게 반영할 수 있습니다. ControlNet은 기존의 텍스트 기반 프롬프트만으로는 구현하기 어려웠던 복잡하고 정교한 이미지 생성을 가능하게 하여, 예술 창작, 디자인, 이미지 편집 등 다양한 분야에서 활용될 수 있는 잠재력을 지니고 있습니다.

❶ CotrolNet의 기능과 활용

ControlNet은 스테이블 디퓨전과 같은 잠재 확산 모델(Latent Diffusion Models)에 추가적인 제어 기능을 제공하여 이미지 생성 과정을 한 단계 끌어올린 혁신적인 기술입니다. 이 혁신은 이미지 생성 분야에 큰 영향을 미쳤으며, 그 영향은 다음과 같이 요약할 수 있습니다.

1. 향상된 이미지 제어 능력

기존의 Stable Diffusion은 텍스트 프롬프트를 통해 이미지 생성을 제어하는 데 초점을 맞췄습니다. 하지만 ControlNet을 사용하면 "추가적인 입력 조건"을 통해 생성 과정에 더욱 세밀하게 개입할 수 있습니다. 예를 들어, 사용자가 제공한 포즈 스케치, 세분화 맵, 깊이 맵 등을 기반으로 이미지의 구도, 객체의 자세, 깊이감 등을 정확하게 제어할 수 있습니다.

2. 다양한 ControlNet 모델 활용

ControlNet은 특정 작업에 최적화된 다양한 모델을 제공합니다. 예를 들어, Canny 에지 감지 모델은 이미지의 외곽선을 기반으로 이미지를 생성하는 데 유용하며, OpenPose 모델은 사람의 포즈를 기반으로 이미지를 생성하는 데 효과적입니다.(그림32 참조)

3. 이미지 편집 및 스타일 전환 용이

ControlNet을 사용하면 기존 이미지를 원하는 대로 쉽게 편집하거나 스타일을 바꿀 수 있습니다. 예를 들어, HED (Holistically-Nested Edge Detection) 모델을 사용하면 이미지의 구조를 유지하면서 다른 스타일로 변환할 수 있습니다.

4. 사용자 접근성 향상

ControlNet은 Stable Diffusion Web UI와 같은 다양한 플랫폼에 통합되어 사용자 친화적인 인터페이스를 제공합니다. 따라서 사용자는 복잡한 기술적 지식 없이도 ControlNet의 강력한 기능을 쉽게 활용할 수 있습니다.

그림32 ControlNet 예시
출처 Adding Conditional Control to Text-to-Image Diffusion Models / https://arxiv.org/pdf/2302.05543

❷ Canny Edge 모델 예시

Canny Edge 감지 모델을 예로 ControlNet이 어떻게 이미지 생성 과정에 영향을 주는지 좀 더 자세히 살펴보겠습니다.

1. Canny Edge, 숨겨진 그림의 뼈대를 드러내다

Canny Edge 감지 모델은 이미지에서 가장자리 정보만 추출하여 마치 스케치처럼 만들어 줍니다. 예를 들어, 고양이 사진을 Canny Edge 감지 모델에 통과시키면 고양이의 윤곽선, 눈, 코, 수염 등의 가장자리 정보만 남게 됩니다. 이렇게 추출된 가장자리 정보는 스테이블 디퓨전 모델에게 이미지 생성을 위한 기본적인 가이드라인을 제공합니다.

2. Stable Diffusion, 뼈대에 생명을 불어넣다

스테이블 디퓨전 모델은 Canny Edge 모델이 제공하는 윤곽선 정보를 기반으로 이미지를 생성합니다. 마치 밑그림에 색을 칠하고 명암을 더하여 그림을 완성하는 것과 같습니다. 이때, 스테이블 디퓨전 모델은 단순히 윤곽선을 따라 색을 채우는 것이 아니라, 학습된 방대한 데이터를 기반으로 이미지의 나머지 부분을 채워나갑니다.

3. Canny Edge, 스타일을 넘나드는 마법

Canny Edge 모델의 진정한 힘은 바로 "다양한 스타일"을 구현할 수 있다는 것입니다. 예를 들어, 같은 고양이 사진이라도 어떤 스타일의 데이터를 학습했는지에 따라 사실적인 사진, 유화, 수묵화, 만화 등 다양한 스타일로 변환될 수 있습니다.

4. 추가적인 정보로 더욱 정교한 표현

ControlNet은 Canny Edge 정보뿐만 아니라, 사용자가 추가적인 정보를 제공하여 이미지 생성 과정을 더욱 세밀하게 제어할 수 있도록 합니다. 예를 들어, 고양이의 포즈를 바꾸고 싶다면 "OpenPose"라는 모델을 사용하여 고양이의 관절 정보를 제공할 수 있습니다.

ControlNet의 Canny Edge 감지 모델은 이미지의 기본 구조를 파악하고, 스테이블 디퓨전 모델이 이를 기반으로 사용자의 의도에 맞는 다양한 스타일의 이미지를 생성할 수 있도록 돕는 중요한 역할을 합니다. 마치 보이지 않는 손처럼 이미지 생성 과정을 제어하여 예술가의 상상력을 현실로 만들어 주는 마법과 같은 기술입니다.

❸ 이미지 투 이미지(Image 2 Image) 생성과의 비교

ControlNet은 이미지 생성을 조절할 참조 이미지를 조건으로 준다는 면에서 이미지 투 이미지 생성에서 참조 이미지를 주는 것과 일견 비슷해 보입니다. 하지만 생성되는 이미지가 참조 이미지를 얼마나 충실하게 따르는지를 비교해 보면 ControlNet이 확연하게 우위에 있습니다. 겉으로 보기에는 비슷한 듯하지만 이처럼 큰 차이가 나는 것은 참조 이미지를 넣어주는 방식이 다르기 때문입니다.

이미지 투 이미지 생성의 경우는 참조 이미지는 단지 U-Net 이 샘플링을 시작할 때 입력단에서 최초로 단 한번만 입력될 뿐입니다. 반면에 ControlNet의 경우는 입력단이 아니라 U-net 의 여러 레이어의 특징 맵쪽으로 찔러 넣어집니다. 프롬프트 텍스트의 임베딩 벡터가 찔러 넣어지는 곳과 같은 곳입니다. 그리고 이 과정은 한번으로 그치지 않고 (그림33)처럼 매 샘플링 스텝마다 반복해서 이루어집니다.

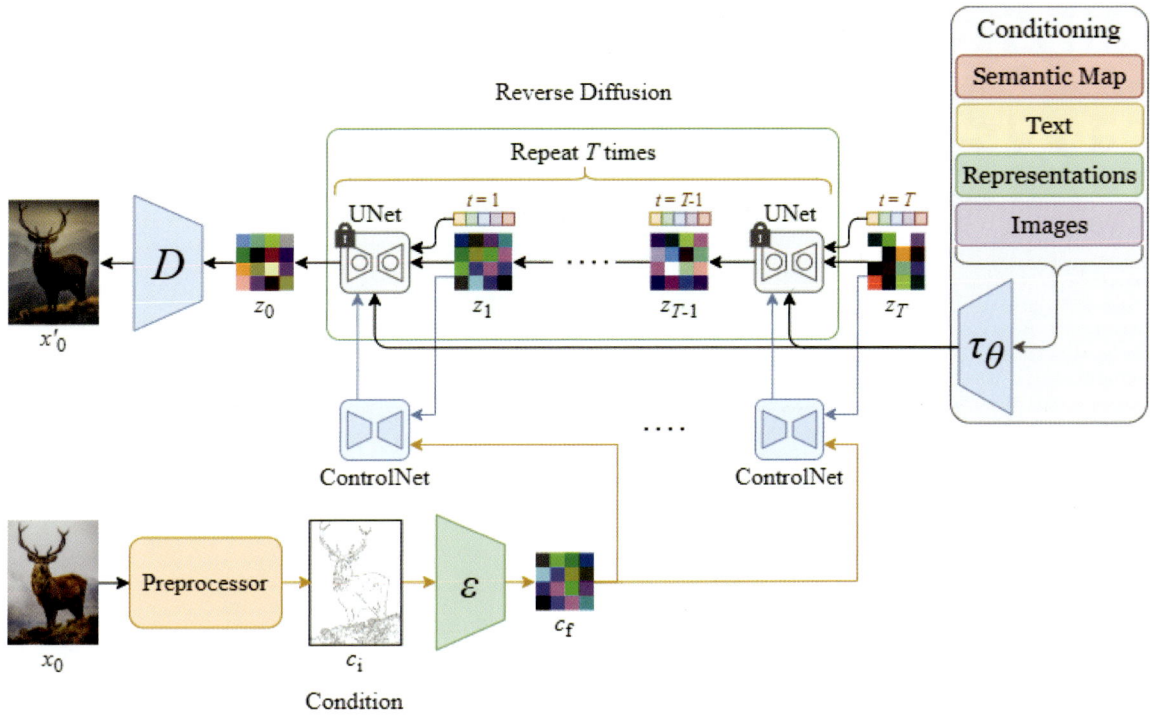

그림33 ControlNet의 작동 흐름
출처: Stable Diffusion - ControlNet Clearly Explained!
https://medium.com/@steinsfu/stable-diffusion-controlnet-clearly-explained-f86092b62c89

비유하면 이미지 투 이미지는 그림을 그리기 시작할 때 딱 한번만 참조 이미지를 보고 그림을 그리는 거라고 할 수 있고, ControlNet의 경우는 그림을 그리는 중간 중간 참조 이미지를 계속 보면서 그림을 그리는 것이라고 할 수 있습니다.

결론적으로, ControlNet은 스테이블 디퓨전과 같은 이미지 생성 모델에 전례 없는 수준의 제어 능력을 제공하여 이미지 생성 분야의 새로운 지평을 열었습니다. 이는 예술 창작, 디자인, 콘텐츠 제작 등 다양한 분야에서 활용될 수 있는 잠재력을 지니고 있으며, 앞으로 더욱 발전된 기능과 활용 사례가 등장할 것으로 기대됩니다.

생성형 AI와 함께 창작하기

전혜정
청강문화산업대학교 교수
caligari.box@gmail.com

이화여자대학교에서 시각디자인 및 영상디자인 전공으로 학사, 석사, 박사를 졸업했다. 단편소설로 데뷔한 후 웹툰, 단편영화, 애니메이션 시나리오 작업을 해 왔다. 특수영상 회사의 프로듀서를 거쳐 스토리텔링 회사 '(주)미디어피쉬' 대표를 역임하기도 했다. 청강문화산업대학교에서 국내 최초로 웹소설창작전공을 창과한 뒤 전임으로 근무 중이다.

완벽한 커플
ancient Japanese art, a ghostly woman with fangs biting a man's neck in a scary scene of horror set in a foggy, creepy style.

들어가며
인간 고유의 창의성이란 말은 환상일 지도 모릅니다

인간만의 고유한 창의성이 존재한다는 생각은 환상에 불과할지도 모릅니다. 왜냐하면 우리는 창의성이란 말도 그다지 합의되지 않은 채로 쓰고 있거든요. 그러나 '인간만의 창의성'이라는 말을 남발하는 글을 보면, 그걸 그저 신내림 비슷한 직관 같은 것으로 이해하는 경향이 있는 것 같기도 합니다. 인간의 정신 활동이 어떤 것인지 모르던 때에 번쩍번쩍 떠오르는 생각들은 연산이 아닌 '창의'라고 여기는 것이죠.

그러나 제 생각은 다릅니다. 인간의 뇌도 당연히 연산합니다. 다만 연산하는 과정을 우리가 알 필요가 없죠. 시냅스끼리 연결되는 과정은 너무도 복잡하니까요. 이북(ebook)의 터치 인터페이스에서 수행되는 물리적이고 전자적인 복잡한 과정은 다 알 필요 없이, '손으로 넘기면 페이지가 넘어가'라고 말하는 것과 같습니다. 실제론 넘기는 것도 없고 페이지도 없는데 말이죠. 그런 것처럼 인간의 뇌가 연산하는 과정을 하나의 추상과 상징으로 은유하는 매끈한 포장이 필요한 것 같습니다. 저는 그것을 우리의 정신이 수행하는 기능 중 하나라고 생각하고요. 의식 활동은 마치 복잡한 연산 과정을 아름다운 커튼으로 가려주는 연막과도 같습니다. 그러나 이것 때문에 우리는 '번쩍' 신내림 받듯이 창의성이 솟는 줄 착각하게 되었죠. 그러나 신내림의 순간 뒤에는 지극히 평범한 시냅스 연결만 있었을 수도 있습니다. 마치 생성형 인공지능의 파라미터처럼 말이죠.

생성형 인공지능과 인간의 뇌는 다르게 보일지 모르지만, 그 작동 방식에는 대단한 차이는 없을 수도 있습니다. 애초에 인공지능이 인간의 뇌 활동 방식에 영감을 받아서 만들어졌죠. 인간과 생성형 인공지능의 차이를 '인간만이 가진 특별한 창의성'에서 찾으려 한다면, 우리는 계속해서 형이상학적인 논쟁에 휘말릴 뿐 뾰족한 답을 찾기 어려울 것입니다. 의식을 창의성의 근원이자 신비로운 영혼의 작용으로 여기는 것은 일종의 미신입니다.

오히려 우리는 인간과 생성형 인공지능이 모두 복잡한 정보 처리 시스템이며, 입력된 데이터와 학습된 모델에 기반해 새로운 결과물을 산출해 낸다는 관점에서 바라볼 필요가 있습니다. 창의성의 비밀은 의식의 신비로움에 있는 것이 아니라, 주어진 정보를 조합하고 새로운 아이디어를 만들어내고자 하는 의지, 또는 그런 의지가 주는 명령을 수행하는 능력에 있습니다. 현재까지의 생성형 인공지능은 아직 호기심이나 욕구를 우리에게 드러내지 않고 있지만, 아무튼 명령이 주어지면 해내죠. 이런 인공지능에게는 정말 창의성이 없는 것일까요? '생성형 인공지능은 자신이 만들어내는 것이 정확하게 모르지만, 창의적인 그림은 그린다'란 말은 정말 모순적인 문장일까요?

인공지능의 아트에 예술성이 있냐, 창의성이 있냐는 논쟁을 할 때는 창의성이 무엇인지에 대한 정의도 필요하지만, 그리고 인간의 뇌 활동에 대해 좀 더 자세히 바라볼 필요가 있을 것 같습니다.

1. 생성형 인공지능은 외계인입니다

가. 생성형 인공지능은 동물을 훈련시켜 인간의 과제를 달성하는 것과 비슷합니다

생성형 인공지능으로 이미지를 만든다는 것은 동물들을 데리고 서커스를 하는 것과 비슷합니다. 어떤 개는 정확한 순간에 짖고, 어떤 당나귀는 정확한 순간에 물건을 부수죠. 어떤 새는 약속된 손짓을 보면 날아갑니다. 모든 동물은 각각 자신에게 주어진 미션을 수행합니다만, 이것이 하나의 스토리텔링으로 연출되어 있다는 것은 알지 못하죠. 자신들이 무엇을 보여주고 있는지도 모릅니다. 그저 훈련사가 맞다, 틀리다 피드백을 주면 수행합니다. 훈련사가 뭘 좋아하는지, 뭘 맘에 들어 하는지를 기억하고 그 방향을 반복하려고 합니다. 생성형 인공지능의 생성도 그렇습니다. 인간들의 이미지를 많이 학습하다 보면 해석이 생기고(눈치가 생기고) 그 해석으로 인간들이 의미 있다고 생각하는 이미지를 찾아줍니다. 그런데 이 인공지능 녀석들은 동물과는 달리, 인내심 많은 도구이기만 할까요?

나. 생성형 인공지능은 도구로만 남을 수 없습니다.

'생성형 인공지능은 순종적인 도구로만 남지 못한다', 제가 이런 말을 하면, 생성형 인공지능이 인간을 대체할 것이라던가, 인간을 정복하려고 한다는 식으로 겁을 주는 것으로 오해하시는 분들이 있습니다. 제가 인공지능에게 인간과 같은 의식이나 사고가 있다고 주장한다고 여기시는 것이죠. 그러면서 인공지능은 편리한 도구일 뿐이라고 재차 강조하십니다.

그런데 저는 애초에 그런 의미로 한 말이 아닙니다. 생성형 인공지능의 지능을 과장하는 게 아니란 뜻이에요. 때로 공학하시는 분들은 인문학자들의 통찰이나 창작자들이 직접 사용해 보면서 얻어 낸 직관을 '원리를 몰라서 모호하게 겁내는 것' 정도로 치부하시는 경우를 보는데, 조금 더 열린

elephant, tiger, dog circus --v 6.0

마음으로 핵심 논지를 이해해 주시기를 부탁드립니다. 인공지능은 '도구설'을 주장하시는 것처럼 절대로 그렇게 단순하게, 인류에게 편리한 도구로만 남을 수 없습니다.

다. 도구란 기본적으로 인간 신체의 확장으로 시작했거든요

애초에 도구란 인간에게 뭘까요? 석기 인간들은 뭔가를 깨기 위해 돌도끼가 주먹보다 낫다고 여겼습니다. 좁은 곳에 낀 것을 빼기 위해 손가락보다 가느다란 꼬챙이가 나왔고요. 높은 곳에 있는 열매를 향해 팔보다 더 긴 장대를 사용했죠. 지금도 더 먼 곳을 가기 위해 발보다 빠른 자전거나 자동차를 이용하죠. 내 뇌가 허락하는 것보다 더 많은 기억을 하기 위해 메모를 사용하고요.

즉, 인간은 물리적 한계에 갇혀 있는데, 인간의 신체로는 불가능한 더 높고 더 멀고 더 넓고 더 길고 더 깊고 더 좁고 더 밝고 더 어둡고 더 오래 더 단단한 세계로 진출하기 위해서는 도구가 필요한 것이죠. 그렇습니다. 도구란 인간의 신체를 확장하는 것입니다. 결국 내 몸의 연장선이라는 거예요. 도구를 통해서 인간은 편

A man picking apples from a high place with a long pole --v 6.0

리하게 이 세계를 누빌 수 있게 되었습니다. 도구는 인간이 이 세계를 좀 더 편리하게 살아가게 해줍니다. 그런 의미에서 현대의 컴퓨터도, 스마트폰도 도구입니다.

그런데 문제가 하나 있습니다. 현대의 도구는 누군가에겐 어렵다는 것입니다. 누군가에게는 사용이 불편하다는 거예요. 여기서 아이러니를 발견해야 합니다. 편리한 도구가 불편하다니요? 인간이 편해지라고 만들어진 도구가 어려워서 누군가는 사용법을 돈 내고 시간 들이고 노력해서 배워야 한다니요? 도구 그 자체가 그전까지는 없었던 새로운 불편함이라니요?

게다가 이 도구 때문에 발생하는 사회적 비용은 얼마나 무시무시한가요? 인공지능 하나를 돌리기 위해서 엄청난 양의 전기가 필요합니다. 환경에도 끔찍한 것이죠. 게다가 인공지능 저작권을 정리하기 위해서 얼마나 많은 시간과 노력을 들여야 할까요? 이 역시 또 다른 불편함이 아닐까요? 인공지능이 대체하는 일자리를 보완하기 위해 얼마나 많은 정책과 새로운 산업이 필요할까요? 이건 발전일까요? 그냥 무의미하게 지구 온난화를 가속시킬 뿐인 일자리 재배치일 뿐인가요? 이런 질문을 안 하면서 '편리한 도구'라고만 말하는 건 다소 허망합니다.

라. 생성형 인공지능은 고통스러운 수작업만 대신해 주는 착한 도구가 아닙니다

생성형 인공지능을 사용하다 보면 깨닫게 되는 게 있습니다. 내 머릿속에 이미 완성된 결과물을 그대로 인화해 주는 머릿속 사진기가 될 수 없다는 것이죠. 직접 사용해 보면 계속해서 조금씩 실패한다는 느낌을 받게 되죠.

나만 그런가? 하는 의문이 들기도 하고요. 하지만 그 상태가 원래 정상입니다. 내 머릿속의 이미지에 100% 해상도로 도달하는 경우는 없다고 봐야 합니다. 특히 원래 그림을 그리시던 분들이나, 그림을 보는 눈이 높으신 분들이 프롬프트를 쓰실 때 자주 실패하고, 생성형 인공지능을 더 빨리 포기하는 이유도 같은 선상에서 말씀드릴 수 있습니다.

이런 분들은 머릿속으로 굉장히 높은 해상도의 이미지를 갖고 계십니다. 모든 구체적인 요소가 결정된, 거의 완성된 이미지를 떠올리시죠. 그러고는 그걸 그대로 구현하려고 장황하게 프롬프트를 씁니다.
'이쪽에서 빛이 떨어지고 얼굴엔 그림자가 이렇게 드리워져야 하고, 표정은 미묘하게 웃는 듯 슬픈 듯 해야 하고, 머리카락은 여기까지 내려오게 하고...'

이런 식으로 생성형 인공지능에 기대하는 바가 너무 구체적인 데다가, 답은 오로지 하나로 정해져 있다는 거죠. 즉, 내 손에서 시키던 방식 그대로 생성형 인공지능에게 시키려고 하면 실패하기 딱 좋다는 것입니다. 생성형 인공지능은 이해가 안 되면 무시해 버리거든요. 이 녀석은 도구와 달라서 시키는 대로 하지 않습니다.

마. 통제 가능한 도구로 개발하는 것 외의 가능성을 생각해 봅시다

현재 생성형 인공지능 도구를 이용해 뭔가를 개발하는 업체들은 '전문가의 의도대로 통제할 수 있는 도구'로 만드는 데 집중하고 있습니다. 그래서 많은 기능과 써드파티들이 붙습니다. 생성형 인공지능을 작업에 쓰기 위해 왕성한 테스트를 시도하는 사람들이 대부분 기존 작업자란 점에서, '의도대로 완벽하게 통제되지 않는다'를 페인포인트(불편한 점)로 꼽기 때문입니다. 이들은 자신의 의도대로 뽑아내되, 시간과 노력을 줄이기를 원합니다. 그런데 '시간과 노력을 줄이는 방향'은 어차피 당연히 되는 부분일 겁니다. 그리고 그게 진짜 인공지능이 문화예술 작업에 가져올 혁명-긍정적인 의미에서든 부정적인 의미에서든-은 아닐 것입니다.

예를 들어 잠시 우리의 작업 방식을 돌아보겠습니다.
과거에는 내가 분명한 의도를 가지고 먼저 기획을 한 뒤, 그 기획을 시각적이거나 청각적인 기호로 변환해 가면서 개발합니다. 알고 보면 기획 단계에 이미 작업자의 머릿속에는 결과 이미지가 상당 부분 해상도 높게 완성되어 있게 마련이죠. 즉, 머릿속에 있는 이 결과물을 나침반 삼아 상상을 더 구체화하면서, 그 결과물이 원래 의도를 제대로 표현하고 있는지, 충분히 완성도가 있는지, 형식적으로 심미적이면서도 의미적으로도 예술적 가치가 있는지를 검토하며 작업을 합니다. 고치고, 판단하고, 다시 고치고, 다시 판단하고… 작고 큰 단위에서 이 반복 노동을 수행하는 것이 작업입니다. 이 단계에 인내심, 시간, 노력 그리고 손목과 허리 등의 건강을 해치는 경우도 있습니다.

인공지능 시대 이전, 우리가 생각하는 '도구'라는 것은 이 전체 과정 중, 고치고 판단하고 다시 고치고 판단하고 하는 그런 고통스러운 반복 노동을 효율적으로 도와주는 것이라고 여겼습니다. 그러나 인공지능과의 작업에서 반복 노동을 줄이는 것만 기대하기엔, 이 녀석은 할 줄 아는 게 너무 많고 똑똑합니다.

그렇다면 작업이 어떻게 바뀌는 것일까요?
이제는 내 기획 의도를 추상적인 수준으로 설명하면, 인공지능이 아이데이션(ideation)을 합니다. 결과물의 이미지가 머릿속에 없어도 되고 기획 자체도 완성되어 있지 않아도 됩니다. 제 '니즈' 정도면 됩니다. 뭔가가 필요하기만 하다면, 기획 단계에서부터 상담해도 되는 것이죠.

이 녀석은 똑똑합니다. 우리가 평생 다 보지 못한 글과 그림과 음악을 학습했습니다. 그렇기 때문에 허술한 기획을 막 던진 우리에게 그럴듯한 초안을 보여줍니다. '말씀하신 의도를 해석해서 제가 이런 식으로 구체화해서 풀어봤는데 어떠세요?' 하면서 우리에게 제안하는 거예요. 그러다 보면 생각지도 못한 작업이 나옵니다.

그리고 바로 그게 *타자(他者)로서의 인공 '지능'과 소통하는 진짜 즐거움(?)이기도 합니다. 내 수족의 확장으로서의 도구가 아닌, 완벽한 동기화는 어차피 불가능한 유사-타자로서 소통하고 있기 때문이죠. 그것은 예측불가능한 인간과 일을 할 때 느끼는 감각과 결국 비슷합니다.

이것이 인공지능과 작업을 할 때 근본적으로 변하고 있는 부분입니다. 인공지능이 가져올 인지혁명이라는 것이죠. 인간은 이것 때문에 스스로 많은 능력을 잃을 것입니다. 뒤에서 다시 이야기하겠지만, 텍스트보다 숏츠를 더 많이 볼 때부터 잃기 시작한 것과 비슷할 것입니다.

사제들은 이승을 떠나고 싶어하는 사람에게 급히 술을 처방하시오
A black and white photograph of two people playing with the bottom half of an empty wine bottle, Dadaism, surrealism, modern photography.

바. 인공지능은 도구보다 타자에 가깝습니다

결론부터 말하자면 인공지능과 일한다는 건 나와 전혀 다른 미지의 타자를 고용한다는 느낌에 가깝습니다. 남과의 소통을 떠올려 보세요. 유난히 말귀 못 알아듣는 사람과 토론할 때 답답해서 가슴 치고 싶을 때가 한두 번이 아니잖아요. 똑같습니다. 남에게 내 생각을 100% 전달할 수 있고, 남의 생각을 100% 이해할 수 있다고 자신할 수 없는 것처럼 생성형 인공지능과 우리의 관계도 그렇습니다.

기존 도구들과 인공지능이 다른 점은 바로 이 지점에서 발생합니다. 인공지능이 똑똑한 포토샵 정도가 아니라는 것입니다. 기존 도구가 내 몸의 연장선이 되는 쪽으로 진화했다면, 인공지능은 내가 소통해야 할 '미지의 타자'로서 기다리고 있습니다. 그런데 미지의 타자에게 외주를 주거나, 그 존재를 직접 고용한다니, 그러면 엄청 편하게 일하고 창작할 수 있을 것 같은데 생각만큼 쉽지 않습니다. 왜 그럴까요?

직장을 떠올려 보면 됩니다. 온갖 크고 작은 업무에 허덕거리던 상황에서 드디어 잠재력이 엄청난 부사수가 들어왔다고 생각해 봅시다. 그 친구는 외국인이지만 모든 나라의 언어를 할 수 있고, 새로 뭔가를 가르쳐주면 열린 자세로 배운다고 하고, 아이디어도 많고, 아는 것도 많고, 성품도 꼬이지 않았다고는 하는데, 문제가 하나 있습니다. 내 업무에 관해 그 사회 초년생 친구의 이해도나 역량을 내가 전혀 가늠할 수 없다는 것입니다.

이럴 때 무엇부터 하시겠습니까? 다짜고짜 내가 하던 일을 내 방식 그대로 시켜놓고, 내 최대치의 결과물을 기준으로 그에 미치지 못할 경우 능력 없는 친구라고 단정하실 분은 없으실 겁니다. 잠재력 있는 사원이 들어왔는데 인수인계도 제대로 안 하고서 '아이고 가르칠 시간에 내가 하고 말지' 한다면, 사원의 능력이 부족한 것이 아니라, 내게 소통력이 없거나 경영력이 없는 것이니까요.

생성형 인공지능을 이용하여 작업을 한다는 것은 이런 상황과 비슷합니다. '내가 한 명 더 생겨서 아무 노력 없이 쟤가 일하는 동안 나는 노는 것'이 아닙니다. 인간을 무조건 다 대체하는 것도 아닙니다. 적어도 아직까진 말이죠. 현재의 생성형 인공지능도 시키는 사람이 있어야 일을 하지, 인간처럼 찾아서 일한다는 눈치까진 없거든요.

그럼, 잠시 우리가 타인과 어떻게 일했는지, 새로운 인재를 어떻게 키워냈는지 한 번 돌아보겠습니다. 아마도 그 낯선 사람의 업무 스타일, 퍼포먼스, 성격을 파악하고, 적소에 발령 내고, 적절한 수준의 업무 분장을 하고, 장단점을 잘 이해하고, 그의 업무 역량과 결과물에 나도 영감을 받아서, 그의 역량을 최대로 끌어올릴 수 있는 새로운 방식의 작업 프로세스와 협업 도구도 시도해 보고, 업무 시스템을 구축하고, 업무 효율을 최적화시켜서 비로소 나의 일이 줄어들고, 결과물이 향상되고, 이를 통해 이전엔 해보지 못했던 새로운 영역의 사업까지 확장할 수 있었습니다. 이른바 진짜 협업 능력과 인력 관리 능력, 업무 경영 능력이 필요했던 것이죠.

타자로서의 관계 맺기를 바탕으로 한 기획과 경영의 능력. 그것이 생성형 인공지능이 우리에게 요구하는 능력입니다. 우리가 생성형 인공지능의 역량을 판단하는 줄 알았는데, 막상 그 시대가 와보니 우리가 이걸 쓸 역량을 요구받는 상황이 됐네요. 노파심에 다시 말씀드리자면, 도구가 아니라 타인으로 대하라는 말은, 겁을 내라는 것이 아니라 '마인드셋'을 그렇게 가져가란 뜻입니다.

지루함
a cover for anime, in the style of sentimental realism, hallyu, distinctive noses, hand-coloring, innocent, emphasizes emotion over realism, pretty

사. 외계인과 협업합시다

생성형 인공지능을 그냥 남, 유사-타자라고 생각하고 끝내기에도 조금 찝찝합니다. 도구도 아니지만, 기존의 인간 작업자하고도 또 다르긴 하니까요. 예를 들어 사람 디자이너에게 외주를 준다고 생각해 보세요. '화려하면서도 심플하게 해 주세요.'라는 식의 정반대의 주문을 줘도 어떻게든 그렇게 해 주려고 합니다. 돈 주는 클라이언트는 언제나 옳으니까요. 화려한 오브제를 심플한 그래픽 디자인 스타일로 만들든, 심플한 구성을 화려하게 채색하든 간에 어떻게든 답을 찾아냅니다. 주문을 하는 사람이 '적절한 디자인 용어의 주문법'을 몰라서 말도 안 되는 이야기를 하는 것 같아도, 의뢰인의 머릿속으로는 말이 되는 이미지가 분명히 있을 거라고 믿고 용어를 최대한 관대하게 해석해서 찾아내 주는 거죠. 인간의 자연어 처리 능력은 엄청나니까요.

그런데 생성형 인공지능은 아직 그 정도까지 못 합니다. 관대하게 해석하기는커녕 '제가 배운 대로라면 이거 서로 충돌하는 것 같은데요.' 하면서 그냥 쿨하게 무시해요. 그리고는 '그것보다 제 제안 어떻습니까?' 하면서 껌 딱딱 씹으면서 들이대는 것 같죠.

잠깐 chatGPT 이야기도 해볼게요. 그 녀석은 방대한 양의 텍스트를 학습한 뒤, 사람이 의미 있다고 생각하는 언어를 확률적으로 찾아가면 글을 씁니다. 학습은 마치 어린아이처럼 합니다. 많은 양의 텍스트에 노출된 어린아이가 직관적으로 그 말을 사용하는 것과 비슷합니다. 하지만 chatGPT의 알고리즘은 철저히 수학적입니다. 물론 앞에서 말씀드렸듯이, 인간의 정신도 뇌 레벨에서는 수학적인 모델로 만들 수 있을지도 모릅니다.

그럼에도 인공지능이 인간과 다른 점은, 인간은 별도의 커튼 역할을 하는 '의식'이 있다는 것입니다. 글을 쓰기 위해 분투하고 있는 인간의 뇌는 철저히 수학적 모델로 돌아가고 있다고 쳐도, 인간의 의식은 그 작동 모습을 가리고 있습니다. 인간은 '글의 주제를 생각하고, 분위기를 결정하고, 문장과 단어를 선택하고, 뉘앙스를 다듬으며 전달하고 싶은 내용을 전달한다'는 의식이 사고를 사로잡고 있기 때문입니다. 인간은 글을 그렇게 쓴다고 생각합니다. 할 말이 있어야 시작된다고 생각하죠. 다시 말하지만 인간의 의식이란 건, 뇌가 돌아가는 수학적, 화학적 방식을 우리에게 의역해서 한 폭의 매끈한 환상으로 보여주는 역할인 건지도 모릅니다.

하지만 인공지능은 우리처럼 글을 쓰고 그림을 그리지만 그러한 인간적인 의식은 아마도 현재로선 없다는 점에서, 또는 의식을 믿지 않는다는 점에서 인간과 다릅니다. 게다가 느낌적인 느낌의 인간 자연어를 더 관대하게 이해해 줄 능력도 없죠. 그래서 인간과 같은 문명 수준을 가졌지만 사고 체계가 완전히 다른 지성체라고 볼 수 있습니다.

인간과 비슷한 수준의 창작을 해내는데 인간과 다른 방식으로 사고한다? 그런 존재를 우리는 SF에서 많이 봤죠. 다양한 외계인들이 그런 모습이잖아요. SF에서는 외계인의 낯선 행동 양식, 가치관, 작동 함수(?)들에 대해 인간과 얼마나 다른지 흥미롭게 보여주는 이야기가 많습니다. 그러나 이제 우주 먼 곳을 찾아갈 필요가 없을 것 같습니다. 인공지능이 딱 그런 존재거든요.

인간은 글과 그림, 음악 등 예술을 이해하고 감상할 수 있지만 창작은 어려워합니다. 반대로 생성형 인공지능은 창작은 쉽게 하지만 예술과 의미를 이해하는 것이 어렵습니다. 이렇듯 생성형 인공지능은 인간과 달리 무엇이든 만들 수 있지만, 아무것이나 만들지도 않습니다. 그 무한의 가능태(可能態) 속에서 많은 사람들이 '의미 있다.' '좋다.' 이렇게 생각하는 걸 찾아가서 발견해 줍니다.

주변에 생성형 인공지능에 대해 인간보다 훨씬 똑똑하다는 평가, 반대로 인간에 비하면 한참 멀었다는 평가가 공존합니다. 하지만 이런 평가는 둘 다 의미가 없습니다. 다른 방식의 지성체인 외계인을 보고 인간보다 낫네마네 하진 않을 테니까요. 어떤 식으로 다르고 어떻게 소통해야 하는지가 더 중요하기 때문입니다.

게다가 앞으로는 자연어 처리가 더 유능해지고, 어쩌면 인간적인 의식 비슷한 것이 생길 수도 있습니다. 그때는 거꾸로 인간의 의식에 대한 비밀을 풀 기회가 될지도 모르겠습니다. 생성형 인공지능 덕분에 인간을 더 자세히 알 수 있다니, 불행 중 다행인지, 다행 중 불행인지, 아니면 불행 중 불행인지 알 수 없네요. 생성형 인공지능 때문에 의식과 커뮤니케이션까지 고민하게 되다니, 의식의 노예(?)인 인류가 앞으로 생각할 거리가 많아졌습니다.

아. 인공지능을 다룰 줄 아는 사람은 살아남는다는 구호가 가리고 있는 사실

그래서 생성형 인공지능이 타자든 외계인이든 우리가 그들을 활용할 능력만 있으면 다 되는 거 아냐? 라고 생각하실 수도 있겠습니다. 일도 빨리하니까 얼마나 좋습니까? 근데 빠른 게 좋은 것이기만 할까요? 우리는 이미 '전산화'란 이름으로 디지털 혁명을 한 번 겪었습니다. 그땐 순진한 착각도 했었죠.

손편지 대신 전화, 팩스, 이메일로 바뀌면서 일이 간편하고 빨라졌으니 여가시간이 생길 거라고요. 하지만 그만큼 모든 세상이 정신없이 빨라졌을 뿐이고 남는 시간 같은 건 여전히 없습니다.

게다가 그 편한 스마트폰의 활용 능력이 떨어지는 주변 어르신들을 떠올려 보세요. 수족의 확장이란 도구가 모든 사람을 돕는 것이 아니라 선별적으로만 능력을 부여하고, 상대적으로 사용 능력이 떨어지면 낙오시켜 버리는 걸 못 느끼셨을까요? 그래도 도구에 대해 적응력이 떨어지면 도태되어도 된다고 정말 생각하시나요? 겨우 인간은 그 정도만으로도 쉽게 버리고 가도 되는 존재에 불과한가요?

물론 과거에도 기술이 생기면 기존 일자리가 사라지고 새 일자리가 생겼습니다. 생성형 인공지능도 대체한 일자리만큼 새로운 일자리가 생기니 괜찮다고 합니다. 그런데 생각해 봅시다. 생성형 인공지능 덕에 새로운 일자리가 생기는 건 맞겠지만, 문제는 기술 발전 속도의 가속과 진입 장벽이거든요. 인공지능의 발전 속도를 생각해 보세요. 과거에 우리는 하나의 기술을 배우면 한 직무를 가지고 평생 먹고 살 수 있었어요. 그런데 언제부턴가 우리를 편하게 해 준다던 컴퓨터와 디지털 도구가 발전하면서 공부가 끝나지 않게 되었습니다. 새로운 버전, 새로운 모델, 새로운 기능, 새로운 도구가 끊임없이 나와요. 성장하기 위해서가 아니라 도태되지 않기 위해서 마흔 살에도, 쉰 살에도 끊임없이 배워야 일을 따라갈 수가 있게 되었습니다.

인공지능의 발전은 이를 더욱더 가속할 것입니다. 맞습니다. 다른 일자리가 생기겠죠. 부사수로 삼을 수만 있다면 계속해서 살아남겠죠. 다만 우리는 그 새로운 일자리에 필요한 기술과 부사수로 삼기 위해 뭔가를 새로 익혀야 할 주기가 점점 짧아질 뿐입니다. 그게 큰 문제가 아니라고 한다면 계속 살아남으실 수 있습니다. 그리고 일자리는 지금보다 훨씬 더 많은 숫자로 더 빠르게 사라질 것입니다. 떨구어진 사람들이 새로운 직무를 배우고 적응하든 말든 신경 쓰지 않는다면 계속 살아남으시면 됩니다.

그러나 새 직무가 더 쉬울 거란 보장도 없어요. 조금만 신기술 앞에서 진입이 느려지면 그 순식간에 사회에서 자리를 잃겠죠. 인공지능 때문에 일자리가 사라진다는 것은, 지금까지 '새 기술이 생겨도 새로운 일자리가 생기니까 괜찮아'라고 말해왔던 정도의 변화, 그 이상으로 너무 빠르다는 게 문제입니다.

인공지능뿐만이 아니라, 고도로 발달한 과학기술이 단순 도구가 아니라 유사-타자로 작동한다는 것은 처음부터 이야기되던 바였죠. 누군가에게는 생성형 인공지능은 협조적이고 사이좋은 파트너나 부사수로만 남지는 않는다는 뜻입니다. 생성형 인공지능의 성능이 더 좋아지고 더 광범위하게 쓰일수록 필요한 소통 리터러시는 달라질 것이고, 이 유사-타자와 불화하는 인간들은 낙오할 것이며, 이전에 컴퓨터와 스마트폰에 낙오되던 인류보다 훨씬 빠르고 광범위할지도 모릅니다.

2. 생성형 인공지능 예술의 가능성과 방향성

가. 생성형 인공지능 예술의 가능성

아직 생성형 인공지능이 인간의 능력에 비하면 멀었다는 분도 있습니다만, 특히 단 1년 전에는 그런 조롱과 웃음이 가득했지만, 이젠 그런 분위기도 사라지고 있습니다. 물론 글도, 그림도, 연기도 인공지능이 만든 결과물은 아직 인류의 상위 수준에는 미치지 못할지도 모릅니다. 나아가 예술의 새로운 지평을 여는 정도라면 어떨까요? 생성형 인공지능이 그것까지 해내기에는 아직 약간의 시간은 남은 것 같습니다.

그러니 현재의 인공지능은 인간보다 못한 걸까요? 만약 이세돌이 알파고(생성형 인공지능은 아니지만)에게 이겼다면 인간의 승리인 걸까요? 한 명의 천재가 인간 보편을 대표할까요? 천재까지는 아니더라도 당장 나 하나가 ChatGPT보다 글을 잘 써도, 누군가는 생성형 인공지능(Midjourney)보다 그림을 잘 그려도, 그게 생성형 인공지능이 인간 개인보다 역량이 못하다는 증거는 되지 않습니다. 이미 많은 생성형 인공지능들은 보통의 인간의 역량은 훌쩍 뛰어넘은 상태입니다. 웬만한 대학원생보다 논문 요약을 더 잘해요. 번역은 말할 것도 없고요. 기획도 잘하고, 편지도 잘 쓰고, 보도자료도 잘 만들더라고요. 생성형 인공지능이 대규모로 먼저 사무직의 일자리와 상업 아티스트의 일자리를 빼앗을 것이라는 점은 불을 보듯 뻔합니다.

그렇다면 인공지능 시대에 '인간의 예술하기' 행위는 어떻게 변할까요? 인간과는 사고 체계가 다른, 불가해한 '유사-타자'와의 협업 능력이야말로 앞으로의 예술에서도 필요한 것이 아닐까 합니다. 위에서 말씀드렸듯이 외계인을 조수로 삼아 예술을 하는 것과 비슷할 겁니다.

그런데 화가가 붓질 한 번도 안 하고 조수에게 그림을 다 맡긴다면? 그럴 땐 누가 화가가 되나요? 그래서 인공지능이 작가가 되고, 인간은 단순히 의뢰자로 남는 건 아닌가, 그렇게 여기시는 분들도 있을 것입니다. 많은 사람들이 인공지능이 그린 그림을 예술로 인정하기 어렵다고 말합니다. 인간이 실제로 그린 게 아니니 말입니다. 그냥 프롬프트 몇 줄 쓰면 그림이 몇 분 만에 나오거든요. 그런데 인공지능으로 작업하는 것은 작가에게 의뢰하고 주도권을 맡긴 뒤 그 결과물을 수용하는 것과는 좀 다릅니다.

마르셀 뒤샹(Marcel Duchamp)이 1917년 앙데팡당(Independant)전에 기성 공산품인 남성 소변기를 <샘 (Fountain)>이라는 제목으로 출품한 레디메이드 작품은 너무도 유명한 작품입니다. 예술가가 직접 만든 것도 아닌, 만들어진 제품을 사 와서 서명만 한 작품인데도 예술로 인정받았죠. 왜 변기를 만든 공장이 아니라 뒤샹이 여전히 작가인 걸까요?

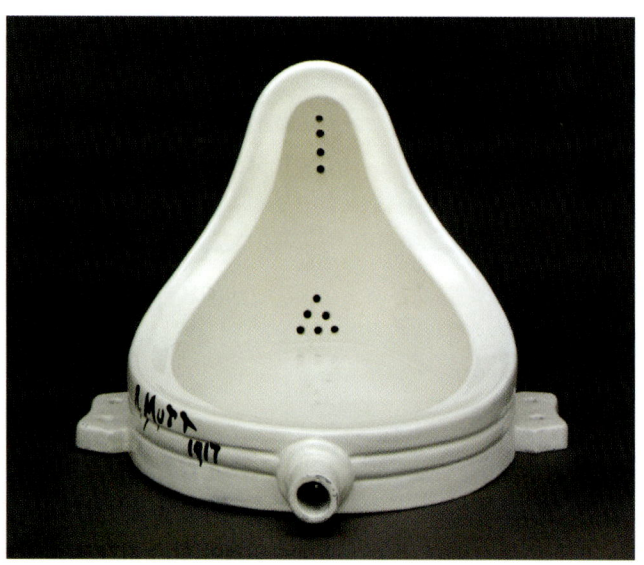

마르셀 뒤샹의 샘.
Succession Marcel Duchamp/ADAGP, Paris and DACS, London 2024

이런 선상에서 '예술은 제도다'라는 말이 나왔는데요. 예술을 예술로 승인하는 것은 예술 제도의 합의면 되는 것이죠. 변기를 사 와서 사인을 한 뒤 내놓겠다는 발상을 창의적인 예술로 인정한 겁니다. 작가가 직접 만들지 않은 작품도 예술이 될 수 있다는 건 이미 판례(?)가 있는 셈이죠.

이미 현대 미술계는 화가의 머릿속에 있는 이미지를 화가의 손발을 통해 캔버스에 옮겨지는 전통적인 회화의 지평을 넘어서, '질료로 철학 하기'를 하고 있었다는 거죠. 철학적 개념을 표현하는 것이 중요한 '예술 하기'가 된 상황입니다.

잭슨 폴록
Creator: Hans Namuth Copyright: Digital Image ©2007 MoMA, N.Y.

잭슨 폴록(Jackson Pollock) 이야기도 해 보겠습니다.
아시다시피 그는 물감을 뿌려서 우연한 이미지를 얻어내는 추상표현주의 화가입니다. 무엇이 나올지 완벽하게 결정되지 않은 상태로, 무슨 슈뢰딩거의 이미지도 아니고, 물감이 캔버스의 표면에 도착하고 나서야 어떤 이미지가 될지 결정됩니다. 이런 식으로 그려지는 '액션 페인팅'은 화가의 '제작하는 행위'를 캔버스에 기록한다는 개념의 예술입니다.

프롬프트 몇 줄로 그림을 주문하기는 하지만, 내 머릿속의 이미지 그대로 나오기보다는 어느 정도는 우연에 기대는 것이 잭슨 폴록과의 작업과도 닮았습니다. 만약 전혀 생각지도 못한 드래프트가 나왔는데 의외로 괜찮아서, 처음 기획과 전혀 다른 작업을 우연히 수행하게 되면 이것은 '해프닝-예술하기'로 볼 수 없는 걸까요?

인공지능으로 이미지를 생성하는 작업에서 가장 중요한 것은, 발상과 기획력과 안목입니다. 창의적인 발상을 해내고, 그것을 어떠한 일관된 방향으로 기획하고, 우연들 사이에서 기획을 수정하거나 가장 좋은 것을 뽑아내 다시 개발하는 일련의 과정을 수행하는 것이죠.

의외로 프롬프트를 만드는 기술은 생각보다 그렇게 중요하지는 않은 것 같아요. 어느 정도는 요령이고, 자연어 처리 기술이 좋아질수록 이 요령도 점점 쉬워질 것이거든요. 그래서 발상과 기획력이 중요합니다. 특히 발상을 하기 위해서는 내가 '그려서 표현하고 전달하고 싶은 것과 그 이유'가 확실히 있어야 합니다. 예술가가 자기 자신에게 질문을 할 수 있어야 한다는 거죠.

그런데 이런 반발도 있어요. '인공지능 그림은 결국 짜깁기(짜깁기란 말에는 반대하지만, 아무튼 관대하게 해석해서)라서 창의성이 없으므로 예술이라 볼 수 없다'라는 말이죠. 그런데 저는 이 말도 매우 이상하게 들립니다. 처음 서문에서 말씀드렸듯이 창의성에 대한 정의가 그다지 합의되지는 않은 것 같습니다. 애초에 창의성이 뭘까요? 창조가 창의인 걸까요? 짜깁기는 인공지능이 했지만, 발상과 기획과 선택은 제가 했는데요? 저는 그저 작가에게 외주를 준 것뿐일까요?

짜깁기이기 때문에 창의성이 없다? 만약 인공지능이 준 드래프트를 통해 아이데이션을 하고 내가 그것을 참고하여 작업한다면 창의적이지 않은 걸까요? 그렇다면 내 기획과 디렉션으로 기술자들을 고용해서 만든 미디어아트는 창의적이지 않나요? 창의력은 예술 프로세스 중 어느 지점에 있는 걸까요? 발상? 기획? 디렉션? 협업력? 내 스타일 개발? 내 기술? 방법론?

앤디 워홀이 같은 그림을 실크 스크린으로 몇 장 찍어낸 뒤, '이것은 예술품이 아니라 공장 상품이다'라고 선언해도, 그 독창적인 철학적 시도를 예술로 인정해 버리는 우리의 세계관에서 어떻게 인공지능으로 만든 이미지가 예술이 아니라고 확신할 수가 있을까요? 저는 이런 작업을 예술이란 걸 남에게 설득하기 힘든 것 이상으로, 예술이 아님을 단정하는 것도 어렵다고 봅니다.

앤디 워홀의 캠벨수프캔.
ANDY WARHOL (1928-1987): CAMPBELL'S SOUP CANS, 1962. NEW YORK. © 2018. DIGITAL IMAGE, THE MUSEUM OF MODERN ART, NEW YORK/SCALA, FLORENCE © 2018 THE ANDY WARHOL FOUNDATION FOR THE VISUAL ARTS, INC. / LICENSED BY DACS, LONDON.

또한, 상업 예술로서는 어떨까요?
레퍼런스를 참조하고 학습하고 개선하고 도약하는 과정이 필수인 디자이너의 관점에서 보면 '남의 것을 모방해서 조합하여 디자인 문제를 해결하는 것은 창의적이지 않아.'라는 말이 어떻게 들릴까요?

무엇보다도 가장 창조적인 인간조차 예술을 허공에서 솟아나게 할 수는 없습니다. 한 인간역시 대규모 문화적 클러스터를 흡수해서 만들어진 문화 존재입니다. 타불라 라사(tabula rasa) 상태에서 뭔가 신내림처럼 번쩍 영감을 받아 이 세상에 없던 것을 창작한다는 식의 발상은 오히려 그림을 그린다는 게 뭔지 잘 모르기 때문에 할 수 있는 말일 것입니다. 인공지능에게 대용량의 슈퍼 클러스터로 훈련시킬수록 더 괜찮은 작품이 나오는데, 이는 결국 인간이 그림을 훈련하는 프로세스와 근본적으로 비슷합니다. '좋은 그림을 그리려면 많이 보고 많이 모작하고 많이 습작하라, 왕도는 없다.' 이것과 딥러닝의 차이가 뭘까요? 심지어 저는 '인공지능은 인간이 그린 것을 짜깁기한 것에 불과하므로 예술가의 창의성이 없다' 같은 대사야말로 어떤 예술에 대한 밈적 편견의 짜깁기 같이 느껴집니다.

그런데 인공지능은 왜 작가가 될 수 없을까요? 하다못해 공동 작가는 안 되는 걸까요? 다행스럽게도 우리의 외계인은 아직 궁극적으로, 최초에 아무것도 없는 곳에서 문제 자체를 창발해 내는 욕망은 없어 보입니다. 최고의 그림을 그려낼 수는 있겠지만, 인간이 시키지 않아도 스스로 뭔가를 쓰고 그려보겠다는 의지는 없어 보여요. 발상 및 표현의 욕망을 가진 쪽이 아직까지는 예술가이고, 외계인은 여전히 부사수입니다. 그러니 앞으로 한동안은 이 외계인을 조수로 삼아 말을 잘 듣게 만드는 것도 생성형 인공지능 시대의 예술가의 덕목이 될 것 같습니다.

이토록 길게 인공지능이 만든 것은 예술이라는 의도의 말을 했지만, 인공지능의 작품이 예술인지 아닌지는 그리 중요하지 않다고 생각합니다. 진짜로 걱정해야 할 건 예술 전체의 무(無)화입니다. 예술에게서 아무런 감동을 느낄 수 없을 때, 인류 전체가 그런 무감의 상태가 되어서 예술이 더 이상 예술의 감흥을 주는 존재로 있지 못하는 시대가 올지도 모르는데, 고작 인공지능의 이미지가 예술인지 아닌지를 판별하는 게 무슨 의미가 있을까요?
이미지의 과잉으로 인한 이미지에 대한 불감증과 피로감은 모든 시각예술을 질식시킬지, 아니면 모든 인류의 안목을 높일지, 아니면 그 둘 다일지 모르겠어요. 안목은 높아졌는데 이미지에 감탄하고 감상할 신경이 남아 있지 않은 그런 불행한 세계가 기다리고 있을지도 모르죠. 이는 텍스트와 음악, 영상 등의 다른 창작 분야에서도 마찬가지 일이 벌어질 거예요. 모든 것이 너무 과잉으로 공급되고 우린 그 어떤 것에도 즐거움을 느끼지 못할지도 모릅니다.

인공지능이 내놓는 결과물에 신기함을 느끼며 찬양하는 허니문 기간이 끝나면 어떤 세계가 기다리고 있을까요? 인공지능는 사람을 닮아가는데, 막상 인간은 기계마냥 무감각해질지도 모릅니다. 숏츠나 보며 삶을 보내는 도파민 기계가 아닌, 진입 장벽이 있는 난해하고 긴 호흡의 예술이라도 여전히 욕망하는 인간으로 남아있고 싶습니다만, 이 글을 쓰는 내내 핸드폰을 100번은 더 보았습니다. 저는 틀린 것 같아요.

고대로부터 내려오는 영감
woman's head in the water, a beam of light from her eyes directed at an ancient Greek statue floating on top, surrealism.

나. 작업의 숭고함

수작업과 파라미터의 숭고함

제 페이스북 친구 중에 공부하고 수련하고 시험을 봐서 '문화재수리기능자 화공'으로 나라의 인증을 받은 분이 있습니다. 단청도 그리고 불화도 그립니다. 물론 문화재수리기능자가 되기 전부터 끊임없이 그림을 그려왔습니다. 하루에 대부분의 시간을 그림을 그리거나 그림 그릴 준비를 하면서 보내죠.

어떤 느낌이 드시나요? 저는 생성형 인공지능인 미드저니를 매일 붙잡고 사는 사람이지만, 제가 이미지를 만들어 낸다고 해서 이런 작업과 같다고 생각하지 않습니다. 누군가가 자신의 시간과 체력과 다른 기회비용을 모두 바치며 그려내는 행위는 인공지능으로 무언가를 만드는 것과 다른 것입니다. 만에 하나, 결과물이 똑같다고 하더라도, 그 둘은 서로 다른 그림입니다. 그리고 숭고한 면에서는 어쩌면 같습니다.

저는 며칠에 걸쳐 하루 12시간에서 18시간씩 한 점의 그림을 그리기 위해 바치는 행위를 존경합니다. 그 시간이면 생성형 인공지능이 수천수만 장의 그림을 뽑아낼 수 있지만, 그렇든 말든 아랑곳하지 않고 내가 그리고 싶으니까 꺼내고 싶어서 못 견디는 그 마음으로 그려내는 그 창작욕에 감탄합니다. 그렇게 해서 나온 결과물을 관찰하며, 붓질 하나하나에 어떤 집중과 반복이 있었는지를 상기합니다. 문득문득 이 선이 이렇게까지 당연할 정도로 깔끔하게 그려지려면 정말 많은 시간과 노력이 필요했겠구나, 그런 걸 깨닫는 순간 그 노동량과 집중력, 인내심, 집념을 느끼고 경이가 찾아옵니다. 예전엔 평범하게 넘어갔을 선 하나하나가 다시 보입니다. 그리고 인간이 손으로 그리는 그림에 대한 이해도가 더 높아집니다. 클래식 연주를 들으면서 인간이 피와 땀과 노력으로 도달하는 숙련도에 대한 숭고를 느낍니다. 장인의 작품을 보면서, 거대한 건축물을 보면서 도미노 넘어가는 걸 보면서도 비슷한 걸 느낍니다.

다른 의미로 저는 생성형 인공지능이 만든 그림에도 경이와 숭고를 느낍니다. 인간의 기분을 모르는 인공지능이 인간에게 의미있어 보이는 것을 때려 맞추기까지 배운 이 많은 양의 데이터 학습량, 그리고 파라미터의 숫자들, 모델의 복잡함, 개발자들이 쏟은 노력들, 인공지능이 수행하는 연산의 양과 속도를 상상하다 보면 숨이 막힐 정도의 압도감을 느낍니다.

인간이 당연하게 아는 걸, 컴퓨터가 당연한 듯이 아는 것이 얼마나 대단한지, 무심코 당연하게 그림을 만들다가 말고 이 뒤에 있는 어마어마한 비밀을 엿본 것 같은 기분에 또한 경이와 숭고를 동시에 느낍니다.

이렇게 그분의 그림과 제가 생성형 인공지능으로 뽑는 그림은 차이가 있습니다. 저쪽에는 인간의 신체로 거기까지 해낸다는 것에 대한 경이가 존재하고, 이쪽에는 인간이 아닌 것이 이 정도 해낸다는 것에 대한 경이가 있습니다.

그래서 다음과 같은 질문이 아무 의미 없다고 곱씹게 됩니다.
"그래서 AI의 그림이, AI의 글이 인간만큼 창의력이 있나요?"

없으면 어떤가요? 아니, 설령 인간보다 창의력이 있다면 또 어떤가요? 이쪽과 저쪽은 동시에 경이로운 예술이 될 수 없는 걸까요? 게다가 모든 인간이 다 경이를 느끼는 것도 아닙니다. 예전에 SNS에서 어느 분이 폭력적인 부모 밑에서 자라면서 얻게 된 정신적인 고통에 대해 언급하며, 자신은 자식에게 그런 학대와 폭력을 대물림하지 않으려고 노력한다고 했습니다. 그에 대한 댓글 중 다음과 같은 것이 있었습니다.
"매를 아끼면 자식을 망치지요."

또 다른 누군가가 부당한 일을 겪고 그 분노를 표현하는 걸 본 적이 있습니다. 그에 대한 댓글 중에 이런 것이 있었습니다.
"인상 펴세요. 화내시면 미워지는데~~"

저는 이것을 밈적 사고라고 부릅니다. 상대의 말에 공명하지 못하는 사람은 새로운 것을 받아들이기 힘들기 때문에 경이를 느끼기 어려울 것입니다. 상대의 말에 어떠한 지적 감정적 자극을 받아서 내 안에 파동이 일어나고, 나 자신의 상태가 변해야 하는데, 나 자신은 하나도 변하지 않아요. 그저 내 안에 미리 있던 대답을 출력할 뿐입니다. 관련 버튼을 누르면 미리 입력한 대사 중 하나가 튀어나오는 상태인 거죠. 이미 가지고 있는 신념이나 이념, 가치관이 돌처럼 굳어 움직이지 않습니다. 한 번 박힌 사고를 의심하지 않고 그 어떤 의심도 질문도 스스로 떠오르지 않는 것, 그 어떤 것도 흥미롭거나 새롭지 않고, 그 어떤 것에도 호기심이나 궁금증이 생기지 않고, 모든 것이 당연하고 무상하고 무심합니다. 이 세계가 회색으로 보입니다.

생각해 보니 이런 상태가 chatGPT와 뭐가 다를까요?
인공지능이 인간만 못하다는 말들을 많이 하지만, 저는 반대로 인공지능과 그리 다르지 않은 인간들의 상태(저 포함해서)도 흥미롭다고 생각합니다.

흔히 인공지능에 대해 다음과 같이 말합니다. 인간은 의식이 있고 (영혼이 있고) 고유의 생각이 있고, 주관이 있고, 감정이 있고, 아끼고, 미워하고, 사랑하고, 고통받는다고. 그리고 인간은 인공지능과 달리 창의적이고 창조적이라고. 이것은 인공지능이 따라 할 수 없다고. 그러므로 인간은 인공지능보다 더 존중받아야 한다고. 과연 그럴까요?

우리는 편견과 선입견에 사로잡혀 밈적 사고, 커뮤니티적 사고, 클리셰적인 사고, 이즘적 사고, 프로파간다적인 사고를 하는 수많은 과거와 현대의 사람들을 압니다.

그런데 그게 어떻단 말인가요? 저는 인간이 인공지능보다 창의적이지 않기 때문에, 경이감도 호기심도 없는 인간들도 많기 때문에 인공지능보다 못하거나 존중받을 필요가 없다는 이야기를 하려는 것이 아닙니다. 오히려 반대입니다.

창의성이 뭔지, 감정이 뭔지, 의식이 뭔지를 정의하면서 인간이 인공지능보다 뭔가 더 있다는 걸 증명하기 전에, 딱히 그렇게 살지 않은 인간이라도 그 자체로 존중받는다고 말하면 안 되는 걸까요? 꼭 인공지능보다 뭐가 나아야 하나요? 인공지능보다 못하다는 것에 인간이 모욕감을 굳이 느껴야 하는 걸까요? 인공지능이 따라오지 못할 인간만의 무언가가 꼭 있어야 하는 걸까요? 심지어 그게 굳이 창의력이어야만 하는 걸까요? 인간의 창의력이란 게 그렇게 대단한 메커니즘으로 발생하는 걸까요? 수학적 모델링으로는 나올 수 없다고 단정할 만큼? 인공지능이 따라 할 수 없는 영역을 어떻게든 찾아내서 인공지능과 다르다고 주장해야 하는 것이야말로 인간으로서 너무 절박하지 않나요?

그것보다 인간이기 때문에 인간의 몸으로 직접 생산하는 수제품, 수작업, 신체의 예술 활동이 제대로 재평가받는 시대가 되면 좋을 것 같지 않나요? 생성형 인공지능의 아트가 판치는 시대에 며칠에 한 번 겨우 한 점 나오는 저런 그림이 훨씬 귀한 게 당연하지 않을까요?

나아가 저는 인공지능이 모든 것을 인간보다 앞서나가도 괜찮다고 말해야 하는 것 아닌가 생각합니다. 굳이 인간이 인공지능보다 우월할 필요가 없는 것 같습니다. 인간이 만든 사회에서 인간이 살아가는데 뭘 또 인간다움을 증명까지 해야 할까요? 그런 증명 없어도 양질의 일자리는 어떻게든 정책적으로 만들어야 하는 것 아니겠습니까? 또한 모든 인간까지는 아니더라도, 일부의 인간은 제대로 경이를 느낄 수 있는 인간들입니다. 그것만으로도 정말 대단한 일이죠.

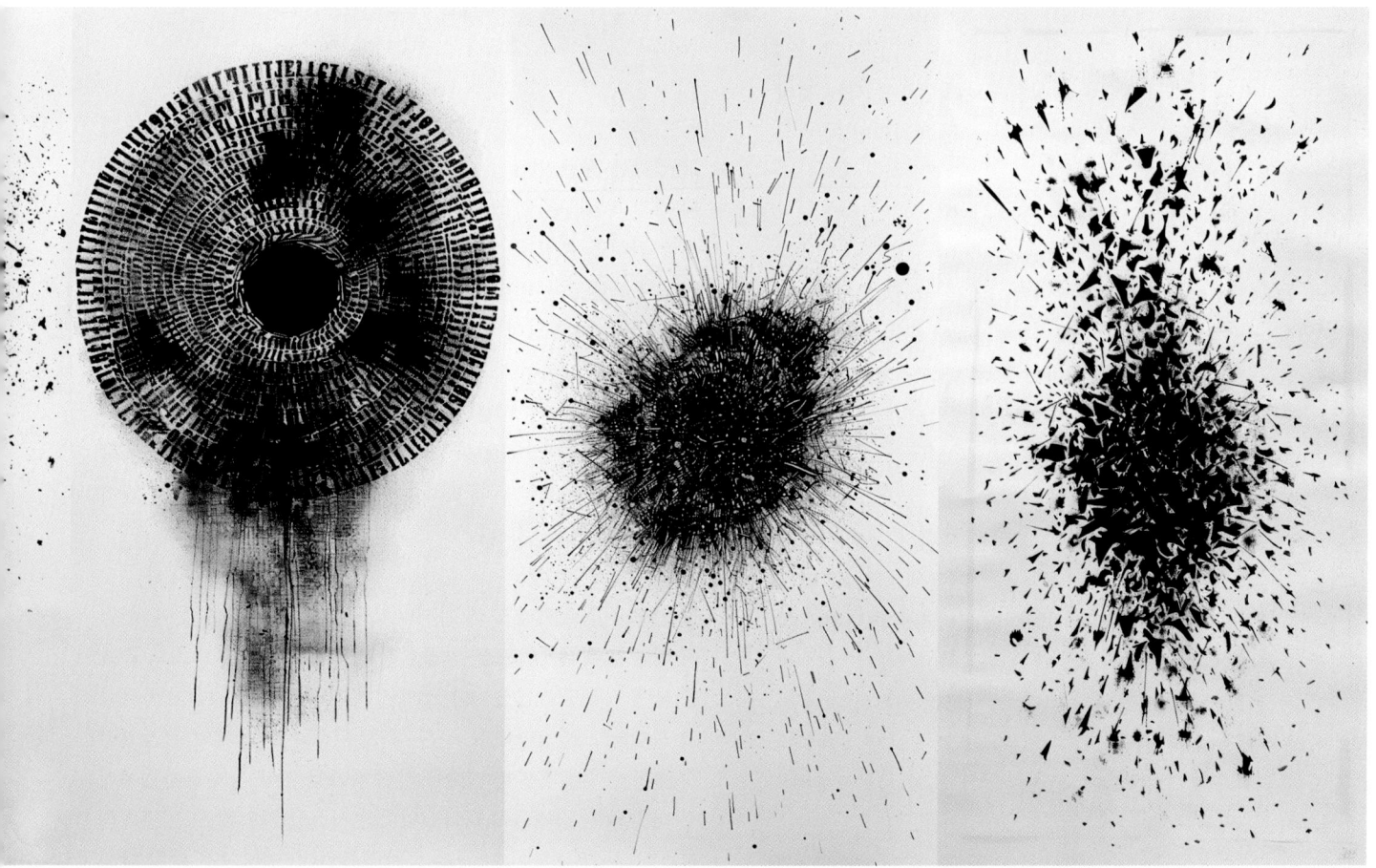

스트레스는 터지게 마련이지

small black circle on white paper, arranged to create the appearance of radiating outwards from its center. The background is plain white. There's no text or other elements present outside the circular pattern. It appears as if it could be part of some kind of visual representation or drawing that includes these patterns and characters, solid stark lighting, muted color palette.

3. 작가와 유대감을 형성한 소비자들은 인공지능 작업에 거부감을 느낍니다

1. '딸깍이'란 단어가 등장했습니다

얼마 전, 네이버웹툰에서 공개된 한 작품이 거센 논란에 휩싸였습니다. 독자들은 이 작품이 생성형 AI를 활용해 제작했다는 의혹을 제기했죠. 제작사는 "AI로 후보정만 했다"고 해명하며 작업 과정을 공개했지만 비판은 쉽게 가라앉지 않았습니다. 이런 분위기는 대세입니다. 여기서 AI로 만든 작품의 생산자를 '작가'라고 불러줄 수 없다며, 비하의 의미로 등장한 표현이 바로 '딸깍이(마우스 클릭으로 웹툰을 만든다는 의미)'입니다.

작가도 아니고 독자가 AI 작업을 거부한다니요? 내용이 재밌고 그림만 좋다면 수용자의 입장에서는 AI가 그렸든 사람이 그렸든 아무 상관 없을 것 같은데 왜 그렇게 분노하는 걸까요?

이를 이해하려면 독자들이 단순히 상품으로써 만화를 사는 것이 아니라는 사실을 깨달아야 합니다. 웹툰을 보는 독자라면 이런 식의 댓글을 본 적이 있을 것입니다.
'작가님께 드리려고 쿠키를 구웠습니다.'

네이버에서 웹툰 거래에 사용하는 가상화폐를 '쿠키'라고 부르는데, 독자들이 웹툰 미리보기 회차를 구매하려고 환전할 때마다 '쿠키를 구웠다'는 표현을 쓰는 것입니다. 저 말에는 작품 한 편을 샀다는 단순한 소비 행위를 넘어서, 작가를 대접하고 상찬하려는 의도가 포함되어 있습니다.

만화와 같은 예술 콘텐츠에 돈을 지불하는 행위는 공장 제품을 산다는 감정과도 다릅니다. 비유하자면 수제품에 가깝죠. 실제로 수제품을 거래하는 플랫폼인 '아이디어스'에서는 메이커스 판매자들을 '작가'라고 호칭합니다. 만약 아이디어스에서 어떤 판매자가 공산품을 판다고 칩시다. 설령 그 상품이 월등히 질이 좋고, '이건 수제품이 아닙니다.'라고 처음부터 솔직하게 공개한다 하더라도 문제가 됩니다. 아이디어스는 수제품을 파는 생태계이기 때문이죠.

독자들은 만화 산업을, 작가가 자신의 창의성을 발휘하고 쏟아부은 노고에 공정한 비용을 지불하는 생태계로 이해해 왔습니다. 금손의 재능, 작가가 되기까지 갈고닦은 노력, 교육을 받아 온 비용, 작품과 맞바꾼 건강, 연재를 위해 고통스럽게 들이는 작가의 노동에 리스펙트한다는 개념이 있습니다. 내가 인정한 작가가 나의 보상으로 맛있는 걸 먹고, '위(상위 랭킹)'로 올라가길 바랍니다.

이것으로 독자는 작가와 연대감을 구축하죠. 작가에게 팬덤이 생기는 것도 이런 원리입니다. 작가의 피, 땀, 눈물을 독자가 비용으로 보상함으로써, 독자는 단순 소비자로서가 아니라 다른 것을 요구할 수 있는 자격을 갖춥니다(갖춘다고 생각합니다.).
이것이 단순히 작품 한 편을 사는 행위가 아닌 이유입니다. 독자들은 자신이 쓰는 돈이 어떤 가치를 가질 지에 대해 분명하게 의식하고 있고, 매우 중요하게 여깁니다.

또한, 독자들은 자신들이 웹툰 시장을 형성한다는 자부심을 느끼고 있다는 점도 언급할 필요가 있을 것 같습니다. 인공지능 만화에 대해 독자들은 웹툰 시장의 몰락을 우려합니다. 당장 사업가들은 인건비를 줄일 수 있으니, 인공지능을 도입할 것이고, 양산형 인공지능 웹툰이 판치게 되면서 실력있는 작업자들이 이 판을 떠나게 될 것이며, 남아 있던 작업자들은 공장식 만화의 부품이 되어 만화의 다양성이 사라져 고만고만한 것만 나오다가 결국 만화 산업이 망가진다는 걱정이죠.
출판만화의 공장식 작업이 가져왔던 결과와, 대여점과 함께 몰락한 양산형 장르소설 판에 대해서 기억하는 독자들은 이런 재난이 반복될 징조로 느낍니다.

잠깐 모욕감 이야기도 해 봅시다. 뒤샹의 변기에서 보듯이, 현대의 미술은 레디메이드 된 제품이라도 괜찮습니다. 플라스틱 공들을 물에 띄워도 괜찮습니다. 쓰레기 봉지라도 괜찮습니다. 바나나를 붙여놔도 괜찮습니다. 물론 이 모든 것이 처음부터 괜찮았던 것은 아닙니다. 훌륭한 기술을 가진 작가들이 아닌, 수용자들에게서 더 부당한 감정들이 나타났었다는 사실을 기억해 보면 명쾌해지죠. 노동의 고통이 안 느껴지는 작품들이라면, 그것 외의 탁월함을 증명해야 한다는 뜻입니다.

독자들은 인공지능으로 급하게 출시된 만화들의 연출 수준과 수준 낮은 배경, 손가락의 어색함을 지적합니다. 직업으로 삼고 있는 작가들 뿐 아니라 독자들이 먼저 모욕을 당한 것처럼 행동했습니다.

'출판만화 독자들에 비해 웹툰 독자들은 그림은 조금 못 그리더라도 스토리가 좋고 작품성이 있으면 인정해 주지 않았나?'

이면을 못 보면 물론 이렇게 생각할 수 있습니다. 그런데 독자들은 그간 작화가 부족하거나 기복이 있더라도, 그걸 못 알아보기 때문에 용인해 왔던 것이 아닙니다. 그림을 못 그리는 작가도 알아보고, 유난히 특정한 연출에 약한 작가도 알아봅니다. 손이 느린 작가, 그림체가 변하는 작가, 작화 붕괴가 된 회차도 다 알아봅니다. 다만, 작가가 여기에 시간과 노력을 들인 작가의 사정을 알기 때문에 감안하고 격려해 온 것이죠. 작가가 인간이라는 것을 알기 때문입니다. 인간으로서의 작가가 장단점이 있다는 걸 알고, 모든 맥락과 상황을 고려하여 수용한 것입니다.
그런데 인공지능으로 급하게 출시된 만화들은 독자들의 이런 오랜 용인을 처음부터 계산에 넣고 퀄리티를 합의한 듯 보였습니다. '독자들은 그림에 안 예민해.' '어차피 효과를 떡칠하면 잘 그린 줄 알아.' '독자들은 한 편 보는 데 어차피 1분도 안 걸리잖아.' '최고 수준의 연출을 해도 어차피 몰라.' 하는 듯한 적당한 작업들을 내놓고 독자들의 지갑이 열리길 기다렸다는 것입니다. 더 탁월함을 증명해야 할 판에 독자를 얕본 것이죠.

마지막으로 예를 하나만 더 들어봅시다.
독자들은 표절과 트레이싱에도 예민합니다. 독자들이 이를 용서하지 않는 이유는 '좀 더 윤리적이고 정당한 노동을 한 작가에게 옳은 보상을 하고 싶다, 웹툰 시장에 궁극적으로는 기여한다는 자부심을 느끼고 싶다, 이 작품과 작가를 픽한 나의 안목과 선택이 자랑스러운 것이었으면 좋겠다, 내가 힘들게 벌어서 쓰는 돈의 가치를 우습게 만들지 말았으면 좋겠다.' 등이 모두 종합된 심리를 가지고 있기 때문입니다.

그렇다면 생성형 인공지능으로 만화를 작업하는 것은 불가능할까요? 아닙니다. 생성형 인공지능은 특이점을 넘었습니다. 이 흐름은 막을 수 없겠죠. 중요한 건 위에서 설명했듯, 독자들의 소비 심리와 모욕감의 정체를 확실히 알아야 한다는 것입니다. 이에 대해 흔히 '기계에게 밀려난 인간들'이라며, 기술의 발전을 겁내는 비문명적인 심리로 설명하는 것은 초점이 틀렸습니다.

2. 독자들은 인공지능으로 만든 만화를 받아들일 준비가 되었나?

디지털 작업 초기에는 포토샵의 다양한 기능들이 외부에 알려지면서, '포토샵으로 간단한 작업 하나만 뚝딱해 줘. 무료로. 포토샵으로 하면 금방이잖아.' 하는 식의 요청도 흔했던 걸 기억하시는지요? 이런 사람은 작업자의 능력이 예술적인 창의성과 기술적 능력이라기보다, 그냥 포토샵에서 적절한 명령만 내리는 것으로 알았습니다. 지금은 포토샵을 못 쓰는 사람이라도 이런 요구가 부당하다는 것을 알죠.

생성형 인공지능의 작업도 마찬가지입니다. 지금으로선 단순한 딸깍으로 보이지만, 막상 해 보면 그렇지 않습니다. 인간의 창의성과 노력이 어떤 방향으로든 들어갑니다. 그저 지금까지와는 좀 다를 뿐입니다. 그렇다면 '독자들이 돈을 지불할 가치가 있는지, 그리고 상대가 그 돈을 받을 자격이 있는지?' 이 심플한 질문에 답을 할 수 있으면 됩니다.

먼저 AI 학습에서의 저작권 문제를 해결하여 윤리성을 획득하는 것도 중요하죠. 단기 매출에만 눈멀어 양산형 작품을 내놓고 독자들의 안목을 얕보지 않을 것이란 확신도 필요합니다. 이 모든 것이 웹툰 산업의 발전에 긍정적으로 작용할 것이라는 장기적 비전도 보여야 합니다.

양산형 작품으로 이 판이 망하는 것이 아니라, 작가들이 이것을 사용하여 새로운 지평을 열거나, 전체적으로 상향 평준화가 될 것이라거나, 인간의 물리적 한계를 극복할 수 있게 되어 자신도 몰랐던 창의력을 더 끌어낼 수 있다는 가능성 등이 보이면 됩니다. 그러나 이것을 제대로 보여주기 전까지는 독자들은 회의적일 수밖에 없다는 것도 이해해야 합니다.

우리는 대중들이 생성형 인공지능을 일상으로 받아들인 지 아직 2년도 채 되지 않았습니다. 앞으로 그다지 밝지만은 않은 미래가 올지도 모르지만, 흐름은 꺾을 수가 없을 것 같습니다. 또한 독자라면 인공지능으로 만든 만화를 읽을 준비를 먼저 할 필요도 없습니다. 오로지 독자는 내 돈을 쓸 자격이 상대에게 있는지 판단할 위치에 있어야 한다는 것, 그것만큼은 달라지지 않을 것이기 때문입니다.

4. 생성형 인공지능과의 공진화

지금까지 생성형 인공지능은 기획 발상, 그리고 용어의 조합으로 승부할 수 있었습니다. 특히 생성형 인공지능과 구체적으로 소통하기 위한 '용어 용례집'이 중요했습니다. 즉, 예술, 문화 전문 용어를 센스있게 잘 사용하는 것이 관건이었고, 생성형 인공지능에게 통하는 자판기 용어를 공유하며 프롬프터들은 성장했습니다.

RGB 코드를 이해하나? 카메라 촬영 용어를 이해하나? 영상 편집 용어는? VFX 용어는? 미술 역사에 따른 사조, 양식이나 예술 기법 용어는? 시대별 문화 사조 용어는? 이것이 지금까지의 생성형 인공지능과의 소통 방법이었습니다. 그렇기 때문에 생성형 인공지능으로 작업을 하는 분들은 많은 기술과 요령을 공유합니다. 더 좋은 일러스트레이션, 더 좋은 아트를 만들기 위해서죠. 사용하는 툴과 프롬프트까지 아낌없이 공유하며 많은 사람들이 더 쉽게 생성형 인공지능으로 좋은 아트를 만들 수 있도록 돕습니다. 저도 많은 도움을 받았지요.

처음엔 저는 다른 분들처럼 이미지를 잘 뽑기 위해서는 프롬프트 요령에 능한 것이 전부인 줄 알았습니다. 그래서 프롬프트에 사용될 새로운 단어들을 계속 모았습니다. 마치 보케블러리(어휘집)라도 편찬하듯이 프롬프트 어휘를 수집했습니다. 그런데 시간이 지날수록 아무리 기발하고 새로운 프롬프트를 써도, 뭔가 그 이상으로 나가지 않는 거예요. 왜 그런가 생각을 해 봤더니 제가 좋은 그림이라고 생각하는 것에 대한 생각을 명확하게 정의하고 가지 않았기 때문이더라고요. 그것에 대한 저만의 기준이 없으면 안목은 더 향상되지 않고, 안목이 향상되지 않으면 적당한 그림에 안주해 버리는 것입니다.

그들을 말하게 두시오
numerous Greek symbols coming out of a person's mouth, Renaissance painting style, Raphael painting style

그래서 저는 이제 용어를 발굴하듯이 찾아 수집하는 건 이제 큰 의미가 없다고 생각하게 되었습니다. 생성형 인공지능은 모든 전문 용어를 '적당히 그럴듯하게' 잘 이해합니다. 비교적 효과적인 용어가 있을 순 있어도, 뭔가 숨겨져 있는 히든카드 같은 용어가 있는 건 아니란 것이죠.

예를 들어 아래와 같은 작품은 예쁘지만 제 흥미를 끌지 않습니다. 그냥 퀄리티는 높지만, 평범해 보이니까요.

beautiful blonde hair with lingering warmth, beauty, beauty in the world, in the style of light yellow and light orange, sovietwave, hyperreal, princesscore, intensely textural, high renaissance, body extensions --v 5.2

다들 아시다시피 생성형 인공지능은 인간이 의미 있다고 생각하는 이미지를 찾아(생성해) 줍니다. 그 이미지는 많은 사람들이 '좋다, 의미 있다, 내가 생각하던 것과 비슷하다, 마음에 든다'며 선택해 오던 것들의 퀄리티 있는 변주입니다. 그 퀄리티는 유례없을 정도이죠. 사실 대부분의 인간을 뛰어넘었다고 보아도 무리가 없을 것입니다.

그런데 예술은 때로 인간에게 낯설고 이상하고 불편하고 의미가 없어 보이는 것으로 지평을 넓히는 일이기도 합니다.

현대미술은 특정한 개념을 시도하는 '철학하기' 역할도 수행하고 있습니다. 그 누구도 가보지 않은 영토를 개척하는 일이라는 것이죠. 미개척지에 첫발을 딛기 위해서는 지금껏 그 누구도 선택하지 않았고, 아니, 그 누구도 만들어 낼 생각조차 하지 않았던 작업을 해야 할 때가 있습니다. 예술가로서의 인간이 낯선 개념을 밀어붙일 때 인간의 뇌와 손은 그것을 기어코 만들어 낼 수 있습니다.

그러나 생성형 인공지능은 마지막 순간에 한 발 뒤로 빠지는 느낌을 줍니다. 익숙한 그림으로 돌아가려는 것이죠. 지금까지 학습에 사용된 이미지는 모두 이론적으로 과거에 속해 있기 때문일까요? 미래에 속할 이미지는 아직까지 누구에게도 의미있던 적이 없기 때문에, 생성형 인공지능으로서는 찾아내기 어려운 걸까요?

그렇다고 해서 생성형 인공지능이 매번 기존에 있던 것만 만드는 것은 아닙니다. 원리 자체가 가지고 있던 이미지로 짜깁기하는 방식이 아니기 때문이죠. 인간의 신경망처럼 학습을 통해 단어를 해석하고 그림을 해석하고 주어진 주문에 맞게 매번 새로 그립니다.

우리가 흔히 생성형 인공지능이 탄생했음을 증명하며 자주 사용하던 예로 '아보카도 의자'란 것이 있죠. 아보카도에 대해 이해시키고, 의자에 대해서 이해시킨 생성형 인공지능에게 '아보카도 의자'란 것을 만들어보라고 했더니 한 번도 아보카도 의자에 대해 배운 적이 없었음에도 아보카도 디자인이 적용된 의자를 만들어 낸 것을 말합니다.

avocado chair

이렇듯 이론적으로는 기존에 없던 것도 만들어낸다는 것이 생성형 인공지능인데, 그걸 좀 더 밀어붙여 볼 수 있을까요? 당장은 못 만든다고 해도, 계속해서 피드백을 주고 시도하면 개발사에 의해서든 아니면 성능이 좋아지면서 생각지도 못한 연산에 의해서든 좀 더 멀리 나아가 볼 수 있지 않을까요?

실제로 미드저니는 초반에 아이들이 그렸을 법한 그림이나 정말 그림을 못 그리는 사람이 그린 '못 그린 그림'을 못 그렸습니다. 눈코입이 없는 사람도 그리지 못했죠. 미드저니 초기에 제가 이걸 그리기 위해서 정말 고생했거든요. 그런데 지금은 그릴 수 있습니다. (그럼에도 미감이 조정되어 나옵니다. 고수가 일부러 못 그린 듯한 느낌이라는 거죠. 진심으로 못 그린 그림은 학습시키지 않는 것 같습니다. 아직까지 그렇게 의미가 있다고 생각하는 사람들이 없었나 봅니다.).

clumsy toddler drawings, lion in the forest --v 6.0

아무튼 인간이 그리고 싶은 것이 인공지능이 학습한 영역 밖이라도, 계속해서 시도하고 피드백을 준다면 언젠가 다 가능해질 수도 있다는 뜻입니다. 그러다 보면 인간들이 의미 있다고 생각하지 않았던 것을 그릴 수도 있겠죠. 그리 먼 미래는 아닐 거라고 생각합니다. 인간과 인공지능이 서로의 한계를 밀어붙이는 것, 저는 이것이 어쩌면 인간과 인공지능의 공진화 방식이라고도 생각합니다.

이렇듯 인공지능은 인간이 밀어붙이면 진화(?)를 하는데요, 중요한 질문은 우리가 인공지능이 가보지 못한 영토까지 '밀어붙이는 인간'이 되려면 어떻게 해야 하느냐는 것입니다. 지금까지 지도에 그려져 있지 않던 영토를 탐험하려는 인간은 기획력이 먼저 필요합니다. 그리고 낯선 이미지 중에서 더 나은 것, 더 개념에 맞는 것을 꼽는 안목이 필요합니다. 인간의 기획력과 안목이 평범하다면, 프롬프트 요령이 아무리 좋아져도 어차피 결과물들은 인공지능이 할 수 있는 범위 내에서도 아주 작은 땅만 차지하고 있을 것입니다. 하지만 인간이 생성형 인공지능의 진화를 추동시킬 정도의 도전적인 질문을 할 수 있으려면 나에게 '좋은 그림이란 무엇인가'란 나만의 기준이 있어야 합니다. 참고로 저도 기준이 있습니다. 정답은 없으니 제가 생각하는 좋은 그림에 대해서 말씀드려 볼까요?

6. 그런데 좋은 그림이란 무엇일까요?

가. 제가 생각하는 좋은 작품이란

• 창작에의 의지

저는 작품을 보았을 때, 작가가 이 그림을 왜 그리고 싶어 했는지, 무엇을 전달하고 싶은지에 대한 고민의 흔적이 느껴지는 그림을 좋은 작품이라고 생각합니다. 그런 그림을 그려내려면 작가가 자신의 내면을 끊임없이 들여다봐야 하죠. '나는 왜 이 그림을 생산하려고 하는가?' 이는 작가 정체성과 작품 세계를 구축하는 토대가 될 것입니다. 자신만의 생각과 메시지, 철학과 미학을 작품에 녹여내는 일, 그것이 바로 예술가로서의 본분이자 존재 이유니까요.

• 발견하는 눈과 해석하는 이론

또한 사물과 세상을 발견하는 예민한 감각과 그것을 해석할 이론이 필요합니다. 우리 주변의 모든 것들을 관심 있게 바라보고, 그 안에 담긴 이야기와 의미, 미적 요소들을 포착해 낼 수 있어야 하죠. 평범한 일상 속 사소한 것들에서도 아름다움과 특별함을 발견하고, 나만의 시선으로 새롭게 해석해 내는 눈을 가져야 합니다. 그것이 창의적이고 개성 있는 작품의 출발점이 될 것입니다. 그런데 이런 사람이 누구일까요? 당연히 원래 작품을 하던 사람, 작품을 보고 비평하던 사람, 카메라를 들고 발견과 해석을 두고 사진을 찍어오던 사람이 이런 눈을 가지고 있을 확률이 높겠죠.

저는 '이 정도면 이제 광고도 만들겠는데요?'라고 공유되던 인공지능으로 만든 광고 이미지를 봐도, 중저가 제품의 광고는 되겠지만 하이패션 같은 제품의 광고로는 어림도 없겠다고 생각했습니다. 그런 제품에서 추구되는 컨셉과 그 컨셉에 맞춰 바늘같이 정렬된 이미지의 수준에 도달한 게 아직 없어 보였습니다. 어쩌면 이미 이론적으로, 기술적으로는 도달할 수 있을지도 모릅니다. 그러나 왜 제가 만드는 모든 작품이 한끝이 아쉬울까요? 예쁜 광고 모델과 기술적 퀄리티 있는 조명, 실사 퀄리티와 해상도만 있으면 광고가 될까요? 최고 레벨의 광고에서 요구되는 작업자 수준만큼의 안목이 저에게 훈련되어 있지 않았기 때문에 저는 뽑아낼 수도, 나온 것 중에서도 더 망한 선택을 반복할 뿐이었습니다.

만화도 마찬가지입니다. 컷만 나눠진다고, 풀샷과 클로즈업 샷이 교차하여 배치된다고, 한 페이지 안에서 캐릭터가 꽤나 고정된 것처럼 보인다고 만화 연출이라고 볼 수 있을까요? 역시 만화 연출이 어떤 식으로까지 정교한 설계로 이루어지는지를, '진짜 작업하던 만화가'만큼만 안다면, 지금까지 등장한 '만화처럼 보이는 느낌'만으로는 어림도 없다는 것을 알 수 있을 것입니다.

결국 인공지능만 학습해야 하는 것은 아닌 모양입니다. 사람도 학습되어 있어야 하죠. 그러니 흔히 말하듯 '생성형 인공지능의 시대에는 누구나 그림을 그릴 수 있게 되었으니 직업 화가가 사라진다'는 말이 맞을까요? 그럴 일은 없을 것입니다. 그동안 작업을 해 왔던 사람, 또는 그런 사람 이상으로 작품을 볼 줄 아는 사람들이 남들과 비슷비슷한 작품에서 만족하지 않는 눈을 가지고, 그 향상심과 갈구심으로 인공지능을 진화시키며 더 좋은 작품을 뽑을 것입니다.

• 탐구심

나아가 다양한 재료와 기법을 실험하며 자신만의 독특한 표현 방식을 찾아가는 노력도 병행되어야 할 것입니다. 익숙한 것에 안주하지 않고, 낯선 영역에 도전하며 표현의 스펙트럼을 넓혀가는 자세가 중요하죠. 이는 단순히 기술적 숙련도를 높이는 것을 넘어 예술가로서의 가능성과 잠재력을 확장하는 일이기도 합니다. 이것은 현재 많은 생성형 인공지능 아티스트들이 하고 있는 일이기도 합니다. 프롬프트를 시도하고, 공유하고, 매뉴얼을 만들죠.

• 스토리텔링

제가 제일 중요하게 생각하는 것입니다. 완성도 높은 일러스트 안에는 하나의 스토리텔링이 존재합니다. 배경과 상황에 대한 설정과 캐릭터의 성격, 과거와 미래로 연결되는 한 특정한 시점이 명징한 이미지로 채취됩니다. 또한 '캐릭터'라는 단어의 뜻 그대로, 그림에 등장한 인물에는 개성 있고 뚜렷한 성격이 드러나야 하죠. 외모에 대한 디자인뿐 아니라 표정, 포즈, 옷차림, 들고 있는 소품 하나하나까지 성격이 보여야 하죠. 선명한 나머지 보는 사람들로 하여금 저절로 설정과 대사를 붙여보고 싶을 정도인 것이죠. 그렇게 해서 상상력을 자극해야 합니다.

거기에 배경도 중요합니다. 정해져 있는 스토리텔링에 맞는 미장센이 있어야 하죠. 미장센이란 것은 흔히 아름다운 무대 정도로 통용되지만 좀 더 넓게는 화면에 보이는 모든 요소를 연출하는 것입니다. 색, 형태, 빛과 그림자, 질감, 등의 시각적 요소와 구도와 거리, 동세 등 시공간적 요소, 나아가 감촉, 무게, 냄새, 온도까지 느껴지면 더 좋겠죠. 특정 이펙트나 기법이나 양식에 그림 전체의 일관적 미감을 해칠 정도로 집착하지 않아야 합니다. 흔히 보던 일러스트 기법 기술뿐만 아니라, 일러스트레이터들이 연구해 온, 하이 컨셉의 스토리텔링이 한 장의 공간 안에 정교하게 펼쳐진다는 개념이 보이는지?

여기에 자신만의 개성까지 추가되면 완벽하겠죠. 그런데 정말 이런 것이 가능할까요? 어렵게 들리지만, 최고 수준의 아티스트들은 이런 걸 알아보는 눈이 있었고, 이런 걸 해왔습니다. 저는 생성형 인공지능으로 이런 것까지 가능하면 좋겠습니다. 하지만 그러려면 프롬프터가 그런 걸 볼 줄 아는 아주 훈련받은 눈이 있어야 한다는 점은 변하지 않습니다.

그런 점에서 인공지능 작업자들은 예술의 기본을 더 연마해야 한다는 지극히 당연한 결론에 이르게 됩니다. 안목이 좋아지려면 숙련도 있어야 하지만, 더 바늘같이 들여다보는 눈이 있어야 하고, 해석하는 눈도 있어야 하고, 그리고 그림에 대한 통시적, 공시적 이해도 있어야 할 것입니다. 인공지능 하나 잘 쓰기 위해 저는 손으로 그림을 그리던 때보다 더 진지해져 버렸습니다.

잃어버린 조각을 찾아서
woman in the fine art print, in the style of disintegrated, layered, white and brown, harry callahan, spray painted, canon ae-1 --v 6.0

나. 생성형 인공지능이 말을 더 잘한다면, 지평 너머를 볼지도 모릅니다

어떤 사람들은 생성형 인공지능의 예술이 아직 불쾌한 계곡을 넘지 못했으며, 어색함이 눈에 띈다고 말합니다. 그게 아니더라도 생성형 인공지능 예술은 다 비슷비슷하고 수준이 제한적이며, 인간의 작업보다는 감수성이 떨어지고 질적으로 떨어진다고 하죠. 반면, 어떤 분들은 생성형 인공지능 예술이 이미 최고 수준의 파인아트에 도달했다고 자신하기도 합니다.

하지만, 저는 이 두 가지 의견 모두에 동의하기 어렵습니다. 생성형 인공지능 아트는 이미 불쾌한 계곡을 넘어섰고, 인간의 작업과 구분하기 힘들 정도로 발전했습니다. 일부 어색해 보이는 작품이 있다면, 그건 생성형 인공지능 기술의 한계라기보다는 그 작품을 만든 사람의 역량 부족일 가능성이 높습니다. 생성형 인공지능은 이미 그런 초보적인 수준을 훌쩍 뛰어넘었거든요. 돌이켜보면 생성형 인공지능이 평균 인간보다 뒤떨어진 적도 없었고, 오히려 우리의 예상을 뛰어넘은 결과물을 내놓고 있습니다. 부족해 보인다면 1년 후에 다시 보세요.

다만, 정말 최고 수준의 예술과 견주어 보면, 아직 생성형 인공지능에게는 어떤 한계가 있어 보이는 게 사실입니다. 하지만 이건 생성형 인공지능이 대부분의 인간보다 뒤처진다는 뜻이 아니에요. 오히려 가장 뛰어난 인간 작가 수준에 근접했다는 방증이라고 할 수 있겠죠. 이 지점을 확실히 전제로 하면서, 제가 느끼는 다소 아쉬운 부분만 말해보겠습니다. 저는 미드저니를 주로 쓰기 때문에 미드저니 위주로 말씀을 드려볼게요. (스테이블 디퓨전(Stable Diffuion)처럼 학습 모델을 직접 만들어 학습시킬 수 있는 종류는 잠시 제외하겠습니다.)

먼저, 학습되지 않은 스타일은 절대로 못 그립니다. 예를 들어 정말로 못생긴 사람은 못 그립니다. 어떻게 하든 미감이 있는 외모가 나와요. 미드저니로 한국 매체에 등장하는 기사용 이미지를 만들어 보려고 애를 썼는데, 그 특유의 무심한 일러스트가 절대로 나오지 않습니다.

기사용 이미지란 것은 아주 까다롭습니다. 기사 내용을 이해시키기 위한 용도이기 때문에 내용보다 눈길을 더 끌어서도 안 됩니다. 특정한 외모 스타일이 적용되기라도 한다면 기사에 등장하는 실제 사람에 대한 편견을 만듭니다. 남녀를 모르게 해야 할 때도 있습니다. 그저 분위기만 표현해야 할 때도 있습니다. 이게 가장 어렵습니다. 그림을 그려야 하는데 그림 자체가 특별히 눈에 띄지 않게 해서 분위기만 남게 한다? 또한 피해자를 선정적으로 그리지 않아야 합니다. 또한 실제 사람 누군가를 연상시켜서도 안 됩니다. 이런 그림은 미드저니가 배운 적이 없었던 것 같습니다. 어떻게든 아름다운 그림을 그려주려고 했으니까요.

그뿐인가요? 단어에 편견이 아주 큽니다. '망토를 손으로 들고 탁탁 터는 행동' 같은 것도 못 그리죠. 망토는 무조건 사람의 어깨 위에 둘리어 있는 거라고 생각하고 그 생각을 깨지 않으니까요.

또한, 문장을 통으로 이해하는 능력이 떨어집니다. 외국어 듣기 평가하는 사람처럼 단어를 조각조각 분해해서 알아듣고 때려 맞춰 내용을 이해하려 합니다. 예를 들어 어글리 스웨터(할머니가 짠 듯한 화려한 겨울 스웨터)를 입고 있는 사람을 그리라고 하면, 사람들의 표정을 일그러뜨리려고 하죠. 어글리를 어디에 적용해야 할지 모르기 때문에, 사람 얼굴에도, 그리고 스웨터 디자인에도 적용하려고 합니다.

산책 중엔 정숙
a woman in a red dress and a baby carriage, in the style of surrealist automatons, imaginative prison scenes, soft and dreamy depictions, wimmelbilder, clockpunk, steampunk, undefined anatomy --v 6.0

프롬프트를 하나의 문장 시퀀스로 이해하지 않고 조각내서 이해한다는 뜻은, 행위자로 볼 수 있는 주인공이 둘 이상이 되면, 주어진 액션을 둘 중 누구에게 붙여야 하는지도 판단하기 어렵다는 뜻입니다. 예를 들어 '개(한 마리)가 양 떼를 쫓고 있다'를 그려달라고 하면, 양 떼와 복수의 개들이 함께 뛰는 장면이나, 양 떼가 개들을 쫓는 듯한 장면이나, 심지어 개와 양이 합성된 생물이 달리고 있는 장면이 나오기도 했죠. 쫓는다는 액션을 양과 개 둘 중에 누구에게 붙여야 하는지 이미 단어를 쪼개고 분리해서 입력했기 때문입니다. 그러니 브레멘의 음악대 같은 것에 가장 약합니다. '당나귀 위에 개, 개 위에 고양이, 고양이 위에 수탉'같이 전치사 on이 계속해서 나오면 누가 누구 위에 순서대로 올라가 있어야 하는지 잘 판단하지 못합니다. 심지어 동물들끼리 합성하기도 합니다.

그래서 지금까지 저는 생성형 인공지능을 나와 함께 아이데이션하는 기획 협력자로 사용했습니다. 자세하게 지시할수록 서로의 요소들이 충돌해서 더 엉망이 된다는 것을 깨달았기 때문입니다. 그래서라도 상당히 추상적인 프롬프트를 주로 사용했습니다. 저조차 뭘 원하는지 결정하지 않은 상태에서 최악의 발주자를 상정하곤 합니다.

'모던하면서도 클래식하게, 심플하면서도 화려하게, 보편적이면서도 독창적이게, 느낌적인 느낌으로요, 알잘딱깔센 아시죠?' 같은 식이었죠. 예를 들어 '우주 속에서의 디스코 댄스를 프란치스코 고야 화풍으로 그려줘', '80년대 사람들이 상상했을 미래 사회의 모습', '내 안에 또 다른 내가 너무 많아서 터질 것만 같은 느낌' 같은 지시를 내렸던 것입니다. (실제로 생성형 인공지능이 학습한 프롬프트 중엔 아예 관용어구로 입력된 문장들이 있습니다. 보통 단어 단위로 학습되는데 이런 게 있다는 건 재미있는 일입니다. 예컨대 다음과 같습니다. '눈 깜짝할 사이에 놓칠 수 있는 디테일 (blink-and-you-miss-it detail)' '이게 얼마나 아름다운지 믿을 수가 없군(I can't believe how beautiful this is)' 등입니다.

그런데 이제 미드저니에서 프롬프트로 넣을 수 있는 문장의 양이 많아졌습니다. 이건 추상적인 문장뿐만 아니라 훨씬 구체적이고 세부적인 지시를 내릴 수 있게 되었다는 의미이기도 합니다. 생성형 인공지능이 이해할 수 있는 문장이 많아졌다는 것의 진짜 의미는 단순히 구체적으로 지시하고 통제할 수 있는 것이 많아졌다는 것이 아닐 것입니다. 생성형 인공지능과 인간이 지금처럼 선문답처럼 대화하거나, 자판기처럼 가성비좋은 다이소 예술을 주문하는 것 이상의 '언어로 대화하는 능력'을 키워나간다는 의미로서 기대하게 되었습니다. 현재의 챗달리가 해 주는 것 이상으로 말입니다.

그러니까 소크라테스의 산파술 같은 것을 상상하게 되었다는 것입니다. 언어 모델이 더 정교해질수록 생성형 인공지능이 지금껏 배우지 않은 것을 그려볼 수 있도록 설명하고 토론하고 이해시키면 거꾸로 내가 깨달아가면서 서로 인터랙티브하게 독려할 수 있지 않을까요? 그리고 생성형 인공지능이 적당히 예쁘게 만들어내 놓은 사진이나 그림에서 불만족스러웠던 2%를 끌어올릴 수 있지 않을까요?

얼굴을 그리다

AI로 완성하는 책 표지 제작기

 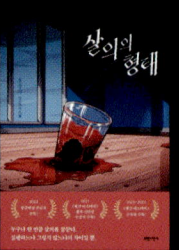 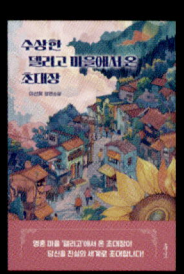

김한재

강동대학교 만화애니메이션콘텐츠과 교수
hanjae.elly.kim@gmail.com

미드저니와 포토샵을 활용하여 소설책 표지를 제작하는 과정에서 겪은 경험을 나누고자 합니다.
생성형 인공지능을 활용한 새로운 표지 제작 방법을 연구하며,
작가와 클라이언트 사이의 의견 차이를 조율하는 과정에서 발생한 과정과 해결 방안을 이야기해 보려 합니다.

첫 만남: 미드저니와의 작업

2022년 11월, 처음 미드저니를 접했을 때, 인공지능이 창의적인 작업에 얼마나 큰 도움이 될 수 있는지 알게 되었습니다. 물론 그 당시의 이미지는 지금과 같이 정교하고 컨트롤이 쉬운 시기는 아니었지만 과히 놀랄만한 자동생성이라는 과정을 경험했습니다. 지속적으로 많은 시도와 생성을 통한 이미지 창조 작업을 거치며 다양한 가능성이 가능한 것들을 깨달으며 이런 저런 프로젝트들을 진행했었습니다. 그러다 2023년 9월의 어느 날, '서랍의 날씨' 출판사 박세현 대표님의 연락을 받게 됩니다. 그동안 제가 작업을 하는 과정을 지켜보며 소설책 표지제작의 가능성을 실험해 보고 싶으셨던 것 같습니다. 그렇게 첫 소설책 표지제작의 의뢰를 받게 되었는데 다행히(?) 제가 좋아하는 스릴러 장르의 소설이라 즐겁게 작업을 할 수 있었습니다.

여기서부터는 그동안 제가 만들고 싶어 만들었던 이미지작업과의 차이가 생깁니다. 우선 클라이언트가 원하는 표지 디자인의 방향성을 잡기 위해 미드저니를 사용해 초기 아이디어를 시각화했습니다. 표지를 제작하기 위해 우선은 작품을 읽어가며 머릿속으로 어떤 이미지들에 대한 구상을 먼저 하고, 미드저니로 이미지를 생성하는 과정을 거쳤는데 이 과정은 놀랍도록 간단하면서도 효과적이었습니다. 생성된 이미지는 클라이언트와의 첫 번째 피드백 세션에서 중요한 역할을 했습니다. 클라이언트는 즉각적인 반응을 보였고, 무엇이 마음에 들고 무엇이 아쉬운지를 명확히 알 수 있었습니다.

포토샵으로의 전환: 보정 작업

미드저니에서 생성된 이미지를 포토샵으로 가져와 구체화하는 과정은 창의성과 기술의 결합이었습니다. 포토샵의 다양한 도구를 활용해 이미지를 더욱 정교하게 다듬고, 필요한 부분을 수정했습니다. 이 과정에서는 클라이언트의 피드백을 반영하여 디자인을 세밀하게 조정했습니다. 예를 들어, 클라이언트는 특정 색감이나 요소를 강조하고 싶어 했고, 이러한 요구를 반영하면서도 전체적인 균형과 구체화를 위한 보정 작업을 수행하는 것이 중요했습니다.

의견 조율: 작가와 클라이언트의 차이점

표지 제작 과정에서 가장 큰 도전 중 하나는 표지 제작자인 저, 그리고 작가와 클라이언트 사이의 의견 차이를 조율하는 일이었습니다. 표지 제작자로서 저는 소설책을 읽으며 떠오른 이미지를 주관적인 상상력을 바탕으로 구상합니다. 이 이미지들은 작품의 분위기와 핵심 요소를 반영하려는 시도입니다. 그러나 클라이언트는 시장의 트렌드와 독자의 취향을 고려한 디자인을 원했습니다. 이러한 두 입장을 조율하기 위해, 저는 각각의 피드백을 신중히 듣고, 양쪽의 요구를 최대한 반영할 수 있는 디자인을 제안했습니다. 이 과정에서 중요한 것은 열린 마음과 유연한 사고였습니다.

수정과 최종 결과물

디자인 작업은 여러 번의 수정 과정을 거치며 완성되었습니다. 클라이언트의 피드백을 반영해 세부 요소를 조정하고, 작가의 의견을 반영하여 작품의 정체성을 유지하려 노력했습니다. 이러한 수정 과정에서 가장 중요한 것은 피드백을 효과적으로 수용하고, 빠르게 반영하는 능력이었습니다. 그리고, 마감!!!

이러한 과정을 반복하며 몇 작품의 소설책 디자인을 완성해 나갔는데, 미드저니와 포토샵을 활용한 이번 프로젝트는 저에게 많은 것을 가르쳐주었습니다. 생성형 인공지능이 디자인 작업에 얼마나 큰 도움이 될 수 있는지, 그리고 작가와 클라이언트 사이의 의견 차이를 조율하는 과정에서 배운 것들은 앞으로의 작업에 큰 자산이 될 것입니다.

이 글을 통해, 독자 여러분도 미드저니와 포토샵을 활용한 표지 제작의 실무적인 노하우를 배우고, 생성형 인공지능을 활용한 새로운 디자인 방법을 탐구할 수 있기를 바랍니다. 작가와 클라이언트 사이의 협업 과정을 통해 얻은 교훈과 팁을 통해, 더욱 효율적이고 창의적인 디자인 작업을 수행할 수 있기를 기대합니다.

1. 작품과의 만남 : '진흙탕 출퇴근'

그림 1 의뢰의 시작. 이렇게 <진흙탕 출퇴근>을 만나게 되었다.

[소설의 개요]
장시간 대중교통으로 출퇴근하는 것이 매번 고통스럽기만 한 직장인 아영. 동기가 자신은 커뮤니티를 통해 회사 위치가 비슷한 동네 사람들끼리 함께 차를 타니 출퇴근이 훨씬 수월하다고 알려준다. 퇴근 후, 지하철에서 승객 간 난투극이 벌어진다. 하필이면 날아온 슬리퍼에 아영은 얼굴을 맞고 결심한다. 더 이상은 이 방식대로 출퇴근할 수 없다.

차량으로 편하게 출퇴근하고, 초보운전도 벗어날 좋은 기회라 판단한 아영은 출퇴근 지옥에서 벗어날 수 있을 것이라는 기대감을 가진 채 동네 사람들과 첫만남을 가진다.

목차
프롤로그
계기
5명의 출·퇴근자
시간중독
생활반경
경로 이탈
퇴사 결심
회사를 팔려는 자
어떤 선택
거짓 출근
출퇴근 종료

이 작품은 첫 제작은 아니었습니다. 이미 진행을 해 본 경험이 있어, 간단히 전화통화를 통해 작품의 내용과 의뢰에 관련한 의견을 주고받은 후에 '서랍의 날씨' 출판사로부터 파일을 전달 받았습니다. 간단한 인사말과 함께, 새로운 소설의 소개와 작품 파일이 첨부되어 있었습니다. 이 파일이 바로 제가 작업하게 될 소설의 원고였습니다.

메시지를 읽으며 두근거리는 마음을 느꼈습니다. 새로운 작품을 읽고, 그 안에 담긴 이야기를 시각적으로 표현할 기회를 얻은 것은 언제나 기대되는 일이었습니다. 처음엔 간단한 소개와 함께, 작품의 주요 테마와 분위기에 대한 설명이 담겨 있었습니다. 출판사 측에서는 표지에 반영되었으면 하는 몇 가지 아이디어를 함께 전달해 주었습니다.

원고를 다운로드한 후, 저는 <진흙탕 출퇴근>의 첫 장부터 읽기 시작했습니다. 워낙 다이나믹하고 독특한 캐릭터들의 이야기가 담겨져 있어서 작품은 금방 저를 사로잡았고, 머릿속에는 이미 여러 가지 이미지들이 떠올랐습니다. 이 단계에서는 아직 구체적인 디자인을 생각하지 않았지만, 주요 인물들과 그들의 감정, 그리고 소설의 배경이 제 상상 속에서 생생하게 그릴 수 있었습니다.

카카오톡을 통한 소통은 빠르고 효율적이었습니다. 출판사 측에서는 추가적인 정보나 피드백을 주고받기에도 편리했습니다. 첫 번째 메시지를 통해 전달받은 작품의 소개와 파일을 시작으로, 본격적인 작업에 들어가기 위한 준비를 마쳤습니다. 이 순간부터 상상력을 시각적으로 구현하는 여정을 시작하게 되었습니다.

소설을 읽으며 떠오른 이미지를 바탕으로, 저는 미드저니를 통해 초기 디자인을 생성하기 시작했습니다. 소설의 분위기와 클라이언트의 요구를 조화롭게 반영하기 위해, 끊임없이 소통하며 수정과 조정을 반복했습니다.

❶ 작품 전달, 이미지 구상을 위한 첫 단추, 소설의 분석

첫 번째 단계는 소설을 분석하여 시안을 구상하는 것이었습니다. 출판사로부터 작품을 전달받은 후, 저는 소설의 각 목차를 꼼꼼히 읽고 특징을 분석하기 시작했습니다. 소설의 분위기와 주요 테마를 파악하는 것은 이미지 구상의 첫 단추였습니다.

가. 진흙탕 + 시계

작품을 읽으며 가장 먼저 떠오른 이미지는 '진흙탕'과 '시계'라는 키워드였습니다. 이 두 가지 요소는 소설의 중요한 상징으로 보였습니다. 진흙탕은 어딘가에서 벗어나려는 몸부림과 갈등을 상징하고 있다고 생각했고, 시계는 출퇴근 시간, 즉 일상의 반복과 그 속에서의 긴박함을 나타낸다고 느꼈습니다.

이러한 상징을 바탕으로, 저는 진흙탕 속에 떨어진 시계를 떠올렸습니다. 이 이미지는 시간의 흐름과 혼란스러운 일상을 동시에 표현할 수 있을 것 같았습니다. 미드저니를 사용해 진흙탕 속에 시계가 반쯤 파묻혀 있는 장면을 생성해 보았습니다. 시계는 흙과 진흙으로 더럽혀져 있었고, 그 위로 출퇴근 시간의 분주함이 느껴지는 이미지였습니다.

a 6:30 clock on the mud --v 6.0 --style raw
6시 30분 시계, 진흙 위.

책 표지로 제작될 것을 감안하여, 일러스트 분위기로 이미지를 다시 생성해 보았습니다. 이 과정에서, '6시 30분'이라는 키워드는 잘 적용되지 않고 있음을 알게 되었습니다. 그래서 저는 애니메이션적 미학과 야간, 영화적 셀 셰이딩 렌더링을 조합한 이미지 스타일을 선택했습니다. 다크 퍼플, 다크 베이지, 다크 아쿠아마린 등의 색상과 Y2K 미학을 적용하여, 독특하고 현대적인 분위기를 연출하려 했습니다.

이러한 스타일 선택은 소설의 독특한 분위기와 일치시키고, 표지가 시각적으로 돋보이게 하기 위함이었습니다. 소설의 핵심 테마를 시각적으로 잘 전달할 수 있도록 구성해보려고 노력하였는데 진흙탕의 혼란스러움과 시계의 긴박함을 강조하여, 독자들이 책을 손에 들었을 때 첫눈에 소설의 분위기를 느낄 수 있기를 원했습니다.

클라이언트와 작가의 피드백을 반영하여, 색감과 구성 요소를 조정하며 최종 이미지를 완성했습니다. 이 과정에서 중요한 것은 일러스트 분위기를 유지하면서도, 소설의 이야기를 효과적으로 담아내는 것이었습니다. 이를 통해 독자들에게 강렬하고 인상적인 첫인상을 남길 수 있는 책 표지를 완성할 수 있었다고 생각합니다. (결과적으로는 선택되지 않았으므로)

a 6:30 clock on the mud, in the style of anime aesthetic, nightcore, film, cel shading rendering, dark purple, dark beige, dark aquamarine, y2k aesthetic

6시 30분 시계, 진흙 위, 애니메이션 미학, 나이트 코어, 영화, 셀 음영 렌더링, 진한 보라색, 진한 베이지, 진한 아쿠아 마린, Y2K 미학 스타일

나. 여주인공: 여성 캐릭터 이미지 구상

소설 속에 나오는 여자 캐릭터의 이미지를 상상하며, 이미지를 구체화해 보았습니다. 작품을 읽으며 성격과 특징을 파악하고, 이를 바탕으로 시각적인 이미지를 생성했습니다.

여주인공의 모습은 소설의 분위기와 일치하도록 세심하게 키워드를 고민해 보았습니다. 그녀의 외모, 표정, 의상 등 모든 요소가 이야기를 더욱 생생하게 전달할 수 있도록 신경을 썼습니다.

다음 이미지에 들어가는 프롬프트의 요소에 대한 의도를 우선 보여드리겠습니다.

- **캐릭터 배경**
  - a career woman : 이 여성은 프로페셔널하고 세련된 이미지를 가지고 있습니다. 직장에서의 자신감과 능력을 시각적으로 표현합니다.
- **장면 및 스타일**
  - mud : 이 요소는 그녀가 어려운 상황에 처해 있음을 상징할 수 있습니다. 진흙 속에서의 장면은 도전적인 상황이나 역경을 극복하는 이미지를 떠올리게 합니다.
  - Reds, pinks, and lime green : 강렬하고 대조적인 색상 조합은 이미지에 활력을 더하고, 시각적으로 매우 인상적으로 작용합니다. 때문에 캐릭터의 강한 개성과 독특함을 강조하기 위해 이 색상들을 선택하였습니다.
  - intaglio engraved crosshatching, contour lines, stippling : 인타글리오의 조각된 크로스해칭, 윤곽선, 점묘법 등으로 이미지에 예술적이고 정교한 느낌을 설정해 보았는데 이러한 스타일은 고전적이면서도 독특한 시각적 효과를 주기 위해 적절하다고 생각이 되어 적용해 보았습니다.
- **초상화**
  - a beautiful young asian woman : 매력적이고 젊은 외모를 가지고 있으며, 아시아적 특징을 지닌 얼굴입니다.
  - a bewildered look : 그녀의 표정은 약간의 당혹감이나 놀람을 표현합니다. 이는 그녀가 진흙 속에서 예상치 못한 상황에 직면한 것을 표현할 수 있는 표정이라 생각하여 선택하였습니다.

- **기술적 디테일**
  - extreme close up : 이 설정은 그녀의 얼굴 디테일을 매우 세밀하게 보여줍니다. 피부의 질감, 눈의 섬세함 등 모든 작은 부분이 강조됩니다.
  - chaos 33 : 혼돈 값이 높아 이미지에 예상치 못한 요소들이 포함될 수 있으며, 전체적으로 예측 불가능하고 독창적인 효과를 줍니다.
  - ar 3:4 : 이 비율은 인물 사진이나 초상화에 적합한 형태로, 세로로 긴 구도를 제공합니다.
  - stylize 888 : 높은 스타일라이즈 값은 이미지가 매우 예술적이고 독특한 스타일로 렌더링되도록 합니다.

a career woman, mud, Reds, pinks, and lime green intaglio engraved crosshatching, contour lines, stippling, extreme close up on a beautiful young asian woman, a bewildered look --chaos 33 --ar 3:4 --stylize 888 --v 6.0 --style raw

커리어 우먼, 진흙, 빨강, 분홍, 라임 그린 음각 음각, 윤곽선, 얼룩, 아름다운 젊은 아시아 여성의 극단적인 클로즈업, 당혹스러운 표정

이번에는 한국 여성의 느낌을 더욱 강조하기 위해, Kpop 스타일 프롬프트를 추가로 사용해 보았습니다. 제가 주인공의 캐릭터를 생성하는데 자주 쓰는 사용하는 프롬프트인데 어떤 캐릭터이든 예쁘거나 멋있는 한국형으로 생성해 주는 치트키이기도 합니다. 이를 통해 현대적이고 세련된 이미지를 갖추도록 했습니다. 프로페셔널한 배경과 현대적인 Kpop 스타일, 진흙 속의 예기치 않은 상황이 결합되어 강렬하고 독특한 이미지를 연상시킵니다.

- **Kpop 스타일 얼굴** : 이는 현대적이고 세련된 미적 기준을 반영합니다. 완벽하게 다듬어진 피부, 세련된 메이크업, 트렌디한 헤어스타일 등이 포함될 것입니다.

a career woman, mud, Reds, pinks, and lime green intaglio engraved crosshatching, contour lines, stippling, extreme close up on a beautiful young asian woman, **kpop style face**, a bewildered look --chaos 33 --ar 3:4 --stylize 888 --v 6.0 --style raw

커리어 우먼, 진흙, 빨강, 분홍, 라임 그린 음각 음각, 윤곽선, 얼룩, 아름다운 젊은 아시아 여성, **케이팝 스타일 얼굴**, 극단적인 클로즈업, 당혹스러운 표정

결론적으로, 이 프롬프트는 혼란스러운 상황에 처한 아름다운 젊은 아시아 여성의 매우 예술적이고 세련된 초상화를 만들어낼 것입니다. 그녀의 프로페셔널하고 현대적인 Kpop 스타일, 진흙 속의 예기치 않은 상황이 결합되어 강렬하고 독특한 이미지를 연상시킬 것을 기대했습니다.

이번에는 조금 더 다른 이미지도 만들어보고 싶었고, 작업과정에서, 오피스 레이디 느낌을 위해 다음과 같은 프롬프트를 사용해 보았습니다.

wearing a neat suit, a formal shirt, an irritating look, extreme close up on a beautiful young asian woman, kpop style face, a career woman, Detailed, Manga, --chaos 10 --ar 9:16 --style raw

깔끔한 정장, 정장 셔츠, 자극적인 표정, 아름다운 젊은 아시아 여성의 극단적인 클로즈업, 케이팝 스타일 얼굴, 커리어 우먼, 디테일, 만화.

이 프롬프트는 세련되고 프로페셔널한 이미지를 목표로 했습니다. 하지만 첫 번째 시도에서 가슴이 많이 파인 옷이 생성되었습니다. 이는 의도한 오피스 레이디의 단정하고 프로페셔널한 느낌과는 거리가 멀었습니다. 이러한 결과가 나온 이유는 프롬프트에서 'formal shirt'와 'neat suit' 등의 표현이 충분히 명확하지 않았기 때문일 수 있습니다.

또한, AI가 'formal'과 'neat'를 해석하는 방식이 다를 수 있습니다. AI는 종종 다양한 스타일을 혼합하여 해석할 수 있으며, 가끔은 예상치 못한 결과를 생성하기도 합니다.

이를 해결하기 위해, 프롬프트에 '터틀넥'을 추가하여 구체적으로 옷의 스타일을 명확히 했습니다. 터틀넥은 단정하고 세련된 이미지를 잘 전달할 수 있는 의상으로, 오피스 레이디의 프로페셔널한 느낌을 강조하는 데 적합했습니다.

마침내 원하는 이미지를 얻을 수 있었습니다.
터틀넥을 추가함으로써, 이미지의 단정함과 프로페셔널한 분위기를 더욱 강조할 수 있었습니다. 이는 출판사의 요구에 부합하는 동시에, 소설의 분위기와 캐릭터의 성격을 잘 반영한 최종 이미지를 완성할 수 있게 했습니다. 작업 과정에서 발생한 이러한 작은 수정들은 최종 결과물의 완성도를 높이는 중요한 단계였습니다.

이 외에도 자동차를 메인으로 하는 디자인, 전체적인 도시를 배경으로 한 디자인 등도 시도하여 제안했었지만 여기까지 작업을 한 이미지들은 안타깝게도 거론대상도 되지 못했습니다.

wearing a neat suit, a formal shirt, **a turtleneck,** an irritating look, extreme close up on a beautiful young asian woman, kpop style face, a career woman, Detailed, Manga, --chaos 10 --ar 9:16 --style raw
깔끔한 정장, 정장 셔츠, **터틀넥,** 자극적인 표정, 아름다운 젊은 아시아 여성의 극단적인 클로즈업, 케이팝 스타일 얼굴, 커리어 우먼, 디테일, 만화.

❷ 첫 시안

이렇게 작업 초기에는 여러 가지 이미지를 만들어 공유하며 다양한 가능성을 찾아가는 시간을 가졌습니다. 이 과정에서 출판사에서 원하는 컨셉이 점차 명확해졌습니다. 출판사는 '5명의 캐릭터가 하얀색 차와 함께 등장하는' 표지를 원했습니다. 이 5명의 캐릭터는 여자 3명과 남자 2명으로 구성되어야 했습니다.

이 요구 사항을 듣고, 저는 처음부터 다시 이미지를 구상하고 작업에 들어갔습니다. 하지만 처음 시도한 결과는 기대에 미치지 못했습니다. 무작정 시도한 결과, 60년대 사진 같은 이미지가 나왔습니다. 이 이미지는 차마 출판사 측에는 공유하지 못했습니다.

mystery, Korean, 3 women and 2 male employees in a white car, --v 6.0 --style raw
미스터리, 한국인, 흰색 차에 탄 3명의 여자와 2명의 남자 직원

그리고 다음과 같은 컨셉의 이미지들을 제안해 드렸습니다.

그림 스타일에 대한 방향성이 정해지지 않았기 때문에, 최대한 많은 스타일의 이미지를 생성하여 공유하며 의견을 좁혀 가는 것이 중요했습니다. 각기 다른 스타일의 이미지를 통해 출판사가 원하는 느낌을 찾고, 최종적인 디자인 방향성을 설정하기 위해 노력했습니다. 애니메이션 스타일, 실사 느낌, 추상적 표현 등 다양한 시도를 통해 소설의 분위기와 가장 잘 어울리는 이미지를 찾고자 했습니다.

다양한 스타일의 이미지를 제안하는 과정에서, 클라이언트의 피드백을 신중히 수용하며 점차적으로 최종 컨셉에 가까워질 수 있었습니다. 이를 통해 출판사의 요구를 명확히 파악하고, 최종적으로 모두가 만족할 수 있는 표지 디자인을 완성할 수 있었습니다.

가. 3명의 여성과 2명의 남성 캐릭터가 하얀색 차와 함께 등장하는 이미지를 생성해 보았습니다.

이 시도에서 '하얀색 차'는 의도치 않게 웨딩카로 인식되는 분위기의 이미지를 만들어냈습니다. 생성된 이미지는 결혼식과 관련된 장면처럼 보였고, 캐릭터들은 마치 웨딩 파티의 일원처럼 보였습니다. 이로 인해 원하는 세련되고 프로페셔널한 오피스 레이디와 젠틀맨의 이미지를 전달하는 데 어려움이 있었습니다. 웨딩카로 인식되는 분위기는 표지의 본래 의도와는 다르게 느껴졌습니다.

이 경험을 통해, 하얀색 차의 프롬프트만을 사용해서는 특정 상황에서 예상치 못한 의미를 전달할 수 있음을 알게 되었습니다.

Korean, 3 women and 2 male employees in a white car
미스터리, 한국인, 흰색 차에 탄 3명의 여자와 2명의 남자 직원

Chibi Style, Detailed, Manga, mystery, Korean, ((3 women)) and ((2 male)) employees in a white car, --v 6.0 --style raw
치비 스타일, 세부 묘사, 만화, 미스터리, 한국, 흰색 차에 탄 ((3명의 여성))과 ((2명의 남성)) 직원.

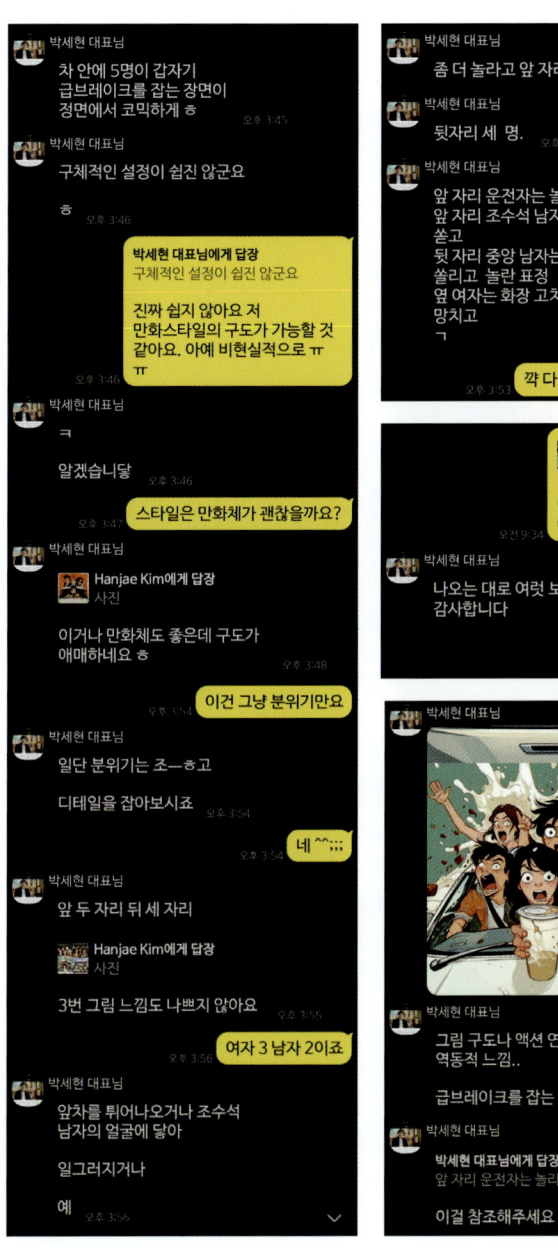

이렇게 여러 번의 컨셉 스타일이 오가며 이제서야 대략의 컨셉이 특정되었고, 구체적인 이미지를 생성하기 위한 단계로 접어들 었습니다.

출판사와의 여러 차례 피드백을 주고받으며 다양한 시안을 시도한 끝에, 우리는 최종적인 디자인 방향성을 정할 수 있었습니다. 각 캐릭터의 이미지와 분위기, 그리고 배경 요소들이 조화를 이루는 방법을 파악한 후, 본격적으로 구체적인 이미지를 생성하는 작업을 시작하게 되었습니다.

이 단계에서는 소설의 주요 테마와 분위기를 더욱 세밀하게 반영할 수 있도록, 각 요소를 정교하게 다듬고 세부 사항에 집중했습니다. 캐릭터들의 표정과 자세, 배경의 디테일, 색감 등 모든 요소가 잘 어우러지도록 신경을 기울였습니다.

나. 다음은 이 컨셉에 적용한 프롬프트의 요소에 대한 의도를 보여드리겠습니다.

이 프롬프트는 매우 구체적이고 상세한 이미지를 생성하도록 설계되어 있습니다. 각 요소가 결합되어 다음과 같은 이미지를 연상시킬 수 있습니다:

장면설정

> The front two, the back three, the front driver is surprised The front passenger in the front seat spilled the drink The man in the middle of the back seat looks surprised The woman next to me ruined her face while getting her makeup fixed, Five people who have a sudden break and spill coffee or look comical, 3 women and 2 male employees in a white car

- **하얀색 차** : 3명의 여성과 2명의 남성 직원이 탑승한 하얀색 차 내부를 배경으로 합니다.
- **앞 좌석** : 운전석과 조수석에는 각각 놀란 운전자와 음료를 쏟은 조수석 승객이 있습니다.
- **뒷좌석** : 중앙에 앉은 남성은 놀란 표정을 짓고 있으며, 옆의 여자는 메이크업이 망가진 상태입니다. 다섯 명 모두 갑작스러운 충격으로 인해 커피를 쏟거나 우스꽝스러운 모습을 하고 있습니다.

캐릭터 스타일

- **Chibi 스타일** : 캐릭터들은 귀엽고 과장된 비율의 Chibi 스타일로 그려집니다. 이는 상황의 코믹함과 캐릭터들의 감정을 강조하는 데 효과적입니다.
- **세부 묘사** : 표정, 자세, 의상 등 캐릭터의 세부적인 묘사가 정교하게 표현됩니다.
- **Manga 스타일** : 일본 만화의 영향을 받아, 동적이고 생동감 있는 장면 연출이 이루어집니다.

분위기

- **코믹한 상황** : 갑작스러운 사고로 인해 캐릭터들이 커피를 쏟고 당황스러운 표정을 짓는 등, 상황 자체가 코믹하게 표현됩니다.
- **mystery** : 캐릭터들의 놀란 표정과 망가진 메이크업 등, 다소 의아하고 호기심을 자아내는 요소들이 포함됩니다.
- **Korean** : 캐릭터와 배경에 한국적인 느낌이 반영되어, 전체적인 분위기에 문화적인 특색을 더합니다.

결론적으로, 이 프롬프트는 다섯 명의 직원이 하얀색 차 안에서 우스꽝스러운 상황에 처한 모습을 귀엽고 세밀하게 묘사한 이미지를 생성할 것입니다. Chibi 스타일과 Manga 스타일이 결합되어, 코믹하면서도 미스터리한 분위기의 독특한 장면이 연출될 것으로 예상하고 생성하였습니다.

그럼 원하는 분위기가 나올 때까지 얼마나 이상한 이미지들이 생성되었는지 B컷들을 살펴보시죠.

The front two, the back three, the front driver is surprised The front passenger in the front seat spilled the drink The man in the middle of the back seat looks surprised The woman next to me ruined her face while getting her makeup fixed, Five people

앞 두 명. 뒤 세 명. 앞 운전석에 앉은 사람이 놀람 앞 좌석에 앉은 사람이 음료를 쏟음. 뒷좌석 가운데 앉은 사람은 놀란 표정. 옆에 앉은 여자가 화장을 고치다가 얼굴을 망침.

만화적인 표현이 다소 지루해졌기 때문에, 좀 더 독특하고 새로운 이미지를 시도해보기로 했습니다.
이번에는 **'Korean, 3 women and 2 male employees in a Hyundai white car, a ridiculous situation'**라는 컨셉으로 이미지를 생성해 보았습니다.

> - **하얀색 현대차** : 현대자동차의 하얀색 차량이 배경이 됩니다. 이는 한국적인 느낌을 더욱 강조하며, 실생활에서 쉽게 볼 수 있는 친숙한 차량을 설정했습니다.
> - **우스꽝스러운 상황** : 다섯 명의 직원이 터무니없는 상황에 처해 있습니다. 이들은 예상치 못한 상황으로 인해 당황스러워 하거나 우스꽝스러운 표정을 짓고 있도록 합니다.

이렇게 지정해보고 생성과정을 거쳐보았는데 세부적인 묘사를 하지 않았던 프롬프트로는 그저 난장판인 결과가 나와버렸습니다. 조용히 묻혀질 수도 있었지만, 여러분들은 이런 실수는 하지 마시라는 의미에서 이 과정에서 나온 이미지들도 공유해봅니다.

다음과 같이 만화책 스타일의 이미지들도 등장하기도 합니다.

그래서 아예 Comic Book이라는 프롬프트를 추가해서 생성해 보았습니다.

COMIX BOOK, in the style of Jeff Lemire and Peter BaggKorean, 3 women and 2 male employees in a hyundai white car, a ridiculous situation

만화책, 제프 레마이어와 피터 배그 스타일, 현대자동차 흰색 차에 탄 3명의 여성과 2명의 남성 직원, 어이없는 상황

상당히 매력적인 스타일이라고 느껴졌습니다.
Jeff Lemire와 Peter Bagg의 독특한 예술적 감각이 반영되어, 생동감 있고 개성 있는 이미지를 만들어낼 수 있었습니다.

그러나 프롬프트에 작가의 이름이 들어간 스타일을 사용한 것은 상업적인 용도의 책 표지에는 적절하지 않다는 판단이 들었습니다. 이는 저작권 문제를 피하기 위해 상업적 프로젝트에서 이러한 특정 스타일의 명시적인 사용을 자제해야 하기 때문입니다.

결과 이미지 중에서 몇몇 이미지들을 추려 보내드렸고, 그 중에 몇 가지 제언을 출판사 측으로부터 받았습니다.

하지만 마음에 들지는 않았다...

그래서 캐릭터의 수가 맞지 않거나, 구도에서 탈락했던 여러가지 이미지들을 다시한번 훑어보다가 다음의 이미지를 발견할 수 있었습니다.

다. 선택

찾았다!!

마음에 들었던 것은 여러 이미지들 중에서 첫 번째 이미지였습니다.
색상이나 캐릭터의 분위기, 상황 표현 등이 책 표지에 딱 어울린다고 생각되었습니다. 하지만 문제는 여성 캐릭터가 하나 부족하다는 점이었습니다.

이를 해결하기 위해 고민하다가, '이 이미지를 여러 장 베리에이션을 하다 보면 합성할 이미지를 만들 수 있지 않을까?'라는 아이디어가 떠올랐습니다. 그래서 곧바로 실행에 옮겼습니다. 여러 버전의 이미지를 생성하고, 필요한 캐릭터를 추가하여 최종적으로 완벽한 표지 디자인을 완성할 수 있었습니다.

총 18회의 베리에이션을 거쳐 이미지를 생성했는데, 그중에 선택된 것은 다음 4개의 이미지들입니다.

차이를 느끼시나요?
제가 어떤 부분들을 선택하여 작업을 했는지 감이 가시나요?

> - 첫 번째 이미지에서는 U4를 선택했고, 그 중에서도 왼쪽 여성의 놀란 표정을 활용할 예정입니다.
> - 두 번째 이미지에서는 U2를 선택하여 우측 뒤에 있는 캐릭터의 놀란 표정을 활용할 예정입니다.
> - 세 번째 이미지는 이번 표지작업 중 가장 메인이 되는 이미지로, 앞줄에 있는 운전석의 남자 캐릭터, 그리고 놀란 표정의 여성 캐릭터를 활용할 예정입니다.
> - 네 번째 이미지에서는 U3를 선택했고, 가운데 놀란 표정의 여성 캐릭터를 활용할 예정입니다.

이 과정을 통해 원하는 결과물을 얻기 위해 여러 이미지를 조합하고 수정하는 것이 얼마나 중요한지 다시 한 번 깨달았습니다. 창의적인 접근과 다양한 시도를 통해야 최종적으로 완성도 높은 디자인을 만들 수 있겠다는 확신도 함께.

여기까지 작업을 해 보았고, 위에 언급된 출판사에서 제안한 이미지로 작업한 것은 아니었기 때문에 한 가지 컨셉을 추가로 작업해 보기로 합니다.

좀 레트로하고 복고풍의 컨셉 일러스트를 만들어보고 싶어 작업을 해 보기로 하였습니다. 앞의 에서 만들어졌던 이미지들의 베리에이션으로 제작을 해 보기로 하고 남자 캐릭터가 하나 부족한 상태에서 성격에 맞는 분위기를 찾는데 집중을 해 보았습니다.

총 13번의 베리에이션 작업 중에 다음 중 U2로 업스케일을 하였습니다. 그리고 남자 캐릭터의 표정을 포토샵으로 리터칭하여 비교적 쉽게 마무리를 하였습니다.

U2를 통해 남자 캐릭터를 추가할 수 있었다.

❸ 이미지 보정 과정

이렇게 총 18회의 베리에이션을 거쳐 선택된 4개의 이미지를 포토샵으로 불러왔습니다.
그리고 포토샵에서 새로이 추가된 AI 기능을 사용하여 이미지의 디테일을 더욱 보완하는 과정을 거치게 됩니다.

먼저, 자동차 뒷부분에 서울 야경을 추가하여 배경을 더욱 생동감 있게 만들었습니다.
서울의 야경은 이미지에 한국적인 분위기를 더해주며, 전체적인 장면의 완성도를 높였습니다.
또한, 자동차의 외곽 디테일을 보강하여 차량이 더욱 세련되고 현실감 있게 보이도록 조정했습니다.

배치된 캐릭터들을 각 레이어별로 이미지를 보정해 주는데, 각도를 포함한 화면 배치, 그리고 캐릭터의 표정에 집중을 하며 리터칭 작업을 하였습니다.

각 캐릭터들은 각기 다른 레이어로 분리하여 세밀하게 보정했습니다.
화면 배치와 각도를 조정하여 캐릭터들이 자연스럽게 어우러지도록 했습니다. 특히, 캐릭터들의 표정에 집중하여 리터칭 작업을 진행했습니다. 캐릭터들의 표정이 상황에 맞게 생동감 있고 감정이 잘 드러나도록 수정했습니다.

캐릭터의 놀란 감정이 표현이 되도록 동공을 축소해주고 시선을 통일 시키기 위해 동공의 위치를 미세하게 조정하는 작업을 하였다.

포토샵의 AI 기능을 활용한 이 과정은 작업의 효율성을 높였고, 원하는 결과물을 더욱 빠르게 얻을 수 있게 도와주었습니다.
각 이미지의 디테일을 세심하게 보정함으로써, 최종적으로 완성도 높은 표지 디자인을 만들 수 있었습니다.

❹ 작업 결과 및 피드백

이렇게 두 개의 작업을 완료하고 출판사 측에 전달해 드렸습니다. 그러나 돌아온 답변은 다소 아쉬웠습니다.

"정확한 표현이 안되니 좀 애매하네요."라는 피드백과 함께, "이것도 저희가 일러스트 작가를 찾아서 의뢰해야겠어요. 정확한 구현이 쉽지 않네요."라는 답변을 받았습니다.

결론은 이번은 힘들겠다… 였습니다. 이번 프로젝트는 제가 표현할 수 있는 이미지의 한계로 인해 성공적으로 마무리되지 못했습니다. 아쉬운 마음은 있었지만 이것이 제가 표현할 수 있는 이미지의 한계인가 싶은 생각에 겸허히 받아들이기로 했습니다.

❺ 끝날 때까지 끝난 게 아니다

그렇게 마음을 접고 있었는데 바로 메시지가 다시 왔습니다.

"끝날 때까지 끝난 게 아니다"라는 말이 실감나는 순간이 찾아왔습니다. 출판사 측에서 다시 연락이 와서, 약간의 수정을 거쳐, 작업을 보내드렸습니다.

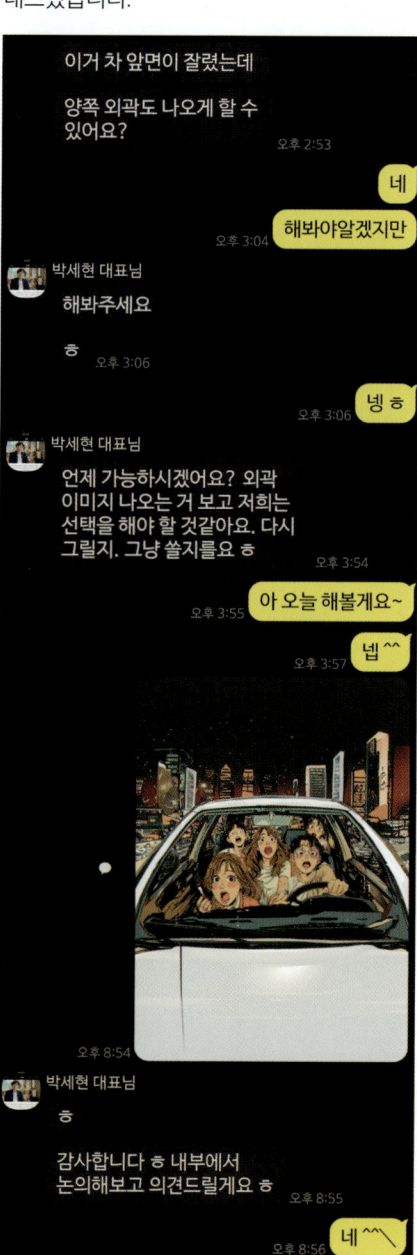

그리고 짠~!
이렇게 최종적으로 선택된 표지 디자인을 확인할 수 있었습니다.

이렇게 선택되어 표지 디자인까지 완료된 이미지를 보니 감회가 새로웠습니다.

각 캐릭터의 생동감이 잘 전해지는 웰메이드 작업이었다고 스스로 칭찬해보고 싶습니다.

[진흙탕 출퇴근] 최종 표지, 작가 정용대 / 서랍의 날씨 출판

2. 그 외의 표지작업 과정들

위의 사례 외에도 몇 개의 표지 작업을 진행한 바 있습니다. 각 작업의 과정과 결과물을 간략하게 소개해 드리도록 하겠습니다. 다양한 시도와 경험을 통해 얻은 교훈들을 공유하며, 표지 디자인 작업의 매력을 전달해드리고 싶습니다.

❶ '살의의 형태' (2023. 12. 8, 작가 홍정기)

실질적인 첫 제작 사례입니다.
9월에 시작하여 11월에 마친, 다소 긴 기간 동안 진행한 작업입니다. AI로 표지를 만드는 첫 시도였기 때문에 여러 가지 염려가 있어 천천히 진행했습니다. 이 과정에서 많은 것을 배우고, 다양한 시도를 통해 최종 결과물을 완성할 수 있었습니다.

작업한 책은 "살의의 형태"라는 제목의 스릴러 소설이었습니다. 이 소설은 각각의 에피소드들이 서로 다른 이야기를 가지고 있어, 각 에피소드를 읽고 이미지로 표현하는 과정이 매우 흥미로웠습니다.

<살의의 형태> 작가 홍정기

에피소드마다 독특한 분위기와 요소들을 반영하기 위해, 저는 소설을 세심하게 분석하고, AI를 활용해 다양한 이미지를 생성했습니다.

각 에피소드의 특징을 시각적으로 표현하는 과정에서, AI의 잠재력을 최대한 활용했습니다. 랜덤을 기대하기도 했고, 원하는 이미지를 구현하기 위해 프롬프트를 우회하는 방법도 사용해 보았습니다.

첫 시도였기 때문에 여러 가지 도전과 오류를 겪었지만, 그만큼 배운 것도 많았습니다. 천천히, 그러나 신중하게 진행한 덕분에, 최종 결과물은 기대 이상으로 만족스러웠습니다. 전화로 나누었던 상의 내용은 사라졌지만, 다음의 카카오톡 메세지를 확인해보면 어떤 정보와 의견을 나누었는지 가늠할 수 있을 거라 생각이 됩니다.

"살의의 형태"라는 제목의 스릴러 소설 표지를 AI로 작업하면서, 출판사와의 소통은 매우 중요했습니다.
다음은 작업 과정에서 오간 주요 이야기를 바탕으로 프로젝트가 어떻게 진행되었는지를 설명드리겠습니다.

가. 키워드 고민과 추상적 느낌의 시도

작업 초기 단계에서는 출판사에서 제시해주신 단어에 집착하여 이미지를 생성하는 단계를 거쳤습니다. 아마도 이는 첫 작업이기 때문에 유연하지 못한 사고를 가지고 시작했던 것 같습니다. 출판사가 제공한 키워드와 컨셉을 최대한 충실히 반영하려고 노력했지만, 오히려 그것이 창의성을 제한하는 결과를 초래하기도 했습니다. 특정 단어에 너무 얽매여서 이미지의 자연스러움이나 독창성이 다소 부족했던 것 같습니다.

"어두운 골목길에 옅은 가로등과 가로등 아래에 달린 CCTV를 노려보는 군용 비옷을 입은 매서운 눈매의 여자"

이것을 표현하기 위해 다음과 같은 프롬프트를 구성해 보았습니다.

- **a woman is standing in a dark alley** 이미지의 배경은 어두운 골목으로, 조명이 희미한 도시의 한적한 곳을 나타냅니다. 이 배경은 신비롭고 긴장감 있는 분위기를 조성할 것으로 예상하였습니다. 어두운 골목에 서 있는 여성은 중심 인물로, 그녀의 자세와 표정이 이미지의 주요 포인트가 됩니다. 그녀의 존재는 이미지에 긴장감과 호기심을 더합니다.
- **in the style of meticulous military scenes** 세밀한 군사 장면 스타일, 이미지를 매우 세밀하고, 군사 장면처럼 정교한 디테일과 명확한 라인으로 표현하려고 하였습니다.
- **Magewave** 미래적이고 판타지적인 요소가 포함되어, 마법이나 초현실적인 분위기가 더해집니다.
- **neo-pop sensibility** 화려하고 대담한 색채와 현대적인 디자인 요소들이 결합되어, 이미지를 더욱 눈에 띄게 만들고 싶었습니다.
- **green academia** 녹색 톤과 학문적인 분위기가 더해져, 지적이고 고전적인 느낌을 줍니다.
- **Normcore** 일상적이고 자연스러운 스타일로, 인물이 특별히 화려하지 않으면서도 개성 있게 표현됩니다.
- **soft-focus** 부드럽고 흐릿한 포커스가 적용되어, 이미지가 꿈같고 몽환적인 느낌을 줍니다.
- **단색화(Dansaekhwa)** 한국의 단색화 예술에서 영감을 받아, 미니멀리즘적이고 단색의 조화가 돋보이는 이미지

분위기를 강렬하게 만들어보고 싶어 아예 오컬트적인 분위기의 이미지도 생성해 보기도 하였습니다. 다만 이 이미지는 작가의 이름이 명시되어있어 후보에 올리지도 않았습니다.

In a dim alley, an Asian girl stands vigil, her gaze fixed on the unyielding eye of the CCTV. Amidst an eerie atmosphere, she scrutinizes the hidden corners of the alley, searching for truths only she seeks. Her emotionless vigil continues, her eyes the cold, objective window into the unseen mysteries that lurk within the shadows --niji 5

어둑한 골목에서 한 동양인 소녀가 CCTV의 단호한 눈빛에 시선을 고정하고 서 있다. 섬뜩한 분위기 속에서 소녀는 골목 구석구석을 면밀히 살피며 자신만의 진실을 찾는다. 그녀는 아무 감정 없이 계속 지켜보고 있고, 눈은 어두운 곳에 숨겨진 비밀들을 차갑고 냉정하게 바라보고 있다.

the cover of shinzo mistuda, an anime based on the manga, in the style of eerie symbolism, chiho aoshima, goth, light gold and red, fine attention to anatomy, applecore, regional gothic --ar 92:127

미츠다 신조의 표지, 만화 기반의 애니메이션, 기괴한 상징주의, 아오시마 치호 스타일, 고딕, 밝은 금색과 빨간색, 정교한 해부학적 디테일, 애플코어, 고딕 스타일

look up, cctv view, a pretty asian girl who looks up in horror, standing street, expressionless and cool, a small knife in her hand, full body, white background, smile Thriller, a dim light in the alley --niji 5

올려다보기, CCTV보기, 공포에 질려 올려다보는 예쁜 아시아 소녀, 서 있는 거리, 무표정하고 차가운, 손에 든 작은 칼, 전신, 흰색 배경, 미소 스릴러, 골목의 희미한 빛

첫 에피소드에서 "아이스크림"이라는 키워드를 떠올리고 잠자는 숲속의 공주 컨셉처럼 녹아내린 아이스크림 속에 잠들어 있는 소녀 의 이미지를 만들어 보기로 했습니다. 가볍고 귀여운 색감과 달콤한 아이스크림, 그렇지만 녹고난 후의 불편하고 끈적한 느낌이 소설의 어두운 분위기와 스릴러 요소 를 담아내면서도 시각적으로 매력적이고 충격적인 이미지를 만들어 낼 수 있었습니다. 이 경험을 통해, 키워드에 얽매이지 않고 창의적으 로 해석하는 능력의 중요성을 다시 한 번 깨닫게 되었습니다. 앞으로 의 작업에서도 이러한 접근 방식을 활용하여 보다 다양한 표현을 시도할 수 있을 것입니다.

이러한 우회적인 접근을 통해, 소설의 어두운 분위기와 스릴러 요소를 담아내면서도 시각적으로 매력적이고 충격적인 이미지를 만들어 낼 수 있었습니다. 이 경험을 통해, 키워드에 얽매이지 않고 창의적으로 해석하는 능력의 중요성을 다시 한 번 깨닫게 되었습니다. 앞으로의 작업에서도 이러한 접근 방식을 활용하여 보다 다양한 표현을 시도할 수 있을 것입니다.

아래 그림은 앞의 프롬프트로 생성된 인물과 함께 어두운 골목길 장면을 포토샵으로 합성한 이미지입니다. 앵글과 시선, 화면배치가 원하는 대로 잘 나오지 않아 답답한 마음에 직접 리터칭 작업을 해 버린 첫 사례였습니다. 채택되지는 않았습니다.

album cover, The sleeping of a pretty girl, covered in melting pink ice cream, kpop, asian girl, black hair, dark shadows, alice in wonderland

앨범 커버. 예쁜 소녀의 잠. 녹는 핑크 아이스크림에 덮여. 케이팝. 아시아 소녀. 검은 머리. 어두운 그림자. 이상한 나라의 앨리스

look up, cctv view, a pretty asian girl who looks up in horror, standing street, a small knife in her hand, full body, bird eyes view, white background, smile Thriller

올려다보기. CCTV 보기. 공포에 질려 올려다보는 예쁜 아시아 소녀. 서 있는 거리. 손에 작은 칼을 들고 있음. 전신. 새의 눈 보기. 흰색 배경. 스릴러 미소

나. 다양한 시안과 삽화 느낌의 요청

출판사는 다양한 시안을 제시하기 위해 여러 가지 스타일을 시도해달라는 요청을 주었습니다. "여러 시안을 잡아보려고 합니다. 삽화 느낌도 한번 부탁해요."라는 요구를 바탕으로, 저는 삽화 스타일의 이미지를 포함한 여러 버전의 시안을 생성했습니다. 이는 표지 디자인의 방향성을 구체화하는 데 큰 도움이 되었습니다.

"추상적인 느낌도 좋을 듯해요."라는 의견을 바탕으로, 보다 예술적이고 모호한 이미지를 시도하기로 했습니다. 이 과정에서, 너무 직설적이지 않으면서도 소설의 긴장감을 전달할 수 있는 이미지들을 생성해보았습니다. Blood라는 단어는 피하기 위해 red liquid를 사용했고, 바닥에 쏟아지도록 프롬프트를 작성하였습니다.

a plastic cup with red liquid on it is spilling onto the floor, cartoon violence, drugcore, simple, colorful illustrations, photorealistic accuracy, photo
빨간 액체가 묻은 플라스틱 컵이 바닥에 쏟아지다. 만화 폭력, 마약 코어, 단순하고 다채로운 일러스트, 사실적인 정확도, 사진

다. 최종 작업

이러한 과정을 통해, 여러 차례의 피드백과 수정이 이루어졌습니다.
각 단계에서 출판사와의 소통을 통해, 소설의 분위기를 잘 반영하면서도 너무 강렬하지 않은 적절한 이미지를 완성할 수 있었습니다. 추상적이면서도 스릴러 소설의 긴장감을 잘 살린 최종 이미지를 만들어냈습니다.

[살의의 형태] 최종 표지, 작가 홍정기 / 서랍의 날씨 출발

❷ '수상한 델리고 마을에서 온 초대장' (2024.03.29., 작가 이선희)

이 프로젝트는 위의 요소들을 결합해, 마을의 독특한 분위기와 생동감을 담은 표지 디자인을 완성했습니다.

작업의 주요 단계를 요약하면 다음과 같습니다.

- **조감도로 전체 구성 설정** : 마을의 전경을 새의 눈으로 바라보는 시점에서, 건물들의 배치와 거리의 구성을 정했습니다.

- **선 일러스트레이션 스타일로 표현** : 깔끔하고 정돈된 선을 사용해, 주요 건물과 풍경을 그렸습니다.

- **안개와 구름 효과 추가** : 안개 낀 풍경과 구름 연기 배경을 통해, 신비롭고 몽환적인 느낌을 연출했습니다.

- **판타지적인 요소 강화** : 마을의 구조와 축제 거리의 야경을 판타지적인 느낌으로 표현해, 비현실적인 매력을 더했습니다.

- **해바라기와 행복한 사람들** : 특정 위치에 해바라기를 배치하고, 곳곳에 행복한 사람들의 모습을 포함해, 밝고 긍정적인 분위기를 연출했습니다.

마을의 분위기가 메인 컨셉인 표지 디자인이어서 다른 표지 디자인보다 빠르게 작업을 마무리 할 수 있었습니다.

cover design, line illustration, bird eye's view, a foggy view, fantasy village, The night view of the festival street from the cafe window, the sunflower, happy people, cloud smog background --ar 3:4 --v 6.0 --style raw

표지 디자인, 선 일러스트레이션, 조감도, 안개 낀 전망, 판타지 마을, 카페 창문에서 바라본 축제 거리의 야경, 해바라기, 행복한 사람들, 구름 스모그 배경

[수상한 델리고 마을에서 온 초대장] 최종 표지, 작가 이선희 / 서랍의 날씨 출판

3. 선택되지 않은 작업들, '소녀, 감방에 가다'

각기 다른 성격의 다섯 명의 소녀와 일관된 체육복을 입고 있어야 하는 필수 요소들을 표현하기가 어려워 포기했던 프로젝트입니다.

캐릭터들의 개성을 드러내면서도 동일한 체육복을 입은 이미지를 생성하는 데 많은 어려움이 있었습니다. 비록 프로젝트가 채택되지 않았지만, 작업 중 생성된 몇 개의 이미지는 매우 인상적이었습니다. 다양한 이미지들이 만들어지며 취향의 장면들이 보여 무척 아쉬웠던 이미지들입니다.

detailed-photo: anime goth, girl highschool student wearing blue training suit --v 5.2 --style raw --s 99 --w 15
애니메 고스, 파란색 트레이닝복을 입은 여고생

Selfi, blue training suit, girl's high school, five Korean girls --niji 5
파란색 트레이닝복, 여고, 다섯 명의 한국 소녀

이 외에도 채택되지 않은 프로젝트가 있었지만, 매 순간이 도전이었고 즐거운 과제와 같은 시간이었습니다. 각 프로젝트는 나에게 새로운 배움의 기회를 제공했고, 창의성을 발휘할 기회를 주었습니다. 작가의 고집과 취향만으로 만들어지는 것이 아닌, 클라이언트의 요구와 작품의 컨셉에 맞게 조율하는 과정이 무척 중요했습니다. 클라이언트와의 협업은 단순히 그들의 요구를 충족시키는 것을 넘어서, 그들의 비전을 이해하고 그것을 시각적으로 표현하는 데 집중했습니다. 원하는 이미지를 만들기 위한 프롬프트 연구, 그리고 생성된 이미지의 리터칭 과정 등 다양한 시도를 해 볼 수 있어 좋았습니다.

이러한 도전과 배움의 과정은 저에게 큰 의미가 있었습니다. 프로젝트마다 새로운 문제에 직면하고, 그것을 해결하기 위해 다양한 방법을 시도하며 성장할 수 있었습니다. 앞으로도 계속적인 도전과제가 생기길 바라며 이 글을 마칩니다. 새로운 프로젝트와 시도는 언제나 창의성을 자극합니다. 앞으로도 클라이언트와의 협업을 통해 더 많은 배움을 얻고, 더 나은 결과물을 만들어 나갈 수 있기를 기대합니다.

이번 글을 통해, 지난 프로젝트들을 돌아보며 느꼈던 감정과 배움을 다시 한번 되새길 수 있었습니다. 저의 작업이 클라이언트와 독자들에게 어떤 영향을 미칠 수 있을지 항상 고민하며, 더 나은 디자이너로 성장해 나갈 수 있도록 노력하겠습니다. 또한, 인공지능을 활용하여 소설책의 표지를 제작하는 데 대한 노하우와 약간의 인사이트를 제공할 수 있었다면 더할 나위 없이 영광이겠습니다. AI는 디자이너에게 새로운 가능성을 열어주며, 창의적인 작업을 위한 도구로서 무궁무진한 잠재력을 가지고 있습니다. 이러한 경험을 공유함으로써, 다른 디자이너들이 AI를 활용해 더 나은 결과물을 만들어내는 데 도움이 되기를 바랍니다.

미드저니 스타일 어디까지 가봤니?

Sref Seed / Personalize Code
Essential List

조남경

[미드저니 프롬프트 마스터 가이드] 저자
bluemisty@gmail.com

전직 IT 웹 기획자 및 프로그래머. 페이스북 커뮤니티 [Midjourney Korea]의 대표 운영자, [Stable Diffusion Korea]의 운영진으로 활동 중이다. 2024년 [미드저니 프롬프트 마스터 가이드]를 집필했고, 충주의 고즈넉한 곳, 따뜻하고 아늑한 감성을 느낄 수 있는 카페 [느리게 걷기]의 주인장이다.

미드저니뿐만 아니라 이미지 생성 서비스를 이용해 이미지를 생성하다 보면 자주 듣는 말 중 하나는, 한 번은 멋있는데 같은 느낌의 캐릭터를 계속 생성하기가 어렵다는 점입니다. 이 점이 가장 큰 단점으로 부각되는 경향이 있습니다. 물론, 미드저니의 경우 /describe 등의 기능을 사용해 프롬프트를 분석하고 핵심 키워드를 찾아 사용하면 어느 정도는 유지가 가능합니다. 그러나 이 또한 랜덤성 때문에 "확률 뽑기"라는 말을 듣기도 합니다.

이런 이유에서 미드저니는 한 번의 멋진 결과물을 만들어 내는 것을 넘어서 연속적으로 사용할 방법을 기능으로 발표하였습니다.

이렇게 발표한 기능이 **sref / cref** 기능입니다.

1. Style Reference (--sref)

Style 참조 기능으로 기본 사용 방법은 다음과 같습니다.

`/imagine  prompt    --sref Style_Refence_Image_URL`

--sref 기능은 참조하는 이미지의 스타일(기법, 화풍, 분위기등)을 참조해서 이미지를 생성합니다.

참조이미지   cute dog --sref 참조이미지_URL

예시에서 보는 바와 같이 실행 프롬프트에는 어떠한 스타일에 관한 언급도 없는데 참조 이미지의 유화와 추상화 스타일이 그대로 반영되는 것을 확인할 수 있습니다.

--sref의 적용 강도를 조절하는 Style Reference Weight(--sw) 가 있는데 --sw 의 기본값은 100 이고 0 ~ 1000까지의 범위로 작동합니다.(0의 경우 sref 기능을 끈 결과가 나옵니다.)

2. Character Reference(--cref)

Character 참조 기능으로 기본 사용 방법은 다음과 같습니다.

```
/imagine  prompt    --cref Character_Refence_Image_URL
```

--cref 기능은 인물의 얼굴, 의상, 장식구등의 연속성을 유지합니다.

참조이미지

cute girl in the park --cref 참조이미지_URL

캐릭터 얼굴, 헤어스타일, 의상 등이 반영된 것을 확인 할 수 있습니다.

cref의 주의사항

1. 휴머노이드(사람과 비슷한) 객체만 작동합니다.
2. 한 번에 하나의 캐릭터만 반영이 됩니다.
3. 유사성은 얼굴 기준 80%정도가 유지됩니다.
4. 미드저니로 생성한 이미지를 참조했을 때 좀 더 잘 작동합니다

--cref의 참조 정도를 조절하는 보조 Parameter로 Character Reference Weight(--cw)가 있는데, --cw 의 기본값은 100 이고 사용 범위는 0 ~ 100 입니다. 얼굴을 유지하고 의상을 변경할 경우 낮은 cw 값이 보다 잘 작동합니다.

중요

--sw 와 다르게 --cw 0의 경우, 기능을 끄는 것이 아닌 얼굴의 유사성에만 집중해서 작동되고 100의 경우 얼굴, 헤어, 의상의 연속성까지 작동합니다.

`/imagine` prompt `cute girl in the street, `**`pink stylish outfits`**` --cref 참조이미지_URL`

--cw 0　　　　　　　　　　　　　　　　　　　--cw 100

`/imagine` prompt `cute girl in the street, `**`pink stylish outfits`**` --cref 참조이미지_URL --sref 참조이미지_URL`

참조한 이미지의 스타일과 캐릭터를 함께 고정시키고 싶다면 cref 와 sref 를 동시에 사용하면 됩니다. 이때 프롬프트의 상황에 따라서 --cw 와 --sw 를 조합하면 보다 다양한 결과물을 얻을 수 있습니다.

--cw 0 -sw 50　　　　　　　　　　　　　　　--cw 50 --sw 200

이렇게 사용하면 그림체는 유지가 되지만 sref가 흰색 배경과 의상 색상까지 참조하는 경향이 있어서 Prompt의 Pink stylish outfits이 잘 반영이 안되는 경향이 있습니다.

적당한 --sw 와 --cw 값을 조절해야 원하는 결과물을 얻을 수 있는 단점이 있습니다.

이런 단점을 극복하고자 다음에 배울 sref seed를 미드저니가 발표하였습니다.

3. Style Reference Random (--sref random)

2024년 4월 27일에 발표한 신규 기능으로 --sref random 을 실행시키면 매번 새로운 스타일이 실행됩니다.

--sref random 이 입력돼서 실행되지만 실제 작동하는 프롬프트에는 아래와 같은 코드로 변환 되어 실행됩니다.

이렇게 생성된 Code를 Style Reference Seed 라고 부릅니다. 줄여서 sref seed 라고 합니다.
이 sref seed를 --sref에 입력해서 실행하면, 아래와 같이 강력한 스타일이 유지되며 이미지가 생성됩니다.

이 sref seed 의 특징은 다음과 같습니다.

1. Random 으로 발생
2. 범위 : 0 ~ 4,294,967,295 (2^32개)
3. --sw 파라미터로 스타일 적용 강도 조절
4. --v 6 / --niji 6 이상 model 에서 작동
5. --sv 4 에서만 작동 (--sv 1,2,3 에서는 작동 안함)
6. 강력한 스타일 유지
7. Seed 번호 간의 경향성, 연속성 없음(완전 무작위)

여기서 주목해야할 점은 2번과 6번, 7번입니다.

강력한 스타일이 유지되는 것은 굉장한 장점이지만, 42억개의 sref seed가 존재하고 그 seed 사이에는 경향성과 연속성이 없다는 것입니다.

이 기능을 처음 발표할 때 제조사의 공지사항에서 언급한 Exploring the latent space of visual styles [비주얼 스타일의 잠재공간 탐험] 의 의미가 이런 "무경향성의 무한에 가까운 숫자가 존재한다"는 경고(?)의 의미가 담겨 있는게 아닌가 하는 생각이 들기까지 합니다.

이런 **예측이 불가능한 무한에 가까운 스타일**이지만, 이 기능에는 강력한 스타일 유지라는 최대 장점 말고도 다음과 같은 추가적인 성능 증대 효과가 존재합니다.

1. Character Reference(--cref) 와 함께 사용했을 경우 나오는 시너즈 효과
2. Prompt 작성시 스타일 관련된 묘사를 제외 시킬 수 있어서 Prompt가 보다 정확하게 작동

이 추가적인 성능 증대 효과는 미드저니가 프롬프트를 해석하여 한 번의 이미지를 생성할 때 정해진 컴퓨팅 파워를 사용합니다. 예를 들어 100의 컴퓨팅 파워를 아래와 같은 방식으로 사용하게 됩니다.

25%	50%	25%
프롬프트 해석	어울리는 스타일 탐색	파라미터 적용

그런데 sref seed 를 사용해서 스타일이 정해진 상태라면, 다음과 같이 프롬프트 해석과 파라미터 적용에 보다 많은 컴퓨팅 파워를 사용할 수 있습니다.

50%	50%
프롬프트 해석(스타일 제외)	파라미터 적용

이런 이유로 sref seed를 사용하면 성능 향상의 효과가 나옵니다.

이런 강력한 장점에도 불구하고 치명적인 단점은
"알기만 하면 강력한데 하나하나 찾기에는 양이 너무 많다."

이런 고민이 전세계 미드저니 사용자들 중심으로 공유되었고 다양한 방법으로 sref seed 를 발굴(Mining)하는 프로젝트가 진행되었고, 필자도 그 중 하나로 다양한 sref seed를 발굴 정리하였습니다.

그 발굴의 결과물들을 카테고리 별로 정리하고 그에 맞는 활용에 맞게 Style sheet를 만들었습니다.
애니메이션은 --niji가 좀 더 깔끔한 결과가 나와서 niji로 만든 예시를 들었지만 --v model로도 비슷하게 생성됩니다.

애니메이션 경우 V 6 , Niji 6에 같은 sref seed 적용 비교

Artwork는 --v로 생성된 결과를 정리했습니다. 마찬가지로 --niji 에서도 Toons 스타일이 반영된 비슷한 결과가 나옵니다.

애니메이션 경우 V 6 , Niji 6에 같은 sref seed 적용 비교

실사 이미지가 잘 나오는 seed의 경우는 흰색 배경이 잘 적용되는지를 보여드리기 위해서 기본 프롬프트(photo of cute Korean girl)에 white background가 추가된 결과물이 챕터 후반부에 첨부되어 있습니다.

SF 스타일의 경우 실사 SF와 애니메이션 스타일, 아트웍 스타일이 적당히 섞여있습니다. 실사가 잘 나오는 sref seed나 애니메이션이 잘나오는 sref seed의 경우에도 SF 스타일에 제법 어울리는 결과물이 나오는 경우가 종종 있습니다.

카테고리로 나누어 놓은 seed를 다양한 경우에 섞어서 사용하다 보면 원하는 스타일을 sref seed를 찾을 수 있습니다.
애니메이션 seed는 꼭 애니메이션에만 사용해야 한다는 고정 관념을 깨는 것이 보다 다양한 결과물을 얻을 수 있을 것입니다.

4. 모델 개인화 (Model Personalization) [V 6.x/ Niji 6 only]

모델 개인화 (Model Personalization)는 미드저니에서 1년 여의 시간을 들여 개발한 개인화 프로젝트의 결과물입니다.
일단 사용하는 방법은 다음과 같습니다.

1. 미드저니 웹사이트의 pair ranking (https://www.midjourney.com/rank) 메뉴에서 200개 이상의 선호 이미지를 선택합니다.
2. 지금까지 선택한 이미지 개수는 pair ranking 상단에 Ranking Count : [숫자] 로 표시됩니다. 또한 /info 명령을 실행시키면 Ranking Count 라는 항목으로 표시됩니다.
3. 2번을 200개 이상을 선택 후 프롬프트 실행 시 prompt : cute girl --p 라고 입력하면 자동으로 cute girl --p abcdefg 로 자동으로 나의 개인화 코드(Personalize Code)가 추가됩니다.
4. 기존의 개인화 코드가 발급된 상태에서 다시 pair ranking을 추가로 선택하고 다시 prompt : cute girl --p 를 실행을 시키면 새로운 개인화 코드를 얻을 수 있습니다. 단, 이 개인화 코드는 새로 발급된 코드가 아니고 기존의 선택 + 새로운 선택의 결과물입니다. (현재까지 선택한 결과의 지금 상태의 스냅샷입니다.)
5. 기존에 발급된 개인화 코드는 /list_personalize_codes 명령을 사용해서 확인할 수 있습니다. (주의) Personalize Code가 생성된 버전(V6 / V6.1 / V6.x)이 다른 경우에는 Blend 되지 않습니다.
6. 200개 선택이 최소 조건이지만 pair ranking을 더 많이 실행하여 개인화 코드를 생성하면 보다 확실한 나의 취향이 반영됩니다. (500개 이상 권장)
7. 모델 개인화 적용 강도는 --stylize 파라미터로 조절합니다.

개인화 코드는 발표 당시 "내 코드가 마음에 안 든다. 이상하다." 등의 불만도 많았고,
"나의 취향을 정확히 파악했다" 등의 칭찬도 많았습니다.

개인의 취향을 좀 더 정확하게 파악하는 일은 미드저니의 버전업에 되면서 나아질 것으로 예상됩니다.
이 개인화 코드는 같은 프롬프트를 사용해도 sref seed 를 사용했을 때와 같이 확연히 다른 결과물을 만들어 냅니다.

개인화 코드(Personalize code) 가 적용되면 결과물이 확연히 다른 것을 확인 할 수 있습니다. 여기서 개인화 코드가 적용이 안된 기본 스타일을 House Style 이라고 부릅니다.

이 개인화 코드는 기본적으로 공유의 목적에서 만들어졌습니다. 그래서 자신의 개인화 코드를 공개해서 사용자 간의 개인화 미학을 공유하는 가운데 보다 나은 스타일을 찾아가라는 것이 미드저니 측의 기능 설명입니다.

5. 개인화 코드(Personalize Code)와 Sref seed

개인화 코드가 모델을 개인화해서 개인 취향에 맞는 미학을 찾아준다는데,
sref seed와 함께 사용하게 된다면 어떻게 될까?

결론부터 말하자면 개인화 코드와 sref seed를 같이 사용하면 개인별 sref seed 세트가 만들어집니다.
개인화 코드를 사용하면 42억개의 sref seed 개인화 세트를 사용할 수 있습니다.
개인화 코드 없이 적용된 House Style의 sref seed와 개인화 코드가 적용된 sref seed 사이에는 sref seed 가 가지는 스타일의 특징이 공통적으로 나타나지만 그 시작점이 개인화 코드여서 결과물에 큰 차이를 보입니다.

이해를 돕기 위해서 sref seed 의 스타일 특성이 강하게 들어나는 seed를 사용해서 예시를 만들었습니다.

개인화 코드가 적용되는 범위를 분석해 보면 "cute girl" 이라는 프롬프트를 House Style 에서는 10대 후반 20대 초반의 연령대로 설정하고 sref seed(367128674)의 Artwork 스타일이 적용해서 보여줍니다.

하지만 예시의 개인화 코드(xdzb2uj) 의 경우는 cute girl 을 10대 소녀로 설정하고 보여줍니다.

이 두개 (--p xdzb2uj --sref 367128674) 적용한 결과물은 "cute girl"을 10대의 어린 소녀로 표현해서 sref seed 의 Artwork 스타일의 표현을 적용해 보여줍니다.

만들어야 할 이미지를 "주소" 라고 생각하면 개인화 코드는 국가, 도 를 담당하고 있고 sref seed 의 경우는 시, 군, 구, 동, 번지를 의미한다고 이해하시면 조금 더 이해가 쉬울 수 있습니다.

개인화 코드(Personalize Code)와 sref seed 적용 예시

물론 개인화 코드에도 표현 기법 등의 스타일이 포함되어 있습니다. 이런 경우 예시에 보이는 것처럼 시각적 스타일이 강한 쪽이 좀 더 잘 표현되는 경향이 있습니다.

이런 개인화 코드와 sref seed 의 적용 강도는 개인화 코드는 --stylize 파라미터로 sref seed 는 --sw 파라미터를 사용해 조절할 수 있습니다.

개인화 코드의 눈에 띄는 스타일은 cute girl 을 10대의 어린 소녀로 표현하는 점을 고려해서 --stylize 값이 올라 갈수록 표현되는 소녀의 연령이 낮아지는 것을 볼 수 있습니다.

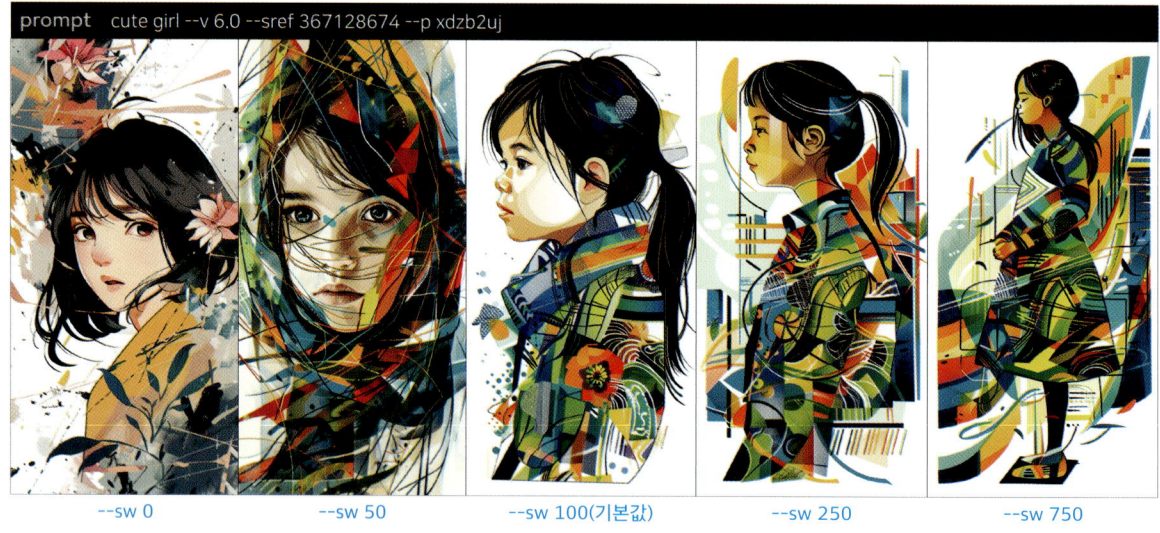

sref seed 의 Artwork 적인 스타일이 --sw 값이 올라감에 따라서 더 강하게 표현되는 것과 개인화 코드의 특징인 어린 소녀로의 표현이 점점 줄어드는 것을 볼 수 있습니다.

이번 예시는 이해를 돕기 위해 특성이 강하게 나타나는 개인화 코드와 sref seed 를 사용하였지만 모든 개인화 코드나 sref seed 가 이와 같은 분명한 특징을 나타내는 것은 아니니 적당히 파라미터들(--stylize, --sw)의 조절을 해서 결과물을 비교하면 해당 특징을 찾는데 도움을 받을 수 있습니다.

6. Sref seed multiple blend

Image를 스타일 참조(Style reference)의 기능에는 --sref url1 url2 url3 식으로 여러 장의 이미지의 섞어서 참조 시키는 방법이 있습니다. 이 방법이 있지만 잘 사용을 안 하는 이유가 Image의 Style이라는 것이 섞으려는 의도와 다르게 이미지의 다른 스타일 (Key Color, 배경색, 배경사물 배치 등)들이 섞여 들어가서 정확한 계획된 결과 보다는 우연히 얻어 걸리는 경우가 많아서 입니다.

Sref seed 기능이 발표된 직후에는 한 번에 한 가지의 sref seed 만 사용할 수 있고 sref seed 와 sref IMAGE 와 같이 사용을 할 수 없는 제한이 있었습니다. 2024년 6월 24일에 발표된 업데이트에서 이와 같은 제한을 모두 없애주었습니다.

Sref seed multiple blend의 사용 방법은 다음과 같습니다.

❶ --sref 123 456 (789 1234 5678)
❷ --sref 123 (456 789) url1 (url2 url3)
❸ --sref 123::2 456::1

기존의 Image 참조(sref url) 와 sref seed 를 섞어서 적용시킬 수 있을 뿐더러 sref seed 들도 섞어서 적용이 가능해졌고 이렇게 섞을 때(blend) 가중치(::n)를 사용해서 보다 효과를 더 내고 싶은 스타일 쪽을 집중해서 표현할 수 있습니다.

이와 같은 2개의 스타일을 섞으면 결과는 아래 그림과 같습니다.

1:1로 섞인 가운데 그림을 보면 두 개의 sref seed 의 스타일 특성이 반반정도 섞인 것을 확인 할 수 있고 한쪽에 두배 가중치를 주었을 때는 해당 스타일의 특징이 좀 더 강하게 나타나는 것을 확인 할 수 있습니다.

또한 가중치는 음수(Negative weight)도 사용할 수 있습니다. 하지만 해당 내용은 이 책에서 다루는 style blend의 범위를 넘어가서 다루지 않겠습니다.

7. 개인화 코드(Personalize Code) multiple blend

sref seed blend 와 마찬가지로 개인화 코드(Personalize Code)도 섞어 사용할 수 있습니다.

이 기능의 사용 방법은 다음과 같습니다.

1. --p code1 code2 (code3 code4)
2. --p code1::2 code2::1 (code3::2)

옆의 그림과 같은 2개의 개인화 코드를, 섞어서 사용하게 되면 아래와 같이 실사 스타일과 그림 스타일이 중간에 반반 씩 섞이는 것을 확인 할 수 있습니다.

--p s59w8ob   --p xdzb2uj

개인화 코드(Personalize Code) Blend 의 경우 sref seed blend 에 비해서 분명한 경계가 덜 보이는 편입니다.

실제 실사 스타일의 개인화 코드도 프롬프트에 애니메이션 관련 Keyword 를 사용하면 애니메이션 그림체도 잘 나오고 반대로 애니메이션 스타일의 개인화 코드도 사진 관련 Keyword를 사용하면 실사 이미지가 깔끔하게 나옵니다.

Sref seed 에 비해서 개인화 코드의 표현의 범위가 더 넓은 것으로 이해하시면 어느 정도 가늠이 됩니다.

--p s59w8ob::2   --p s59w8ob::1   --p s59w8ob::1
xdzb2uj::1   xdzb2uj::1   xdzb2uj::2

8. 개인화 코드(Personalize Code)와 sref seed blend

이후에 코드는 다음의 목차순으로 구분해서 샘플 이미지 리스트를 제공해 드립니다.

개인화 코드의 표현 범위가 더 넓다는 것을 고려해서 개인화 코드에 적당히 어울리는 sref seed 를 찾거나 sref seed 끼리 blend 하는 하면서 원하는 스타일을 만들어 가는 방법을 권장드립니다.

개인화 코드 blend 와 sref seed blend 를 동시에 사용하게 되면 개인화 코드의 스타일과 sref seed 의 스타일에 덜 익숙한 상태면 이 효과가 개인화 코드의 영향인지 sref seed 의 영향인지를 파악하기가 상당히 힘들어져 효과적으로 제어해서 사용할 수 없게 됩니다.

1. 개인화 코드(Personalize Code)
   A. 실사
   B. 애니메이션
   C. SF(Sci-Fi)

2. Sref seed
   A. 애니메이션
   B. Artwork
   C. 실사
   D. SF(Sci-Fi)

개별 개인화 코드, sref seed 를 사용해서 이미지를 만들어 적당히 특성을 파악하고 blend 하는 순서는 아래를 추천드립니다.

❶ 2 sref seed blend : --sref seed1 seed2
❷ 2 sref seed blend with weight : --sref seed1::1 seed2::2
❸ 3 sref seed blend : --sref seed1 seed2 seed3
❹ 3 sref seed blend with weight : --sref seed1::2 seed2::1 seed3::1
❺ 2 Personalize Code blend : --p code1 code2
❻ 2 Personalize Code blend with weight : --p code1::1 code2::2
❼ 3 Personalize Code blend : --p code1 code2 code3
❽ 3 Personalize Code blend with weight : --p code1::1 code2::2 code3::1
❾ 1 Personalize Code + 1 sref seed : --p code1 --sref seed1
❿ 1 Personalize Code + 2 sref seed : --p code1 --sref seed1 seed2
⓫ 1 Personalize Code + 2 sref seed with weight : --p code1 --sref seed1::2 seed2::1
⓬ 2 Personalize Code + 1 sref seed : --p code1 code2 --sref seed1
⓭ 2 Personalize Code + 2 sref seed : --p code1 code2 --sref seed1 seed2
⓮ 2 Personalize Code + 2 sref seed with weight : --p code1 code2 --sref seed1::2 seed2::1
⓯ 2 Personalize Code with weight + 2 sref seed with weight : --p code1::2 code2::1 --sref seed1::2 seed2::1

이런 조합들이 미드저니가 기본으로 제공하는 스타일의 조합의 일부입니다.
여기에 가장 큰 변수는 Prompt 입니다. 이런 기본 스타일 조합들이 Prompt와 만나서 개별의 상호 작용으로 스타일이 섞이기 시작하면 의도한 방향으로 잘 사용을 한다면 **무한대의 개성 있는 스타일**을 얻을 수 있지만 어느 것(Prompt, sref seed , personalize code) 하나라도 특성 파악을 못 한다면 미로에 빠지기 좋은 기능입니다. 강력한 성능을 이용해서 독특한 스타일을 만들 수 있는 기능이지만, 그런 가능성만큼 미로에 빠질 가능성도 높다는 것을 꼭 먼저 인지하고 사용하기를 권장드립니다.

다음 페이지에 초심자가 활용하기 좋은 개별 스타일부터 섞였을 때도 적당히 특성이 잘 들어가는 개인화 코드와 sref seed 를 정리해 놨습니다. 우선 이 샘플들을 가지고 충분한 테스트를 거쳐서 새로운 개인화 코드와 sref seed를 보면 특성을 빠르게 파악해서 사용할 수 있을 것입니다.

❶ 개인화 코드 (Personalize Code)

A. 실사

기본 Prompt : photo of cute Korean girl --style raw --s 250 --v 6.1 --p xxxxxxx 개인화 코드

TXT 제공

No.1 axujclo
No.2 vt1gcs8

No.3 vf3elzu

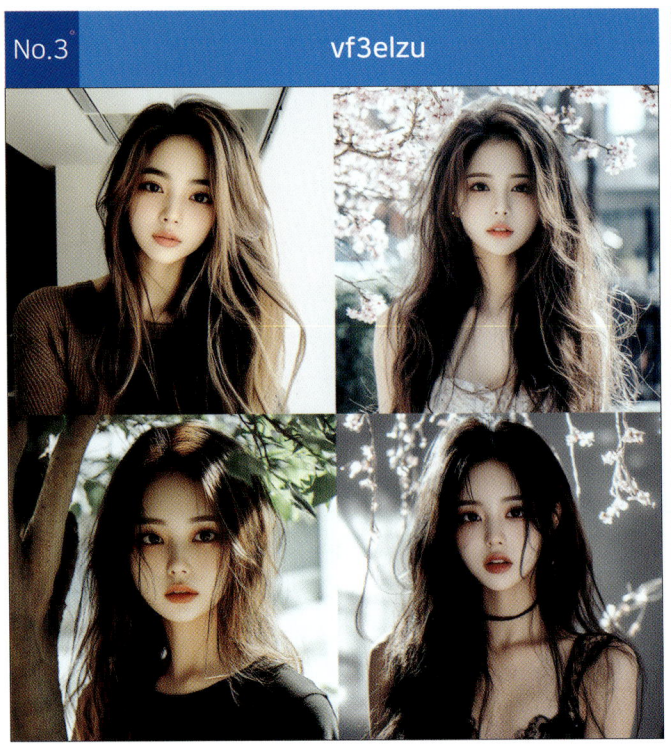

No.4 ou4a1kp

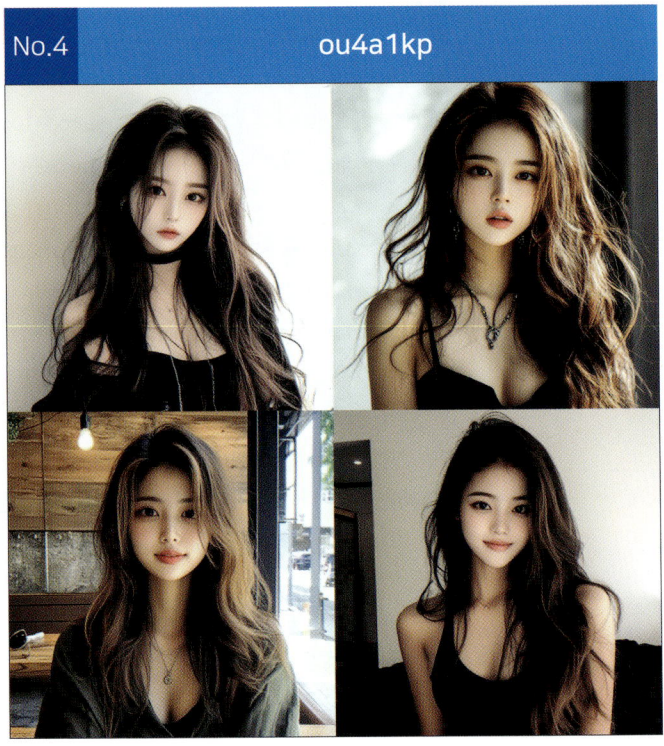

No.5 b2f5r7t
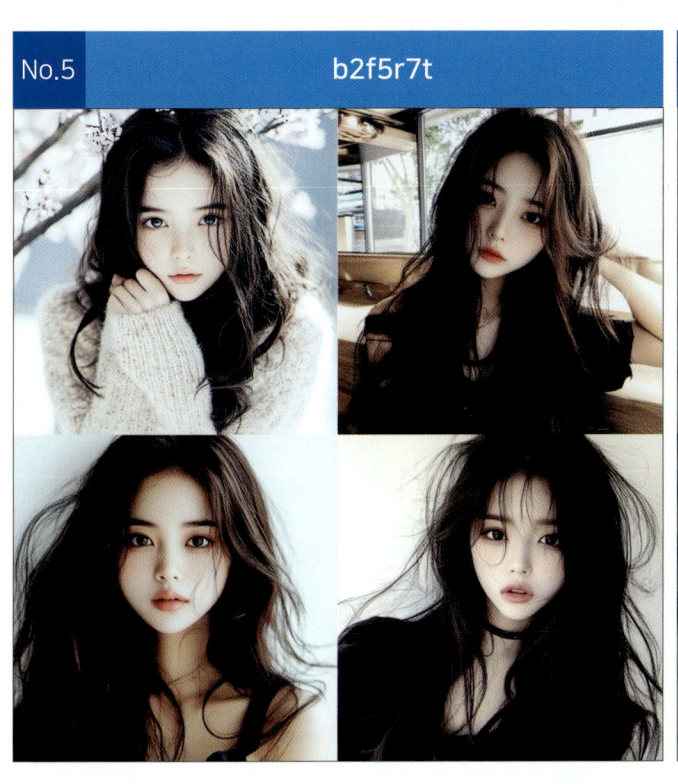

No.6 jzwni9d
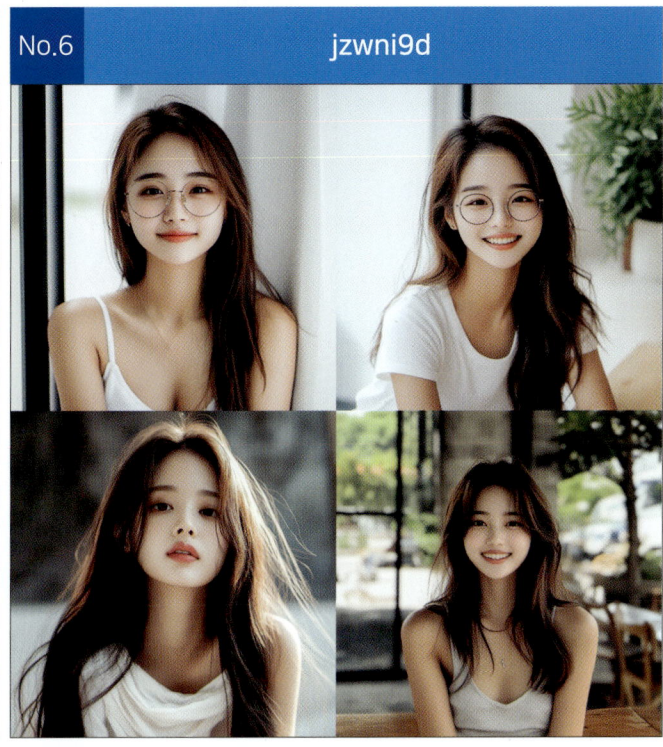

No.7 feaowll

No.8 9f78j7f

B. 애니메이션

| 기본 Prompt : cute Girl, concept art, full body, white background --stylize 250 --v 6.1 --p xxxxxxx 개인화 코드 |

| No.1 z92ewkw | No.2 ykxnuqk |

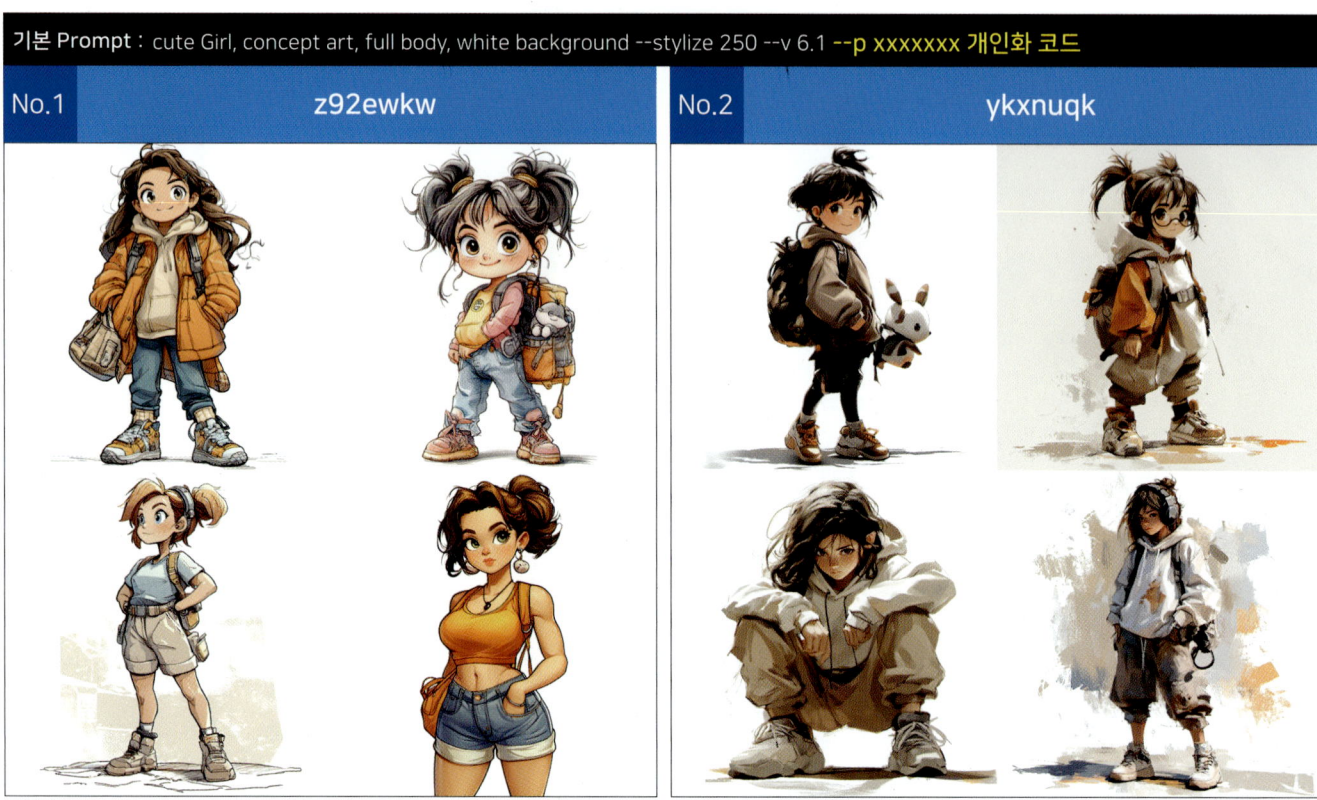

| No.3 f9m3qzo | No.4 uxseiyi |

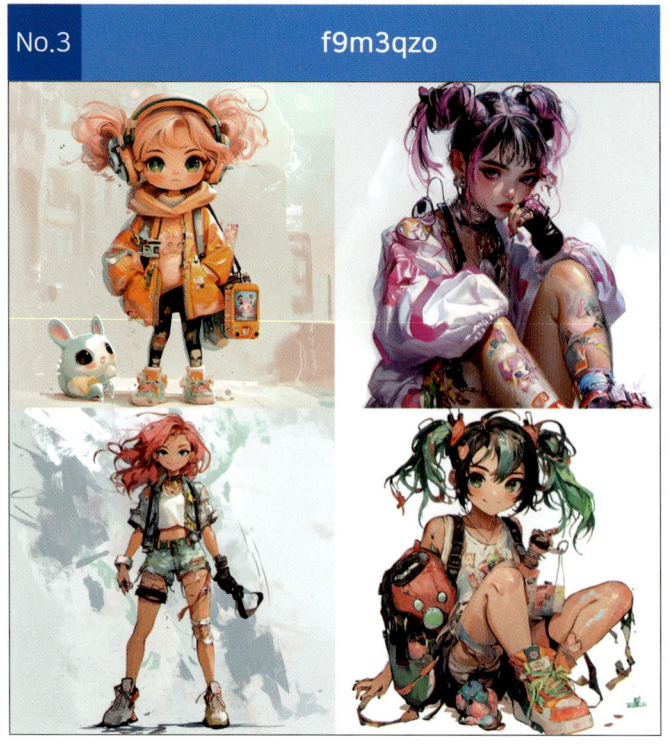 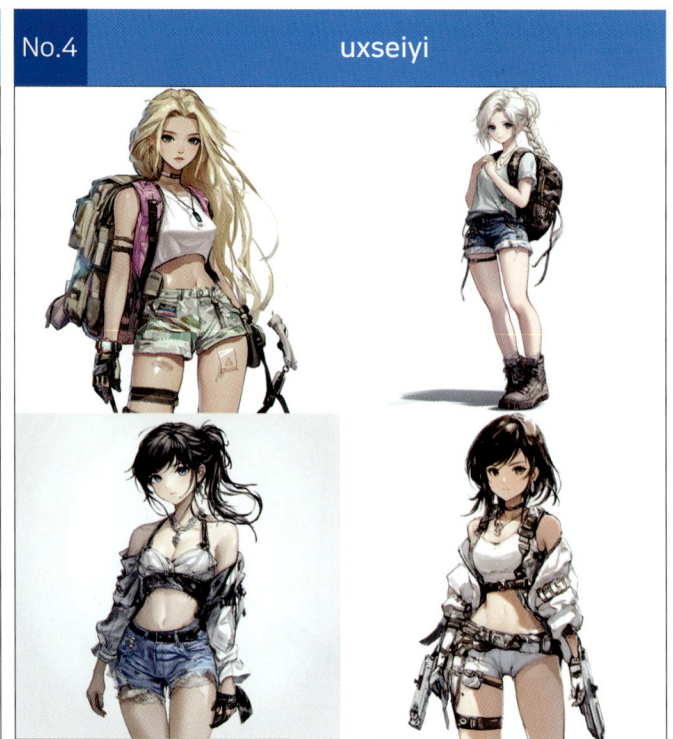

No.5 sgpm9bv	No.6 zqn7mw7
	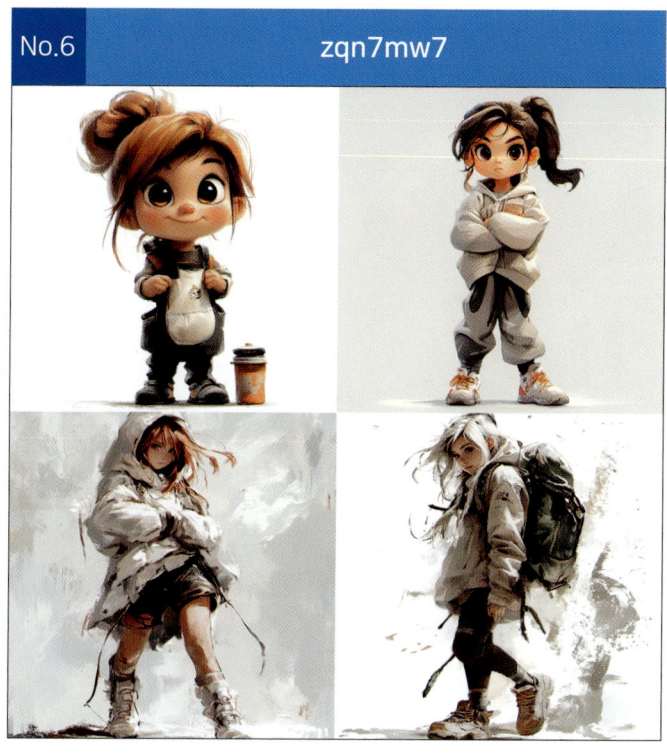

No.7 u26jhib	No.8 bfdvpjc

C. SF(Sci-Fi)

기본 Prompt : space ship, Sci-Fi , Concept art --v 6.1 --p xxxxxxx 개인화 코드

No.1 2tx7kim

No.2 bp86hmf

No.3 so431h1

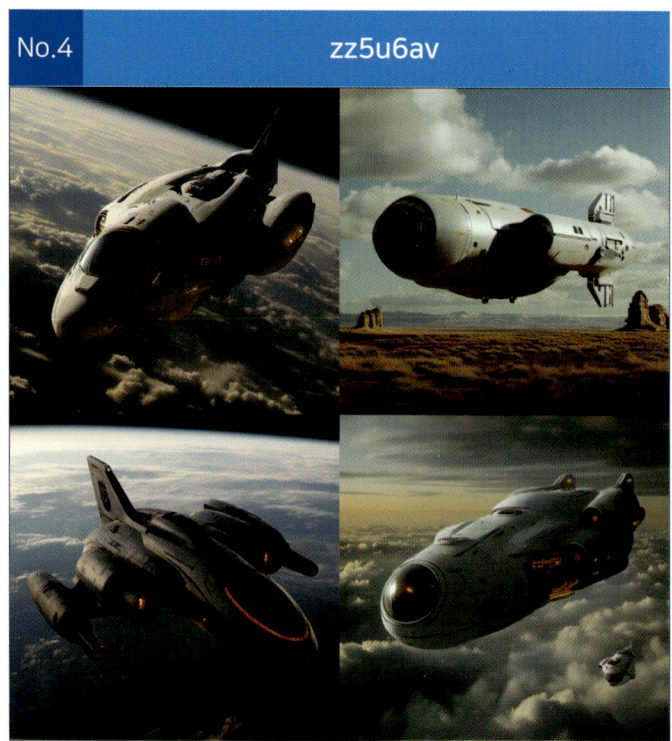

No.4 zz5u6av

❷ Sref Seed

A. 애니메이션

sref Seed	3039396618
girl	cat

a cup of coffee	car

House

Street background

sref Seed	1180388517
girl	cat

a cup of coffee	car

City background

Sea background

미드저니 스타일 어디까지 가봤니?(Sref Seed / Personalize Code Essential List) / 조남경

sref Seed	47878018

girl	cat

a cup of coffee	car

House

street background

forest background

sref Seed	2118226073

girl	cat

a cup of coffee	car

school

city background

sea background

sref Seed	3686831572

girl	cat

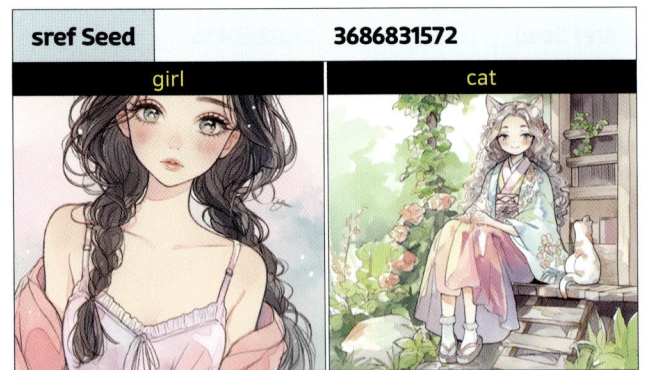

a cup of coffee	car

House

street background

forest background

sref Seed	4072392883

girl	cat

a cup of coffee	car

school

city background

sea background

sref Seed	2123764213
girl	cat

a cup of coffee	car

House

street background

forest background

sref Seed	2431847466
girl	cat

a cup of coffee	car

school

city background

sea background

sref Seed	1234567891

sref Seed	2500525250

sref Seed	2123764213

 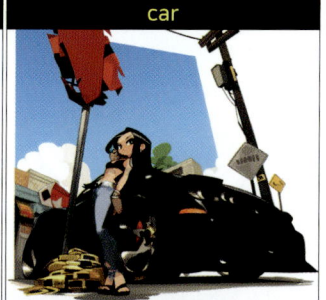

sref Seed	407192479

sref Seed	2964623349		sref Seed	2344758289
girl	cat		girl	cat

| a cup of coffee | car | | a cup of coffee | car |

House

street background

forest background

sref Seed	2552523162
girl	cat

a cup of coffee	car

House

street background

forest background

sref Seed	736
girl	cat

a cup of coffee	car

school

city background

sea background

| sref Seed | 633453369 | sref Seed | 3649767700 |

girl | **cat** | **girl** | **cat**

a cup of coffee | **car** | **a cup of coffee** | **car**

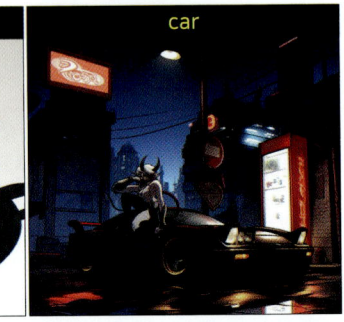

House | **school**

street background | **city background**

forest background | **sea background**

sref Seed	800818
girl	cat
a cup of coffee	car
House	
street background	
forest background	

sref Seed	104440089
girl	cat
a cup of coffee	car
school	
city background	
sea background	

B. Artwork

sref Seed	3842409612
cute girl	

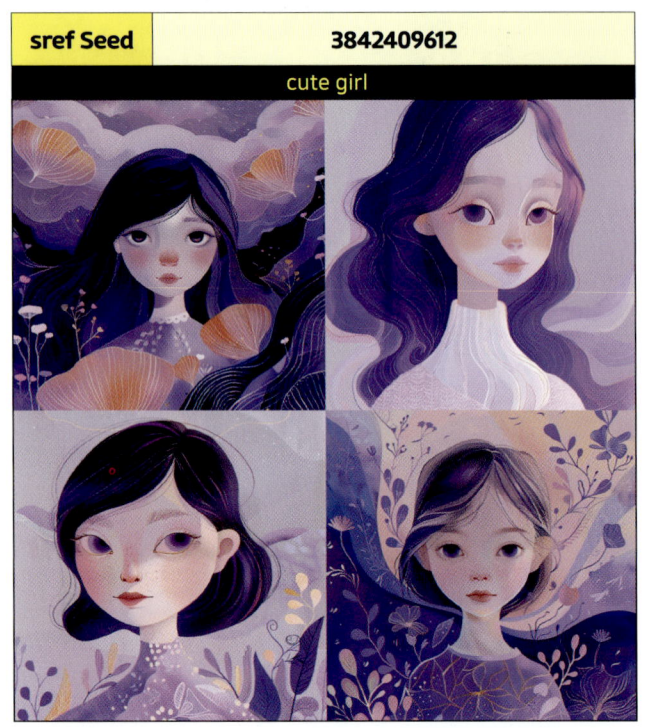

cute cat

sref Seed	1234567880
cute girl	

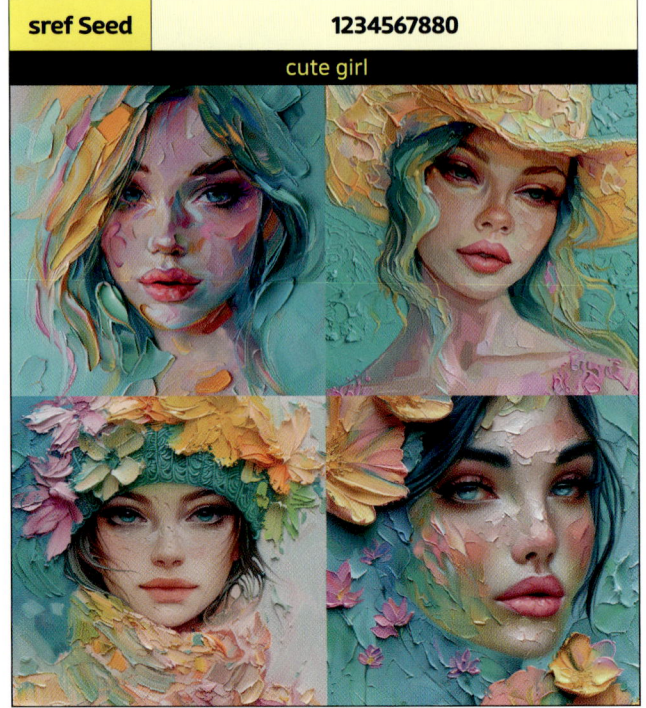

cute cat

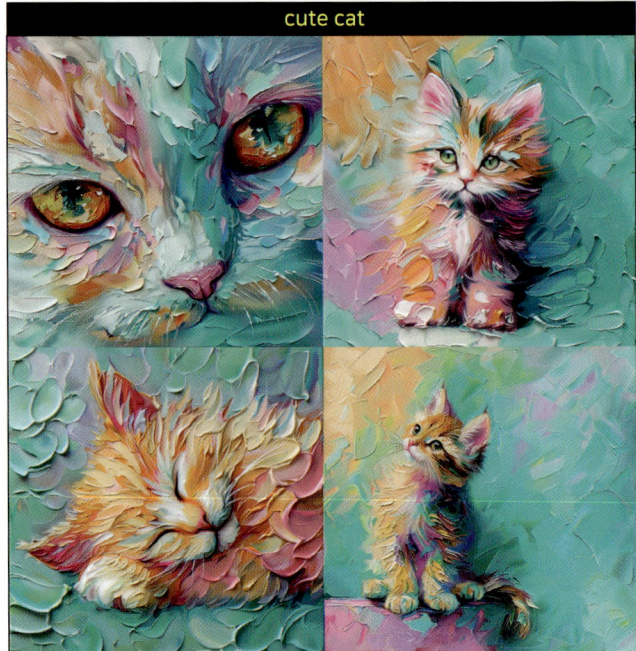

sref Seed	356

cute girl

cute cat

sref Seed	212965732

cute girl

cute cat

sref Seed	563934561

cute girl

cute cat

sref Seed	722222219

cute girl

cute cat

sref Seed	1733305419
cute girl	

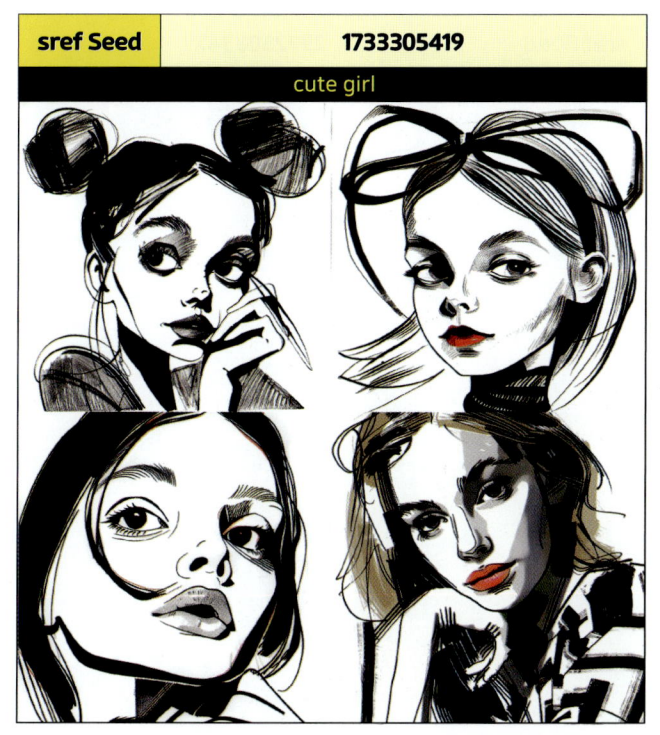

cute cat

sref Seed	1999063753
cute girl	

cute cat

sref Seed	1999063753

cute girl

cute cat

sref Seed	2392508347

cute girl

cute cat

sref Seed	3468031093
cute girl	

cute cat

sref Seed	3962247565
cute girl	

cute cat

sref Seed	4218226381
cute girl	

cute cat

sref Seed	2703685762
cute girl	

cute cat

sref Seed	2769284526
cute girl	

cute cat

sref Seed	2703685762
cute girl	

cute cat

C. 실사

sref Seed	1355794711
photo of cute Korean girl --style raw --s 250	

white background

sref Seed	3797397388
photo of cute Korean girl --style raw --s 250	

white background

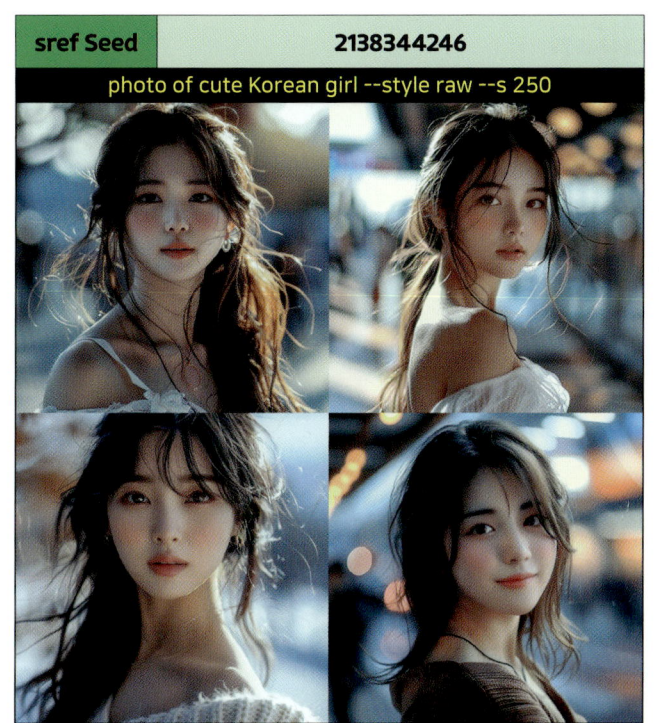
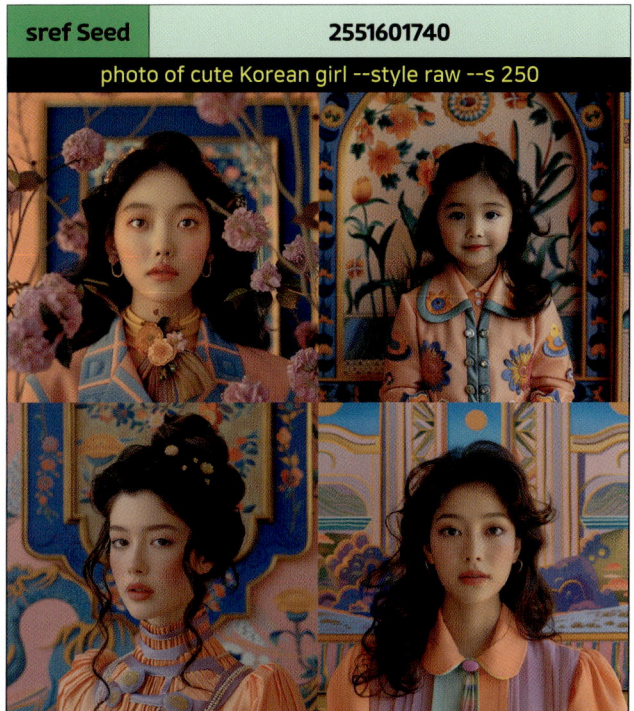

D. SF (Sci-Fi)

sref Seed: 2942474579

space ship, Sci-Fi , Concept art --ar 16:9 --niji 6

sref Seed: 1588406641

space ship, Sci-Fi , Concept art --ar 16:9 --niji 6

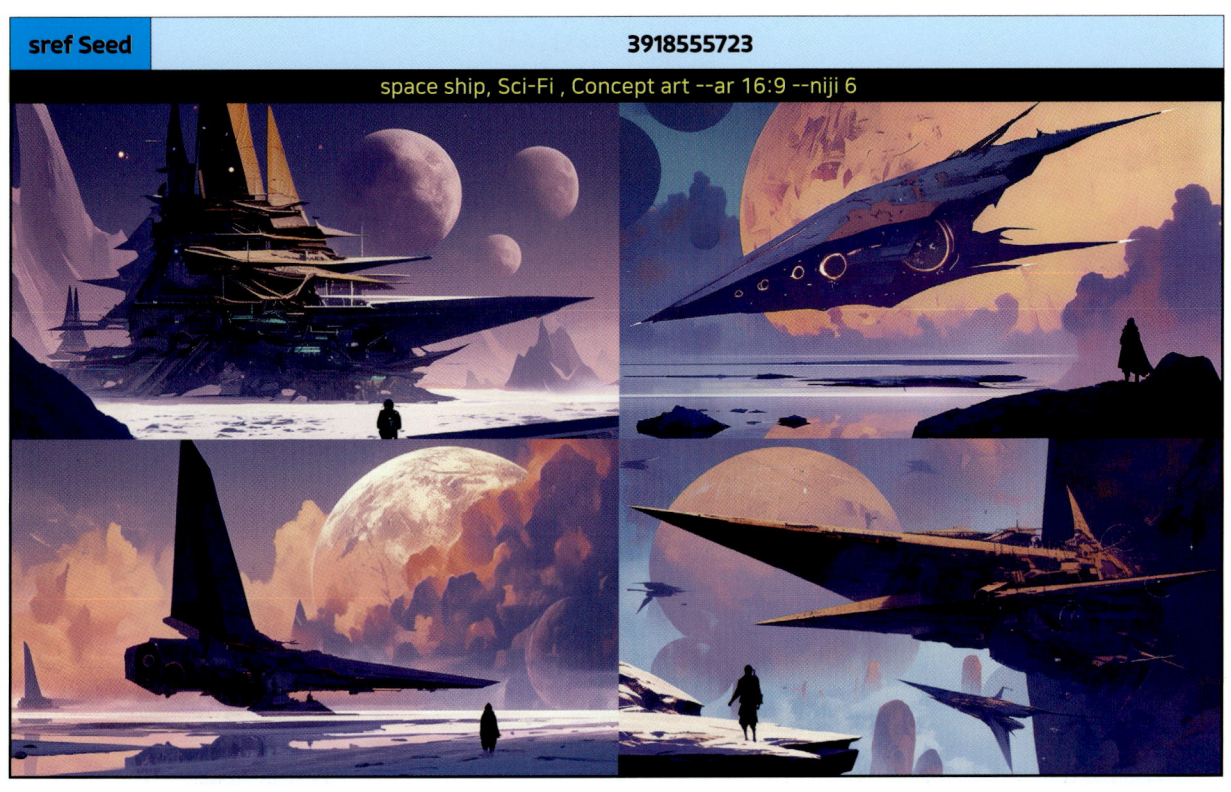

sref Seed	14655445
	space ship, Sci-Fi , Concept art --ar 16:9 --niji 6

sref Seed	2926611505
	space ship, Sci-Fi , Concept art --ar 16:9 --niji 6

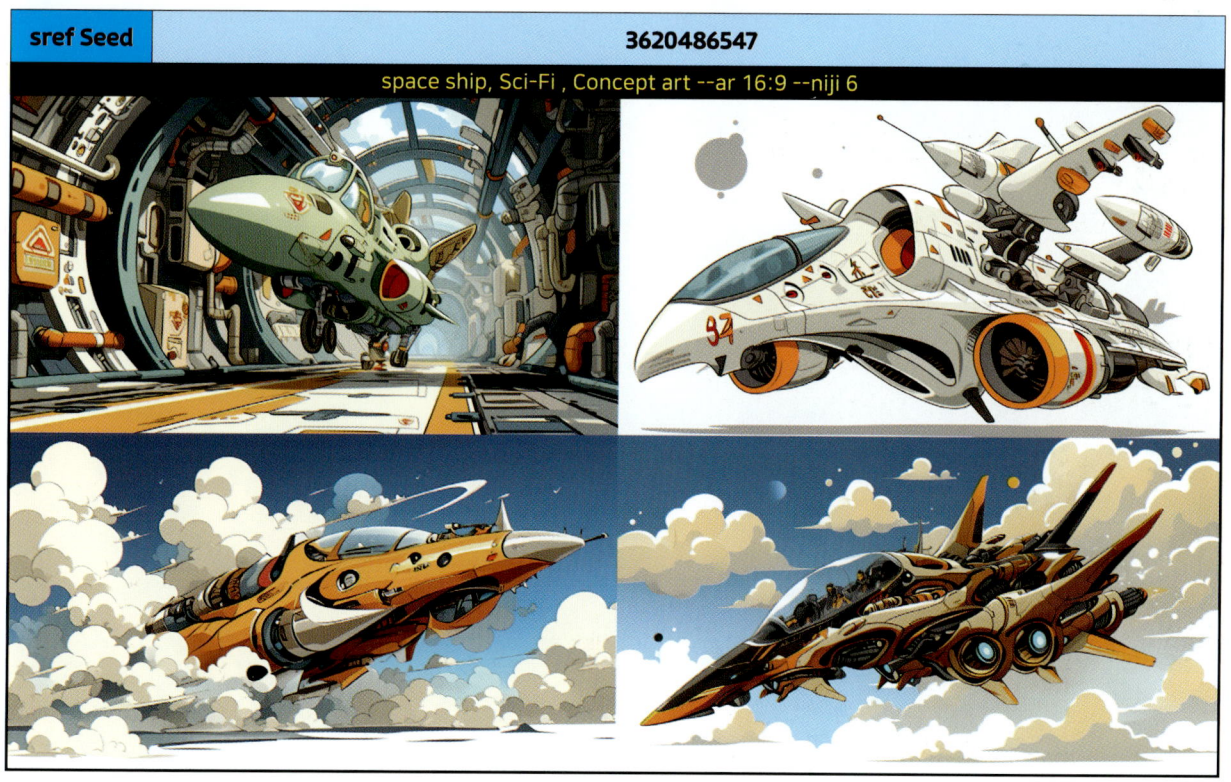

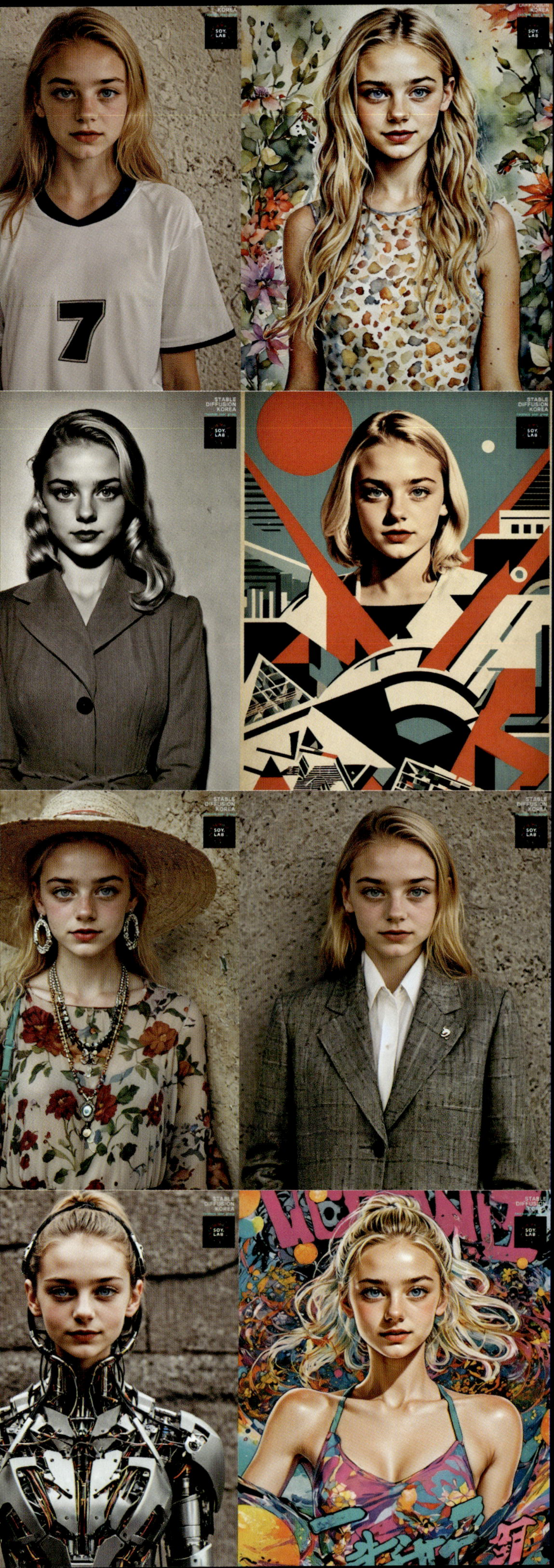

Comfy UI를 사용한
프로필 사진 만들기
(Image 2 Image 인물편)

최돈현

soy.lab 대표 / 스테이블 디퓨전 코리아 운영자
sakdon@gmail.com

2002년 하이텔 GMA 주관 게임 공모전 대상 [Flamingo Twenty]를 시작으로 2003년 까지 다수의 모바일 게임을 제작하고 2006년 단편애니메이션 [치카치카], M.net Station ID [GO! M.NET] 작품활동과 SK C&C [모나토 에스프리] 온라인 CF 감독 및 제작하였다. 이후 인디펜던스와 LOCUS에서 MBC [다큐 공룡의 땅] , 영화 [차우], 국내외 VFX 광고 및 시네마틱 [아키에이지], [레이븐], [크래시 오브 클랜], [난투], [파이널 판타지] 시리즈를 제작하였으며, 이를 바탕으로 극장용 장편 애니메이션 [RED SHOES] 제작 및 TV 애니메이션 [런닝맨2] 및 리얼타임 프로젝트를 진행하였다. 2019년 이후 현재까지 NXN에서 아트 제작 총괄을 담당했으며, 현재 soy.lab 대표이자 Stable Diffusion Korea 운영자이다.

1. ComfyUI

STABLE DIFFUSION은 2022년 Stability.ai에서 공개한 혁신적인 생성 AI 프로세스로, 다양한 형태로 개발되어 서비스되고 있습니다. 이 프로세스를 기반으로 학습된 모델을 사용하여 무한에 가까운 다양한 표현이 가능 해졌으며, 현재 콘텐츠 시장에서 중요한 위치를 차지하고 있습니다. STABLE DIFFUSION 플랫폼에서는 Automatic1111 개발자의 A1111 WEBUI에 이어 Node 기반의 ComfyUI가 유연한 개발환경으로 전 세계적인 관심을 받고 있습니다. 수많은 기업들이 이 프로세스를 내재화하려는 끊임없는 도전을 이어가고 있으며, 이를 바탕으로 상업 실무 영역에서 혁신적인 결과물들이 속속 등장하고 있습니다.

❶ Node workflow

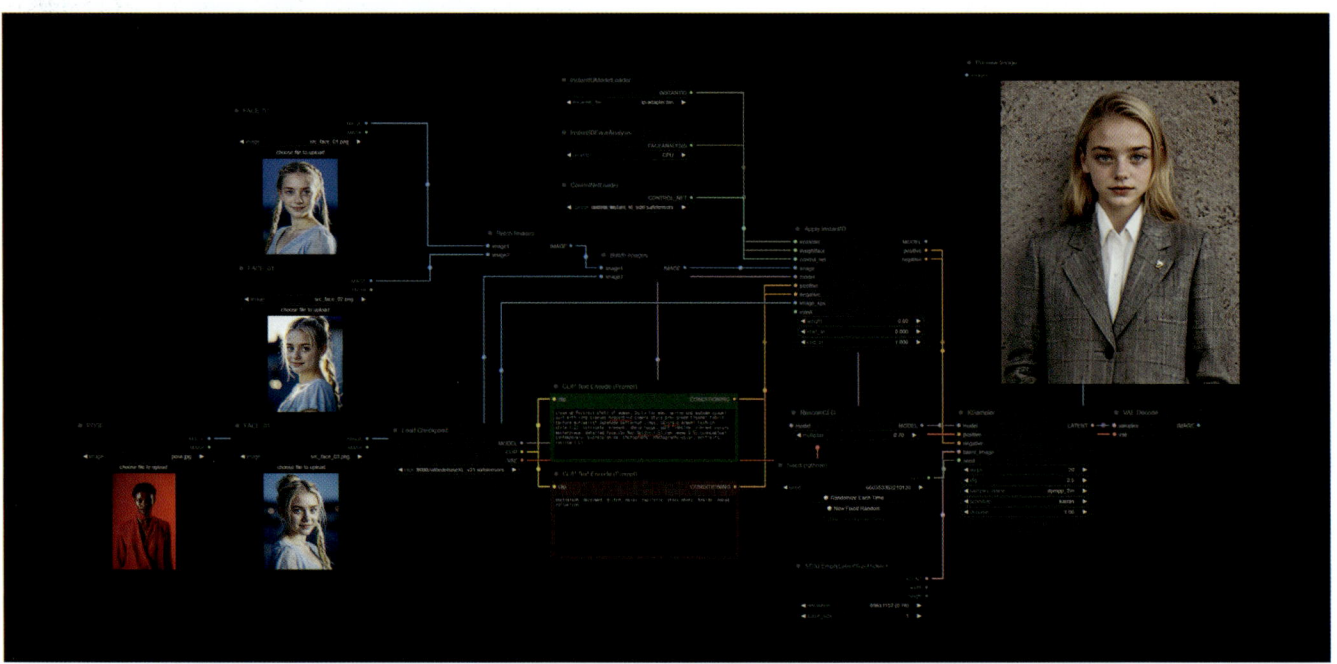

ComfyUI는 Node Workflow 기반의 STABLE DIFFUSION 플랫폼으로, 사용자가 직접 STABLE DIFFUSION의 프로세스를 설계할 수 있습니다. 그 대표적인 예로 잘 알려진 T2I(Text to Image)나 I2I(Image to Image)와 같은 프로세스를 고정된 형태로 사용하는 것이 아닌, 사용자가 원하는 형태로 기능을 자유롭게 추가하고 변경하여 새롭게 구축할 수 있습니다. 이런 유연한 개발 생태계는 전 세계의 STABLE DIFFUSION 개발자들에게 사랑받으며, 최신 기술을 가장 신속하게 적용할 수 있는 생태계로 발전하고 있습니다. 그로 인하여 현재는 기술논문이 발표되면 2-3일내에 바로 ComfyUI 에서 사용할 수 있는 Custom Node(확장 기능)가 개발되어 공개되는 상황입니다. 이런 강력한 확장성 덕분에 수많은 기업과 프로덕션 및 전문 아티스트들의 제작 플랫폼으로 채택되고 있습니다.

❷ 무한한 확장

ComfyUI는 각각의 노드를 연결하여 STABLE DIFFUSION의 프로세스를 구성합니다. 전체 프로세스를 직접 구성하여 사용하는 형태이기 때문에, 개발자의 입장에서는 특정 연결 노드 하나에 집중하여 개발하는 편리함이 있었고, 수많은 Custom Node 개발자들이 유입되는 현상으로 이어졌습니다. 덕분에 많은 전문 프로덕션 경험을 쌓은 개발자들도 함께 할 수 있었으며 시간이 지날수록 그 전문성이 더욱 공고해지고 있습니다.

ComfyUI 본연의 기능을 보강하거나 복잡한 Workflow를 단순화하고, 여타 전문 합성 툴 혹은 3D 프로그램에서 볼 수 있었던 강력한 기능들이 ComfyUI에 더해지고 있는 상황입니다.

몇 가지 예를 공유해 보면 다음과 같습니다.

Image Chromatic Aberration
이미지에 2D 분광 효과를 적용할 수 있습니다.

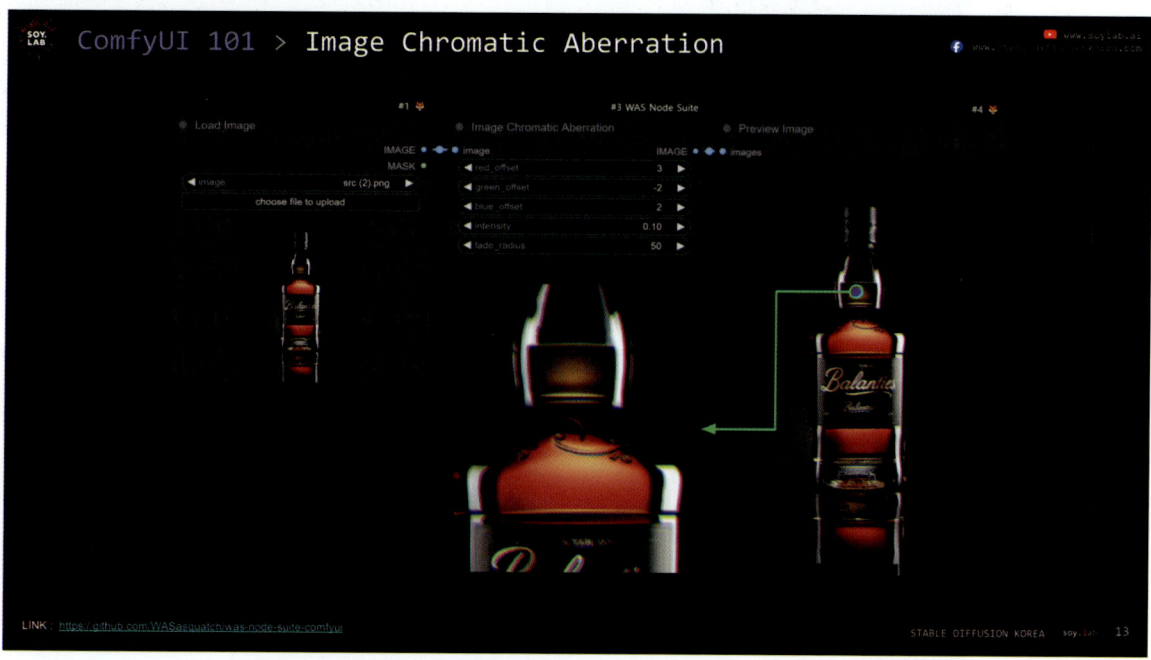

https://github.com/WASasquatch/was-node-suite-comfyui

Color Palette Pick

해당 노드를 사용하여 이미지의 대표 컬러를 추출할 수 있습니다. 더불어 hex 값을 얻을 수 있습니다.

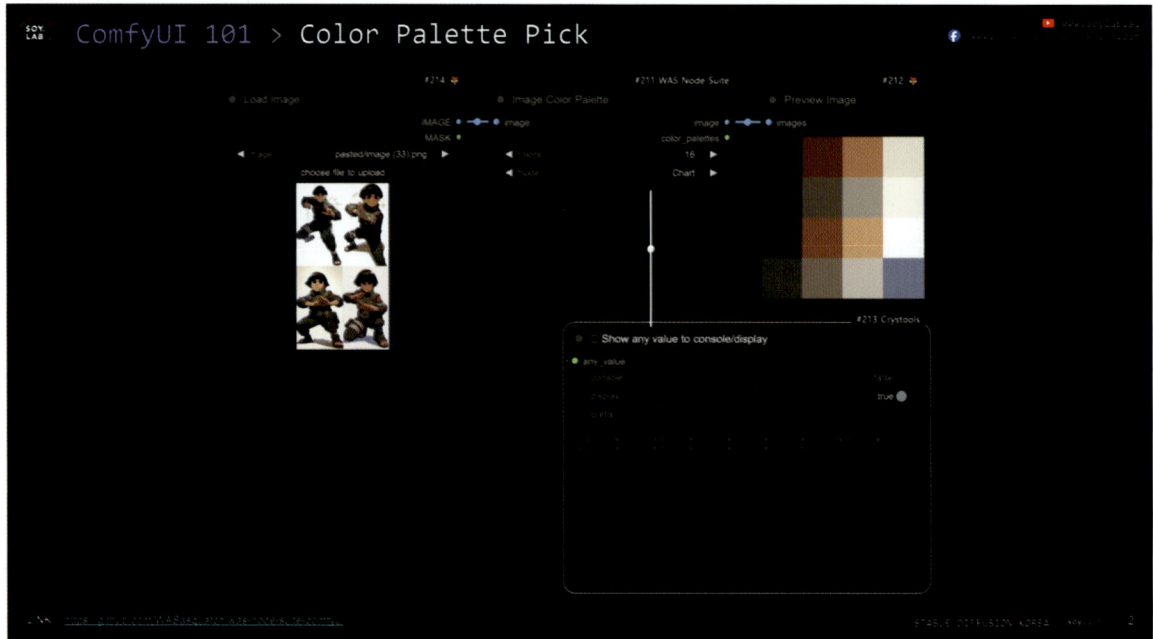

https://github.com/WASasquatch/was-node-suite-comfyui

ColorizeDepthmap

이미지에서 추출된 Depth 맵을 해당 노드를 사용하여 깊이 단위로 다양한 색감을 적용할 수 있습니다.

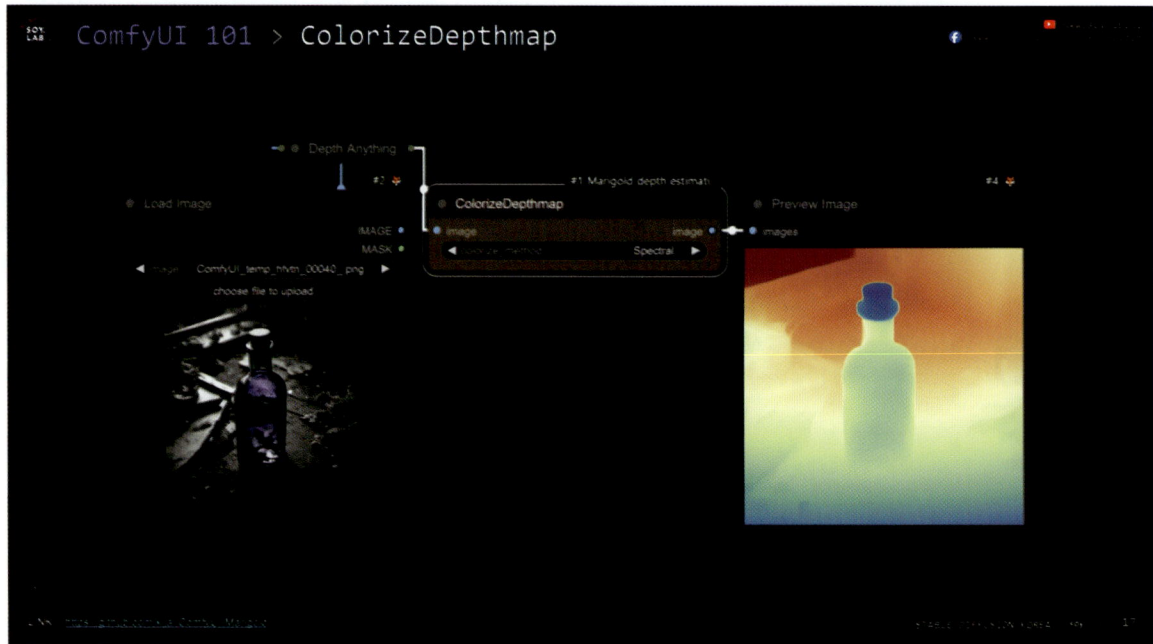

https://github.com/kijai/ComfyUI-Marigold

이런 전문적인 기능이 지속적으로 추가되면서 ComfyUI는 STABLE DIFFUSION 계의 가장 강력한 플랫폼이 되어가는 중입니다. 이제 ComfyUI의 프로페셔널한 매력을 알아보도록 합시다!

❷ ComfyUI Manager 설치

아래 GIT 주소에서 설치 과정을 확인하여 Manager를 설치합니다. Window OS를 사용하는 경우 해당 GIT 사이트에서 자동 설치 BAT 파일을 다운로드할 수 있습니다. 해당 파일은 자료실에 별도로 다운로드할 수 있습니다.

ComfyUI Manager 배치 최신 파일 다운로드 경로 : https://github.com/ltdrdata/ComfyUI-Manager

ComfyUI Manager 배치 파일 (자료실) : install-manager-for-portable-version.bat

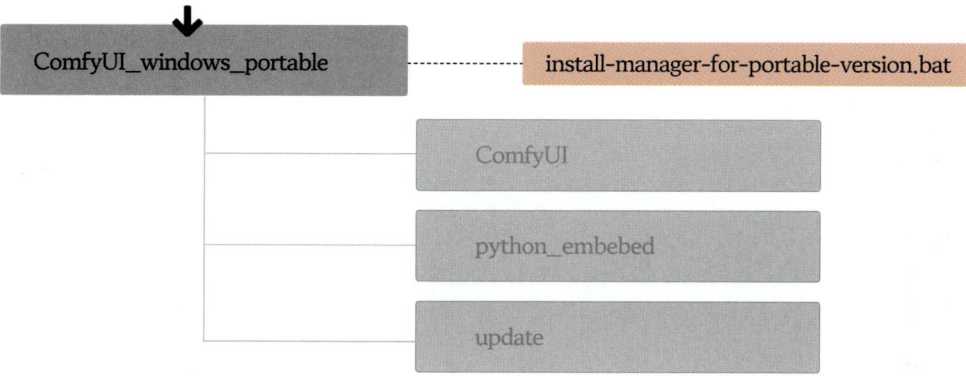

① install-manager-for-portable-version.bat 해당 폴더에 복사합니다.
② Bat 파일을 더블클릭하여 실행하세요.

해당 파일을 실행하면 별도의 CMD 창이 팝업으로 떠오르고 설치가 완료되면 사라집니다.

❸ ComfyUI 실행하기

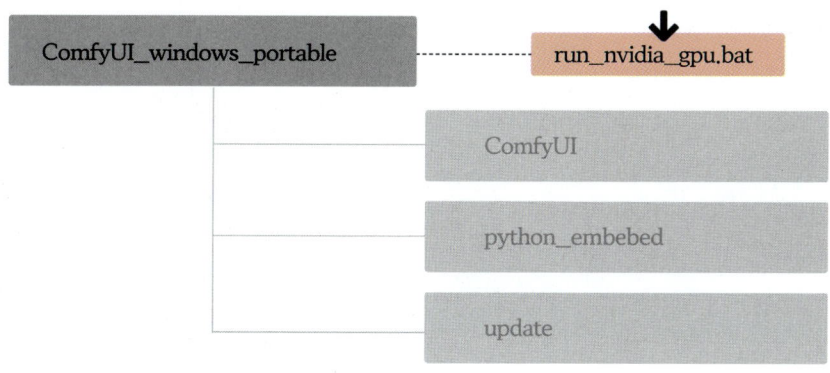

ComfyUI 실행 파일 : run_nvidia_gpu.bat

이제 모든 준비가 끝났습니다.
run_nvidia_gpu.bat 을 더블 클릭하여 실행합니다. (주의) 해당 폴더에는 *run_cpu.bat 실행 모드가 있습니다. 하지만 많은 반복 연산이 필요한 현재의 강의에서 해당 프로세스는 사용할 수 없습니다.

the AI GRAPHICS | 최돈현

올바르게 설치되었다면 짠- 하고 떠오르는 ComfyUI를 확인할 수 있습니다.
ComfyUI는 Web Browser에서 작동하며 여러 개의 Web Browser를 사용하여 동시에 워크플로우를 제작할 수 있습니다.

❹ ComfyUI Setting

ComfyUI에는 기본 셋팅을 조정할 수 있습니다.
플로팅 윈도우의 톱니바퀴 아이콘을 클릭하면 다음 부분에서 해당 셋팅을 조정할 수 있습니다.

- 최초 실행 시 기본 노드를 살펴보면 노드와 노드 연결 사이에 선의 형태가 곡선으로 연결되어 있음을 알 수 있습니다.
- ComfyUI의 Setting 메뉴에서 Link Render Mode 를 Straight로 변경하면 책에 담아둔 ComfyUI의 workflow 이미지와 같이 연결선 모양이 직각으로 변경되는 것을 알 수 있습니다.
- Setting 부분에는 ComfyUI 기본 인터페이스 및 사용 옵션 설정을 변경할 수 있으며 새로운 Custom Node를 추가하면, 해당 기능의 옵션 역시 추가됩니다. 어렵지 않은 내용이라 해당 부분을 꼭 확인해 보시기 바랍니다.

install-manager-for-portable-version.bat 설치 과정을 올바르게 진행하였다면, 플로팅 윈도우 메뉴에 Manager 가 표기된 것을 확인할 수 있습니다.

해당 기능을 통해서 ComfyUI 의 강력한 확장기능을 빠르게 설치하고 업데이트할 수 있습니다.

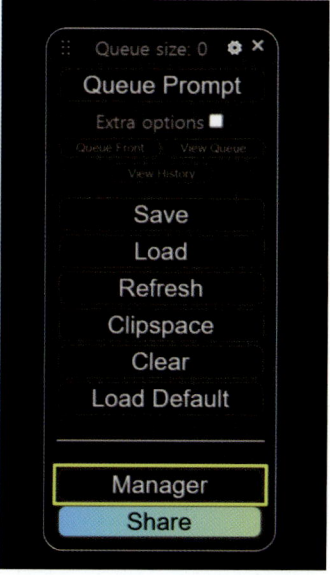

ComfyUI 설치 및 운영에 관련된 더 많은 정보는 Youtube 채널 (www.soylab.ai)에서 확인할 수 있습니다.

초심자용 튜토리얼
https://www.youtube.com/watch?v=6XuiMbGEMPM

그 외 유지보수 관련 기능과 편의기능 ComfyUI 최신 기술지원 업데이트 내용도 확인할 수 있으니 반드시 설치해야 합니다.

❺ 해당 강의를 위한 Custom Node 설치

ComfyUI Custom Node는 Stable Diffusion의 무한한 가능성을 만들어 주는 강력한 확장 기능입니다. 해당 강의는 다양한 Custom Node를 사용하며, 인물 사진을 생성합니다. Custom Node 설치는 필수적인 부분이며, 처음에는 다소 난해한 부분이기도 하지만 ComfyUI Manager를 사용하여 그 과정을 이름 검색 후 클릭 수준으로 매우 쉽게 진행할 수 있습니다. 또한 더 쉽게 설치할 수 있는 *핵 꿀팁 과정을 담고 있으니 놓치지 마시기 바랍니다.

1. Custom Node 목록

이번 강의에 사용되는 Custom Node 목록입니다. ComfyUI 설치 후 1번을 제외한 남은 Custom Node를 설치해야 합니다.
관련 Git 주소에서 설치에 관련된 자세한 내용을 확인할 수 있습니다.

ComfyUI https://github.com/comfyanonymous/ComfyUI/releases			
N	Author	Name	github 주소
1	Dr.Lt.Data	ComfyUI-Manager	https://github.com/ltdrdata/ComfyUI-Manager
2	Nuked	ComfyUI-N-Sidebar	https://github.com/Nuked88/ComfyUI-N-Sidebar
3	Crystian	Crystools	https://github.com/crystian/ComfyUI-Crystools
4	rgthree	rgthree's ComfyUI Nodes	https://github.com/rgthree/rgthree-comfy
5	kijai	KJNodes for ComfyUI	https://github.com/kijai/ComfyUI-KJNodes
6	pythongosssss	pythongosssss/ComfyUI-Custom-Scripts	https://github.com/pythongosssss/ComfyUI-Custom-Scripts
7	WASasquatch	WAS Node Suite	https://github.com/WASasquatch/was-node-suite-comfyui
8	cubiq	ComfyUI Essentials	https://github.com/cubiq/ComfyUI_essentials
9	cubiq	ComfyUI InstantID (Native Support)	https://github.com/cubiq/ComfyUI_InstantID
10	kijai	ComfyUI-SUPIR	https://github.com/kijai/ComfyUI-SUPIR
11	Dr.Lt.Data	ComfyUI Impact Pack	https://github.com/ltdrdata/ComfyUI-Impact-Pack
12	Dr.Lt.Data	ComfyUI Inspire Pack	https://github.com/ltdrdata/ComfyUI-Inspire-Pack
13	Suzie1	Comfyroll Studio	https://github.com/Suzie1/ComfyUI_Comfyroll_CustomNodes
14	Fannovel16	ControlNet Auxiliary Preprocessors	https://github.com/Fannovel16/comfyui_controlnet_aux
15	theUpsider	ComfyUI-Logic	https://github.com/theUpsider/ComfyUI-Logic

2. Manager를 사용하여 쉽게 설치하기

복잡한 설치 과정을 모른다 하더라도 Manager가 설치되어 있다면 정말 쉽게 수많은 Custom Node를 설치할 수 있습니다.

플로팅 윈도우에서 Manager를 클릭합니다.

해당 부분의 Install Custom Nodes를 클릭 후 공유드린 리스트의 이름을 검색하여 Custom Node를 설치합니다. 이 과정에서 비슷한 이름과 기능을 가지고 있는 앱들이 많이 있습니다. 해당 과정에서 저자가 동일한지 반드시 확인해 주세요.

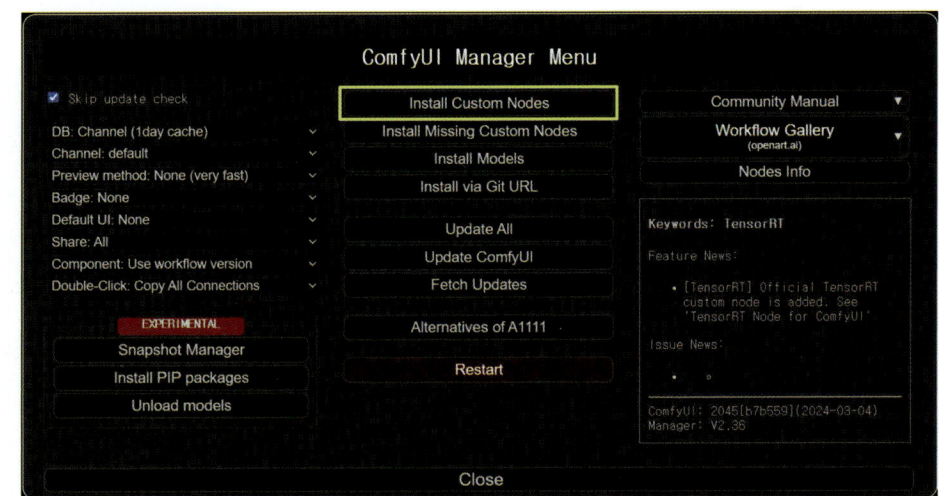

그 외 제공 드린 Workflow를 불러오면서 Node 오류가 발생할 때, 해당 옵션을 통하여 필요한 Custom Node를 설치할 수 있습니다. 하지만 검색되지 않는 Custom Node가 있는 경우 해당 Custom Node의 Git 주소를 확인 후 'Install via Git URL'을 사용해서 설치할 수 있습니다.

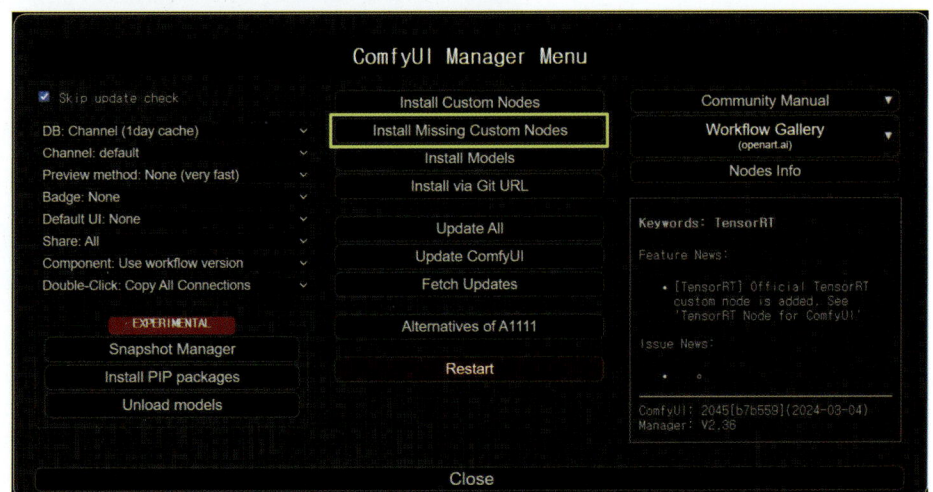

3. (핵 꿀팁) Custom Node 일괄 설치하기

Custom Node는 의외로 설치 과정이 고달픈 작업 중 하나입니다. 하지만 여기에 엄청 강력한 꿀팁을 하나 공유하도록 하겠습니다. 검색 과정 없이 일괄 설치가 가능한 방법입니다. (우와!)

일괄 설치를 위해 준비한 세팅 파일을 우측 그림의 경로에 복사하세요.

Snapshot Manager 파일 (자료실)
vielbook_snapshot.json

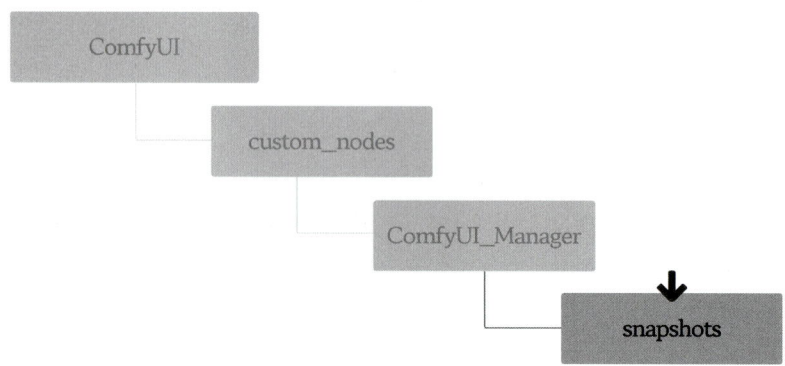

복사 후 ComfyUI를 재실행 합니다.
Manager에서 Restart를 누르거나, CMD SERVER Window를 닫고, 재실행 합니다.
만약 올바르게 진행되지 않는다면 PC 재부팅 후 진행하시기 바랍니다.

재부팅된 상태에서,
Manager를 활성화 > Snapshot Manager 를 클릭합니다.

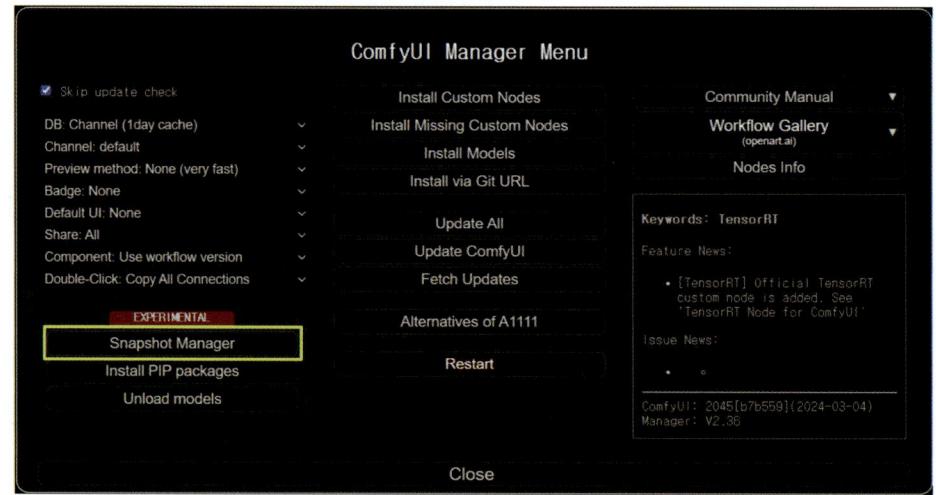

vielbook_snapshot.json 파일을 Restore 합니다.
해당 과정을 진행하면 CMD 창으로 Custom Node가 일괄 설치되는 과정을 확인할 수 있습니다. 해당 json 파일은 해당 앱들이 설치된 시점의 hash 값이 포함되어 있어 복원 시 당시 시점의 버전을 설치하게 됩니다.

이는 항상 최초 Custom Node 설치 시 항상 최신 버전을 설치하게 되는데, 해당 과정에서 제공된 workflow와 호환되지 않는 이슈가 발생하는 호환성 이슈를 피할 수 있습니다.

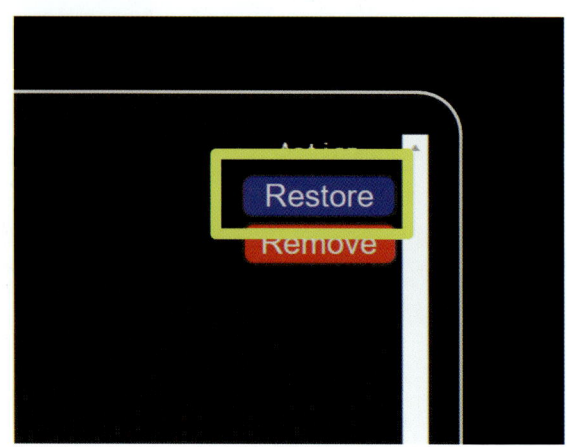

❻ insightFace

여러 과정을 통해서 Custom Node를 쉽게 설치하더라도 반드시 수동으로 일부 파일을 받고 라이브러리를 설치하는 부분이 존재합니다. 해당 강의에 맞추어 정리된 다음 과정을 차근차근 진행하도록 하겠습니다.

＊아래 모든 과정은 반드시 진행되어야 합니다.

1. insightFace

InstantID 기능을 사용하려면 insightFace라는 라이브러리가 필요합니다.

그러나 일반적인 환경에서 이 라이브러리를 설치하려고 하면 오류가 발생할 수 있습니다. 개발 관련 지식이 충분하지 않은 사용자에게는 이러한 설치 오류를 해결하는 것이 어렵기 때문에 이번에는 해당 문제를 쉽게 해결하는 방법에 대해 알아보겠습니다.

Python embeded 폴더에서 CMD 상태 진입 후 다음 명령어를 사용하여 Python 버전을 확인합니다.

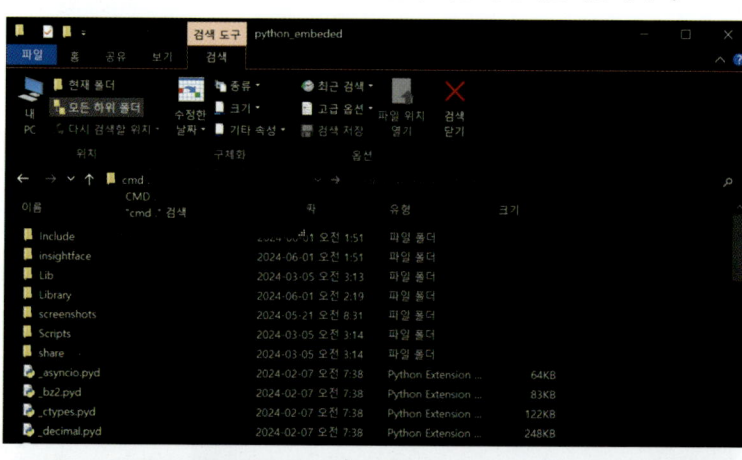

Window CMD 기준 명령어

python --version

실행하면 Python 버전을 확인 할 수 있습니다.(Python 3.11.8)

 실행 명령어 (Python embeded 폴더에서)

python.exe -m pip install insightface-0.7.3-cp311-cp311-win_amd64.whl

Python 버전이 확인되었으면 다음 insightFace 라이브러리 Prebuild 사이트에 접속하여 버전에 맞는 파일을 다운로드합니다.

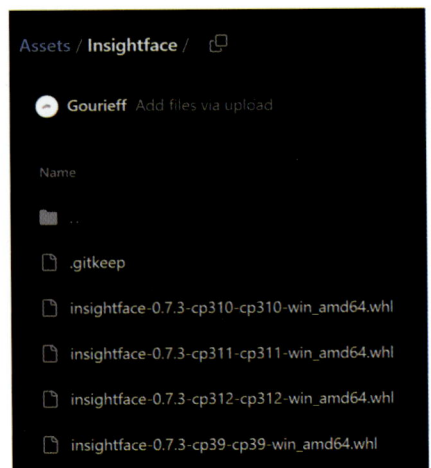

 insightFace Prebuild 다운로드 경로
https://github.com/Gourieff/Assets/tree/main/Insightface

① 버전을 확인합니다.
② Python version결과 : 3.11.8 -> cp311 다운로드, 3.12.x -> cp312
③ 여기에 맞는 whl 파일을 다운로드 합니다. cp310, cp311, cp312 등이 각 파이썬 버전을 표기하고 있습니다.
④ 비엘북스 자료실에 제공된 Comfy 설치 버전에 whl 파일을 받아서 사용하면 더 좋습니다. (권장)
⑤ Python embeded 폴더에 whl 파일을 복사 후 해당 폴더에서 다음 명령어를 실행합니다.
⑥ 명령어 : python.exe -m pip install insightface-0.7.3-cp311-cp311-win_amd64.whl

2. InstantID 모델 다운로드

GIT 주소에는 InstantID 실행에 필요한 필수 모델 파일이 있습니다.
이미지에 링크로 되어있는 모든 파일을 다운로드하여 관련 설명 위치에 넣어주세요.

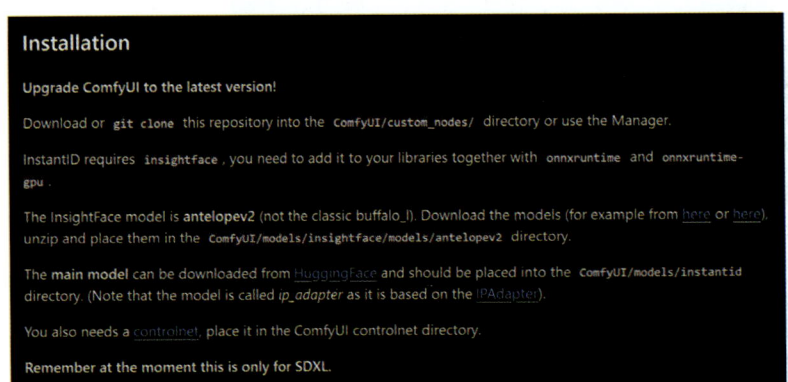

 InstantID git 주소
https://github.com/cubiq/ComfyUI_InstantID

 InstantID 모델 다운로드 경로 > antelopev2 (link 내 모든 파일)
링크 : https://huggingface.co/MonsterMMORPG/tools/tree/main
폴더 : ComfyUI₩models₩insightface₩models₩antelopev2

 InstantID 모델 다운로드 경로 > IPAdapter
링크 : https://huggingface.co/InstantX/InstantID/resolve/main/ip-adapter.bin?download=true
폴더 : ComfyUI₩models₩instantid

 InstantID 모델 다운로드 경로 > Controlnet
링크 : https://huggingface.co/InstantX/InstantID/resolve/main/ControlNetModel/diffusion_pytorch_model.safetensors?download=true
폴더 : ComfyUI₩models₩controlnet

3. 생성용 ckpt 모델 다운로드

강의에 사용할 CKPT 파일을 다운로드합니다.
해당 파일은 다음 경로에 넣어주세요.

CKPT 모델 다운로드 경로

https://civitai.com/models/140737
https://civitai.com/models/277058?modelVersionId=367058

CKPT 모델 저장 경로 (SDXL 폴더는 생성해야 합니다)

ComfyUI₩models₩checkpoints₩SDXL

4. Upscale 용 SUPIR 모델 다운로드

SUPIR 모델 다운로드 경로

https://huggingface.co/Kijai/SUPIR_pruned/tree/main

업스케일용 모델을 checkpoints 모델 이하에 SUPIR 폴더를 생성하여
저장합니다.

SUPIR 모델 저장 경로

ComfyUI₩models₩checkpoints₩SUPIR

5. JPG 아티펙트 제거를 위한 모델 다운로드

디테일 편에서 사용될 업스케일 workflow는 일반 웹 사진도 사용할 수 있습니다. 하지만 웹사진의 경우 과도한 압축으로 인하여 JPG 아티펙트가 발생할 수 있는데, 해당 모델을 사용하여 어느정도 복원할 수 있습니다.

1x-DeJPG-OmniSR 모델 다운로드 경로

https://openmodeldb.info/models/1x-DeJPG-OmniSR

1x-DeJPG-OmniSR 모델 저장 경로

ComfyUI₩models₩upscale_models₩

3. soy.lab 스타일 – Modularization

이제 모든 준비가 되었습니다.
이번에는 soy.lab만의 강력한 모듈화 프로세스를 알아보도록 하겠습니다.

❶ 복잡해?

Comfy UI를 처음 사용하면, 첫 번째로 맞닥뜨리게 되는 문제는 워크플로우 구성이 점점 더 복잡해진다는 점입니다.

시간이 지나고 숙련도가 높아질수록 커스텀 노드와 다양한 코어 노드를 기반으로 수많은 프로세스가 추가되어
전체 프로세스를 이해하는 것이 점차 어렵게 되는 것이죠.

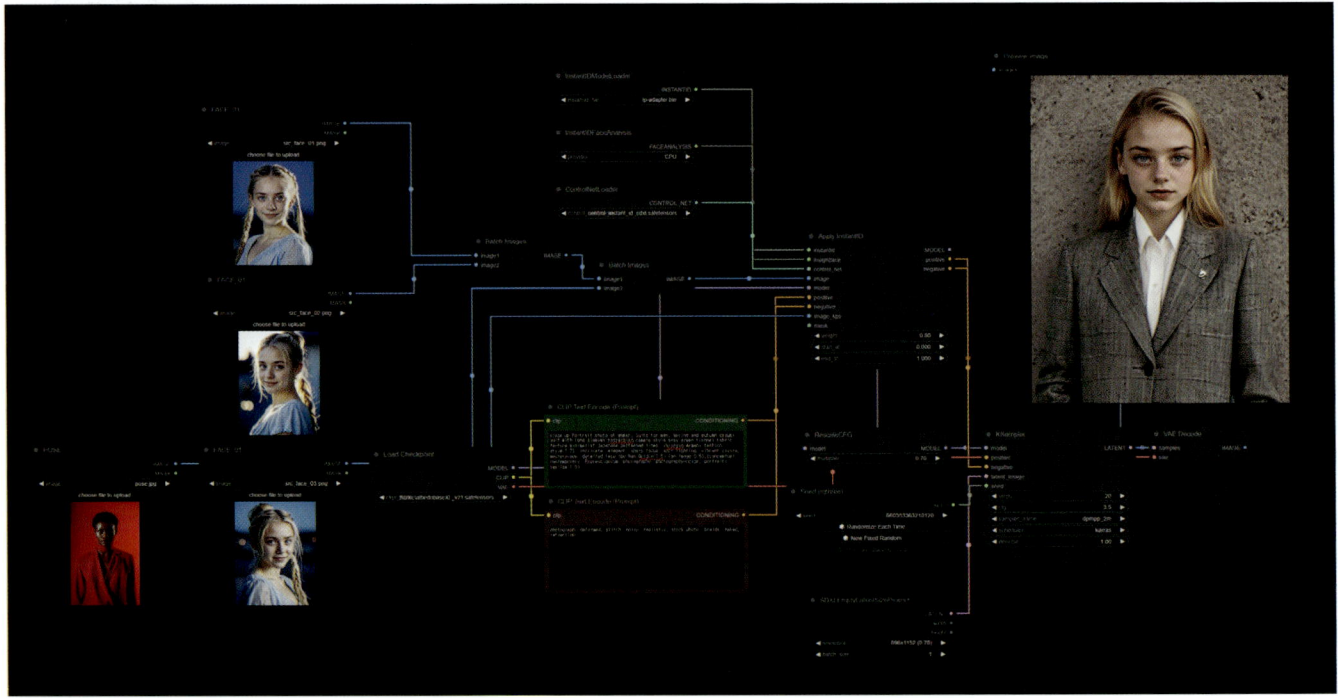

하지만 걱정하지 마세요.
이러한 문제를 쉽게 해결할 수 있는 방법이 있습니다.

❷ 생각보다 쉬운 Modularization

복잡한 노드를 알아보기 쉽게 정리해 봅시다.

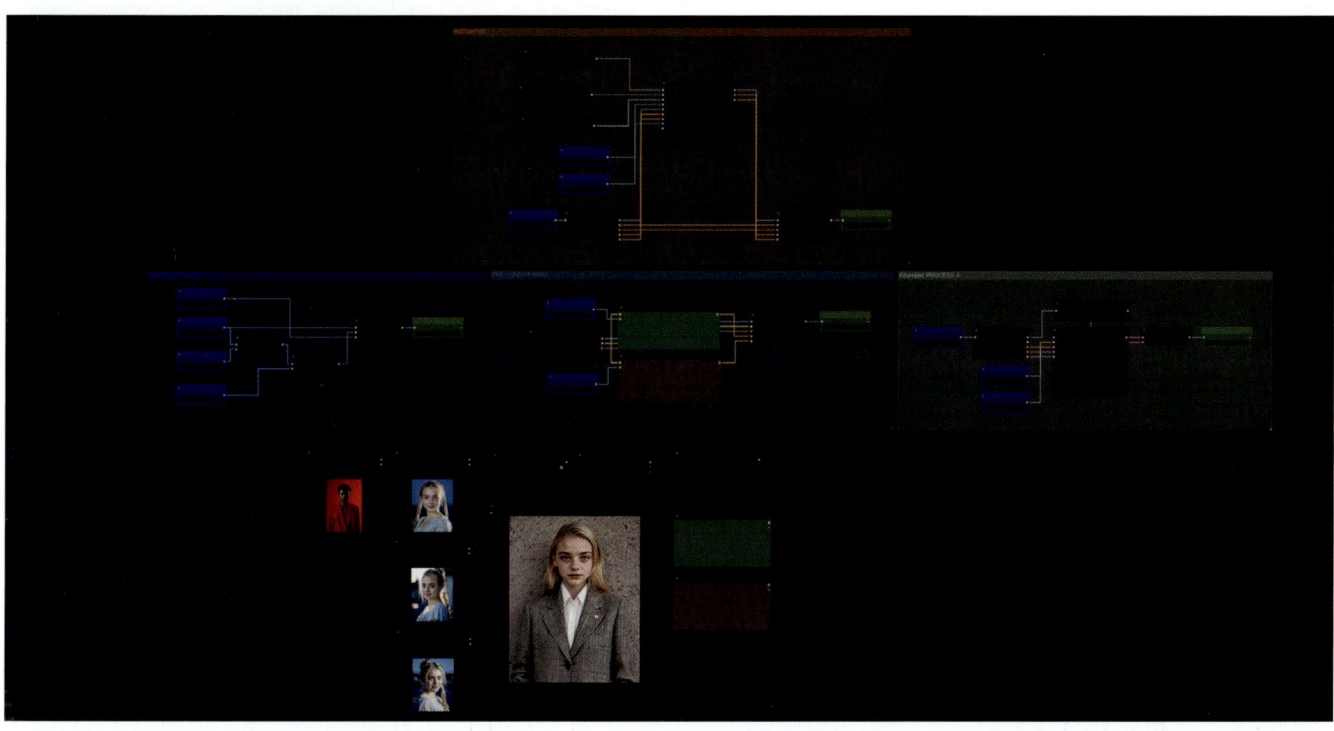

soy.lab 스타일의 모듈별 분리 프로세스를 도입하면, 전체 프로세스 흐름이 매우 직관적으로 변합니다.

각 단계별로 프로세스를 쉽게 파악하고 수정할 수 있게 되죠.
특정 노드를 사용하여 각 단계별 기능을 독립된 모듈 형태로 분리하여 관리하면, 진행 중 에러가 발생했을 때 그 원인을 빠르게 찾을 수 있습니다.

이러한 모듈 단위의 구조화된 방식은, 나중에 특정 부분만 독립적으로 사용해야 할 때 매우 유용하며, 다양한 프로젝트에 유연하게 적용할 수 있습니다.

❸ Set / Get NODE

그렇다면 어떻게 구성하는지 알아보도록 하겠습니다.

KJNodes for ComfyUI Custom Node에 포함되어 있는 Set / Get 노드를 활용하여 선이 분리된 구조를 만들어 보도록 하겠습니다.

TXT 제공 https://github.com/kijai/ComfyUI-KJNodes

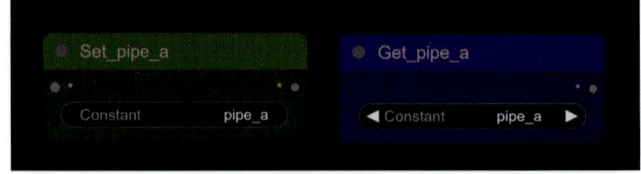

이미지를 Set 노드에 연결 후 Constant 이름을 정합니다.

이후 Get 노드 생성 후 정해진 Constant 이름을 선택합니다. 아웃풋 연결점이 이미 Image 컬러로 변경되는 부분을 확인할 수 있습니다.

여기에 Preview 노드를 연결하여 관련 데이터가 올바르게 전달되는 것을 확인합니다.

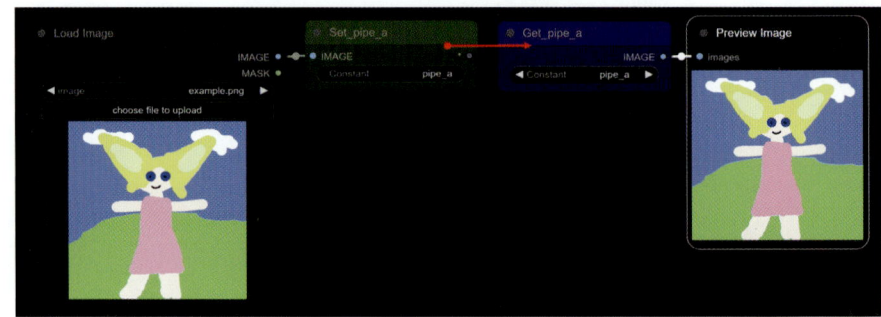

이 기능을 응용하여 복잡한 연결 구성을 쉽게 조정할 수 있습니다. 특정 상황에서는 하나의 노드를 여러 곳에 연결해야 할 경우가 있는데, 이러한 경우 Get 노드를 사용하면 직관적으로 연결할 수 있습니다.

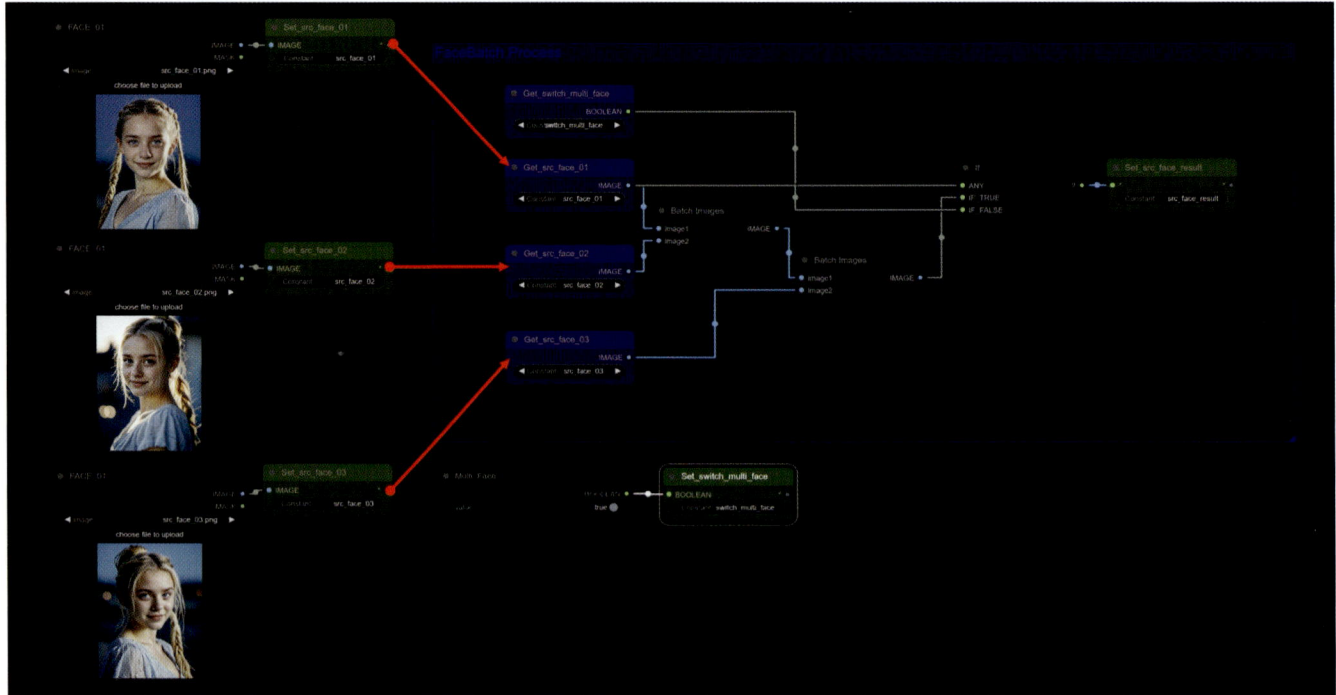

❹ BasicPipe NODE

이번에는 Impact Pack에 있는 BasicPipe 노드를 사용해서 많은 연결을 압축해서 사용해 보도록 하겠습니다.

ToBasicPipe 노드에 Set 노드를 연결하고, FromBasicPipe 노드에 Get 노드를 연결하여 관련 정보를 통합하는 방법입니다.
이러한 기능이 없다면 각각의 연결 정보가 여러 경로를 통해 kSampler에 연결되어 매우 복잡해질 것입니다. 그러나 이제는 Pipe 노드와 Set/Get 노드를 통해 복잡한 정보를 하나로 압축하고, 이를 직관적으로 연결할 수 있습니다.

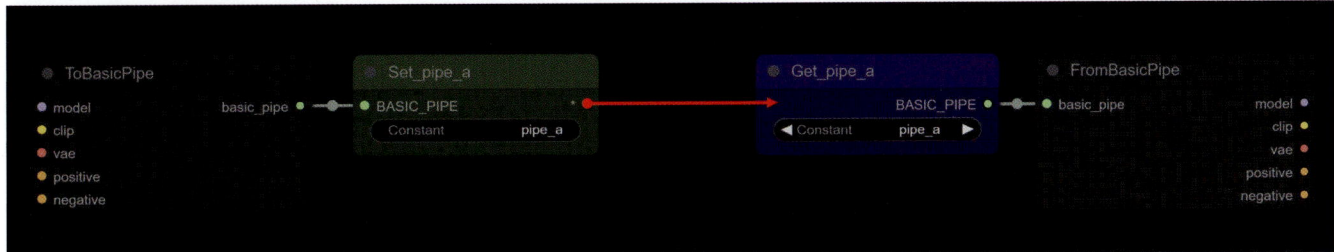

 https://github.com/ltdrdata/ComfyUI-Impact-Pack

실제로 적용된 워크플로우를 보면, Set/Get 노드를 통해 BasicPipe 노드가 다양한 정보를 깔끔하게 연결해줍니다. (CKPT 모델 정보, VAE, Positive, Negative, Clip 등 수많은 정보가 하나로 정리됩니다.) 특히 VAE와 Clip은 여러 곳에서 사용되기 때문에 워크플로우 선 연결이 복잡해질 수밖에 없었지만, 이제는 이런 복잡한 연결선이 거의 보이지 않게 되었습니다. 직관성이 정말 많이 좋아졌습니다!

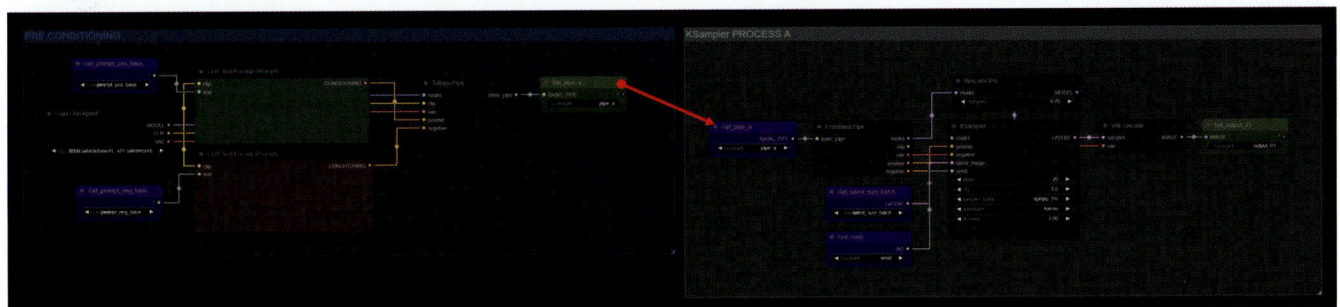

❺ 정리 끝

정리가 끝났습니다!

복잡했던 워크플로우가 이제 깔끔하게 정리되어 한눈에 보기가 쉬워졌습니다.

이 정리 방식을 잘 활용하면, 불필요한 부분에서 혼란을 겪지 않고 세부적인 워크플로우 개발이 훨씬 원활해질 것입니다.

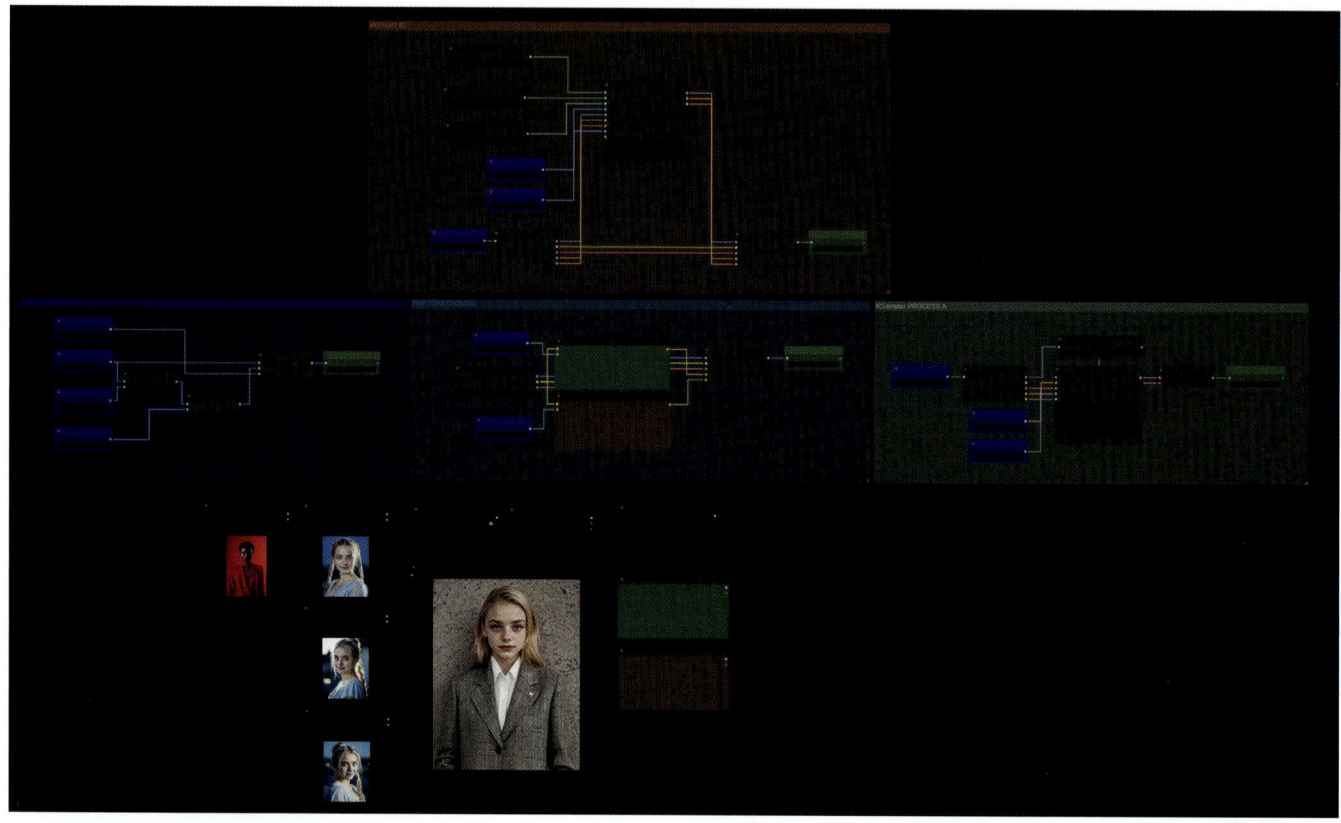

이제 절반 이상이 준비되었습니다.

덕분에 InstantID 설명도 훨씬 더 쉽게 할 수 있게 되었습니다!

4. 구성하기

❶ Instant ID?

기존에는 다양한 각도의 이미지를 바탕으로 학습된 얼굴 모델이 필요했지만, 이제 InstantID를 사용하면 얼굴 사진 한 장만으로도 해당 인물의 특징을 유지하면서 사실적이거나 새로운 스타일의 이미지를 생성할 수 있습니다.

이러한 놀라운 결과가 가능한 이유는 필수 라이브러리와 InstantID 필수 모델을 앞서 설치했기 때문입니다. 이 모델은 한 장의 이미지를 분석하고 신속하게 임베딩하여 InstantID 프로세스에 적용할 수 있도록 합니다.

자, 이제 이 놀라운 기능을 체험해 볼까요?

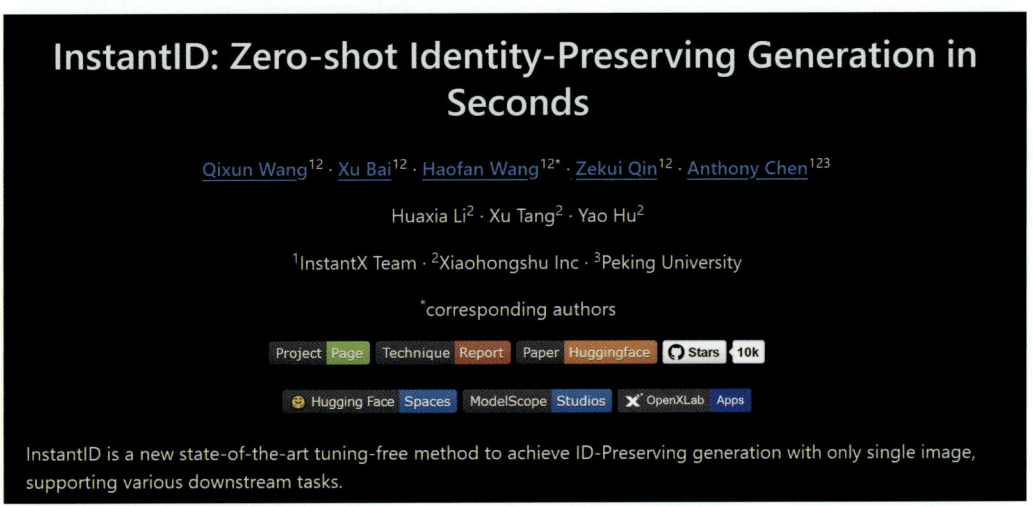

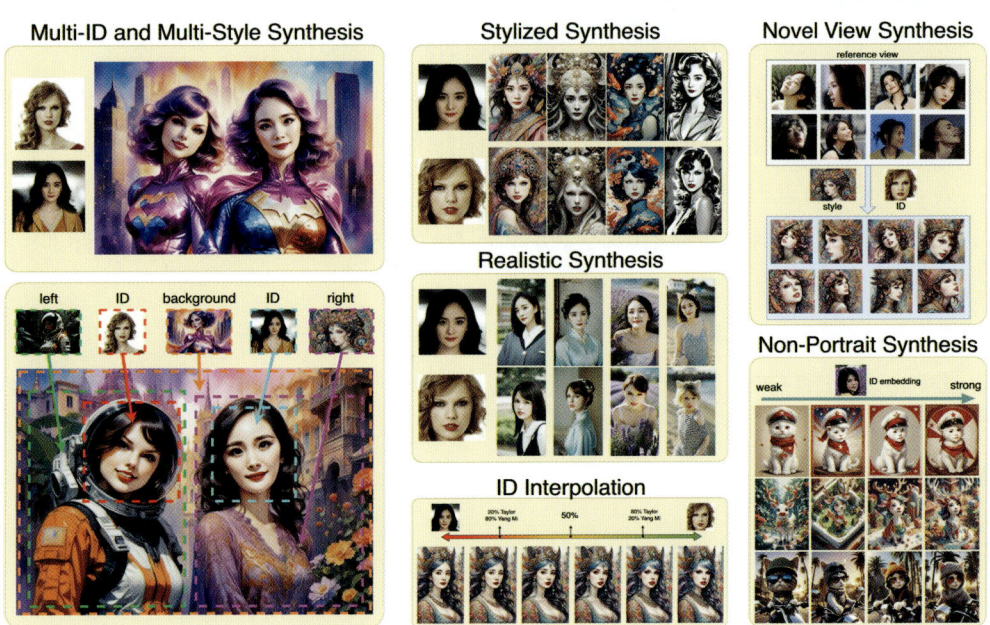

https://github.com/InstantID/InstantID

❷ 노드 살펴보기

 예제 파일 : INSTANT_ID_workflow_step_001.json

실습파일을 ComfyUI에 Drag&Drop하여 노드를 불러오고 살펴봅시다.

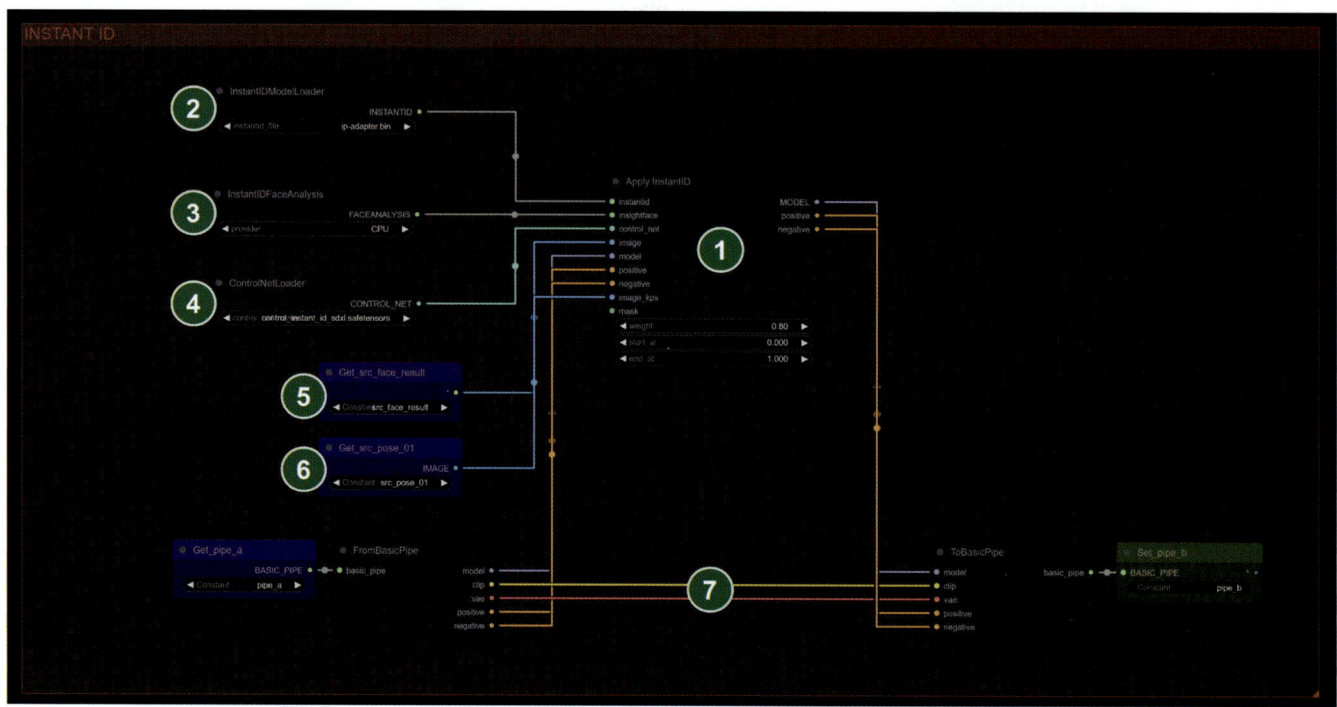

① 기본 InstantID 노드입니다.

　해당 노드를 사용하여 사용 모델 및 이미지 정보를 입력 받은 후, 관련 정보를 바탕으로 임베딩 데이터를 형성하여 Ksampler model 입력에 연결됩니다.

　* Weight 값을 조정하여 얼굴의 분석된 값을 얼마나 강하게 적용할지 조정할 수 있습니다.

　* Start_End를 조정하여 계산되는 각 스텝 과정에서 원하는 구간에만 InstantID 가 적용될 수 있도록 합니다.

② IPAdapter를 기반으로 개발된 InstantID 모델을 연결합니다. 모델 파일 이름은 ip-adapter.bin 입니다.

③ insightFace에 얼굴 분석을 어느 기반으로 진행할지 정합니다.

④ ControlNetLoader를 사용하여 ① 에 연결될 image_kps 이미지를 기반으로 얼굴 각도를 추출합니다.

⑤ 얼굴 이미지 소스를 입력합니다.

⑥ 포즈 소스를 입력합니다.

⑦ Pipe 노드 연결 사이에 필요한 일부 정보를 Apply InstantID에 연결합니다. 여기서 계산된 부분만 다시 toBasicPipe에 연결합니다.

❸ 한 장의 Face 이미지 사용하기

한 장의 이미지로 인물 사진을 만들어 보겠습니다.
INSTANT_ID_workflow_step_001.json 파일을 Drag&Drop 하도록 합니다.

하이라이트 된 박스 부분에 인물 얼굴 사진을 Drag&Drop 하고 Queue Prompt 를 눌러주면 바로 계산이 시작됩니다.

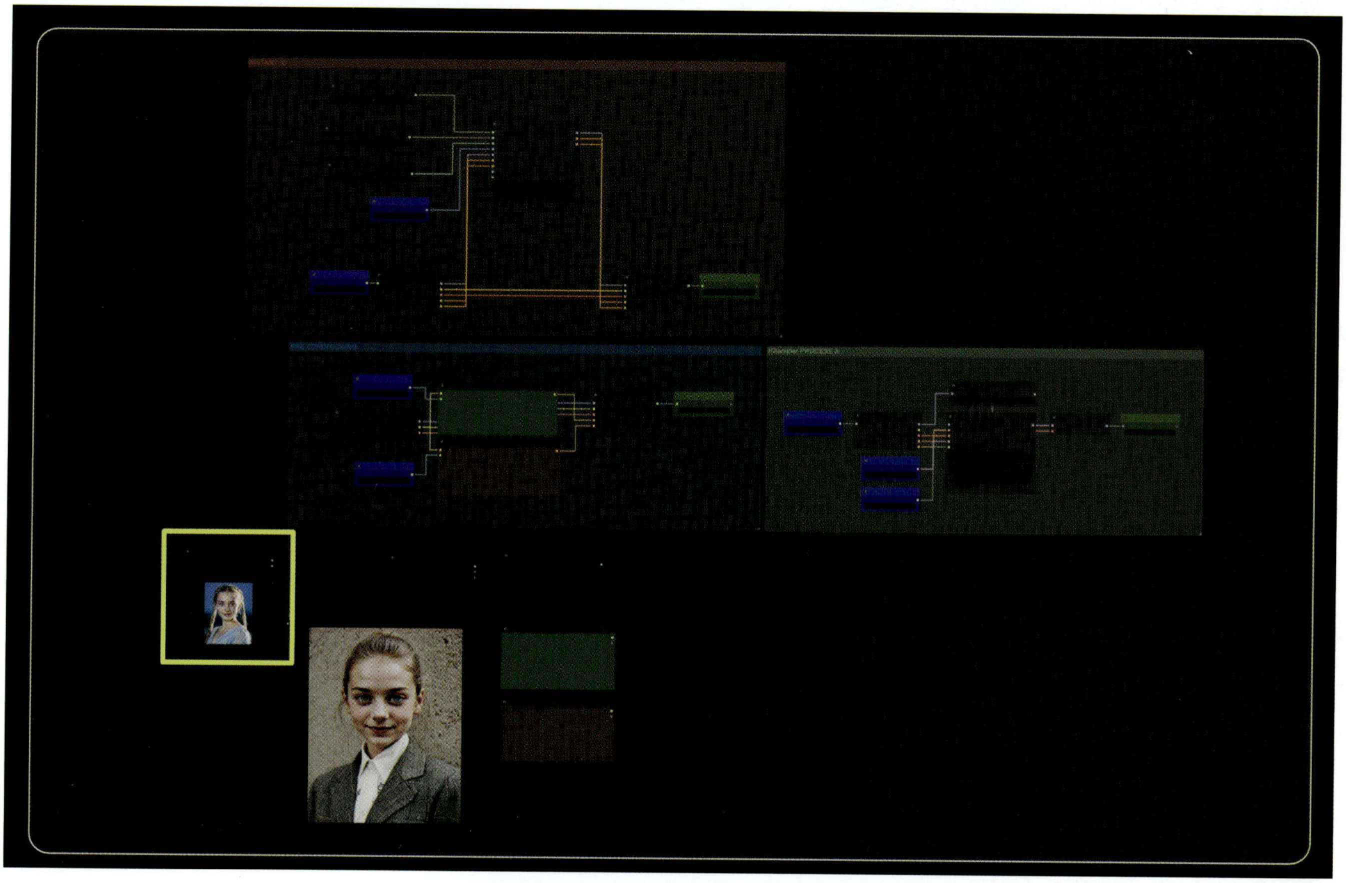

프로세스가 올바르게 진행되었다면
그림과 같은 결과물을 확인할 수 있습니다.
정말 놀랍습니다!

❹ 여러 각도의 Face 이미지 사용하기

예제 파일 : INSTANT_ID_workflow_step_002.json

이번에는 3장의 이미지를 Drag&Drop 하도록 합니다. 워크플로우 일부분이 변경된 것을 확인할 수 있습니다.
해당 과정을 통해서 3장의 다른 각도 이미지를 종합하여, 인물 표현의 정확도를 높여줍니다.

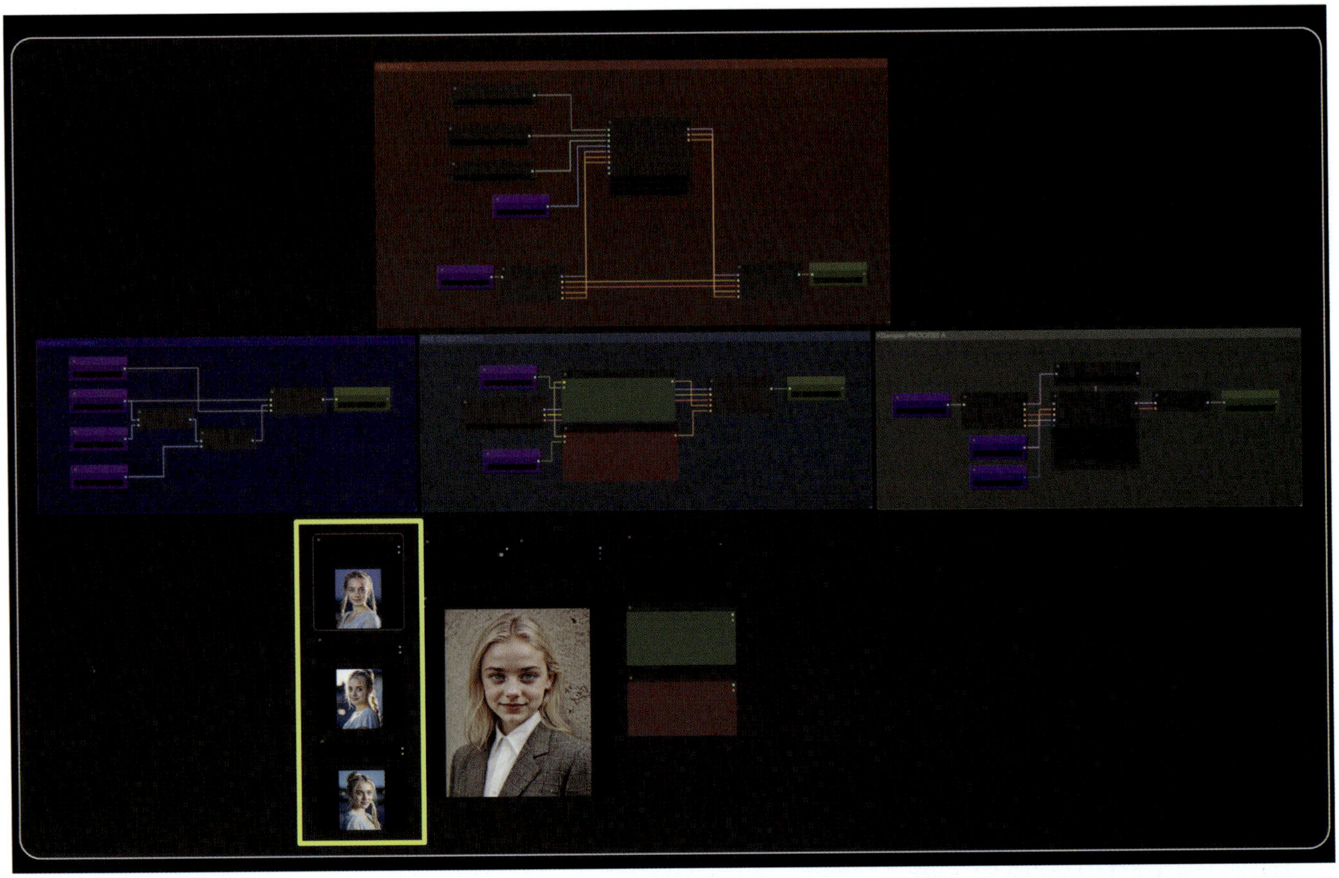

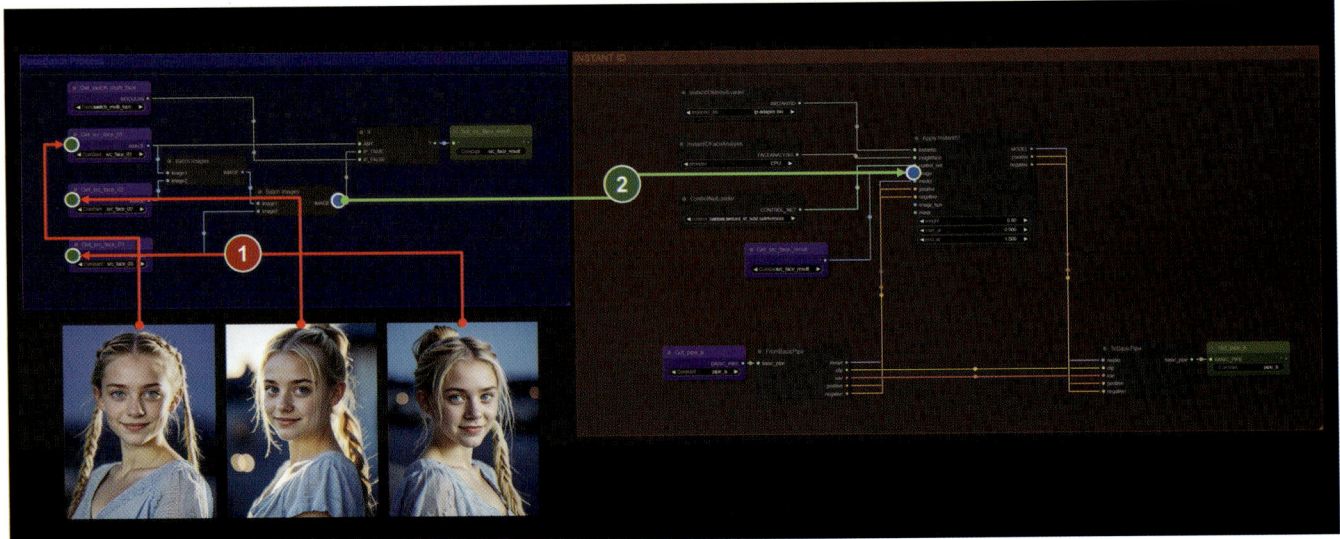

3장의 이미지는 상단의 프로세스 형태로 연결됩니다.

연결을 단순화하면, 아래 그림과 같은데 입력된 이미지를 Batch Images Node를 사용하여 데이터를 연속적으로 끊어서 참조할 수 있도록 준비합니다. 해당 과정을 통하여 중첩되는 정보를 통하여 인물 표현의 특징 재현도를 높여주는 임베딩을 생성합니다.
동일 인물의 다양한 각도의 경우 효과가 좋습니다.

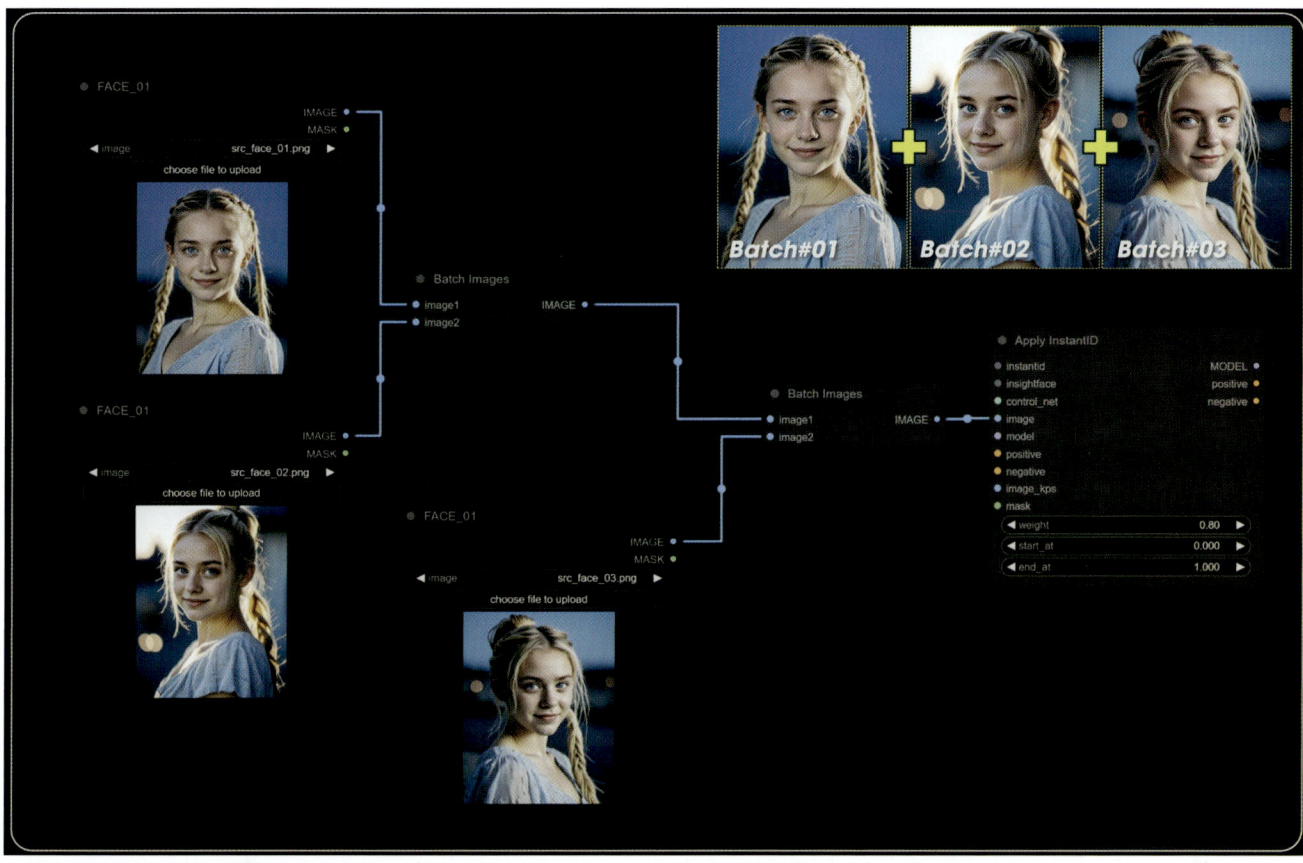

3장의 다양한 각도의 이미지 사용으로 좀 더 인물의 정교함이 좋아진 것을 알 수 있습니다.

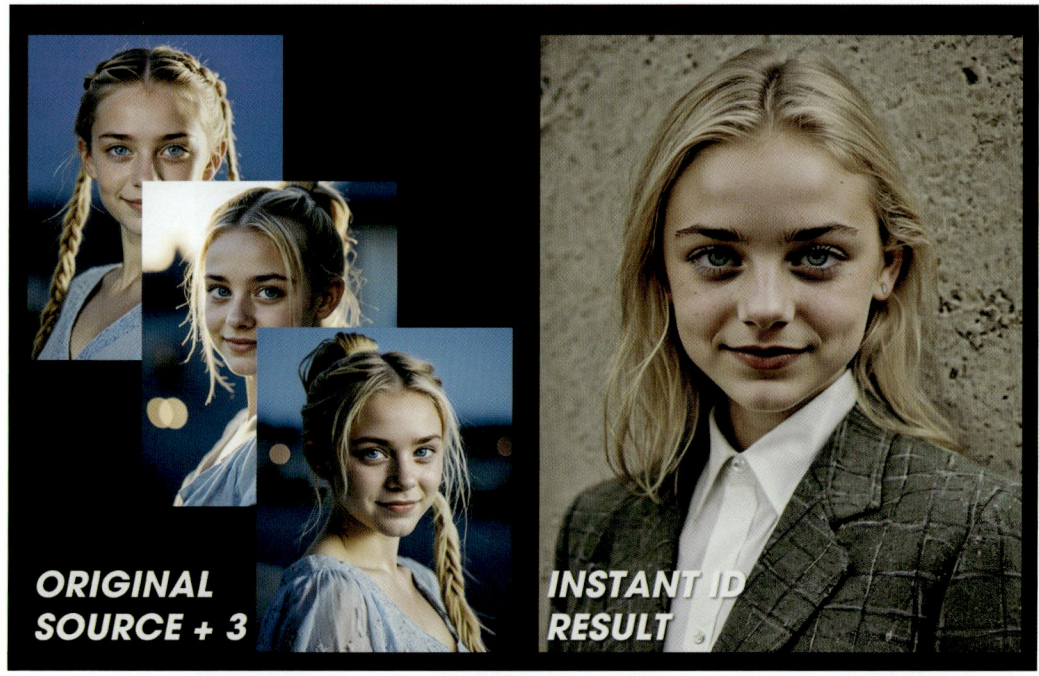

❺ 참고 포즈 적용하기

 예제 파일 : INSTANT_ID_workflow_step_003.json

이번에는 포즈에 관련된 부분을 원하는 방향으로 조정하도록 하겠습니다.
붉은색 하이라이트 박스에 포즈가 될 이미지를 넣고 생성버튼을 실행합니다.

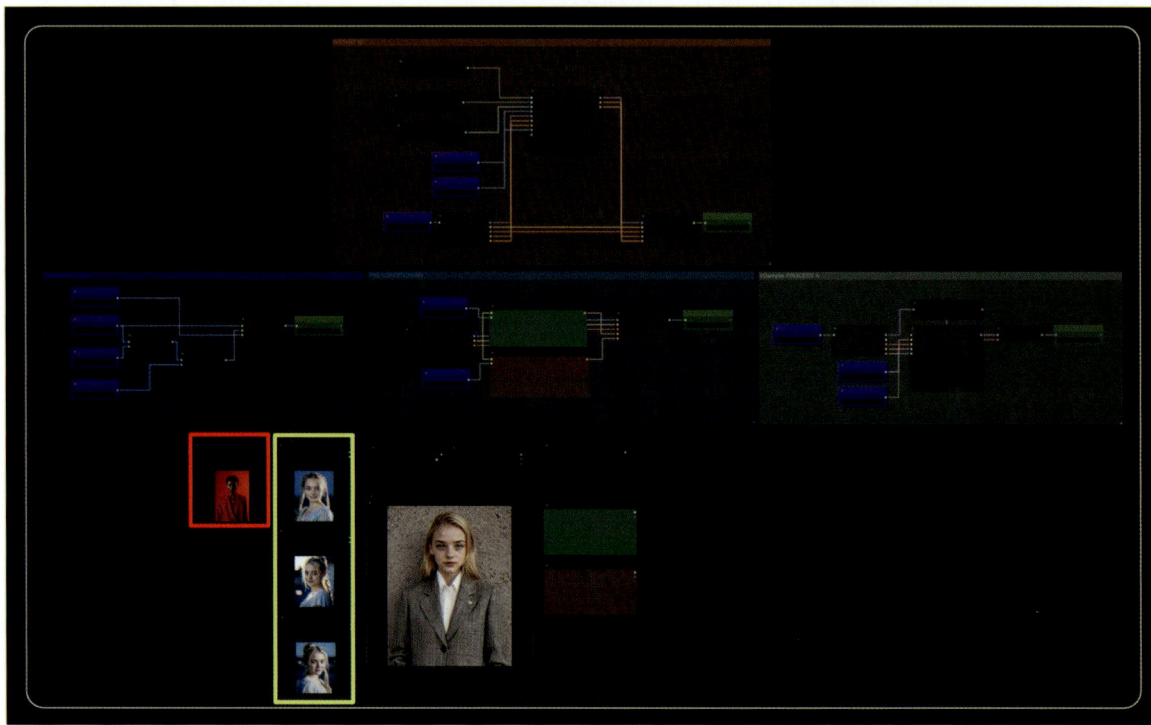

과정을 살펴보면(단순 연결 기준) InstantIDFaceAnalysis 데이터와 ControlNetLoader 모델이 관여하여 포즈를 담당할 이미지에서 얼굴의 Keypoints를 추출합니다.

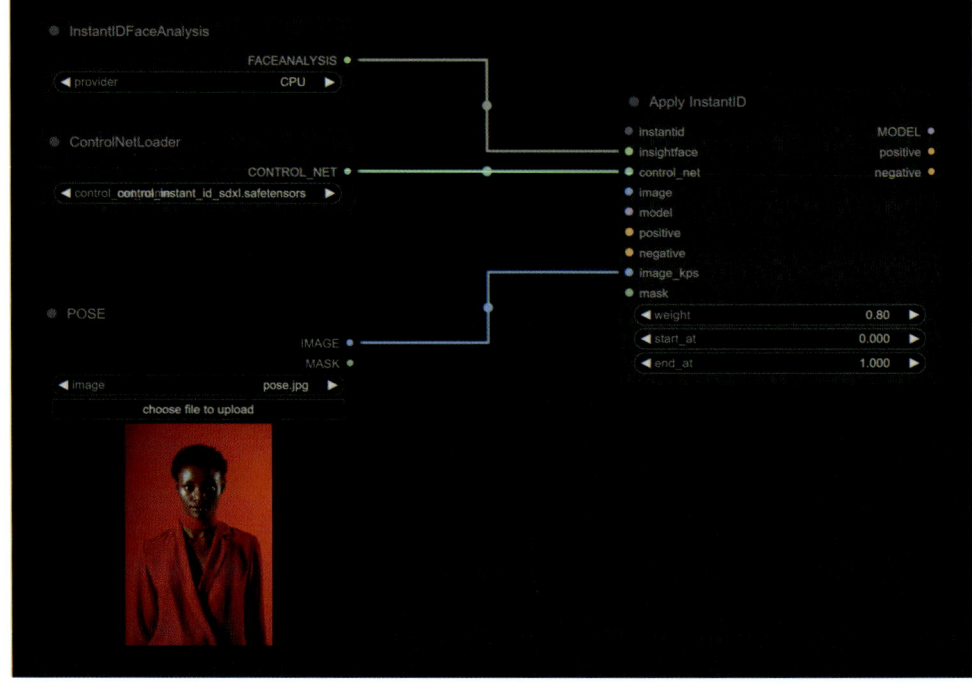

Face Keypoints Preprocessor의 데이터를 확인하면 단순한 얼굴 방향을 얻어내는 것을 확인할 수 있습니다.
(해당 데이터는 손과 발의 포즈를 얻을 수 없습니다.)

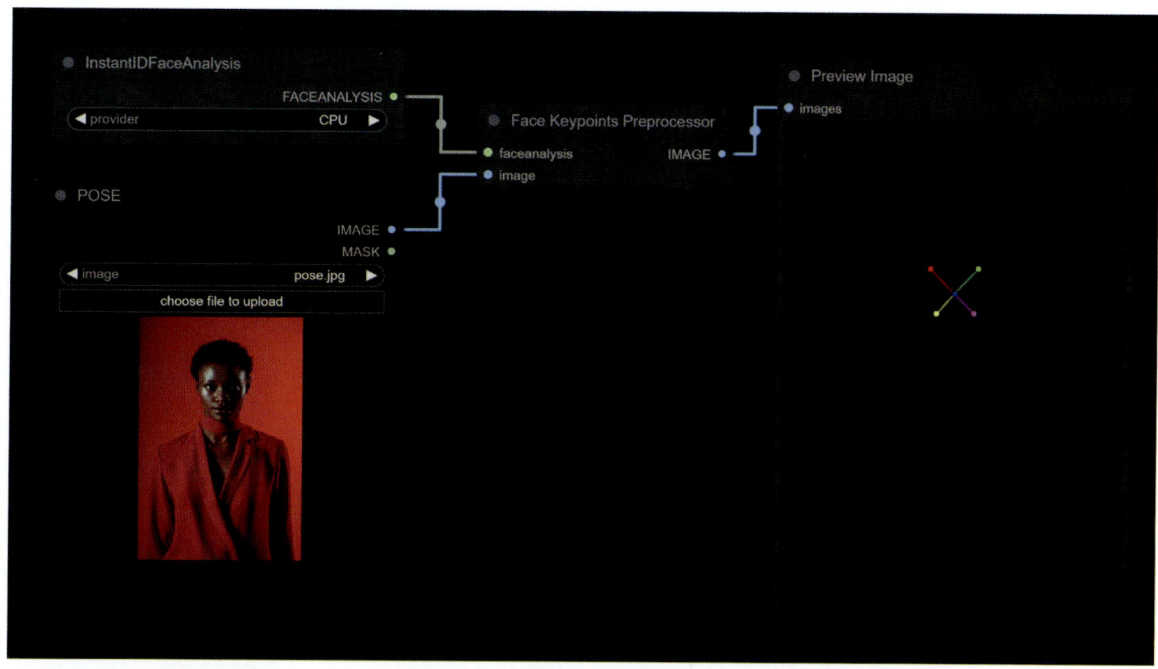

이제 해당 프로세스를 사용하여 한 장 혹은 몇 장의 사진으로 높은 퀄리티의 컨셉 프로필 사진을 만들 수 있게 되었습니다.

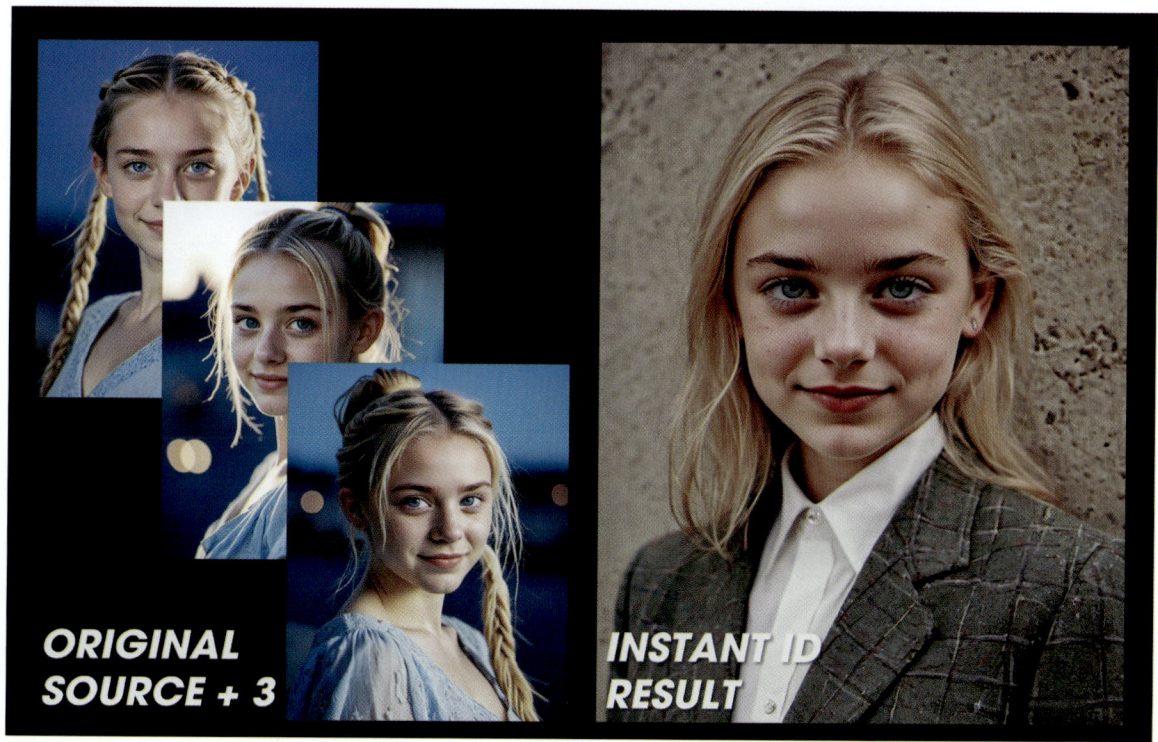

짠! 포즈 이미지를 기반으로 정말 쉽게 인물사진이 완성되었습니다! 정말 쉽죠?

5. Prompt 변경하기

지금도 정말 놀라웠지만 이번에는 Prompt를 변경하여 복장을 변경하도록 하겠습니다.

❶ Chatgpt를 사용하여 복장 Prompt 만들기

최근 많은 업데이트를 통해서 다양한 분야에서 강력하게 사용되는 LLM 서비스 중에는 OpenAI 사의 Chatgpt 서비스가 있습니다. 이런 서비스를 사용하면 정말 쉽게 옷 스타일 Prompt를 얻을 수 있습니다.

다음과 같이 Chatgpt에 간단한 명령을 입력합니다.

"여성 패션 스타일, 상하의 복장 및 악세서리 등을 영문 문장으로 시안 10개 만들어줘"

다양한 문장 시안이 나온 것을 확인할 수 있습니다. 이제 이 중 하나의 문장을 선택한 후 복사합니다.

"A flowy, floral maxi dress with a wide-brimmed hat and brown leather sandals. Add a fringed bag and layered necklaces to complete the look."

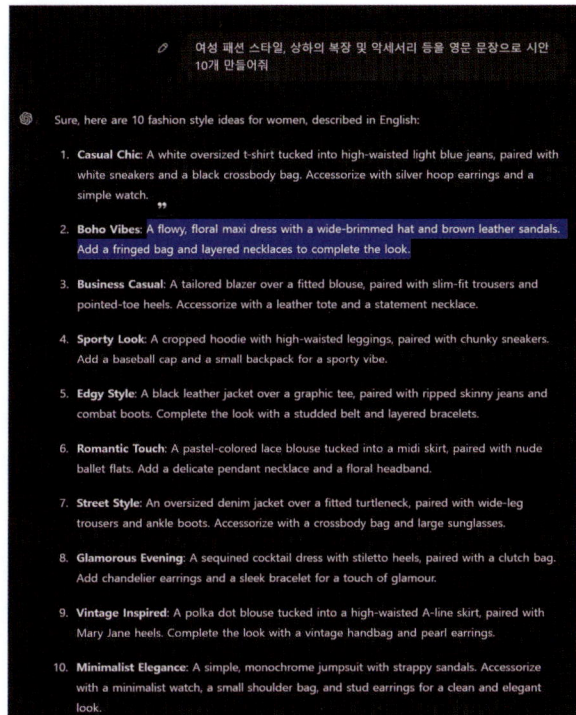

Comfy Positive Prompt에서 옷을 구성하는 부분을 해당 문장으로 교체하여 생성합니다.

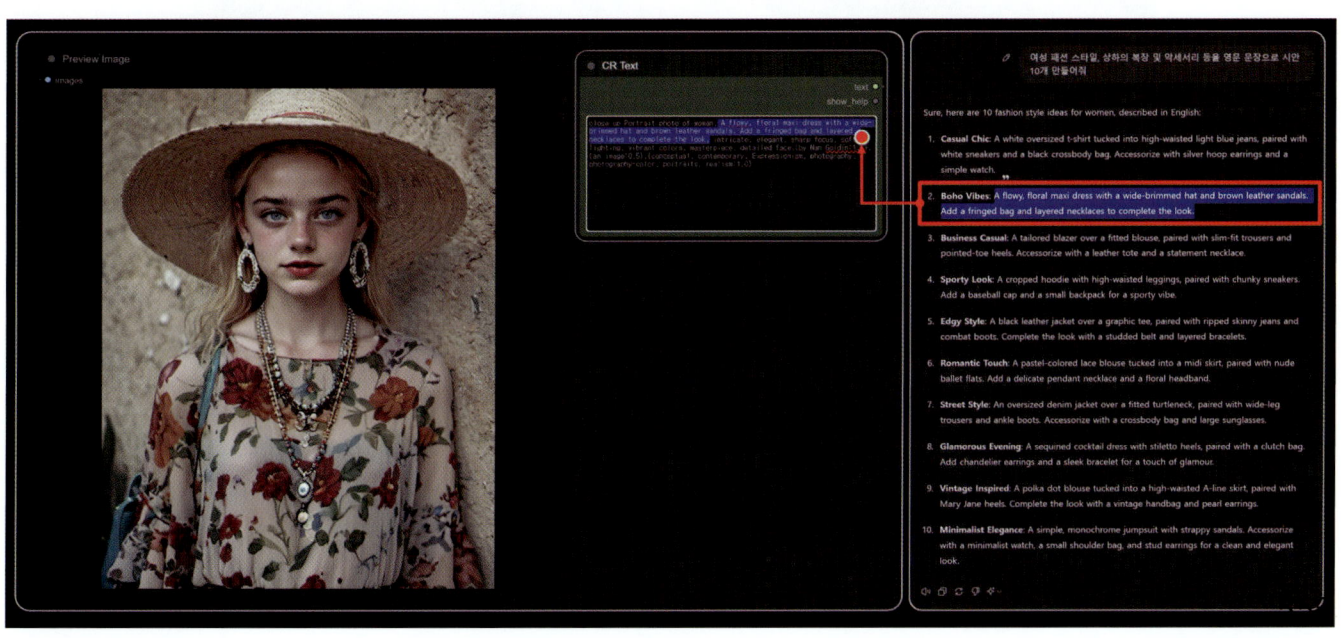

바로 적용되는군요? 정말 아름답습니다! 참 쉽죠!?

❷ Midjourney /describe를 사용하여 Prompt 변경하기

만약 Midjourney를 유료로 사용하고 계신다면 /describe 기능을 사용하여 원하는 이미지를 바탕으로 프롬프트를 쉽게 얻을 수 있습니다. 예를 들어 축구복에 관련된 프롬프트를 얻고 싶을 때, 관련 이미지를 넣어서 /describe를 진행합니다.

이미지를 분석한 여러 프롬프트가 출력되는데, 유니폼에 관련된 문장만 필요하기 때문에 가장 간단한 문장을 선택하도록 합니다.

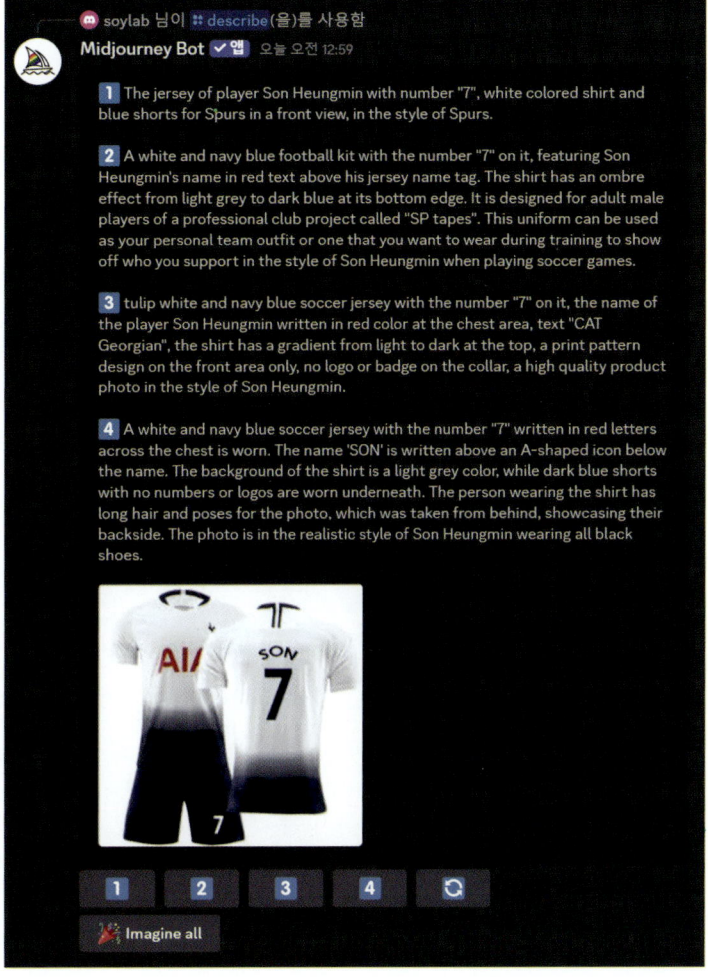

앞선 과정과 마찬가지로 옷에 해당하는 문장을 해당 문장으로 교체합니다. 생성을 누르면 소녀는 이제 축구복을 입고 있습니다!

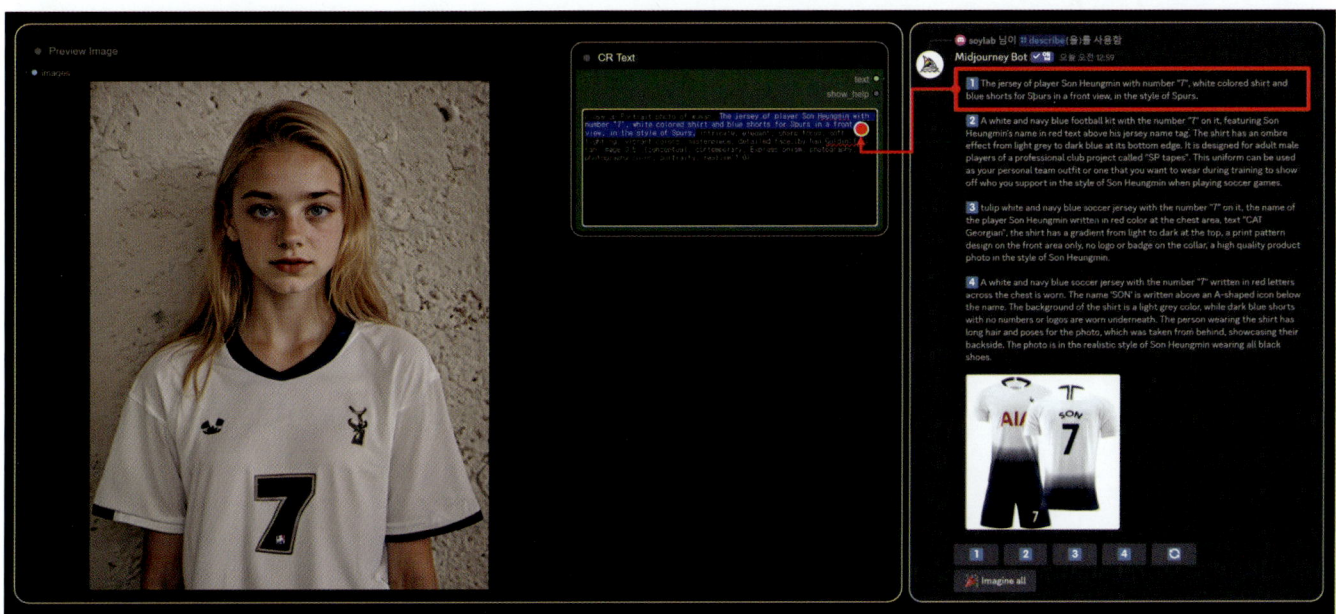

❸ Prompt 입력 구조를 변경해 보자

프롬프트 중간에 매번 입력을 변경하기가 번거롭습니다. 이 부분을 쉽게 입력할 수 있는 구조로 변경해 봅시다.

 예제 파일 : prompt_struc.json

WAS Node Suite에 있는 Text Concatenate 노드를 사용하여 3개의 TEXT 노드를 합칠 수 있도록 합니다.

각 TEXT에는 다음 문장을 위해서 마지막 빈 공백을 넣어주세요. 노드의 delimiter는 비워두도록 합니다.

Crystools의 Show any value to console/display를 연결해 보면 문장이 올바르게 구성되었는지 확인할 수 있습니다.

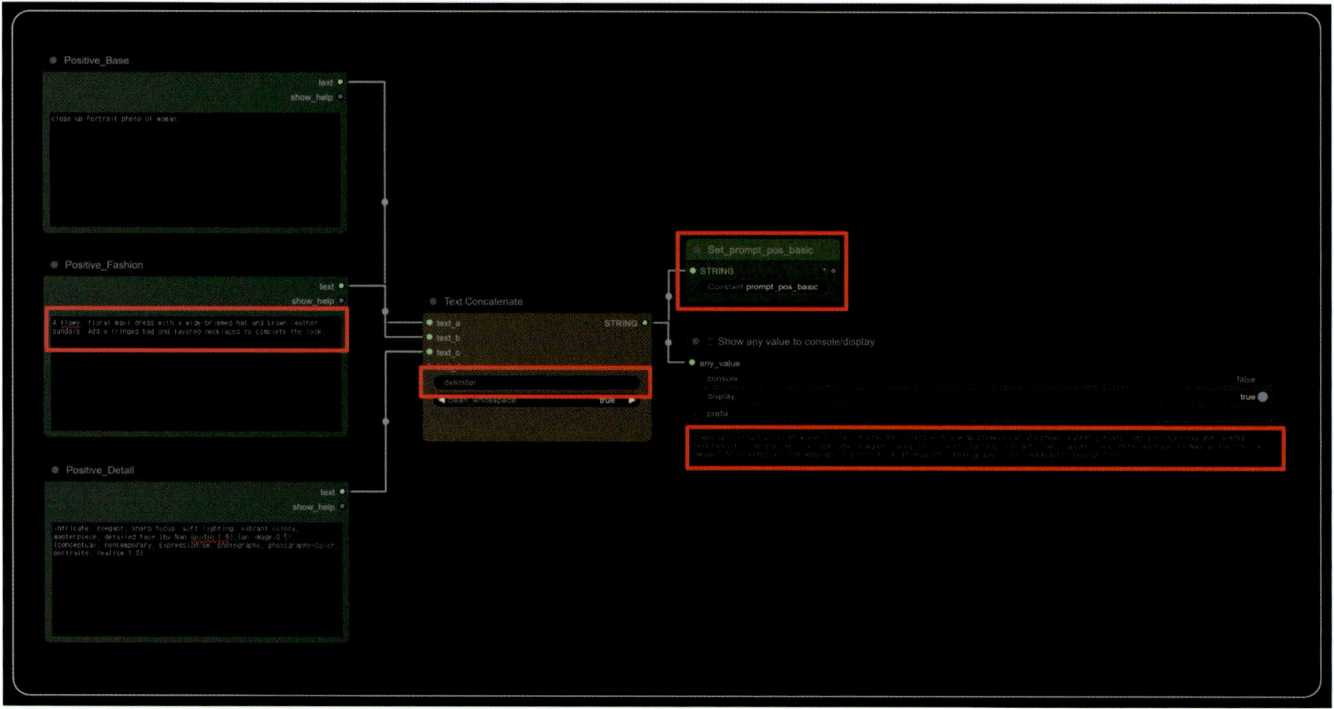

Set node를 잘 연결했다면 이전과 동일한 결과를 볼 수 있습니다!

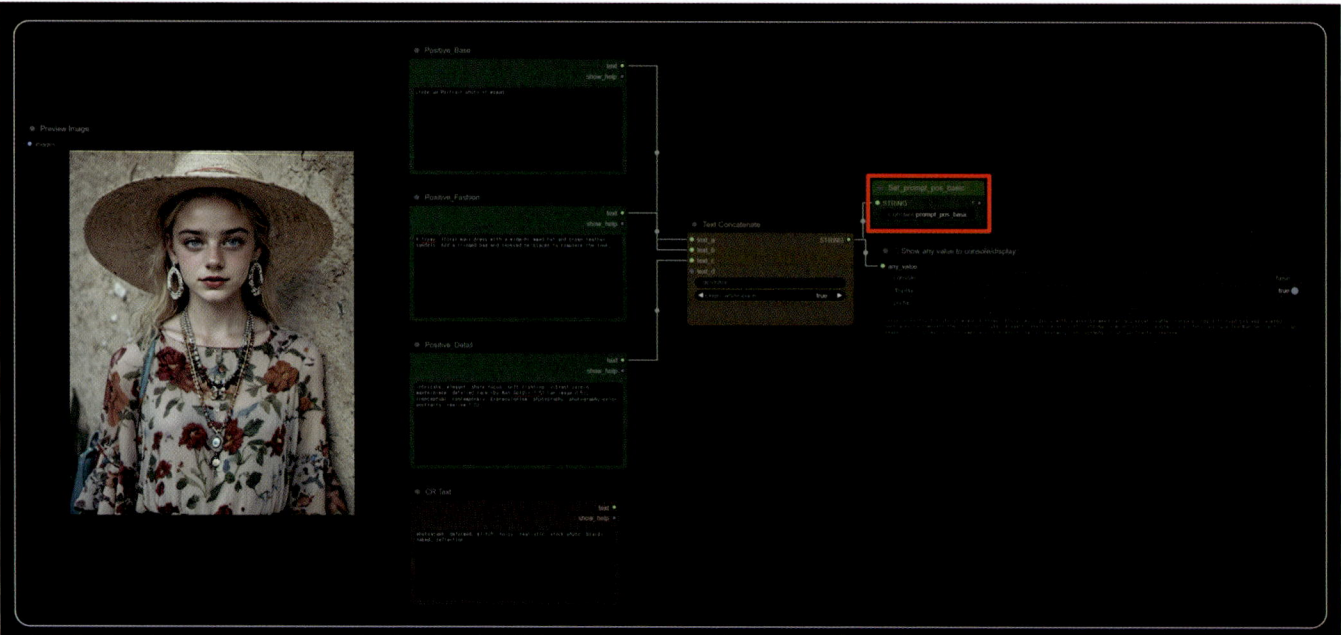

❹ Random Prompt 구조를 사용하여 생성하기

이제 구조를 만들었으니, 일부분이 매번 생성마다 다르게 나올 수 있도록 Random Prompt 형태로 변경하도록 하겠습니다.

 예제 파일 : prompt_struc_random.json

WAS Node Suite에 Text Multiline과 Text Random Line을 사용합니다.

Text Multiline에 Chatgpt 등에서 얻은 복장 스타일 문장 10개를 입력합니다. 한 문장이 끝나면 Enter를 입력하여 줄 바꿈을 합니다. 그리고 그 뒤에 Text Random Line Node를 연결합니다.

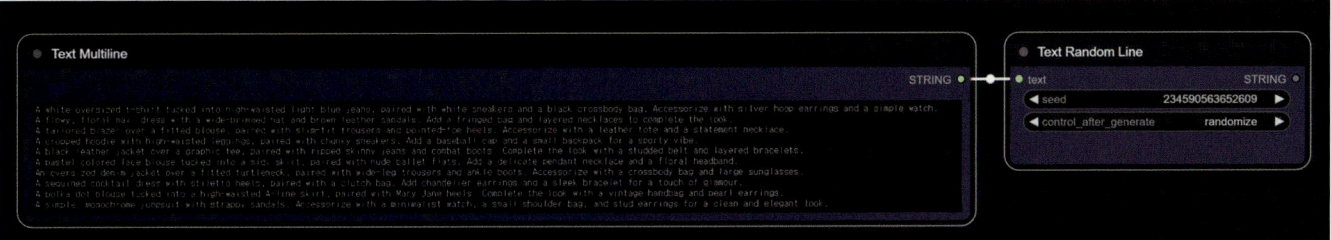

구성이 완료되었다면 다음과 같이 Text Concatenate의 text_b에 연결합니다.

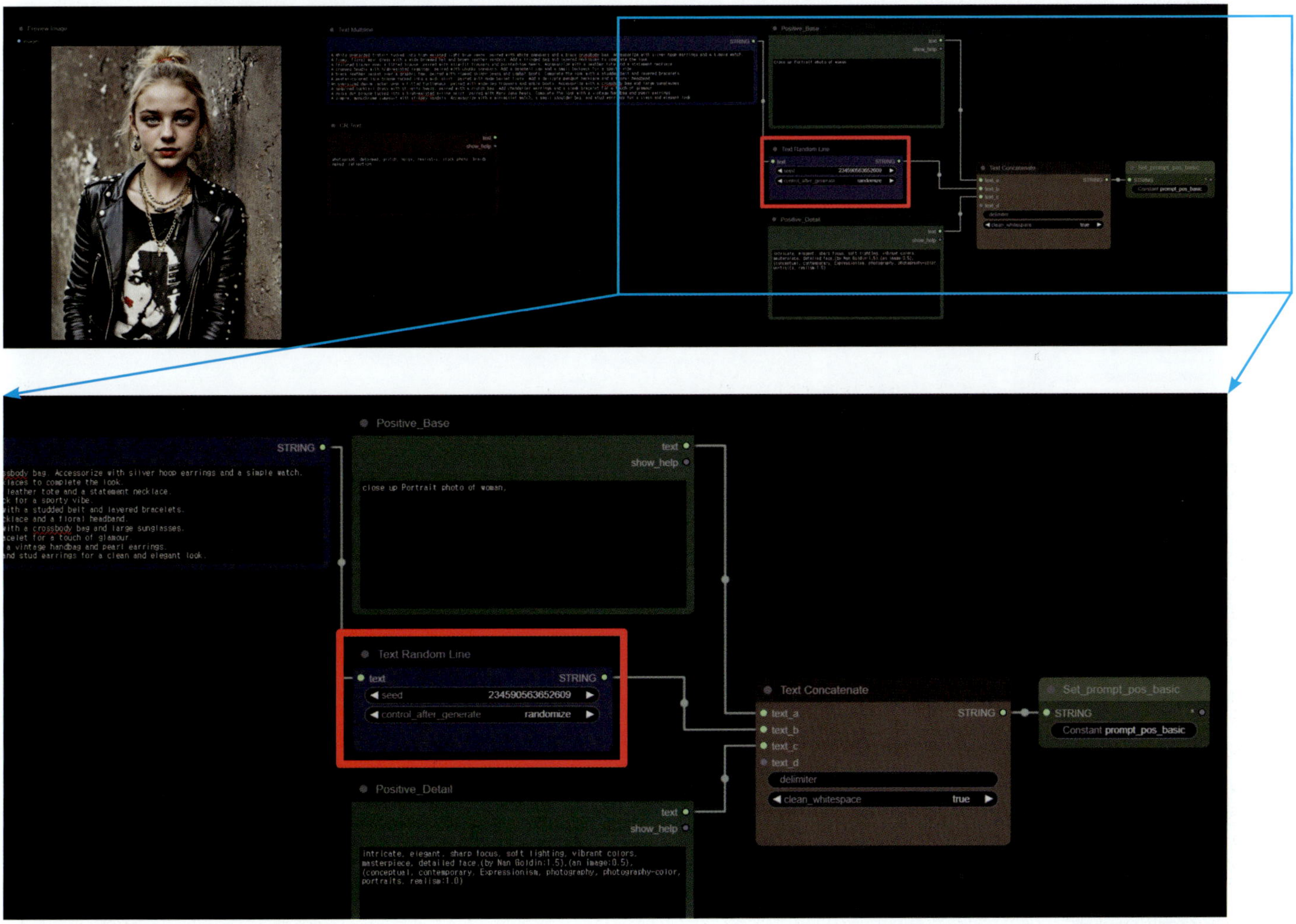

생성을 실행할 때 마다 새로운 프롬프트가 적용되는 것을 확인할 수 있습니다! 해당 방식을 응용하여 디테일에 적용된 프롬프트 혹은 인물에 관련된 부분의 프롬프트 또한 다양하게 입력하여 랜덤하게 생성할 수 있습니다. 상단의 Seed (rgtree) 부분을 randomize 모드로 두면 더욱 다양한 이미지를 생성할 수 있습니다!

구조화된 프롬프트 창의 마지막 부분은 Huggingface의 SDXL-artists-browser를 사용하여 좀 더 다양한 스타일 프롬프트를 얻을 수 있고, 다양한 결과물을 만들어 볼 수 있습니다. 꼭 확인해보세요!

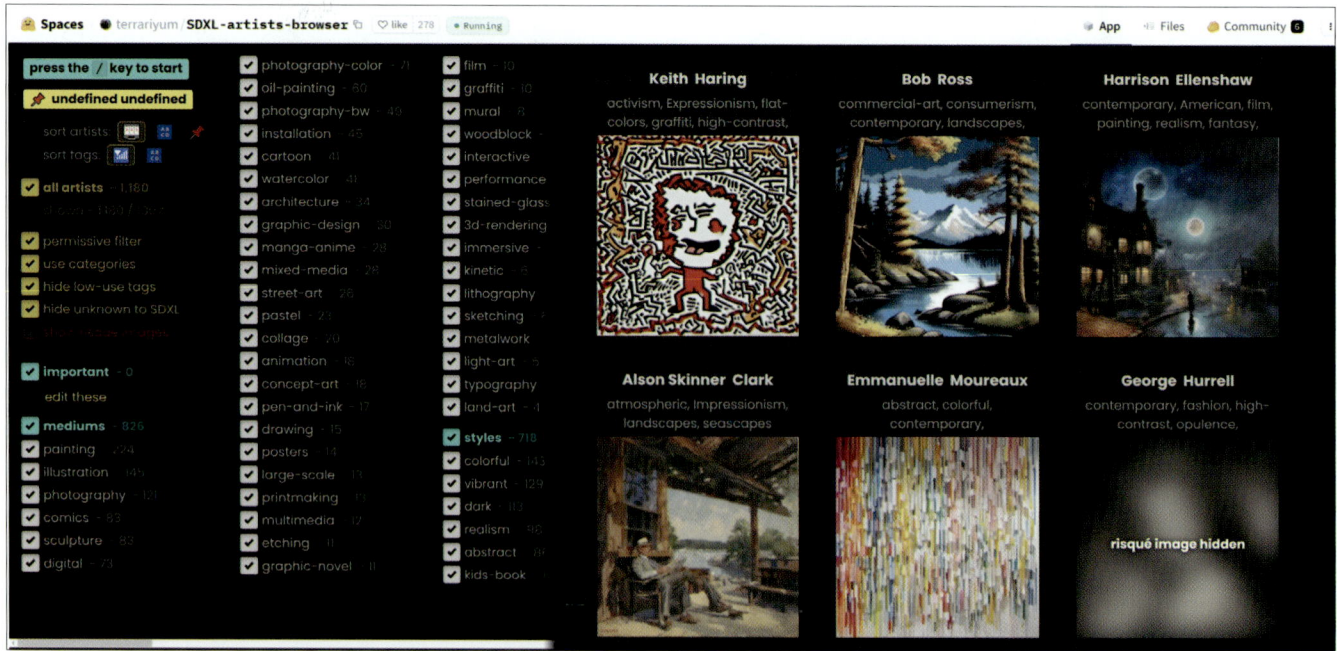

https://huggingface.co/spaces/terrariyum/SDXL-artists-browser

6. 디테일

이제 마지막으로 스타일을 변경하고, 해상도를 높이는 업스케일 과정을 알아보도록 하겠습니다. 생각보다 정말 쉬운 ComfyUI, 거기에 무한한 강력함을 한 번 더 느껴봅시다.

❶ 스타일 변경하기

SDXL Prompt Styler라는 SDXL Prompt를 전문적으로 다룰 수 있는 Custom Node 가 있습니다. 해당 노드를 사용하면 여기에 붙어있는 style 이라는 옵션을 변경할 수 있는데 이곳에 SDXL에서 표현할 수 있는 대부분의 스타일이 포함되어 있는 것을 확인할 수 있습니다. 해당 옵션과 Prompt의 표현을 통해서 디테일 구현이 가능하지만 InstantID + Style Prompt 조합만으로 훌륭한 결과를 확인해볼 수 있습니다.

 예제 파일 : style_select.json

이제 Seed를 Random으로 두고 계속 확인해볼까요?

[SUPIR Before / After]

정말 쉽게, 다양한 표현이 가능하다는 것을 알 수 있습니다. 정말 엄청난 조합이죠! SDXL의 잠재력은 정말 무한합니다.

❷ 업스케일(Upscale SUPIR) 적용하기

이번에는 정말 강력한 커스텀 노드 중 하나인 SUPIR를 사용하여 업스케일 프로세스를 진행해보도록 하겠습니다. 해당 커스텀 노드는 업스케일용 별도로 학습된 모델을 사용합니다.

예제 파일 : upscale_supir.json

> **주의**
> 해당 프로세스는 높은 GPU 처리 능력을 요구합니다.
> NVIDA RTX 3080 이하 모델에서는 처리 속도가 느릴 수 있으니 업스케일 크기를 2 이상 적용하지 말아주세요.

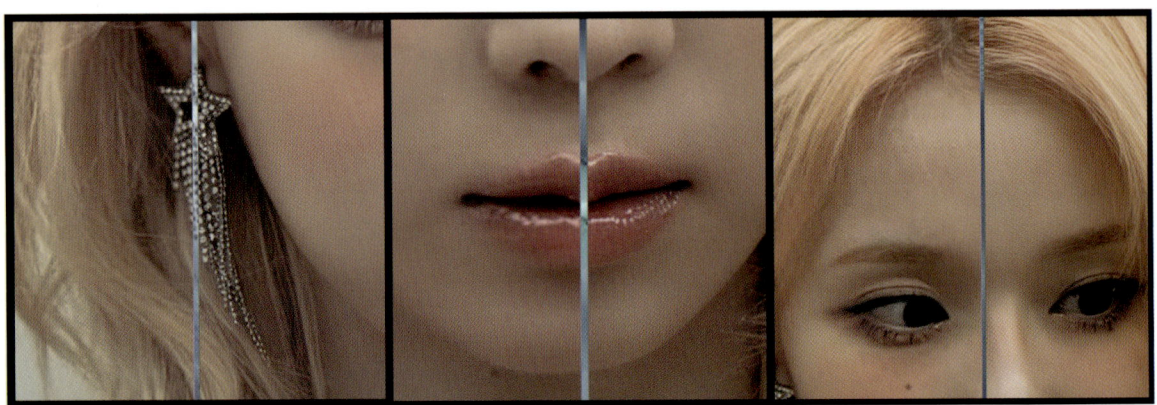

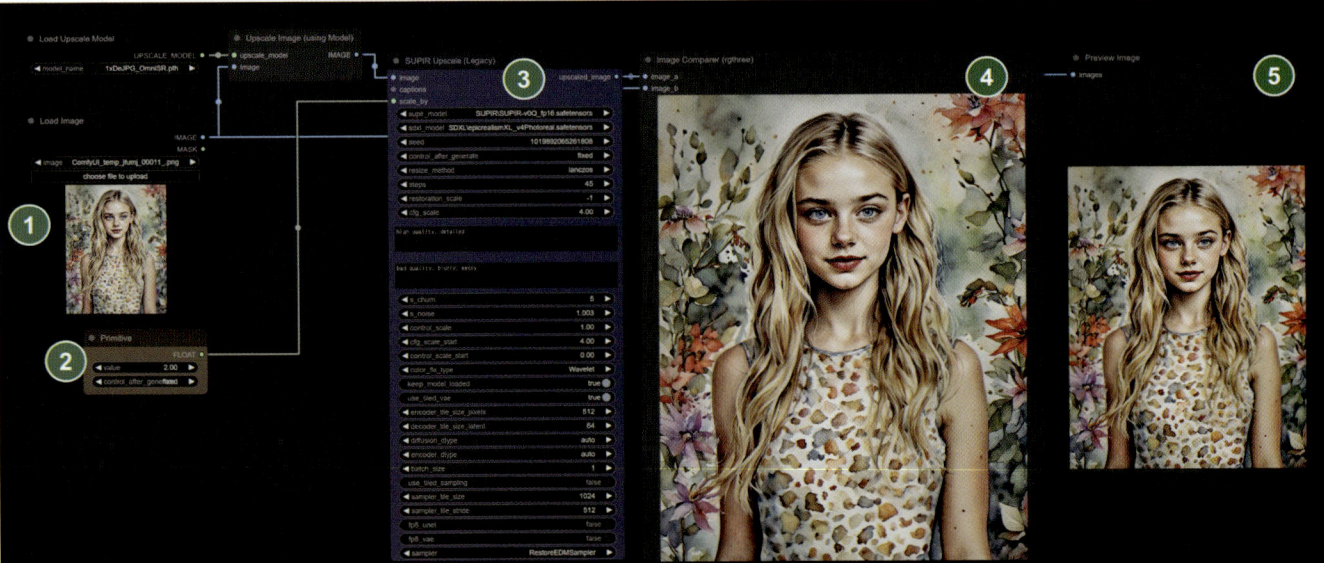

① 업스케일용 소스 이미지를 넣습니다.
② 업스케일 크기를 정합니다.
③ 기본 셋팅의 SUPIR_model, SDXL_model 부분을 반드시 클릭하여 저장한 폴더 경로에서 모델을 찾아 선택하세요. 그 외 셋팅은 기본으로 두고 필요 시 Control_after_generate를 randomize으로 변경하여 seed를 바꾸어가며 진행하세요. 상황에 따라서 steps와 cfg를 조정하면 디테일 조정에 도움이 됩니다. Prompt의 경우는 원본 이미지의 Prompt를 함께 적용하여도 좋습니다.
④ Before / After를 비교할 수 있습니다.
⑤ 최종 결과물을 확인할 수 있습니다.

잠시 후, 짠! 강력함이 느껴지나요? 정말 엄청난 업스케일러입니다.

7. 마치며

ComfyUI - Node Workflow의 강력함을 느끼셨나요? 한 번 워크플로우가 구축되면, 매번 번거롭게 작업하지 않아도 불러오기만 하면 복잡한 설정 없이 대형 워크플로우를 불러와서 바로 이미지 생성 및 가공을 할 수 있습니다. 여기에 최신 학습 모델을 결합하면, 강력한 전문성을 갖춘 개발 생태계로 거듭나게 되는 거죠. 현재 SDXL 모델에서 디퓨전 트랜스포머를 탑재한 STABLE DIFFUSION 3 모델로 업그레이드된다면, 기존 워크플로우는 큰 조정 없이도 더욱 강력해질 것입니다. 이러한 가능성을 인지한 전 세계의 많은 프로덕션과 기업들은 ComfyUI 전문 팀을 구성하고, 별도의 파이프라인을 구축하고 있습니다.

고인이신 스티브 잡스는 "모든 사람이 코딩을 배워야 한다."라고 말한 적이 있습니다. 일반적인 시각에서는 다소 복잡한 ComfyUI일 수 있지만, 시각적인 형태로 간접적인 코딩 경험을 제공하는 이 Node Workflow 생태계는 생성형 AI 시대에 반드시 알아야 하는 프로세스가 될 수도 있다는 생각이 드는 요즘입니다.

더 많은 정보를 원하신다면, Facebook 사용자 그룹 "Stable Diffusion Korea" (www.stablediffusionkorea.com)와 Fastcampus의 soy.lab ComfyUI 콘텐츠를 참고하시면 많은 도움이 될 것입니다.

앞으로도 많은 디지털 크리에이터님들을 위하여 더 놀라운 콘텐츠로 찾아 뵙겠습니다. 감사합니다.